ラグビーの世界史

楕円球をめぐる二百年

A Global History of Rugby

THE OVAL WORLD

トニー・コリンズ
北代美和子訳

白水社

THE OVAL WORLD: A Global History of Rugby

ラグビーの世界史

◉楕円球をめぐる二百年

THE OVAL WORLD: A Global History of Rugby
by Tony Collins

This translation of *THE OVAL WORLD: A Global History of Rugby*,
first edition is published by Hakusuisha
by arrangement with Bloomsbury Publishing Plc
through Tuttle-Mori Agency, Inc., Tokyo

目次

CONTENTS

第3部 ラグビーを世界へ　103

第4部 嵐迫りくるなかの黄金時代　163

第5部 両大戦間における挑戦と変化　207

第6部 ラグビーの新たなる地平 273

第7部 伝統と変化 341

第8部 二十一世紀へ 423

訳語についての注記

- スポーツ競技としてのrugby union（一五人制ラグビー）、rugby league（一三人制ラグビー）はそれぞれ「ラグビーユニオン」「ラグビーリーグ」とする。
- 競技団体としてのRugby Union、Rugby Leagueはそれぞれ「ラグビー協会」「ラグビー連盟」とする。
- 競技大会の形式を表すleagueは「リーグ戦」とする。
- ラグビーユニオンを国際的に統括するInternational Rugby Board（一九九七年以前はInternational Rugby Football Board）は略称ＩＲＢを使用する。
- イングランドのラグビーユニオンの競技団体Rugby Football Unionは略称ＲＦＵを使用する。
- フランスのラグビーユニオンの競技団体Fédération Française de Rugbyは略称ＦＦＲを使用する。
- ヨーロッパ大陸諸国のラグビーユニオンを統括していた競技団体Fédération Internationale de Rugby Amateurは「国際アマチュアラグビー協会」とし、略称ＦＩＲＡを使用する。
- イングランドのラグビーリーグを統括する競技団体Rugby Football Leagueは略称ＲＦＬを使用する。一九四八年まで使用されていた名称Northern Rugby Football Unionは略称ＮＵを使用する。
- フランスのラグビーリーグ（一三人制ラグビー）の競技団体Ligue Française de Rugby à Treizeは「フランス一三人制ラグビー連盟」とする。
- nationは「国」とする。したがってUnited Kingdom「連合王国」に所属するEngland、Scotland、Walesは「国」である。この三国間で戦われる試合は「国際試合」、EnglandとScotlandの境は「国境」とする。
- Ireland「アイルランド」は「連合王国」に所属するNorthern Ireland「北アイルランド」とRepublic of Ireland「アイルランド共和国」を合わせた「アイルランド」全体をひとつのnationとする。
- England、Scotland、Walesの総体を意味するGreat Britainは「英国」とする。Britainは「英国」、Britishは「英国人」とする。
- グレートブリテン島、アイルランド島およびその周囲の島々を指すBritish Islesは「ブリテン諸島」とする。本書では、イングランド、ウェールズ、スコットランド、アイルランドの四か国を意味する。ただしラグビーリーグ英国代表Great Britainは「グレートブリテン」とする。
- British Empireは「大英帝国」とする。
- Commonwealthは「英連邦」とする。

凡例

- 原註は◉1、◉2の形式で行間に示し、本文は巻末に一括して収録する。
- ブラケット［　］は著者による補足・説明を表わす。
- 亀甲括弧〔　〕は訳者による補足・説明を表わす。
- 本書では距離や面積、重量などの単位は原書のまま表記した。

以下に換算の目安を付す。

一マイル＝約一・六キロメートル
一ヤード＝約九一センチメートル
一フィート＝約三〇センチメートル
一インチ＝約二・五センチメートル
一エーカー＝約四〇四七平方メートル
一ポンド＝約四五四グラム
一ストーン＝約六・三五キログラム

序章　少年と楕円球

A Boy and an Oval Ball

自分の夢を決して実現はできないと悟ったまさにその瞬間を思い出せる。

一九七三年の後半だった。ぼくは十二歳になったばかりで、中学一年の一学期が始まって数週間がたっていた。学校の通学圏は広くて、新入生は毎年一五〇人ほど。ラグビーがご当地スポーツで、ラグビーをプレイすること、ラグビーの知識があること、ラグビーついて語れることだけでもいい、それによって少年時代に手にできる特権のレベルが決まった。ラグビーの知識はあった——父親はトッププレイヤーの何人かといっしょに働いたことさえあった——そして通りで親友のスティーヴとラグビーをして何時間も過ごした。父親に連れられてぼくにとっては初めてのビッグゲームを観戦した七歳のときから、ぼくは将来、国際舞台で活躍するラグビー選手になると心に決めていた。

だから体育の授業でラグビーをやることになったとき、スティーヴとぼくは新しいクラスメートに、真のラグビーがどんなものかを見せてやれると考えた。男子はぼくらに従い、女子はぼくらを人気者に祭りあげるだろう。そいつは時間の問題だ。

ぼくらはプランを練った。次の試合で一連のセットプレイを完璧にこなして、自分たちの戦術的直観と一段上のスキルを見せつけよう。最初のプランは大胆不敵。スクラムハーフのぼくがスクラムの足もとからボールを拾い、右側に立つスリークォーターにパスをすると見せかけて左側に走り、スクラムとタッチラインのあいだの狭い空間を抜ける。

左ウイングのスティーヴがぼくにパスしろと怒鳴る。ぼくはスティーヴにダミーパスをする。敵のディフェンスが引っかかる。ぼくの前に広い空間が開く。ゴールラインまで独走する。テレビで見てたし、家で練習してたし、うまくいくとわかっていた。

試合開始一〇分、敵のゴールラインから二五ヤードの地点でスクラム。ぼくらのプランが始動。すべてが時計仕かけのようにうまくいった。ディフェンスがらあきのゴールラインがぼくに手まねきをしていた。たった二〇ヤード、それでラインを越えるだろう。栄光はぼくの手の届くところにある。

けれども加速しようとしても、ゴールラインは少しも近づいてこない。足が重くなり、脚は短くなったみたい。右側に動きを感じ——ほとんど同時に、学校では最重量級のふたりの重さを受けて崩れ落ち、息を詰まらせた。顔から地面に倒れ、ボールが手から飛び出した。

「ノックオン」体育のマイルズ先生が言った。スティーヴはボールを拾いあげ、まだグラウンドに倒れたまま、息をつこうとしているぼくをにらみつけた。

「おれにパスしなきゃだめじゃないか」声は軽蔑に満ちていた。

ぼくは泣きそうだった。

しかし、そのとき何千何万もの人びとの前でラグビーをプレイするのは、あるいは国外遠征に出かけるのは自分には向いてないと悟ったにもかかわらず、ラグビーに対する興味は消え去らなかった。

それどころかむしろ、いいプレイをしなければならないという重荷から解放され、ラグビーの魅力はいや増した。一瞬で防御を置き去りにするパスの幾何学的な完璧さ、骨と骨がぶつかるタックルの正確なタイミング、バックスのサイドステップのみごとな芸術的効果は相変わらずぼくを魅了し続けた。

それに加えて、ラグビーは未回答の疑問と未解決の謎に満ちたスポーツに見えた。フィジーやパプアニューギニアといった異国情緒たっぷりの場所でプレイされるのに対し、ドイツやブラジルではラグビー人口は皆無のようだった。どういうわけかぼくにとっては理解不能のサッカーは世界中ではるかにファッショナブルだけれど、ぼくが育ったような町ではラグビーが一番人気のスポーツだった。

さらに混乱させられたのだが、ぼくはラグビーには二種類あることを発見した。一チームの人数が異なり、別々のルールをもち、選手の背番号の振り方は逆。一方のラグビーをテレビ観戦するとき、ぼくにはなにがどうなっているのか本当にわからなかった。もちろん、父親とぼくはわざわざそれを観にいったりはしなかった。そのあと、どちらのラグビーの側も、もう一方の側にはたいして関心がないのを知った。

というわけで、実際にラグビーをプレイすることへの興味は露と消えたけれども、ラグビーについての好奇心は増大した。だれもきちんとした回答をもたないたくさんの疑問がありそうだった。運動能力の欠如はラグビーの道に進むというぼくの夢をだめにしたけれど、ラグビーとより広い世界に対する好奇心は刺激され、発展し、最終的にはぼくを歴史学者の道に導いた。

本書『ラグビーの世界史——楕円球をめぐる二百年』の起源は、一九七〇年初頭のブリテン島、どろんこのグラウンドにある。それが語る物語、それが答える疑問、それが解決しようとする謎は、ファンであろうとたまたまの観戦者であろうと、ラグビーの試合を見たことのあるすべての人の頭に浮かぶ謎だ。

スポーツを語るときのもっとも陳腐な決まり文句がぼくらに告げるように、ラグビーはスポーツ以上のもの——だから、これは『トム・ブラウンの学校生活』からテレビのデジタル放送まで、ハルの波止場からシドニーの港まで、ウェールズの炭坑労働者からロシアの貴公子まで、ラグビーの生活と時代、それを創造した世界の歴史である。

ラグビーとは、ぼくらが暮らす世界とそれがどうやって創られたかの歴史である。

Part I Kick-Off

第一部 キックオフ

世界中のほとんどすべての場所で、世紀と文明を超えて、人類は一個のボールを受け、投げ、蹴ることに本能的な歓びを覚えてきた。それはラグビーに類するスポーツが長いあいだプレイされてきたという意味だ。

現在われわれが知る形のラグビーの起源については、しかしながら、ブリテン島に目を向けなければならない。前産業化時代に野原や村でプレイされていたこけつまろびつの荒っぽいゲームはイングランド中部地方でラグビー校の少年たちに引き継がれ、ルールと規律と道徳のスポーツに変容を遂げた。

すぐにトライの高揚感とタックルの緊張感が幅広い層の人びとの心をとらえていった。ラグビーはパブリックスクールの創始者たちの枠を越え、ヴィクトリア朝の大都市に集中する工業労働者の情熱の対象となった。

ラグビーはあらゆる人がプレイし、観戦するスポーツとなった。

第1章　伝統

The Tradition

身を切るような冷たい風の吹く晴れた二月のある日。空気のなかには期待感がある。人びとが小さな輪を作りながら、三々五々と集まってくる。冗談を言って笑う人、午後の見通しについて真剣に語り合う人。輪から離れる人、動く人、挨拶し、他の輪に加わる人。さまざまな色のシャツの波、凍える息《いき》、騒がしい話し声。

群衆がふくれあがり、午後のイベントの舞台へとくねくねと蛇行しながら近づくにつれて、その足どりは速まり、おしゃべりの声はいっそう大きくなる。儀式をよく知るからといって、興奮感が減るわけではない。

それから、目的地に到達すると。群衆はもう一度、ひとりの個人にもどり、ある者はいつもの場所に陣どり、またある者はよい見物場所を確保し、新しくきた人たちはこの日の成り行きを見守る場所を探してあたりをうろつきまわる。

舞台は整った。

試合が始まる。群衆がどっと雄叫《おたけ》びをあげる。選手は勢いよくぶつかりあい、必死になってボールをつかもう、敵のあいだを抜けよう、敵をかわそう、いや、敵の上を越えていこうとさえする。試合は、殺到、反撃、殺到の繰り返しにはまりこむ。ゲームがだらだらと続いていくうちに、ついに両サイドとも疲れ始め、張りつめたディフェンスが緩み、締まりがなくなる。

突然、ボールが集団から飛び出してきて、開けたスペースに蹴り出される。ボールが拾いあげられ、選手から選手へとすばやく正確にパスされて、選手たちは右に左にと動きながら敵のテリトリー深くにはいりこむ。決定的な得点は阻止できないように見える。応援者たちが激励の言葉を怒鳴り、一方、敵は歯を食いしばる。

それから、それが起こる。ボールはその目的地にたどり着く。一瞬、時が止まる。激励は恍惚《こうこつ》に変わる。勝利の高揚が一時的にこの世の憂さを忘れさせる。試合は終わり、群衆は徐々に去り始める。ある者は祝うために、ある者は慰めあうために。

けれども、勝者だろうと敗者だろうと、選手だろうと観衆だろうと、ひとりひとりが、毎週ごとに、毎年ごとにもどってくるだろう。このスポーツがもたらしうる崇高《すうこう》な永遠の時を求めて。

◉モールとマルディグラ〔告解火曜日。謝肉祭の開幕日〕

このような場面は、シドニーからスウォンジーまで、ペルピニャンからプレトリアまで、そしてそのあいだのすべての地点で、ラグビーがプレイされるところならいつでもどこでも体験される。しかし、上述したのは近代ラグビーの試合ではない。イングランド農業の中核地域ダービーシャー州アシュボーンの「アッパーズ」と「ダウナーズ」のあいだで毎年、戦われる告解火曜日の「民俗フットボール」、農村の過去から生き残ったわずかのゲームをのひとつである。

この種の試合の大多数と同様に、これは町の住民すべてに開かれており、住民の忠誠心は、ヘンモア川の北側（アッパーズ）で生まれたか、南側（ダウナーズ）で生まれたかで分けられている。川は町を二分しているだけでなく、ふたつのゴールも提供する。ゴールとゴールのあいだは三マイル離れ、南側のゴールはクリフトンの水車小屋、北側はスターストンの水車小屋である。

試合は、街路、野原、川で繰り広げられ、数百人の男たち、老いも若きも、ときには女たちも、決定的なゴールを決める栄誉を求める――ゴールを決めた者には当人の名前が書きこまれたボールが贈られる。

現在の複雑なルールとは対称的に、アシュボーンの試合ではルールの数が多かったことはない。ゴールにボールをもちこみ、はるか以前に撤去された水車の名残である石をボールで三度たたいたチームが勝者である。ゴールが決まらない場合、試合は午後十時に終了する。もっともゴールが午後五時以前に決められた場合は、新しいボールをもちこんで試合を延長する。それ以外には、ゴールを決めるのに必要なことはなんでもオーケーである。

アシュボーンは決して唯一無二でも例外でもない。ラグビーの進化上に見られる先祖返りのように、コーンウォール最西端のセントアイヴスからスコットランド北岸沖のオークニー諸島州都のカークウォールまで、今日でも類似の試合が一ダース以上プレイされている。サッカーでもラグビーでもなく、ボール、ゴール、手、脚を使う二十世紀以前のすべての団体競技と同様に、これらのゲームは単純に「フットボール」と呼ばれ、現在、歴史学者は「民俗フットボール」としてこれに言及する。

この形のゲームはまたヨーロッパでも相変わらず見ることができる。民俗フットボールに類似する試合についてフランスで書かれたもっとも古い文書は一一四七年にまで遡《さかのぼ》る。「ラ・スール la soule」は、「シュール choule」または「cholle ショール」などとしても知られ、フランス北部のノルマンディ、ピカルディ、ブルターニュで二十世紀前半までおこなわれてきた。イタリアでは「カルチョ calcio」と呼ばれる形のフットボールが十六世紀に出現する。フィレンツェのカルチョ（Calcio Fiorentino）はムッソリーニの治世下で再興され、現在のフィレンツェでも観光の大きな目玉となっている。数えきれないほどの類似のゲームが歴史上の記録を騒がせることなく、生まれ、死んでいった。

どのゲームも単なるスポーツ以上のものだった。ひとつひとつが、工業化以前の農業社会の日常生活を区切る祝祭のサイクルの一部だった。キリスト教暦では民俗フットボールがもっとも多く開催されたのは四旬節の断食期間が始まる前日の告解火曜日である。

キリスト教世界全体で、告解の三が日〔Shrovetide：四旬節の初日「灰の水曜日」前の三日間〕は道楽と放縦の祭である。スポーツやゲーム――パンケーキ競争から闘鶏まで多種多様――が祝祭の重要な一部だった。告解の三が日にフットボールの試合が開催されるとき、村全体がその日のために仕事を休み、男たちと若者たちの巨大なスクラムがボールをゴールにもちこもうと悪戦苦闘した。通常の慣習と権利は一時的に停止された。一七九〇年代にスコットランドのミッドロージアンでおこなわれたように、ときおり女性も加わった。そして現代とまったく同じように、アルコールはつねにその潤滑油だった。

現在では、最高水準のスタジアムがあり、高給を支払われるアスリートがいて、複雑なルールがある。しかし時間と場所をはるか隔てているにもかかわらず、近代ラグビーは中世のご先祖さまたちの伝統のなかにしっかりと根をおろしている。

◉「フットボール」、ラグビーとサッカー

歴史学者のバーバラ・タックマン〔一九一二―八九〕はかつて、車輪の発明がテクノロジーの発達に重要だったように、ボールの発明は人間のレジャーの歴史に重要な役割を果たしたと示唆した。[◉1] タックマンが正しかったことに疑いの余地はない。

すべての大陸と文化を超えて、人類は文明の黎明から球技をプレイしてきた。早くも紀元前三〇〇年には、中国人は「蹴鞠《ツウヂュウ》」と呼ばれるゲームを楽しんでいたようだ。蹴鞠は球を蹴って二本の竹の棒に吊した絹布《けんぷ》を越えさせる。ギリシアの著述家、ナウクラティスのアテナイオスは、ローマのスポーツ「ハルパストゥム」を記述している。このゲームでは、参加者がボールを運び、パスをする――動かぬ証拠はないものの、これをラグビーの先駆者と見る向きもある。

ブリテン島で「フットボール」と呼ばれるゲームについてのもっとも古い記述は一一七四年にウィリアム・フィッツ・ステファンによって書かれ、ロンドンにおけるその人気を記録にとどめている。「正餐後、市の若者全員が野原に出かけ、よく知られたフットボールの試合をする。いくつかの学校に所属する学生たちはそれぞれが自分たちの〔学校の〕ボールをもつ。市の職人たちは、それぞれの職業にしたがって自分たちの〔職業の〕ボールをもつ」[2]。

これと似た民俗フットボールは、中世末に地域間のライバル関係を強めた都市や交易、経済の拡大と連関して出現したのだろう。地域と地域のライバル関係はスポーツの試合における競い合いへのもっとも重要な推進力である。「ゴール」という単語は、「バウンダリー〔境界〕」と同じ遺産をいくらか共有しているように見える。それはまた「境界をたたく beating the boundary」と呼ばれる儀式ともつながっているのだろう。この儀式では土地の人びとが行列を作って所属する小教区の境界線を歩き、自分たちが帰属する場所についての知識を分かちあい、自分たちが将来確実に記憶されるようにする。

おそらく、このような競争のために、民俗フットボールは庶民のスポーツとして見られることが多かった。ジョゼフ・ストラットによる叙事詩『イングランドの民衆のスポーツと娯楽』（一八〇一年）は、フットボールが「以前はイングランドの庶民のあいだでとても流行していた」と述べている。フットボールはまた、ときには正当な理由があって、抵抗運動や犯罪的な組織の隠れ蓑ではないかと疑われた。アイルランドでは一七一九年に「騒がしい会合を重ねる」ための「仮面」にすぎないとして禁止された[3]。

ボールを手で扱ったり、キックしたり、パスしたりするやり方は、そのゲームがプレイされる地方と同じぐらい多様だった。はるかに組織化され、明白に規定されたルールに従うものもあった。一七八九年、ロンドンのケニントン入会地において、カンバーランド対ウェストモーランド戦が一チーム二二人制で、一〇〇〇ギニーをかけて開催された。アシュボーンでは一八四六年に、一チーム四人制で試合が戦われた。クリケットのシングル・ウィケット・ゲームの考えに則り、一チームひとりでおこなわれた試合の記録さえある[4]。

ノーフォーク、サフォーク、エセックス、ケンブリッジシャーで少なくとも十五世紀から十八世紀までプレイされたキャンプ＝ボールには、洗練された一組のルールと「キャンピング・クローズ」と呼ばれる専用のグラウンドがあった。一チーム一〇人あるいは一五人で、「サイドマン」にサポートされて、ボールを敵陣にもちこむ。「サイドマン」はアメリカンフットボールの「ブロッカー」と同じように振舞う。ひとりのサイドマンの前進が停止させられると、ボールは別の選手にパスされなければならない。[5]コーンウォールの「ハーリング・トゥ・ゴールズ」〔ゴールに向かって投げる〕ゲームは、一チーム一五人から三〇人でプレイされ、同じようなブロック法が許されていた。タックルを受けたとき、ボールキャリアーはそれを後方のチームメイトにパスしなければならない。フォワードパスは許されず、選手がタックルされたときには「ホールド」と叫んでボールを後方にパスする。十七世紀のコーンウォール地方議員リチャード・カルーは、ルールが破られた場合、選手は「とっくみあいを始めるきっかけにするが、拳《こぶし》をふるうぐらいで、どちらもひどい振舞《ふるまい》や怪我の仕返しを求めているわけではなく、プレイは再開される」[6]と書いている。

こういった初期の民俗フットボールのそれぞれがいかに異なり、またさまざまであっても、試合の記述からはただひとつのことが明らかになる――それはほとんどがサッカーよりもはるかに近代ラグビーに似ていることだ。

つながりを理解するのにタイムトラベラーになる必要はない。必要なのは一枚の地図だけだ。こういった初期の「フットボール」の試合は、のちにラグビーが育つ環境となる地域でおこなわれた。ロンドン南西部のトゥイッケナム周辺の地域では、告解火曜日の試合はしっかりと確立された伝統の一部だった。本拠地トゥイッケナムと同様に、ロンドン中心から離れた他の場所、テディントン、ブッシー・パーク、リッチモンド、ハンプトン・ウィック、イーストモールジー、テームズ・ディットンでも試合が開催された。毎年恒例のキングストン＝アポン＝テームズにおける試合は、イングランドのラグビーの統轄団体であるラグビーフットボール協会（RFU）がようやく結成される三年前の一八六八年まで継続した。[7]

現在のラグビーの本拠地レスターシャーでは、少なくとも一七九〇年にラットビー村が試合を主催して以降の試合が記録されている。一八五二年の告解火曜日、現在のレスター・タイガースの練習場から車でわずか一五分の野原で、ブラビー対ウィグストン戦が一チーム一五人制で戦われた。[8]ブラビー地区の別の村エンダービーはあまりにも高い評判を得ていたので、一八五二年の聖金曜日に中立地帯シェフィールドのハイドパークで、ハダースフィールド近隣ホルムファースのチームと一戦を交えた。[9]

レスターから一五マイルのハラトン村でおこなわれる伝統的な復活祭の月曜日の「ボトル＝キッキング」マッチ（誤解を招く名称。ボトルは使用されず、三個の樽が使用される。しかしキックはされない）は、十八世紀に大人数で戦われた民俗フットボールの名残である。[10]

さらに北にいくと、現在のラグビーリーグの要塞、イーストヨークシャーの町ホーンシーは、一六八〇年代から続く独自の「フットボール・グリーン football grene」を誇りにできる。一八二〇年代、原始メソジスト派は、ヘドンとプレストンのあいだで戦われる毎年恒例の試合を中止させるために集会を開いている。一八九〇年代になってもなお、ハルFCの選手のひとりは、ラグビーのスキルを地元サットンの村で「伝統的フットボール」をプレイしながら身につけたと主張した。[11] ヨークシャーのウェストライディングでは、試合はキースリー、パドシー、そしてもっとも定期的にはホルムファースで開催された。ホルムファースはまず間違いなく、ユニオンとリーグ両方のラグビー規則でプレイしたもっとも偉大なセンター・スリークォーター、ハロルド・ワッグスタッフ生誕の地である。[12]

一八四〇年代、ランカシャーの州境を越えたロッチデールでは「ボディーガーズ」とか「恐れ知らず」とかいった得意そうな名前の短命なクラブ間で試合が数多く開催された。これはその後、一八七一年に町が「ホーネッツ」の愛称をもつラグビークラブの本拠地となることを予測させる。[13] オレルでは、一八四一年に三〇人制の挑戦状が地元の村々に送られた。[14] カンバーランドでは、大人数の民俗フットボール「アッピーズ＆ダウニーズ」ゲームがワーキントンの復活祭の試合のなかに今日まで生き残った。近くのホワイトヘヴンでもまた造船工と石切り工のあいだで試合がおこなわれた。[15]

ウェールズでは、「クナパン cnapan」と呼ばれるゲームが、南西の端のペンブルックシャーにおいて、どうやら数千人規模でプレイされたらしい。このゲームでは、徒歩の男たちと馬に乗った男たちが一個のボールを奪い合う。十六世紀に最盛期を迎えたようであり、一七四〇年にはウェールズ西部のテイフィ川河岸でプレイされている。[16] スコティッシュボーダーズではとくにジェドバラで、民俗フットボールが盛んだった。

ラグビーの先祖たちを数えあげていると、ひとつの明白な疑問が浮かびあがってくる。足を使ってプレイされないのに、なぜ「フットボール」という名称があたえられているのか？　明らかな真実は、多くの単語の語源と同様に、われわれにはただ単純に確実なことはわからないということだ。現在、世界のいたるところでサッカーがプレイされているために、われわれは

「フットボール」とは足だけを使ってプレイされるスポーツという意味だと決めてかかってしまう。それが事実だったことは一度もない。フットボール・アソシエーション〔サッカー〕でさえ、初期にはフィールド上のプレイヤーがボールをキャッチするために手を使うのを許していた。そして、もちろんラグビーでは足はたしかに徹底的に使用される。プレースキック、ドロップキック、チップキック、パント、アップアンドアンダー、グラバーキックは戦場に出るすべてのラグビーチームの武器の一部である。ラグビーは手と足の両方を使うスポーツだ。

むしろサッカーは、フィールド上のプレイヤーが足しか使えないことにこだわるために、規則の例外となっている。このことはヴィクトリア朝の近代フットボールの使徒たちによって広く認められてきた。一八八七年、フットボールを初めて学術的に研究した歴史学者モンタギュー・シャーマンは「［フットボールの］原型には、キック以外は許されないことを示唆するような痕跡はない」と指摘した。[17] シャーマンはラグビーの狂信的支持者とはほど遠く、FAカップの初代チャンピオン、ワンダラーズFCのメンバーだった。

初期のフットボールの正当な相続人はどのスポーツなのだろうか？　間接的にはすべてがそうである。直接的にはすべてがそうではない。人間の進化の視点から見れば、民俗フットボールは、類人猿がチンパンジー、ボノボ、人類の共通の祖先であるのと同じ形で、近代サッカー、ラグビー、そして他の形式のフットボールと関連する。

しかし、ひとつの単純な事実が残る。何世紀ものあいだ、ヨーロッパのいたるところでボールを手で扱い、キックし、プレイヤーがタックルを受けるフットボールがプレイされてきた。その伝統にもっとも深く根をおろしているスポーツはサッカーではない。

それはラグビーである。

第2章 「ラグビー」と呼ばれる学校

A School Called Rugby

一八五六年初頭、ラグビー校ＯＢトマス・ヒューズは八歳の息子モリスのために一冊の本を書き始めた。それはモリス少年が父の足跡を追ってラグビー校に入学すれば、なにが期待できるかについての物語になるはずだった。ヒューズは息子に学校の日常生活の原則を紹介し、その心構えをさせるために、物語をおもしろくて、しかも教育的にしたいと考えた。この本は少年に人格の重要性、ジェントルマンになる方法、そして同じように重要なこと、つまりスポーツから学べる貴重な教訓を教えるだろう。

『トム・ブラウンの学校生活』〔前川俊一訳・一九五二年・岩波文庫〕は一八五七年四月にようやく出版され、瞬く間にベストセラーとなった。最初の一年で一万一〇〇〇部が売れ、十九世紀末には五〇版に達する。ヴィクトリア朝でもっとも重要な小説の一冊となり、「学園小説」のジャンルを確立し、世界中の学校に模範を提供し、無数の人びとをラグビーへと誘った。しかし、愛情深き父親トマス・ヒューズにとってもっとも価値があったのはザ・タイムズ紙の匿名書評家の称讃だっただろう。書評家は、この本は「イングランドの父親すべてが、息子の手のなかにあるのを見たいと望む」[※1]本だと断言した。

スポーツ、そしてとくにラグビー校独自の「フットボール」は、『トム・ブラウンの学校生活』のきわめて重要な一要素である。トムは学校に到着直後、激しい試合のまっただなかに押し出される。勇気と義務感に背中を押されて乱闘に飛びこみ、試合終了直前に転がってきたボールに飛びつき、トライを阻止して、チームの勝利を決定づける。折り重なる身体の下から出てきたときにはヒーローになっていた。この行為によって、トム・ブラウンはラグビー初のロールモデルとなる。

ラグビー校自体は『トム・ブラウンの学校生活』出版のほぼ三世紀前、一五六七年にロンドンの食糧雑貨商ロレンス・シェリフによって、地元の少年たちに「文法」を無料で教えるために設立された。一八一八年には、イングランドで二番目に大きな学校となっており、生徒数ほぼ四〇〇名を誇った。「フットボール」——現在でもなお、ラグビーはその生徒たちによってこう呼ばれている——はその日常生活の基本構造にぴたりとはまりこんでいた。

ラグビーの町はフットボールの試合と無縁だったわけではない。観光案内では「イングランドの心臓」と呼ばれる地方のなかで、エイヴォン川河畔の風景に抱かれたこの一帯には十八世紀半ばにまで遡る「フットボール」の伝統があった。一七〇〇年代には毎年元日にラグビーの町の中心で試合が開催された。とても人気があったので——あるいは見方によってはとても迷惑だったので、一七四三年の大晦日には町の触れ役バクスター氏が、地元の治安官から二ペンスをもらい、「通りでフットボールはなし」と叫んで、参加しようとしていた者たちを思いとどまらせた[2]。

ラグビー校が最初のルールブックを印刷発行したのと同じ年の一八四五年になってもなお、「ラグビーの六人の仕立屋」が挑戦状を出し、賞金五ポンドを賭けての勝負をもちかけた。相手は町から五マイル内に住む六人ひと組のチームならだれでもいい[3]。一八四〇年代には近くのフレックノー、グランバラ、スタヴァートンの村々も定期戦を戦っていた。一八四三年、地元のブックメーカーは、不敗のグランバラにフレックノーが勝つ賭け率を一〇〇対一に設定。村にとって、そしてギャンブラーたちにとって忘れがたい日となった。「八時間の戦いのあと、試合通が大いに驚き、無念がったことに」とスポーツ週刊誌ベルズライフの記者は書いた。「フレックノーがうまく二試合に勝ち、その結果、勝者となった[4]」。

こういった試合やチームのいずれもが一八五〇年代までは生き延びられなかった。工業の発展と工場システムの厳格な規律は、伝統的な民俗フットボールの余地を空間的にも時間的にも残さなかった。伝統スポーツの場合、利益が楽しみに優先した。一八三二年、あるダービーの実業家は町伝統の告解三が日の試合について、「これほど無益で野蛮なスポーツで得るただの歓びのために、ほぼ二日間にわたり仕事を中断することは真剣に考えるべき問題である」と不満を訴えている。一八四六年、ダービー市長は騒擾取締法を読みあげ、試合を確実に阻止するために軍隊を呼んだ。ダービーのある元フットボーラーはぼやいた。「スポーツもフットボールもなし。まったくがっかりだ。これが、貧しい人びとを扱うやつらのいつものやり口だ[5]」。

だが、庶民の伝統スポーツが蔓《つる》についたまま枯れてしまっても、それはラグビー校のようなエリートのパブリックスクールに生き残り、大きな成長を遂げた。

◉トム・ブラウンの世界

トマス・ヒューズが『トム・ブラウンの学校生活』を書き始めたころには、ラグビー校のフットボールは、ただもうひとつのスポーツという以上のもの、学校のユニークな教育スタイルの象徴となっていた。イートンやハローのような社会的威信が上の競争相手とは異なり、ラグビー校は少年たちの人格の発達に力点をおいた。英国の社会、産業、帝国の指導者は競争精神のなかで教育しなければならない。競争こそが経済発展を前進させる起動力となる。その実践にラグビー以上によい方法があるだろうか?

これが、『トム・ブラウンの学校生活』の真のヒーローが実際にはトム・ブラウンではなく、一八二八年から四一年までその校長を務めたトーマス・アーノルドであることを説明する。アーノルドの存在がこの本の頭上高くにそびえ立つ。アーノルドは、日常生活の基本はキリスト教的原則を実現するための積極的な奮闘努力であると信じていた。「ここでわれわれが求めなければならないのは、第一に宗教的・道徳的原則であり、第二に紳士的行動であり、第三に知的能力である」と教えた。[6] アーノルドの使った言葉そのままではないが、これこそが「筋肉的キリスト教」〔十九世紀ヴィクトリア朝のキリスト教の運動。スポーツを通じての友愛、規律、自己犠牲、愛国心、男らしさなどを求めた〕の哲学だった。

アーノルドのもとで、ラグビー校は道徳的目標に圧倒的な意義を見いだした。十九世紀前半の中産階級がもつ自信は一見抑えがたく、ラグビー校はそれを鮮やかに映し出すようになる。一八四六年、ある生徒は学校を次のように描いている。

> 近代イングランド社会におけるもっとも強力な要素、すなわち中産階級のイメージ……現在のような文明後期の段階では、通商の理念はついに、それが長いあいだ引き離されてきたもの、すなわち教育と啓蒙と結びつくことが可能になり、傑出して、そしてほとんど排他的に注目されるようになった。そうであっても、われわれはわれわれの力が最近、認められ始めたと感じている。この感覚に鼓舞されて、われわれはわれらが偉大なる師［アーノルド］が遺した道徳的思慮の誕生の地をしっかりと維持し、前進させるだろう……。[7]

ラグビー校の重要性は一八六四年、政府がイングランドの一流パブリックスクール七校の教育を審査するために設けたクラレンドン委員会の報告書によって確認された。委員会はラグビー校をイートン、ハロー、ウィンチェスターの上におき、次のように述べた。

(ラグビー校は)地方の学校の地位からパブリックスクールの地位にまであがり、効率と総合的な評判ではなにものにも劣らない……実際には、教育の場所として、そして王国全域への影響の源として、全国的な教育機関になっている……それはいたるところで教え、いたるところで知られ、いたるところで影響をあたえる。[8]

クラレンドン委員会からのお墨つきと『トム・ブラウンの学校生活』の莫大な売り上げによって、トーマス・アーノルドの原則は新しく、そしてより幅広い聴衆に届けられた。それはラグビーに初めて、フットボールが本来備えている楽しみ——ボールを追いかけて野原を走りまわる——を超えた重要性をあたえた。ラグビーフットボールはもはやただのスポーツではなかった。ラグビーの使徒たちにとってそれは人生の道案内だった。

◉プレイの形式

ラグビー校では、どのような形のゲームがプレイされていたのか? 『トム・ブラウンの学校生活』で見られるとおり、それは何世紀ものあいだおこなわれてきた民俗フットボールの試合とは趣が少々異なる。選手の数は無制限だが、たいていは一チーム五〇人か六〇人。試合時間の制限はない。最初に二ゴールをあげたチームが勝者となる。ただし一八四五年に初めて成文化されたルールでは、「すべての試合は五日で引き分けとなるが、ゴールが蹴られなかった場合は三日で引き分けとなる」。伝統的な告解火曜日の試合と同様に、プレイはほとんどとぎれなく継続するスクラム〔ここでは「押し合いへし合い」の状態をいう〕に基礎をおく。スクラムのあとには通常キックが続き、またスクラムとなる。[9]

現在のわれわれには奇妙に見えるが、トライでは点ははいらない。トライはゴールキックを試す〔トライする〕機会を提供するだけだ〔トライ後のゴールが決まると、トライが消えてゴールとなる。これを「トライをゴールにコンバート(変更)する」と言った。現在はトライ後のゴールが決まって追加得点することをコンバートすると言う〕。ここから「トライ」という用語が生まれた。

近代サッカーと同様に、ゴールだけが得点となる。そしてゴールを決めるのは簡単ではない。まず第一に、「ゴールキーパー」、たいていは学校の年少の生徒たちがゴールライン沿いに広がり、ボールがラインを越したり、タッチダウンされるのを阻止する。ひとりの選手がこの少年たちの群れをうまくかわしてボールをタッチダウンしたあとも、ゴールキックの手順は手がこんでいて時間がかかる。タッチダウンをした選手がフィールドオブプレイ〔ゴールラインとタッチラインに囲まれた地域〕で待機する選手に向かって、タッチダウンした地点からパントをあげる。待機していた選手はボールをキャッチし、かかとでグラウンドに印をつける。だが、ボールがキャッチャーに向かって蹴られた瞬間に、ディフェンス側はキャッチを妨害するために前方に走り出すことができる。キャッチャーがうまくキャッチした場合は、ボールをグラウンドにおいてよい。そのあと、トライをあげた選手がゴールポストのあいだにわたしたバーを越えるようにキックする。

驚くまでもないが、この複雑怪奇な手順は、一八七一年にRFUが作成した最初のルールブックには含まれなかった。しかし、それにはひとかけらの歴史的意味がある。敵がキッカーにチャージできるという事実は、ラグビー校ではゴールはボールがクロスバーを越えることで得点されていたのであり、バーの下をくぐってではないことを意味する。

ゴールキーパーに加えて、チームは主として「クォーターズ」と「プレイヤーズ・アップ」で構成されていた。「クォーターズ」の仕事はボールがこちらにきたら、それを敵陣に蹴りもどすことだった。「プレイヤーズ・アップ」はフォワードのことで、スクラムに加わるか、ボールを敵のゴールラインまでドリブルする。スクラム自体はその現代版とはほとんど関係がない。フォワードは直立して、ボールを、あるいはより多くの場合、相手の向こうずねを蹴りながらプッシュする。相手の脛を蹴る習慣は「ハッキング」と呼ばれる。目的は、ボールをスクラムからヒールアウト〔スクラムまたはラックからボールを足で後方に出すこと〕することではなく、敵のフォワードを後退させ、ボールをゴールに向かってドリブルすることだ。スクラムからボールをフッキング〔足でかきだす〕で出すのはずるいと考えられていた。

タフネスがすべてだった。スクラムで頭を下げている選手は臆病だと非難された。なぜならばそれはその選手が自分の向こうずねの心配をしている証拠だからだ。ヴィクトリア朝のパブリックスクールの生徒にとって、向こうずねにハックし、またハックを受ける能力以上に重要な男らしさの試験はなかった。トムの学校での初試合前、イーストは「ぼくらはハックなんか屁とも思わないのを相手に見せつけるために、全員、白いズボンをはく」と説明する。白ズボンは血を目立たせ、着ている少年が痛みをものともしていないことを証明する。

　国際試合に出場した選手に現在でもあたえられるキャップの伝統でさえ、その源をこのような若者たちの男らしさの試験にまで遡ることができる。寮生チームの生徒たちは、敵と自分たちを区別するために深紅色のキャップをかぶった。ＯＢのシドニー・セルフは「合い言葉は、どこでも［帽子をかぶっていない］頭を見たら殴れ、だった」[10]と回想する。

　敵のすねに切り傷をつけられるように、生徒はシューズを改良までした。厚い底をつけ、爪先を鋭く削る。別のラグビー校ＯＢは一八六〇年にこう書いている。「仲間たちはボールがハッキングのきちんとした口実になる場合をのぞいて、ボールにはあまりかまわなかった……ぼくの座右の銘は自分の近くにボールがあるときはそれをハックしろ、ボールがないときは、そう、近くにいるやつをハックしろ、だった」[11]。

　一八七〇年代になってもなお、ラグビーは主として足を使ってプレイされるゲーム、当時しばしば綴られたように、文字どおり「フット＝ボール」だった。ハンドリングは厳しく制限された。キックされたボールが地面に落ちる前にキャッチ――「フェアキャッチ」――された場合、キャッチャーは敵に妨害されずにボールをキックすることが許された。これは「フリーキック」と呼ばれる。ボールをもって走るのは地面に落ちてバウンドしたボールを拾った場合にだけ許され、停止しているボール、あるいは転がっているボールでも手で拾いあげてはならず、キックしなければならなかった。

　一八二三年のある試合中に、ボールを拾いあげて走り、ラグビーを「発明」したのはきみだと言われれば、ウィリアム・ウェッブ・エリス本人がいちばん驚くだろう。エリスは後年、聖公会の牧師になり、見たところ「歴史的」な自分の功績を忘れて、一八七二年にフランスのマントンで世を去った。ラグビーの起源を探るため、ラグビー校ＯＢ会が一八九五年に企画した調査でも、この話を裏づけるいかなる証拠も――直接的だろうと、付随的だろうと、あるいは風説でさえも――見つけられなかった。それでもＯＢ会は、エリスがこのスポーツの「創始者」であると主張するのをやめはしなかったが。

　しかしながら、一八三〇年代末にラグビー校に在籍したジェム・マッキーがボールをもって走ったことは確実にわかっている。マッキーが詳細不明の「事件」のため放校になった直後の一八四二年に、学校の総会はボールをもって走ることを正式に認めた。放校にならなければ、マッキーはラグビー神話のなかで、いまのウィリアム・ウェッブ・エリスの地位を占めていたかもしれない。[12]

マッキーのような生徒たちの物語は上の学年から下の学年へと伝えられた。ラグビーのルールも同様だった。数十年間、ラグビーには正式のルールブックはなかった。争いは議論や論争や、そしてときには上級生の総会で解決された。しかし、生徒数が増加し、ルールがより複雑になったので、一八四四年に最終的なルールを協議するために委員会の設定が決定され、一八四五年八月、最初の成文化されたルール編纂のために三名の生徒が選ばれた。ウィリアム・アーノルド（ちょっと前に逝去した校長の息子）、W・W・シャーリー（のちにオックスフォード大学で教会史の欽定講座担当教授となる）、フレデリック・ハッチンズ（ロンドンで事務弁護士となる）である。わずか三日後、三人は草案を提出。草案は承認を得て、印刷に付された。[13]『フットボール・ルール集』は表紙裏表紙を入れてわずか二〇ページ、大きさは縦九センチ横六センチにすぎない。選手の白ズボンのポケットに滑りこませて、争いが始まったときにはいつでも引っ張り出すことができた。三十七ヶ条のルールは、ゲームのプレイ方法を説明しようとはしていない。すでにプレイの仕方を知っている生徒たちのために編纂されていたからだ。そのかわりに、争いや口論になりがちな点について、どう決定し、裁定を下すかを規定していた。序論にあたる最初の四ページは、試合に参加したがらない生徒という困った問題にあてられた——欠場を許されるためには、校医の署名とこの強情な生徒の家長が副署した届出書を提出しなければならなかった。

一八六二年に改訂版が出版されたころには、ルールはもはや学校の生徒たちの関心事の範囲を超えていた。『トム・ブラウンの学校生活』の比類なき成功のおかげで、ラグビーフットボールは英国の到るところで何千何万もの少年たち、若者たちを鼓舞し、興奮させていた。この本はひとりの少年のために書かれた。だが悲しいことに、その少年はそれを読みもしなかったし、それが深い愛情をこめて描くスポーツをプレイもしなかった。『トム・ブラウンの学校生活』が出版されたわずか二年後、トマス・ヒューズの息子モリスは世を去った。

第3章　次にトム・ブラウンがしたこと

What Tom Brown Did Next

ヴィクトリア朝人にはいろいろな心配事があった。帝国。労働者階級。地位。道徳。セックス。フランス人。だが、なににもまして自分たちの健康が心配だった。

このことはとくにトーマス・アーノルドのラグビー校と『トム・ブラウンの学校生活』の精神のなかで教育を受けた青年たちにあてはまる。パブリックスクールと大学を卒業したあとは、大多数がホワイトカラー系の職業につき、オフィスでの生活にはいった。新しい産業社会は法律、医療、金融、経営に何千何百もの新しい職種を創出し、そのすべてがデスクに縛りつけられる仕事で、身体を動かしたり、新鮮な空気を吸ったりする機会はほとんどなかった。

すわってばかりのライフスタイルに潜む危険は広く認識されていた。エディンバラ近郊マッセルバラの名門ロレット校校長H・H・アーモンドは、スコットランドにおいてラグビーをもっとも積極的に唱道した人だが、デスクワークが国民の健康にあたえる影響に懸念を抱いた。

人口が大都市に集中する傾向、人工的な移動手段の増加、増大する近代生活のストレスと競争、就業時間が「以前より早く」始まり、遅く終わるという不幸な変更――そのため、ついには血色の悪い事務職員が一年のうちの何か月ものあいだ、オフィスから解放されるのは日の落ちたあとという事態にまで到った――このすべてが国民が第一に必要としていること、つまりずっと強健でありたいという望みに反する。[1]

こう感じたのはアーモンドひとりではなかった。専門職階級の健康と体力に関する懸念から、一八五〇年代以降、多数の工業都市でジムや運動クラブが創設された。ラセルズ・カー氏はヨークシャーポスト紙に次のように書いている。「実践的博愛主義者は労働者のためのクラブを組織している。では、基本的に中産階級のわれわれ自身が同じ利益を手にしていけないことがあるだろうか?」[2]。

ヴィクトリア朝のもうひとつの大きな不安、フランスの脅威が健康と体力増進のための新たな運動に強い推進力をあたえた。イタリア人フェリーチェ・オルシーニは政治難民としてかなりの期間、イングランドに滞在していたが、一八五八年、パリでナポレオン三世暗殺を企てた。一八五九年五月、フランスの侵略を恐れ、英国政府は国土防衛軍（一九四〇年、ドイツ軍進行に備えて組織されたヴォランティアの市民軍）の前身となるライフル義勇軍運動を展開。愛国的義務感に鼓舞されて、中産階級の若者が多数参加した。侵略の脅威が去ると、義勇軍は活動範囲を急速に拡大。そこには陸上競技、体操その他のスポーツが含まれるようになった。[3]義勇軍の練兵場は初期のラグビー、サッカー、陸上競技それぞれのクラブの多くに試合用のグラウンドを提供した。

ラグビー熱は学校や大学から成年の世界へとゆっくりとあふれだしていった。一八五〇年代に最初のラグビークラブが結成され始めた。特筆すべきは一八五七年のリヴァプールと一八五八年のブラックヒースで、それぞれラグビー校とブラックヒース職業学校でラグビーを学んだ青年たちが組織している。[4]同じころ、学校生活で楽しんだゲームを続けたいと望むプレイヤーたちによって、ほかにも多数のクラブが結成された。ラグビー校であれ他の学校であれ、『トム・ブラウンの学校生活』の精神で教育を受けた青年たちのラグビー伝道の熱意がその急激な拡大の契機になったのだろう。

◉学校を超えて

芽生えつつあったラグビー人気は、それが他のパブリックスクールに広がっていく過程に見てとれる。十九世紀後半に設立された多数の私立学校は『トム・ブラウンの学校生活』をほとんど手引書と見なし、当然ながらラグビーを採用した。ラグビー校が権威をほしいままにしていたことは、バークシャーのウェリントン・カレッジが好例である。この学校は一八六〇年にフットボールを採用した。そのルールの一番目は、「試合中に争いがもちあがった場合、ルールはラグビー校で使用されるのと同じ」[5]だった。だが、ラグビーが拡散するにつれて、学校ごとの、あるいはラグビーをプレイするために設立された多数のシニアのクラブごとの好みと必要にしたがって、ルールには修正と変更が加えられた。

トライをゴールにコンバートする〔二七頁参照〕ときのラグビー校の複雑きわまるルールはだれも採用しなかった。ラグビー校のルールでは、バウンドしたボールをのぞいて、ボールを拾いあげることを禁じているが、ブラックヒース、ウーリッジ、サンドハーストはこれを無視した。ブラックヒース職業学校では、フォワードはボールキャリアーよりも前で敵陣に向かって走り、ボールキャリアーにタックルしようとする敵を妨害できた。これはまもなくアメリカンフットボールの特徴となる。[6]チームの人数も異なっていた。教育機関は大人数――たとえばクリフトンでは一チーム四〇人が普通――でプレイする傾向があったが、クラブには二〇人制から、一八七〇年代初めのハル対ゲインズバラ戦のように一二人制までいろいろあった。しかし一八七〇年代半ばには一五人制が規範となる。

驚くまでもないが、共通してルールに加えられた変更でもっとも多かったのはハッキング〔二八頁参照〕の禁止である。土曜の午後に手に入れた血まみれの向こうずねは、次の月曜朝の仕事の準備としては理想的とは言えなかった。リッチモンドは反ハッキング・キャンペーンを張り、ＲＦＵにその禁止を認めさせた功績があると言われている。リッチモンドだけではない。一八六五年に地元のラグビー校ＯＢが創設したハル・フットボールクラブは、ボールをもって走る選手にトリッピング〔脚をはらってつまずかせること〕は許したが、ハッキングは禁止した。ロッチデール・ホーネッツとプレストン・グラスホッパーズはどちらもラグビー校ルールでプレイしたが、ハッキングはなしだった。

すべてのシニアのクラブがハッキングに尻込みしたわけではない。ヨーク・チームは一八六〇年代末、すねあてをつけたヨーク師範学校チームと対戦したとき、相手にすねあてをはずさせようとした。しかし、師範学校側はすねあてをしたままグラウンドに登場、そこでヨークはただ単純に敵の向こうずねの滅多《めった》蹴りを断行。ヨークの選手の回想によれば、試合が終わるころには、敵が「かなりぼろぼろに見える」状態に追いこむのに成功した。ヨーク州のセントピーターズ校独自のルールもハッキングを許可していたが、「いかなる選手も〔ボールが〕ゴールバーを越えるのを妨害するために、バーの上に立ってはいけない」と明記していた。ラグビーでももっとも奇抜なルールである。[7]

最初のころ、こういったクラブはクラブ内で対抗戦を戦うだけだった。リヴァプールのメンバーは、ラグビー校ＯＢチーム、チェルトナム・カレッジＯＢチーム対それ以外のチームで戦った。ブラッドフォードではキャプテン・チームと書記チームが対戦し、イニシャルがＡからＭまでとＮからＺまでに分かれて、あるいはほかのアルファベットの組合せで分かれて戦ったチームも多かった。一八七〇年代初め、セントヘレンズはなんと金髪対茶髪で試合をした。

このような試合はすぐにおもしろくなくなり、クラブの数が増加するにつれて、他のチーム、とくに競争相手の都市や地方の代表と戦いたいという欲求も大きくなった。「新聞記事で、フットボールの試合が、リーズ、ブラッドフォード、その他で戦われると読んだ。そこでわれわれは、ハリファクスもクラブをもつべきだと考えた」とハリファクス・クラブの創設者サム・ダキットは回想している。[8]

それぞれの町でクラブが使用するルールが多様だったために、明らかな問題――どのルールで戦うのか?――がもちあがった。クラブ対抗戦が始まったとき、ホームチームのルールが適用されるのが了解事項になっていた。一八六四年、ラグビールールでプレイするリーズのチームが、サッカー志向のシェフィールドと対戦し、当然ながらホームでは勝ち、アウェイでは負けた。四年後、マンチェスターはラグビールールでシェフィールドをゴール数一―〇で打ち破ったが、シェフィールドの本拠地サウスヨークシャーのリターンマッチでは、ゴール数〇―二で負けた。

このような不満足な事態が続くわけはなく、「統一」ルール制定が広く話し合われるようになる。この問題はすでに一八四八年、ケンブリッジ大学でもちあがっていた。イートン、ハロー、ラグビーその他のパブリックスクール出身者が出身校にかかわらず試合ができるように共通のルール決定が試みられた。しかし、ケンブリッジ・ルールはケンブリッジ大学の学生のためだけに存在し、大学の外では採用されなかった。

一八六三年までには、国のいたるところで、あまりにも多くのシニアのクラブが異なるタイプのルールで戦っていたので、問題は新たな緊急性を帯びるようになった。これに対処する必要から、一八六三年十月にロンドンを本拠地とする一一のクラブが、出身校に関わりなくすべてのフットボール・プレイヤーが戦える共通のルールを作成するための「フットボール・アソシエーション」結成について話し合うことになった。

話はそう簡単ではなかった。出身各校それぞれでプレイしていたルールへのプライドがあり、そのために代表の多くが妥協を拒否した。議論は深夜におよび、政治的な策略が議事進行を支配、新設のフットボール・アソシエーション(FA)がひとつのルールブックに同意するには六回の会議が必要だった。実際に一八六三年十一月二十四日の第四回会議の終わりに、会議はひとつのルールブックについて票決をとっている。そこには以下のルールが含まれた。

第九条　プレイヤーはフェアキャッチ、あるいはボールが一回バウンドしたあとでキャッチした場合、ボールをもって相手側のゴールに向かって走る権利をあたえられる。しかし、もしフェアキャッチをしてマークをした場合には、走ってはならない。
第十条　プレイヤーが相手側のゴールに向かって、ボールをもって走る場合、相手チームのすべてのプレイヤーは、走っているプレイヤーを襲い、ホールドし〔おさえこみ〕、トリップし〔脚をはらい〕、ハックし〔蹴り〕、あるいはボールをもぎとる権利を有する。しかし、いかなるプレイヤーもホールドされると同時にハックされてはならない。[9]

つまり、会議はラグビー校のプレイにならったフットボールのために投票をしたのである。

そのあと、ハル出身の事務弁護士でＦＡ書記に選出されたばかりのエベニーザー・モーリーがケンブリッジ大学の最新ルールを支持する動議を提出した。このルールでは、ボールを手でもって運ぶこととハッキングが禁じられていた。八人がモーリーを支持し、ケンブリッジのフットボール・プレイヤーとこれについて議論するために委員会が設定された。正確にはなにが同意されたのかはっきりしないまま、会議は混乱のなかで延期された。

モーリーは、民主主義の目標とは全員が自分に賛成するまで投票を続けることだと信じていた男のようである。八クラブのみが出席した次の会議で、ハッキングを認める前回の決定を議事録から削除した。のちにＦＡおよびサリー・カントリー・クリケットクラブ書記となるＣ・Ｗ・オールコックが、前回、同意したハッキングとボールを手でもって走ることを認めるルールを削除する動議を提出。モーリー同様オールコックはケンブリッジ・ルールを支持していた。オールコックの動議は通過したが、これはＦＡが連続する二回の会議でふたつの対立するルール集を承認したことを意味した。[10]

このような露骨な操作に直面して、ラグビールール支持のクラブは翌週の会議を欠席、この会議でモーリーとオールコックのルールが承認された。つまりボールをもって運ぶのはなし、そしてハッキングもなし。新設のＦＡは加盟クラブ数を一八と主張したが、少なくともそのうちの六クラブがブラックヒースのようにラグビールールでプレイしていたようだ。[11]おまけに、ＦＡの新ルールでは、フィールド上のプレイヤーは相変わらず、ボールがバウンドする前に直接キャッチした場合、妨害を受けずにキック（フリーキック）できた。ＦＡカップの最初七回のうち四回の決勝戦に出場した王立工兵隊チームでさえ相変わらず独自のフットボールのルールでプレイし、それによればボールをもって走ることが許された。

要するに、FAが結成されたからといって、ラグビーやサッカーのクラブがすぐに変化したわけではなかった。それはたしかに、「ラガーrugger」が「ラグビーrugby」という語から派生したのと同じ形で、そのスポーツが「アソシエーションassociation」の省略形「サッカーsoccer」と呼ばれるようになるという結果へと導きはした。だが、全般的には、FAの結成はほとんどのクラブから無視された。結成の四年後、FAのメンバーはわずか一〇クラブ、ロンドンの九クラブとシェフィールドFCで、しかもシェフィードは独自のルールでプレイしていた。

FA内でもFA外でも、ラグビーをプレイするクラブがそのライバルのサッカーを数の上で圧倒していた。一八六八年に刊行されたC・W・オールコックの『フットボール年鑑』第一号と、そのあとに続く二〇年間の重要な試合記録では、記載された八八のフットボールクラブのうち、四五がラグビー校の伝統に則ってプレイしていた。他の三〇クラブがFAのルールで、一三がシェフィールド版でプレイした。そして、もちろん一部のクラブはその両方、あるいは両方を組み合わせたものをプレイしていた。ラグビールールの優位性は、当時、最高のスポーツ週刊誌ベルズライフが、一八七一年一月号で、「アソシエーションのルール〔サッカー〕に従うクラブに対するラグビークラブの、数と人気の上での優位性は毎年、増大している」[12]と指摘するほど大きかった。

●RFUの誕生

ラグビーはなぜサッカーや他のスポーツを顔色なからしめたのか? パブリックスクールのスポーツすべてのなかでラグビーだけがシニアのクラブでも盛んになった。イートン、ハロー、ウィンチェスターのフットボールはシニアのスポーツにはならなかった。FAのルールブックは、パブリックスクールのどんなスポーツとも直接のつながりのないルールと嗜好の妥協物だった。ラグビー校OBはぶれることはなく、そのルールの優越性に絶対の信頼をおいていた。[13] 自分たちがプレイするスポーツの利点に絶大な自信をもっていたので、FA——あるいは他のいかなる組織——も相手にしなかった。

一八七〇年、この至高の独自路線にやっと疑問が呈され始める。その疑問はヴィクトリア朝人の健康への懸念から生まれてきた。一八七〇年十一月、ザ・タイムズ紙が、ラグビー校でのフットボールの試合中に多発するハッキングによる負傷に苦言を呈する投書を掲載。[14] 大勢の在校生と卒業生が母校——とハッキング——を擁護するために立ちあがった。オックスフォードのトリニティ・カレッジ在籍中のあるOBは、ハッキングは「完全に正当」だと言った。十二月初め、世間の騒ぎがあまりにもやかましくなったために、ラグビー校の校医ロバート・ファーカーソン医師はザ・タイムズ紙宛の投書で、学校でのプレイ中に少年一名が死亡したことを認めた。死因はハッキングではなく、他のプレイヤーと激突したとき下腹部に受けた負傷だった。校医は主張した。ハッキングはいかなる重篤な負傷にも責任はない。

ラグビーは初めて公衆の非難の的となり、この批判は競争相手各校からのうるさい批判同様に退けることができなかった。これまで見てきたように、多くのシニアのクラブもハッキングには批判的で、その容認を拒んだ。ラグビーがその行ないを正すべきなのは明らかだった。

同じ時期に、ラグビーはまた意外なところ、サッカーからも挑戦を受けていた。一八七〇年代、FAはイングランドとスコットランドのあいだで二回の国際試合を開催。つまりサッカーはイングランドとスコットランド両国民を代表するスポーツとなったわけである。それに発憤してスコットランドのラグビープレイヤーがイングランドのラグビープレイヤーに代表戦の挑戦状を送った。だが、国際試合開催のためには競技の統轄団体が必要である。

一八七〇年十二月、ブラックヒースの書記ベンジャミン・バーンズとリッチモンドの書記エドウィン・アッシュがベルズライフ誌に投書を掲載した。

しばらく前からラグビーフットボールの支持者のあいだでは、ラグビーをプレイすると公言しているクラブすべてがなにか決められた規則を採用すべきであるという意見が優勢である。現在では大多数のクラブが独自の新ルール導入によってラグビー校ルールをわずかに変更しているからだ。それぞれのクラブが独自のグラウンドで、独自のルールにしたがってプレイし、その結果、部外者はそのグラウンドのルールを知らないために自動的に不利になり、混乱と争いが生じる。したがってわれわれは、ラグビーをプレイするすべてのクラブが、統一ルールの案出のために、われわれに加わるよう希望する。

差出人両名はこのようなルール制定のために会議を開く予定で、投書の最後でこの内容に同意する者は差出人に連絡するよう呼びかけた。[15]

あまり中身のない同意に達するためにFAには六回の長い会議が必要だったのに対し、一八七一年一月二十六日に開催されたラグビーフットボール協会（RFU〔イングランドのラグビーフットボール協会〕）の結成大会はわずか二時間で終わったことからも、ラグビー同好の士が目標を共有していたことは推測がつく。エドウィン・アッシュは出席者たちを歓迎し、自分たちの目標は「ラグビー校のプレイ・システムに基づくルールブックを案出することだ」と説明した。二一のクラブを代表する三二名が、仰々しく題された「ゲームの法律」決定のために、三名による分科委員会の設置と委員の指名に同意。委員はすべてラグビー校卒業生だった。[16]

委員会は迅速に対応。六月には新ルールブックに同意がなされた。ラグビー批判に応えて、新ルールブックの第五十七条は、あらゆる形のハッキングを違反とし、第五十八条は靴に「突き出た釘、鉄板、グッタペルカ〔グッタペルカの樹皮を乾燥させたゴム様素材〕」をとりつけることを禁じていた。[17]

RFU委員会の初会合では委員はイングランド南東部で専門職に就く上位中産階級という狭く緊密な階層から選ばれた。一四名全員がパブリックスクール卒業生。六名がラグビー校出身で、残りはウェリントン、トンブリッジ、ランシング、マールバラ。七名が事務弁護士、二名が株式仲買人、あとは医師、会計士、軍事教員である。全員がロンドン中心部、あるいは南部に居住し、例外は学寮で生活していたウェリントン・カレッジの代表だった。最年長は二十九歳、最年少二十歳。これは基本的にヴィクトリア中期の英国に出現した多数の若きジェントルマンのクラブのひとつだった。

RFUは驚くほどの成功をおさめた。一八七五年には、スコットランドとアイルランドを相手に国際試合を定期的に開催し、毎年、南北戦をおこなうようになっていた。会員数は一一三クラブと五倍に増加、そのうちの二一はイングランド北部のクラブだった。[18] このスポーツが生まれた学校と同様に、いまやRFUは「王国全土」にその影響力を行使していた。

◉ボールの誕生

ヴィクトリア朝人の健康への懸念はもうひとつ、ラグビーに特筆すべき結果をもたらした。ラグビー校でフットボールが盛んだったために、町には小さなボール産業が創出された。ウィリアム・ギルバートは地元の靴職人で、とくに店が学校の真向かいにあったという理由から、ギルバートの靴は生徒たちに人気だった。一八二〇年代には、ボールも製造。ギルバート・

フットボールの品質は、きわめて高く評価されたので、一八五一年にはロンドンの大博覧会に、目録に「教育用備品」と掲載してラグビー校のボールを二個、出品したほどである。[19]

初期のギルバート・ボールは、現在のわれわれが知るような形はしていなかった。ラグビー校のボールは近代のそれよりずっと丸い傾向があった。サッカーボールも現在の完璧な球体ではなかった。ラグビーとサッカーのどちらのボールも、のちにそれぞれの特徴となる形よりも〔果物の〕スモモに似ていた。実際、一八六〇年代、七〇年代に都市対抗戦とカップ争奪戦が盛んになったために、クラブ間で統一を余儀なくされるまで、ラグビーボールの形は決められていなかった。RFUが、試合には楕円球が使用されると公式に明記したのはようやく一八九二年である。

統一楕円球の製造は、ギルバートではなく、その地元の商売敵リチャード・リンドンによる大きな技術的前進の結果として実現した。リンドンは職業生活をギルバートの徒弟として始めたようだが、ラグビーそのものが教える競争精神に則り、元雇用者から二、三軒隔てたところに店を開いた。[20] 一八六一年には、オックスフォード、ケンブリッジ、ダブリンの各大学にボールを納入するほど大きな成功をおさめていた。

リンドンの成功は大きな個人的犠牲によって達成された。初期のボールは革のパネル〔小片〕を縫い合わせて豚の膀胱《ぼうこう》をすっぽりと包んで作られた。ボールは口でふくらませた――死んだ動物からの感染リスクを考えると危険な方法である。ボールをふくらませる役割は、一七名の子どもの母親という職責に加えて、リンドンの妻レベッカにまかされた。レベッカは結局、肺の病気に感染して死亡する。

おそらく妻の悲劇的な死が動機となり、一八六二年、リンドンは豚の膀胱ではなく、ゴムの内袋を使う方法を考え出す。この発明は、ヴィクトリア朝工業時代の偉大な発見のひとつ、加硫《かりゅう》処理に基づいていた。それによってゴムはより曲げやすくなり、幅広い用途に使えるようになった。同時に、リンドンはボールをふくらませる真鍮《しんちゅう》の器具も考えだし、おかげでボールをふくらませるのは簡単になり、はるかに安全になった。それはまた、ボールの形の標準化ももたらした。近代の楕円球が発明された。

ラグビー史にリチャード・リンドンが占める重要な地位はほとんど忘れ去られている。リンドンは実業という激しい競争社会のゲームの規則を理解できず、特許をとらなかったために、大金持ちにはならなかった。その近代ラグビーボールの探求のために、妻を失っただけでなく、その発明が彼に権利をあたえていた莫大な富も手にしなかった。

それでもリンドンこそ、文字どおりラグビーの未来を形作った男だった。

ディッキー・ロックウッドは審理の席に立っていた。またしても、である。きわめて深刻な告発に直面するのは二年足らずでこれで二度目。ロックウッドのラグビー歴は終わりになりかねなかった。

しかもなんとすばらしいラグビー歴だったことか。十六歳でデューズベリーのウイングとしてトップクラスにデビューを果たし、十九歳でイングランド代表入り。州対抗戦では三年連続ヨークシャーのキャプテンを務め、ウェールズのフォー・スリークォーター・システムをイングランドに導入した。一八九四年にはイングランド代表キャプテンとなり、ウェールズに勝利。一トライをあげ、コンバージョンキック三本を決めた。

ロックウッドは「スーパースター」という言葉が生まれる以前のスポーツ界のスーパースターだった。五フィート四・五インチと小柄で、「世界の驚異、リトル・ディック」、「チビのマエストロ」と称讃された。地元紙によれば、対ウェイクフィールド・トリニティ戦で目も眩むような活躍をしたあと、デューズベリーのグラウンドを出るときには、「大群衆がそのまわりに殺到した。道路がしだいに狭くなるところにさしかかり、押し合いへし合いになった群衆は頑丈な石の塀を倒し、行商人ひとりと少年を開いた穴から下の野原に突き落とした」[1]。

ロックウッドの写真がグラウンドの外や店で一シリング一ペニーで販売された。この金額は本人が地元の繊維工場で、ウールの捺染工として一週間に稼ぐ九シリングの約八分の一にあたる。一八八七年二月、ダブリンでイングランド対アイルランド戦に出場、鎖骨を骨折してフィールドから運び出されたとき、デューズベリーにはディックが死んだというでたらめな噂が広まった。「小さな驚異」がまだ生きていることを確認するためだけに、数百人がひと晩中、駅でその帰りを待った。

いまやこのすべてが危機にさらされていた。

ディックはラグビーのルールブックのなかでもっとも深刻な反則で告発されていた。罰則は出場停止、あるいはラグビー界から完全に追放されることさえありえる。充分な証拠があれば、RFUは、ディックの所属クラブを永久追放にできる。ディックはスポーツ界における死刑に直面していた。

その反則とは？　ディックはプロフェッショナリズムを非難され——反則を犯したと認められれば、自分の愛するスポーツから追放されることになる。

◉「全員がラグビーファンの国民」

ロックウッドは、一八七一年のRFU結成後にラグビーがたどった劇的な変化の象徴である。一八八〇年代初めにはラグビーは、パブリックスクール出身者だけでなく、港湾労働者から医者まで、非熟練工から弁護士まで、工場労働者から金融家まで、そしてそのあいだにいるほとんどすべての人たち、つまり人口の大部分の情熱の対象になっていた。

イングランド各地でクラブが結成された。マンチェスター（一八六〇年）、ブラッドフォード（一八六三年）、リーズ（一八六四年）、バス（一八六五年）、エクスター（一八七一年）、ウィガン（一八七二年）、セントヘレンズ（一八七三年）、グロスター（一八七三年）、コヴェントリー（一八七四年）、レスター（一八八〇年）、ノーサンプトン（一八八〇年）は現在まで存続する名門クラブのほんの一部である。これほどの長寿や名声は享受しなかったものの、ほかにも何百もの地元チームが、多くの場合、居住するストリートや教会、パブ、職場を中心にして結成された。一八八〇年にザ・タイムズ紙が指摘したように、ラグビーは波に乗っていた。「ラグビーユニオンをプレイする人口はおそらく〔フットボール・〕アソシエーション〔サッカー〕人口の二倍にのぼるだろう……北部のリーズ、ウェイクフィールド、マンチェスターのクラブは、全員がラグビーファンの国民のあいだで傑出している」[2]。

一八七〇年代末に始まって増加を続けた州杯争奪戦がラグビー人気を盛りあげた。一八七七年にチェルシー、一八八一年にダラムとノーサンバーランド、一八八二年にカンバーランドで州杯争奪戦が始まっている。コーンウォールでは一八七七年に、ペンリンがシーズン中わずか一敗で、州のチャンピオンと宣言された。デヴォンカップは一八八七年に始まり、一八八二年にはミッドランドカウンティーズ〔中部諸州〕ラグビー協会がカップ争奪戦を開催した。一八八八年、一万四〇〇〇人がミッドランドカウンティーズカップ決勝戦のコヴェントリー対バートン戦を観戦。一八八九年にはハンプシャーで、九一年にはケントでカップトーナメントが始まる。州杯争奪戦が組織されるのと同時に州のラグビー協会が結成されることが多かった。一八八五年には、一ダース以上の州協会がRFUに加盟していた。[3]

しかし、もっとも成功した州杯争奪戦は疑いもなくヨークシャーカップである。キックオフは一八七七年。観戦のために、群衆がグラウンドになだれ込んだ。一回戦には八〇〇〇人が集まり、地元ハリファクスがウェイクフィールドを下すのを観戦。これ以降、ラグビー熱が州内を席巻した。翌シーズンの決勝戦には、一万二〇〇〇人が同じグラウンドにぎゅう詰めになって、ウェイクフィールドがカークストールを破るのを観た。観戦者数は年ごとに増加していった。ペナイン山脈を越えてランカシャーでは、ラグビーが冬のスポーツシーンを支配した。新規の争奪戦に観衆が集まっただけではなく、何千何万もの若者が刺激を受け、ラグビーをプレイするようになった。

ディッキー・ロックウッドはそんな若者のひとりだった。一八六七年十一月にウェイクフィールドの労働者の家庭に生まれ、少年時代に地元チームでプレイ。すぐに才能を認められた。一八八四年、十七歳の誕生日直前にデューズベリーに招かれる。当時のデューズベリーは地元の工場主でのちにRFU会長となるマーク・ニューサムに率いられ、ラグビーのトップチームの一角を占めていた。

この若さですでに、ロックウッドは完璧なラグビー選手になろうとしていた。攻撃は巧み、タックルは百発百中、キックは正確で、正しい時に正しい場所にいる才能があった。小柄にもかかわらず、稲妻のようなスピードと強靱なパワーを組み合わせ、デューズベリー入りから二年もしないうちに、初めてヨークシャー代表に選ばれる。ヨークシャー代表としては生涯四六戦に出場した。十九歳の誕生日直後の一八八七年一月、ラネリーにおける対ウェールズ戦でイングランド代表デビューを果たして究極の目標を達成。イングランド代表のキャップ数は一四で、E・T・ガードンに並ぶ。一八九四年にはイングランドのキャプテンとして、ウェールズのフォー・スリークォーター・システムを使って本家ウェールズを破り、イングランドをその最大の勝利のひとつに導いた。

ディッキーの卓越したキャリアは、イングランドのラグビー界でイングランド北部出身の選手の影響力が増大しつつある象徴だった。一八八九年、RFUは新しい州対抗選手権トーナメントを始める。最初の八シーズンで勝利を手にしたのは、ヨークシャー七回、ランカシャー一回。一八九〇年代初め、イングランド代表はしだいに北部出身の選手を頼るようになっていった。一八九二年の代表チームは、一八八四年以来初めて、ホームネーションズ選手権（現在のシックスネーションズ（六か国対抗）の前身）〔「ホームネーション」はラグビーでは英連邦内で本国《ホーム》にあるイングランド、スコットランド、ウェールズ、アイルランドの四か国を指す〕に「グランドスラム」で優勝。出場選手のうち、北部出身者が八名以下だったことはなく、シーズン決勝戦でスコットランドを破ったチームは一〇名が北部出身だった。

北部出身者が優勢を占めたことからひとつの問題が生まれた。当時の記者のひとりが書いているように、RFUの上層部は「ラグビーをラテン語の文法とともに学んだ」。だがいまやラグビーはまったく異なる育ちの選手たちに支配されていた。それは十三歳になる前に学校を終え、人生教育を工場や炭坑や波止場で受け、ラグビーを裏通りや荒れ地や公園で学んだ男たちだった。

最初、RFU上層部はラグビー的道徳教育を授ける好機として新参者を歓迎した。しかし、すぐに明らかになったように、労働階級の選手には独自のスポーツ哲学があった。いの一番にあげられるのは、結果に対し報酬を期待することだ。ラグビー選手に金銭が支払われているという噂が初めて立ったのは一八七〇年代末である。報酬を受けとった選手としてもっとも古い記録が残るのは、目も眩むようなセンター、C・E・〝テディ〟・バートラム。一八八一年にとるに足らない職務だったものの、年俸五二ポンドでウェイクフィールド・トリニティの書記補佐に任命された。この種の閑職を用意するのは、アマチュアクリケットの州代表チームで、アマチュアの身分を保ったままプレイに報酬を支払うためによく使われる方法だった。

選手への報酬だけがRFU上層部唯一の懸念ではなかった。労働者階級の観衆は、相手チームの選手や試合の審判に野次やブーイングを浴びせかけた。ラグビーの伝統主義者たちはこの慣習をきわめて不快に感じた。おそらく最悪だったのは、労働者階級出身の選手たちがすぐに熟練の技を誇示し始めたことだろう。それは労働者階級が、彼らよりも社会的上位にあると考えられている階級にしばしば勝利することを意味した。それはラグビーというスポーツがあるべきと考えられていた姿ではなかった。

一八八六年、ラグビー伝統主義者の不満は警告に変化する。サッカーのおかげで、RFU上層部には未来が予測できた。

そしてそれは好ましい未来ではなかった。一八八五年初め、フットボール・アソシエーションはプロフェッショナリズムを公認。一八か月間で、労働者階級の多い工業都市のプロチームがサッカーを支配するようになり、一八七一年の開始以来FAカップを統轄してきたイートン・カレッジOBや英国陸軍工兵隊のようなクラブをわきに押しやった。問題――そして解決――を事務弁護士から医者になり、RFU会長となったアーサー・バッドが単刀直入に書き記している。

ろくでなし「プロフェッショナリズム」公認の六か月後、われわれはふたつのプロチームが、「FA」カップトーナメント決勝戦に残ったのを見た。このすべてはどこにいきつくのか? なぜこんなこと――趣味として週に一度、フットボールをプレイするジェントルマンが、それに自分の全時間と全能力を捧げた男たちの好敵手になれない――が起きるのか? なぜそうでなければならないのか? ジェントルマンは大差で負けることになり、ひとり、またひとりとサッカーから離れてグラウンドをプロに譲る……ラグビー協会の委員会はヒドラと一対一で対面することになったが、ヒドラがこちらを絞め殺すのに充分なほど大きくなる前に、絞め殺してしまう決意をした……慈悲ではなく、鉄槌が加えられるだろう。[4]

バッドのようなヴィクトリア朝の中流階級出身者にとって、「プロ」という言葉は必然的に「労働者階級」を意味した。したがって労働者階級出身の選手を抑制し、サッカーと同じ運命をたどるのを避けるために、選手への報酬支払の禁止を決めた。RFU上層部は金銭の支払その他の報奨策の禁止が労働者階級出身選手の大量流入を食いとめることを期待した。

一八八六年十月、RFUの年次大会は、現金だろうと現物給与だろうと、選手に対するあらゆる形の支払を禁止した。これによりラグビーはアマチュアのスポーツとなった。選手が報酬を受けとったり、要求したり、あるいは提案されたりしたという告発はすべて調査の対象となり、違反と認定された場合、告発された選手は出場停止になるかラグビー界を追放される。一八八九年にRFU会長に就任したハリー・ガーネット(ヨークシャー)は上層部の気分をたくみに表現した。「労働者が「ラグビー」フットボールをプレイしたいのなら、他の趣味と同じように、その報酬は自分で支払うべきだ」。[5]

結果として、ディッキー・ロックウッドは自分のキャリアを守るために審理の席に立つことになった。

◉ラグビー界の魔女狩り大将

一八八九年、ロックウッドはデューズベリーからヘックモンドワイクに移籍した。新しいクラブはブラッドフォード南の小さな町に本拠をおき、ロックウッドのほかにも二名のイングランド代表を含むスター選手を採用していた。そのうちの多くが町の繊維工場に仕事も見つけた。ロックウッドについてもクラブから不法に報酬を受けとっているという噂がたびたび耳にされた。ヨークシャーのラグビー上層部は移籍について調査を開始、ディッキーはヨークシャー・ラグビー協会の委員会に呼び出され、隠れプロという非難に応えることになった。

告発の弁論を進めたのはフランク・マーシャル牧師。牧師はウェストブロムウィッチに生まれ、ケンブリッジで教育を受けた。一八七八年、ハダースフィールドに移り、地元のアーモンドベリー・グラマースクールの校長に就任。うぬぼれが強く、派手な髭《ひげ》を生やし、すぐにヨークシャー・ラグビー協会の会長になった。マーシャル牧師にとって、ラグビーはそれをプレイする青年たちに筋肉的キリスト教の道徳を染みこませるひとつの手段だった。◉6

白黒を決着する審理は一八八九年九月に開かれ、三日間続いた。それは古典的なチェスの対戦に似た、機智と機智との果たし合いとなった。法律上の代理人はいなかった。どちらの男も自分で自分の代理人となった。ケンブリッジを卒業した聖職者、シェイクスピア、サー・ウォルター・スコット、ユークリッド、聖書についての教科書執筆者が、クリッグルストーンの炭坑村出身の工場労働者と一対一で対決した。

それはマーシャルが想像していたほど簡単ではなかった。牧師は決定的証拠をもたず、その尋問はただディッキーを怒鳴りつけて告白させようとしているだけなのがだんだんと明らかになっていった。反対尋問を終えたとき、牧師の論拠には裏づけがなく、ディッキーはプロの疑いを晴らした。

決定の直後、電報手がラグビーチームをもつヨークシャー中のすべての町と村に次つぎと知らせを伝えた。ヘックモンドワイクでは、数百名のサポーターが決定を見越して、市場が開かれる町の広場に集まっていた。群衆に向かって電報が読みあげられると、ニュースは「わっと巻き起こる喝采で迎えられ、群衆は興奮した政治選挙に立ち会った人びととそっくりだった」。これはひとりの人気選手に関する以上のこと、エスタブリッシュメントに対する勝利だった。◉7

他の選手はディッキーほどラッキーではなかった。テディ・バートラム（ウェイクフィールド・トリニティ）はクラブから返却不要の

「借金」をしたために、その輝かしいラグビー歴の黄昏で永久追放になった。ジョージ・ブロードベント〔ホルベック〕はクラブから結婚祝いを受けとった疑いで調べを受けた。各地のクラブもまたアマチュアの鞭に打たれた。ヘックモンドワイク、リーズ・パリッシュ・チャーチ、リーズ・セントジョンズ、ウェイクフィールド・トリニティ、クレックヒートン、ブリッグハウス・レンジャーズがアマチュア規則違反で数か月間の試合停止を命じられた。ランカシャーでは、オールダム近郊の町ワーネスがイングランド代表エイブ・アシュワースに製鉄所の仕事を斡旋したことで、四か月間の試合停止になった。

この絶えざる混乱がラグビーの信用を見えないところで傷つけた。選手がプロフェッショナリズムで告発される可能性とは、各クラブが次の試合にスター選手を出場させられるかどうかもはや確信できないことを意味した。さらに悪いことに、告発されたチーム自体、次の試合を必ず戦えるかどうかもわからず、やましいところのないチームでも、相手がプロと告発されたら、突然、試合中止になりかねなかった。グラウンドやスタンドその他の施設に大金を投資したクラブにとって、このように恣意的で予測不能なキャッシュフローの中断は許容できなかった。

情け容赦のないプロ狩りはまたラグビーがサッカーに遅れをとる原因となった。ある憂えるファンが一八九〇年に地元紙に書いたように、「アソシエーション・ゲーム〔サッカー〕はゆっくりと、だが確実にわれわれの最高の男たちを、おそらくは彼らが報酬を受けとれるところで報酬を受けとるという理由だけで奪っている」[8]。一八八九年にヘックモンドワイクが試合停止となったとき、そのセンターでイングランド代表のジョン・サトクリフはサッカーに転向を決め、ボルトン・ワンダラーズと契約した。サトクリフは最終的に、サッカーとラグビー両方でイングランド代表を務めたわずか三人のうちのひとりとなる。

一八九〇年代にはいると、ラグビーはアマチュア問題をめぐる内戦でにっちもさっちもいかなくなかった。一方の側にはイングランド北部のクラブ。選手と観衆の圧倒的多数が工業労働者階級出身である。もう一方の側はRFU上層部。こちらは、ラグビーはパブリックスクールの価値観を共有する青年たちのためにあるという信念をもつ諸クラブの支持を得ていた。奪い合いになった領土は道徳的立場——報酬なしでプレイするのと、選手にそのラグビーの才能から利益を得るのを許すのと、どちらがいいか——である。

この文化の衝突がいつまでも続くわけはなかった。ラグビーをラグビー自身から救うために、なにかをする必要があった。

◉ミラー氏、得点をあげる

もちろん、ラグビーが異なる複数の階級でプレイされていたところはどこも、似たような緊張状態に陥っていた。イングランド南西部では、選手にはテーブルの下で支払がされているという噂が盛んに立った。グロスターとトーキーはどちらも一八九〇年代にアマチュア規定に違反したと認定された。イングランド中部地方では、レスター、コヴェントリー、ノーサンプトンが長いあいだ、選手に報酬を支払い、また採用したい選手に仕事を斡旋していると疑われていた。レスターは一八九六年にプロ問題で調査を受け、地元リーグには選手たちが贈物と報酬を受けとっているという主張があふれていた。[9] サウスウェールズでは、選手に「ブートマネー〔「ブート」は「靴」の意味。アマチュア選手に密かに支払われる報酬。八三頁参照〕」が支払われているのは公然の秘密だった。

イングランド北部では状況が異なる。ヨークシャーとランカシャーには膨大な数のクラブがあり、RFUにとってひとつの驚異となっていた。RFUはこの二州がいずれはアマチュア主義支持者の諸クラブを数の上で圧倒することを恐れた。この恐れには裏づけがあった。一八九五年、RFUには四一六のシニアのクラブが加盟。ヨークシャーとランカシャーのクラブがほぼ四八パーセントを占めた。どちらの州にもRFU非加盟のクラブがほかにも多数あった。RFU上層部は北部のクラブが計画的に行動したら、自分たちは休業補償賛成者によって駆逐され、ラグビーがラグビー校から受け継いだ価値を捨て去ることになるのを恐れた。

ジェイムズ・ミラーは北部の改革運動の先頭に立った男だった。理科教師でラグビーの信奉者、五回のヨークシャー代表経験があり、その後、ダイナミックで先見の明のあるラグビーの管理運営者となる。

一八九一年、ミラーは「休業補償」を提案。試合出場のために仕事を休み、その分の給料を受け取れない選手は「休業補償」と呼ばれる補塡を受けるべきだと主張した。一八九一年春のある会合で、ラグビーは「もはやパブリックスクールと有閑階級だけの娯楽ではない。大衆のスポーツ――わが国の偉大なる工業都市の賃金労働者たちのスポーツになった……労働者がフットボールをプレイするために仕事を休み、報酬を受けとれないのは不公平である」[10] と発言。休業補償が熱狂的アマチュア主義と制約のないプロフェッショナリズムの賢明な妥協点となることを期待した。

ミラーのラグビー改革案はアマチュア規定の緩和にとどまらなかった。同じ年、ミラーは一三人制移行を呼びかけた。フィールド上の選手の数を減らすことで、ディッキー・ロックウッドがヨークシャーに導入したウェールズの自由自在でスピーディなフォー・スリークォーター・システムはその潜在力を完璧に発揮すると主張。試合をより華やかにすれば、サッカーの驚異を迎え撃つのに役立つだろう。

ひとつだけ問題があった。RFU上層部には試合のプレイ形式を変えるつもりがまったくなかったことだ。いずれにしても多くがアーサー・バッドのようにフォー・スリークォーター・システムを嫌い、アマチュア主義で妥協する気はさらさらない。最終的に、RFU上層部はアマチュア問題で妥協をするよりもラグビーを分裂させるほうを選んだ。イングランドのクリケット選手で、ケンブリッジのラグビー代表フランク・ミッチェルは次のように主張した。もし労働者階級の選手が「ラグビーをラグビーそのもののためにプレイできないのなら、ラグビーに真の関心はもちえない。われわれのもとを去ったほうがよい」[11]。

一八九三年九月にロンドンのウェストミンスターパレス・ホテルで開催されたRFUの年次大会が内戦を決する戦いの場となった。軍が勝利のために動員をかけるように、敵対する両者は支持者を集結させた。N・L・ジャクソン（コリンティアンズFC）編集による週刊誌パスタイムは、その表紙全面にシンプルな見出し「全員参加」を掲げ、アマチュア主義支持者全員に、所属クラブが大会に必ず代表を送るよう呼びかけた。ヨークシャーでは一二両編成の特別列車がチャーターされ、代表者には日帰り旅行のために一〇シリングが支払われた。列車は途中一一の町に立ち寄り、代表を拾っていった。

ジェイムズ・ミラーが「選手は善意による休業に対して保障を許される」という動議を提出するために、演壇に進み出たとき、空気は期待でぱちぱちと音を立てていた。これがラグビーの短い歴史における決定的瞬間であることを、だれもが知っていた。妥協の余地はなく、どちらの側にも後退はない。大会終了時にはラグビーの運命が決定されているだろう。

ミラーは主張した。時代は変わった。この男たちが、ラグビーをプレイすることによってこうむる賃金の損失になぜ補償を受けてはいけない？　ミラーはイングランド代表フォワード、ハリー・ブラッドショー（ブラムリー）の例を強調した。ブラッドショーは、この年の初め、対アイルランド戦（於ランズダウンロード競技場）でイングランドの勝利に貢献した。旅費と滞在費は支払われたものの、リーズの織物工場から三日間の無給休暇をとらなければならなかった。ミラーのメッセージはシンプルだった。「労働者はなぜジェントルマンと平等の条件でラグビーをプレイできないのか？」[12]。

敵側を代表しておもに語ったのはニューカースルの実業家、ウィリアム・ケイルだった。ケイルは選手の報酬を公認すれば、サッカーの二の舞になり、選手たちが家畜のように売買される結果につながると主張した。発言のために起立したフランク・マーシャル牧師は北部の代表にあけすけに指摘した。選手に報酬を支払いたいのなら、ここから出ていって、自分たち独自のラグビー協会を結成すればいい。RFU書記ローランド・ヒルもこの意見を繰り返した。

妥協の雰囲気はなかった。アマチュア側は支持者を動員し、多数にのぼるパブリックスクールや大学のクラブを利用して票を積みあげた。二八二票対一三六票で、休業補償の提案否決が告げられたとき、驚きは小さかったが、怒りは大きかった。もはやラグビーが分裂するか否かが問題なのではなく、いつ分裂するかが問題だった。

◉試合終盤

きわめて重大な一八九三年の大会からわずか三か月後、ディッキー・ロックウッドは一八九四年度のホームネーションズ選手権開幕戦となる対ウェールズ戦に、イングランド代表キャプテンとして出場した。ウェールズは一八九三年の選手権に他の三国を破って圧勝し、その革命的なフォー・スリークォーター・システムを使って、いわゆる「トリプルクラウン」（ホームネーションズ選手権の対戦で他の三国に勝利すること）を勝ちとっていた。大方の観客がウェールズがまた同じ成果をあげると予測していた。しかし、試合はまったく異なる展開となった。

キャプテンのロックウッドは、初めてウェールズのフォー・スリークォーター・システムを採用するようチームを説得していた。ラインにはロックウッドに並んで、韋駄天フレッド・ファース（ハリファクス）、旋風サミー・モーフィット（ウェストハートリプール）。フォワードは、ハリー・ブラッドショー、ジャック・トゥーヒル、ハリー・スピード、トム・ブラッドレー（いずれもヨークシャーの強力選手）を誇る。速さと力と頭脳のコンビネーションがウェールズを撃破した。代表戦デビューのモーフィットが口切りのトライをあげた。そのあとブラッドショーがラインを越えて突進し、ファースがウェールズのディフェンスを二度切り裂いて、ロックウッドのトライとタイン川からきたスクラムハーム、ビリー・テイラーのトライをお膳立てした。

フレッド・パーフィット（ニューポート）が試合終了直前に無得点を免《まぬか》れるトライをあげるころには、イングランドの選手はすでに、一八八一年に初めてウェールズと対戦して以来最高となる24—3の勝利を祝っていた。これがディッキーのラグビー人生の頂点だった。ある新聞記者は、ディッキーがウェールズのキャプテン、アーサー・グールドを「情け容赦のないしつこさで」完全に圧倒したと書いた。「そしてその長いラグビー歴で、ロックウッドがプレイにおいてこれ以上に大きな判断力、あるいは影響力を見せたことはない」[13]。

これはおそらくそれまででイングランドがあげた最大の勝利だっただろう。しかしそれはまた一時代の終わりを示してもいた。両チームがイングランドの領土でふたたび相まみえたとき、ロックウッド、ファース、トゥーヒル、ブラッドショーはRFUから永久追放され、モーフィトとスピード、ブラッドレーもその直後に同じ運命をたどった。イングランドは続く一五回の対ウェールズ戦で三勝しかあげられなかった。しかし、スポーツにおける多くの挫折やスランプとは異なり、イングランドの幸運が崩れ去った要因は、グラウンド内の出来事ではなく、すべてその外で起きたことと関係していた。

休業補償の提案が否決された結果、どちらの側も臨戦体制にはいった。一八九四年八月、膠着《こうちゃく》状態からついに交戦に突入。ランカシャー・ラグビー協会はウェールズ人選手ふたりに対する報酬の支払でリーを告発。リーは違反と認定され、試合停止一〇週間、順位表の最下位に落とされ、試合停止の影響で設定しなおされた試合すべてで入場料の徴収を禁じられた。三週間後、ソルフォードが、十一月にはウィガンが同様の処置に付された。そのあとスウィントン、ティルズリー、ブロートン・レンジャーズ、ロッチデール・ホーネッツが調査の対象となった。シーズンは茶番に落ちぶれ、クラブは財政的に逼迫し、サポーターはがっかりした。

一八九五年夏、RFUは挑発するかのように、九月以降、プロ問題で告発されたクラブと選手はすべて、潔白と証明されるまで違反したとされると告げた。主要な北部のクラブはひとつずつねらい打ちにされるのを知っていて行動に出た。西はウィドネス、東はハルに到るまでのクラブが、八月二十九日木曜日夜にハダースフィールドのジョージ・ホテルに集まることになった。

時計が六時三〇分を打つのと同時に、バトリー、ブラッドフォード、ブリッグハウス・レンジャーズ、ブロートン・レンジャーズ、ハリファクス、ハダースフィールド、ハル、ハンスレット、リーズ、リー、リヴァーズエッジ、マニンガム、オールダム、ロッチデール・ホーネッツ、セントヘレンズ、ティルズリー、ウェイクフィールド・トリニティ、ウォリントン、ウィドネス、ウィガンが「北部ラグビー協会を結成し、善意による休業のみに対する報酬の原則に基づいてその設立を遅延なく進める」と票決した。ラグビーは決定的に変化した。

次の土曜日、北部最高の二二チームを中心に北部ラグビー協会（NU）による新リーグがキックオフした。一八九〇年代が終わるころには、カンブリア、ランカシャー、ヨークシャーのほとんどのラグビークラブがNUに加盟していた。

ディッキー・ロックウッドとジェイムズ・ミラーにとって、人生は決定的に変化した。だれも驚かなかったが、分裂直後にロックウッドは造反側に加わり、ウェイクフィールド・トリニティに移籍、チームのキャプテンとなり、ラグビーの才能に対してようやく隠すことなく正直に報酬を得る機会を得た。

しかしながら一八九七年、経営していたパブが財政難に陥ったとき、ロックウッドは破産を宣言され、すべての家具を売却し、ふたたび肉体労働につかねばならなかった。一九〇〇年、ふたたびデューズベリーでプレイ。一九〇三年に引退する。そのわずか一二年後、二度にわたる癌の手術のあと、四十八歳の誕生日前日に世を去った。「チビのマエストロ」はイングランドのラグビーユニオンの忘れられた天才となり、その偉業は忘れ去られ、その名声は無視された。

異なる理由からではあったが、同じ運命がジェイムズ・ミラーの身にも降りかかった。一八九三年に休業補償の提案が否決されたあと、ミラーは改革熱を失った。一八九五年の分裂には反対し、それに続く歳月、純粋なアマチュア主義のもっともうるさい支持者となった。ヨークシャー・ラグビー協会の委員を長年、務めたあと、一九二二年に財務担当に選ばれる。それがミラーの失墜をもたらした。次の四年間で、同僚に知られないままに、一〇〇〇ポンド以上を横領。結局一九二七年、正義がミラーに追いつき、窃盗罪で禁固六か月の刑を受ける。その人生は金の問題で形成され、金の問題で打ち砕かれた。

同じことはラグビーにとっても真実だった。

Part II Towards Five Nations

第二部 五か国対抗に向けて

ラグビーはイングランドに閉じこめられてはいなかったし、また閉じこめておくこともできなかった。スコットランド人は国境の南と同じほどに尊ぶべきラグビー遺産を誇ってよい。アイルランドでは、ラグビーはコミュニティを横断し、最終的には一本の国境線を越えて唯一無二のステータスを獲得した。ウェールズ人にとっては、ラグビーはナショナル・アイステズヴォット〔ウェールズ語による音楽・文芸祭〕、画家のオーガスタス・ジョン〔一八七八―一九六一〕、ディラン・トマス〔一九一四―一九五三。詩人、短篇作家〕と同様に国民文化の一部となる。

どんなスポーツにもまして、ラグビーは国どうしの競争関係を助長もしたが、またブリテン諸島の国々をより近づけもした。国際試合は祖国愛を演じきるアリーナとなるが、政治はわきにおかれた。

一九一〇年、英国民だけのものだったクラブに加わるよう招かれたとき、フランスはラグビーに新しいアプローチと、より古く、より深く、より歴史的な競争関係をもちこんだ。ラグビーはもはやアングロサクソンとケルトだけの所有物ではなかった。

第5章 スコットランド（「ラグビーフットボール――ふたつの国の真のスポーツ」）

Scotland: 'Rugby Football: The Real Game of the Two Countries'

エディンバラは春がいちばんいいと言われる。明るく晴れ渡り、涼しい東風が心地よい。一八七一年三月二十七日月曜日は、まもなく街が目撃する歴史的な出来事を歓迎するかのように、この評判の正しいことを証明していた。というのも、その日の午後三時ごろ、スコットランドはここで初めてイングランドと対戦するからだ。国代表どうしが対戦する国境を越えたラグビーの誕生である。

ラグビーの歴史における重要な展開のほとんどと同様に、この試合開催のきっかけは単純ではなかった。実のところ、開催に真のはずみをつけたのはラグビーではなく、サッカーだ。一八七〇年三月、イングランドとスコットランドはロンドンのケニントンにあるジ・オーヴァル〔クリケットの国際競技場〕で非公式戦を戦う。サッカー史上初めての国際試合だった。結果は1—1で引き分けたが、大成功と考えられたので、同年十一月、ふたたび試合がおこなわれた。このときは、スコットランドが0—1で負けた。重要なのは、これがスコットランド人のラグビールール信奉者に不満の渦を巻き起こしたことである。

批判の種を見つけるのは簡単だった。スコットランドのサッカーチームは第一戦にスコットランド生まれの選手をただ一名しか出場させなかった。二戦目は三人のみ。一戦目でスコットランド選手として戦ったチャールズ・ネピアンは、いとこがスコットランド人と結婚しているという根拠で選出可能と考えられた。ラグビーファンはサッカーチームはスコットランド代表ではないと非難しただけでなく、サッカーが正真正銘スコットランドを代表するスポーツであることも否定した。H・H・アーモンドは一一人制のスポーツを「先祖伝来の規則の変更」として却下。アーモンドを支持して、ベルズライフ誌は――その後、間違いとわかるが――「ドリブル規則を奨励するクラブはスコットランドにはひとつもない」[1]と宣言した。しかし、スコットランド人がほんとうに恨みがましく思ったのは、サッカーチームがイングランドに勝てなかったことだ。偉大なスコットランドのフォワード、R・W・〝ブルドック〟・アーヴァインがのちに言ったように、ラグビーファンは「スコットランドの名誉を守る」のは自分たちの役割だと感じた。[2]

というわけで、一八七〇年十二月の第二週、スコットランドのラグビーを牽引するトップ五クラブのキャプテンが挑戦状をたたきつけた。グラスゴーまたはエディンバラで、今シーズンのいずれの日かに「われわれと試合をするために全イングランドから選ばれたチーム。一チーム二〇人制、ラグビールールに則る」[3]。彼らは国境の北側ではサッカーをプレイするクラブはごくわずかだから、サッカールールはスコットランド・フットボール界の実力の真の試金石とは見なされないと主張した。挑戦状は「心からの歓迎と第一級の試合」を約束して終わっていた。

ブラックヒースの書記ベンジャミン・バーンズから前向きの回答があった。バーンズはロンドン暮らしだったものの、出身はパース。エディンバラ・アカデミーで教育を受けた。試合の開催日は三月の最終月曜日と決められた。イングランドのキャプテンは若きロンドンの事務弁護士で、ラグビー校出身、ブラックヒース所属のフレデリック・ストークス。史上初のスコットランド代表キャプテンの栄誉を担ったのはエディンバラの会計士で、スコットランド検事総長の息子フランシス・モンクリーフ。

重大な日が近づき、試合前日の日曜日朝、イングランドの選手がロンドン、マンチェスター、リヴァプールからエディンバラに到着した。月曜の試合のことを考えるのはあとまわしにして、選手はその午後を、観光名所のアーサーズ・シート〔アーサーの腰かけ。旧噴火口〕とコールトンの丘をぶらついて過ごす。イングランドの二〇人が一〇の異なるクラブから選ばれたという事実にもかかわらず、試合前の練習が役に立つのではという思いは、だれの心にも浮かばなかったようである。なんと試合当日朝はジョージ・ストリートのロス・アンド・プリングル写真館での写真撮影に費やされた。

これとは対照的に、スコットランドはなにも偶然まかせにはしなかった。選手の陣容を決定するために、二度の練習試合をおこなう。また、サッカーのイングランド対スコットランド戦とは異なり、選手が代表する国で生まれていることに固執した。それでもイングランドは、上記のベンジャミン・バーンズ（ブラックヒース）――エディンバラにこなかったフランク・イシャーウッド（オックスフォード大学）と土壇場で交代――を出場させ、スコットランドはトム・マーシャル（ノーサンバランド）を選んでいた。このような変則的な例はあったものの、だれもチームが国を代表していないとは言えなかった。

イングランドと同様に、スコットランドの選手は全員がパブリックスクールの出身者で、中産専門職階級から選ばれた。両チーム合わせて、事務弁護士七名、銀行員と株式仲買人六名が出場。スコットランドのアルフレッド・クルーニーズ＝ロスはオーストラリアのココス諸島を統治する一族の子弟だった。[4]当日、この試合が上流階級の色合いを帯びていたことは、熱狂した群衆から一シリングの入場料を集めていたのが、のちのキングスバーグ卿、スコットランド最高法院次長ジョン・マクドナルドだったという事実からも明らかである。

マクドナルドは繁忙をきわめた。報道の概算では群衆の数は四〇〇〇名から八〇〇〇名。おしゃれをして、グラスゴーから鉄道でやってきた観客が列車からあふれ出し、プリンセス・ストリートからレイバーン広場のエディンバラ・アカデミカルズ・ラグビー・アンド・クリケット・チームのホームグラウンドに向かって進んでいった。群衆のなかにいたのは男性だけではなかった。「大勢の美女たちの茶色の瞳は、アザミ〔スコットランド・チームのエンブレム〕の勝利を予測するとき、熱狂で輝いた」とベルズライフ誌は報じた。[5]競技場は群衆で埋まり、多くの観衆が丘の上から観戦。空気は期待でぱちぱちと音を立てていた。

午後三時三〇分、両チーム登場。史上初の国際試合のキックオフを蹴る栄誉はスコットランドのキャプテンにゆだねられた。イングランドは赤いバラ〔イングランド・チームのエンブレム〕をつけた白シャツを着て、フォワード一三名、ハーフバック三名、フルバック三名、スリークォーターはただ一名で戦った。スコットランド側は続く一世紀間の伝統の嚆矢《こうし》となるフォワードプレイを戦い、フォワード一四名、スリークォーターはなしですませた。スクラムの人数が一名多かったのに加えて、スコットランドのフォワードは平均体重一二ストーン三ポンドで、イングランドのフォワードよりも重かった。グラウンドでボールをドリブルするスキルも優っていた。これはこのあとの六〇年間、スコットランド・ラグビーの特徴となる。しかしベルズライフ誌によれば、これはまた「ロンドン周辺ではめったにお目にかかれない特徴」でもあった。

フォワード優勢は好結果をもたらし、前半無得点のあと、フォワードのアンガス・ブキャナン（エディンバラのロイヤルハイスクール卒業生チーム「フォーマーピューピルズ」）がプッシュオーバートライ〔スクラムを押しこんでのトライ〕をあげた。イングランドの選手はボールはグラウンディングされていないと考えて、大いに口惜《くや》しがった。イングランドはレジナルド・バーケット（クラパム・ローヴァーズ）が隅にトライして応戦したが、試合終了直前にスコットランドは三人のハーフバックのひとりウィリアム・クロスのトライで勝利を確実にした。このころマン・オブ・ザ・マッチ制度があれば、その「優れたオールラウンドのプレイ」[6]によってクロスが指名されたのは間違いない。一〇〇分間——一九二六年、八〇分が標準的な試合時間になるまで、前半後半とも五〇分だった——の戦闘のあと、栄光はスコットランドの手に落ちた。[7]

このあとに続くイングランド対スコットランド戦の歴史全体がそうなるように、敗者は自分たちの不幸を審判団のせいにした。のちのRFU会長アーサー・ギラマードはイングランドの敗北は、狭いグラウンド——幅がイングランドで使われていた標準的な七〇ヤードのかわりに五五ヤードしかなかった——のせいだと非難した。だが、もっとも重大なのは、ギラマードがスコットランドのトライは二本とも前もって不法に準備されたプレイであり、認められるべきではないと主張したことだ。[8]スコットランドが指名したレフェリーはどこにでも顔を出すH・H・アーモンドで、本人が最初のトライは見ていなかったと認めたにもかかわらず、イングランドの抗議を退けた。イングランド選手が判定をくつがえせと訴えたのも気に入らなかった。[9]レフェリーが騒ぎ立てるチームにマイナスの判定を下すのはこれが最後ではない。

アーモンドはもうひとつ、試合で重要な決定をした。アーヴァインによれば、試合中盤で、両チームの一部の選手がハッキングの許可を求めた。両キャプテン、スコットランドのフランシス・モンクリーフとイングランドのフレデリック・ストークスは「どちらも、ノーと言わなければならないが、むしろイエスと言いたそうに見えた」。しかしアーモンドは断固として、ハッキングを始めたら、自分はグラウンドから去ると告げた。[10]アーモンドがこれほど毅然たる態度をとらず、国際試合でハッキングを認めていたら、ラグビーの歴史の流れは違っていたかもしれない。

翌日、試合に使用されたボールがリボンを巻かれて、レイバーン広場から角を曲がってすぐのハミルトン広場にあるジョニー・ボウトン菓子店に飾られた。それはこの試合が、ラグビーを「教会区の地位から全国的地位へ、あるいはこう正当に主張できるだろうが、世界的な地位にあげることによって」[11]、スコットランド文化におけるその促進に果たした役割を象徴する。

スコットランドの中産階級にとってのラグビー、とくに国際的なラグビーの重要性は、ヴィクトリア朝中期のスコットランド人とイングランド人の複雑な関係を象徴する。一方では、スコットランドは南のイングランドとの同化に向かっているように見えた。このラグビー初の国際試合の一年後に設立されたスコッチ教育省はロンドンに本拠地をおいていた。スコットランド支配階級エリートの多くがイングランドのパブリックスクールや大学で教育を受け、多数がイングランドの連隊で軍人の道を進んだ。経済統合をさらに促進するために、スコットランド独自の法体系をイングランドのそれと一致させろという要求さえあった。[12]

他方では、それでもスコットランドの国民的アイデンティティと特殊性の感覚は弱まってはいなかった。ウェストミンスター〔英国国会議事堂〕の侵略にもかかわらず、スコットランドの政治は大部分がスコットランド人の手中に残されていた。ハイランドの独身男とキルトをはいた地主が無尽蔵に登場するおセンチで使い古された大衆芸能と文学さえも、神話的な過去への郷愁ではあっても、いまだにスコットランドらしさを猛烈に表現していた。もっとも重要なのは、イングランドの文化と政治への見かけ上の統合にもかかわらず、スコットランド人の実業家、政治家、行政官は大英帝国建設において自分たちをイングランド人のイコールパートナーと見なしていたことである。両者の協力関係は、英国の世界支配がもたらした並はずれた富によって確実にされた。英国、その文化、その政治、その成功はイングランド人のものであるのと同じほどにスコットランド人のものでもあった。

グラスゴーとエディンバラの専門職および官僚階級のラグビー愛好家は、イングランドのラグビーとの関係をまさにこのように見ていた。ラグビー初の国際試合を振り返って、R・J・フィリップスは一九二〇年代に、「五〇年前、国と国のあいだの人種的差異はより強調されていた……スコットランドの祖国愛は生きた現実だった[13]」と述べている。スコットランド人は、自分たちはラグビーの発展と保護におけるイコールパートナーだと信じていた。

国境の両側でラグビーは同じような経路をたどって発展していった。イングランドと同様に、スコットランドのラグビー発展の起動力はエリートのパブリックスクールにあった。エディンバラ・アカデミー（一八二四年創設）、ロレット（一八二七年）、マーチストン・キャッスル（一八三三年）、グラスゴー・アカデミー（一八四五年）は、成長著しい経済と拡大中の帝国に挑む若きスコットランド人を教育しただけでなく、ラグビーの揺籃でもあった。エディンバラ高校は早くも一八一〇年には伝統的フットボールの一種をプレイし、一八二四年十二月にはエディンバラ大学に「フットボール」クラブができた。大学クラブの規則は、ハッキングとトリッピングを禁じていたものの、例によって曖昧だった[14]。当時の他のクラブと同じように、大学チームは短命で八年しか続かない。しかし、ラグビーの基礎を提供したのは、エディンバラ・アカデミーで実践されていたスポーツである。

生徒たちは一八二四年の学校設立以来、ある種のフットボールをプレイしてきたようだ。一八四〇年代には、その試合はラグビー校でプレイされているのと偶然以上の類似を見せるようになる。あるOBは、「「マドル〔混乱状態〕」と呼ばれるもののなかで、爪先《つまさき》や踵《かかと》に鉄を入れた靴で強烈なハッキングをお見舞いすることが許され、耐え忍ばれた[15]」と回想する。「マドル」

とは近代の「モール」である。一説によると、一八五〇年代半ば、ダラム校からの転校生フランシス・クロンビーに刺激されて、ラグビー校ルールの一バージョンが採用された。フランシスは学校のキャプテンとなり、兄のアレクサンダーが、一八五七年のエディンバラ・アカデミカル・フットボールクラブ設立において中心的役割を果たす。「アクシーズ」と呼ばれるようになるアカデミー選手たちの福音の使徒的熱意にうながされて、筋肉的キリスト教に基づくラグビーの熱い試合が、イングランドと同様にスコットランドのエリート校のあいだで定期的に開催され始めた。

一八五八年、アカデミーとマーチストン校が初対戦。これは両者の定期戦となる。一八七〇年にはシニアの一〇クラブがスコットランドでフットボールをプレイしていた。そのなかでもっとも重要なのはOBチームで、エディンバラ・アカデミー、グラスゴー・アカデミー、マーチストン、ロイヤルハイスクール（フォーマーピューピルズ）、エディンバラ大学、グラスゴー大学、セントアンドリューズ大学。以上に加えてエディンバラ・ワンダラーズ、ローランズ・ルームズ（エディンバラのフェンシングと体操のクラブ）、ウェスト・オブ・スコットランド。そのほかに六クラブが不定期の試合をおこなった。八校がラグビーをカリキュラムの一環に含めた。[16]

さすがスコットランドのことだけあって、そのラグビーは自信満々であり、実際に多くの点でイングランドの先をいっていた。RFU結成とイングランドの各ラグビークラブ共通のルール設定に先駆けること四年の一八六七年に、アクシーズはスコットランドの全チームのための統一ルールを強く要求することに決めた。目的は、イングランドのフットボール・アソシエーションと同様に、異なるルール、あるいは解釈をもつ二チームどうしの対戦でもちあがる問題を克服することだった。統一ルール制定はH・H・アーモンドが推進し、同意がなされて、一八六八年春に緑色の表紙の小冊子『スコットランド主要クラブでプレイされるフットボールの規則』が印刷された。

「緑本」と呼ばれたこのルールブックは一冊も残っていないようだが、最初の国際試合はこのルールに則って戦われたのかもしれない。このことは、イングランドの不満を説明する。たとえば狭いグラウンドが規範だったように見える。ラインアウトではボールはイングランドとは異なり、タッチラインを越えた地点から投げ入れられた。当時のイングランドでは、スローワーがボールを拾いあげた地点でおこなわれた。[17] スコットランド人はまた、ハーフバックスを「クォーター＝バックス」と呼んだ。この伝統はアメリカンフットボールに受け継がれる。

ラインアウトのスローイングの位置など、スコットランド人による革新のいくつかは、のちにRFUのルールブックに取り入れられる。エディンバラのクラブは一八六〇年代に、トライを得点の一部に数え入れることを検討していた。これがRFUのルールに含まれるのはようやく一八七五年である。もっとも重要なのは、一八七一年十二月のアイルランド遠征を一チーム一五人で戦ったことだ。これは一五人制で戦われたシニアの試合としては最初期のひとつとなる。このときはベルファストにおいて、ウェスト・オブ・スコットランドがノース・オブ・アイルランドにゴール数一対〇で勝ちをおさめた。[18] これは二〇人制の公式な終了に五年を先駆ける。

スコットランド・ラグビーのダイナミズムと独立の精神を考えると、一八七三年三月のスコットランド・フットボール協会（一九二四年に名称をスコットランド・ラグビー協会に変更）設立時に、単純にRFUルールを受け容れたことを、一部の指導者が後悔したのも驚くにはあたらないだろう。策略家のH・H・オーモンドが指摘するように、これはスコットランド人が独自のアイディアを実行に移す力を制限しただけではなく、不注意にも、ルールについての論争を調停する唯一の権利をイングランド人に渡すことになった。これが続く数十年間、膿を出し続ける傷となる。

次のスコットランド対イングランド戦は一八七二年二月にロンドン・ケニントンのジ・オーヴァルで開催された。このときはイングランドがゴール数二対一で名誉をとりかえした。試合で特筆すべきは、あるスコットランド選手のウェアがタックルで破け、新しいパンツを求めて控え室まで走っていくときに、下半身を隠すためにレインコートを着なければならなかったことだ。[19] 両チームは一八七三年、グラスゴーでふたたび対戦。これはイングランドがグラスゴーで戦ったわずか二試合のうちの一戦である。好試合とは言えなかった。激しい雨のなか、ハミルトン・クレッセント・クリケットグラウンドのぬかるみで戦われ、プレイの質はあまりにも劣悪だったので、その後、この街ではサッカーに人気が集まる原因となったと言う人がいるほどだ。

この試合はまた、氏名不詳のイングランド・フォワードが、試合の翌朝早く、酔っぱらって郵便車を駅まで押していこうとしているのが見つかったとき、その後、婉曲的に「ハイジンクス」〔high jinks：浮かれ騒ぎ〕と呼ばれることになる酒を飲んでの乱痴気騒ぎの伝統を確立した。チームメイトが警察がくる前に、郵便車をそこにおいてホテルに帰るよう説得し、幸いことなきを得た。[20]

一八八二年のマンチェスターにおける勝利をのぞくと、一八八〇年代を通してスコットランドはイングランドのわき役を務めることになった。しかし、八〇年代が終わるころ、ふたつのラグビー創設国のあいだに兄弟愛的感情はほとんどなかった。緊張状態のきっかけはブラックヒース・レクトリー・フィールドにおける一八八四年の国際試合である。ひどく寒いなかでの退屈な試合で、イングランドのリチャード・キンダースリーがあげたトライが物議を醸さなければすぐに忘れ去られていただろう。スコットランドは、味方選手のひとりがボールを後方に向かって手ではたいた――当時スコットランドで有効だったルールに従えばノックオンとなる――ので、イングランドにはスクラムがあたえられるべきだったと主張した。このころ、アドバンテージルールはなく、審判団は両キャプテンと一〇分間、話し合ったあと、トライは有効と決定した。ウィルフ・ボルトンが滞りなくコンバージョンキックを決めて、イングランドにうわべだけの勝利をあたえた。

翌年、激しい論争がラグビーにブレーキをかけ、イングランドとスコットランドの両協会のあいだでとげとげしい書翰のやりとりが積み重なっていくなかで、一八八五年のカルカッタカップ〔イングランドとスコットランドのラグビーの定期戦。二九三頁参照〕は中止された。イングランドは、キンダースリーのトライが認められない場合、スコットランドは自チームの反則から利益を得ることになると主張したが、この主張にはもっともなところもある。スコットランドはルールの文言が守られることに固執し、この問題は中立国によって裁かれるべきだと主張した。ウェールズ協会とアイルランド協会がスコットランドを支持。この三国はラグビールールの最高決定機関とすべく、国際ラグビーフットボール評議会（ＩＲＢ）の設立を提案した。[21]

ＲＦＵにはみずからの権威に対してこれほどあからさまに挑戦がなされるのを許す用意はなく、国際的な統轄団体において各国が平等の権利を有することに同意するつもりもなかった。ＲＦＵはイングランドのラグビークラブの数は、アイルランド、スコットランド、ウェールズのクラブの合計数の三倍にのぼると指摘した。一八八六年、勝敗の決定にポイント制――ゴール三点、トライ一点――を一方的に導入したとき、ＲＦＵは状況をさらに悪化させたように見えた。アイルランド、スコットランド、ウェールズはゴール数で、あるいはゴールの得点がなかったときにはトライ数で勝敗を決める古い制度のほうを好み、ＲＦＵはこの三国から同意を得られなかった。

手詰まり状態は続き、イングランドは一八八八年と八九年に国際試合を一試合も戦わなかった。一八八九年末、さらにもう一年、ホームネーションズ選手権がイングランドなしで戦われることがラグビー支持率にあたえる影響を恐れ、対立する各国は拘束力のある決定に達するために複数の仲裁人を指名することで同意した。一八九〇年四月、報告書を提出したとき、仲裁人はIRBだけがラグビーのルールに唯一の責任をもつということで同意したが、またIRBの管理権に対するイングランドの要求に有利な判断も下した。つまりIRBのメンバー一二名のうち、六名がイングランドから、残りの三国からは二名ずつ。ルール変更は賛成が七五パーセント以上で初めて可能になる。こうしてイングランドは支配者の地位に確実にとどまった。[22]

一八九〇年に和解が同意されたころには、もはやパブリックスクールで教育を受けたエディンバラやグラスゴーの中産階級出身の若者だけがスコットランドのラグビーをプレイしていたわけではなかった。イングランド北部やサウスウェールズと同様に、ラグビーは労働者階級にも浸透を始めていた。スコットランドでラグビーをプレイしていたのは、拡大する都市の工業プロレタリアではなく——工場や炭坑、造船所で働く人びとはサッカーのほうを好むようになる——イングランドとの国境沿いを流れるツイード川周辺で繊維産業を営む小さな町や村の労働者だった。

イングランドのウェストヨークシャーと同様に、毛織物がこの地方でもっとも重要な生産品だった。ガラシールズはツイードに、ホーイクはメリヤスとニットに、メルローズはリネンに特化することで、都市間の競争関係を確実にし、そこから一八七〇年代と八〇年代にラグビークラブが次々と創設されることになった。一八七三年にホーイク・ラグビークラブが設立され、そのあとにガラ（一八七五年）、ケルソー（一八七六年）、メルローズ（一八七七年）、いくぶん遅れてジェド＝フォレスト（一八八五年）が続く。エディンバラとホーイクを結ぶウェイヴァリー鉄道が一八四九年に開設され、ガラシールズ、メルローズ、ホーイクを一本で結んでいた。これが動脈となり、ボーダーズ州におけるラグビーの興隆を可能にする。ボーダーズ州のラグビーはあらゆる階級のためのスポーツであり、情熱的で激しく、土地の実業家と工場労働者とをひとつにした。それはエディンバラやグラスゴーのクラブのエリート的な雰囲気とはほとんど世界ひとつ分違う庶民の文化だった。

実際に、このふたつの世界はめったに顔を合わせなかった。アダム・ダルグリーシュ（ガラ）が一八九〇年に対ウェールズ戦のスクラムでデビューするまで、ボーダーズ州の選手はスコットランド代表に選ばれなかった。ダルグリーシュのあとに続く選手は第一次世界大戦後までほとんど出ない。スコットランドのラグビーのふたつの世界はそこまで疎遠だったので、一九〇一年にはボーダーズ州のクラブが、ラグビーがリーグ戦に反対していたことに堂々と背いて、独自のリーグ戦を戦い始めたほどである。ボーダーリーグはラグビーユニオンで世界最古のリーグとして今日もなお存続する。それはエディンバラのラグビー・

エスタブリッシュメントの疑いを呼んだ。「ホーイク、ジェド=フォレスト、ガラシールズ、メルローズでプレイする紡績工のあいだでは、「プロフェッショナリズムの」悪魔があちらこちらで顔を出す」と新聞記者のE・H・D・スーエルは書いた。だが、ボーターリーグは脅威とは見なされず、継続を許される。しかしながらラグビーユニオン上層部のアマチュア的感性を尊重して、リーグの優勝チームはトロフィーを受けとらなかった。[23]

エディンバラとボーダーズ州のクラブのあいだで、おそらくいちばんはっきりと異なっていたのは、この地域が「ショートゲーム」つまり七人制ラグビーを好んだ点にある。一八八三年四月、スコットランドのメルローズを起源とする七人制のアイディアは、地元の肉屋でラグビー選手のネッド・ヘイグによって、クラブのための資金集めのひとつの手段として提案されたらしい。試合は一八八三年四月二十八日に、メルローズ・スポーツカーニヴァルの一環として開催された。七人制の魅力は、決勝戦で不倶戴天の敵ガラにホームチームが勝利したことで決定的となり、その後、七人制トーナメントは年中行事となった。ボーダーズの多くのクラブが独自のセヴンズをプレイし始めたものの、「選手数を制限した」ラグビーがラグビーユニオン全体で人気になるのは一九二〇年代である。イングランド南東部のミドルセックスに移住したスコットランド人、J・A・ラッセル=カーギル博士による一九二六年のミドルセックス・セヴンズ開始を指摘しておく。

セヴンズ人気もまたボーダーズ州をスコットランドのラグビー・エリートから区別することになったが、それはまたボーダーズのラグビーがイングランド北部のラグビーといかに多くの共通点をもっていたかを浮き彫りにする。「ショートラグビー」の最初の形は、一八七九年九月にハダースフィールドの六人制トーナメントで開始された。試合は標準的なラグビールールのもと、前後半一〇分でプレイされた。決勝でハダースフィールドの六人がリーズを23―0で破る。続く三、四年間、この地方全域で六人制トーナメントが戦われた。メルローズと同様に、六人制はクラブのため、あるいはよりしばしば地元病院のチャリティのための資金集めを目的としてプレイされた。一八八〇年代半ばには九人制が六人制におきかわり、多くの観衆を引き寄せ、数千ポンドを集める。しかしボーダーズ州とはちがって、プロフェッショナリズムの疑いを――勝利チームには通常高価なプレゼントが贈られた――上層部は見逃さなかった。一八九〇年八月、ヨークシャー・ラグビー協会は夏の六人制トーナメントでプレイした八チームを試合停止にした。翌月、ランカシャー・ラグビー協会は一五人以下の試合をルール違反とし、その後の三〇年間、ショートラグビーをスコットランド内に閉じこめておくことになった。

ボーダーズ州の繊維産業都市とイングランド北部のラグビー地域のあいだの文化的類似はまた、一八九五年以降、スコットランド人選手が新設の北部ラグビー協会（NU）のラグビーリーグで自分の才能によって給与を得るために、絶え間なく「南」〔イングランド北部を指す〕に流出する結果となった。そのなかには一八九九年のNUチャレンジカップ決勝戦でオールダムからトライをあげたジム・モファット（メルローズ）からデイヴ・ヴァレンタイン（ホーイク）に到るまでさまざまな選手がいた。ヴァレンタインは一九四八年にハダースフィールドに移籍。一九五四年、パリで開催された決勝戦で、グレートブリテン〔ラグビーリーグのイングランド代表チーム〕のキャプテンとしてフランスに対して予期せぬ勝利をおさめたとき、ラグビーリーグ・ワールドカップを初めて掲げた男になった。

しかし十九世紀が終わりに近づくと、ボーダーズのラグビーとその労働階級出身の選手が占めていた世界は、スコットランド・ラグビー上層部の関心をめったに引かなくなっていく。スコットランドは、イングランドがラグビーの原則と見なしていたものを支持し、イングランドの側に立った。H・H・アーモンドや一八九〇年から一九三一年までスコットランド・ラグビー協会の書記を務めたジェイムズ・エイクマン・スミスのような男たちは、イングランド以上にアマチュアの価値とラグビーの道徳的目標に忠誠を誓っていた。スコットランドの諸チームは、ラグビーを独自のやり方でプレイした。ボールを前方にドリブルするフォワードが支配的で、敵を仕向けて、突進する味方フォワードに向かって身を投げ出させるスタイルである。「足だ、スコットランド、足だ」はエディンバラの国際試合に集まる大群衆があげる叫びだった。一九〇一年三月九日、ブラックヒースにおいてイングランドを相手に四トライをあげ、18—3で圧勝。その過程でトリプルクラウンを確実にし、五回目のホームネーションズ選手権優勝をかっさらった。アザミの国でのサッカーの勃興にもかかわらず、ラグビーは相変わらずスコットランドの真のスポーツを公言していた。

第6章 アイルランド（国のアイデンティティ）

Ireland: A National Identity

　血。ラグビーの試合がそれなしで戦われることはほとんどない。多くの試合で流血は名誉の勲章、積極的関与の象徴、勇気への讃歌。

　一八六八年、ダブリンのある若いラグビー選手にとって、流血の場面は試合の激しさを示すだけでなく、おのれの未来をも指し示していた。背が高く、がっちりとして、燃えるような赤毛、活力にあふれるフォワードは、その年、二七試合に全勝したダブリンのトリニティ大学には欠かせない選手だった。多才なアスリートでボートの選手、ラグビーのグラウンドで、陸上のフィールドで、体育館で称讃を集めた。ラグビーにおける名声は、卒業後二〇年を経てもなおその偉業が本格的なラグビー史の最初の一冊、フランク・マーシャル牧師の『フットボール――ザ・ラグビーユニオン・ゲーム』（一八九二年刊）で記憶されているほどだった。

　しかし、アイルランド代表としての偉業で名声を博した一七〇名以上の医学博士とは異なり、ブラム・ストーカーの場合フィールド外での血との関係は医学的というよりは文学的だった。その青年時代には、このドラキュラ伯爵の生みの親以上にラグビーに熱く燃えた男はいなかった。

　別に驚くことではない。ダブリンのトリニティ大学はアイルランドにおけるラグビー揺籃の地だった。カトリック教徒の大学入学が認められるのは一八七三年で、その三年前に卒業したストーカーのように、プロテスタントのアイルランド人青年にとって、トリニティは学問の場であるだけではなく、ほとんど限りのないスポーツの機会を提供する場所でもあった。

一八五四年、ラグビー校とチェルトナム・カレッジ出身のトリニティの学生が、形式に関係なく、フットボールとしてはアイルランド初と思われるクラブを創設した。最初の六年間は「新入生対その他」とか「イングランドで教育を受けた者対アイルランドで教育を受けた者」のように、クラブ内での試合だけで満足していた。初めて外部と戦ったときの対戦相手ワンダラーズはトリニティ卒業生のクラブだった。[2]

初期のトリニティがどんなルールで試合をしたかはあまりはっきりしていない。[3]ワンダラーズとの初対戦は二日間にわたり、一八六八年までは正式なルールは採用されなかったようである。正式に採用したルールはブラックヒース・ラグビークラブの規則に準拠し――たとえばハッキングは禁止――RFUが一八七一年の創設時に採用したルールを先どりしていた。

トリニティ・ルールは運よくダブリンのスポーツショップ経営者ジョン・ローレンスの目にとまった。ローレンスは二年前に、『ウィズデン・クリケット年鑑』のアイルランド版にあたる『アイルランドにおけるクリケットの手引』の刊行を始めており、一八六八年版にトリニティ・ルールを掲載。プロテスタント系の、そしてそれより重要度は低いけれどもカトリック系の学校や大学でクリケットが重要視されていたことを考えれば、『手引』に掲載されたトリニティ・ルールは、なにか冬期のスポーツを探していた学校や大学やクリケットクラブにできあいの解決策を提供した。ラグビーは島の私立学校のあいだに普及し始めた。[4]

北アイルランドでも同様のことが起きた。トリニティがルールを成文化したのと同じ年、ベルファスト在住のラグビー校とチェルトナム・カレッジOBが、ダブリンにいる同窓生の伝道活動をまねて、ノース・オブ・アイルランド・フットボールクラブ（NIFC）を結成。南部と同様に、ラグビーは北アイルランドのエリート校や大学に根づき、一八六九年一月、NIFCとクイーンズ大学の激突（於オーモーパーク）で脚光を浴びた。この対戦では、勝者を決定するのに、三週連続で土曜に試合をしなければならなかった。[5]一八七一年十二月には、北アイルランドのラグビーは、グラスゴーのウェスト・オブ・スコットランドを迎えられるほどに強くなっていた。試合はビジター側がわずか一ゴールで勝つ。アイルランドのチームとスコットランドのチームのあいだの初めての対戦だったことと同様に、特筆すべきはNIFCが好んだ一五人制で戦われたことである。これはラグビーが、それまで広く使われてきた二〇人制をついに放棄する五年前にあたる。一八七三年、トリニティのカレッジパークがリヴァプールのあるチームを迎え、イングランドのチームとアイルランドのチームが初めて対戦した。[6]

国際的なつながりが拡大し、クラブ数が増加したために、当然ながらアイルランドにおけるラグビー統轄団体の結成をめぐり議論が起きた。一八七四年十二月十日、トリニティの呼びかけに応えて、ダブリンの五クラブ——トリニティ、ワンダラーズ、エンジニアーズ、ブレイ、ランズダウン——とアルスター〔北アイルランド。現在は連合王国の一部〕の三クラブ——ポートラ、ダンガノン、モナハン——が、アイルランド・フットボール協会(IFU)結成のための会合を開いた。その目標は初代会長W・C・ネヴィルによって明快に述べられている。「アイルランドにおけるラグビー人気を高めるために、毎年の国際試合……州対抗戦、南北戦を根づかせることが提案された」[7]。

新団体が票決によって成立した一か月後、ベルファストの諸クラブは独自の北アイルランド・フットボール協会(NFUI)を結成。北アイルランドのクラブが独自の道を進んだ理由は明らかではないが、ダブリンによるラグビー支配に対する憤りのせいだった可能性はある。ふたつの組織は別々のままにとどまっていたが、一八七九年二月、歩み寄りに達し、アイルランド・ラグビーフットボール協会(IRFU)に一体化された。その間にも、ベルファストのNFUIとダブリンのIFUのあいだの不和は一時的に棚上げされ、両団体は一八七五年二月十五日にロンドンのジ・オーヴァルにおける対イングランド戦に備えて、合同チームを結成することで同意した。

◉緑を着た男たちの到着

試合は月曜日の午後二時三〇分にキックオフの予定だった。両チームがグラウンドに到着したとき、「ジ・オーヴァルは巨大な泥沼の様相を呈していた」。ベルズライフ誌記者の言葉を借りれば、だれも試合が「大規模などぶさらい」[8]になるのを疑わなかった。

アイルランドが直面する問題はこれだけではなかった。試合は二〇人制のルールで戦われ、これが一五人制に慣れていたアイルランドにとってはすぐに問題となった。二〇人の選手のうち、六人をのぞいた全員がトリニティあるいはNIFCから選ばれていた。同じチームに属し、おたがいのプレイを知るという選手たちの潜在的な優位性は、しかしながら、トリニティ最高の選手スミスとロビンソン、さらに北アイルランドの三名を含む多くの優秀な選手が、間際になって抜けたことで危うくなっていた。選手変更のため、アイルランドがキャプテンをジョージ・スタックと決めたのはようやくその朝になってからだ。対照的に、イングランドは経験豊かな安定したチームで、同じように百戦錬磨のスコットランドを相手にした毎年恒例の対戦で名をあげていた。

試合そのものについて言えば、惨敗以外のことを期待していたのはもっとも楽天的なアイルランド人だけだった。アイルランドの緑と白のシャツが、綿ではなくて重いウールで仕立てられていたことさえ、濡れた泥のなかでは不利に働いた。その後、南アフリカのラグビー発展に重要な役割を果たすイングランドのウィリアム・ミルトンがキックオフをキャッチ。ボールをすばやくアイルランド陣深くに蹴り返した。すぐにイングランドのフォワードからのプレッシャーを受けて、アイルランドはボールを味方インゴールでタッチダウン。アルスターのR・D・ウォーキントンが味方のゴールポスト下からドロップキックを蹴ったが、ボールはかろうじて二五ヤードラインに達しただけだった。

それが、その午後の残りの気分を決定した。アイルランド側はさらに一四回、ボールを味方インゴールでタッチダウンせざるをえなかった。最終的なスコアはイングランドの二ゴール、一トライに対しスコットランドはゼロで、この点差はビジター側を実力以上に見せはしたが、イングランドは楽勝だった。ザ・フィールド誌のラグビー記者H・O・ムーアは、アイルランド・チームのパフォーマンスを嘆き、ロンドン在住で、公式の代表チームよりもましなプレイができるアイルランド人を二〇人は見つけられるだろうと書いた。[9]

それにもかかわらず、アイルランド人がイングランドを相手に国際試合を戦えたという事実は、ラグビーの知名度を押しあげる大きな力となった。国のアイデンティティが絶えず論じられ、討議され、言い争われている国アイルランドでは、それはラグビーが学校や大学でプレイされる単なるスポーツ以上のものとなりつつあることを意味した。ラグビーは国民全体にとって重要なスポーツとして台頭を始めていた。

一八七五年十二月、イングランド代表がアイルランド本国で初めての国際試合を戦うためにアイリッシュ海を渡ったとき、ラグビーが獲得した新たなステータスにはさらなるはずみがつけられた。試合は、ダブリン南の郊外ラスミネスのレンスター・クリケットグラウンドでおこなわれた。今回は一ゴール、一トライ対〇で、またしてもイングランドが勝利。しかしアイルランドもよくやった。試合でもっとも記憶に残るのは、アイルランドのハーフバック、A・P・クローニンのパフォーマンスだ。クローニンは上半身裸で、イングランドのゴールラインぎりぎりまで七〇ヤードを疾走した。アイルランドはジ・オーヴァルの教訓に学び、ウールのシャツを綿に替えていた。しかし、もとのシャツが重かったのと同じほどに綿のシャツは破けやすいと判明。クローニンのシャツは自陣二五ヤードライン上で、タックルをしかけてきた選手に背中から破りとられていた。クローニンはめげずに、イングランドの二〇人のあいだを縫うように走り、最後にはイングランドのフルバック、A・P・ピアソンが、クローニンが国際試合におけるアイルランド初のトライをあげて歴史を作る直前に、なんとかタックルで倒した。

一八八一年、アイルランドはついに国際舞台で面目をほどこす。ベルファストの全フットボール史上最大の群衆を前にして、アイルランドは午後いっぱいスコットランドのラインを脅かし続けたが、運命と〔スコットランドの〕青いジャージーの男たちの両方に絶えず妨害されていた。残りわずか五分、スコットランドは味方ゴールラインからのドロップアウトを余儀なくされた。ボールは結局タッチに出たが、アイルランドのバーニー・ヒューズがすばやくスローイン。ボールはアイルランド選手ふたりの手から手へとつながれ、最後にウイングのJ・C・バゴット〔トリニティ〕に渡った。バゴットのすばやいドロップキックがゴールポストのあいだを通過して歴史書のなかに飛びこんだ。アイルランドがついに勝利。「男、女、子どもたちが区別なくたがいに抱きあった」と、記者のJ・J・マッカーシーは回想する。「悲しみの呪いは破られた」[10]。

◉全島のスポーツ

たとえ負けても多くの試合が生んだ興奮は言うまでもなく、代表の長足の進歩はラグビーの発展にさらに拍車をかけた。一八七五年十一月に開催された最初の地方対抗戦では、アルスター地方がレンスター地方に勝利。一八七八年にはマンスター地方が初めて試合に出場。クラブのレベルでは二大都市を越えて広がり、島の南部に影響をおよぼし始めた。一八七〇年にコークでクラブが結成され、同年、ミドルトン市の東部でミドルトン・カレッジFCが結成された。一八七五年三月、リムリック県のクラブ、ラスケールがマンスター地方のクラブとしては初めてIFUに加盟。一年後、リムリック州にクラブがつくられ、一八七七年にIFUに加盟した。シニアカップとして知られるノックアウト方式〔トーナメント〕の競技会に、イングランドのRFUは眉をひそめたが、それでもなおシニアカップはレンスター（一八八二年）、アルスター（一八八五年）、マンスター（一八八六年）で開始された。最終的にラグビーを求める叫びは西端にまで達し、一八八五年にコナハト・ラグビーフットボール協会が設立された。もっともそれが独自のシニアカップを誇れるようになるまでには、さらに一一年が必要だった[11]。

ラグビーはまた私立学校に対しても強い支配力をもち始めた。イングランドと同様に、アイルランドの教育専門家は学校を『トム・ブラウンの学校生活』の筋肉的キリスト教の伝統の上に築いていたので、ラグビーは自然に学校生活の中心を占めるようになった。一八七六年、アルスター・スクールズカップ・トーナメントが開始された。一六〇八年にアルスターの英国人入植者によって創設されたアーマーのロイヤルスクールが、十九世紀初頭にベルファストの商人や専門職階級の子弟のために創設されたロイヤル・ベルファスト・アカデミカル・インスティテューションを破って優勝した。

これは輝かしい歴史の始まりだった。ロイヤルスクールはカップ最初の一〇年間に七回、優勝したが、インスティテューションは、これを書いている時点で二九回優勝している〔二〇一九年三月現在の優勝回数は三二〕。同様の伝統が島のいたるところの学校で確立された。一八八七年にレンスター・スクールズ・シニアカップが開始され、ダブリンのスポーツ界にも、その中産階級の社交生活にもなくてはならないものになった。初年度はブラックロック・カレッジがタイトルを勝ちとった。これはその六七回の優勝の最初の一回である。マンスターでは同時期に学生のチャレンジカップが始動した。

ブラックロック・カレッジがレンスターの学生ラグビーを支配していたことからも明らかなように、ラグビーはプロテスタント系の学校同様、ローマンカトリック系の学校でも重要だった。カトリック教徒が公務員や司法官になるのを禁止する法律が一八二九年に廃止された結果、中産階級のカトリック教徒のための学校や大学が創設された。アルスターの外では、それがアイルランドの学校間トーナメントの支柱を提供した。教義上の違いにもかかわらず、カトリック系とプロテスタント系どちらの学校にとってもラグビーは同じように重要だった。ラグビーは少年の性格形成に資すると考えられていたが、少年たちのすべてがその肉体どうしのぶつかりあいを楽しんだわけではない。ジェイムズ・ジョイスは少年時代に、イエズス会が経営するキルデア州のクロンゴウズウッド・カレッジに送られたが、この学校ではラグビーはカトリックの公教要理《カテキズム》と重要性を争っていた。ジョイスが創出した虚構の分身スティーヴン・ディーダルスが描いているように、ジョイスはラグビーを楽しまなかった。

体あたりして、ドシンという音がするたびに、あぶらぎった革の球は、灰いろの光のなかを重い鳥のようにとんだ。先生の目もとどかず、らんぼうな足にけられもしない、じぶんの組のはしっこにいて、ときどき走るふりをしていた。フットボールしてるみんなのなかでは、じぶんは体が小さくてよわよわしい気がするし、目はかすんで、なみだがでる。[12]

世界中どこでも、タックルに飛びこむのを楽しむ少年がいるのに対して、ジョイスのように、タックルに恐怖または退屈、あるいは恐怖と退屈の両方を覚える少年が少なくともひとりはいるものだ。

一八八〇年代末、ラグビー人気はその中心にあるエリート学校と中産階級を超えて広がり始め、とくにコーク、リムリック、およびマンスターの町や村の労働者階級のあいだで盛んになった。マンスターではラグビークラブを創設したのは、たいていの場合、トリニティ大学かイングランドのパブリックスクール関係者だった。しかし、ブリテン諸島全域のプロテスタント教会における安息日厳守主義的傾向とは対照的に、ローマンカトリック教会は日曜のレクリエーションを許容したので、労働者階級にはラグビーをプレイする機会がより多くあった。店員や農業労働者には土曜は労働日であり、休日は日曜日だけだった。リムリックとコークのどちらにも、大多数が労働者階級のラグビーチーム「日曜クラブ」が出現した。土曜日だけに開催されるエリートの各シニアカップと対照的に、どちらの市でも日曜のカップ争奪戦が組織され、何千人もの労働者階級の観衆を集めた。

マンスターでラグビーの性格が変化していったのを象徴するのはリムリックのギャリーオーウェンFCである。このクラブは一八八四年にプロテスタントの実業家W・L・ストークス、地元のパン屋で労働党所属の政治家トム・プレンダーガスト、船の整備工でのちにアイルランド自治論者で議員となるマイク・ジョイスによって創設された。初代キャプテンは郵便局員で、のちにアイルランド代表となるジャック・オサリヴァン。[13]バックグラウンドや社会的地位にかかわらず、優秀なプレイヤーを集めるクラブの能力が、間違いなくその成功に重要な貢献を果たした。一八八六年のマンスター・シニアカップ開始から十九世紀の終わりまで、クラブはトロフィーを一〇回、高く掲げる機会に恵まれ、決勝に進めなかったのはたった一度だった。

ギャリーオーウェンは、イングランドでは「アップアンドアンダー」、オーストラリアでは「ボム」として知られるようになる高くあがるキックにその名を残しているが、クラブがもたらした真の革新は、異なる宗教、政治観、社会的背景をもつ選手、役員、サポーターをひとつにしたことである。これはアイルランドのラグビーにおける新現象だった。ギャリーオーウェンは狭い階級的、あるいは宗教的利害関係を避けるという点で、ウィガンやラネリーのようなイングランド北部、あるいはサウスウェールズのクラブと共通するところがより多かった。これらのクラブはスポーツにおける市民のプライドを追求することで地域社会の幅広い階層を結びつけた。実際に一九〇〇年のマンスターでは、すべての階級と宗教の人びとがラグビーをプレイし、観戦し、楽しんだ。これはアイルランドの残りの地方にはあてはまらない。

部分的にはIRFUのポリシーのせいでもあった。一八八二年、アイルランドのラグビークラブのために、トーナメント方式のアイルランド選手権開催が話し合われた。イングランドではサッカーのFAカップが成功し、カップ争奪戦がひとつのスポーツにはずみをあたえることを示していた。しかし、イングランドのRFUの場合と同様に、アイルランド・ラグビー上層部はこの考えを却下し、ラグビーをアイルランドの国民的スポーツにする機会を逃した。[14]これ以上悪いタイミングはなかった。

◉異なる島、異なる規則

および腰のアイルランド・ラグビー上層部とは異なり、アイルランド・フットボール・アソシエーション（IFA）は一八八一年に、アイルランドのサッカークラブのために独自の全国トーナメントを開始していた。当時、サッカーはアイルランドではほとんど存在しないも同然。『R・M・ピーターのアイルランド・フットボール年鑑』一八八〇年度版は、アイルランド全土でラグビーチーム八八に対してサッカーは四クラブしか掲載していない。IFAそのものも一八八〇年に創設されたばかりだったが、丸いボールを使うスポーツを広めようという熱意のおかげで、サッカーはすぐにラグビーと肩を並べた。

一八八二年二月、アイルランド初のサッカー代表チームがイングランドと対戦した。0―13で敗北を喫するという悲惨な結果となったが、サッカーはいまやラグビーと同じ資格で、国際的な競技であることを誇れた。IFAは創設から九年間でわずか四クラブから一二四にまで拡大。ラグビーはもはやみずからをアイルランド唯一の国民的スポーツと主張することはできなくなった。[15]

数の上でサッカーに負けかけているとすれば、ラグビーはいまやあるスポーツからの挑戦にも対応しなければならなかった。そのスポーツはラグビーをアイルランドのものと考えることの正当性そのものに疑問を投げかけた。一八八四年十一月、ブラックロック・カレッジ元教員で元ラグビー選手のマイケル・キューサックがゲール体育協会（GAA）結成を先導する。GAAはアイルランド独特と信じられたスポーツの促進に打ちこんだ。「われわれはアイルランドの人びとに、自分たちのスポーツの管理は自分たちの手でおこない、とくにあらゆる形態のアイルランド的な運動を奨励促進し、外国のものすべては一掃するように教えている」[16]とキューサックは書いている。

最初GAAは、ラグビーにもサッカーにもほとんど脅威とはならなかった。その焦点は陸上競技であり、もっとも重要な団体競技はハーリング〔アイルランドの球技〕だった。しかし、キューサックとその支持者たちはヴィクトリア朝後期のアイルランドにおける「ゲール復活」の気分をとらえていた。ゲール式フットボールが、アイルランド語への新たなる関心、花開くアイルランド文学、民族主義的な政治の活性化と並ぶ地位を占めた。GAAによるアイルランド生粋のフットボール復活にはただひとつ問題があった。そのようなものは存在しなかったのである。

もちろん、英国や残りの世界と同様に、さまざまな形のフットボールが何世紀にもわたってアイルランド全土でプレイされてきた。「カージ」は民俗フットボールの一形態で、野原やより狭いエリアでプレイされたが、キューサックとその支持者はこれを自分たちのフットボールの直接の先祖だと主張した。実際には、「カージ」はGAA版フットボールと共通点がないのと同様に他のいかなるルールとも共通点がなかった。それだけではない。多くのアイルランドのラグビーファンが、「カージ」は実際にはラグビーの原型だと主張して、反論した。リアム・フェリス神父は、ウィリアム・ウェッブ・エリスは子どものころ、ティペレアリで過ごしたので、「カージ」が発想の源になって、一八二三年にボールを拾いあげ、それをもって走ったにちがいないとまで主張した。[17]

アイルランド独自の規則を作るためのGAAの試みは最初は難航した。得点方法とチームの規模は明確ではなかった。一部のクラブは単純にGAA版フットボールをラグビーの一形態と見なした。多くが両方のスポーツのあいだを自由にいったりきたりさえした。一八八九年のGAA州チャンピオン、ニル・デスペーランドゥムFC（コーク）は、ラグビークラブとして始まり、いったりきたりを繰り返したあと、最終的にゲールのスポーツに定着した。ラウン・ローヴァーズ（ケリー州）とアラヴェール・ローヴァーズ（ティペレアリ）も同様の道をたどった。[18] ゲール独自のルールが明確になったのはようやく一八八〇年代末であり、そのときでもまだ革新の多くは、オーストラリアン・ルールズのフットボールとたまたまという以上に類似していた。

しかし、ゲールのフットボールがラグビーに挑戦できたのには、フィールド内と同様にフィールド外のことも関わっていた。GAAはカトリックのアイルランド文化の擁護者を名乗っただけではなく、ラグビーを外国のスポーツとした。その規約第二十七条は、会員に「外国」のスポーツのプレイはもちろん、観戦さえも禁じていた。「禁止」がどこまで守られたのかはさまざまだが、それは実質的に、あるプレイヤーがゲールのフットボールかラグビーのどちらかを一度、選択すると、変更がきわめて困難なことを意味した。

ＧＡＡはまたアイルランド全土において、地域の教会区単位で組織を編成した。これによっていまだに田園地帯を生活と労働の場としていた人口の大多数が、それぞれ支援できる地元チームを確実にもてるようになった。実質的に唯一全国民共通の休日である日曜日にプレイされたために、ＧＡＡのスポーツは可能なかぎり幅広い層にアピールした。楕円球のスポーツが階級を横断して広がっていたマンスター以外では、アイルランドのラグビーはおおげさではなく特権的な中産階級のスポーツと見なされた。

◉ひとつのスポーツ、ふたつの民族

ラグビー支持層が薄かったために、アイルランド代表の成績は限定的にならざるをえなかった。国際試合の注目度が上昇を続けているにもかかわらず、栄光はめったにもたらされず、最初の一〇年間でわずか四勝。一八九三年には一試合も勝てず、一点もあげられない。そのあと突然、水がワインに変わった。

一八九四年、アイルランド代表はライバル諸国を一掃し、初のトリプルクラウンを達成した。翌シーズンはまたしてもゼロ勝で終わったが、一八九六年にはふたたび選手権に優勝。アイルランド二度目のトリプルクラウンが達成できなかったのはただ対スコットランド戦（於ランズダウンロード）を両者無得点で引き分けたからである。三年後、アイルランドは破竹の勢いで進み、ペナルティゴールわずかひとつをあたえたたけでトリプルクラウンをとりもどす。しかし、ふたたび偉業を達成するにはほぼ五〇年後、ジャック・カイルに霊感を吹きこまれた代表チームを待たなければならない。

一九〇〇年代までに、ラグビーとカトリック系アイルランド人のスポーツファンのあいだに広がった距離は、初のユダヤ系アイルランド代表ベセル・ソロモンズの語る有名な話が示している。一九〇九年、ホームでの対イングランド戦に遅刻しそうになって、ソロモンズはダブリンの中心街でタクシーを拾い、運転手に行き先はランズダウンロードだと告げた。「アイランドのラグビーの国際試合のためだ」とソロモンズは説明した。「アイルランド？」と運転手は冷たく、軽蔑したように鼻を鳴らした。「ありゃ、ただのプロテスタント一四人とユダヤ人ひとりにすぎない」[19]。これはたしかに、誇り高きユダヤ系アイルランド人ソロモンズに対しても、またプロテスタントであろうとなかろうと残りの一四人に対しても失礼な言葉だった。しかしアイルランドのような国では、スポーツと政治は通常よりもなおいっそう密接にからみあっていた。

一九一二年春、英国の首相ハーバート・アスキスがアイルランド自治法を導入し、アイルランドにある程度の自治がもちこまれた。翌年、北アイルランドのラグビー選手のほとんどがエドワード・カーソン率いるアルスター義勇軍（ＵＶＦ）に加わり、ラグビーは実質的に活動を停止。ＵＶＦはアイルランド自治法に抵抗する準軍事的組織である。英国との統一を守るための軍事訓練がラグビーに優先し、多くのラグビー場がＵＶＦの訓練場になった。[20] ついに戦争が勃発したとき、それは内戦ではなく世界大戦だった。統一主義者と国民主義者のアイルランドは一時的に、ドイツに対する愛国熱のなかに共通の大義を見出した。ダブリンでは、ＩＲＦＵが特別に結成した義勇軍に二〇〇名ほどが参加した。しかし、世界大戦の真っ最中でも、ラグビーはアイルランドをふたつに裂く紛争を逃れることができなかった。

一九一六年四月二十四日、義勇軍は一日の訓練のあと、ダブリンまで徒歩でもどった。ラグビーとクリケットの両方でアイルランドのトップに立つＩＲＦＵ会長フランク・ブラウニングに率いられ、旗を振り太鼓をたたきながらダブリンにはいる。共和派のアイルランド義勇軍とアイルランド市民軍が、この復活祭の月曜日を武装蜂起の日に選んでいたことを知らなかった。これは「復活祭の蜂起」として知られることになる。義勇軍が大運河に近づいたとき、政府の増援隊と勘違いした共和軍が射撃を始めた。ブラウニングほか三名が死亡し、さらに三名が重傷を負った。

アイルランドのラグビーにとって、血はより深刻であると同時に致命的な意味を獲得した。

第7章 ウェールズ（ドラゴンの抱擁）

Wales: The Dragon's Embrace

リース・ゲイブはウェールズのためにシューズの紐を結んだ最高のスリークォーターのひとりである。背はほぼ六フィート、体重は一三ストーンにわずかに欠け、一九〇〇年代初期のほとんどのバックスよりも大きかった。だが、それでもその体格と筋力をもつ男としては、並はずれたスピードと優雅さを備えていた。一九〇一年から〇八年のあいだに、ウェールズ代表として二四試合に出場、一一トライ——トライをあげるのが難しかった時代においては特筆すべき率——をあげ、一九〇四年のブリテン諸島チームによる先駆的なオーストラリア・ニュージーランド遠征ではテストマッチ全四戦に出場し、みごとな活躍を見せた。大英帝国諸国間の国際試合は「テスト」マッチと呼ばれていたので、この四試合は「テスト」マッチということになる。

ゲイブはなによりもまず、ウェールズが戦ったもっとも有名で、おそらくもっとも重要な試合で果たした中心的役割で歴史に名を残す。一九〇五年、遠征してきたニュージーランドのオールブラックスとの歴史的な試合で、キャプテンのグウィン・ニコールズの外側でプレイし、チーム全体がすばやく動くなかで最後の重要なパスを出し、その結果、ウイングのテディ・モーガンがタッチライン沿いを疾走して、試合唯一のトライをあげた。[1] それ以上に重要だったのは、ウェールズのゴールラインからわずか数ミリのところで、オールブラックスのセンター、ボブ・ディーンズ——「ブラックスのゴリアテ」——にタックルして、土壇場でトライを阻止。オールブラックスを歴史的な遠征唯一の敗北に確実に追いこんだことだ。

リース・ゲイブはまた、この時代のシンボルでもあった。オールブラックスを抑えこんだウェールズ代表選手の多くと同様に出自は慎ましかった。ウェールズは急速に近代的な工業国になりつつあり、その教育システムは社会的移動性を提供した。ゲイブはその恩恵を受けた労働者階級・下層中産階級の多くの若者のひとりだった。ラネリー中等学校に通い、そのあと教師になるためにロンドンに進学。才能に恵まれたオールラウンドの運動選手で、クリケットでは州対抗戦に出場するほど優秀、水球では母校の師範学校を代表、残念ながら自転車選手としての才能は開花させられなかった。カーディフで教職に就くために故郷に帰り、一九〇〇年代、連戦連勝のウェールズ代表でもっとも輝く星たちのあいだに地位を確立した。

一九〇三年、ゲイブはある晩餐会で、たまたまスコットランドのレフェリーの長老クロフォード・フィンリーの隣にすわった。フィンリーは、当時のイングランドとスコットランドのラグビー関係者の多くと同様に、労働者階級のあいだで人気が高まったことでラグビーの社会的な性格が脅かされるのを懸念していた。ゲイブにウェールズはなぜ「炭坑労働者、鉄鋼労働者、警官を代表チームに選ぶのか」と大声で尋ね、そういう連中はラグビーリーグをプレイをするべきじゃないのかと言った。[2]

ラグビー人生のすべてを工業労働者階級出身の男たちとプレイしてきたゲイブのような人間にとって、フィンリーの態度は理解不能だった。ウェールズ代表が成功したのは、法廷弁護士からボイラー修理人まで、あらゆる社会階層に属する選手たちを結びつけることができたからだ。一九〇〇年代にウェールズ代表としてデビューを飾ったプレイヤーの三分の一は肉体労働者であり、その割合は競争相手のイングランド、アイルランド、スコットランドを大きく上まわる。ウェールズのラグビーは、みずからが「民主的精神」と呼ぶものを誇りとしていた。

残念ながら、歴史はゲイブがフィンリーの純然たる特権意識になんと答えたかを記録していない。しかし、フィンリーが翌年、ウェールズ対イングランド戦の笛を吹いたとき、前半だけでウェールズに一一個のペナルティを科したのはわかっている。試合は14―14で膠着状態が続き、残り一分でウェールズのテディ・モーガンがトライしようとしたとき、フィンレーはウェールズ側にスローフォワードの反則をとった。この真偽の疑わしいスローフォワードをパスしたのは……ゲイブだった。

◉私的なレクリエーションから公的なオブセッションへ

ウェールズのラグビーは、最初からこのようにあらゆる階層に開かれたものとして意図されていたのではなかった。アイルランドやスコットランドと同様に、スポーツは十九世紀半ばのエリート教育拡大の一環としてウェールズにもちこまれた。とくにラグビーはランピターのセントデイヴィッズ大学の門をくぐってウェールズにはいってきた。この大学は一八二二年に牧師養成のために創設され、一八二八年に王の特許状を受けた。オックスフォード、ケンブリッジ、およびスコットランドの諸大学をのぞいて、ブリテン島でもっとも古い大学である。一八五〇年、ローランド・ウィリアムズ師が副校長に任命された。師はケンブリッジ大学時代にラグビーに心酔していたので、すぐにそれを、とくにラグビー校式ラグビーをカリキュラムに導入した。ラグビーはランピターからウェールズの他の学校や大学にゆっくりと浸透していった。ランダヴァリー・カレッジは一八四八年開校の直後から異なるタイプのフットボールをプレイしていたが、一八五〇年代にランピターの学生と定期戦をおこなうようになる。モンマス校とコウブリッジ校が先例に従い、一八七〇年代にはラグビー校のルールを採用した。ウェールズ最古の学校のひとつ、ブレコンのクライスト・カレッジはヴィクトリア朝中期の教育ブームによって改革され、スポーツ熱に身を投じて、一八七五年にはラグビーのルールを受け容れた。

ラグビーをプレイするウェールズやイングランドの私立学校で教育を受けた青年たちが、シニアのクラブ形成のきっかけをつくった。これがウェールズ・ラグビーの支柱となる。ランダヴァリーOBとモンマスOBが中心となって、それぞれニース（一八七一年）とニューポート（一八七四年）を創設。カーディフ（一八七五年）は地元のプライベートスクールOBによって創設された。ラネリー（一八七五年）の初代キャプテンはラグビー校OBだった。

つまり誕生の事情において、ウェールズのラグビーは、スコットランドとアイルランドのそれとなんら変わりはなかった。だが、ウェールズのラグビーが生まれ出た世界は、この二国とは一八〇度違っていた。サウスウェールズの社会は唐突な工業化の驚くべき力にあふれてふつふつと沸き立ち、無尽蔵とも思える石炭の供給をエネルギー源として、赤ん坊の巨人のように成長した。一八八〇年から一九一〇年にかけて、約三〇万人の労働者が、炭坑と鉄工業に従事するために、イングランドからサウスウェールズに押し寄せた。一八五一年の国勢調査によると、二万人だったカーディフの人口は続く二世代で一八万二〇〇〇人（一九一一年）にまでふくれあがった。ウェールズの石炭生産の原動力、ロンダ渓谷に暮らす人口はわずか二〇〇〇人（一八五一年）から一五万二〇〇〇人以上（一九一一年）となった。工業化のエンジンはウェールズの社会全体を異常な速度で近代へと走らせ、ラグビーはその最前線にいた。

ラグビーが、ウェールズを席巻する工業・文化革命の中心にみずからをおいた要因は、ここでもやはりサッカーだった。一八七七年、ウェールズ・フットボール・アソシエーション〔サッカー〕は知名度をあげようとして、国内トーナメント、ウェールズカップを始める。それに応えて、サウスウェールズ・フットボールクラブ——当時のウェールズのラグビー統轄団体——が五〇ギニーでトロフィーを買い、ラグビーの各クラブをサウスウェールズ・チャレンジカップに招いた。

一八のクラブが参加費二ギニーを支払ってエントリーし、一八七八年三月二日の第一回決勝では、ニューポートがスウォンジーと対戦。ウェールズのラグビーでは過去最大の二〇〇〇人が観戦のためブリッジエンドに集まった。手に汗握る試合でニューポートがスウォンジーをゴール数一対〇で破って地元にもどり、大観衆に歓呼の声で迎えられた。市主催のレセプション、そして宴会が特別に開かれた。[3]

ニューポートは翌年、カーディフを破ってふたたび優勝。この試合も含めてニューポートは五シーズン連勝を続けた。サウスウェールズ・チャレンジカップによって、ニューポートは国のトップチームとしての地位を確立した。より重要なことは、このトーナメントがラグビーをサウスウェールズの大衆文化の中心に据えたことだ。一八八一年にウェールズ・フットボール協会（のちにウェールズ・ラグビー協会）が創設されるころには、ラグビーはもはや単なるスポーツではなく、大観衆を集めるスポーツ、商業的な余暇の追求の場、市民的プライドと地域間のライバル関係の源泉だった。

ウェールズの産業革命によって雨後の竹の子のように生まれた町や村、通りまでもが、ラグビーのなかに自分たちの存在意義を感じ、地域を統一する手段を見つけ出した。一八九〇年にはカーディフだけで二二〇チームがラグビーをプレイしていた。[4]何万人もの移住者にとって、ラグビーはウェールズ人となり、自分の新しい国に所属するための道だった。サウスウェールズカップの人気がラグビーをウェールズ社会のエリートのスポーツから、人口のほとんどすべての階級と地域に共通する関心に変化させた。「実際に」とサウスウェールズ・デイリーニュース紙は一八七九年に指摘している。大衆は「『カップの』問題を、町の信用にかかわる問題と見なすようになった」[5]。

イングランド北部のヨークシャーカップと同様に、サウスウェールズカップは大観衆を集め、何百ものラグビークラブ結成のきっかけとなった。ギリシア語とラテン語の授業の合間にラグビーを覚えた者たちと同様の熱い思いで、炭坑や波止場の若者たちがチームを結成した。ブライナ・アイアンサイドやビュートドック・レンジャーズのようなチームが、ランダヴァリー・カレッジ・オールドボーイズやオールドモンマスFCの隣に場所を占めた。[6]地域間の強力な競争関係はまた、エリートチームが地域の覇権を勝ちとるために、戦闘力を高める有能な労働者階級の選手にも門戸を開き始めたことを意味した。一八八六年、ラグビー校とオックスフォードで教育を受けた青年たちが結成したラネリーが、労働者一〇名を含むチームでサウスウェールズカップに優勝。[7]ウェールズのラグビーはあらゆる階級のためのスポーツになった。

科学上の発見が工業の発展を下支えし、スペクタクルへの渇望があふれ出すこのダイナミックで活気のある環境のなかで、ラグビーは社会で進行中の変化を反映していた。サウスウェールズカップはラグビーにおける新鮮で先駆的な考え方の一例である。ニューポートは入場者数を押しあげるために、イングランドのクラブとの定期戦を組織した。また一八七八年の冬には、カーディフにおいて、ウェールズで初めてスポーツのナイトゲームに投光照明が使用された。だが、もっとも重要な革新はフィールドそのもののなかで起きた。

一八八四年、カーディフでビール製造業・銀行業を営む一家の後継者で、イングランド生まれのフランク・ハンコックが、チェルトナム・カレッジにおける試合に、スリークォーターの交代要員として召集された。ハンコックは驚くべき活躍をして、二トライをあげた。しかし、次の対グロスター戦では、カーディフ・スリークォーターのレギュラー陣は全員が体調万全。そのためカーディフのセレクション委員会はジレンマに直面した。ラグビーの進化過程のこの時点では、まだスリークォーター三名とフォワード九名の布陣でプレイされていた。だが、ハンコックの傑出した実力は、この男をチームからはずせないことを意味した。

カーディフのセレクション委員会は、急旋回をすべきときには急旋回をすることに決め、布陣をスリークォーター四名とフォワード八名にした。これはとてもうまくいったので、カーディフはシーズンの残りをこの革命的フォーメーションでプレイし続けた。一八八五年には、ウェールズのほとんどすべてのチームがこのフォーメーションを使用していたが、どこもカーディフほどは勝てず、カーディフはそのシーズン二七試合のうち二六試合に勝利、一三一トライをあげた。一方失ったのはわずか四トライ。

ウェールズの外では旧来の考え方――ラグビーは第一にフォワードのためのゲームであり、スクラムからひとり減らすことは、そのチームが決してボールをとれないことを意味する――が主張されていた。いずれにしても、批評家は、新システムがそれほど有効ならウェールズはラグビーの国際舞台でなぜあのていたらくなのかと言った。いいところをついていた。

一八八一年、ウェールズはイングランドを相手に初めての国際試合を戦い、惨敗を喫する。イングランドは一三トライをあげ、それ以上をあげても不思議はなかっただろう。幸いにも次の国際試合までに一年が経過し、ウェールズはランズダウンロードでなお弱いアイルランドに勝利した。スコットランドに勝つまでには七年、イングランドに対してはなお長い時間がかかった。一八九〇年、どちらもが不慣れなデューズベリーのクラウンフラット競技場でイングランドと対戦し、ようやく最大のライバルとの闘争に勝利。「北にいき」、ヨークシャーのあるチームでプレイした最初のウェールズ人選手のひとり、ウィリアム・“ブルドッグ〟・スタッデン（デューズベリー）がイングランドのたるんだプレイにつけこんだ。スタッデンはラインアウトで短いボールを投げ入れて自分でキャッチし、勝利のトライに向かって疾走した。

デューズベリーでウェールズが優位に立った第一の要因は、きびきびしたパスとその四名のスリークォーターの正確なコンビネーションにあった。イングランドのスリークォーター三人を手玉にとり、彼らの側面をついては再三再四、あわてさせた。僅差だったにもかかわらず、この勝利はこれまでフォー・スリークォーター・システムを嘲《あざわら》ってきた大勢の人びとを黙らせるのに充分な説得力があった。一八九二年には、ブラックヒース、オールダム、スタッデンが所属するデューズベリーなど、戦術の革新により開かれた多くのイングランドのクラブが新しいシステムを受容し始めた。毎年恒例のイングランド南北戦では、その年、どちらのチームもスリークォーターを四名出場させた。すでに見たように、ヨークシャーとイングランドでキャプテンを務めたディッキー・ロックウッドが、ヨークシャー代表、最終的にはイングランド代表にフォー・スリークォーター・システムを導入。スリー・スリークォーター・システムを使うチームは、二〇人制と同様に時代遅れになった。しかし、ウェールズの戦術的革新と驚くべき才能が不可避的に結びつき、歴史を作ったのは翌年のことである。

その時代のウェールズ最高の選手として並ぶ者なき天才的スリークォーター、アーサー・グールドに率いられて、ウェールズはカーディフにおけるシーソーゲームでイングランドをわずか一点差で破った。イングランドに勝ったのは二度目、自国で勝利したのはこれが初めてだった。自信に支えられて、グールド配下の選手は北のエディンバラに向かい、スコットランドを９—０で破ったあと、ホームにもどり、ラネリーにおいてトライ数一対〇でアイルランドを下した。歓びがあふれだした——ついにウェールズはトリプルクラウンを勝ちとった。ドラゴン〔ウェールズの象徴。国旗に赤い竜、レッドドラゴンが描かれている。「レッドドラゴンズ」はウェールズ代表の愛称〕はいまや他のラグビー諸国と真っ向から対峙することができた。

◉北に向かう

ウェールズのラグビーがここまで成長したのは諸チームが階級を横断して包括的に構成されていたおかげである。イングランド、アイルランド、スコットランドでは、私立学校や大学のネットワークが、ラグビーをプレイし、それに抜きんでることを熱望する中産階級の青年の絶えざる流れを諸チームに供給した。ウェールズにはそのようなネットワークはなかった。小国ゆえに――一九〇一年の国勢調査では人口はわずか二〇〇万、アイルランドとスコットランドの半分にも満たない――社会のすべての階層からラグビーの才能を受け容れなければならなかった。しかし、これは問題をもたらした。週に五日半を炭坑や鉄工所で働くのが当たり前の男たちは、重労働はグラウンドの外でも中でも金銭的な報酬に値すると考えた。

一八八六年にRFUが課したアマチュア主義に同意はしていたものの、ウェールズ・ラグビー上層部は、有給の選手について、イングランドのRFUの信者たちよりも、ずっと実践的なアプローチをとった。ラグビー歴を一八八〇年代半ばにスウォンジーで開始した元ウェールズ代表、スリークォーターのビル・マカッチャンはのちに、現役時代ずっと選手に対してなんらかの形の支払があったことをほのめかしている。一ポンド札、五ポンド札、一〇ポンド札、二〇ポンド札までが試合後に選手の靴（ブート）のなかに謎の出現をした。いわゆる「ブートマネー」である。ときおりウェールズ・ラグビー協会（WRU）は、お決まりの大掃除を実行し、暗い隅を光で照らした――一九〇一年、トレヘルベルトはポンティプリッドのドーソンに週一ポンドを支払ったことで告発され、一九〇七年には一試合につき、通常一ソブリンから六シリングが選手に支払われているという申し立てがあった――だが、取引の大部分がそっとおこなわれているかぎり、イングランド方式の魔女狩りと粛清は回避された。◉8

イングランド北部のクラブにはより金があり、観衆はより多く、報酬はより高額だった。一八八〇年代初めから、より大きな野心をもつウェールズ人選手は北を向き始めた。サウスウェールズと北イングランドのあいだには自然の絆《きずな》があった。どちらもが重工業に支配され――炭坑がこのふたつの地方の経済を規定していた――どちらでもラグビーは大観衆を集めるスポーツだった。ウェールズがフォー・スリークォーターを考えついたように、ヨークシャーの諸チームはフォワードの各ポジションの規定、「ウイングフォワード」プレイ〔ウイングフォワードは「フランカー」を指す〕、スクラムからのパスの動きなどの戦術的革新を導入していた。ラグビーが産業であり、包括的であり、革新的であるふたつの地域はすぐに連携を始めた。

連携はグラウンドの内外で進められた。たとえば一八八四年、イングランド北部のウェイクフィールド・トリニティ、バトリー、デューズベリー、ハルがウェールズのカーディフ、ラネリー、ニース、ニューポートに遠征。とくにクリスマスとイースター期間の諸クラブによる短期間の遠征は、選手にとってもサポーターにとってもシーズンのハイライトになった。北からの遠征チームは、ラネリーのフォワード、エリアス・ジョーンズが回想するように、市民からお祭り騒ぎの歓迎を受けた。

ハルはとくに人気のビジターだった。チームが乗るステーションワゴンから馬がはずされ、歓迎のために集まった人びとがワゴンをトーマスアームズ〔ホテル〕まで運んでいったのを覚えている。驚くべき光景だった。多くが仕事場からくず綿を確保してきて、それに火をつけ、たいまつ行列を組んだ。トーマスアームズに到着すると、熱狂的光景が繰り広げられ、ハルのキャプテンはバルコニーからスピーチをしなければならなかった。[9]

ラグビー移民はゆっくりと、だが確実に、サウスウェールズの渓谷地帯からペナイン山脈とその後背地に向かって北への道をたどっていった。最初に「北にいった」選手として記録に残るのは、ウェールズ代表フルバックのハリー・ボウエン（ラネリー）で、一八八四年にデューズベリーと契約したが、わずか五試合に出場しただけで故郷に帰った。翌年、ウェールズ代表ジェイムズ・ブライディー（ニューポート）がブラッドフォードのマニンガムと契約。しかし、北部に真の衝撃をあたえた最初のウェールズ人選手はカーディフおよびウェールズ代表のハーフバック、〝ブルドッグ〟スタッデンで、同じチームのアンガス・ステュワートとともに一八八六年九月にデューズベリーに移籍した。

スタッデンによると、両人が移籍したのは、カーディフで失業し「デューズベリーが遠征にきているあいだに友人を何人か作っていたので、自然に足がヨークシャーに向かい、仕事とデューズベリーのチームにポジションを見つけた」[10]からだった。ふたりは運よく紡績業のニューサム・サンズ&スペディングに職を見つけた。社名にある息子たち（サンズ）のひとりマーク・ニューサムがデューズベリー・ラグビークラブの会長であり、元キャプテンでもあったのは、もちろんまったくの偶然だった……

ペナイン山脈を越えたランカシャーでも同様の移籍がおこなわれた。オールダムが一八八八年にビル・マカッチャンと契約して先鞭をつけ、その直後に同僚のウェールズ代表ダイ・グウィンが続いた。一八九五年の分裂以前、おそらくもっとも有名なウェールズ選手の移籍は機略縦横のジェイムズ兄弟、デイヴィッドとエヴァンだろう。兄弟は一八九二年、スウォンジーからマンチェスターのブロートン・レンジャーズに、噂では契約料二五〇ポンドで移籍した。これはRFUのアマチュア規定からは目に余る逸脱である。一部のウェールズ人選手は北部の新聞に堂々と広告を出した。「一般事務職員、仕事を求む。フランス語。最高の推薦状。ウェールズのウイング・スリークォーター」という広告がヨークシャーポスト紙に掲載された。[11]

北への大移動にはウェールズで反対がなかったわけではない。一八九九年、ウェスタンメイル紙は、ウィガンのスカウトがペナースで川に投げこまれ、活動を阻止されたと報じている。ウェールズのクラブはまた、北と同じようにスター選手に諸経費の増額と魅力的な仕事を提供して北からの脅威に応えた。一部の選手にとっては、ウェールズのトップクラブが有する社会的なネットワークが社会的移動性にさらに大きな好機を提供した。このような恩恵に匹敵するものは北のクラブにはなかった。労働者階級の選手が給与の支払を望み、ヨークシャーとランカシャーの諸クラブには支払能力があったために、結局ウェールズ・ラグビー協会は選手に対して水面下でのなんらかの形の支払を許容せざるをえなかった。遅かれ早かれイングランドのRFUと正面衝突するのは避けられなかった。

◉アーサー・グールドとウェールズ・ラグビーの未来

ついに危機が訪れたとき、それはひとりの選手の頭上で勃発した。一八六四年生まれのアーサー・グールド。他のだれにも増して、ウェールズ・ラグビーの輝かしい台頭を象徴する。十代でニューポートの選手としてデビュー。一八九〇年代初めには、ニューポートを全勝優勝に導く。才能とカリスマ性を有し、ウェールズ・ラグビーの魂を体現するように見えた。一八九三年、ウェールズ代表キャプテンとしてトリプルクラウンで優勝。それ以前すでにサウスウェールズの渓谷地帯では知られた名前だった。しかしウェールズ代表の空前絶後の成功はグールドを全国的な有名人に押しあげた。アーサー・グールドを批判することはウェールズそのものを批判することだった。

一八九七年、グールドが本拠地のニューポートでウェールズを対イングランド三勝目に導いたあと、サウスウェールズ・アーガス紙とサウスウェールズ・デイリーニュース紙は、グールドに全国民による表彰をあたえるための運動を開始した。金がウェールズ全域から、そして国外に移住したウェールズ人から流れこんできた。一八九七年、ウェールズ・ラグビー協会はグールドに、感謝基金で購入した家屋の不動産譲渡証明書を贈る。RFUはただちにこの気前のよい行為をアマチュア規定違反と宣告。一八九七年二月、国際ラグビーフットボール協議会はRFUの立場をただそのまま支持した。これに抗議して、ウェールズは評議会を脱退。正式な分裂が起こるのは時間の問題と思われた。

しかし、どちらの側でもラグビーがおかれていた状況がためらいを生んだ。イングランドのラグビーが休業補償の支払をめぐって分裂してからまだ二年もたっていない。いまウェールズと分裂すれば、国際的なラグビーを弱体化させ、新しいＮＵを強力にし、ＲＦＵの威信に致命的な一撃をあたえるかもしれない。アマチュア規則を強制するか、あるいはみずからの権威を維持するか、ＲＦＵは難しい選択を迫られて後者を選んだ。

ＲＦＵは一八九七年九月の年次総会で、グールドは家屋の譲渡証明書を受けとったことでプロフェッショナリズムでは規定に違反してるが、「例外的な状況」はグールドがラグビーから追放されないことを意味すると宣言した。ＲＦＵ書記長ローランド・ヒルは、決定が「ご都合主義」であることを認めた。のちに閣僚となるバーケンヘッド卿Ｆ・Ｅ・スミスはザ・タイムズ紙にはっきりと、この決定は「ウェールズ協会がＮＵの腕のなかに飛びこんでいたら、続いて起きていたであろう北部の力の大きな増大を防ぐ」[12]ためにとられたと認めた。

「グールド妥協」は来る世紀のウェールズ・ラグビーとRFUの関係を規定した。一定の秩序が守られれば、RFUはウェールズの案件をあまり詳細には検討せず、ウェールズのクラブは労働者階級の選手にブートマネーの支払を続けた。ウェールズのクラブが所属選手に金銭を支払っていないふりをしているかぎり、ＲＦＵはウェールズのクラブを信じるふりをした。ウェールズ・ラグビー協会がＲＦＵと同じほどの熱意をこめてアマチュア規定を強制するのを拒否したことが重要な要因となり、ラグビーは階級を超えて統一され続け、一八九五年のＮＵの離脱を繰り返さずにすんだ。こうしてラグビーはウェールズの国民的スポーツとしての立場を維持した。

◉うしろ脚で立ちあがるドラゴン

ＲＦＵに妥協の用意があったことがウェールズのラグビーを国内で助けたとすれば、国外でもっとも得をさせたのは、イングランド人に北部の諸クラブと妥協する用意がなかったことである。北部の休業補償支持者を追い出したことで、ＲＦＵはイングランドのラグビーとその代表チームをあまりにも弱体化させてしまったために、イングランドのラグビーは単純に競争力を失った。

イングランドは一八九九年から一九〇九年のあいだ、ウェールズに一勝もできなかった。唯一の例外は、一九〇四年、レスターでの14―14の引き分けである。クロフォード・フィンレーが、終了直前に試合を決めるテディ・モーガンのトライをリース・

ゲイブからのフォワードパスを理由に無効としたあの試合だ。一八九五年の北部の離脱は、イングランドのラグビーを混乱させ、ウェールズが一世代にわたって国際的ラグビーを支配する道を切り開いた。

代表の驚くべき連戦連勝は、ウェールズ大衆文化と国民的アイデンティティの中心で、ラグビーの立場を確固たるものにした。それはきわめて都合のよい時期に起きた。一九〇〇年代、ウェールズは新しい国民的アイデンティティを確立しつつあり、大きく増加を続ける人口を過去と現在のシンボルのまわりに統一した。一九〇五年、ウェールズが輩出したもっともカリスマ的な政治家デイヴィッド・ロイド・ジョージが商務委員会の委員長に指名され、ウェールズ人としては過去二〇〇年間で最高位の公職に就いたのと同じ年に、カーディフは市の資格をあたえられた。一九〇七年、ウェールズ国立図書館とウェールズ国立美術館が創設された。一九〇〇年からの一〇年間で、ウェールズは近代国家に変身を遂げた。

ウェールズ国家の再生は分離主義的ではなかったし、独立を求めもしなかった。ウェールズは大英帝国におけるイコールパートナーとして、イングランドとの平等を求めた。ラグビーほどこのことをよく示す文化な力はなかった。ラグビーのグラウンド上でウェールズはイングランドと対等だっただけではない。明らかにイングランドよりも優っていた。一八九九年から一九〇九年にかけて、ウェールズはトリプルクラウンを五回、一九一一年にもおまけの一回を達成している。ウェールズ国民の活力と強靱さは、トライ、ゴールの数、国際的なチャンピオンシップの優勝回数で測ることができる。

一九〇五年十二月十六日のカーディフ・アームズパークほど、ラグビーの統一性とウェールズの国民的アイデンティティとが強力に、そしてわくわくするように示された場所はなかった。ウェールズはここで無敵のオールブラックスと対峙。ニュージーランドは遠征二八戦目。八〇一得点をあげ、失点はわずか二二。イングランド、アイルランド、スコットランドはすべてたちどころに手際よくかたづけられ、スコットランドだけがなんとか得点をもぎとった。だが、ウェールズはその年、三度目のトリプルクラウンをかっさらったところで、白雲たなびく国ニュージーランドからきた嵐の拡大を阻止する自信にあふれていた。

それは叙事詩的な衝突だった。三〇両の特別列車がウェールズの首都に走りこみ、これまでに国民が目にした最大のスペクタクルに立ち会うことを熱望する数千人のホームサポーターを吐き出した。キックオフの一時間前に、カーディフ・アームズパークは五万人で身の置き場もないほどになり、ゲートが閉じられて、無数の人びとが場外に取り残された。空気は期待でぱちぱちと音を立てていた。

両チームが決戦の場に登場。オールブラックスがハカ〔英語で「ウォークライ」。マオリ族の民族舞踊。オールブラックスが試合前に演じる〕を終えると、テディ・モーガン率いるウェールズ代表はウェールズ国歌『ヘン・ウラッド・ヴー・ナーダイ』（わが父祖の土地）を歌い、数万人の観衆がそれに元気よく唱和した。ウェールズは群衆を試合に巻きこみ、早い段階でニュージーランドに対して心理的優位に立つために国歌斉唱を計画していた。意図しないことではあったが、国際試合の前に国歌を歌うという伝統はここから始まっている。

試合は激烈に開始された。ラック、モール、スクラムは、世界の運命がそこにかかっているかのように争われた。ウェールズは密集戦に固執し、味方フォワードで試合を支配して、ニュージーランドの戦術を無効にしようとした。フルバックのバート・ウィンフィールドのキックが絶えずオールブラックスを自陣に釘づけにし、セットピースの競い合いを余儀なくさせ、ボールを動かす能力を制限した。

ビジターの台本を見習って、クリフ・プリチャード（ニューポート）はウイングフォワード〔フランカー〕——ザ・タイムズ紙の記者の言葉では「空飛ぶ男」——として起用され、その働きでニュージーランドのキャプテン、ウイングフォワードのデイヴ・ギャラハーのインパクトを封じた。狡知に長《た》けたウェールズのフォワード陣は、ニュージーランドがスクラムを組むのを待ち、それからルースヘッド〔フッカーの左側のプロップ〕をつかんだ。これは相手がスクラムで優位に立つのを困難にし、ボールを得るのを阻んだので、記者の一部はニュージーランドがボールの取り合いをやめたのかと思ったぐらいだった。

テディ・モーガンが開始三〇分でゴールラインを越え、トライをあげたとき、形勢は一変しつつあるように見えた。オールブラックスはジョージ・スミス（ウイング）、ビル・カニンガム（フォワード）、そしてもっとも重要なビリー・ステッド（スタンドオフ、南半球の呼び方では「ファイヴエイス」）のようなキープレイヤーを欠き、自分たちのリズムとストラクチャーを維持するのに苦労した。レフェリーは、両チームが相手の選んだレフェリーを拒否したあとぎりぎりで妥協したスコットランド人のジョン・ダラスで、英国に広まっていたオールブラックスのスクラム戦術に対する嫌悪を共有しているようだった。この冷淡なレフェリーもオールブラックスの助けにはならなかった。

残り一〇分を切り、ウェールズはラグビーユニオンの非公式世界選手権に片手をかけていた。そのとき、オールブラックスがウェールズのディフェンスを突破し、ウェールズ二五ヤードラインのすぐ外から、ボブ・ディーンズ——のちのオールブラックスの選手で、ワラビーズ監督ロビー・ディーンズの大おじ――が、ゴールラインに向かって疾走。トライは確実に見えた。ディーンズはトライを確信し、コンバージョンを確実にするために、方向転換をしてゴールポストに向かった。

それは運命的な決定だった。ディーンズが方向転換したおかげで、リース・ゲイブには一秒の何分の一かの余裕ができ、ゴールラインに突進するディーンズにとびかかった。レフェリーのダラスは、ディーンズがライン直前で止められたと判定。黒いユニフォームを着た男たちのだれひとりとして、ディーンズがトライをあげなかったとは思わなかった。赤いユニフォームの何人かも確信はもてなかった。だが、不信も疑いも決定を変えることはできない。ダラスがノーサイドの笛を吹いたとき、ウェールズは大英帝国最強のラグビー国家を破っていた。

いまやすべての人がラグビーをウェールズの国技、その再興とその全人口の統一のための力の象徴と認めざるをえなかった。エリート校と大学で蒔かれた種から三〇有余年を経て、ラグビーは全国民の花へと花開いた。ウェールズでは国家とラグビーは一にして不可分だった。

第8章 フランス（男爵、赤い処女、そしてラグビーのベル・エポック）

France: The Baron, The Red Virgin and Rugby's Belle Époque

パリのバガテル城とその敷地はスポーツ的な競争の精神のなかで生まれた。城はおそらくフランスでもっとも有名な公園であるブローニュの森のなかに位置し、マリ・アントワネットが義弟アルトワ伯爵と、伯爵が三か月で新しい城を建設できるかどうか賭けをした日から、わずか六三日間で建設された。建物を囲むすばらしい敷地は、のちにブローニュの森のなかでもっとも人を集める場所のひとつとなった。

一八九二年三月、フランス初のラグビー選手権決勝戦はここで開催された。

この初の決勝戦を戦ったのは、パリで、ということはフランスでもっとも高い威信を誇る二チーム。ラシング・クルブ・ド・フランス〔Racing Club de France：Racing は英語からの借用語のため、語尾の /ŋ/ を発音せず「ラシン」と言う人もいる〕は複合スポーツクラブとして一八八二年に設立された。スタッド・フランセはわずかに若く、結成はラシングの一年後。英仏海峡の彼方から輸入された新スポーツ、ラグビーに興味を持ち始めたパリジャンはこの試合を大いに楽しみにしていた。

それぞれのチームが異なる戦術を採用した。スタッドはより伝統的で、イングランドでまだ当たり前だったフォワード九名とバックス六名でプレイ。対照的に、ラシングはフォワードは八名のみ、あまったひとりを二人目のフルバックとして起用した。このフォーメーションはバックスにディフェンス力を加え、攻撃に追加のオプションをあたえることが期待されて、ヨークシャーの諸クラブで頻繁に使用されていた。

二〇〇〇人の観衆を前にして試合が始まったとき、開始早々を支配したのはラシングだった。公式の試合報告によると、ラシングは「きわめて活発に」攻撃を仕かけた。スタッドのディフェンスは、ガーンジー生まれのウイング、ピエール・ドブレのぎりぎりのタックルのおかげでラシングを寄せつけなかった。

そのあと、ハーフタイム直前に、ラシングのアレクサンドル・シェンキヴィチのミスに乗じて、ルイ・ドゥデが歴史的な第一回選手権決勝初トライをあげたとき、スタッドが形成を逆転させた。フルバック二名とフォワード八名というラシングの賭けは期待はずれに終わるかと思われた。ケンブリッジに留学経験のあるソルボンヌ大生ドブレがコンバージョンを決め、トライの一点に二点を加える。スタッドは前半を3―0で折り返した。

ラシングは休憩を使っていくつかの戦術を変更し、主導権をとる決意を固めてグラウンドに出てきた。最終的には圧力がものを言い、残り一〇分でラシングのフォワード、アドルフ・デ・パリソーが強行突破をして隅にトライを決めた。タッチライン際から同点のコンバージョンを蹴るためにガスパール・ゴンザレス・デ・カンダモ・イ・リベロが進み出た。ガスパールは駐英ペルー大使のふたりの息子のうちのひとりで、ペルー大統領の甥。ボールはゴールポストのあいだを難なく通過し、両チームは3―3で四つに組み合った。

フルタイムが近づくにつれて、ラシングのフォワードがふたたびスタッドを押し返し始めた。最後に、スター選手のフライハーフ〔スタンドオフ〕、フランツ・ライシェルがディフェンスをかきわけてゴールラインに向かう。しかし、スタッドの重いディフェンス陣はライシェルにボールをグラウンディングさせなかった。ライシェルがグラウンディングしようともがき続けているあいだに、「モール・イン・ゴール」が形成されたが、結局、レフェリーが笛を吹いてプレイを止め、ラシングに「ゴール相当」として一点をあたえた。

ようやく、ラシングは圧力のおかげでリードを奪うことができた。これ以上の幸運はなかっただろう――その年のうちに、RFUはラシングに得点をあたえた曖昧なルールを撤廃し、プレイはスクラムで再開しなければならなくなる。だが、あの日はレフェリーの規則の解釈がラシングに決定的な優位をあたえた。

だが、そうだったのか？　残りわずか二分で、ラシングのフォワード選手がハーフウェイライン上で反則を犯した。ドブレが歩み出てペナルティゴールを狙う。ラシングの選手とサポーターははらはらしながら、ただスタッドが選手権に優勝する最後のチャンスを手にするのを見ているしかない。ドブレのキックは力強く伸びた……だが精度に欠けていた。ボールは右にそれ、レフェリーがノーサイドの笛を吹いた。ラシングがフランスのチャンピオンとなった。両チームがたがいに祝福し合い、群衆がグラウンドに流れ出てくるあいだ、歓呼の声が鳴り響いた。「ラシング万歳！　スタッド万歳！」。ラシングは選手権の優勝盾「ブクリエ・ド・ブルニュス」を掲げた。

これはただの試合ではなかった。フランスのエリート階級の多くにとって、重要な社交イベントだった。両チームの選手のバックグラウンドをざっと見れば、この試合が帯びていた社会的意味合いが理解できる。ペルー大統領の甥のカンダモ兄弟に加えて、ほかにも四人の選手が名字の前に貴族を表わす「ド」をつけていた。フェルディナン・ヴィは中東専門のフランス外交官。フェリックス・エルベは貿易商、ポール・ドゥデは商業省の高級官僚、エドゥアール・ブルシエ・サンシャフレは外交官となり、ラオスとベトナムで勤務する。スタッドのキャプテン、コートニー・ヘイウッドを含む四名は、実業あるいは政府の仕事でパリに住む英国人だった。[1] しかし、もっとも社会的威信が高く、歴史に最大の遺産を遺すことになる男はレフェリーその人、クーベルタン男爵ピエール・ド・フレディだった。

◉クーベルタンとラグビーへの闘争

今日、クーベルタンは近代オリンピックの父として記憶される。しかし、この人はまたフランスのラグビー誕生にも重要な位置を占めている。一八六三年、フランス革命を生き延びた貴族の家系に生まれ、十代で『トム・ブラウンの学校生活』に魅了された大勢の読者のひとりだった。ラグビー校校長のトーマス・アーノルドを偶像化し、一八八三年に初めてラグビー校を訪れた。

一八八六年、ラグビー校を再訪。その二年後、『英国における教育』を出版。アーノルドの教育原理をフランス人読者に解説し、英国式スポーツをフランスの教育カリキュラムに組みこもうと主張する。あらゆる英国式スポーツにほとんど宗教に対するように身を捧げたが、ラグビーはその心のなかで特別な場所を占めた。ほかのいかなるスポーツも、ラグビーのような「コンビネーションとドラマ」[2] はもちあわせないと信じていた。

ラグビーとサッカーがイギリスからの移住者によってフランスにもちこまれたのは一八七〇年代である。南西鉄道の支配人F・F・ラングスタッフは、一八七二年、北フランスで鉄道網建設を指揮しているあいだにルアーヴル・クラブを結成。このクラブはサッカーとラグビー両方をプレイした。ボルドー・アスレティッククラブは、五年後の一八七七年に、英国人の繊維商とワイン商によって結成された。

ドイツとオランダのどちらもがフランスより先にラグビーをプレイし始めていた。ドイツでは、早くも一八七〇年にハイデルベルク大学でラグビークラブが結成されている。一八七八年には、DFV1878ハノーファーが創設され、現在でもドイツ最古のラグビークラブとして存続する。二年後、フランクフルトで、ゲルマニアとフランコニアの二チームが合流して、FC1880フランクフルトとなり、現在でもまだプレイを続けている。オランダ初のフットボールクラブは、ラグビーをプレイするコーニンクケ・ハールレムス・フットボールクラブで、一八七九年にハールレムで結成された。[3]

しかし、ラグビーが有力なスポーツとなり、国民文化の重要な一部となったのはフランスだけだった。ドイツ、オランダその他のヨーロッパ諸国では、サッカーが国民的スポーツとなった。みずからをまさにアングロサクソン的男らしさの体現と考えているラグビーが、イングランドと同じようにフランスでも重要になったのはなぜか? ラグビーの創設者たちはフランスをあまり好意的に見てはいなかった。一八六一年、ラグビー校の校内誌のひとつは、ハッキングなしのラグビーは「シャンゼリゼでのちょっとした小競り合い」にすぎないと書き、一方、ウェイクフィールド・トリニティを創設した聖職者のひとりは、「イングランドの男一名はフランスの男五名に等しい」と言ってのけた。[4]

楕円球に対するゴール人〔フランス人。「ゴール」はフランスの古名〕の情熱を説明するには、政治のほうを向かなければならない。RFU創設から一か月にもならないとき、フランスは屈辱の軍事的敗北を喫した。一八七一年一月一七日、普仏戦争におけるフランス政府の降伏を印象づけるために、プロイセン軍がパリ市内を行進。ドイツはいまやヨーロッパ大陸を支配する強国となり、フランスを顔色なからしめた。しかしこのあとにもっと悪いことが起きた。パリにおかれていた政権が崩壊すると、パリの労働者階級が蜂起。権力を奪取し、革命的なパリ・コミューンを確立。五月末にはフランス軍が市の統制を取りもどし、蜂起を血の海に沈める。続く鎮圧で少なくとも六〇〇〇名が殺害された。

ピエール・ド・クーベルタンのような男たちやフランスのエリートにとって、対プロイセン敗北と労働者の反乱は、トラウマ、体制に対する強烈な衝撃となった。エリート層は躍起になってフランスの国際的威信と国家の栄光を再構築しようとした。答えを東に求める者もいた。ドイツでは体操がもっとも人気のスポーツで、たいていは国粋主義的な政治運動と結びついていた。フランスのドイツ称讃者は同じような体操クラブを数百も創設し、その多くに「復讐」「警報」「歩哨」のようなあからさまに愛国主義的、軍国主義的な名称がつけられた。[5]

しかし、クーベルタン男爵のように、英国とその帝国から学ぼうと西を向く者も多かった。男爵とその支持者は、地球を支配するまでになった英国の勃興は国民文化にスポーツがもつ重要性によって下支えされていると考えた。二度目のイングランド訪問で、クーベルタンはラグビー校を訪れ、学校の礼拝堂に立って、「大英帝国の礎石を目の前に見ている夢を見た」[6]。スポーツがフランスを栄光に復帰させると信じ、ラグビーをフランス人、とくにフランスの教育システムのためのスポーツとして熱心に促進した。

英国を模倣することでフランスを再生しようというクーベルタンの呼びかけに賛同するフランスの名門リセ（高校）はラグビーをゆっくりと採用していった。一八八二年にラシング・クルブを結成したのはパリのコンドルセ高校とモンジュ高校の生徒である。同様に、スタッド・フランセ創設の音頭をとったのは、セーヌ左岸のサンルイ高校や他の高校のOBだった。一八八〇年代末には、ラグビーはパリのエリート高校の基本的カリキュラムの一部となっていた。

英国式スポーツ礼賛は、ベル・エポックという呼び名で知られる一八七一年から一九一四年のあいだに増大を続け、一八八七年にはイングランドで教育を受けた貴族、ラシング・クルブ書記のジョルジュ・ド・サンクレールが、フランスにおける英国式スポーツ促進のために、スタッド・フランセと手を組んでフランス陸上クラブ協会を立ちあげた。

クーベルタンはおそらくサンクレールに出し抜かれたことに腹を立て、五か月後に体育普及委員会を結成、フランスの元首相ジュール・シモンと教育家でドミニコ会司祭のアンリ・ディドンの支持を得た。ディドンは一八九一年にオリンピックのモットー「より速くより高くより強く」をつくった人物である。翌年、二組織は合流して、フランス運動クラブ協会（USFSA）となり、クーベルタンが会長に就任した。

USFSA最初の活動のひとつが、一八九二年にラシング対スタッド・フランセによる第一回ラグビー選手権の開催だった。フランスの男がラグビーをプレイするのはちょっと非愛国的ではないかという疑いを一掃するため、USFSAは選手権の盾ブクリエ・ド・ブルニュス（「ブレンヌスの盾」。ブレンヌスはゴール人の族長で、紀元前三九〇年ごろ、ローマを侵略した）をデザインした。それにはラテン語で Ludus Pro Patria「祖国のためのスポーツ」と目立つように書かれていた。ラグビーは英国のものであるのと同じように、フランスのものになろうとしていた。

◉ロヴァリー対パリ

第一回選手権の決勝戦はパリの二チーム間で戦われたものの、ラグビー人口はすでに首都の外にも拡大を始めていた。フランスワイン産業の中心地で、歴史的にパリと敵対してきたボルドーでは、地元在住の英国人ワイン商とフランス人のリセ教師および学生がいっしょになって、一八八〇年代初めにラグビーを始めている。

英国式スポーツがボルドーの高校に導入されたのは熱狂的スポーツファンのフィリップ・ティセ医師のおかげである。一八八八年、ティセはジロンド県体育連盟を創設。学校スポーツによる健康増進を奨励した。最初に勧めたのは、ラ・スールのようなフランスの古式フットボールと関係がありそうな一種のタッチラグビー「バレット」だったが、学生はすぐに肉体と肉体がより激しくぶつかりあう近代ラグビーにあこがれた。一八八九年に、ティセに影響されたラグビー熱あふれる地元高校生が、パリ以外で初となるシニアのクラブ、スタッド・ボルドレを立ちあげる。すぐに他のクラブが続き、一八九三年にはティセの連盟はクーベルタンのUSFSAと合流、ボルドー地域の新興スポーツとしてのラグビーの立場を強化した。

ラグビーはボルドーからフランス南西部の村や町に広まっていった。アジャン、マルマンド、トナン、モントーバン、コロミエ、サンゴダンのいずれもがラグビーに屈服した。ガロンヌ川最南端のトゥールーズには、ボルドーのような英国とのつながりはなかったが、地元学生がラグビーを根づかせた。実際に一九一二年までに創設されたトゥールーズのラグビークラブ一三のうち、八クラブは高校あるいは大学のチームである。[7] ガロンヌ渓谷彼方のアキテーヌ地方では、ボルドー人のラグビー熱が、ベルジュラック、オロロンその他で多数のクラブを創設した。さらに遠くでは、一八九二年にスタッド・ナンテの設立によってナントが先例に続き、一八九三年にはリヨンのアンペール高校の生徒たちがFCリヨンを結成した。[8]

しかし、急速にラグビーの要塞になったのは、北はボルドーから南はスペイン国境バスク地方まで、東西はピレネ山脈の足もとから地中海沿岸のペルピニャンまでに広がる南西部だった。この地域は「ロヴァリー」——楕円球の土地——として知られるようになる。最終的には、ラグビークラブはトゥーロンの先まで南フランスほぼ全域に広がるが、脈打つラグビーの心臓となったのは南西部だった。

ラグビーは例外的に好都合な状況が重なって、この地方に急速に広まった。十九世紀末はフランスにとって集中的な中央集権化と国家建設の時代だった。道路、鉄道、電信の到来が、フランス各地方の非公式的な自律をとくに南部において終結させた。拡大する国民的統一の感覚を、教育改革がとくにフランス語教育の標準化によって強化した。

国家再生の意欲はパリとのコミュニケーションを円滑化し、ラグビーの知識が各地に広まるのを助けた。だが、それはまた首都に対する地方の反撥《はんぱつ》も激化させた。イングランド北部と同様に、首都とその機構に対する地方の恨みは、ロヴァリー内で深い不公平感を醸成し、この種の感情はラグビーを通して表現された。

この感覚は一八九九年四月三十日、ボルドー郊外のル・ブスカで頂点に達する。史上初めて、パリ以外のチームがフランス選手権決勝戦に出場。三〇〇〇人の観衆の前で、スタッド・ボルドレがスタッド・フランセと対決した。フランセはこれまで八回の決勝戦すべてに出場し、六度の勝利をおさめてきたフランス最強のチームである。ボルドレはスタッド・トゥールーザンを破って決勝に進み、傲慢な首都人相手の戦いで、地方の総代表と見なされる権利を手にしていた。

イングランド・ラグビーの南北決裂の木霊《こだま》が遠く響くなか、スタッド・ボルドレは一八八三年にヨークシャーのソーンズが先鞭をつけた戦術を使い、スクラムではフォワードを決められたポジションに割り振った。一方、フランセはだれだろうとそこに最初に到着した者がスクラムを組むという伝統的な「ファースト・アップ、ファースト・ダウン」に従った。戦術的革新と興奮した群衆の支持に力を得て、ボルドレは5—3で乱闘に勝利。ブクリエ・ド・ブルニュスの新しい保持者となった。地方人がついに首都人を破り、ボルドー人であろうとなかろうと、南西部全体が勝利を祝った。

勝利したスタッド・ボルドレはボルドー市のラグビーの縮図だった。英国からの移住者は、キャンベル・カートライト（センター）、アーサー・ハーディング（スクラムハーフ）、グラウンド外ではクラブの会長で地元の船舶売買請負人ジェイムズ・シアラー。残りは地元のブルジョワの子弟で、学校でラグビーを学び、のちにこの地方の実業家、行政官、政治家になる者たちだ。勝利のおかげで、この選手たちはラグビー史と地域の民間伝承のなかに地位を獲得することになった。

ボルドレは翌年ふたたび決勝に進出するが、3—37でラシング・クルブに圧倒された。ラシングは、前年のライバル、スタッド・フランセの二の舞を演じて、パリの名誉を失ったりはしないと決意していた。だが、ラグビーを首都に対する代理戦争と見なす南西部の人びとにとって、敗北の大きさは問題ではなかった。スタッド・ボルドレは一九〇一年に三年連続で決勝戦出場を果たし、今回はスタッド・フランセに3—0で勝って、前々回の名高い勝利を再現した。

だが、首都の傲慢を確認するかのように、スタッド・フランセは結果に抗議し、ボルドーの選手三名に出場資格がないと主張した。その年初めに、スタッド・ボルドレはボルドー大学クラブと合流していた。出場資格を得られるのはクラブのメンバーになってから三か月後で、パリ人たちは元大学クラブ選手三名はこの要求を満たしていないと主張した。USFSAは仲間のパリ側に同意し、パリでの再戦を命じる。この傲慢な振舞に腹を立て、スタッド・ボルドレは再戦を拒否、USFSAはスタッド・フランセをフランスチャンピオンと宣言した。

　この決定は地方の世論に火をつけ、南西部全体が首都に対して統一戦線を組んだ。スポーツ愛好家の枠を超えて、ラグビーが話題になった。それは歴史的な不公平と阻止された野心の象徴となる。ラグビーはいまやこの地方の文化的・政治的基本構造の一部となり、それは一九〇〇年代に選手権決勝が戦われるたびに強化されていった。

　一九〇三年、スタッド・トゥールーザンが決勝戦に初出場。スタッド・フランセを16―8で下す。続く五年間は毎年、スタッド・フランセとスタッド・ボルドレの対戦が繰り返され、ボルドレが四勝一敗の成績をおさめた。実のところ、そのときには知る由もなかったのだが、一九〇八年のスタッド・フランセの勝利のあと五〇年間、パリのチームがブクリエを勝ちとることはなかった――スタッド・フランセが次に盾を掲げたのは一九九八年である。

　一九〇九年の決勝は、フランス・ラグビーの軸足が南、とくにガロンヌ渓谷に移ったことを確認した。南西部の二チームが初めて選手権をかけて戦う。スタッド・ボルドレは、トゥールーズのデ・ポン・ジュモー競技場で、決勝戦の観衆としては過去最大の一万五〇〇〇人を前にスタッド・トゥールーザンと対戦。この試合の意味を地元紙は見過ごさなかった。ル・ジュルナル・デ・スポール紙が、この試合が「あまりにも長いあいだ耐えてきた大きな不公正と、パリが自分にはあたえる権利があると信じていた不当な侮辱について、地方の敵《かたき》をとった」[9]と主張したことはよく知られている。

　決勝戦は南西部連帯の祭となった。トゥールーズのサポーターは、ビジター側を「ボルドー万歳」で歓迎し、ボルドー側も同じように答えた。だが、グラウンド上では友愛精神はほぼ皆無。焼けつく太陽のもと、スタッド・ボルドレのフォワードが支配力を発揮し、優るドリブル力を活用。前半一トライのあと、後半さらに五トライをあげてリード、17―0でホームチームに楽勝した。

　第一次世界大戦勃発までの続く五年間でラグビー地図は描きなおされた。選手権そのものは、出場資格のある一六チームの試合と二軍の交流戦、第二部のクラブへと拡大した。一九一〇年、FCリヨンがスタッド・ボルドレを破り、ブクリエをローヌ渓谷にもちかえった。あまりにも驚くべき番狂わせだったので、ボルドーで英雄たちの帰還を待っていた者たちは誤報だと思ったほどだ。

翌シーズン、スタッド・ボルドレが二三試合に全勝して、タイトルを取り返したときには誤報はなかった。この偉業を一九一二年にスタッド・トゥールーザンが再現し、赤いジャージーの男たちがあげた穢《けが》れなき記録にちなみ、チームにラ・ヴィエルジュ・ルージュ「赤い処女」のニックネームがつけられた。スタッド・トゥールーザンの選手権初優勝であり、その意味が明らかになったのは、ようやく一九二〇年代である。一九二〇年代にはフランス・ラグビーの中心地がトゥールーズに移動し、ロヴァリー誕生の地ボルドーがもはや一九〇〇年代のような強豪チームではないことは明らかだった。ボルドレがブクリエを獲得するのは一九一一年が最後となる。

ラグビーの潮は、ピレネ山脈に接する町や村へと南に向かってあふれだしていった。一九一三年、一九〇四年にラグビーを始めたばかりのボートクラブ、アヴィロン・バイヨネが、パリのフランス大学スポーツクラブを31―8で破ったときに、盾は初めてバスク地方にもたらされた。翌年、ペルピニャン・スポーツ協会が、ピレネ山脈のふもとの穴馬スタドセスト・タルベに一点差で勝ったとき、タイトルは大西洋岸から地中海沿岸に移った。

ラグビーの力が強まるにつれて、その観戦者の数も増加していった。選手権決勝戦の観衆は、前代未聞の規模にふくれあがった。スタッド・ボルドレが七回目の優勝盾を掲げるのを見るために、一万二〇〇〇人が本拠地のル・ブスカ競技場を埋めつくした。トゥールーズでは、地元チームがラシング・クルブを破るのを見に、一万五〇〇〇人が詰めかけた。パリのコロンブ競技場では、二万人がアヴィロンが地元大学生にラグビーのレッスンをするのに立ち会った。

大きな観戦者数はラグビーに巨額の金をもたらした。パリではラグビーは英国好きの上流階級のスポーツだったが、パリ以外のフランスはアングロサクソンのアマチュア主義についてはむしろ曖昧な態度をとった。十九世紀の偉大なフランス人作家スタンダールは、かつて「しろうと芸〔アマチュア〕はなんにもならない」[10]と指摘した。これはたしかに成文化はされていないにしても、選手への報酬支払についてのロヴァリーの諸クラブがとった態度だった。地元の村や町同士の激しい競争がラグビーの主眼となり、パリとのライバル関係の影を薄くさえした。成功は最高の選手の力がなければ手にはいらなかった。フランス南西部とイングランド北部の類似は気づかれずにいたわけではない。一九一二年、ある熱狂的なフランス人はNUに宛てた一通の手紙で、フランスのクラブは休業補償を支払っているので、ラグビーリーグの試合は英仏海峡を越えてプレイされるべきだと考えるに到ったと指摘した。[11]

ヨークシャーの場合と同様に、ウェールズはフランスの諸クラブにラグビーの専門技術の豊かな泉を提供した。ウェールズ人のジェイムズ・クロックウェルは一九〇七年、ポーのセクション・パロワーズに奔放なラグビーをもたらすのに重要な役割を果たした。一九〇九年にはウェールズおよびブリテン諸島代表の偉大なフライハーフ〔スタンドオフ〕、パーシー・ブッシュが思いがけなくナントの英国領事となり、偶然、同時期にボルトーの元キャプテンで実業家のピエール・ラポルトが市にシニアのクラブを設立した。[12] スタッド・ボルドレはウェールズ人監督ウィリアム・プリーストが、ウェールズとスコットランドから選手をおおっぴらに採用しようとしたとき、論争に巻きこまれた。プリーストはあまりにも露骨だった――スコットランドの新聞に選手の募集広告を出した――ので、USFSAは調査を余儀なくされた。

パリのラシングでプレイし、第一次世界大戦後にフランス・ラグビー協会の初代書記となる恐るべきスコットランド人シリル・ラザフォードに率いられて、調査委員会はクラブを規則違反と認定し、プリーストは解雇された。プリーストは不当解雇で訴え、復職。この一件のために、スタッド・ボルドレが一九一二年、「ビリー・ボルドー」との契約を思いとどまることもなかった。「ビリー・ボルドー」別名ウィリアム・モーガン。一九〇五年にオールブラックスを破るトライをあげたウェールズのテディ・モーガンの弟である。[13]

おそらくこの当時、フランスでプレイしたウェールズ人で、もっとも有名かつ大きな影響力をもったのはアヴィロン・バイヨネのハリー・オーウェン・ロウだろう。ペナース出身のスリークォーターで、一九一二年にアヴィロンのトライ記録を破り、またドロップゴールの名手としても知られた。しかし、ロウがあたえたもっとも大きな影響は、クラブの監督兼選手として「バイヨネ方式」、つまり「すべての選手がスリークォーター」というプレイスタイルを構築したことである。この言葉は『フットボール・ラグビーにおけるバイヨネ方式』を書いたアヴィロンのキャプテン、フェルナン・フォルグとその弟たちによって有名になった。しかし、実践に導いたのはロウであり、一九一三年には監督としてチームをきわめて優れた技術レベルにまで高めた。選手権準々決勝でペリグーを38―0で圧倒、準決勝ではスタッド・ボルドレを9―0の無得点に抑え、そのあと不運なパリのフランス大学スポーツクラブの学生はホームの観衆の前でめった切りにされた。バスクのラグビーの魔法は多くをウェールズ人の魔術師に負っていた。

◉英仏海峡を越えた男たち

フランス各地のプライドにとってしだいに重要な意味をもつにつれて、ラグビーはフランスの国民的プライドの象徴にもなった。ラグビーの中心には英国愛好があり、フランス人の支持者たちは英仏海峡越しの接触を熱心に促進した。一八九二年、第一回フランス選手権のわずか一か月後、スタッド・フランセはロンドンのロスリンパークをホームに迎えた。試合はアーウィック兄弟のおかげでお膳立てされ、ラグビー創設者たちがもつ英国との緊密な関係が明確になった。兄弟のひとりはロスリンパークでプレイし、もうひとりはスタッド・フランセの書記だった。

次の二月、フランツ・ライシェルに率いられたスタッドとラシングの連合チームが、ロンドンで二試合を戦い、公務員クラブとパークハウスFCに二日連続で敗北した。[14] ラシング・クルブは一八九四年二月にオックスフォード大学に遠征し、クーベルタンの見守る前で、6—27で負けた。パリのラグビーの地位と自信は、一八九四年三月、スタッドが遠征してきたロスリンパークと公務員クラブを僅差で破ったとき押しあげられた。「フランス人はラグビーに長足の進歩を遂げた」と、公務員クラブのひとりは書いた。「彼らは激しいダッシュとスピードを見せ、一方、タックルはきわめて強烈だった[15]」。

勝利に元気づけられて、スタッドは野心満々で一八九四年十二月にブラッドフォードのマニンガムを招待した。だが前回、パリを訪れた両チームとはちがい、マニンガムはイングランド最強のチームのひとつだった——実際に、一八か月後にはNUの初代チャンピオンになる。一二〇名以上のサポーターを引き連れて、ブラッドフォードからひと晩をかけて旅をし、翌朝の五時三八分、パリに到着。到着当日、クルブヴォワ競輪場でスタッドを27—0で一蹴した。二日後、帰路につき、ブラッドフォードには金曜早朝に到着。土曜午後、バトリーと対戦し、苦戦しながら3—3の引き分けにもちこんだ。[16]

スタッドが負けても、フランス・ラグビーの進化はほとんど止まらなかった。続いて起きたマニンガムのアマチュア資格をめぐる論争はパリ人に厳密にアマチュア精神を支持することの重要性を教えた。マニンガムは労働者階級が圧倒的なチームで、RFUの支持者はチームが選手に報酬を支払っていると信じていた。このあとパリに招待されたのは非の打ち所のないチームだけ、とくにオックスフォードとケンブリッジの両大学で、両校は人気のビジターチームになった。

クーベルタンのラグビー愛を考えれば、一九〇〇年にパリがオリンピックを主催したとき、ラグビーがプログラムの一部となるのはごく自然の流れだった。初期のオリンピックは節操がなく、パリ大会は一九〇〇年の万国博覧会の一部として開催された。

ラグビーに出場したのは三か国のみで、代表チーム選抜を試みたのはフランスだけだった。ドイツ代表は実質的にはフランクフルト1880FCで、英国はほとんどがバーミンガムに本拠地をおく選手によるにわか仕立てのチームだった。バーミンガムの選手は、市で最大のモーズリーFCと混同されないように、「モーズリー・ワンダラーズ」を自称。ワンダラーズの選手のうち、国際舞台のラグビー経験があったのはアーサー・ダービーだけで、前年度、イングランドがアイルランドに負けた試合（於ランズダウンロード）に出場していた。

対照的に、フランス代表には、ラシングとスタッド・フランセが提供できるもっとも優秀な選手が含まれ、そのなかには測り知れない能力をもつフランツ・ライシェル、ハイチ出身のスリークォーター、コンスタンチン・エンリケス・デ・ズビエラ（スタッド・フランセ）とコーネリアス・ルーズベルトがいた。デ・ズビエラはオリンピックに出場した最初の黒人選手となる。ルーズベルトの父親はアメリカ大統領テディ・ルーズベルトのいとこで、コーネリアスはのちにハリウッドの映画製作者となった。四名はフランスの綱引き代表でもあり、銀メダルを獲得した。

驚くまでもないが、フランスはドイツを27―17で破り、そのあとワンダラーズに楽勝。イギリス代表は対ドイツ戦のために海峡を渡ってもどってくることができなかったので、フランスが金メダルを獲得し、銀メダルは遠征してきた二チームが分かちあった。オリンピックにおけるラグビーのキャリアにとって、わずか二試合だけでは幸先のよいスタートとは言えなかった。フランスが次にラグビーの国際舞台に立つには一九〇六年を待たなければならない。今回の相手は前回とは一八〇度違い、イングランド遠征を終えたばかりのオールブラックス。この遠征ではオールブラックスが不運な対戦相手のひとつを粉砕するように見えた。

試合は一九〇六年元日に冷たい霧雨が降る凍ったグラウンドでおこなわれた。だが、それはすべてのフランスのラグビー・サポーターの胸を熱くする試合だった。一万の群衆が集まり、オールブラックスが最初の三分間で二トライを決めるのを目撃した。惨めな条件付降伏に追いこまれそうだった。だが、そのあと、試合がいったりきたりするなかで、フランスは遠征チームのプレイをまねし、動きの流れのなかでフォワードのノエル・カシユーがニュージーランドのゴールラインに突進、8―3とした。「大歓声があがった」とニュージーランドのザ・プレス紙は報じている。「勇者カシユー、カシユー！　トライ、トライ！　美しく装ったパリジェンヌたちは傘を振り、かわいらしい声で大騒ぎに加わった。威厳たっぷりで偉そうなフランス人男性たちが宝くじで五万ポンドをあてたよりも興奮して見えた[17]」。

オールブラックスはギアを一段あげ、さらに二トライをあげて前半を18―3で終えた。しかし、フランス人たちにはもっといいことが待っていた。後半開始早々にジョルジュ・ジェロームがトライをあげ、コンバージョンに成功。だが8―18がフランスが手にしうる最高だった。ニュージーランドはさらに六トライをあげて、ふたたび引き離し、最終的には38―8で試合を終える。だが、フランス人にとって、これは勝利と同じくらいにすばらしいことだった。八点はオールブラックス遠征中の最高失点だった。それはフランスのラグビー史上もっとも偉大な日であり、ロンドンのデイリーテレグラフ紙記者が息をはずませて叫んだように、未来の栄光の先触れだった。

> 私は狂乱するフランス人青年の群れに囲まれて、試合からもどった。彼らは［ラグビー］フットボールがこの国の国技となるであろう日を夢見ていた……この数年間のあいだに、フランスのアスリートがどれほど大きな歩みを遂げたかを理解するには、フランスがトライをあげ、そのあと二トライ目をあげ、コンバージョンに成功したときの青年たち、そしていい大人の男たちの歓びようを目にし、耳にするだけで充分だ。[18]

彼らは続く数年間に、同じように長足の進歩を遂げることになる。

Part III Making a Rugby World

第三部 ラグビーを世界へ

十九世紀、大英帝国とその彼方の世界で、スポーツは英国と英語圏諸国をひとつに結びつける文化的絆であり――ラグビーはすぐに帝国の代表的な冬のスポーツとして浮上した。

ニュージーランドでは、ラグビーは国民文化に深く根をおろした。南アフリカでは、アフリカーナーのコミュニティと英語話者のコミュニティ間の反目を克服するひとつの情熱に育っていった。

そのほかの場所でも、ラグビーは新しい、そして異なる形で進化していった。オーストラリアでは、ラグビーリーグとラグビーユニオンに分裂し、ラグビー校ルールで始まった南部諸州では、ユニークな新しいスポーツに発展した。カナダとアメリカ合衆国では、ふたつのまったく異なるスポーツの出発点になった。

だが、ルールがどうだろうと、十九世紀の英語圏のほとんどで、ラグビーの影響は冬のスポーツの形態が明確に楕円形をしているほどに大きかった……。

第9章　ニュージーランド（白く長い雲のたなびく国のオールブラックス）

New Zealand: All Blacks in the Land of the Long White Cloud

一見しただけで、ニュージーランドがラグビーの超大国になるのは避けられなかったように思えるだろう。なんと言っても『トム・ブラウンの学校生活』でラグビーの手ほどきをしてくれたトムの親友ハリー・イーストは、続編、『オックスフォードのトム・ブラウン』で、大英帝国の新たなフロンティア征服を助けるために、ニュージーランドに移住するのだから。

一八六一年出版のこの本は前作の成功を踏襲はしなかった。だが、その重厚な散文が想像力をかきたてるのに失敗したとしても、帝国拡張にかけたヴィクトリア朝中期の情熱のいくばくかをたしかにとらえてはいた。英国人入植者が最初にニュージーランドに到着したのは一八〇〇年代の初めだが、先住民のマオリ人呼ぶところの「アオテアオロア」、つまり「白く長い雲のたなびく国」は、最終的に一八四〇年、ワイタンギ条約の署名によって大英帝国の一部となる。南北二島に対する英国の支配は、とくに数百万エーカーにもおよぶマオリの土地の接収によって強化され、新たに到着した移民たちは、一万四〇〇〇マイル後方に残してきた英国の文化と社会のミクロコスモス「南の英国」の創造にとりかかった。[1] 彼らにとってスポーツ以上に重要なものはほとんどなかった。

一八六〇年代までは、残りの英語圏と同様に植民地の二島でも、さまざまな形のフットボールがプレイされていた。ニュージーランドで最初に記録に残るフットボールの試合は、一八五四年十二月、南島のクライストチャーチにおいて英国人入植四周年の祝賀行事として開催された。[2] フットボールへの関心は拡大し、一八六三年にはクライストチャーチでニュージーランド初の組織的なフットボールクラブが結成されるまでになった。クラブでプレイされていたのは、イングランドのバークシャーにあるラドリー校でおこなわれていた二二人制のフットボールのようだ。[3]

この初期の時代には、ラグビーはほとんどプレイされていなかった。ラドリー校式フットボール――サッカーに似て、ボールを蹴り転がしながら前進する形のゲーム――は人気があり、また、メルボルンがニュージーランド行きの船舶の主要な中継地だったことが大きな理由となって、オーストラリアン・ルールズのフットボールもおこなわれた。一八六〇年代には、南島のオタゴでゴールドラッシュが始まり、それ以前にゴールドラッシュが起きていたオーストラリアのヴィクトリアから、探鉱者や労働者を数千人単位で引き寄せた。その多くがオーストラリアン・ルールズをプレイした。ニュージーランドで初めてラグビールールでプレイしたのはネルソンFCだが、一八六八年の設立当初はサッカーとオーストラリアン・ルールズの両方をプレイしていた。

ラグビーはニュージーランドのスポーツシーンに遅れてやってきた。記録に残る最初の試合はようやく一八七〇年五月で、ネルソンFCがラグビー校のルールに従い、一八人制でネルソン・カレッジと対戦した。ネルソンFCがラグビールールを採用したのは会員のひとりチャールズ・モンローの強い主張による。モンローはニュージーランド議会議長の息子で、北ロンドンのクライスト・カレッジで教育を受けてきた。この学校はアーノルドのラグビー校を模範としており、生徒の多くがラグビー伝道の熱意を手にして卒業。モンローもそのひとりだった。トム・ブラウンのゲームをプレイするようにネルソンFCを説得しただけでなく、ウェリントンにチームをひとつ作って監督として指導にあたり、その後、一八七〇年九月にニュージーランド北島で初めてラグビーの試合がおこなわれたときにはレフェリーを務めた。翌年、ウェリントン初の組織的なラグビークラブが結成された。

同じようなラグビー伝道熱の話が、オタゴの州都ダニーディンにおけるラグビーの台頭を説明する。モンローが北島初の試合の笛を吹いていたのと同じころ、ラグビー校OBジョージ・セールが、新設されたオタゴ大学の古典文学教授に任命された[4]。セール到着の一年後、オタゴは初のラグビーの試合を主催、大学チームがオタゴ高校生徒・卒業生合同チームと対戦した。翌年、セールは新しいダニーディンFCの会長に選出される。このような明らかな進歩にもかかわらず、クラブは一八七五年の一時期、ラグビーを放棄し、オーストラリアン・ルールズとサッカーの両方をプレイした。

ダニーディンにおけるセールの経験が示すように、徹底的な信念だけでは、ラグビーが確実に国民の代表的なスポーツ、いやひとつの町の代表的なスポーツになるのにさえ充分ではなかった。試合を戦い、観戦する人びとの枠を超えたもっと深い社会的意味を見つける必要があった。数百万とは言わないまでも、数千数万の人びとの心と精神のなかにしっかりと場所を占めるようになるためには、ラグビーは少数者のレクリエーション以上のものになり、社会全体のなかにひとつの役割を見つけなければならなかったのである。

ラグビーにとって幸いなことに、一八七六年、ニージーランド国会は苦い権力闘争の果てに自立した州政府制を廃止した。オークランドやカンタベリー、オタゴのような地方は独自の政府をもたなくなった結果、地域のプライドを表明するための重要なはけ口を失った。この空隙のなかにラグビーが進み出て、州と州とのライバル関係をめぐって、政治が提供できるのと同じほどに猛烈で濃密なスポーツの舞台を用意した。

ラグビーはまた、州政府廃止にともない、国会が導入した重要な改革からも得るところがあった。ニュージーランド初期の鉄道は、各州が異なる幅の軌間で建設してきた。オーストラリアのようにこれが規範となるのを防ぐために、議会は一八七六年から軌間を統一規格とした鉄道網の建設を始めた。鉄道とともに、電信、新聞、汽船による移動も急速に発展し、ラグビーはニュージーランドの通信革命から利益を得るのに理想的な位置に立っていた。

これでラグビーの州対抗戦開催が容易になり、結果は瞬時に二島の各地に電送された。いまだに全国的人気を誇るわけではなかったが、一八七三年にはオークランド、翌年はワイカトとタラナキというように、主要な州都で足場を固めた。鉄道と電線が植民地を縦横に走るにつれて、ラグビーは共通の分母となった――そしてまた英国との重要な絆でもあった。

一八七五年九月に、オークランド代表チームが各地の州都をまわる遠征に出発した。この遠征は地方と地方をより近づけて国民的アイデンティティの意識を刺激すると同時に、一方では地方間のライバル関係を促進もした。クライストチャーチでは三〇〇〇人が、ダニーディンでも水曜の午後にほぼ同数がビジターチームを見に集まった。遠征はスポーツイベント以上のものになった。オークランドが試合をするところではどこでも、試合は市をあげてのお祭りになり、観戦できるように仕事は休みになった。両チームのために市主催のレセプションが開かれた。地域のプライドと地方の自尊心とが賭けられていた。名誉が確実に守られるためには、最強のチームがグラウンドに立たなければならない。それはラグビーにおける最高の熟達を意味した。

三年間で、ラグビーはニュージーランドにおける最大のウィンタースポーツになった。ラグビークラブが二島のあちこちで芽を出し始めた。容易になった移動と通信に助けられ、市民のスポーツ熱に鼓舞されて、どの町にもチームがひとつできた。一八七九年七月、カンタベリーで最初の州協会が設立され、各クラブのための地方組織と最強の選手を州代表に選ぶためのセレクション委員会を用意した。

カンタベリーの模範に、オタゴ（一八八一年）とオークランド（一八八三年）が続き、一八九三年にはニュージーランド二島全域で一八の州協会が結成された。ある概算によると、一八九二年にニュージーランド・ラグビーフットボール協会が設立されるまでに、植民地全体で約七〇〇のクラブがラグビーをプレイしていたという。[5] 一八七〇年から九〇年にかけて、わずか一世代で、ラグビーは議論の余地なくニュージーランドの国民的スポーツになっていた。

◉ニュージーランド生まれ《ネイデイヴ》のニュージーランド人

ニュージーランドのラグビーが国民的な重要性を獲得し始めたのは、国内に対してのみではなかった。競合するさまざまな種類のフットボールとは違って、ラグビーはタスマン海を越えたオーストラリアの諸植民地と定期的に試合ができた。一八八二年にはニューサウスウェールズ代表がニュージーランドに遠征。ニューサウスウェールズはより経験豊かだったにもかかわらず、七試合で三敗を喫《きっ》した。負けた相手はオークランド（二試合）とオタゴである。遠征は大成功だったので、ニューサウスウェールズはただちにニュージーランドを一八八四年のオーストラリア遠征に招待した。

一八八四年のオーストラリア遠征は、ラグビーにおける二国間の力関係を永遠に転換させた。ニュージーランドは一八八二年のニューサウスウェールズが、ボールをドリブルさせてグラウンドを転がすよりも、手から手へとパスをすることを活用しているのに気づいていた。ニュージーランドのラグビーは一八八四年までにこの近代的なプレイスタイルを身につけ、それを改良した。遠征第一戦では一〇トライを重ねてシドニー西部のカンバーランド地区代表を33—0という驚くべきスコアで破り、ニューサウスウェールズのラグビーに衝撃をあたえた。

ニュージーランドは胸に金色のシダの葉を刺繡《ししゅう》した濃紺のシャツでプレイし、遠征八試合を無敗で終えた。対ニューサウスウェールズ代表戦は三戦全勝。二回目の「テスト」マッチで、ニューサウスウェールズが2—28で完敗したあと、シドニー・テレグラフ紙は「ニュージーランドは、これまでオーストラリアで目にされたことのないフットボールを展開した」と報じている。[6]

遠征チームを観戦するために数千人が集まった。タスマン海をはさんでのラグビーのライバル関係に、まさにしっかりと火がつけられた。

この遠征はまたラグビーの商業的潜在力にも光をあて、利益のあがるエンターテインメントとして、ラグビーの遠征が国対抗のクリケットの向こうを張れるのではないかと思わせた。一八八四年の遠征は、ダニーディンの実業家サミュエル・スレーがニュージーランド各州のラグビー協会から自由裁量をあたえられて企画し、資金を負担した[7]。スレーは一八八六年にイングランドを訪れたとき、RFUと会ってはいたが、RFU側は南半球への遠征には関心を示さず、「国対抗の試合を開催するイニシアティブはニュージーランドかオーストラリアにまかせる」[8]と言った。

スレーはこの機会を生かせなかったが、ニュージーランド北島の先端に近いパイヒアの実業家でエセックス生まれのトーマス・イートンが登場する。イートンは一八八七年にヴィクトリア女王戴冠五〇周年のためにイングランドに滞在し、大観衆がラグビーを観戦するのを目のあたりにしていた。またイングランドのプレイ水準が、ニュージーランドのそれよりもはるかに高いわけではないとも考えた。イートンはニュージーランドの英国遠征を計画した。

遠征チームの魅力を最大にするために、イートンはチームをマオリの選手だけで構成しようとした。ニュージーランド先住民がプレイするラグビーに共感していたわけではなく、単純にそのほうが利益があがると考えたからである。ヴィクトリア朝末期の英国では、アフリカ人、オーストラリアのアボリジニ、マオリ、ネイティヴアメリカンなどの巡回人種ショーが観衆に大人気を博していた。帝国各地からきた珍奇として宣伝され、この種のショーは、原始的な振舞や「文明」には知られていない技芸をどぎつく前面に出して観客を引き寄せた。一八六八年、初めてイングランドを訪れたオーストラリアのクリケット・チームはアボリジニの選手で構成され、選手たちはそのかなりのクリケットの技能とともに、ブーメランやり投げ、民俗舞踊のショーも演じた。イートンはこれを手本にしてマオリのラグビー遠征を成功させようとした。

このような見方をしたのはイートンひとりではなかった。ニュージーランドでも、オークランドのフォワード、ジョー・ウォーブリックがまったく同じことを思いついていた。しかし、ウォーブリックにはイートンに優る点がひとつあった。本人がマオリだったのである。大勝利をおさめた一八八四年の遠征のスターのひとり。俊足で強靱、ポジションはフルバックかスリークォーターバックで、ドロップゴールを得意とし、サミュエル・スレーからは「臆病の名残もない選手」と言われた。マオリを母、パケハ（ヨーロッパ人）を父として一八六二年に生まれ、南オークランドのエリート校セントスティーヴンズ・ネイティヴ・スクールの寄宿生となる。同じように優秀なジャック・タイアロア（オタゴ）とともに、ニュージーランド代表初のマオリのひとりだった。タイアロアは父親がマオリの議員で、オタゴ高校のラグビー選手育成所で学んでいた。ウォーブリックは知名度があり、ラグビー界のだれからも好かれ、その人気はこの男に英国遠征の指揮を執るのに必要な権威をあたえていた。ただひとつ欠けているもの、それはチームの資金だった。

ウォーブリックはトーマス・イートンと、ギズボーンのパブのオーナー、ジェイムズ・スコットと手を組み、スコットが遠征資金二〇〇〇ポンドを集めた。四月初めにはすべての手配が整い、ウォーブリックが選手二六名を選んだ。[9] 全員がマオリではなく、イートンをがっかりさせた。歴史学者グレッグ・ライアンによれば、実際には両親ともがマオリなのは五名にすぎない。ほかの一四名は父がパケハ、母がマオリ。五名はまったくマオリの血を引いていなかったし、二名はニュージーランド生まれでさえなかった。チームは公式にニュージーランド・ネイティヴ・フットボールチームと命名された。主眼点は微妙に、しかし適切に曖昧に変化している。[10]

確実に戦えるチームとするために、ウォーブリックはマオリ以外の選手を加えざるをえなかった。現実には、この当時、第一級のラグビーがプレイできるマオリ選手は充分にいなかった。ウォーブリックや、ウォーブリックとともに遠征したその三人の兄弟のような選手は例外である。兄弟はヨーロッパ人の血を引いていたので名門高校に進学でき、そこでラグビーを吸収した。だが、この少数のエリートの外では、当時のマオリはラグビーにほとんど関心を示さなかった。十九世紀後半はマオリ人口が減少しただけではなく、その大部分が農村に基盤をおいていた。やはりグレッグ・ライアンが示すように、神話とは反対に、ニュージーランドのラグビーはつねに大部分が都会のスポーツだった。そして十九世紀半ばの植民者との戦争の苦い遺産ゆえに、多くのマオリが英国の文化とスポーツを拒否したのである。[11]

ネイティヴ・チームがイングランドに到着するまでに六週間がかかった。ようやく一八八八年九月二十七日に、ロンドンでもっとも新しく、また重要な港ティルブリー・ドックに上陸。六日後、リッチモンドでグラウンドに登場し、歴史を作る。チームは、英国外からきてイングランドでプレイする初めての代表チームだった。また、ハカを演じ、象徴となる黒のジャージーと黒のパンツを身につけた最初のニュージーランド・チームでもあった。ジャージーの徽章《きしょう》には銀色のシダの葉が組みこまれていた。弱体のサリーを簡単に下し、翌週はより強いケントとノーサンプトンシャーの二州を破る。

ホスト側が大いに驚いたことに、ネイティヴ・チームは帝国の端からきた珍奇どころか、すばらしい対戦相手だった。続く二か月間でさらに二三試合を戦い、一六勝二分。敗れたのはわずか七試合。その敗戦のうち四戦の相手は北部の強豪ハル、ウェイクフィールド、ハリファクス、スウィントンである。多くの犠牲者のなかにはアイルランド代表もいて、トライ数二対五で完敗した。その直後、英国の風刺雑誌パンチは嘆いた。

　ニュージーランド・チームがゴールとスクラムで
　雄牛をやっつけるなんて、
　おやまあ、おかしな時代がきたもんだ[12]

遠征は容赦ないペースで進んだ。前半はわずか八七日間で三六試合。後半、ペースはさらにあがり、八六日間で三八試合を戦った。負傷が相次ぎ、疲労と意欲減退のきざしが見え始めた。しかしイングランド北部――オタゴ・タイムズ紙によれば「イングランド・フットボールの聖地」――での人気はすさまじく、ブリッグハウス・レンジャーズ、ハリファクス、ハル、ウィドネス、州チャンピオンのヨークシャーなど、北部の一流チームの多くが遠征チームと二回目の試合を組んだ。[13] トーマス・イートンは北部のスポーツ報道が「ほとんどマオリ友愛組合の組合員になった」と言って、その支援を称讃した。[14]

二月、対イングランド戦が迫るころには、ネイティヴ・チームの成功はあまりにも大きく、ある記者に言わせれば「われらが冬のスポーツのファンのなかで、本国とマオリの力比べについて、いくらかの不安を抱いている者が少なからず」いた。[15] しかし、イングランド南部では、ラフと考えられたネイティヴ・チームのプレイに対する不満と、遠征そのものがプロフェッショナリズムすれすれではないかという疑いとが、しだいに広がっていった。

恥ずべき敗戦で面目を失うのを恐れて、イングランドのセレクション委員会は、ディキー・ロックウッドを含む八名の北部の選手を中心に強力なチームを指名した。それはうまくいった。イングランドはすばやく攻撃、ニュージーランドのフルバック、ビリー・ウォーブリックが味方インゴールで軽率なハンドリングをしたおかげで、ハリー・ベッドフォード（モーリー）が二トライをあげた。[16] しかし、ニュージーランド側は抗議し、ベッドフォードがボールに手をかける前に、ウォーブリックが実際には二度ともボールをタッチダウンしていたと主張した。

さらに悪いことが起きた。後半開始早々、イングランドのセンター（で、のちのクリケット・イングランド代表キャプテン）アンドリュー・ストッダートがディフェンスを破ろうとしたが、トム・エリソンにつかまれた。エリソンはのちにこう説明している。「しかし、ストッダートはすばやい動きですするりと抜けていった。だが、パンツの一部をぼくの手のなかに残していった。ストッダートは突進し、観客は大歓声をあげた。それから、ストッダートはなにが問題なのかに気づいて立ち止まり、ボールを落とした」[17]。

ニュージーランドは礼儀正しくプレイを停止し、ストッダートが品位を保てるようにそのまわりを取り囲み、ボールデッドになったと思って、レフェリー――RFU書記局長ローランド・ヒル――がプレイ再開のためにスクラムを命じるのを待った。ヒルはスクラムを指示しなかった。器用なフォワードで、エヴァーシェッド蒸留所の御曹司《おんぞうし》フランク・エヴァーシェッドがすばやくボールを拾いあげ、走ってトライを決めた。ニュージーランドのジョージ・ウィリアムズ、ディック・タイアロア、ジョージ・ウィンヤードはうんざりしてフィールドを出ていった。イングランドがジェントルマンの規律を堅持していると考えていたのに、それがずうずうしくも破られたのに激怒したからだ。三人は最終的にはもどるように説得されたが、試合からやる気は失せ、イングランドがトライ数四対〇で勝利した。

帰国時には、公式、非公式にかかわらず、RFU側からはなんの別れの挨拶もなかった。敵意はおたがいさまだった。ジョー・ウォーブリックは、遠征チームとは負けたときには許容されるが「勝ち始めたとたんに、野次られ、新聞はホームチームの弱さとビジター側のラフプレイの話でいっぱいになる」と考えた。この経験から、ウォーブリックは「娯楽の場所としては、イングランドは富者の天国であり、貧者の地獄だ」と信じるようになった。[18]

遠征は開始から一四か月、一〇七試合後の一八八九年八月二十四日にようやくオークランドで終了。成績は一〇七試合中七八勝二三敗六分。また帰路にメルボルンに立ち寄ったとき、オーストラリアン・ルールズで九試合を戦ってなんとか三勝をあげ、さらにオーストラリアのニューカースルではサッカーも二試合戦ったようだ。この驚くべき試合数から、これはあとにも先にも史上最大のラグビー遠征である。

プレイの観点からは遠征は大成功であり、ニュージーランドが訪れたシーズンにフットボール・リーグを発足させたサッカーから激しい競争をしかけられていた英国でラグビーの株をあげた。しかし、この遠征はまたラグビー内の深い亀裂にも光をあてた。ニュージーランドはプロではないかと広く疑われていたし、RFUの厳格なアマチュア規定から言えば、おそらくはプロだった。RFUが一八八六年に課した厳しいアマチュア規定は選手に対するあらゆる形の支払を禁止していた。ウォーブリックとイートンは、チームがアマチュアではないことは否定したが、遠征の財務記録は一度も公表されなかった。

　RFUがプロフェッショナリズムのあらゆる徴候に厳しく反対したために、ニュージーランドは本国の規則を破ることを恐れて、絶えずみずからを監視することになった。アマチュア規則に抵触するといけないので、オタゴ協会は一八九〇年代にトロフィーの授与を廃止した。一九〇二年にニュージーランド総督から優勝盾ランファーリーシールドを贈呈されたとき、ニュージーランド・ラグビーフットボール協会は最初はどうしてよいかわからずにいた。RFUがカップ争奪戦に反対していることはよく知られていたからだ。[19] 遠征チームがアマチュア規則を固守はできないという疑いは長く続き、新たな遠征チームがニュージーランドを出発するまでには五年の歳月を要した。

◉オールブラックス連戦連勝

　オーストラリア・ラグビーの精華を破った九年後の一八九三年、ニュージーランドはシドニーを再訪した。今回は新しく結成されたニュージーランド・ラグビーフットボール協会（NZRFU）の企画による公式の遠征だった。この新しい競技団体は一八九二年にウェリントンで結成され、地方のラグビー協会をひとつの全国組織に統一した。もっとも、すべての協会が加盟するのは一八九五年を待たねばならない。初会合において一八八八年のネイティヴ・チームの英雄のひとり、トム・エリソンの強い勧めがあり、銀のシダの葉のついた黒いシャツが投票によって代表チームのユニフォームに決められた。

　一八九三年の遠征チームはエリソンに率いられ、クイーンズランドとニューサウスウェールズをさっさと片づけて、一〇試合中九試合に勝利した。だが、シドニー・クリケットグラウンドでニューサウスウェールズにうたた寝中を襲われ、3—25で勝負をつけられたときには、オーストラリアの大地で初めて敗北も喫した。五万人以上がニューサウスウェールズ戦を観戦し、いま一度、増大するラグビー人気とその商業的な潜在力を明らかにした。翌年、ニューサウスウェールズは、一八八二年の先駆的な遠征以来初めてタスマン海を渡った。なんとか勝ちをもぎとるには七戦目を待たねばならなかったが、非公式のニュージーランド・フィフティーンを8—6で破った。相互的な遠征のサイクルが確立されるにつれて、大衆の関心は爆発した。

ニュージーランドは一八九七年にオーストラリアを再訪し、ニューサウスウェールズ戦三試合は合計で七万二〇〇〇人の観衆を集めた。雌雄《しゆう》を決する第三戦に二万七〇〇〇人のファンが詰めかけたとき、シドニーのスポーツ週刊誌ザ・レフェリーは、「南半球でプレイされたラグビーの試合で、これ以上大きな大衆的関心を集めたものはない」と書いた。またしても遠征チームが勝利したにもかかわらず、ラグビーに対する大衆の関心は拡大を続けた。また連戦連勝のニュージーランドに対する敬意も同様だった。「われわれはニュージーランドに忠告すべきだろうか、新たな敵はイングランドやアイルランド、スコットランドの戦場に探しにいくようにと?」とザ・レフェリー誌は、ニュージーランドが対ニューサウスウェールズ最終戦の最後の一五分足らずで六トライをあげたあと提案した。[20] ニュージーランドはこの提案を文字通りに実行する。

初の英国公式遠征が最初に議題にのぼったのは一八九二年のNZRFU結成時である。一八九八年に再度トム・エリソンが提案していたが、NZRFUの一九〇二年年次大会まで実際の進展はなかった。このとき、カンタベリーが一九〇三年の遠征を提案。広範囲の議論と計画の遅れのあと、英国遠征が一九〇五―〇六年のシーズンに予定された。

一九〇四年、デイヴィッド・ベデル＝シヴライト率いる英国の遠征チームが到着し、ラグビー熱は急上昇した。これ以前の南アフリカ遠征では、選手はコンディションよりも参加可能かどうかによって選ばれたが、一九〇四年の遠征チームはこれとは異なり、リース・ゲイブ、テディ・モーガン、パーシー・ブッシュ、トミー・ヴァイルのようなウェールズのマエストロも含む強力なバックラインと、ブレア・スワンネル、〝ボクサー〟・ハーディング、そしてベデル＝シヴライト自身のような強力なフォワードを誇る。遠征のオーストラリア行程を不敗に終え、テストマッチは三戦全勝。しかし、一度、タスマン海を渡ると、ずっと厳しい相手が待っていた。

英国側は最初の二試合に僅差で勝利。だが論争がなかったわけではない。どちらのチームも相手がずるをしていると非難した。英国側はニュージーランドのスクラム戦術に反対した。この戦術では、ボールをフックしてスクラムから出す第一列が二名、第二列は三名、第三列二名の七名のフォーメーション――2―3―2スクラムとして知られる――に加えて、ボールをスクラムに投入し、ボールが出てきたときに、スクラム後方でスクラムハーフを守る「ウイングフォワード」一名がいる。ニュージーランド側は、英国の選手の肉体第一主義に衝撃を受けた。ベデル＝シヴライトのプレイは「そのフットボールの概念は、訓練された暴力のそれである」と言われ、きわめて不愉快な印象を残した。英国側は自分たちに好都合なときには、あまりにも簡単に反則すれすれの駆引に走るという確信も広まった。[21]

一九〇四年八月、ウェリントンで、両チームが満員の観衆二万人を前にして、史上初のテストマッチを戦ったとき、期待と緊張は高かった。英国フォワードの評判にもかかわらず、ニュージーランドのフォワードが試合を支配することによって、ウイングのダンカン・マグレガーが二トライを決め、ホームチームに9—3の勝利を引き寄せた。「きょう、すべてのニュージーランド青年は、植民地のフットボール・チャンピオンがウェリントンで勝ちとった勝利のために背が一インチ伸びたように感じるだろう」とニュージーランド・ヘラルド紙は誇らしげに叫んだ。[22] まるで、植民地のラグビーの優越性を強調するかのように、残る三試合、遠征チームはひとつ引き分けるのがやっとで、最悪の試合はオークランドにおける屈辱的な0—13の敗戦だった。

一九〇五年の英国遠征への期待はこれ以上ないほど高かった。遠征チームの最初の一七名は一九〇五年二月に指名され、三月にさらに三名、うち二名がその後、辞退し、最後の七名は六月に指名された。ニュージーランド・ラグビーの勝利は、そのチーム内の農業従事者と農業地帯の住人の厳しいアウトドア生活のおかげだという民間の確信とは裏腹に、遠征チーム二七名中、農業従事者は三名のみ。一五名はブルーカラーの工場労働者で、三名は運送業、六名はホワイトカラー。[23] これは、近代の都市社会を代表するチームだった。

チームは一九〇五年九月八日にようやく汽船リムタカ号でポーツマスに到着。英国でもニュージーランドでも、だれもラグビーを呑みこもうとしているツナミに気づかなかった。それはデヴォン州のニュートン・アボットで九月十六日に始まった。州代表チームとの遠征初戦開始後わずか三分で、オールブラックスのセカンドファイブエイス〔インサイドセンター〕、ジミー・ハンターが遠征初トライをあげた。その七七分後までに、オールブラックスはさらに一一トライをあげ、驚くべき55—4で勝利。対戦相手は翌年イングランドの週対抗選手権に優勝するが、試合終盤にドロップゴール一本を決めただけだった。

この勝利がまぐれではないことを示すために、遠征チームはそのあと、対コーンウォール戦でまたしても一一トライをあげて、41—0で大勝。二日後にはふたたび41—0でブリストルを蹴散らした。もっとも今回、トライ数はわずか九だった。ノーサンプトンとレスターは、それぞれ32点差と28点差で負け、点差は縮めたものの、オールブラックスがついにトライを許すには、第七戦の州対抗選手権現チャンピオン、ダラム戦を待たねばならなかった。オールブラックスは比較的僅差の16—3で勝利した。ニュージーランドはトライをあげ続けた。ハートリプール連合軍に対しては一五トライ、ノーサンバランドには九トライ、オックスフォード大学戦では一三トライが積みあがった。オールブラックスはイングランドの対戦相手よりも技術的・戦術的にはるかに洗練されていただけではなく、また試合へのアプローチも異なっていた。焦点は走り、パスをし、トライをあげること。ラグビーユニオンの遠征チームとしては信じがたいが、ゴールの二倍以上のトライをあげて、英国を離れた。二〇五トライに対して一〇二ゴール、そのうちドロップゴールは二本のみ。哲学の違いはペナルティに対する姿勢でもっとも明らかになった。ペナルティを得たらゴールを狙うという英国の習慣を受け容れるかわりに、ニュージーランドは必ずボールを動かした。実際に遠征全体で四本のペナルティゴールしかあげていない。[24]

オールブラックスが深刻な挑戦を受けたのはようやく二か月後だった。エディンバラの凍えるように寒い霧の日、スコットランドは遠征チームを限界まで追いこみ、前半を7―6でリードして終えた。ハーフバック三名、スリークォーター三名のみを起用、ボールをフォワードにきっちりと確保し、オールブラックスの走りを制限した。ザ・タイムズ紙によれば、スコットランドのバックスはボールを一度もパスせず、ボールをもって走ることはほぼなく、タッチに蹴り出して、あとはフォワードにゆだねるほうを好んだ。[25] 残り一〇分で、歴史的勝利が見えたかに思えたとき、ニュージーランドからボールを奪ったスコットランドのフォワードが、ボールをルイス・マクラウドに出し、マクラウドはドロップゴールをねらった。方向は正確だったが、ボールはクロスバーの前にひょろひょろと落ちた。オールブラックスはドロップアウトから攻撃を開始し、一気に敵陣に攻め入りジョージ・スミスが右コーナーにグラウンディング。終了まで三分、スコットランドのフルバック、ジョン・スクーラーの頭を越えるチップキックにビル・カニンガムがとびつき、トライとして試合を決定づけた。しかしながら僅差の12―7の勝利で、オールブラックスはもはやそう無敵には見えなかった。

次の国代表チーム、アイルランドもイングランドも、オールブラックスと勝負になったとはとても言えない。どちらも0―15で敗北し、イングランドはぬかるんだグラウンドで五トライを許し、そのうち四トライはダンカン・マグレガーによる。ニュージーランドに対してみじめな敗北をくどいほど繰り返したことを、一部の人は流行に乗って、英国の増大する「退化」――身体的その他の――と形容した。しかし、より洞察のある批評家たちは、イングランドのラグビーがふたつに分裂しただけではなく、英国最良のアスリートの大きな部分にとってはサッカーが重要だという単純な事実を指摘した。ニュージーランドでは、ラグビーユニオンには、国の優れた青年アスリートを奪い合う相手はいなかった。

このことは十二月、遠征チームがウェールズにいったときに証明された。当時、サウスウェールズにはプロのサッカーチームやラグビーリーグのクラブはなく、ラグビーユニオンに至高の統治権があった。ウェールズの各クラブはもっとも才能ある選手を選抜し、厳しい地域間競争にあおられて、オールブラックスを、スコットランドは例外として、遠征では経験していなかった形で試練にかけるだけの力はもっていた。ニューポート、カーディフ、スウォンジーはオールブラックスを徹底して苦しめたが、それぞれ三点差、二点差、一点差で敗北した。とくにスウォンジーは、初めて遠征チームにトライを許さず、ニュージーランドのビリー・ウォレスにラッキーなドロップゴールを入れられて、3―4の僅差で負けた。

ニュージーランド最大の試練はウェールズ代表戦だった。われわれが知るように、試合の運命は、ボブ・ディーンズの認められなかったトライによって決せられた。ウェールズはこの勝利でラグビーユニオンをウェールズの国技として確立した。だが、ニュージーランドにとって、認められなかったトライは無傷なはずの遠征につけられた唯一の傷であり、この挫折の復讐を永遠に求めることになる。

この敗戦にもかかわらず、オールブラックスは国民的英雄として故郷に錦を飾った。遠征によってラグビーはニュージーランド国家唯一のもっとも重要な文化的象徴となる。オールブラックスはニュージーランド人が祖国がもつと信じた力と活力を体現した。続く数十年間で、一九〇五年の遠征チームの偉業は国の神話の一部となった。

ラグビーの世界にとって、オールブラックスの遠征は、一九〇五年に時代を画したもうひとつの出来事、対馬沖《つしまおき》海戦〔日本海海戦〕に等しかった。このとき強力な帝国ロシアの艦隊は日本の海軍に屈辱的敗北を喫した。古い秩序は打ち破られ、新しい力が勃興し、空気のなかには革命があった。

第10章　南アフリカ（ゴグのゲームからスプリングボクスへ）

South Africa: From Gog's Game to Springboks

一九〇六年十二月の寒い土曜の午後、クリスタルパレスにつめかけたイングランドのラグビーファン四万を前にして、ソミー・モーケルは降りしきる雨のなかに走り出した。英国人に取り囲まれるのはこれが初めてではない。

このタフなフォワードは六年前にも同じような状況に直面していた。だが前回のほうがはるかに危険だった。一九〇〇年三月十日、モーケルほか一五〇〇名のアフリカーナー〔南アフリカのオランダ系白人〕がドリーフォンテインに集結し、そこからわずか四〇マイルのオレンジ自由国首都ブルームフォンテイン攻略のためにキンバリーから前進してくる英国軍を阻止しようと最後の努力をしていた。兵力・火力ともに劣っていたにもかかわらず、モーケルと仲間のブール人〔アフリカーナーの別称〕は、その夜遅くまで英国軍を食い止めた。英国軍の戦死者は八二名、負傷者は三四二名にのぼった。

暗闇が落ちると、オーストラリアとカナダの騎兵の支援を受けた英国軍は、優位性にものを言わせ、自由国側の戦線は崩壊した。多くのアフリカーナーが夜の闇に姿を消したが、モーケルも含めて決意を固めた二二名は降伏以外に選択の余地がなくなるまで戦闘を続けた。いまや行く手を遮るものもなく、英国軍は三日後にブルームフォンテインに入城。英国では単にブーア戦争と呼ばれる第二次英国＝ブーア戦争は最終段階に達しようとしているかに見えた。[1]

しかし、そうではなかった。アフリカーナーは街の陥落に厳しいゲリラ戦で対応した。英国軍は市民を強制収容所に送り、アフリカーナーの土地に焦土作戦をかけることで応じた。殺害は情け容赦なくさらに二年間続いた。

ソミー・モーケルにとっては戦争は終わった。数週間後、大西洋の孤島セントヘレナ島におかれた英国の捕虜収容所に向かう。セントヘレナでは戦争の残りの期間、約五〇〇〇名のアフリカーナーがデッドウッドとブロードボトムの二か所の収容所に押しこめられた。全体で二万四〇〇〇人の戦争捕虜がセントヘレナやバミューダ、セイロン、インドにある同様の収容所に入れられた。

モーケルと仲間の捕虜たちは戦場から一二〇〇マイル以上離れ、続く二年間を過ごす方法を見つけなければならなかった。モーケルはラグビーを提案。すぐにデッドウッド収容所でトーナメントがおこなわれるようになり、ブロードボトムを相手にチャレンジマッチが戦われた。これは普通のアマチュアの試合ではなかった。デッドウッドは現役の国代表三名に加えて、モーケルを出場させた。モーケルはその後、スプリングボクス入りをする。英国人の看守がサッカーしかプレイしなかったので、アフリカーナーはいっそうラグビーにのめりこんだ。ラグビーが初めてアフリカーナー民族主義の象徴となった[2]。

だからソミー・モーケルがロンドンの冬の午後、イングランド選手に向かって整列したとき、わずか数年前に自分を撃った、あるいは投獄したかもしれない男たちと戦うのだと考えたとしても無理はない。ビリー・ミラー、フレッド・〝おじさん〟・ドビン、ジョン・ラフのような男たちは、南アフリカでのあの長く厳しい戦争で女王と祖国のために戦い、いまここでは楕円球の追求に全力をつくす用意ができていた。

事態をより緊張させたのは、ミラー、ドビン、ラフがモーケルと同じチームでプレイしていたことだ。アフリカーナー人口の一七パーセントを死に追いやった戦争では敵同士だったにもかかわらず、いまでは全員がスプリングボクスだった。

◉ゴグのゲーム以後

南アフリカのラグビーユニオンは、みずからの英国性を誇る英語話者と、英国性を拒絶する決意を固めたアフリカーナーのあいだのパートナーシップの上に築かれた。第二次ブーア戦争終結のわずか四年後、一九〇六年のスプリングボクスの遠征は、とりわけ南アフリカの異なるふたつの白人コミュニティのあいだに国民的統一の感覚を醸成するために計画された。

遠征のキャプテンはアフリカーナーのポール・ルース、副キャプテンは英語話者のハロルド・〝バディ〟・キャロリン。チームはふたつのコミュニティが同等になるように選ばれた。「遠征はわれわれをひとつにした」とルースは英国に向けて出航する前に選手たちに告げた。「南アフリカはひとつだ。そしてすべての違いは忘れ去られる……われわれはいまおたがいをよりよく理解している。そしてそれがわれわれの遠征の結果のひとつとなるのであれば、これ以上の満足はないだろう[3]」。

それは終戦後わずかのあいだにあげられた特筆すべき成果だった。ラグビーが英国出身者のコミュニティによって南アフリカに導入されたのはわずか一世代前だっただけに、なおいっそう特筆すべきである。コミュニティの多くが一八一四年に英国がケープ植民地を購入したあとに移住した英国出身者だった。ラグビーをアフリカーナーに伝えることにはあまり関心はなく、アフリカーナーはラグビーをプレイすることに関心がなかった。

南アフリカで最初にフットボール型のスポーツが組織されたのは、一八四九年、ケープタウンに設立されたディオセサン・カレッジのようである。この学校はのちに「ビショップス」と呼ばれ、南アフリカでもっとも重要なラグビー養成所のひとつになる。しかし、最初にプレイしたのはラグビーではなかった。一八六一年、主教座聖堂参事会員ジョージ・オーグルヴィーが学長としてイングランドから到着。新しい学長はウィンチェスター・カレッジで教育を受け、フットボールが学生にあたえる教育的価値を強く信じていた。パブリックスクールで教育を受けた多くの青年フットボーラーのほとんどと同様に大変な自信家で、ふたつの信念をもっていた。ひとつ目は、現在、フットボールをプレイするのには自分の出身校のルール体系が最善であること。ふたつ目は自分はそれを改良できること。

ビショップスの学生たちは、したがって、ウィンチェスター・カレッジ版のフットボールをプレイした。原型では丸いボールを使ったが、「ホット」と呼ばれるスクラムがプレイの中心的な特徴だった。得点は、ゴール、コンバージョン、そしてビハインド〔キックによってボールがゴールポストとその外側のポストを結ぶ線を越えると一点がはいる〕からなる。ビハインドは現在でもオーストラリアン・ルールズのフットボールに見られる。学校の敷地の関係で、狭いグラウンドでプレイせざるをえなかったが、一チームは普通一五人だった。オーグルヴィーが原型となったウィンチェスター版のどの要素を残したのかは不明だが、オーグルヴィー版フットボール――そのあだ名にちなんで「ゴグのゲーム」と呼ばれた――が、続く一〇年間、ケープタウンのフットボールの先頭をいく形式となった。[4]

一八六二年五月に約五〇〇マイル東のポートエリザベスで、規則はよくわからないが一チーム一八人制の試合が、「本国生まれ」と「植民地生まれ」のあいだで戦われたものの、南アフリカのスポーツの揺籃となったのはケープタウンだった。[5] 一八六二年八月、ケープタウン初の社会人の試合が開催された。公務員チームが軍チームの挑戦を受ける。軍のチームはたいていが駐屯する第十一連隊から集められた士官だった。

試合は、フィールド上にいる最高のフットボーラーのひとりと認められていた公務員チームのアドリアン・ヴァン・デル・ビュルのキックオフで開始された。ヴァン・デル・ビュルの個人史は、多くの点で南アフリカのラグビー史に先駆ける。ケープで、イングランド人の母とアフリカーナーの父のあいだに生まれ、イングランドのマルボロー・カレッジで教育を受けた。兄である自由党議員フィリップ・ヴァン・デル・ビュルの世話を受けて、一八五五年にエディンバラに移り、エディンバラのマーチストン校に入学。おそらく学校間で初めて戦われた試合であるエディンバラのロイヤルハイスクールとの対戦でキャプテンを務めた。その年のうちに、エディンバラ・アカデミーと対戦。この対抗戦は現在でも継続している。世界でもっとも古い歴史をもつラグビーの対抗戦である。

報道機関はすぐに、ラグビーを筋肉的キリスト教と結びつけた。試合は「『トム・ブラウンの学校生活』にふさわしい強さと科学を示した」とケープ・アーガス紙は書いた[6]。試合に魅了された数百人の観衆のなかにオーグルヴィー参事会員とその学生たちがいた。オーグルヴィーは、両チームに連合軍を結成して、自校の学生チームとゴグのゲームのルールで試合をしないかともちかけた。相手がシニアのチームだったという事実にもかかわらず、ビショップスは翌週、チャレンジマッチに勝利。火は点火され、ゴグのユニークなブランドにもかかわらず、フットボール熱はケープタウン、そしてより広くケープ植民地全体のエリートに広がっていった。最初の一〇年間、フットボールは主として学校と軍の連隊でプレイされていたが、一八七五年にはシニアのフットボールクラブが結成され始めた。

フットボールは、南アフリカで起きていた急速な政治的変化によって、またその結果として拡大した。一八五八年、絶え間のない戦争と飢饉が組み合わさって、南アフリカのコーサ人は独立の放棄を余儀なくされ、自分たちの土地に大量の英国人植民者が流入することを許した。続く一〇年間で、英語話者人口は急増し、それとともにスポーツ愛好と、そして重要なことだが、スポーツをプレイし、楽しむだけの富がもたらされた。一八六〇年代末には、その後キンバリーとなる場所の近くで広大なダイヤモンド鉱山が発見され、「ダイヤモンド・ラッシュ」が始まった。数千人もの探鉱者が南アフリカに流入した。

専門職や商人階級の構成員によってハミルトンやグリーンポイント、ガーデンズ、ザ・カントリークラブのようなクラブが結成され、一八七五年にはケープタウンから三〇数マイル、アフリカーンス語（アフリカーナーの言語）を話すステレンボスでフットボールクラブが創設された。ラグビーがアフリカーンス語話者の世界に足を踏み入れるのはこれが最初である。

一八七三年にジョン・ジェイムズ・グラハム率いる地域の委員会に修正されてはいたが、フットボールは相変わらず一八六〇年代初めのゴグのルールでプレイされていた。しかし、大英帝国全域で、ラグビーは世界の中産階級の英語話者を結ぶ国際的文化ネットワークの一部になっていた。一八七七年、イングランドのクリケットがオーストラリアに初遠征し、高速の海運と電信の時代に大英帝国におけるスポーツの重要性がいかに増大しつつあるかを明らかにした。したがって、ケープでは自分たちの基本的な英国性を、とりわけそのアフリカーナーの隣人に対して主張することを熱望し、多くの人がもっとも英国的と考えるスポーツの採用を求める声が聞こえてきた。それはラグビーである。

一八七六年、ウェスタンプロヴィンス・クラブがラグビールールの採用をめぐって分裂。反ラグビー派が脱会してヴィレジャー・フットボールクラブを結成する。ヴィレジャーは〔一八七九年まではウィンチェスター・ルールでプレイしていたが〕のちにウェスタンケープにおけるラグビーの基盤となる。ラグビーの採用は最初は失敗したと考えられたが、本国では一番人気のルールだという事実がケープのコミュニティにかなりの影響力をもった。この見方の代弁者でもっとも重要なのはフレデリック・セントレジャーである。過激に親英国的なケープ・タイムズ紙の編集発行人であり、自分のコラムで、「本国」とのより大きな文化的絆を奨励した。

変化への欲求はその闘士をラグビーのイングランド代表で有能な組織者、ウィリアム・ミルトンに見出した。ミルトンはケープタウンに一八七七年末にやってきた。俊足でキックは正確、一八七四年、十九歳のときにイングランド代表として対スコットランド戦に勝利。一八七五年の対アイルランド戦でも勝った。すばらしいクリケットの選手でもあり、一八八九年にイングランドが遠征してきたときには、テストマッチ第二戦で南アフリカのキャプテンを務めた。その後、セシル・ローズの右腕となり、南ローデシアの「首席行政官」に就任。ケープに到着すると、すぐにウェスタンプロヴィンス・クリケットクラブに加入し、その直後にヴィレジャー・フットボールクラブにはいった。[7] たちまちのうちにクラブの書記となり、数か月間で地元のスポーツ行政における有力者となる。

ミルトンは到着後一年もしないうちに、トップ二チーム、ヴィレジャーとハミルトンによるラグビールールのもとでのエキシビションマッチをお膳立てする。そのあと一八七三年に地域のフットボールのルールを定めたジョン・ジェイムズ・グラハムにラグビーのほうがより優れたスポーツだと説き、ラグビーに変更すべきだと説得した。一八七九年五月、ヴィレジャーの年次大会で、グラハムとミルトンはラグビールールを採用すべきだと提案した。ふたりの出した動議は満場一致で可決された。それは、のちにミルトンが言うように「ケープにおけるラグビーユニオン・ゲームの真の始まり」だった。[8]

◉国民的スポーツ？

一八七九年のシーズンには、ウェスタンケープのほとんどのクラブがラグビーをプレイするようになっていた。ラグビールールに最後まで抵抗し続けたチームのひとつがビショップスであり、おそらくはオーグルヴィー参事会員をしのんで、昔ながらのスポーツを相手がいなくなるまでプレイし続けた。ラグビーはケープ全域に広まり始め、一八八三年には、ウェスタンプロヴィンス・ラグビーフットボール協会が、地域のラグビーの統轄団体として創設された。本国にその忠誠心を示すためか、新組織はRFU加入を申請した。

ラグビーは、そのサポーターの熱意のおかげだけで拡大したのではない。南アフリカは一八七〇年代末から激しい変化を経験し、それがラグビーの繁栄を可能にした。一八七九年、英国軍がズールー人を破り、ナタールにおけるイギリスの統治を強化。その結果、南東のナタールプロヴィンスでラグビーをプレイする学校が増加した。一八八〇年から八一年にかけてトランスヴァールでおこなわれた英国軍とアフリカーナーの短期間の戦争は、英国の国粋主義的感情と南アフリカ駐屯部隊の増加につながる。前者は英国性の象徴に対する欲求を増大させ、一方、後者はラグビーのボールとプレイヤーを連れてきた。一八八六年には、金がヴィトヴァーテルスラントで発見された。探鉱者がトランスヴァールに押し寄せ、その過程で新興都市ヨハネスブルクを建造し、南アフリカの経済を変えた。

経済と移民とが南アフリカの諸地域をひとつにまとめるにつれて、ラグビーは国家統合の役割を果たし始めた。一八八三年、最初のノックアウト方式の大会、ウェスタンプロヴィンス・グランド・チャレンジカップが開始された。世界のほかの多くの場所と同様に、トーナメントはラグビーが熱狂的ファンの枠を越えて拡大し、地域社会の日常生活の一部となる要因となった。最初の勝者はハミルトンで、初代チャンピオンのチームにはヴァースフェルド四兄弟が含まれた。兄弟のひとり、ロフタスは南アフリカ・ラグビーの中心人物となり——最終的には、ラグビー界でもっとも有名な競技場にその名がつけられる。カップの最初の一〇年間で、ハミルトンがさらに五回、ヴィレジャーが三回、優勝した。

一八八四年、キンバリーのあるチームがウェスタンケープに遠征したとき、ラグビーはさらに重要性を増した。キンバリーではダイヤモンドの発見により、わずか一〇年もしないうちに農地がブルジョワの街に変わっていた。ラグビーは、キンバリーに英国の連隊と教師たちによってもちこまれた。ラグビーの社会的性格は、キンバリーズ・パイレーツラグビークラブが街で上演されていたギルバートとサリヴァンのオペレッタ『ペンザンスの海賊』にちなんで名づけられていることから判断がつく。南アフリカにおけるスポーツイベントではほとんど前例のない数の三〇〇〇人がキンバリーからの遠征チームとヴィレジャーの試合を観戦した。[9]

続く数年間は、南アフリカ英語圏全域で、ラグビーへの関心が拡大した。一八八六年にグリカランドウェスト（キンバリーのホーム・プロヴィンス）・ラグビーフットボール協会が結成され、一八八八年にはイースタンプロヴィンス・ラグビーフットボール協会が結成された。一八八〇年代後半に英語話者によってヨハネスブルクのワンダラーズやパイレーツのようなクラブが結成されていたトランスヴァールが一八八九年に続いた。

一八八九年、初のプロヴィンス対抗選手権――のちにカリーカップと呼ばれるようになる――で、ウェスタンプロヴィンスとともに出場したのは、これら三プロヴィンスだった。同年、南アフリカ・ラグビー評議会（ＳＡＲＢ）が創設された。一八九〇年には、以前はサッカーが支配していたナタールで、新設のナタール・ラグビー協会に地元のダイヤモンド長者サー・トーマス・マレーからトーナメント大会のトロフィーが贈られた。マレーカップの成功が最終的には、この地域でラグビーがサッカーの影を薄くすることになる。ラグビーはいまや南アフリカ全域でひとつの力となった。

これはまたすべての人種が楽しむスポーツでもあった。アパルトヘイト政策のもとでは、黒人と「カラード」はラグビーに興味がないというのが白人のプレイヤーと解説者の言いぐさとなる。何年もあとの一九九四年に、黒人選手がこれほど少ない理由を尋ねられたとき、スプリングボクスのフッカー、ウリ・シュミットが「ラグビーは彼らの文化のなかにはない」と発言したのはその典型である。[10] だが、十九世紀にはラグビーは黒人とカラードの文化の重要な一部だった。キンバリーが草分けとなる一八八四年の遠征をケープタウンで戦ったとき、観戦者は南アフリカの多民族性を反映していた。

あらゆる肌の色、あらゆる地位の男たちの姿が見られた。ケープタウン社会のエリートと同様に、マレー人［英語話者はイスラム教徒を誤ってこう呼んだ］と黒人もいた。淑女たちのさまざまな明るい衣装が、大きな白いキャンバスの特別観覧席とテントに浮き出し、とても美しい光景だった。[11]

観客だけが多民族だったのではなかった。白人のクラブと競技団体から閉め出されて、四つの非白人クラブが一八八六年にウェスタンプロヴィンス・カラード・ラグビーフットボール協会（WPCRFU）を結成した。一八九八年、WPCRFUはファーンウッドカップ・トーナメントを開始し、大人気を博す。同年、ブラックアフリカンの諸クラブが、シティ・アンド・サバーバン協会を結成。イースタンケープでは、ラグビーは早くも一八七八年、ポートエリザベスの「カーフィル」学院に導入され、アフリカ人によってプレイされていた。「カーフィル」学院はアフリカ人のための英国国教会系の学校である。市初のアフリカ人クラブは一八八七年創設のユニオンRFC。ポートエリザベスのカラード・ラグビー協会は一八九二年に創設された。キンバリーでは、グリカランドウェスト・コロニアル・ラグビーフットボール協会が、南アフリカ初の人種差別のないスポーツ組織となった。ケープ公務員試験に合格した最初のアフリカ人、イザイア・（バド）・ンベルが一八九四年に創設し、すぐに三部制をとるほど多くのアフリカ人とムスリムのチームが加わった。[12]

バド・ンベルは、一八九七年に南アフリカ・カラード・ラグビーフットボール協議会創設を背後で動かした原動力だった。この組織は白人だけのSARBに相当する。ンベルはセシル・ローズを説得して、カリーカップの構造に基づいた人種差別のない全国規模のプロヴィンス・トーナメントのトロフィーの資金を提供させた。ローズカップは豪華な銀製で、（金製の）カリーカップよりも費用がかかったと報じられた。一八九八年の最初の勝者は、ラグビーのフィールドではおなじみのウェスタンプロヴィンスだった。

人種差別による抑圧と貧困の現実は、しばしば試合の組織が困難で、施設や設備が白人人口に提供されるものよりもはるかに劣っていたことを意味する。分離政策と貧困は試合のための移動をきわめて困難にしたが、それでも、あきれるような条件下のことが多かったものの、ラグビー熱は二十世紀にはいっても赤々と燃え続けた。

ヴィクトリア朝時代に、ラグビーがその文化の重要な一部でなかった南アフリカの集団がひとつあるとすれば、それはアフリカーナーである。アフリカーンス語話者の一部はラグビーに関わり、特筆すべきは一八七五年から一チームが存在していたステレンボスである。ステレンボス大学の前身が一八八〇年代からラグビー的価値観に基づいてアフリカーナー中産階級の子息の教育を開始していた。[13]しかし、トランスヴァールとオレンジ自由国のアフリカーナー人口は大部分が農業地帯の農業コミュニティに属し、この人たちにとって、組織的なスポーツはあまり魅力がなかった。英国陸軍がみずからを犠牲にして発見したように、アフリカーナーのあいだではチームスポーツよりも射撃が一番人気の趣味だった。プレトリア、ヨハネスブルクその他のアフリカーナー都市で結成されたラグビークラブは多くが英語話者による。[14]

前世紀のあいだずっと、英国と絶えざる紛争、武力衝突、戦争をしていた人びとが、英国のスポーツに興味をもたないのも当然だ。真の謎は、ラグビーに無関心だったアフリカーナーが、どのようにして、そしてなぜわずか一、二世代のあいだに、それに深い情熱を抱くように変化したのかにある。

◉ふたつの国民、ひとつのチーム

アフリカーナーのスポーツ文化を変えたのは、ビル・マクラガンのような男たちだった。エディンバラ・アカデミーで教育を受け、一八七八年、十九歳でエディンバラ・アカデミカルでプレイしていたとき、スコットランド代表デビューを果たす。フルバック、あるいはスリークォーターの位置でディフェンスに優れ──〝ブルドッグ〟・アーヴァインはかつて、「W・E・マクラガンにつかまるぐらいなら、三国のバックスのだれかにつかまる」と言った。イングランドのトライをめぐる争いが国際ラグビーフットボール評議会結成とイングランドの四か国対抗脱退へと導いたあの悪名高い一八八四年のカルカッタカップでは、スコットランドのキャプテンを務めている。[15] 一八八〇年にロンドンに移って株式仲買人となり、一八九一年に引退するまでロンドン・スコティッシュのキャプテンを務める。一三年間で、〔スコットランドの〕青いユニフォームを合計二五回着たが、これはその時代の記録である。

マクラガンには花道が残されていた。一八八九年、C・オーブリー・スミス率いるイングランド・クリケット・チームが南アフリカに遠征し歓呼の声で迎えられた。スミスのチームは試合に楽勝したが、遠征は金銭的成功をおさめ、帝国の文化的絆の勝利でもあった。クリケットに刺激されて、南アフリカはRFUに一八九一年のラグビー遠征の可能性を問い合わせた。RFUは遠征がプロフェッショナリズムにつながるのではとの疑念を抱き、「この企画は金儲けのおもわくとは無関係」でなければならないとして、遠征が完全にRFUの管轄下におかれることにこだわった。[16]

南アフリカで議論の余地なくもっとも豊かで、もっとも大きな権力をもつ男、セシル・ローズが遠征の費用負担を引き受けると保障して、RFUを安心させた。さらにRFUのセレクション委員会は、信頼できる選手だけを選び、それは大まかに言えば、私立学校で教育を受けたという意味だった。RFUは非の打ち所のないアマチュアであり、尊敬おくあたわざるビル・マクラガンをチーム・キャプテンにした。

だから一八九一年六月に、マクラガンとそのチームがサザンプトンで汽船ダノター・キャッスル号に乗船したとき、チームの使命はよきラグビーをプレイし、RFUの名誉を維持し、大英帝国の絆を強めることだった。このような歴史的遠征にふさわしく、これはダノター号の処女航海となる。船は国対抗のラグビーを可能にする世界の変化の象徴であり、最先端技術はケープタウンへの旅を四二日からわずか一七日に短縮した。

この船がラグビーの歴史に貢献したのはこれだけではない。ダノター号はあらゆるスポーツの熱心な支援者、ドナルド・カリー卿のキャッスル海運会社が所有していた。カリー卿はチームとともにケープに向かい、チームに黄金のトロフィーを渡して、これを南アフリカで対戦した最高のチームに授与するよう依頼した。トロフィーはのちにプロヴィンス対抗選手権のトロフィーとなり、南アフリカの各プロヴィンスが争奪戦を演じる。以後、カリーカップとして知られ、ラグビー界でもっとも有名なトロフィーのひとつとなる。

遠征は大成功だった。イングランドとスコットランドの選手だけから選ばれ、しかもこの二国の最高の選手ではなかったにもかかわらず、遠征チームは二〇試合に全勝、同様に選手たちを目にしたすべての人びとからの称讃も勝ちとった。南アフリカには、テストマッチ第一戦のキャプテン、ハーバート・カステンズが、ケープタウンで第三戦と最終戦の笛を吹くという利点さえあったのだが。

ビル・マクラガンにとって、これは個人的な勝利だった。三十三歳で、一試合をのぞく全試合に出場し、トライ数は第三位。RFUがあれほど恐れるプロフェッショナリズムと商業主義の疑いから、国対抗のラグビーを救い出した。フィールドの内外で、遠征は南アフリカにとっても成功だった。どのチームも一勝もできなかったが、多くがマクラガン配下の選手たちを一桁の得点に抑えた。そのなかにはカリーカップを贈られたグリカランドウェストも含まれる。RFU書記のローランド・ヒルはコメントとした。「将来、南アフリカを代表するチームが英国の最高のチームと互角に戦うことを、私はほとんど疑っていない」自国イングランドがふたたび「南アフリカを代表するチーム」を破るのは七八年後になるなどとは、ヒルには知る由もなかった。[17]

英語話者の南アフリカ人のほとんどが英国を「本国」と見ていたが、この遠征はまた、ラグビーが、本国との強い絆だけではなく、国際的な競争関係を戦いきる闘技場であることも示した。これは、たとえばナタールのようなところではいまだにラグビーよりも人気だったサッカーに対して、ラグビーがひとつ有利な点だった。複数の英国のサッカークラブが南アフリカに遠征したが、いずれにもラグビーやクリケットの遠征のような威信はなかった。ラグビーはいまや帝国第一位の冬のスポーツだった。

マクラガンの遠征チームはまた、アフリカーナーのあいだでラグビーの注目度をあげもした。その外交的使命の一環として、チーム代表がポール・クリューガーと会見。クリューガーはトランスヴァールに本拠地をおく独立国、南アフリカ共和国の首相で、英国による統治に対するアフリカーナーの抵抗の象徴だった。[18] 遠征最終戦でステレンボスは負けはしたものの、英国を2—0に抑える。これは遠征チームの最少得点で、遠征中もっとも僅差の勝利だった。テストマッチ最終戦、南アフリカには、正真正銘のアフリカーナー、ジャピー・ロウとヴァースフェルド兄弟のヘジーとウーパがいた。政治的軍事的に英国に挑戦してきたアフリカーナーには、いままたラグビーのフィールド上で確実に同じことができると思われた。

その感覚は五年後、英国が再訪したときに強められる。スコットランド人とイングランド人のかわりに、一八九六年のチームはイングランドとアイルランドの選手で構成されていたが、一八九一年のチームとどっこいどっこい——八人は代表のキャップをもっていなかった。二一試合のうち五試合はトランスヴァールのヨハネスブルクで開催された。わずか八か月前にジェイムソン侵入事件——トランスヴァールのアフリカーナー政府に対する蜂起を引き起こそうとした英国人によるぶざまな試み——の目標地点となった場所である。

征服されなかったヨハネスブルクで英国に対決する南アフリカ・チームの象徴性は、チームの大多数が英語話者であったにもかかわらず、地域全体に響き渡らずにはいなかった。だが、南アフリカのラグビーの将来がかいま見られたのは、二週間後のケープタウンである。テストマッチ第四戦、ポール・デ・ヴァール、ハーマン・ヴァン・ブロキズン、ピーター・ドーミール、チャーリー・ヴァン・レネンを含むフォワードのスクラムに導かれて、南アフリカは英国を5—0で下した。英国とアフリカーナーの関係が開戦の縁にあったとき、これはケープのスポーツのフィールドをはるかに越えて広がる意味合いをもつ勝利だった。

三年後、実際に戦争が勃発した。

◉戦争捕虜からスプリングボクスへ

第二次英国＝ブーア戦争は一八九九年十月に始まり——第一次は一八八〇年から八一年にかけての短期間の紛争だった——ラグビーはほとんど完全な冬眠状態にはいる。一九〇二年五月に、フェレーニヒング条約の締結により戦争がようやく終結したころには、英国の強制収容所で二万人から二万八〇〇〇人のアフリカーナーの女性と子ども、おそらく二万人の黒人男女と子ども（正確な記録は残っていない）、さらに両軍合わせて約二万七〇〇〇の兵士が死亡していた。トランスヴァールとオレンジ自由国は独立を失い、大英帝国の領土となった。最終的には、一九一〇年の南アフリカ連邦制定時にその一部となる。戦争はアフリカーナー人口にすべての英国的なものに対する不信と疑念と敵意を遺産として遺した。

ひとつ例外があった。クート・ライニキはオレンジ自由国出身だった。十代で捕虜になり、ソミー・モーケルがセントヘレナで投獄されたように、セイロンの戦争捕虜収容所に送られた。そこでラグビーを学び、和平が宣言されたとき、ステレンボスにいって、その卓越したフォワードのひとりとなった。一九一〇年、トミー・スマイス率いる英国の遠征チームとの試合で、スプリングボクスのキャップを得る。戦争捕虜としての経験がなければ、ラグビーボールを拾いあげることは一度もなかっただろう。収容所では私立学校で教育を受けた青年たちの熱意と経験がラグビーに存在価値をあたえた。[19]

収容所で固められた土台はアフリカーナーの抵抗と自立の象徴として、ラグビーに明確なアフリカーナー的魅力をあたえた。モーケルやライニキのような男たちが祖国に帰ったとき、ラグビーは、自分たちがどう生き延び、意気軒昂《いきけんこう》を保ったかについて語る物語の一部だった。最初のシニアのラグビークラブが、一九〇二年にオレンジ自由国の首都ブルームフォンテインに結成されたのも偶然ではない。[20]

戦後、英国政府が南アフリカ白人の統一を推進したので、アフリカーナーにとってラグビーの重要性は増大し、大英帝国の民間外交におけるラグビーの役割がさらに大きくなった。これはまたRFUの望むところでもあった。ローランド・ヒルは、ラグビーの遠征は「本国と海外の自治領をひとつに結ぶ大きな帝国的重要性をもつ」と言った。そして戦後一年もしないうちに、英国チームの南アフリカ遠征が発表された。[21]

遠征スコッドはもうひとりのスコットランド人、エディンバラのロイヤルハイスクール卒業生チーム（フォーマーピューピルズ）のマーク・モリソンに率いられ、イングランド人、スコットランド人、アイルランド人、そしてただひとりのウェールズ人レッグ・

スクリムシャーは最終的に南アフリカに移住し、ウェスタンプロヴィンスでプレイするようになる。先例と同様に、英国最高の選手を選ぼうという試みはなされなかった。遠征チーム二一名のうち七名は自国の代表経験がなく、スクリムシャー自身、国際試合では四年間プレイしていなかった。実のところ、モリソンと同国のスコットランド人フォワードで、一九〇四年のオーストラリア・ニュージーランド遠征で英国を率いたデイヴィッド・ベデル＝シヴライトをのぞくと、唯一、不朽の遺産を遺した選手はルイス・グレッグである。グレッグはのちに王室顧問となり、ネオファシストのオズワルド・モーズリーを支持した。

到着後数日で、チームは遠征最初の三試合に負けて、その体制に衝撃を受ける。ケープにおける次の五試合には勝つが、そのあと内陸に移動し、キンバリーに二敗。もっとも象徴的なのは、フォワードのソミー・モーケルを中心としたトランスヴァールに二敗を喫したことだ。テストマッチ第一戦のために、ヨハネスブルクに滞在するが10—10で引き分ける。二週間後、キンバリーでのテストマッチ第二戦は、0—0で引き分けにもちこむのがやっとだった。二戦をタイで終え、雌雄を決するテストマッチシリーズ最終戦、そして遠征の最終戦は一週間後にケープタウンのニューランズ競技場でおこなわれた。

二トライと一コンバージョンのおかげで、勝利したのはホームチームだった。英国は一点も得点できなかった。南アフリカがテストマッチシリーズに勝ったのはこれが初めて——そして続く五五年間、ホームでは一度も負けない。これはまた、チームがいまでは有名になった緑のユニフォームを初めて着た試合でもあった。南アフリカは伝統的に白いユニフォームで戦ってきた。だが、いま歴史を作ろうとしているのを予感して、選手たちはもっと特徴のある色への変更を急遽《きゅうきょ》、決定した。キャプテンのバリー・ヒートリーが、ディオセサン・カレッジOBクラブの緑色を提案し、伝統が生まれた。

シリーズの雌雄を決した勝利は、南アフリカのクリケット代表がそれまで四回のイングランド遠征でできなかったなにかをラグビーが達成したことを意味した——南アフリカがクリケットのフィールドでイングランドを破るのはようやく一九〇六年である。したがって、八〇分のあいだに、ラグビーは南アフリカの国民的プライドの象徴になった。英語話者にとっては、これは本国相手の熾烈な競争の一例だった。アフリカーンス語話者にとっては、傲慢な英国人に教訓を垂れる方法だった。どちらのコミュニティもいまやたがいを結びつけるものをもっていた。

これがラグビーを南アフリカの政治にとって貴重なものにし、ラグビーが新しい南アフリカ連邦創設の中心に占める立場は、一九〇六年、南アフリカ初の英国への海外遠征で強化された。スコッドには英語話者とアフリカーンス語話者が同数含まれ、キャプテンは堂々たるアフリカーナーのフォワード、ポール・ルース。ルースはラグビーをステレンボスで学んだ。副キャプテンはハロルド・〝パディ〟・キャロリン、ビショップスで教育を受けた英語話者。このふたりで南アフリカ・ラグビーの両方の伝統を体現する。[22]

ルースとそのチームが、一九〇六年九月にサザンプトンに上陸したとき、期待は大きかった。一部には、前年にオールブラックスが英国のラグビーにあたえた衝撃のためもあった。しかしまた、英国が南アフリカにすでに三回、遠征し、その選手をある程度は知っていたという事実のおかげでもあった。「容赦のないタックル、優れたフォローアップ、ボールがルーズになったときの効果的なドリブルの能力」と、ザ・タイムズ紙は南アフリカのスクラムの力を表現し、またバックスがきわめて高速であることも指摘している。ザ・タイムズ紙の記者は空飛ぶスリークォーター、ジャピー・クリーゲを見て、ディッキー・ロックウッドを思い出してさえいる。だが、記者は南アフリカがクラブチームのほとんどを破るとしても、「国代表フィフティーン」に勝利するとは予想していなかった。[23]

しかしながら、フィールドに出る前すでに、南アフリカはラグビーの未来だけではなく、その国の未来をも形作る決定をしていた。英国の報道期間が、チームに必ずニックネームをつけるのを知っていて、ルース、キャロリンと遠征の監督セシル・カーデンは、先にニックネームをつけることに決めた。ルースが緑のユニフォームに刺繍された小型のアンテロープの名称にちなんで「スプリングボクス」を提案。もうひとつの伝統が生まれた。[24]

南アフリカはノーサンプトンで英国デビューを果たす。大観衆が南アフリカがイングランド中東部諸州代表に37—0で楽勝するのを見た。七週間のあいだに、対戦相手すべてを楽々と手玉にとり、わずか二一失点に対して、三五四点をあげる。カーディフ・アームズパークで四万の観衆を前に、グラモーガンだけが南アフリカに苦戦を強い、点差を3—6の僅差におさえた。南半球からの遠征チームすべての場合と同様に、スプリングボクスの体力が指摘されたが、チームの成功の鍵は戦術的革新にあった。

フォワードは3—4—1——第一列に三人、第二列に四人、バックロウは一人のみ——のフォーメーションを組んだ。パディ・キャロリンは、遠征チームにこの戦術を導入した張本人のようであるが、南アフリカのラグビーではよくあることだが、ヴィレジャーから始まったのかステレンボスからかについては未解決の論争が残る。3—4—1のフォーメーションは、スクラムがより簡単に回転して攻撃に移れること、そして第二列のフランカーふたりとバックロウ（近代ラグビーでは、ナンバーエイトと呼ばれるようになる）がすばやくスクラムから離れて攻撃に移る、あるいはスクラムにおける敵の防御の動きを封じることを意味する。これが近代のスクラムの始まりである。イングランドの戦術はいまだに強く押すことで、これでは相手にならなかった。

イングランドのラグビーに楽勝したことが油断を呼んだのだろう。ルースを負傷で欠き、遠征チームはデイヴィッド・ベデル＝シヴライト率いるスコットランドのキャプテン、ルイス・グレッグとともに一九〇三年の遠征に参加していたので、南アフリカのプレイスタイルに洞察力があった。あらかじめ知識があったことがスコットランドのフォワードに圧倒された。ベデル＝シヴライトは、スコットランド6―0の勝利の鍵だった。勝利はスコットランドの両ウイング、ケン・マクラウドとアレクサンダー・パーヴィスのトライで確実にされた。

スプリングボクスは居眠り中をうっかり襲われることは二度となかった。一週間後、四トライをあげて、アイルランドを15―12で破り、その一週間後、わずか一年前にオールブラックスを下したチームの核となった選手を含むウェールズに対して11―0で、そのもっとも特筆すべき勝利をあげた。このような状況を考えれば、クリスタルパレスで激しい雨に打たれながらの対イングランド戦3―3の引き分けは、新世紀のイングランド・ラグビーのハイライトだった。

だが、これさえも南アフリカ人には道徳的な勝利と解釈できた。同点トライをあげたイングランドのウイングはフレディ・ブルックス。当時、多くの人が南アフリカの一部と考えていたローデシア在住だった。パディ・キャロリンは、ブルックスをスプリングボクスの遠征メンバーに選びたかったのだが、セレクション委員会は出場資格に在留期間五年という条件を導入していた。ブルックスはキャロリンの要請で、負傷者が出た場合、交代要員として呼ばれるためにイングランドにきていた。体調維持にベッドフォードで数試合プレイし、そのあと、自分がその一員となるはずだったチームと対戦するイングランドから突然、指名を受けることになった。[25]

スプリングボクスが最後に登場したのはアームズパークのカーディフ戦である。カーディフは国際試合における屈辱的敗北と見なされていたもののあと、なんとしてもウェールズのプライドを取りもどそうとして、古典的なウェールズのバックスプレイを展開。四人のスリークォーターがトライをあげ、遠征チームを17―0という大差で破る。ウェールズは台頭しつつある世界ラグビーのエリートのなかに位置を占めることをいまだに強く望んでいた。

カーディフの結果を別にすれば——いずれにしても、それは遠征チームの英国における最後の試合で、負傷者の影響もあった——遠征はスプリングボクスにとって大勝利だった。仲間の多くが本国と見なし、全員が確実にラグビーの母国と感じていた土地にきて、二八試合中、わずか二敗で帰国。さらにホスト国の英国側から愛された。これはオールブラックスにはできなかったことだ。「南アフリカのラグビーの清潔な性格は、国中でニュージーランドが確保したよりも高い評価を彼らのために勝ちとった」とガーディアン紙は言った。「レフェリーが近くにいないときに実行するごまかしの方法をもたず、ルールを破ったためにとられた反則は驚くほど少なかった」[26]。RFUが南アフリカをふたたび招待することを熱望し、ニュージーランドやオーストラリアが同様の招待を受ける一〇年以上前の一九一二年に南アフリカが英国を再訪したのは当然だった。

だが、遠征のもっとも大きなインパクトは母国南アフリカにもどったときに感じられた。老練な政治家でジャーナリストのJ・H・ホフマイヤーは、「彼ら——哀れな二流政治家や政治屋が——過去に同じことを空しくやろうとして、できずにいたのに対して」、遠征チームは「オランダ人とイギリス人をほぼひとつにし、人種的な統一に向かって大きな一歩を踏み出した」と叫んだ[27]。

英語話者とアフリカーンス語話者が同意できる国内的な事象はほとんどなかった。外の世界に対して一致団結するとき、ラグビーと同じ機会を提供するほかのスポーツも、ほかの文化的活動もなかった。ルース、キャロリン、カーデンによってホテルの会議室で急いで採用されたエンブレム、スプリングボクスは、スポーツチームだけでなく、国営航空会社その他多くの機関にとって白人の南アフリカを表わす国民的象徴になるだろう。

ソミー・モーケルのような男たちの経験のおかげで、ラグビーそれ自体が全南アフリカでもっとも重要な機関のひとつとなった。

第11章　オーストラリア（ワラルーズとカンガルーズ）

Australia: Wallaroos and Kangaroos

一七八八年一月、「第一船隊」の一一隻が英国から二五二日をかけてボタニー湾に到着した。途中、慢性的にシラミやノミなどの害虫や水の配給制に悩まされ、荒れた海や突然の嵐に遭遇した。乗客のうち四八名が死亡、赤ん坊二〇人が生まれた。※1その到着とともに、近代の白人オーストラリアが始まった。

一〇〇年後の一八八八年四月、ラグビー遠征チームの「第一船隊」がわずか四二日間で旅を終え、オーストラリアの大地に到着した。先輩の「第一船隊」とは明確な対照をなして、ラグビー遠征チームが乗船したカイクーラ号には、電気の照明、喫煙室、ピアノと図書室が備えられていた。※2安楽な旅を脅かしたのは船酔いと、ときおりの荒天だけだった。遠征チームの到着は卓越したオーストラリア冬のスポーツとしてのラグビーの地位を確立した。

遠征チーム二二名のうち、一四名はイングランド北部の出身で、一八九五年以後にラグビーリーグとなるクラブに所属していた。スコティッシュボーダーズの小さな工業都市ホーイクから三名、エディンバラ大学とケンブリッジ大学からそれぞれ一名。一名は無所属のジェントルマンと記載されており、ひとりはマン島のダグラスからきた。最後のひとりはアンドリュー・ストッダート、のちにクリケットとラグビーのイングランド代表キャプテンとなり、ブラックヒースでもラグビーをプレイした。

このチームの顔ぶれを見ると、一八八〇年代末に英国のラグビーの強さがどこにあったかがわかる。頂点にはボブ・セダンがいた。ソルフォード生まれで、ブロートン・レンジャーズでキャプテンを務めたあと、スウィントンに移籍。セダンは倉庫で働いていたが、その才能によってラグビーの最高レベルに達した。いまはその頂点に立ち、英国によるオーストラリア・ニュージーランド初遠征チームのキャプテンとなっていた。

セダンはその地位を自分の手でつかみとった。明敏でスキルフルなフォワードで、生まれつきのリーダーとしての素質すべてを備えていた。抜け目がなく、賢く、勇敢で、危機においても平静を保つことができた。「ぼくは溺れるように生まれついているとは思わない」と、カイクーラ号が暴風雨に遭い、セダン本人がほとんど船外に流されそうになったとき、家に宛てて書いている。[3] 残念ながら、セダンは間違っていた。

チームが、オーストラリアとニュージーランドの大都市や地方都市をまわっているあいだ、セダンはそのスポークスマンであり、リーダーであり、発想の源だった。だが、ある午後、サウスウェールズ州メイトランドのハンター川でボートを漕いでいたとき、ボートが転覆し、セダンは足をボートのあぶみ綱からふりほどけなかった。その川でひとり、ただのうっかりミスの罠にかかり、ボブ・セダンは溺れた。自分が光彩をあたえたスポーツに対するみずからの重要性がどこまで広がっていたのかをセダンが知ることは決してなかった。[4]

◉ルールのぶつかり合い

ふたつの先駆者集団の到着を隔てる一世紀のあいだに、おもに英国から、だがまたヨーロッパや極東からも、三〇〇万人がテラ・アウストラリスになだれこんだ。最初は流刑地として、そのあとは世紀半ばのゴールドラッシュでひと旗あげるのを狙った者たちを惹きつける磁石として、オーストラリアは「ニュー・ブリタニア」——移住者のほとんどが「本国」と呼ぶもののよりよい形——建設を望む英国系移民のための土地となった。同じことがラグビーに対する移住者の態度にも言える。

十九世紀のオーストラリアはすべてが英国的だった。一九〇一年に統一国家になるまで、それは独立した諸植民地の大陸であり、植民地と植民地は地理と英国性の感覚の共有のみによって結ばれていた。ある歴史家はオーストラリアを「英国の郊外」とさえ呼んだ。[5] オーストラリア人は英国の食事をし、英国の新聞を読み、英国のスポーツをプレイした。記録が残る最初のクリケットの試合は一八〇三年にシドニーでおこなわれ、早くも一八一〇年には体育大会が開催され、一八三〇年代には競馬がニューサウスウェールズ全域で定期的に開かれていた。ニューサウスウェールズは一七七八年に英国人植民者によって最初に開設された植民地である。英国と同様に、『トム・ブラウンの学校生活』はオーストラリアでもベストセラーとなり、ラグビーの道徳的重要性の手引にもなった。

ラグビー校で教育を受けたオーストラリア人青年トム・ウィルズが、一八五八年七月に、週刊誌ベルズライフ・イン・ヴィクトリア（ロンドンのベルズライフ誌を模範にした）に広告を出し、クリケット選手の冬期の体調維持のために「フット＝ボールクラブ」の結成を呼びかけたのも驚くにはあたらない。一年もたたない一八五九年五月、ウィルズは市内のパレード・ホテルでメルボルン・フットボールクラブの会議議長を務めていた。この会議がオーストラリア初の「フット＝ボール」のルール集を作成する。ラグビー版フットボールがオーストラリアに定着する。

いや、果たしてそうだったのだろうか？　ウィリズは学生時代は熱心なラグビーの選手だったが、ラグビーのルールは改良できると信じていた。同僚の委員の一部はより根本的な変更が必要だとさえ考えた。メルボルンのフットボールはラグビーの一バージョンとして始まったものの、すぐにまったく違うスポーツに発展していった。

最初に消え去るべきはオフサイドルールだった。メルボルンFCは、プレイヤーがボールキャリアーの正面に立ち、キャリアーがボールをこちらに向かってキックしてくるのを待つのになんの不都合も覚えなかった。相手陣内にいる〔味方〕プレイヤーにボールをもっとも早くもちこむ方法は、長くて高いキックだから、相手のプレイヤーよりも高く飛びあがり、落ちてくるボールをキャッチする――「マーク」と呼ばれる――能力が重要なスキルとなった。

メルボルンFCはまた、選手がボールを手にもって走ることが許されるのを嫌った。そこでプレイヤーはボールをもって走るとき、五ヤード、あるいは六ヤードごとにボールをバウンドさせなければならないことにこだわった。どういう理由からかは不明だが、ボールを手でパスすることにも難色を示した。そのかわりにボールを片手でもち、反対の手でチームメイトに向かってパンチする。

ほかにも違いがあった。クロスバーはゴールポストからはずされ、フィールドの形態も長方形から楕円形に変化した。この新しいスポーツは急速にオーストラリア特有のフットボール、オーストラリア独特の性格を反映するものと見なされるようになる。のちに言われたところによれば、トム・ウィルズは一八五九年の会議で、「われわれはわれわれ独自のスポーツをもたなければならない」と宣言したという。

スポーツの歴史においてあまりにもよく見られるように、これは「伝統」をでっちあげたもうひとつの例にすぎない。メルボルン式フットボールのすべての要素は同時期に英語圏全域でプレイされていたさまざまな形のフットボールに見てとれる。マークはRFUとフットボール・アソシエーション〔サッカー〕が採用しているルールの一要素である。フットボールのシェフィールド・

ルールにはもともとオフサイドルールがなかった。走りながらボールをバウンドさせるのは、ヨークシャーのブラマム・カレッジのようないくつかの私立学校、そして大西洋を渡ったプリンストン大学でプレイされたフットボールに見ることができる。プリンストン大学のルールはまた、ボールをパスのかわりにパンチするというメルボルンの好みも共有していた。[6]

だが、メルボルンのフットボールのルールが、その支持者が信じているほどに特殊ではなかったとしても、このスポーツはある重要な点でほかに類がなかった。それはフットボールとして世界で初めて大観衆を集めるようになったスポーツだったという点である。メルボルンは一八五一年にニューサウスウェールズ南部に設立されたヴィクトリア植民地の一部である。植民地となったのと同じ年にヴィクトリアで金が発見され、メルボルンの人口はわずか三〇年間で二万三〇〇〇人から二六万八〇〇〇人に増加した。[7]ゴールドラッシュが市内に人口の流入をもたらし、娯楽やレクリエーションが大いに求められた。早くも一八六〇年代には、数千もの人びとがメルボルンでおこなわれる「ヴィクトリアン・ルールズ」（のちにオーストラリアン・フットボール・ルールズと呼ばれる）の試合に押しかけた。一八六〇年代と言えば、イングランドではラグビーとサッカーは大部分が、私立学校で教育を受けた者たちの余暇だった時代である。フットボール熱が初めて診断されたのはオーストラリアだった。

対照的に、オーストラリアでは本来のラグビーは、ヴィクトリアン・ルールズの病弱ないとこだった。シドニーでは冬のスポーツの筆頭に立っていたが、いまだにほとんどエリートの領分にとどまっていた。オーストラリアで最初に記録に残るフットボールの試合は一八二九年におこなわれ、シドニー・モニター紙によれば、シドニー兵舎の兵士がフットボールをプレイした。なにか理由があったのか、新聞はこのスポーツが「レスターシャーで盛んにプレイされている」とわざわざ指摘している。[8]しかし、続く三五年間、フットボールについてはほとんど語られていない。

最初のラグビークラブがシドニーに創設されるのはようやく一八六五年である。一八五九年と一八六三年に、シドニーのアルバート・クリケットクラブが、クラブの手引書にラグビー校ルールを記載し、クラブの会員が先頭に立って一八六五年五月三十日にシドニー・フットボールクラブを結成した。七月にオーストラリア・クリケットクラブと、そのあと八月にシドニー大学と対戦。シドニー大学はオーストラリアのラグビーの中心的な強豪のひとつとなることを運命づけられていた。

シドニーＦＣは対戦相手の不足に欲求不満を感じ、メルボルンの諸クラブと試合を組むことを期待して、六月、ヴィクトリアン・ルールズへの切り替えを決定した。シドニー大学はミリタリー・アンド・シヴィル・クリケットクラブとの対戦で満足していなければならなかった。しかし、大学と寄港中の英国軍艦HMSロザリオの乗員との試合二回を別にすると、一八六九年にはラグビーも、またいかなる種類のフットボールもシドニーでは戦われなかったようだ。ラグビーは死んだも同然だった。病んだラグビーを蘇生させたのは、モンティ・アーノルドである。モンティとその兄弟のリチャード（ラグビー校出身）は、のちにニューサウスウェールズ議会の議長となるウィリアム・アーノルドの息子で、どちらもがラグビーに夢中になっていた。一八七〇年、兄弟はワラルー・フットボールクラブの設立に尽力した。クラブ名は、名前が示唆するように、ワラビーとカンガルーにきわめて近い固有種の動物に由来する。

予測できるとおり、ワラルーの選手はシドニーのエリート校に通う青年たちから集められた。クラブが結成された時期は、エリート校の多くがラグビーを採用した時期と一致する。ニューイントン・カレッジ、シドニー・グラマースクールとパラマッタのキングス・スクールは、初期の学校対抗戦に出場している。学校対抗戦は続く数十年間で、シドニーの「グレート・パブリック・スクールズ」（GPS）ラグビーの支柱となる。

ワラルーズはまた、一八七一年に第十義勇砲兵中隊と対戦したとき、伝統的な二〇人制から一五人制に切り替えた最初のオーストラリアのチームとなったようだ。早くも一八七〇年には、シドニーのタウン・アンド・カントリー・ジャーナル誌が、試合中の「モールとスクラム」の多さに文句を言っている。オープンなランニングラグビーを好む南半球の傾向を早い時期に示唆する事例である。一八七三年には、シドニーでは一五人制が規範となっていた。[9]

翌年、共通のルールを決め、ラグビーの競技団体を結成するために、ワラルーズはシドニー周辺のクラブに会議を呼びかけた。おもにシドニー大学と市内のエリート校に支持されて、一〇のクラブが集まり、一八七四年にサウザン・ラグビーフットボール協会（SRFU）が結成された。これはイングランドとスコットランドの外で初めて創設されたラグビーの競技団体である。「サウザン」〔南の〕RFUという名称を選んだという事実は、自分たちをイングランドのRFUの南半球支部と見なしていたことを示す。

発展はゆっくりだった。一八七七年五月までに、創設メンバー一〇クラブに加わったのは三クラブのみ。観戦者はまばらで、ラグビーは相変わらず私立学校で教育を受けた者たちの領分に属していた。対照的に、メルボルンのヴィクトリアン・ルールズ・フットボールは人気沸騰中。あらゆる階級の何千人もが試合を観戦し、数十のクラブが結成され、タスマニアと南オーストラリアにも広がった。驚くまでもないが、シドニーの多くの人が南部のライバル・ルールの活力と興奮をうらやましそうに見ていた。

一八七七年、シドニーでは多くの人がラグビーの現状に不満を抱き、その不満はヴィクトリアン・ルールズを拡大したいというメルボルン側の増大する欲求とうまく符合した。メルボルンで間違いなくヴィクトリアン・ルールズのクラブの先頭をいくカールトンFCが、シドニーでラグビールールをもっとも声高に批判していたワラタスFCとの二回の対戦に合意した。第一戦はラグビールールで戦われた。第二戦では、ヴィクトリアン・ルールズが使用された。驚くことではないが、どちらのチームも自分たちのルールで戦われた試合に勝った。だが、ヴィクトリアン・ルールズに関心がもたれた結果、SRFUは規則の切り替えについて議論することになる。それでもラグビーがもつ英国との絆への忠誠心と、南部の成りあがり者に対する疑念から、シドニーのクラブはきわどいところで提案を拒否した。自分たちの存在そのものを脅かされた衝撃で、シドニーのラグビーは麻痺状態から目覚め、成長を始めた。

ニューサウスウェールズすぐ北のクイーンズランド植民地でも同じような話を語ることができる。一八六六年、州都ブリスベンでフットボールクラブが結成され、おおまかなヴィクトリアン・ルールズでプレイした。さらに二チームができるまでに一〇年がかかった。この二チームはラグビーを選び、ブリスベンFCは新クラブと対戦できるようにラグビールールに切り替えた。だが、他のラグビーチームから切り離され——シドニーとは四五〇マイル離れている——ブリスベンの諸クラブはルールをへたにいじくりまわしただけで、一八八〇年にはヴィクトリアン・ルールズにもどった。[10]

ターニングポイントは一八八二年に訪れた。クイーンズランドとニューサウスウェールズの絆を深めようという試みのなかで、ブリスベンFCのキャプテン、プリング・ロバーツがシドニーのワラルーFCに書面を送り、両チームでの試合を提案した。ブリスベンの多くがシドニーでヴィクトリアン・ルールズのクラブと対戦したがったが、SRFUはクイーンズランド側に、ビジターがラグビーだけをプレイするならば、SRFUが遠征の費用全額を負担すると提案した。[11] このようなおいしい話を断るのは不可能だ。

この瞬間以降、クイーンズランドのラグビーは二度とうしろを振り返らなかった。四〇〇〇人の観衆が、クイーンズランドがシドニー・クリケットグラウンドでニューサウスウェールズに屈するのを観戦した。だが、そのあと遠征チームは、続く二試合——最後の一試合はワラルーズ自身と——に勝つことによって、シドニーのスポーツ界に衝撃をあたえた。一八八三年、クイーンズランドはニューサウスウェールズをブリスベンに招き、わずか一点差でライバルに勝利。これはまたシドニーのレフェリー、モンティ・アーノルドによって南半球で初めてホイッスルが使用された試合となった。[12]

数か月後、クイーンズランドの諸クラブは、クイーンズランド植民地におけるラグビーの競技団体ノーザン・ラグビーフットボール協会を結成。州対抗の定期戦がそれに続き、一八八六年、シドニーにおける対ニューサウスウェールズ戦初勝利が、ラグビーの運命をさらに後押しした。一八八九年には、二五のクラブがラグビーをプレイしていた。ラグビーはクイーンズランドにおける第一のフットボールとしての地位を確立した。

◉遠征チームの勝利

クイーンズランドにおける拡大が示すように、ラグビーへの関心をかきたてるには遠征チームとの試合がいちばんだった。ラグビーのグラウンドはオーストラリアの植民地どうしが競い合う場を提供しえた。だが、メルボルンではヴィクトリアン・ルールズが早くから急速に展開されていたために、実際にはニューサウスウェールズとクイーンズランドではラグビーに支持を得るのは難しかった。メルボルンの諸チームはあまりにも強かったから、ヴィクトリア外のチームには勝つチャンスはなかった。そのために、ヴィクトリア市民をのぞいただれにとっても、ラグビーは植民地のプライドを誇る方法としてはあまり役に立たなかった。

遠征の人気に気づくと、ニューサウスウェールズのラグビーの運営者たちは、すばやくそれを利用しようとした。一八八二年、ニュージーランドにチームを派遣し、地震活動のために「揺れる島」と呼ばれるニュージーランドに初めて遠征したラグビーチームとなった。シドニー大学のエドワード・ラパーがキャプテンを務め、遠征チームはラグビーの福音伝道者であるのと同時にオーストラリアの大使でもあった。遠征はニューサウスウェールズが四勝、ニュージーランドが三勝して、ほぼ互角に終わる。またひとつ、ラグビーにおけるライバル関係が確立された。

ニューサウスウェールズ、クイーンズランド、ニュージーランドの植民地対抗戦は、大きな公共のイベントとなり、ラグビーはオーストラリアの東の諸州で急速に冬の主要なスポーツとなった。スポーツ関係のプロモーターはニューサウスウェールズとクイーンズランドの試合観戦者の数に目をつけ、一八八七年にクリケットの興行主アルフレッド・ショーとアーサー・シュローズベリーが、英国のラグビー選手によるオーストラリア・ニュージーランド遠征の可能性を検討し始めた。

これは完全に金儲けのための企画だった。チームはニューサウスウェールズではラグビーを、ヴィクトリアではヴィクトリアン・ルールズをプレイすることで、オーストラリアのスポーツファンに対する魅力を最大限に高めた。ショーとシュローズベリーが

RFU書記のローランド・ヒルに、公式に後援を得るため接触したとき、ヒルは遠征を「支援あるいは公認」[13]するのは拒否したが、選手の参加は禁じなかった。また「選手は、時間の喪失に代償を払われてはいけない」と警告した。これは完全に非公式の遠征となる。

ショーとシュローズベリーにはRFUの後援があったほうがよかったかもしれないが、RFUのアマチュア主義への厳しいこだわりはまた、ふたりのビジネス上の利益にもなった。「ラグビーユニオンでは選手たちをなんの支払もなしで参加させられるのなら、われわれには好都合だ」とシュローズベリーは記している。[14]だが、英国遠征チームの各選手に報酬が支払われたことに疑いの余地はない。ケンブリッジ大学のW・H・トーマスには九〇ポンドが支払われた。セダンが悲劇的な死を遂げたあと、キャプテンに任命されたアンドリュー・ストッダートは前払金五〇ポンドで遠征に「拘束」された。もっとも不運な選手はフォワードのジャック・クルーズ（ハリファクス）で、遠征前にRFUの調査に対して、主催者から前払金一五ポンドを受けとったと無邪気に認めた。RFUはただちにクルーズをプロと宣言したが、本人はすでにオーストラリアに向かう船の上にいて、遠征中はラグビーでは一試合も出場できなかった。おそらくオーストラリア遠征に対する罰をクルーズが象徴的に引き受けたと見なしてよいだろう。[15]

チームは遠征の第一行程として、一八八八年四月二十三日にニュージーランドに到着。翌月一か月で、九試合中六試合に勝ち、ウェリントンとは引き分け、強豪オークランドとタラナキには敗北を喫した。ニュージーランドは、遠征チームがボールをスクラムからヒールアウトするやりかたと、バックス間でボールをパスしあうスピードに面食らった。こういった教訓は心に刻まれ、ゆくゆくはニュージーランドのラグビーの特徴となる。

遠征チームはタスマン海を渡ってシドニーにもどり、ニューサウスウェールズ行程の前半にとりかかり、四勝一分の成績をおさめた。キングス・スクールの「過去と現在」チームと10—10で引き分けた三日後、メルボルン郊外のカールトンで、初めてヴィクトリアン・ルールズ・フットボールを戦う。成功とは言えなかった。ヴィクトリアン・ルールズ最大の強豪のひとつカールトンFCは猛威を振るい、遠征チームの三ゴールに対して一四ゴールをあげた。しかしながら有能な運動選手が集まるチームなら期待できるように、遠征チームは一戦ごとに強くなっていった。最終的には、なじみのないヴィクトリアン・ルールズで一九戦のうち七勝をあげる。[16]

ラグビー以外のゲームでひと息つき、新たな活力を得て、遠征チームはニューサウスウェールズ、クイーンズランド、ニュージーランドでの第二行程を一試合も落とさずに終える。十一月に帰国。ラグビー三五戦のうち二七戦に勝利した。だが、そのインパクトは単に勝ち負けの尺度だけでは測れない。チームはオーストラリアの東海岸をくねくねと進みながら、ラグビーでは前代未聞の観衆を集めた。

遠征チームはラグビーをニューサウスウェールズのスポーツとして確立した。ヴィクトリアン・ルールズはヴィクトリア有数のスポーツであって、これ以降、両者が交わることはない。遠征はまたより深い文化的インパクトもあたえた。オーストラリアの新聞が記したように、キャプテンも含めて英国の遠征チームの大多数が、イングランド北部の工場労働者階級の男たちだった。シドニーとブリスベンのラグビーは伝統的に上流および中流階級の領分だったが、遠征チームは、ラグビーが生計を自分の手で立てる人びとにとっても等しくスポーツであることを示した。海外からの遠征チームと競い合って勝つためには「私は私たちのクラブに……労働者階級の要員が導入されるのを見たい」[17]とザ・レフェリー誌は書いた。

まさにどんぴしゃりのタイミングだった。オーストラリアは工業ブームのただなかにあり、シドニーとブリスベンはどちらも一八八〇年代に人口が倍増した。オーストラリアで標準的な労働日数を減らす法律が制定されたことは、肉体労働者に満たすべき余暇ができたことを意味した——ラグビーが提供する興奮と充実感に見合う活動はほとんどなかった。ラグビーはニューサウスウェールズとクイーンズランドの工業中心地で急速に人気のスポーツとなる。イングランド北部諸州と同様に、労働者階級の選手の登場は、新しい、そして困難な問題を運んできた。

◉ラグビーの大乱

RFUの指導とその意志に従っていたものの、オーストラリアのラグビーは、RFUがこのスポーツについてもつ展望を完全に共有したことは一度もなかった。オーストラリアのラグビープレイヤーとファンは、イングランドの重いスクラムよりは、パスをまわすオープンなラグビーのほうを好んだ。RFUがプロフェッショナリズムと汚いプレイをもたらすと考えて、眉をひそめたカップとリーグ戦はオーストラリアではあたりまえだった。オーストラリア・スポーツ界におけるアマチュアリズムはイングランドのそれほど厳格ではなかった。

シドニーにおけるクラブ数の増加にもかかわらず、ラグビーは相変わらず、ワラルーズやシドニー大学のような上流階級のジェントルマンのクラブに支配されていた。このようなクラブは社会的なネットワークに基礎をおき、地域のコミュニティとなんのつながりももたなかった。反対に、バルメインやニュータウン、サウスシドニーなどの地域では、より多くのクラブが、地域、とくに労働者階級を代表するために結成された。

イングランド北部で起きたのと同様に、一部のクラブでは労働者階級出身のトップ選手に報酬が支払われているという噂がすぐに広まり始めた。一八九八年初め、ニューサウスウェールズ・ラグビーフットボール協会（NSWRFU）は、ニューサウスウェールズの選手ビリー・ハウとジョージ・ウートラムが、前節の対クイーンズランド連戦で報酬を受けとった件を調査した。しかしながら、シドニーのスポーツ報道には労働者階級のニューサウスウェールズ選手には旅費その他の費用が弁済されるべきだという呼びかけが定期的に掲載された。ラグビーの過去と台頭しつつあるその未来との衝突に象徴的に光があてられたのは、一八九八年、ワラルーズが、労働者階級のシドニーっ子で構成された新設のシドニーFCと対戦したときである。暴力的で悪意に満ちた流血の試合で、シドニーFCは15―5で勝利をおさめた。これは災いの前兆だった。

RFUとNSWRFUが支持するアマチュアリズムは、平均的オーストラリア人には不公平に見えた。さらに肝心なのは、あからさまに偽善的に見えたことである。一八九九年と一九〇四年の英国からの遠征、多数回にのぼるニュージーランドからの遠征は、遠征チームが引き寄せた巨大な観衆のおかけで、ラグビーの金庫にお金を流しこんだ。たとえば一九〇四年、三万四〇〇〇人がオーストラリア対グレートブリテンのテストマッチ第一戦（於シドニー・クリケットグラウンド）を観戦した。一九〇〇年代初め、主要なクラブもまた最高で二万人の観衆を集めた。にもかかわらず、この金銭の一部たりとも選手の懐にははいらなかった――実のところ、選手は長距離移動と試合のために仕事から離れざるをえない（無給の）時間のために、しばしば損失をこうむることになった。

一九〇二年から一九〇六年のあいだで、ラグビーの競技団体の収入がほとんど三倍になったにもかかわらず、一九〇七年のシーズン開幕時に、負傷選手のための医療保険中止が決められたとき、事態は危機的になった。これは選手が自分で保険をかけなければならないことを意味する。シドニーでのクラブ戦をとりしきっていたメトロポリタン・ラグビー協会は、同じ会議で書記の給与を、肉体労働者の平均的給与の二倍にあたる二五〇ポンドにあげることを採決した。[18]

七月、オールブラックスがシドニー・クリケットグラウンドでニューサウスウェールズと対戦。オーストラリア記録となる五万二〇〇〇人が、遠征チームが11―3で勝利するのを観戦した。しかし、試合が二五〇〇ポンド以上をラグビーユニオンの金庫にもたらした一方で、港湾労働者でスター・フォワードのひとりアレック・バードンは、数週間前に腕と肩を痛めたために仕事ができないままだった。ラグビー保険の終了は、バードンが負傷中、無収入であることを意味した。

ラグビーユニオンの運営団体から受ける処遇に対する選手の憤慨は沸騰点に達した。一八九九年と一九〇四年に英国チームの一員としてオーストラリアに遠征し、そのあとシドニーに在住していたブレア・スワンネルは、「選手は問題に自分たちで対処し、極端から極端へと移り、ラグビーフットボール・ファンすべてがなんとか阻止しようとしていること――プロフェッショナリズム――を誓う役員を役職に選ぶだろう」[19]と警告した。その予言の正しいことが証明されようとしていた。

一九〇六年、オークランドシティがシドニーに遠征。オークランドシティのスコッドには、一九〇五年に大勝利したオールブラックスの英国遠征チームのメンバー四人が含まれ、そのなかにはジョージ・スミスとチャーリー・シーリングもいた。スミスが不満をもつシドニーのラグビー選手たちと会い、NU（ラグビーリーグ）競技会開催の可能性について話し合ったという強力な証拠がある。スミスは陸上競技とラグビーで活躍していたので、イングランドに滞在したことがあり、イングランドにおけるNUの成功をしっかりと見てきていた。イングランドのNU役員と密かに会っていたかもしれない。[20]

これと並行して、ヴィクター・トランパーと労働党の政治家ハリー・ホイルもまた、シドニーのラグビー選手の不満を新しい待遇の方向に導く道を積極的に探していた。ちなみにトランパーは間違いなくドン・ブラッドマン登場以前のオーストラリア最大のクリケット打者である。シドニーのマーケットストリートにあるトランパーのスポーツ用品店で定期的な会議が開催され始めた。NUがアルバート・バスカヴィルの提案を受け容れ、ニュージーランド・ラグビーリーグのプロチームによる英国遠征を承認した直後、フォワードのピーター・モイア（グリーブ）がジョージ・スミスからの電報を手にトランパーの会議に姿を現わした。スミスはバスカヴィルのもっとも近い協力者のひとりになっていた。電報は、ニュージーランドが英国にいく途中でシドニーに立ち寄ったときに対戦するチームをトランパーのグループが組織する用意はあるかと尋ねていた。グループは次のステップがきわめて重要であることを認識し、全員一致で賛成した。

六月末、あるシドニーの新聞が、バスカヴィルのチーム――プロフェッショナル・オールブラックスとして知られる――にはオーストラリアの選手も含まれうると予告した。八月初め、ぽたぽたと漏れ出てきていたラグビーリーグ離脱の噂が奔流になり、シドニーはラグビー大乱の反乱軍到着に息を呑んだ。一九〇七年八月八日、八クラブの代表とトップ五チームのキャプテンを含む五〇名が、シドニー中心部のジョージストリートにあるベイトマンズクリスタル・ホテルに集まった。

ハリー・ホイルが議長を務め、会議はニューサウスウェールズ・ラグビーフットボール連盟（NSWRFL）の創設と、バスカヴィルのスコッドに対戦するチームのセレクション委員会の組織を採決した。四日後、イースタンサバーブスのスリークォーターで、オーストラリア・ラグビー大物中の大物〝ダリー〟・メッセンジャーがNSWRFL参加を表明した。メッセンジャーは新組織と契約した一三八人のうちのひとりにすぎない。

この直後、プロフェッショナル・オールブラックスがシドニーに到着。オーストラリアのクリケット遠征と同様に、チームの利益は選手のあいだで分けられたにもかかわらず、報道機関内の反対勢力はチームは傭兵の本能をもつと言い立てて、チームに「オールゴールズ」〔全身金色〕とあだ名をつけた。八月十七日、全三試合の第一戦に二万の観衆を集める。NUのルールブックがまだ到着していなかったので、三連戦はラグビーユニオンのルールで戦われた。一週間後、メッセンジャーは、バスカヴィルの英国遠征にゲストプレイヤーとして参加すると発表した。九月半ば、ラグビーユニオンの上層部は、対オールゴールズ戦出場選手全員を出場停止処分にし、いま一度、古いラグビーにおける不公平性を強調した。ラグビーリーグが樹立され、順調に運営され、NSWRFLは成功に自信をもっていた。

激動のシーズンが終わったので、熱い活動は舞台裏で続けられた。一九〇八年一月、シドニーの主な地区すべてにラグビーリーグのクラブが結成されていた。一月九日、最初に結成されたのは、シドニーの労働者階級地区の中心地グリーブだった。「リーグは、［ラグビー・］フットボール（ユニオン）を統制する諸条件が、オーストラリアの人びとの民主主義と社会条件には不適切であると信じられたので生まれた」とハリー・ホイルは会議で語った。[21] 九クラブが、四月二十日にキックオフされた第一回NSWRFL選手権大会に出場を許された。

前月、ブリスベンでクイーンズランド・ラグビー・アソシエーションが結成され、すぐにNSWRFLに加盟していた。オールゴールズの英国遠征の大成功に支えられて、NUは一九〇八―〇九年のシーズンのオーストラリア代表による遠征に同意した。五月、オーストラリアとニュージーランドのあいだでラグビーリーグ初のテストマッチが戦われた。このとき初めて、オーストラリア選手はジャージーにカンガルーをつけてプレイした。これ以降、ラグビーリーグのオーストラリア代表は「カンガルーズ」の名で呼ばれる。

いま、ニューサウスウェールズとクイーンズランドの倉庫係、港湾労働者、肉体労働者は「自分たち自身のスポーツ」を手にしていた。オーストラリアのラグビーはワラルーズの日々からはるかな発展を遂げたのである。

第12章 アメリカ合衆国とカナダ（ラグビーからアメリカンフットボールへ）

From Rugby to Gridiron: The United States and Canada

「アメリカ人のファンは死んだと思った」と、フランス人の観衆に襲われたアメリカ人のファンについて、アメリカ人スリークォーターのノーム・クリーヴランドは語った。「フランス人観衆がぼくらに襲いかかってくるのは時間の問題だと確信した」。ラグビーのチームが脅えるとは尋常ではない。しかも観戦者を恐がるというのはもっとめずらしい。オリンピックの決勝戦では前例がない。[1]

しかし、これが一九二四年のオリンピック・パリ大会、ラグビー決勝戦後半でアメリカ合衆国チームが直面した状況だった。アメリカが対戦相手のフランスを圧倒し、前半のリード3—0を広げつつあるとき、四万人の群衆は金メダルが大西洋を渡るという予測にしだいに腹を立てていった。コロンブ競技場のスタンドでは、フランスとアメリカのサポーターどうしで乱闘が勃発した。グラウンド上では選手どうしが拳をやりとりした。負傷した観客はグラウンドを取り巻くトラックにおろされた。アメリカ人は応急処置のために、アメリカ代表のロッカールームに運ばれた。

ウェールズ人レフェリーのアルバート・フリーシーがノーサイドの笛を吹いたとき、アメリカは偉大なアドルフ・ジョレギ主将率いるフランス代表に17—3で予想外の勝利をおさめた。アメリカのラグビーとしては二個目のオリンピック金メダルであり、フリーシーの最後の笛が鳴ったとき、敵意をもってグラウンドに流れこんできた暴徒でさえも、この栄光をアメリカ人からは奪えなかった。

まったく予想外の勝利だった。フランスは五か国対抗に参加し、国際試合ではスコットランドとアイルランドを破っていたし、国内には活気あふれるクラブ対抗戦があった。アメリカ代表はみずから認めていたとおり、半分はアメリカンフットボールの選手、半分は「元ラグビー選手」で構成されていた。20対1の賭け率で負けが確実だと言う者もいた。結果は間違いなく、世界ラグビー史上最大の衝撃だった。

フィールド外の出来事が予想外だったとは言えない。一九二四年のオリンピックでラグビーのトーナメント戦に出場したのはわずか三チーム——もっとも一九二〇年よりは一チーム増えていた——アメリカが前の試合でルーマニアを37—0で破ったとき、群衆はアメリカに露骨に敵対的だった。決勝戦までのあいだ、フランス・オリンピック委員会は観戦マナーを守るよう公式に呼びかけていた。

フランスに到着したときから、アメリカ代表は物議を醸し続けていた。けんかっぱやい監督サム・グッドマンはフランス側とレフェリー、撮影権、費用の支払について言い争った。チームは練習用のグラウンドから閉め出され、ロッカールームでは貴重品が盗まれた。このパリのアメリカ人たちはまったくくつろがせてもらえなかったし、自分たちもくつろぎたいとは思わなかった。

皮肉なのは、アメリカが出場したのはただフランスから招待されたからだったことだ。一九二〇年、ベルギーのアントワープ大会で、アメリカはやはり意外にもフランスを8—0で破って優勝していた。一九二三年九月、フランス・オリンピック委員会は、パリで開催される一九二四年の大会にアメリカを招いた。心中、リベンジを考えていた可能性はある。よりありえそうなのは、広く一般の興味を引き、大群衆が集まるのを期待していたことだ。

問題がひとつだけあった。ラグビーは、カリフォルニア北部の狭い地域をのぞいて、アメリカではほとんどプレイされていなかった。一九二〇年に金メダルを獲得したチームは帰国後、解散したので、カリフォルニアにいるわずかのラグビーファンは、プレイヤーにトライアウト参加を呼びかける広告を出さなければならなかった。約八〇名ほどの志願者が一連の試合とトライアルに参加し、最終的に二三名で構成されるスコッドが選ばれた。六名は一九二〇年に出場しており、一五名はカリフォルニア大学、サンタクララ大学、スタンフォード大学の学生だった。

出場三チームのほか、ラグビー界のだれも興味をもたなかったトーナメントにおいてさえ、アメリカの勝利はほとんど信じられないほどの偉業だった。これはラグビーの知名度をあげ、数千の人びとにそれをやる気にさせ、北米全体にラグビーが広まるための完璧な発射台に見えた。しかし一九二〇年と二四年の金メダルのどちらも大西洋の向こう側ではごく弱い関心のつぶやきさえ引き起こさず、スポーツ報道はほとんど目もくれなかった。

理由は簡単だ。アメリカ合衆国でラグビーにチャンスはあった。だが、それをふいにし、いまでは死んだも同然だった。

◉英国のラグビーがいかにしてアメリカンフットボールになったか？

ラグビーは一八六〇年代と七〇年代に英語圏を席巻した英国式スポーツに対する大いなる情熱の一部として、アメリカにやってきた。通信の発達と巨大な移民の波とが大海原を越えて、スポーツ熱を運んできた。

一八七一年のRFU創設と、感謝祭当日にアメリカンフットボールのプリンストン大学対イェール大学戦を二万五〇〇〇人が観戦した一八九〇年のあいだの二〇年間で、一七〇万以上の英国人が大西洋を渡り、アメリカ合衆国を新しい家とした。さらに四〇万九〇〇〇人がカナダに渡った。

大西洋も縮みつつあるように見えた。一八六六年、英国とアメリカは初めて大西洋を横断する商業用の電信ケーブルで結ばれた。大洋を渡る蒸気船や鉄道、印刷のような技術の急速な進歩は、ラグビーがブリテン諸島だけにかぎってではなく、諸大陸中で報道され、論じられ、プレイされることを意味した。[◉2]

英国とオーストラリアと同様に、『トム・ブラウンの学校生活』は北米でもベストセラーになり、教育専門家にもスポーツマンにも同じように模範となった。アメリカ人とカナダ人は、スポーツを青少年に道徳的価値と体育を教える重要な手段と見なし始めた。一八七二年、ニューヨークワールド紙は、イェール大学対ケンブリッジ大学のフットボール開幕戦の報道の一部として、この本にあるラグビーの試合の描写を再録したほどだ。[◉3]

法律や医学、金融などの専門職におけるホワイトカラーの体力不足についての懸念も増大した。ニューヨークタイムズ紙は平均的なニューヨーク市民は、平均的なロンドン市民よりも豊かだが、健康について言えば立場は逆になると指摘した。「肉体の発達に関するわれわれ自身と、大西洋の向こう側の親戚との差は、イングランド全土であらゆる種類の男性的な運動が普及していることのなかに見出される」[◉4]。

わずか一〇〇年前に英国人から独立をもぎとったにもかかわらず、アメリカのWASP（白人でアングロサクソンでプロテスタント）のエリートの多くは、相変わらず英国文化との深いつながりを感じていた。アメリカンフットボールについて初めて書かれた本格的な歴史書のなかで、著者パーク・H・デイヴィスは、「アメリカ人がそのなかに所有権を感じる感情の絆によって、あまりにも愛しく思う多くの場所」を叙情的に表現している。「……フィールドで、サイドラインで、あるいはスタンドで、自分がラグビーにおける古き偉大なチームの栄光の後継者だと感じないフットボールマンがどこにいるだろうか？」[◉5]。

だからアメリカの諸大学がフットボールをプレイし始めたとき、手引を英国に求めたのは自然の成り行きだった。サッカー型のプレイ、あるいはローカルなルールの開発を断続的に試みたあと、一八七〇年代にはアメリカ東海岸の主要な大学――ハーヴァード、イェール、プリンストン、コロンビア――は、フットボールのラグビー版を採用した。

しかし、当時、ラグビーがプレイされるところではどこでも起きたように、このスポーツのプレイと観戦をより魅力的にするために、プレイ方法とルールの変更が論議の的になった。アメリカ人は、オーストラリアのラグビープレイヤーがメルボルンで一八六〇年代に、あるいはイングランド北部のプレイヤーが一八九〇年代にやったように、RFUとはかなり異なった考え方を発展させた。つまり一九〇〇年にはまったく異なるゲーム――アメリカンフットボール――をプレイすることになる。

ウィリアム・ウエッブ・エリス伝説と同じように、アメリカンフットボールはそれ自身の「創造神話」を創作した。ウエッブ・エリスの物語が、ラグビーのイメージをRFUにその指導者を供給したパブリックスクールにすべてを負うスポーツとして描いたのと同様に、アメリカンフットボールの物語はこのスポーツがいかにアメリカ独特であるかを強調する。

物語はウォルター・キャンプをめぐって展開する。キャンプはニューイングランドのコネティカット州で裕福な家庭に生まれた生粋のヤンキーで、一八七五年にイェール大学に入学。大学ラグビーチーム創設メンバーのハーフバックだった。だが、話は次のように続く。キャンプはルールに満足していなかった。あまりにも曖昧で、「新世界」には不適切な英国の古い伝統に基づくと考えたからだ。

キャンプはアメリカ的な「やればできる」精神に満たされ、明晰と確実性を求める同国人に受け容れ可能とするためにラグビーの改革にとりかかる。なかでもスクラムはとりわけ非アメリカ的だと考え、一八八六年にこう書いた。

イングランド選手はスクラムにおいて、男たちの強固な塊を形成する。そして、ボールがどこか予想外のところに飛び出してくるまで、相手を絶望的に蹴ったり押したりする。もがく男たちの塊はボールがどこにあるのかわからないまで、それでもあると思うところをあてずっぽうにキックする。[◉6]

この問題を軽減するため、キャンプは一八八〇年にスクラムを廃止し、そのかわりに一組のフォワードが一列に並んで向かい合うことを提案した。「センター・フォワード」がボールをクォーターバックにもどし、試合をよりクリヤーにするために「スナップ」を発明した。最終的にはフォワードパスが導入された。

キャンプの支持者は、アメリカンフットボールはキャンプのおかげで急速な発展を遂げ、英国の保守的な旧世界とは対照的に、脈動する近代アメリカ合衆国の競争社会を反映するスポーツとなったと主張する。新しいアメリカ型のラグビーはたしかに、合衆国の諸大学で人気を博した。八〇年代末には、カレッジフットボールの観戦者は数千人単位にのぼり、ハーヴァードやイェール、プリンストンなどの教育の、そしてスポーツの巨人の対戦を観た。

しかし、ウォルター・キャンプがどうやってアメリカンフットボールを発明したかをめぐるこのよく知られた話は、事実とフィクションと推測のごたまぜである。話はこれほど単純ではない。実のところ、最初の、そしてもっとも目に余る問題点は、最初にスクラムなしでラグビーをプレイし始めたのがカナダ人だったことだ。

一八七五年十月、ウォルター・キャンプがアメリカでスクラムを廃止する五年前、カナダ最初のラグビー狂たちが「フットボール年次総会」でまったく同じことを提案していた。九クラブがラグビールールを話し合うためにトロントに集まり、RFUルールの採用を決めた。しかし、三クラブが反対票を投じた。この三クラブは基本的にスクラムなしのラグビーを望んだが、それはもちろん、英国でラグビーをしながら育った者には考えられないことだった。しかし、最終的にマギル大学とトロント大学に率いられた改革派が論戦に勝利し、カナダのラグビーはアメリカンフットボール流のカナダ式フットボールへと進化を始めた。

もっとある。コロンビア、ハーヴァード、プリンストン、イェールの学生たちが一八七六年十一月に集まって、インターカレッジ・フットボール・アソシエーション（ＩＦＡ）を結成し、共通ルールに同意した。このときはRFUのルールを採用したが、カナダ人とは違って、スクラムのルールには手を触れなかった。[7]

それでもなお、ルールはさまざまな大学間で盛んに議論された。大きな論点は一チームの人数だった。ＩＦＡの第一回会議では一五人制が選択されたが、ウォルター・キャンプのイェール大学は一一人制を望んだ。イェールは一八七三年にイングランドからイートン・カレッジの訪問を受けて以来、一一人制でプレイしてきた。イートンのルールはラグビーよりもサッカーに近かったにもかかわらず、試合は混合のルールのもとで戦われ、イェールが予想外の勝利をおさめた。

意外な勝利のために、イェールはプレイには一一人いれば充分だと考えるようになった。一八七七年、妥協を試み、ハーヴァードに一三人制を提案したが拒絶された。そこで一一人制を強く押し続けた。[8] 最終的に、一八八〇年十月、他の諸大学もキャンプとイェールの提案に同意し、アメリカンフットボールは正式に一一人制となった。[9]

一一人制への移行は、アメリカ人のラグビーを根本的に変化させた。当時の一五人制ではフォワードは九人か一〇人だったが、そのかわりにわずか六人か七人だけになり、これでは伝統的なラグビーのスクラムは不可能だった。これまで見てきたように、当時のラグビーでは、フォワードの目的はボールをうしろに蹴り出すことではなく、相手フォワードの入り組んだ脚とシューズのあいだを通して、ボールを前方にドリブルすることだった。相手は何列にも並ぶことで、かなりの時間、前進を阻止できる。

しかしながら、相手フォワードの数が少ない場合、ボールを前方にキックすると、ボールが敵側にすばやく出る結果となり、相手はそのボールを使って攻撃を開始できる。伝統的なスクラムは完全に非生産的だ。イェールと一一人制ラグビーをプレイしていた他のチームは、だからボールを後方のバックスにできるだけ早く蹴り出せるように、フォワードを一列に並べた。それが「オープン・フォーメーション」と呼ばれることになる。

チームが一一人に減らされたのと同じころ、「スナップバック」——ボールが後方のクォーターバックにパスされる（「クォーターバック」という言葉自体はスクラムハームを意味するスコットランドのラグビー用語）——が、二年後の一八八二年には「ダウン」ルールが導入された。「ダウン」ルールではチームに三「ダウン」があたえられる。三ダウンのうちにボールを敵側に五ヤード前進させなければ、ボールは相手に渡る。これはのちに四ダウンと一〇ヤードに拡大された。

ウォルター・キャンプ神話の真の使徒たちは、こういった変更がアメリカだけのものだと信じている。しかし、同様の変更はカナダ式ラグビーとラグビーリーグでも起きていた。ボールをもたない選手にタックルすることを許すブロッキングさえも、初期のラグビーに知られていなかったわけではなく、ブラックヒースと本家本元のラグビー校でも使用された戦術だった。[10] ウォルター・キャンプによる変更には特別にアメリカ的なところはなにもなかった。一八九三年十二月になってもまだ、ニューヨークタイムズ紙はアメリカンフットボールを「ラグビー」と呼んでいた。[11]

このスポーツをアメリカ独特にしているものは、キャンプによる革新ではない。それは一九〇六年のフォワードパスの承認である。フットボールのプレイを活発にし、守備の暴力性を減じるために導入されたこのルール変更は、ほかのなによりもアメリカンフットボールにその独特の性格をあたえた。このころには「アメリカンフットボールの父」とあだ名されていたキャンプは、ラグビーからアメリカンフットボールの移行を決定的にしたこの変更に反対し続けた。

◉アメリカのラグビー、二度目のチャンス

一八九〇年代には、アメリカンフットボールは合衆国の冬の一大スポーツイベントになっていた。大観衆を集め、その数はしばしば野球を超える。盛んに報道もされた。アメリカンフットボールで大金を得る大学の学長《プレジデント》たちばかりでなく、合衆国大統領《プレジデント》テディ・ルーズベルトその人も関心をもった。合衆国市民の教育と娯楽にアメリカンフットボールがもつ重要性は、それがいまや真のアメリカのスポーツであることを意味していた。

オーソドックスな形式のラグビーはほとんど実施されなかった。実施されるとしても、それは故国を離れた英国人のためのスポーツだった。一八八二年、「ブリティッシュ・フット＝ボールクラブ」がニューヨークで結成され、RFUルールのもとでラグビーをプレイした。この新しいクラブはルール変更を放棄させようと、キャンプと会いまでしたが、うまくいかなかった。[12]

だが、青年時代のスポーツを懐かしむ人びとをのぞけば、ラグビーは「金ぴか時代」〔一八六五－一九〇〇年、南北戦争後のにわか景気の時代〕を謳歌していたアメリカにとって、ほとんど意味をもたなかった。アマチュアスポーツは大学や高校に完全に支配されていたので、ラグビークラブの伝統がはいりこむ余地はなかった。またアメリカ人には、ラグビーが大英帝国諸国に提供した英国のネットワークはほとんど必要がなかった。ごく婉曲に言ってもラグビーは昏睡状態だった。

そのあと一九〇五年に、アメリカンフットボールは発足以来最大の嵐のなかに船出する。一八九〇年代以降ずっと、このスポーツの暴力、野蛮性が懸念されてきた。不安は一九〇五年のシーズン、試合中に一八名が死亡、一五〇名が重傷を負ったとき、頂点に達した。[13] 抗議の声はあまりにも大きく、テディ・ルーズベルト――『トム・ブラウンの学校生活』はすべての少年が読むべき二冊のうちの一冊だと発言したと言われている――は、ハーヴァード、イェール、コロンビアの各大学の代表と会い、試合のルールを危険を軽減する方向で変更するようにうながした。[14] その結果として、翌年、フォワードパスが導入

されたわけである。
しかし、アメリカ西海岸では、アメリカンフットボールの暴力と商業主義に対する幻滅はそう簡単には払拭されなかった。ラグビーは一八八二年に初めてカリフォルニア大学でプレイされたが、アメリカンフットボールのルールがアメリカ中の大学を席巻したので、一八八六年にはアメリカンフットボールにとってかわられた。二〇年後の一九〇六年一月になって、カリフォルニア大学とスタンフォード大学は、今度はアメリカンフットボールを放棄して、ラグビーユニオンを始めると発表した。
原点回帰を決定的にするのにこれほどよい時期はなかっただろう。勝ち誇ったオールブラックスが、英国・フランス遠征の帰路、北米を通過し、総体的にはラグビーのために、個別的にはニュージーランドのために、アメリカ合衆国内でひと旗あげたがっていた。
大急ぎで試合が組まれた。一九〇六年二月初めに、オールブラックスは北カリフォルニアに到着、カナダからきたブリティッシュコロンビアのチームと親善試合二試合を戦った。六か月以上にわたって遠征を続けてきたにもかかわらず、遠征チームはバークレーでは43―6、次のサンフランシスコでは65―6で、二試合とも予想通り楽勝した。一方的な試合だったにもかかわらず、マスコミには絶讃の評があふれた。「われわれの修正されたスポーツに対するラグビーの優越性は、先週土曜日のひじょうにおもしろい試合でなおいっそう力強く示された」とサンフランシスコ・クロニクル紙は書いている。[15]
この試みは、二か月後にサンフランシスコ市のほとんどが地震で瓦礫と化したときに中断された。しかしラグビー支持者は増加し、パシフィック、ネヴァダ、サンタクララの各大学、さらに北カリフォルニアの高校多数と、サンフランシスコのエリートクラブ、オリンピック・アスレティックがカリフォルニア大学とスタンフォード大学に加わった。オールブラックスが合衆国に到着したとき、ニューヨークの寄せ集めチームと非公式戦を戦った東海岸では、四月に三クラブによるイースタン・ラグビー協会が結成された。アメリカの大学チームがニュージーランドに遠征する話まで出た。ラグビーが帰ってきた。[16]
ラグビーの国際的な意味は、世界状況の変化によって強調された。日露戦争（一九〇四―〇五年）における日本の勝利は、太平洋が突然、強い外交的関心の的となったことを意味した。日英同盟が一九〇二年に締結され、連邦化されたばかりのオーストラリア政府を驚かせた。オーストラリアの「白豪主義」はアジア人による支配に対する人種差別的な恐怖に基づく。オーストラリアはアメリカ合衆国とのつながりを発展させることで、英国がオーストラリアを日本の手に渡すのではないかという不安を相殺しようとした。[17]

テディ・ルーズベルトの政府側は、日本の勝利にもかかわらず太平洋における支配的な海洋国はアメリカであることを示したかった。そこで一九〇七年、親善航海としてこの地域に戦艦一六隻からなる艦隊を派遣、太平洋両岸の港を訪問させた。艦隊は一九〇八年八月、オークランド、シドニー、メルボルンを訪問する。これらの都市では、訪問客がこの強力な海軍力の誇示をわざわざ好んで「偉大なる白い艦隊」と呼ぶのに気づかなかったわけではない。

アメリカとオーストラリア間の求愛の一環として、一九〇八―〇九年のワラビーズが、英国遠征帰路の一九〇九年二月、カリフォルニアで三試合を戦った。オーストラリアが三戦全勝したが、勝利は僅差で、西海岸のラグビーが急速に上達していることを思わせた。スタンフォード大学とカリフォルニア大学のあいだの毎年恒例の決戦「ビッグゲーム」は、アメリカンフットボールからラグビーに変更されたにもかかわらず、北カリフォルニアでもっとも威信のあるスポーツイベントとしての重要性を維持し続け、アメリカのラグビー狂により大きな希望さえあたえた。

ラグビーへの期待に満ちて、その夏、カリフォルニア、スタンフォード、ネヴァダの各大学の学生チームは合衆国を代表するラグビーチームとして初めてオーストラリア・ニュージーランドに海外遠征をおこない、一六試合を戦った。成績は三勝二分けだったにもかかわらず、大差の敗戦は一戦もなく、遠征は関係者すべてから成功と見なされた。八月に帰国したとき、サンフランシスコのサンデーコール紙は見出しで「カリフォルニアはラグビーの世界チャンピオンを生むだろうか?」と問いかけるほど感心した。[18]

この楽観主義は、一九一二年に西海岸がオーストラリアからの遠征チームを迎えたとき、さらに正当化される。スコッドのうちの六名が伝統的に「ワラタス」と呼ばれるニューサウスウェールズ州ではなく、クイーンズランド出身だったという事実にもかかわらず、遠征チームはワラビーズよりはワラタスと呼ばれた。一三試合を戦い、一一試合に勝利。カリフォルニア大学とは二勝一敗、スタンフォード大学とは一勝一敗、負け試合はどちらも一点差だった。もっとも重要なのは、合衆国代表チーム初の国際試合で、オーストラリアが合衆国を破りはしたが、12―8と点差はわずかだったことだ。

しかし、表面下では、すべてがうまくいっていたわけではなかった。オーストラリアは試合に対するアメリカのアプローチを好まず、カリフォルニアのタックルはあまりにも荒っぽく、またアメリカの選手はルールを好きなように解釈しがちだと考えた。

オーストラリアではラグビーリーグと分裂してからまだ四年で、遠征チームはアマチュア精神を高く掲げる決意をしていた――アメリカのアプローチには、南半球からきた紳士たちがごく最近拒絶した、プロ的なにおいが強すぎた。

アメリカ側では、ラグビーがフォワードのプレイに支配されているのを見て、欲求不満を抱くようになった。一九一三年、カリフォルニアはフォワードをひとり廃して、一チーム一四人制を提案。「アメリカンフットボールの父」という有利な立場から、ウォルター・キャンプはずる賢くスポーツファンに告げた。カリフォルニアは最良の型のラグビーをプレイしているのではない。[19]「とくにランカシャーとヨークシャーにおけるNUのゲームは、より凡庸なプレイだけを目にしてきた多くの人にとって、ひとつの啓示となるだろう。北部のチームを結成している男たちは強靱でパワフルなすばらしい肉体をもち、過酷なほど真剣なタックルをともなう力強く厳しい試合を続けてきた」[20]。

一九一三年、オールブラックスのカリフォルニア遠征で事態は危機に到った。日の出の勢いのアメリカのラグビーが上方への道をたどり続けるという期待をニュージーランド人が乱暴に消し去った。オールブラックスは一三戦全勝で五〇八得点をあげ、失点はペナルティゴールの二本のみ。勝利のなかにはバークレーでアメリカ代表を51―3で粉砕した試合もあった。

遠征チームを三〇点以下に抑えたのは二チームだけだった。アメリカのラグビーは辱められた。この遠征はラグビーを宣伝するかわりに、アメリカが潜在的な「世界チャンピオン」とはほど遠く、二流のラグビー国にすぎないことを示した。それはアメリカのスポーツファンが聞きたいメッセージではなかった。

事態をさらに悪くしたことに、カリフォルニア大学はアメリカ代表チームの選考をめぐってスタンフォード大学と不和になった。この混乱と破壊のただなかで、アメリカンフットボール回帰を呼びかける声があがった。アメリカ合衆国でカレッジフットボールの重要性は増大し続けていたので、カリフォルニアでは多くの人が、強力な大学間連合と全国で増大しつつあるスポーツにおけるライバル関係から取り残されていると感じた。

地元の五大学でプレイされるだけで、当面は国際的な威信の見通しがなく、ラグビーの魅力は後退していった。一九一五年、カリフォルニア大学が手を引き、アメリカンフットボールに回帰すると発表。「これ以降、アメリカンフットボールはアメリカ人のための、そしてとりわけカリフォルニアのためのアメリカのスポーツとなるだろう」とデイリーカリフォルニア紙は宣言[21]。スタンフォード大学は一九一九年までもちこたえたあと、避けがたきを受け容れた。アメリカにおけるラグビー二度目のチャンスは完全に消え去った。

◉カナダ——ラグビー対ラグビー

アメリカとは異なり、カナダは大英帝国の信頼できる忠実な一員であり、オーストラリア、ニュージーランド、南アフリカと同様に帝国の「白人による統治」の地位を享受していた。英国辺境の入植地に予測できるように、カナダでは一七八〇年代末からさまざまなタイプの非公式のフットボールがプレイされてきた。最初にプレイしたのは英国の兵士、船乗り、貿易商人だが、カナダでは最初に「フット＝ボール」クラブが結成されたのは一八六五年七月、フランス語圏のモントリオールだったようだ。[22]

残りの英語圏と同様に、「フットボール」クラブは十九世紀中頃に結成され始めた。一八六九年、オンタリオのハミルトン・タイガースが最初である。しかし、カナダのラグビーの背後にあった推進力は、モントリオールのマギル大学だった。一八七四年、ハーヴァード大学に挑戦し、二試合を戦う。ハーヴァードは当時、独自のルールでプレイしていたが、二戦目はラグビールールでおこなわれた。試合の成功とおもしろさから、ハーヴァードは独自ルールを放棄し、ラグビーを受け容れた。

当時、ラグビーはまず間違いなくカナダでもっとも大きな影響力をもつスポーツだった。それはまたアイスホッケーの初期のルールにも重要なインパクトをあたえた。カナダの歴史学者ミシェル・ヴィニョーによれば、アイスホッケーの「父」ジェイムズ・クライトンによって作成された最初のルールはパックが前方にパスされるのを禁じ、パックが境界線を越えた場合、一種のラインアウトによって、ゲームに再投入されることを明確にしていた。

一八七五年、記録に残るモントリオール初のアイスホッケーの屋内試合に出場した選手は、カナディアンフットボールの揺籃マギル大学の選手だった。ラグビーから借りてきたルールは次第に消えていったものの、今日、議論の余地なきカナダの国民的スポーツとしてのアイスホッケーの優越性は、容赦ない肉体性と強い地域のアイデンティティに多くを負う。このような特質はアイスホッケーを技術ではなく精神においてラグビーのいとことしている。[23]

しかし、アメリカと同様に、ラグビーの公式ルールはラグビーのプレイヤー自身からもそう簡単に評価されたわけではない。一八七二年に、カナダの諸クラブが従うべきルール集を立案・同意するために、「カナディアン・フットボール・アソシエーション」が結成された。名目上はRFUのルールが踏襲されたが、それでも諸クラブはその改善を試み続けた。

すでに見たように、スクラムがすぐに争いのもとになった。一八七五年のトロント「フットボール大会」で、批評家たちはスクラムを、マギル代表の言葉を借りれば、「単調で、つまらなくて危険」と攻撃し、オンタリオでは一部のクラブが単純にスクラムに加わるのを拒否したと説明した。「興味を失った観客の大多数はおそらく、両方のチームがスクラムを組むよりもキック、あるいは手を使ってプレイするほうが、チームのメンバーにとって、はるかにおもしろくて科学的な実践法だという結論に達するだろう。スクラムでは、正確さ、敏捷性、経験はなんの利益にもならない」と主張した。[24] このラグビー哲学の違いがカナディアンフットボールとして知られるものの台頭に導く。

新しいプレイスタイルは急速に人気を得た。とくにそれが大学チームに、合衆国との国境を越えて、アイヴィリーグの相手と対戦する機会を提供したからだった。一八八四年にカナディアン・ラグビーフットボール協会が創設されたとき、そこれは独自のルールを採用した。スクラムを排除し、タックル後はボールをクォーターバックにヒールバックして試合にもどす。アメリカ同様に、RFUルールのラグビーはほとんど姿を消した。

広大なカナダの広がりにもかかわらず、西部諸州のラグビーチームも東部のクラブに従い、新ルールを採用した。一五〇〇マイル離れたマニトバのウィニペグRFCはのちに有名なウィニペグ・ブルー・ボンバーズとなるが、一八八八年のマニトバ・ラグビーリーグ創設メンバーのひとつである。一八八〇年代半ば、「ラグビー」という言葉を使うカナダ人のほとんどはカナディアンフットボールを意味していた。その競技団体は紛らわしい名称カナディアン・ラグビー協会〔一八九一年にカナディアン・ラグビーフットボール協会から改称〕と呼ばれた。

ラグビーが伝統的意味を残し続けた唯一の場所はカナダ最西端のブリティッシュコロンビア州である。ラグビーは、一八七〇年代にヴァンクーヴァー島の端に位置する州都ヴィクトリアで一チームが結成されて以来、ブリティッシュコロンビアでプレイされてきた。一〇年後の一八八七年、一チームがヴァンクーヴァーで結成され、ラグビーに対する関心は、一八八九年にブリティッシュコロンビア・ラグビー協会が設立されるほど高かった。

一八九五年に主要な三州のチームによるマッケクニーカップが創設された。[25] ルール変更がおこなわれていたトロントやモントリオールから遠く離れていたことと、深く染みこんだ英国魂の感覚が結びつき、西部ではラグビーが主導的なルールにとどまっていた。実際に、カナダディアンフットボールのための競技団体——ブリティッシュコロンビア・ラグビーフットボール協会という紛らわしい名称で——がこの州で結成されるには一九二〇年代を待たなければならない。

南半球のラグビー諸国とは異なり、カナダのラグビーは残りのラグビー世界からの孤立に深刻に苦しんだ。一八九〇年代と一九〇〇年代には英国とオーストラリア、ニュージーランド、南アフリカのあいだでは遠征が定期的におこなわれたが、カナダは帝国のラグビー・ネットワークの一部ではなかった。それは英国のラグビー・レーダーにほとんど映らなかった。フランク・マーシャル師の包括的なラグビー史『フットボール——ザ・ラグビー・ユニオン・ゲーム』はカナダに一度も触れていない。

カナダを帝国のラグビー・ネットワークに引き入れようという試みがなされるなかで、一八九九年にアイルランドがカナダの東部諸州に遠征した。これはアイルランド初の海外遠征にあたり、外国のチームがカナダを来訪するのは初めてだった。遠征チームは、ラグビーにいくらかのファンがいたノヴァスコシアに到着し、意外にもハリファクスに0—5で敗れた。そのあとケベックとオンタリオに移動し、基本的にはカナディアンフットボールをプレイしているチームと八試合を戦った。カナダ側が戦いやすいように、数試合ではラグビールールの修正にさえ応じた。

こういった試合のしばしば場当たり的な性格にもかかわらず、アイルランドは充分に強い印象を残し、これをきっかけにアマチュア原則に忠誠を誓うチームがいくつか結成された。しかしこのころにはカナディアンフットボールは支配的なルールとなっていただけではなく、一チーム一四人、スクラムはなしで、独自の得点システムをもつ完全に違うスポーツになっていた。一九二一年にはチームを一二人に減らし、一九二九年にフォワードパスを公認。「英国」式ラグビーはそのとても貧しいいとこにすぎなくなった。

英国で、カナダのラグビーの弱体ぶりを知るわずかの人びとは、一九〇二年十二月初めに「オールカナダ」のチームが英国遠征に向かって出航したことを、一種の驚くべき事件として聞いた。[26] ブリティッシュコロンビアの選手で構成され、二三試合のうち初戦の対アルスター戦に11—8で勝った。

カナダはさらに八試合に勝ち、そのなかにはブリストルに対する忘れがたき8—0の勝利もある。しかし国代表とは一戦も交えず、またイングランドの州代表チームとも対戦しなかった。控え目な遠征だったというのでさえ言い過ぎだろう。ほとんど報道されず、観客の関心も低かった。カナダでも励みになるような関心は呼ばなかった。

事実、カナダのラグビーは、自己宣伝にはどちらかいうと控え目だったように見える。一九〇六年には、類のない自己犠牲の行為をおこなった。英国から帰国途中に立ち寄った一九〇五―〇六年のオールブラックスを、ブリティッシュコロンビアで歓迎するかわりに、アメリカンフットボールの内紛に乗じるために、ブリティッシュコロンビア代表チームをサンフランシスコに送り、ニュージーランドと対戦させた。

合衆国とのつながりを強めるために、カナダはJ・クーパー・キーストロフィーを創設。スタンフォード大学対カリフォルニア大学の「ビッグゲーム」の勝者が、ブリティッシュコロンビアのトップチームと戦い、西海岸チャンピオンの非公式タイトルを争う。[27]

三年後、一九〇八―〇九年のワラビーズが英国からの帰国途中にカナダに立ち寄り、ヴァンクーヴァーとヴィクトリアに楽勝した。一九一二年、ワラビーズは国代表によるアメリカ西海岸全域への初遠征で再訪してくる。外交的な関心を反映して、一六試合中一三試合は合衆国で戦われた。

アメリカの行程を終了し、カナダと戦うために北に向かったとき、遠征チームは気前のいいカリフォルニア式歓迎の後遺症に苦しんでいた。「われわれは決してベッドにはいらなかった。それが問題だった。人生でこんな時間を過ごしたことはなかった」とウイングのボブ・アダムソンは告白している。[28] カナダは、南の元アメリカンフットボール選手よりもラグビー経験が豊かだったから三試合に全勝した。ラグビーはカナダにおける再生に出航したかに見えた。

この三勝がカナダのラグビーに生み出した楽観主義は短命に終わった。翌年、オールブラックスが北米に遠征。カリフォルニア中大暴れしたあと、ヴァンクーヴァーとヴィクトリアに対して三試合で一〇二得点をあげ、相手を〇点に抑えた。ヴィクトリアには、遠征チームと四日間で二回戦うというありがた迷惑の特権があたえられた。

カナディアンフットボールと闘争を継続中のラグビーにとって、大敗はなんの役にも立たず、ラグビーはカナダではマージナルなスポーツにとどまり続けた。すべての階級を通じていくらかの支持を得たノヴァスコシアの外では、帝国に忠実なカナダの中産階級――ラグビーが母国との文化的絆を意味した――に限定されたままだった。

というわけで、ラグビーは北米大陸のスポーツ的ガラパゴスに孤立してなにか新しくユニークなものに進化し、先祖を弱く、充分に発展のないままにした。その過程で、新しい神話と伝説とライバル関係が出現し、それでもラグビーの精髄――スピード、スキル、身体性、不屈の精神――はそのアメリカ版とカナダ版に残った。オリンピックで金メダル二個を獲得していながら、ラグビーはメインストリームに打って出るのに苦闘していた。北アメリカのラグビーのそう輝かしくもない孤立を終わらせるには、新しいグローバリゼーションの時代が必要だった。

Part IV Golden Years Amidst the Gathering Storm

第四部 嵐迫りくるなかの黄金時代

ラグビーはいまや、世界数百万の人びとの日常生活を構成する一要素となっていた。エリートの専門職階級と肉体労働者、堅忍不抜のイギリス人と植民地のワイルドな青少年のスポーツとなった。それぞれがラグビーをわがものとし、独自のやり方で、独自の伝統と文化をもってプレイし、イングランドほどにこれが真実である場所はなかった。イングランドでは、ラグビーがおたがいに理解不能の世界からきた男たちによってプレイされていたように見える。

ラグビーユニオンとラグビーリーグのどちらにとっても、第一次世界大戦前の数年間は間違いなく黄金時代であり、偉大な選手と忘れがたき試合にあふれ、それが二十世紀残りの期間のモデルを設定した。

しかし一九一四年八月、栄光の時代は終わりを告げた。ラグビーというスポーツと、それをプレイし観戦した男たちの生活は二度ともとにはもどらなかった。

第13章 ハロルド・ワッグスタッフとバスカヴィルの幽霊

Harold Wagstaff and the Phantoms of Baskerville

それはほとんど開催されないはずの試合、チームの監督と選手が望まない試合だったにもかかわらず、これまでプレイされたもっとも偉大なラグビーの試合のひとつとなった。

一九一四年七月四日、第一次大戦勃発の正確に一か月前、シドニー・クリケットグラウンドにおいて、ラグビーリーグ英国代表は頑強な男九名までに数を減らした。それでも強力なオーストラリアを寄せつけず、14―6で勝利し、ラグビーリーグのアッシズ〔英国とオーストラリアのテストマッチ勝者にあたえられるカップ〕を掲げた。

選手交代が許されなかったので、負傷者はもはや続けられなくなるまでプレイした。フォワードがバックスの位置についた。ダクラス・クラーク、おそらくラグビー選手のなかでもっともタフな男、レスリングの世界チャンピオンは、ついに負傷でプレイできなくなったとき、フィールドのわきですすり泣いた。

ラグビーリーグにとって、この試合は抑えられない勇気と決意の同義語、このスポーツの精神の体現そのものだった。シドニーの報道機関は、選手の勇気を一八七九年、南アフリカで圧倒的なズールー軍に対峙した英国陸軍の最後の抵抗になぞらえ、この試合を「ロルクズ・ドリフトのテスト〔マッチ〕」と呼んだ。

この試合はあやうく開催されないところだった。遠征チームはオーストラリアに五月末に到着。テストマッチ第一戦は六月二十日の予定だったが、遠征軍が引っぱりだこだったため、六月二十七日に延期になる。それでも、六月二十九日に予定されていたテストマッチ第二戦の日程変更はだれも考えなかった。驚くべきことに、四十八時間のあいだをおいてテストマッチが二回、戦われることになった。

それだけではない。わずか五日後の七月四日にテストマッチ第三戦をおこなわなければならなかった。チームは疲労困憊し、スター選手に負傷者を多数出した。英国遠征チームの共同監督ジョー・ホートン（セントヘレンズ）とジョン・クリフォード（ハダースフィールド）は、オーストラリア側にテストマッチ最終戦を八月まで延期し、オージー・ルールズ〔オーストラリアン・ルールズ〕に夢中のメルボルンでの開催を求めた。

遠征の手配の責任者であるニューサウスウェールズ・ラグビーフットボール連盟書記のテッド・ラーキンは、日程の変更を拒否。英国側の監督が試合はしないと言ったとき、NUに電報を打って抗議した。イングランドでは、NUの役員たちがラーキンの電報に理解を示した。NU書記のジョー・プラットからの返電は試合予定日前日の昼食時に届いたが、内容に疑う余地はなかった。「われわれは、NUフットボールの最良の伝統がきみたちによって維持されることを確信をもって予想している。きみたちがもつエネルギーとスキルのすべてを使いつくし、勝利を確実にすることを期待する。それができない場合は、きみたちがスポーツマンらしく敗北することを期待する」[1]。

この指示にもかかわらず、ジョー・ホートンはそれでも試合決行に反対し、決定を支持して選手を再結集する役を共同監督のジョン・クリフォードにまかせた。

「きみたちはきょうの午後、フットボールの試合を戦う。だがきみたちはそれ以上にイングランドのために戦い、イングランドのために戦う以上に悪に対する善のために戦う。きみたちは勝つ。なぜならば勝たなければならないからだ。本国からのメッセージを忘れるな。イングランドはきみたちのひとりひとりがその義務を果たすことを期待している」。

二〇年後、遠征のキャプテンだったハロルド・ワッグスタッフは、チームがクリフォードの言葉にいかに感動したかを回想している。「それ以前もそれ以後も、スピーチによってあれほど感銘を受け、また興奮したことはない」。選手たちは堅い決意の沈黙とともにミーティングをあとにした[2]。

七月四日午後、ついに英国代表がシドニー・クリケットグラウンドに姿を現わしたとき、四十八時間前に発表されたメンバーから五名の変更があった。最初に選ばれたグウィン・トーマス、ジョニー・ロジャーズ、バート・ジェンキンズ、フレッド・ロングスタッフは全員が負傷していた。フルバックのトーマスの補欠アルフ・ウッドさえ鼻をひどく負傷したまま出場した。

英国側のわずかの勝利のチャンスはすぐにゼロ近くまで滑り落ちた。オーストラリアのキックオフ直後、ウイングのフランク・

ウィリアムズ（ハリファクス）が膝を負傷。前半の残りをグラウンド上を足を引きずって過ごし、後半の早い段階で退場した。強力なプロップのダグラス・クラークがそのあと親指を骨折した。なんとか頑張ったが、後半にアーサー・ホロウェイのタックルで厄介な倒れ方をして肩を脱臼したあと、やはり退場を余儀なくされた。クラークは自分にとって試合は終わったと悟り、落胆の涙を流した。だが、NUスカッドのより大きな経験がものを言った。元気な選手が一一人しかいなかったにもかかわらず、プレイを支配し、ウィリー・デイヴィス（リーズ）のトライとアルフ・ウッド（オールダム）の三ゴールのおかげで、前半を9—0で折り返す。

後半、オーストラリアは英国が一一人なのに乗じて優位に立とうとした。自由闊達なフォワードのビリー・キャン（サウスシドニー）はスクラムから離れてバックスに移った。イングランドのバックス七名、フォワード四名に対し、オーストラリアはバックス八名、フォワード五名。

「これほどの数の力に対してイングランドが抵抗するのはほとんど不可能に見えた」とシドニー・モーニングヘラルド紙は書いた。「だが、背水の陣を敷いて一歩も引かず、オーストラリアはすべての動きを阻止された」[3]。残り二〇分、英国が崩壊するのは時間の問題だった。

チームがいまにも屈服しそうに見えたそのとき、ワッグスタッフがオーストラリアのディフェンスを抜け、ウィリアムズにかわって右ウイングにはいっていたフォワードのチック・ジョンソン（ウィドネス）にパス。ジョンソンは内側に切れ込んだ。あとはオーストラリアのフルバック、ハワード・ハレットをかわすだけだ。

勝利を確実にするチャンスを目の前にして、ジョンソンの古いスタイルのフォワード本能が目をさまし、ボールを足にかけてハレットを驚かせた。ドリブルでフルバックを抜くと、そのままボールを蹴ってゴールラインを越えさせトライ。ウッドがコンバージョンを決め、14—0とした。

まだ終わりではなかった。数分後、ビリー・ホール（オールダム）が激突して退場。オーストラリアはようやく歯車が噛《か》みあい始めた。ウォリー・メッセンジャーとシド・ディーンがトライしたが、コンバージョンは決まらなかった。そのあと遠征チームのスタンドオフ、ステュアート・プロッサーが激しくぶつかられて息ができなくなり、やはり退場。英国は九名にまで数を減らした。

笛はなかなか吹かれなかった。ついに笛が吹かれたとき、ワッグスタッフの選手たちは14―6の不滅の勝利で、アッシズを手にした。

これは一九年というラグビーリーグの短い歴史で疑いもなくもっとも偉大な勝利であり、この勝利のおかげで、ラグビーリーグの将来はどちらの半球においてもたしかなものになった。

◉NUの男たち

イングランドの成功をひとりの男、キャプテンのハロルド・ワッグスタッフの功績とすることで、報道と選手たちの意見は一致した。シドニーの記者J・C・デイヴィスは、「つねに偉大な選手であるワッグスタッフはあの日、神出鬼没の活躍をし、ラグビーの王者……ワッグスタッフ大王となった」と書いた。のちにオールダムとハルでプレイしたオーストラリアのキャプテン、シド・ディーンは「ワッグスタッフは攻撃で優れ、守備で驚異的だっただけではなく、そのリーダーシップがチーム成功のもっとも重要なファクターだった」と回想している。ダグラス・クラークはただ単に「ハロルドこそが立役者だった」[◉4]と書いた。

ワッグスタッフは一八九一年にヨークシャーのホームファースで生まれた。十四歳のとき、地元のアマチュアチーム、アンダーバンク・レンジャーズでプレイしたのが最初である。翌シーズンの一九〇六年九月に、NUの新ルール一三人制ではクラブ初となるトライをあげた。二か月後、十五歳と一七五日でハダースフィールドと契約、当時は史上最年少のプロ選手だった。二年後、ヨークシャー州代表としての初陣を飾る。その直後、十七歳でイングランド代表デビュー、先駆的なカンガルーズ一九〇八年遠征チームと対戦。弱冠十九歳でハダースフィールドのキャプテンに指名され、続く一五年間その地位を維持した。二十二歳で国代表のキャプテンとなる。

ラグビーリーグをよく知る者は、上記のテストマッチ第三戦で、ワッグスタッフが見せたパフォーマンスと気骨にも驚かなかった。実のところ、ワッグスタッフはほとんどこの新しいスポーツの象徴だった。ヨークシャーの平板な母音を強調する典型的に北部的なニックネーム――そしてもちろん「ハロルド」ではなく「アロルド」だった〔ヨークシャーで話される英語は母音が強調され、また語頭のhは発音しないことが多い〕――から、ラグビーリーグの闘士としての働きに到るまで、ワッグスタッフはラグビーリーグの精神そのものを体現しているように見えた。「わたしは徹底的にNUの男だ」とその自伝の一行目で宣言している。「そしてNUのスポーツに育てられた」[5]。

ワッグスタッフは、NUとともに成長し、ラグビーユニオンを一度もプレイしたことのない新世代の先頭をゆく代表的な選手だった。事実、一九一四年のオーストラリア遠征までラグビーユニオンの試合を見たことさえなかった。NUが一九〇六年六月に採用した新しい一三人制のルールはフィールドの内外でラグビーユニオンのルールとの最終的な決裂を画した。ワッグスタッフがこのルール下での初トライを決めたことは象徴的である。

一九〇六年のルール変更はフォワード二名を排除することで一チームを一三人に削減し、また「プレイ＝ザ＝ボール」を導入した。「プレイ＝ザ＝ボール」では、タックルされた選手は立ちあがって、ボールを後方に立つ選手にヒールアウトする。このルールは伝統的なラグビーユニオンからは根本的に離れる——ある意味で、アメリカンフットボールにより近づく——ように見えるが、実際には、ラグビー最初期のルールにもどろうとする試みだった。初期のラグビーでは、タックルされた選手が、味方フォワードがまわりに集まるまでボールを確保しておくことが許された。そのあと、ボールをグラウンドにおき、「ダウン」と叫び、スクラムが再開される。

このふたつのルール変更は、ラグビーリーグが、スピーディで興奮させられるスペクタクルに変化することを可能にした。新シーズン最初の二週間で、得点は八〇〇点以上にのぼり、英国のスポーツ週刊誌でもっとも大きな影響力をもつアスレティックニュース誌は見出しで「新ルールを完全に擁護できる」と宣言した[6]。

一九〇六年のルール変更は、隠れた部分ではラグビーのプレイ法についての哲学の違いを反映していた。サウスウェールズ、オーストラリア、ニュージーランドのほとんどと同様に、イングランド北部では、ラグビーはハンドリングとパスのスポーツと見なされ、トライをあげることがもっとも大きな魅力だった。だから、分裂後にNUが定めた最初の大きなルール変更は、すべてのゴールによる得点を二点に減らし、トライを三点にして、トライを得点を入れるのにもっとも有効な方法とすることだった。反対に、RFUは一八九一年にドロップゴールの得点を四点にあげて、これをもっとも有効な得点方法とした。

NUはゴールの価値を低減するのと同時にラインアウトを廃止した。北部のラグビーはラインアウトを無益であり危険、果てしないペナルティの原因となり、乱闘に口実をあたえるものと考えた。ボールがタッチに出たとき、ラインアウトは最初は「パント=アウト」で置き換えられたが、それではラインアウトよりなお大混乱が生じるとわかった。そこで今度はスクラムで置き換えた。秩序はよりきちんと維持されたが、試合中にスクラムが増加するという問題を生んだ――一九〇二年のハリファクス対ハンスレット戦では、スクラムが一一〇回組まれたが、これは例外でもなんでもなかった。一九〇六年のルール変更はハンドリングとボールをもってのランニングに焦点を合わせて問題を一気に解決した。近代スポーツ、ラグビーリーグの誕生である。

ぎりぎりのタイミングだった。ラグビーはいたるところでサッカーから強いプレッシャーを受けており、イングランド北部ではとくにプレッシャーが強かったからである。一九〇三年、ラグビーリーグ初代チャンピオンのマニンガムがサッカーに転向して、ブラッドフォードシティとして再出発し、ウェストヨークシャーのラグビーの砦でフットボール・リーグ〔アソシエーション〕が最初の突破口を開いた。一九〇四年、エランドロード競技場を本拠地とするホルベックNUの幹部はクラブを解散し、リーズユナイテッドの前身リーズシティを創設した。北部全域のラグビー中核地域で、プロのサッカーが楕円球に挑戦を始めた。一九〇六年の根本的なルール変更が、押し寄せるサッカーの上げ潮に対する防波堤をようやく建設した。

◉北部対南部

分裂の一〇年後、おそらくNUはシニアのクラブをRFUよりも数多く傘下におさめていた。NUが、プロフェッショナルという怪物を追いかけるRFUの狂信的アマチュアリズムに助けられていたのはたしかである。一八九五年九月、分裂後初のRFU総会は、あらゆる形の報酬の支払に対する反対を繰り返し、二十七の条項に加えて下位条項十二項を含む新規約を可決した。NUに所属するすべてのクラブの会員は、支払があろうがなかろうが、プロに区分された。ルールに違反すればラグビーユニオンから永久に追放される。

最終的には、ウェールズで起きたように、ご都合主義が原則に勝利し、ラグビーに対する北からの侵入はレスターで停止した。レスター・タイガースは二〇年間にわたり中部地方でもっとも重要なクラブだった。北部の諸クラブ同様に商業ベースで運営され、勝利をなによりも優先した。一八九六年に初めてプロフェッショナリズム疑惑で調査を受け、地元のラグビー競技団体は選手が贈物と報酬を受けとっているという申し立てであふれかえっていた。一八九三年八月、マニンガムのフォワード、アーネスト・

レッドマンはブラッドフォードの本拠地ウェルフォードロード競技場でプレイするためにブラッドフォードに移籍。幸いにもこの移籍は地元レスターのパブの亭主に雇われるのと偶然、時期が一致した。[7]

レスター・タイガースのどこか心から忠実というわけではないアマチュアリズムとの関係についてのささやき声は一九〇七年には咆哮となり、RFUはレスターとノーサンプトンだけでなくコヴェントリーの調査にも乗り出した。調査は会計帳簿上に、会計検査を受けていない口座、領収書なしで支払われた支出、選手と元NU選手四名への「不必要な軽食」を見つけた。しかし、選手にはクラブへの返金が命じられたものの、報告書はレスターを処分なしとした。会長チャールズ・クレインはこの決定に衝撃を受けて辞任。RFUで会長を辞任したのはクレインが最初で最後である。ローランド・ヒルがレスター追放に反対した。なぜならばそれは「実質的にラグビーユニオンを解体することになるだろう」[8]からだった。

ヒルが気づいていたように、追放すればレスターがNUに加盟するのは必然だった。他の中部諸州の諸クラブもドミノのように倒れていくだろう。しかし、RFUがレスターに目をつぶったおかげで、NUが全国的なスポーツになる見通しはなくなった。第一次世界大戦直前にコヴェントリーと南西部にできた短命のクラブをのぞくと、NUはこれ以上RFUからクラブを引き寄せることはできなかった。

多くの点から言って、NUにはそんなことはどうでもよかった。その指導者と支持者のほとんどが、自分たちの組織が北部ラグビーフットボール協会という名称通りであることに満足していた。彼らにとって、北部は能力主義と競争の開かれた真のイングランド、商業と興業と真剣なプロスポーツの中心地だった。歴史家A・J・P・テイラーがヴィクトリア朝のマンチェスター人だった祖父について指摘しているように、彼らにとって「ロンドンは敵だった。それは祖父が不可とするものを表わし、祖父はおそらくは誤っていただろうが、マンチェスターがロンドンを打ち負かしたと思っていた」[9]。

彼らの態度はおそらく分裂後すぐに登場した言葉「最高はNUにある」に要約されているだろう。それは最高の品質であるものすべてを指し示し、南部に基礎をおくエスタブリッシュメントがなんと考えようと、NUで最高ならば英国で最高であることを暗に意味していた。この言葉はラグビーがどのようにして北部の生活の象徴の一部となったかを思い出させ、地域に広まった「われわれ」対「彼ら」という嘘偽りのない感覚を反映していた。

ラグビーリーグ――このスポーツは一九二二年に公式にこう呼ばれるようになる――の最初のヒーローは、自分たちが代表する緊密に編み合わされた北部コミュニティで生まれ、暮らし、働く男たちだった。その傑出した一例がハンスレットのアルバート・ゴールドソープである。一八八八年に十六歳の天才少年としてデビューし、一九一一年に引退するまでにクラブで二三シーズンを戦った。ラグビーユニオンのスリークォーター、その後はラグビーリーグのハーフバックとしての偉業、とくに一九〇八年、ラグビーリーグのグランドスラムにあたる「オールフォーカップス」〔ラグビーフットボールリーグ選手権、チャレンジカップ、州リーグ、州カップのすべてに優勝する〕達成時にハンスレットのキャプテンを務めたことから「われらがアルバート」の称号を得た。

コミュニティへの貢献は、ゴールドソープがラグビーのグラウンドをあとにしたときに終わったわけではなかった。ストライキ中の労働者のために慈善試合を企画して、資金を集めた。一九〇四年には、その名誉を讃えて、地域の少年ラグビートーナメントにその名が冠せられた。一九〇八年の優勝チームが、群衆が詰めかけたハンスレットの通りをトロフィーを掲げてパレードしたとき、選手たちを運ぶ無蓋の馬車には「アルバートに万歳三唱」と書かれた横断幕が飾られた。

ラグビーリーグは地域コミュニティに深く根を張る一方で、また国際的なはずみももっていた。北部のラグビーを変えたルール変更からちょうど一年後、ラグビーリーグはオーストラリアとニュージーランドにも定着した。バスカヴィルのオールゴールズの成功と、それに続くカンガルーズの遠征は、NUに国際的重要性の観念をあたえるのに大きな役割を果たした。一九一〇年、ソルフォードのジム・ロマスがラグビーリーグ英国代表初のオーストラリア・ニュージーランド遠征チームを率いて、両国におけるラグビーリーグの地位を強固にし、二十世紀のひな形となる相互の遠征サイクルの確立を助けた。

この最初の黄金時代を飾るすべてのチームのなかでもっとも偉大なのは、ラグビーリーグを生んだ町のチーム、ハロルド・ワッグスタッフのハダースフィールドである。「すべての才能ある選手のチーム」とあだ名され、フォワードの鉄人ダグラス・クラーク、フィールドを縦横に走りまわるウイングのスタン・ムーアハウスのような地元生まれの才能と、小型ロケットのスクラムハーフ、ジョニー・ロジャーズやゴールキックを蹴るフォワードのベン・グロノウのようなウェールズから移籍した選手、史上最年少オールブラックスのエドガー・リグリーやオーストラリアのウイング、アルバート・ローゼンフェルドなどの南半球のスターを組み合わせていた。ローゼンフェルドはシドニー初のラグビーリーグの試合に出場している。一九一五年までの四年間、ハダースフィールドは毎シーズンを選手権順位表のトップで終え、チャレンジカップに二度、ヨークシャーカップに三度、優勝。一九一五年にはハンスレットに続いてグランドスラム「オールフォーカップス」を達成した。

ハダースフィールドはスピードのあるオープンスタイルの試合運びをした。それは新ルールの提供する機会を最大限活用し、過去の重いセットピースをはるかに超えて試合を動かす新しい戦術を発展させた。一九一二年、なめらかなバックスプレイと、抵抗不能のフォワードの推進力はローゼンフェルドが一シーズンに七八という信じがたい数のトライをあげるのを可能にした。だれもがこの記録は破られることがないと考えた。しかし、二年後、チームはさらにやる気を出し、ローゼンフェルドは八〇トライをあげた。この記録が破られる心配はないように思われる。

エドワード朝が終わるころには、NUはラグビーが一八七〇年代と八〇年代の大ブーム時にコミュニティにおろした根を保存しただけでなく、改革と拡張によってそれに新たな活気をあたえた。一九一〇年のチャレンジカップ決勝戦取材のために北部に足を踏み入れたロンドンのデイリーテレグラフ紙記者は、ラグビーリーグが生み出すわくわく感をとらえている。

ラグビーの精神は死んでいないし眠ってもいない。ラグビーの真の精神は、イングランドでこれまでどおり生きているし、栄光ある古いスポーツのかつての魅力はいまだに人びとの心から離れてはいない。日曜日のハダースフィールドにいってみさえすれば理性的人間すべてがこの事実を納得するだろう。ハダースフィールドでは、大いに切望された名誉をかけて、ハルとリーズがNUカップのために雄々しい闘争を繰り広げた……それはわくわくさせられる楽しいスペクタクルだった[10]」。

◉バスカヴィルの幽霊

NUのラグビー革命は地理的にはイングランド北部に閉じこめられていたが、その力はラグビー世界全体に解き放たれた。北部の反乱の震動が、一九〇五年のオールブラックスのヨーロッパ遠征が引き起こした衝撃波と出会ったとき、続いて起きた激動はまったく予測もつかなかった結果につながった。ニュージーランドとオーストラリアへのラグビーリーグの波及である。

オールブラックスの信じがたい成功はこの一〇年間、ニュージーランドのラグビーに蓄積されてきた圧力が、遠征によって沸点に達したという事実を覆い隠した。一九〇六年三月、チームがオークランドに帰国したとき、遠征の利益はほぼ九〇〇〇ポンドと発表された。ところが、いまや若く男性的なニュージーランドの国民的ヒーローとして絶賛されている選手たちには一日につき三シリングの経費しか支払われなかった、イングランドで過ごした数か月は、遠征チームのメンバーの多くに「肉体（賃金）労働者」のラグビー選手がただにやっと笑って状況に耐えているだけではないことを明らかにした。NUが選手に支払うのを直接目にして、ニュージーランド選手は自分たちがラグビーの才能から利益を得ることができるのに気づいた。そのうえに、NUのラグビーの原則は一九〇六年の決定的な変更以前すでに、ニュージーランドのオープンなラグビー哲学に合致していた。

すべての革命と同様に、火口《ほぐち》に火をつけるのには触媒が必要だった、一九二八年の報告によれば、オールブラックスのウイング、ジョージ・スミスは一九〇五年の遠征でNU側と会っていた。オタゴ生まれで芝居の興行主ジョージ・スティーヴンソンには、一八九五年以前とNUを研究する機会を得ていた。さらに、スミスは一九〇二年にも陸上競技大会参加のために英国に滞在し、以後の両方でマニンガムでプレイした経験があり、新しいラグビーと直接的なつながりがあった。またスミスがオールブラックスの遠征から帰国途中シドニーに立ち寄り、南半球のラグビーの状況とNUについて、オーストラリアのラグビー関係者と話し合ったという証拠もある。[11]

一九〇六年にオールブラックスが帰国したあとすぐに、NUへの変更について話し合いがおこなわれたのはたしかだろう。なぜならばわずか一二か月後の一九〇七年三月、カンタベリーの郵便局員アルバート・バスカヴィルが、プロのオールブラックスがその年後半にイングランドに遠征し、NUのクラブと戦うと発表しているからだ。バスカヴィルはニュージーランドでは有名な選手だが、おそらく『近代ラグビーフットボール』の著者としてよりよく知られているだろう。この本はオープンラグビーを推奨し、伝統にただ頭から忠実に従うことを厳しく非難していた。バスカヴィルは、仏頂面のニュージーランド選手たちによる草の根運動を、公に対して代表する顔だった。

バスカヴィルは発表後ただちにニュージーランド・ラグビーフットボール協会（NZRFU）からペルソナ・ノン・グラータ〔好ましからざる人物〕と宣告され、すべてのラグビーグラウンドに立入を禁止された。NZRFUはそのあと、その年の北島対南島戦に選ばれた選手すべてに、自分はアマチュアであり、NZRFUに手を貸してバスカヴィルの遠征参加者を特定し、遠征を阻止するという宣言書に署名を求めた。

イングランドでは、連合王国におけるニュージーランド自治領代表でNZRFUからRFUに派遣されていたセシル・レイ・パリサーがNUは「真のラグビー精神の革新」からの脅威の下にあるとし、バスカヴィルの遠征を「NUを救うための一種のセンセーション」と呼んだ。パリサーの発言「それは幽霊チームである」を、バスカヴィルの支持者はおもしろがって使うようになった。[12]

しかしニュージーランド選手の不満は奥が深く、地元紙はバスカヴィルが「予測していた以上の成功と出会った」[13]と報じた。一九〇五年の対イングランド戦に四トライをあげた鉄道員ダンカン・マグレガーは、NZFRUの最後通牒に署名を拒否した最初の数名のうちのひとりである。バスカヴィルは一六〇名の選手から遠征参加申込を受け、そのなかにはオールブラックス一九〇五年チームの一八名も含まれると発表した。二八名強の遠征メンバーのうち、九名がオールブラックス経験者で、一九〇五年の遠征経験者は四名、ほかに一一名が地域代表の名誉を得ていた。[14]

「幽霊チーム」は十月一日夜、リーズに到着。鉄道の駅で迎えに集まっていた群衆にもみくちゃにされた。勝ち誇るカップ優勝チームの帰還を歓迎し祝う群衆と同じように、遠征チームは地元のプライドと歓喜の奔流の中心に立っていた。

> ニュージーランドのキャプテン、ライトは「リーズの皆さんに万歳三唱」と呼びかけた。それに続いてわくわくするようなマオリのウォークライ、さらに歓呼の声。選手はハンスレットの無蓋馬車と馬車に乗ったNUの役員に付き添われ、あいかわらず歓呼の声をあげる群衆を引き連れて、グランドセントラル・ホテルに向かった。人ごみは立錐《りっすい》の余地もなく、ボアーレーンとブリゲートでは交通渋滞を招いた。[15]

遠征チームは数日間で新しいスポーツに順化したあと——驚くべきことに、ラグビーリーグをプレイしたことはもちろん、観戦したことさえなかった——フィールドに登場。最初の八試合は無敗で、そのあと三万人の観衆を前にしてウィガンに敗れた。最初は古典的なニュージーランドのウイングフォワード戦術を使い、バックスにファイヴエイス〔スタンドオフ〕二人とスリークォーター三人を起用したが、それではよく訓練されたNUのディフェンスに簡単に封じられてしまうことになった。

一九〇八年六月、遠征開始から一〇か月後に帰国。NU代表とのテストマッチ三戦に勝利し、三〇万人以上の観客を集め、五五〇〇ポンド以上の利益をあげて、それを選手間で山分けした。ラグビーリーグが急速に人気をあげていくにつれて、ニュージーランドのラグビーユニオンは大混乱に陥った。

一九一四年、オークランドにはラグビーユニオンと同数の三九のラグビーリーグのチームがあった。カンタベリーにはラグビーユニオン全数の約三分の一の一六クラブ。一方、ウェリントンの九クラブはラグビーユニオンの五八とくらべれば見劣りがした。[16]新しいスポーツはニュージーランドのマオリに急速に浸透し、一九〇八年五月、遠征チームが帰国する以前すでに、偉大なるスリークォーター、オパイ・アッシャーに率いられたマオリ・チームがタスマン海を渡ってオーストラリアのラグビーリーグのチームと連戦した。マオリ・コミュニティに土台をおくチームとしては、一八八八年のパイオニアたち以来初めての遠征である。

NZRFUの反応は予測できた。タラナキ、ウェリントン、サウスカンタベリー、オタゴ、サウスランド、オークランドの各地方協会は数ダースの選手を追放した。[17]しかし、この情け容赦のない処置の背後でニュージーランドのラグビーユニオン上層部は分裂していた。かなりの数の人が長いあいだ、ニュージーランドのラグビーはRFUの奴隷だと感じてきた。カンタベリーとオタゴのラグビーユニオンはNUの線に沿うルール変更を提案し、もしラグビーが変わらなければ、NZRFUがRFUから離脱してオーストラリアと独自の協会を結成することさえ示唆した。ニュージーランドの運営者のすばやい足運びとRFUが国際的な協議をする約束をしたことが直近の脅威をかわしたが、議論は一九一四年の戦争勃発まで続いた。

ラグビーリーグ先駆者の期待は完全には満たされず、ラグビーユニオン忠誠者の恐れに完全に根拠があるというわけでもなかった。ラグビーリーグは、オークランドのドックや西海岸の炭坑など、ニュージーランドの工業労働者階級の地域のあいだで強力に選手を集めたが、ラグビーユニオンは学校や専門職階級、そしてプレイヤーの大多数を支配していた。多くの点で、ニュージーランドのラグビーはイングランドのそれと似るようになり、ラグビーリーグとラグビーユニオンはほとんど相互的に排除し合う社会集団と文化的価値を代表していた。ニュージーランドで「リーギー」であることは、アウトサイダー、潮に逆らって泳ぐ用意のある人だった。

しかし、悲劇的なことに、アルバート・バスカヴィル、ニュージーランドに一三人制を導入した男は、それが母国に定着するのを生きて目にはできなかった。一九〇八年五月、遠征チームが困難な遠征の最後の行程ブリスベンに到着したとき、バスカヴィルは悪寒を訴えた。それでも相変わらず対クイーンズランド戦に出場するつもりだった。クイーンズランド戦の翌日、インフルエンザと診断される。

三日間で肺炎を併発し、入院。ニュージーランドの選手たちはブリスベン代表を43―10で破ったあと、五月二十日水曜の午後遅く、病院に見舞いに訪れ、昏睡状態のバスカヴィルを見出した。六時、彼がその生活を変えた男たち、そして彼を通じて自分たちの手でラグビーを変えた男たちに看《み》とられて、バスカヴィルは世を去った。まだ二十五歳だった。[18]

◉カンガルーズ対ワラビーズ

バスカヴィルの遠征で人生が変わった男のひとりに、チーム唯一のオーストラリア人、ハーバート・ヘンリー・〝ダリー〟・メッセンジャーがいる。数あわせのために遠征に出かけたのではない。ダリーはオーストラリア・ラグビー最大のスターだった。シドニーのイースタンサバーブス・クラブに所属し、ラグビーユニオンのスタンドオフで、試合を読む超人的な能力と天才的なキックのおかげで卓越した選手となる。ハーフラインの外から、あるいは一節によると自陣の二五ヤードラインからでもゴールキックを決めることで有名だった。バスカヴィルがメッセンジャーのチーム参加に合意を得たのは、ようやくメッセンジャーの母親が承認をあたえたあとだったが、結果として、オーストラリアのラグビーファンはその場で遠征を信認しただけでなく、シドニーの選手多数が新しいラグビーの側に立つ道が開かれた。

メッセンジャーがようやく遠征から帰国したとき、オーストラリア・ラグビーリーグの初シーズンはすでにかなり前から始まっていた。九クラブがニューサウスウェールズ・ラグビーフットボール連盟幕開けのシーズンに参加し、シドニーのメトロポリタン・ラグビー協会との直接対決が続いた。どちらの組織も相手に対して優位には立てず、一般の観客の注目は州代表戦や国代表戦に集まった。シーズンが終わり、ラグビーリーグとラグビーユニオンの両方が、一九〇八—〇九年の英国のシーズンに本国に遠征チームを送ると発表したとき、覇権争いの舞台は英国に切り替わった。

イングランド各紙は最初、ラグビーユニオンのチームを「ラビッツ〔兎〕」と呼んだが、選手たちはこの愛称に抗議したらしく、「ワラビーズ」の愛称が採用された。ほとんどのオーストラリア人が兎を輸入された有害動物と見なしていたからだ。ラグビーリーグ、ラグビーユニオンともに華々しい成功とは言いがたかった。ワラビーズはラネリー、カーディフ、スウォンジー、ウェールズに敗れ、同様にイングランドの中部諸州にも敗れて、近代の遠征スコッドとして初めてイングランドのチームに敗れた。さらに悪いことに、遠征チームには論争がつきまとっていた。プロフェッショナリズムとジェントルマンらしくない戦術に対する非難は絶えず表面近くにあった。スコットランドとアイルランドは試合を拒否した。

遠征中に三名のワラビーズが退場になった。シド・ミドルトンはオックスフォード大学との威信ある試合中に退場になっている。英国のより俗物的な報道のなかには、チームをオーストラリア国民の道徳的欠陥の反映と見る向きもあった。スコットランド人のラグビー記者、ヘーミッシュ・ステュワートは、ワラビーズは「その犯罪的行為に崇高なほど無意識であり、フェアでないプレイを非難されると心から驚く」[19]と書いた。オーストラリアの側は自分たちの扱われ方に驚いた。遠征の監督ジェイムズ・マクマホンは、「本国へのビジターとして、英連邦の国の一部の代表として、[選手たちは]報道の一部が見せた敵意を理解できず、心の準備がなかったのはたしかだ」[20]と不満を述べた。おまけに遠征は一五〇〇ポンドの赤字を出す。次にオーストラリアの遠征チームが訪れるのは四〇年後である。

ワラビーズがあげたひとつの勝利は、その後になって重要な意味をもったにすぎない。一九〇八年のオリンピックで、唯一トーナメントに参加したもうひとつのチーム、コーンウォールを32―3で一蹴して金メダルを獲得した。RFUとそのほかの英国のラグビーユニオンは代表入りを拒否したので、その年のイングランドの州対抗選手権優勝の功によってコーンウォールが英国を代表していた。成功した試合とは言えなかった。「試合は小ぬか雨のなか、ほとんどからっぽの観客席の前でおこなわれた」とザ・タイムス紙は報じている。「フットボールは、タッチライン沿いに伸びるプールにひっきりなしに飛びこむことによって、つねにすべりやすい状態にあった」[21]。

しかし、ラグビーリーグのカンガルーズもラグビーユニオンより成功したわけではない。ラグビーリーグの遠征チームは、一九〇八年九月、銀灰色のカンガルーを連れてティルブリーに到着。ラグビーリーグの本拠地である工業地帯がこの世代最悪の不景気の真っ最中だったことは助けにはならなかった[22]。遠征はそれ自身の野心の犠牲者で――六か月間で四五試合を戦い、一七勝しかあげられなかった――四一八ポンドの赤字になった。遠征の監督で興業主のジェイムズ・ギルティナンは帰国後、破産した。

しかし、両遠征チームがオーストラリアにもどったとき、潮はラグビーリーグ優位に変わり始めた。二チームの遠征がむしろ失敗に終わったにもかかわらず、オーストラリアが英国に同時期に二チームを送れたという事実は、オーストラリアにおけるラグビーの並はずれた強さと人気を示していた。そこでイースタンサバーブス・ラグビーリーグクラブの有力な役員ビル・フレッグは、遠征二チームをラグビーリーグのルールで対戦させる企画を立てた。

唯一の問題は、カンガルーズの遠征が財政的に失敗したので、ワラビーズを引き寄せるための資金があまりなかったことだ。そこでニューサウスウェールズ・ラグビーフットボール連盟はシドニーの実業家ジェイムズ・ジョイントン・スミスに話をもちかけた。スミスはホテル、新聞社、競馬場を経営し、ワラビーズとの契約の経費を負担するのに理想的な人物に見えた。最終的にキャプテンのクリス・マキヴェトを含む一四名のワラビーズが契約した――実際に、当時、多くが指摘したように、ワラビーズ内部は階級によって分断されており、逃亡者は全員が労働者階級に属していた。

一万八〇〇〇の観衆が、シドニーの報道が「世紀の試合」と呼んだものを観戦し、失望はさせられなかった。拮抗した試合で、ワラビーズは新しいルールに見事に対応し、18―16でリードして前半を折り返した。残り数秒でスコアは26―26。カンガルーズを救ったのは魔術師メッセンジャーだった。メッセンジャーのすばやいパスを受けて、左ウイングのフランク・チードル（ニュータウン）が疾走し、コーナーにトライを決めた。コンバージョンキックは失敗したが、カンガルーズが29―26で勝利をつかみとった。次の二戦はワラビーズが勝利した。しかしカンガルーズが最終戦にあたる第四戦に勝ち、シリーズをタイとした。ラグビーリーグのルールによる四戦はシドニーのスポーツファンの想像力をとらえ、天秤ばかりは決定的にラグビーリーグに傾いた。

次の二シーズンを通して、ラグビーリーグはラグビーユニオンを引き離し始めた。ラグビーリーグのほうが観衆が多かっただけでなく、ラグビーユニオン上層部はラグビー改革の考えから後退し、しだいにより排他的になっていった。だが、もっとも重要なのは、ラグビーリーグにはオーストラリアのラグビーユニオンにはない国際的広がりがあったことだ。英国とのあいだの定期的な相互遠征は自分をいまだに英国人と考えているオーストラリア人の大多数にとって、ラグビーリーグにひとつの意味をあたえた。ジム・ロマス率いるNU一九一〇年遠征チームは、どこでプレイしようとも大観衆を引き寄せた。遠征開幕戦で、ビジターはライオンに先導されて入場、「ライオンズ」と呼ばれる最初のチームとなる。[23] 翌年、ニュージーランドのラグビーリーグがオーストラリアに遠征し、一九一一年にはカンガルーズが、元ワラビーズのマキヴェトに率いられてふたたび英国を訪れた。今回、カンガルーズはフィールドの内外で成功をおさめた。三五戦で二八勝。しかしもっとも重要なのは、ラグビーリーグのアッシズを国にもちかえったことだ。財政的にも大きな利益をあげたので、各選手にボーナス一七八ポンドが支給された。

一九一四年五月、ハロルド・ワッグスタッフのブリティッシュ・ライオンズがオーストラリアの岸辺に到着するころには、ラグビーリーグはオーストラリアでもっとも人口の多い二州、ニューサウスウェールズとクイーンズランドでおこなわれるフットボールの主流となっていた。イングランドとニュージーランドと同様に、それはラグビーをプレイするひとつの異なる方法を意味するだけでなく、ラグビーユニオンを率いる人びとの大多数とは異なるひとつの人生の見方を表わしていた。一九一四年のライオンズの監督ジョン・ホートンがあるシドニー紙に、遠征チームは「自分たちの［ラグビーリーグ］フットボールを宣伝したい。なぜならばそれが庶民のスポーツだと信じているからだ」[24]と語ったとき、ホートンはこのことを反映していた。

英国ではリーグと労働運動のつながりは明白だったが、これは英国よりもオーストラリアでなおいっそう顕著でさえあった。ニューサウスウェールズ・ラグビーフットボール連盟の初代会長ハリー・ホイルは、鉄道労働者組合の傑出した活動家で、オーストラリア労働党の候補だった。ラグビーリーグ初の専任書記テッド・ラーキンは労働党議員。のちの首相で労働党所属のビリー・ヒューズはグリーブ・クラブの後援者。ノースシドニーの後援者テディ・クラークは辻馬車御者組合の初代会長だった。クイーンズランドでは、ラグビーユニオンからの分裂の立役者ジャック・フィエリーがのちにクイーンズランド労働党副党首になる。また傑出したアイルランド民族主義者でもあった。

このような男たちは自分自身のイメージを映すスポーツをラグビーリーグに見出した。英国の遠征チームは当時のスポーツチームとしては唯一、ロマスやワッグスタッフのような労働者階級出身者——英国の工業中心地の肉体労働者——に率いられていた。オーストラリアの選手や観客も同様に労働者階級に属していた。一般的なオーストラリア人にとって、新しいラグビーは、自分たちが望むオーストラリア、労働者の、民主主義的な、能力主義的なオーストラリアのイメージを表わしていた。テッド・ラーキンにかわってニューサウスウェールズ・ラグビーフットボール連盟の書記となったホリー・ミラーはのちにこう書いている。

（ラグビーリーグは）すべての階級のためのスポーツだ。それは階級制のスポーツではない。スポーツのフィールドであらゆるタイプの男や少年たちをひとつにするスポーツはいかなるものであっても国の建設者でなければならない……コミュニティのすべての層が他のすべての層を理解し、評価することが基本である。[25]

これは次の世紀にオーストラリアで、そして残りの世界でもラグビーリーグを推進することになる哲学だった。

第14章 第一次世界大戦以前の英国のラグビー（屈辱を忍んで目的を達成する）

British Rugby Before 1914 : Stoop to Conquer

日時は一九一〇年一月十五日。ロンドン西部の郊外がこんな光景を目にするのはこれが初めてだった。抵抗できない渦巻きに引き込まれるように、数千人が緑の小道から姿を現わし、小ぎれいなテラスハウスの前を通り過ぎていった。人びとはウォータールー駅発の列車、シェパーズブッシュ発のトラム、首都各地域からのバスでやってきて、しつこい霧雨を避け、二時四五分のキックオフに間に合うように到着しようと、頭を掲げ、肘で押し合い、足早に歩いていった。絶え間なく列をなす群衆がウィットンロードに到着したとき、目の前には新しいスタジアムがそびえていた。

トウィッケナム。

群衆はその年の五か国対抗第二戦、イングランド対ウェールズ戦を見るためにきた。またイングランド・ラグビーの新しいナショナル・スタジアムを見るためにもやってきた。設計と建設にほぼ三年を費やしたトウィッケナムは、オールブラックス一九〇五年遠征成功のもうひとつの結果だった。ニュージーランド戦と翌シーズンの南アフリカ戦はどちらも四万の観衆を集めた。だが、これほどの観客を収容できる大きさのラグビーグラウンドはなく、RFUは心ならずも試合をクリスタルパレスでおこなわなければならなかった。

スタジアムの構想を立てたのはニューカースルのやり手実業家ウィリアム・ケイルである。ケイルは一九二五年に逝去するまで三一年間にわたって、RFUの財務を担当した。プロジェクトの責任者にはウィリアム・〝ビリー〟・ウィリアムズが任命された。ウィリアムズはRFU委員兼レフェリーで、一九〇五年にオールブラックスがサリーと対戦したさい、オールブラックスに一二回連続でオフサイドをとって注目を集めていた。ウィリアムズはトウィッケナム駅のすぐ北に一二・五エーカーの土地を見つけ、RFUは一九〇七年にそれを五五七二ポンドで購入した。以前は市場向けの青果栽培園だった土地で、そこから「ビリー・ウィリアムズのキャベツ畑」の愛称がつけられた。

建設が終了したスタジアムはRFUの自信と、一八九〇年代から一九〇〇年代初めにかけての大混乱後のラグビーユニオンの健康状態の象徴としてそびえていた。グラウンドの東西に座席数三〇〇〇、長さ三四〇フィートの有蓋のスタンド、南に立ち見席七〇〇〇のテラス席、北側に同数の観客がはいるスタンドを備える。北部からの脅威は阻止され、南東部はふたたび議論の余地なきラグビーユニオンの中心となった。J・G・バラードがのちに描いたように、トウィッケナムが英国の階級システムのマジノ戦であるとすれば、新スタジアムはその城塞だった。

約二万人の観客の大部分にとって、一月の湿った土曜日にトウィッケナム初の国際試合観戦に足を運ぶのは巡礼のようなものだった。新グラウンドお披露目の試合ではない——ホームチームのハーレクインズが一九〇九年十月二日にリッチモンドを14—10で下した——が、国代表戦としてはスタジアム初の試合だった。この事実を特筆すべきラガーマン、英国皇太子の観戦が強調する。皇太子は三か月後、ジョージ五世として英国の王座に就いた。

二十世紀の幕開けからイングランドは主としてブラックヒースとリッチモンドで試合をしてきたが、ときにはレスター、グロスター、ブリストルで戦うこともあった。だが、これからはイングランド代表が狭すぎる、あるいは不適切なグラウンドで戦うことは二度とないだろう。スコットランドのインヴァーリースやウェールズのカーディフ・アームズパークのように、いまやイングランドのラグビーも自分のホームをもつ。これは新時代の始まりだった。

交通渋滞と観衆が新スタジアムに不慣れだったために、試合開始は一五分遅らせられた。ようやく両チームがフィールドに登場、ボールはキックオフのため、ブリッジエンドのキャプテン、ベン・グロナウに渡された。グロナウは天才的なフォワードで、ゴールキックも蹴る。その年の後半には〔ウェールズの〕渓谷地帯の石工の仕事をやめて、ハロルド・ワッグスタッフ率いるラグビーリーグのハダースフィールドに加わる。しかし、この日は、トウィッケナム初の国際試合を開始する名誉をになっていた。ハーフウェイライン中央で、芝生にかかとで穴をつくり、ボールをおく。二、三歩後退し、イングランドの二五ヤードラインを越えてボールを蹴りこんだ。イングランドのキャプテンでフライハーフのエイドリアン・ストゥープがボールをキャッチした。

ラグビーの試合の八〇分間で起きる何千もの出来事、決定、多様な戦術のなかで、もっとも予測のできる瞬間がキックオフである。

相手チームがボールをキャッチし、陣地を獲得するためにタッチラインの外に蹴り出す。最初のラインアウトがセットアップされる。この時点でバトルが開始される。キャッチャーがノックオンをする、あるいはキックがタッチラインを割らなかった場合をのぞいて、すべての試合がこの形で開始されるのは不可避なものとして広く受け容れられていた。

しかし、エイドリアン・ストゥープは予測可能性を尊重する男でもなければ、不可避に屈する男でもなかった。ストゥープにとってはスタジアム以上にこの試合が先駆けとなる新時代がそこにあった。これはイングランド・ラグビーの新しいプレイスタイルの始まりでもあった。

だから、ウェールズのフォワードがボールが自分たちの頭を越えてタッチに出るのを見越して、ストゥープに向かって走ってきたとき、ストゥープはただ慣例を無視して、ボールをもったまま後方に走った。驚いたウェールズのディフェンダーのひとり目が近づいてくると、ストゥープはボールを左にパス、ボールは味方スリークォーターのラインに沿ってすばやく動いた。ウェールズは度肝を抜かれ、動きをカバーするために後方に走りもどった。

ボールがイングランドの左ウイング、ロニー・ポールトン（ハーレクインズ）に届いたとき、ポールトンはポストに向かってグラウンドを斜めに横切る完璧なキックを蹴った。短いとりあいのあと、ボールはバックスにまわされ、スリークォーターのラインを通って、右ウイングのフレデリック・チャップマンに届く。チャップマンが右隅にもぐりこんでトライ。試合開始わずか七五秒後、イングランドに三点がはいる。

ウェールズと群衆は唖然とした。過去一〇年間、イングランドは予測のできるフォワード支配の試合をプレイしてきた。そのなかでは、陣地をとるためのキックとゴールキックが主要な、そしてたいていは唯一の戦略だった。いまここで、イングランドはオールブラックスが誇る破壊的なバックラインの動きを取り入れ、実行した。

コンバージョンキックは決まらなかったが、数分後、チャップマンがペナルティゴールを決め、イングランドのリードは六点に広がった。ショックを受けたウェールズはようやく冷静になり、トム・エヴァンズがトライを決めて、ドラゴンを試合にもどした。しかしハーフタイム近く、イングランドがふたたび得点。

ウェールズ風の愛称にもかかわらずグロスターでプレイするスクラムハーフのD・R・〝ダイ〟・ジェント（スウォンジー生まれのウェールズ人。グロスターシャー州代表・イングランド代表）が、ボールをラックから出して、バート・ソロモンにパスした。ソロモンはコーンウォールのセンターで、これがデビュー戦。ウェールズのディフェンス中央を破り、ダミーパスでウェールズのフルバック、ジャック・バンクロフトを完全にかわして、ポスト下にトライを決めた。チャップマンのコンバージョンは成功し、イングランドはハーフタイムを11―3で折り返す。後半、よく組織されたイングランドのディフェンスがウェールズをレジー・ギブズの一トライに抑え、新しいホームグラウンドで戦ったチームが11―6で勝利して、試合は終了した。ウェールズが負けるのは三年ぶりだった。もっとも重要だったのは、イングランドがウェールズに勝つのは一八九八年以来だったことだ。

その後、イングランドはアイルランドとの0―0の引き分けを例外として、楽勝を続け、唯一負け知らずのチームとして五か国対抗に優勝。敗戦なしでの勝利は一八九二年以来である。まさに新時代の到来だった。

◉トウィッケナムへの道

イングランドのラグビーにとっては長い後退の時期だった。一八九五年の分裂後、ラグビーユニオンは劇的に縮小した。分裂に続く一〇年間、RFUのシニアのクラブ数は四一六からわずか一五五に減少。イングランドはまた国際的なレベルでも、存在感のある力であることをやめた。分裂後の五シーズン、一五戦の成績は四勝二分にすぎない。一九〇〇年から一〇年のあいだには一一勝しかできず、そのうち四戦は国際舞台の新参者フランスが相手だった。一九〇五年、シーズン中の国際試合であげた得点はシドニー・クーパーの一トライだけだ。

イングランドのラグビーが弱体化すればするほど、他の国ではラグビーが存在感を増した。近代のウェールズ国が形作られようとしているとき、ウェールズのダビデがイングランドのゴリアテを定期的に殺せることは、ウェールズ人にとっての大きな国民的意味をラグビーにあたえた。同じことが、ニュージーランドと南アフリカのラグビーにも言えた。もしオールブラックスが一九〇五年の英国遠征から、強力なイングランドの諸チームとイングランド代表に次々と負けて帰国していたら、若いニュージーランド国家にとってラグビーの象徴的意味はずっと小さくなっていただろう。

イングランド・ラグビーの弱体化はとくに南アフリカにとっては重要だった。英国=ブーア戦争終了直後、英語話者とアフリカーンス語話者をラグビーがひとつに結べたのは、南アフリカ人が一致団結して英国人を破れる闘技場をこのスポーツが提供したからだった。より強いイングランドの手で敗戦を喫していたら、南アフリカにおけるラグビーの重要性は、対イングランド戦では負けるのが当たり前の南アフリカのクリケット・チームの状況まで縮小されていただろう。

　イングランドの弱さが他の国の強さの源だというパラドックスは、一九〇〇年代が国際的なラグビーにとって決定的な一〇年間だったことを意味する。それはラグビーが、ウェールズ、ニュージーランド、南アフリカの国民精神に埋めこまれることを可能にしただけではなく、それまでのラグビー史上最高の世代が花開くことも可能にした。

　ウェールズの成功の象徴はウェールズの「プリンス・オブ・〔センター〕スリークォーター」グウィン・ニコールズである。古典的なセンターで、その狙いはウイングのためにスペースを作り、そのあと完璧なタイミングでパスをして、ウイングを妨害を受けずに自由に走らせることだ。しかし、ニコールズはまた特筆すべきテクニシャンでもあり、一九〇五年の対オールブラックス戦勝利の立役者だった。その目標は「一五人のチェスの達人」からなるチームを作ることだった。「……それぞれがなされるべき最善のことを本能的に知るだけでなく、他の仲間もそれを知り、それに従って自分の場所にはいる、あるいはすでにはいっている」[1]。

　ニコールズの才能を、同じように卓越したチームメイトのセンター、リース・ゲイブと、ウイングのテディ・モーガン、ウィリー・ルウェリンが強化した。これが一九六〇年代と七〇年代にあの不滅のチームが出現するまでは、ウェールズ史上最大の攻撃力だったことは間違いない。しかし、もっとも重要なのはチームの心臓であるスクラムハーフのディッキー・オーウェンがボールをフォワードから、攻撃の構えをとるバックスに送り出したことだ。小柄なオーウェン——五フィート五インチしかなかった——は、近代のスクラムハーフの役割を創造し、そのポジションをアウトサイドハーフ〔スタンドオフ〕と交換可能なものから、スクラムのエリアを支配するものへと変化させた。

　本職が鉄鋼労働者のオーウェンはスクラムのベースからボールを弾丸のようにパスし、ボールがスクラムから出るのとほとんど同時にスリークォーターを動かす。一九一二年にウェールズ代表を引退するまで、五か国対抗に勝利した六組のチームでプレイし、グランドスラムを三回達成、対スプリングボクス戦をのぞいてすべての国際試合に勝利した。

　ウェールズが非公式の世界チャンピオンだとすれば、スコットランドはそのすぐあとに続いていた。同じ一〇年間に五か国対抗に四回優勝し、一九〇六年にはスプリングボクスに6—0で勝利、オールブラックスをウェールズ以外のチームのどれよりも遠くまで押しこんだ。そのアキレスのかかとはウェールズに勝てないことだった。一九〇〇年から一九二〇年のあいだにはわずか三勝しかできず、アウェイでは一勝もできていない。これがスコットランドが苦しんでいた唯一の問題ではなかった。当時、スコットランドのラグビーの競技団体はスコットランド・フットボール協会の名称で呼ばれていたが、考えうるかぎりでもっとも絶対的なアマチュアリズムをもっとも熱心に擁護していた。国境の北側で優勢な厳格かつ特殊なアマチュアリズムとくらべれば、RFUは堕落した妥協者だった。スコットランド人にしてみれば、一九〇五年のオールブラックス選手に一日三シリングの経費が支払われたことだけで、オールブラックスにプロのレッテルを貼るのには充分だったのである。[2] 一九〇八年のワラビーズも一日三シリングを受けとっているらしいと知ったとき、スコットランドは対戦を拒否した。RFUが遠征スコッドへの支払禁止を拒否したことに腹を立て、一九〇九年にはイングランドとは対戦しないと宣告した。

さんざん交渉を重ねたあと、RFUとスコットランドは、一日三シリングは許容できるが、選手は金を受けとる前に領収書を提出しなければならないということで最終的に同意した。国境のどちらの側も面子を立て、一九〇九年のカルカッタカップは予定通り開催された。ブラックヒースにおいて、スコットランドが18―8で勝利する。スコットランドはこれを経費支払問題と合わせて二重の勝利と考えた。[3]

本音では、スコットランドは国外に遠征をしながらアマチュア原則に忠実でいることが可能だとは考えていなかった。遠征が提起する問題は、一九〇八年のイングランド=ウェールズ連合チームによるニュージーランド・オーストラリア遠征でスポットライトを浴びる。だれも驚かなかったが、アイルランドとスコットランドは選手を出すのを拒否した。一九〇八年三月、スコットランドは自国の選手のひとり、トム・ウィルソンが遠征参加に同意しただけで出場停止にした。ウィルソンが一日三シリングの経費を受けとるかもしれないというのがその理由だった。プロフェッショナリズムの疑いをとりのぞくために、ウェールズ選手は全員が、自分で遠征費用を負担できる裕福な階級から選ばれ、ウェールズのラグビー上層部を大いに残念がらせた。

このように社会階級を注意深く配慮して選んだにもかかわらず、ひとつには、遠征チームの一員フレデリック・ジャクソンがラグビーリーグのスウィントンの元選手であることをニュージーランドの報道に暴かれたこともあって、遠征は大失敗となった。州代表チーム戦での妥当な勝敗の記録とテストマッチ第二戦（ウェリントン）での3―3の引き分けにもかかわらず、遠征チームはテストマッチ第一戦（ダニーディン）では3―32、最終戦（オークランド）では0―29と大敗を喫した。オーストラリアは、新設のラグビーリーグとの道徳的闘争に縛られて、遠征チームとのテストマッチを開催することもできなかった。

英国側の役員は高飛車な態度でホスト国の離反も招いた。遠征の監督ジョージ・ハーネットは帰国したとき、将来、RFUは「南アフリカの選手との接触を維持すべきだ」と示唆した。「南アフリカの選手は芯までアマチュアなのに加えて、クリーンで正直なプレイをするスポーツマンだからだ」[◉4]。このあと二三年間、英国のチームがオーストラリアとニュージーランドにいくことはなかった。

ハーネットが発言したように、南アフリカは別の問題だった。一九〇六年のスプリングボクスはたいていの場合、前年に訪れたニュージーランドよりも好意的に評価された。「両方のチームと対戦した男たちは、スポーツの完全なる歓びについては、南アフリカに匹敵するものはないと告白する」とガーディアン紙は書いた[◉5]。南アフリカには比較的いきやすかったことは、フィールドの中と外で重要な選手の交流があったことを意味する。早くも一九〇三年には、南アフリカのジミー・マクドナルドがスコットランドの左ウイングとしてプレイし、一九〇五年、同国人のハロルド・マコーワットがそのあとに続いた。南アフリカ生まれのジェイムズ・デイヴィー、ルパート・ウィリアムソン、レッグ・ハンズも一九〇八年と一九一〇年にイングランド代表として出場した。

したがって、英国が一九一〇年、南アフリカに四回目の訪問をし、テストマッチシリーズは一勝二敗で敗れはしたものの物議を醸さない遠征を楽しみ、そのお返しにスプリングボクスを一九一二年に英国に招いたのは当然のなりゆきだった。いつものように遠征チームはウェールズのクラブチームに苦戦し、ニューポートとスウォンジーには負けたが、カーディフとラネリーにはそれぞれ一点差で勝った。だが、国代表戦には、驚くべきイングランドのロナルド・ポールトンの一トライのほかは一点もあたえず、全勝した。

英国のチームが南アフリカに定期的に、そしてしばしば乱暴に粉砕されたにもかかわらず、南アフリカと英国のラグビーのあいだには、ニュージーランド・オーストラリアとイングランドとその他の本国チームのあいだのしばしば疑心暗鬼の関係よりも深い絆が存在していた。それでも二十世紀が進むにつれて、この絆は次第に問題をはらんでいく。

◉屈辱を忍んで目的を達成する

イングランドが対戦した多くの南アフリカ人選手と同様に、イングランドを世界ラグビーの強豪に変身させた立役者エイドリアン・ストゥープもオランダ人の血を引いていた。裕福なオランダ系の家庭に生まれ、二十一歳の誕生日には父親からトルコのマルマラ島にある大理石の石切場を贈られた。それがストゥープに一生のあいだ、なに不自由のないという以上の収入をもたらした。ラグビー校とオックスフォード大学で教育を受け、まだラグビー校在校中の一九〇一年にハーレクインズでデビュー。選手、戦術家、のちには運営者として、ラグビーに不滅の足跡を残した[6]。

ストゥープはよろこんでばかにされることに耐えている男ではなく、イングランドのラグビーが最悪の事態を体験しているときにラグビー界入りした。一八九五年の分裂はイングランドの数多くの有能な人材を流出させただけではなく、すべての対立者の追放と批判に対する抑圧は、イングランドのラグビーが無気力な保守主義に落ち込む原因となった。対照的にウェールズは改革をやめず、スコットランドの戦術的知性はイングランドのはるか先をいっていた。「イングランドのフィフティーンは」とデイリーメイル紙はぼやいた。「決められた作戦計画なしで、雄牛のように乱闘のなかに突進していく。それはまるで、われわれが、兵隊たちをクリミア戦争当時の武器で武装させて近代戦に送り出すようなものだ。われわれはみごとに敗北を招く[7]」。

イングランドのラグビーの状況に対するストゥープの欲求不満はただそのままにとどまっていたかもしれないが、そのラグビー歴はまさに一九〇五年のオールブラックスがラグビー世界を混乱に巻きこんだとき開花を始め――初の国際試合出場は一九〇五年のイングランド対スコットランド戦――ストゥープに自分のアイディアを実行に移す完璧な状況をあたえた。

ストゥープはアイディアの多くをオールブラックスと共有していた。ひとつは反射的にタッチに蹴り出すのを嫌うこと。もうひとつは、バックスだろうとフォワードだろうと全選手がボールをパスでき、ボールキャリアーをバックアップできなければならないということだった。おそらくイングランドのラグビーにもっとも大きな物議を醸したのは、ストゥープがそれぞれのポジションごとに専門的な技術が開発されるべきだと感じていたことだ。ストゥープのシステムでは、各選手は正確な役割をもち、戦術は試合の各段階について立てられ、動きは計画され、絶えず練習される。ストゥープは「機械的なディテールが脳になにも要求しなくなったとき初めて、脳は自由に試合にみずからを捧げることができる」と論じた[8]。

これはストゥープ自身のポジション、ハーフバックスについてとくにあてはまる。ストゥープはハーフバックスのうちのひとりはスクラムハーフとしてスクラムにボールを投入し、ボールを配給する責任をもち、もうひとりはフライハーフ〔スタンドオフ〕としてスクラムとスリークォーターのあいだをつなぐ役割を果たすことにこだわった。これはニュージーランド、ウェールズ、NUのラグビーでは当たり前だったにもかかわらず、イングランドのアマチュア精神は選手ごとの役割を専門化しすぎることに抵抗した。

ストゥープがハーレクインズで改革を強引に成し遂げることができた理由のひとつは、彼がプロフェッショナリズムに好意的だとはだれからも非難されない立場にいたことだ。ハーレクインズを選んだのは、当時イングランドをリードしていたロンドンの二チーム、ブラックヒースやリッチモンドほど堅苦しくも保守的でもなかったからだ。一九〇五年、クラブの書記に任命され、翌年にはチームのキャプテンとなった。書記としては、選手のセレクションを偶然や社会的なコネにまかせず、クラブのために才能ある選手を探し始め、キャプテンとしてはその任務を冷静沈着な試合運びと一体化させた。

ストゥープのリーダーシップのもとで、ハーレクインズはバックラインに破壊的な力をもつ才能を集めた。センターのジョン・バーケット、ダグラス・ランバート、弟のフレデリック・〝フリーク〟・ストゥープ、スクラムハーフはハーバート・シブリー、そしてもっとも有名なスリークォーターのロナルド・ポールトンがイングランドの新しいバックスプレイを確立し、観戦者をわくわくさせ、敵のディフェンスを破った。ハーレクインズはイングランドでもっとも成功し、もっとも魅力的なチームとなった。

一九一〇年はハーレクインズのストゥープ世代が円熟の域に達し、クラブの成功を国際舞台に移した年である。第一次世界大戦前の五シーズン、イングランドはストゥープのシステムの報酬を華々しく手にし始めた。ストゥープ自身が最後に国際舞台に登場したのは一九一二年だったが、その遺産は残った。一九一〇年の五か国対抗優勝に次いで、一九一二年にはアイルランドと優勝を分け合い、一九一三年と一四年には、ストゥープの当然の後継者である天才的スリークォーター、ポールトンに率いられて二年連続でグランドスラムを達成した。

ストゥープは屈辱を忍んで目的を達成した。一八九五年以降長いあいだイングランドのラグビーユニオンを規定してきたフォワードに基礎をおく動きの重い戦術は過去のものとなった。ラグビー校OBのふたり、ストゥープとポールトンはトライを意のままに決められる威勢のよいパブリックスクールのスリークォーターのイメージを甦らせた。ザ・スポーツマン誌の記者の言葉を借りれば、ストゥープのハーレクインズとイングランド代表の成功は、「イングランドのパブリックスクールにラグビーの天才がこれほどあふれていたのに、イングランド代表は過去何年にもわたって、工業中心地に労働者階級の選手を求めて情けなくさまよっていた」[9]ことを多くの人に示した。ストゥープはラグビーをルーツに立ち返らせた。

●一九一四年への道

一九〇〇年代の終わりは、ラグビーにおけるグローバル化第一期の波の頂点だった。ニュージーランド、南アフリカ、オーストラリアすべてがブリテン諸島を訪れた。英国からの遠征チームがこの南半球の三国に送り出された。一九一〇年には、ユダヤ人初のイングランド代表ジョン・ラファエル率いるイングランドがアルゼンチンに遠征した。チームにはスコットランド人三名も含まれた。

一九一〇年、ラグビーユニオンの新しい世界秩序に最後にひとつが加えられる。伝統的にホームネーションズ選手権と呼ばれていたものにフランスがようやく加入を許され、それを五か国対抗選手権に変えた。一九〇六年の元日、パリでオールブラックスにわずか二トライを失っただけの英雄的な敗戦を見て、RFUはフランスにはいまやトップレベルのチームと国際試合を戦える力があると納得し、二か月後、パルク・デ・プランス競技場はイングランドを歓呼の声で迎えた。一九〇八年にはウェールズとの対戦が始まり、翌年、アイルランドが新参者をランズダウンロードに迎える。フランスはどちらにも簡単に負けたが、五か国対抗で競争できると示すのに充分なだけのことはした。

その後明らかになるように、フランスが一九一一年の五か国対抗開幕戦で、スコットランドに初勝利をあげるまでには長い時間はかからなかった。試合のかなりの部分を一四名――ウイングのシャルル・ヴァレイユ（スタッド・フランセ）はただ姿を現わさず、補欠のアンドレ・フランクネルは列車に乗り遅れ、試合開始後に到着した――で戦ったにもかかわらず、フランスはトライ数四対一でスコットランドを上まわり、終了間際までリードを保って16―15で辛勝した。一九二〇年までで国際試合で勝ったのはこの試合ただ一度である。

一九一四年の五か国対抗最終戦では巣立ちしつつあるフランスと力の頂点にあった再生イングランドが対決した。イングランドはすでに対スコットランド戦（於インヴァーリース）を薄氷の勝利（16―15）で終え、トリプルクラウンを達成していた。だから四月十三日の対フランス戦（於パリ・コロンブ競技場）はイングランドが勝って当然の雰囲気があった。

キックオフ五分で、話はそう単純には見えなくなる。フォワードのジャン＝ルイ・カプモー（トゥールーズ）が鮮やかなハンドリングでグラウンディングし、フランスにありえないリードをあたえた。前半中盤、イングランドは歯車が嚙みあい始め、右ウイングのシリル・ロウがすべりこんで五か国対抗六本目となるトライをあげた。しかしフランスは屈しなかった。ウィリアム・

ジョンストン（ブリストル）がリュシアン・ベセからのハイボールをこぼしたのを拾い、ロウのタックルをジェオ・アンドレがかわして、左コーナーにトライ。フランスがふたたびリードする。

一九一四年のシーズン、イングランドはスロースターターの悪名が高かった。チームを闘争にもどすには、キャプテンのロナルド・ポールトン・パーマーが活を入れなければならなかった。ポールトン・パーマー――その年の初め、叔父であるハントリー・アンド・パーマー・ビスケットの大立者G・W・パーマーの遺産を受けとるために改名していた――はストゥープのあとを継いでイングランドのキャプテンとなった。仕事のためにハーレクインズからリヴァプールに移籍していたものの、左右にステップを切る華麗な走りと完璧なチェンジ・オブ・ペースは、ストゥープのシステムの精髄を表現し続けていた。左手にすばやく二本のトライをあげ、コンバージョンキックも成功。イングランドは13―8とリードして前半を折り返した。

後半は話が違った。イングランドが鎖を切って、フランスを遠く引き離した。ロウがハットトリックを達成し、シーズンの総トライ数を八とした――現在でも破られていない記録である――一方、キャプテンは一トライ多く、四トライをあげた。フランスは、フェルナン・フォルグがディフェンスの間隙をついて、マルセル＝フレデリック・リュバン＝ルブレールのトライを導き、スコアを13―24まで詰めた。しかしフランスが疲れてきたので、イングランドのバックスは一層圧力を強め、さらに三トライを決めて、最終的なスコアを39―13とした。これはラグビーの集団的記憶に長く残る試合となった。

しかし、それはパリの晴れた月曜午後に明らかだった理由のためではなかった。

第15章 さらに偉大なゲーム？ ラグビーと第一次世界大戦

A Greater Game? Rugby and the First World War

一九一七年二月七日水曜日、ダーブ・ヒッキーはついにソンム川に到着した。オーストラリア帝国軍第五十六（ニューサウスウェールズ）歩兵大隊の仲間の新兵に合流するために、シドニーのグレーブ地区にある家を発《た》ってから五か月になる。ダーブは他の二〇〇〇名以上のオーストラリア人愛国者とともに、シドニーの埠頭で軍隊輸送船セラミック号に乗船、一九一六年十月七日、イングランドに向けて出航した。

ダーブはヨーロッパで戦うために、一九一六年五月に義務兵役の申告登録を済ませていた。だがこの男はありふれた志願兵ではなかった。本名ジョン・ジョゼフ・ヒッキー。友人や家族だけでなく、何千人ものオーストラリアのラグビーファンに「ダーブ」〔「すばらしい人」の意味〕の愛称で知られていた。強靱であると同じほどにスキルに優れる大柄のセンターで、一九〇八年のワラビーズのパイオニア的遠征に参加。その後ラグビーリーグに転向し、一九一〇年、遠征してきたブリティッシュ・ライオンズとの連戦でオーストラリアのために見事なプレイを見せた。

一九〇八年の遠征でイングランドのRFUを激怒させたのはヒッキーだった。それは一九〇七年にヒッキーが、生まれてまもないシドニー・ラグビーリーグ・コンペティションでプレイするために実際に契約していたことが暴かれたためだった。バスカヴィル率いるニュージーランド・チームと対戦するニューサウスウェールズのラグビーリーグのラインナップと並んで写真まで撮られていた——ヒッキーはそのあと考えを変えて、ユニオンを離れないことにした。ワラビーズが南半球にもどったとき、結局ラグビーリーグに切り替え、戦争勃発前、グレーブのスターになった。そのあとラグビーリーグ、ラグビーユニオンにかかわらず、他の何千人ものオーストラリア人ラグビープレイヤーと同様、ドイツに対する本国の大義に加わることに決めた。西部戦線到着後四週間もしないうちに、深刻な凍傷のため傷病兵としてイングランドに送還される。フランスにもどったときには、軍務を運転手として再開し、フランスのビュルクール、そのあとヴィレ・ブルトヌー、ペロンヌ、ベルギーのサンカンタン運河における第五十六歩兵大隊の戦闘に参加した。[1]

終戦時にはベルギーにいて、自分をラッキーな生存者のひとりに数え入れることができた。参戦したオーストラリア人三三万一八一四名のうちの六万一八五九人――ほぼ五人にひとり――が戦死した。一五万以上が負傷。ヒッキーの大隊だけで、一六三〇名が負傷、五二九名は二度と祖国に帰らなかった。

ヒッキーはようやく一九一九年七月二十日にグレーブにもどり、九月、正式に除隊となる。誇り高き男であり、自分の道を働きながら切り開き、一介の労働者から自分の精肉店をもつまでになった。店内に輝かしいラグビー歴で得たキャップ、メダル、トロフィーを飾っていた。しかし、ヒッキーとラグビーの話をしにくる訪問者や顧客が、従軍記章や兵役生活の記念品を目にすることは決してなかった。ヒッキーは戦争のすべてを忘れることを望み、それをシドニー湾に投げ捨てた。

◉戦争に備える

ラグビーはただのスポーツ以上のものであることをつねに誇りにしてきた。ラグビー校で始まって以来ずっと、みずからの役割は青少年を、本国でも海外でも、平時でも戦時でも、大英帝国の指導者として振舞えるように育成することだと信じていた。たしかに、ラグビーと軍務との絆は、『トム・ブラウンの学校生活』の底流にある主題のひとつである。それはトムが試合前の寮チームのキャプテンの顔を、「ぼくが戦いにおもむくときに、自分の将軍に見たいと思うような勇気と希望に満ちていた」[2]と描写する部分でもっともみごとに表現されている。

すでに一八九九年から一九〇二年の英国=ブーア戦争では、英語話者とアフリカーンス語話者の選手が傑出した役割を果たしていた。そのほか多くの選手が英国側で戦い、なかでももっとも有名なのはオールブラックス一九〇五年チームのキャプテン、デイヴ・ギャラハー、ニュージーランドのリーグラグビーの先駆者バンパー・ライトとダン・フレーザー、さらにカンガルーズのフォワード、ダン・フローリーや一九〇四年の代表、フランク・ニコルソンなどのオーストラリア人選手がいる。イングランドのブレア・スワンネルは一九〇四年、英国代表の一員としてオーストラリアに遠征し、そのあと一九〇八年にオーストラリア代表としてプレイした唯一のイングランド人だが、南アフリカにおける軍役期間中に中尉に昇進している。

軍隊とラグビーには深いつながりがあった。ハーレクインズ、ブラックヒース、ロンドン・スコティッシュなど多くの英国のラグビーユニオンのクラブは国防義勇軍と密接にかかわっていた。私立学校で教育を受けた選手のかなりの数が学校や大学で将校養成団（OTC）に参加した。エイドリアン・ストゥープとロナルド・ポールトン・パーマーのどちらもが、優秀な国防義勇軍将校だった。ポールトンは一九〇八年、オックスフォード一年生のときに将校養成団に参加、自分は「軍人生活を恐ろしいほど熱望している」と発言している。アイリッシュ海の向こうでは、アルスターのプロテスタント選手の大部分がアイルランド自治に抵抗するためにエドワード・カーソンのアルスター義勇軍（UVF）に参加し、アイルランド代表アルバート・ステュワートはアルスター義勇軍の歩兵中隊長になった。

一九一四年夏、ついに宣戦が布告されたとき、熱心なラグビーファンの言葉を借りれば、それはまるで「これほど長いあいだ準備してきた試合」が始まったようなものだった。[3] 八月四日の宣戦布告後数時間のうちに、RFUには会員からの今後、どうすべきかという問い合わせが殺到した。当初、RFU書記C・J・B・マリオットは各クラブに、プレイを続けるのが「望ましい」と告げていたが、あまりにも多くのプレイヤーがクラブを離れて入隊したので、そのシーズンは試合を中止しなければならないのは明らかになった。九月四日、RFUは正式に全試合を中止し、十九歳から三十五歳までの全プレイヤーに軍に志願するよう呼びかけた。またラグビープレイヤー大隊の結成も提案した。

しかしながら、陸軍省と協議したあと、マリオットは各クラブに「ラグビープレイヤーだけの独立した大隊を結成するのは実現不可能」だと告げた。だが「多数の司令官……は、まとまって志願してくるラグビープレイヤーの大隊（約一二〇名）を自分の連隊によろこんで受け容れるだろう」。マリオットは志願者に住所氏名などを直接自分に送るよう求めた。[4] 実際には、大勢が地元の連隊に入隊してしまったために、全国規模の大隊を結成する見込みはすでになくなっていた。

RFUのあとを追って、ウェールズ・ラグビー協会が傘下の選手に可及的速やかに入隊するよう呼びかけた。「ウェールズ人は、勇気にも愛国心にも欠けていないことで知られてきた」と協会は宣言した。「だからわれわれは自信をもって、国内における必要不可欠な任務に拘束されていないウェールズのすべてのラグビープレイヤーに、いかなる利己的な理由をも克服し、国王と祖国からの緊急の呼びかけに応えるように呼びかける」。[5] ダブリンでは、アイルランド・ラグビー・フットボール協会会長のフランク・ブラウニングが、ダブリン第七フュージリア連隊に、ラグビープレイヤーによる「仲よし」大隊を結成するよう説得した。この大隊はガリポリとサロニカの戦闘におもむく。フランスでも、ラグビーの先頭に立つ専門職階級および実業界の青年が大挙して入隊した。

クラブのレベルでは、ハーレクインズの年次総会の一場面が典型的である。ほとんどの会員がすでに志願を終え、軍服姿で出席した。五〇〇ポンドが全国戦争基金に寄付された。ロナルド・ポールトン・パーマーは宣戦布告直後に両親に書いた。「ドイツは粉砕されなければならない。つまりぼくが言いたいのは軍部のことだ。だれもがそれを理解し、だれもが志願している。もっともよく訓練された者がもっとも求められている。だから尻込みすれば、ぼくは嫌なやつということになる」[6]。

スコットランドでは、開戦二か月で、六三八名のラグビープレイヤーが入隊した。ウェスト・オブ・スコットランドの書記ヒュー・ハーパーは、会員に手紙を書き、「戦争のためにフットボールをする時間のない会員があまりにも多いので、委員会は来シーズンの日程はすべて取り消すことを決定せざるをえない」と告げ、残っていた会員には「速やかに国王陛下の軍隊のいずれかの部門に奉仕する」ようながした[7]。

いたるところで、クラブと役員はかなりのエネルギーを志願兵募集に費やした。レスターの書記トム・クランビーはクラブが所有するウェルフォードロードのグラウンドを志願兵入隊センターとして使用し、地元の三五〇〇人を入隊させた。なかでももっとも特筆すべきは、ノーサンプトンとイングランド代表の元スリークォーター、俊足のエドガー・モッブスである。モッブスは即座に陸軍に志願したが、三十二歳では士官には高齢すぎると告げられた。それでもあきらめずに歩兵として入隊し、ノーサンプトンシャーで自分自身の部隊結成にとりかかる。わずか三日間で二五〇名を集め、これはノーサンプトンシャー連隊第七（サーヴィス）大隊となる。

NUも同様に総動員態勢に熱心に協力した。書記ジョゼフ・プラットは「適切な年齢と能力の全プレイヤー、同様に全フットボールファンの本分は、国にその最良の奉仕をあたえること」だと宣言した[8]。多くが軍役に就く工場労働者だったにもかかわらず、戦争開始から九か月で、一四一八名以上のNUの選手が入隊した。陸軍省の指導に従って、NUは一九一四―一五年のシーズンを継続した――実際にサッカーと競馬は一九一五年もかなり遅くまで通常通り続けられていた――しかし、だからといって選手が入隊を思いとどまったわけではない。どのクラブも選手を軍にとられた。ランコーンは二三名が志願したので、選手のほとんどを失った。スウィントンとブロートン・レンジャーズはどちらもグラウンドを軍に提供し、ウィガンはスタンドのひとつを入隊者のために無料で開放した。一九一五年四月、すべての試合が戦争終結まで延期された。[9]

このパターンはオーストラリアとニュージーランドのラグビーでも踏襲された。一九一五年四月、ニューサウスウェールズ・ラグビーフットボール協会は戦争継続中のクラブ対抗戦を中止し、兵隊募集キャンペーンに乗り出した。ニューサウスウェールズ・ラグビー会長のH・Y・ブラドンはまた、シドニーのスポーツマン歩兵大隊募集委員会委員長でもあった。スポーツマン大隊に入隊した半数はラグビーユニオンのプレイヤーである。シドニーでは、マンリー・ラグビーユニオンクラブが、「全員が軍務につける年齢になったとき、積極的に活動する準備をさせる」のに全力をつくすと宣言した。ニューサウスウェールズ・ラグビーフットボール協会は「会員が軍隊に入隊する前に軍事教練を提供する目的で」[10]独自の教練と射撃クラブを立ちあげさえした。

英国同様に、オーストラリアのラグビーリーグ執行部は、リーグの試合を継続すべきと決め、同時に選手やサポーターに入隊を勧めた。一九一四年、ニューサウスウェールズ・ラグビーフットボール連盟は選手とファンに「兵籍にはいることによって、もしそれが実行不可能であれば教練と射撃に積極的に参加することによって、帝国の呼びかけに応えるのは義務である」と告げた。一九一五年末には、八〇〇名のプレイヤーが入隊していた。[11]しかし、戦争中、ラグビーユニオンのトーナメントが中止されたのに対し、ラグビーリーグの試合が続いていた結果として、ラグビーリーグは非愛国的であるという非難が広まり、すでに両者のあいだに存在していた深い敵対関係に油を注いだ。

現在でもなお、この告発は繰り返され、オーストラリアではラグビーユニオンがラグビーリーグよりも影を薄くした理由づけに使われる。実のところ、ニューサウスウェールズとクイーンズランドではラグビーユニオンのクラブ間の試合は戦争中も、親善試合として続けられた。[12]ラグビーリーグの試合は少なくとも一九一〇年以来、より多くの観衆を集めてきたというのが事実であり、サ・レフェリー誌は、「ラグビーユニオンの試合は人気をとりもどしてはいない」と警告していた。「試合は公式に一万三〇〇〇から二万五〇〇〇人を集めていたが、〔いまは〕一〇〇〇から二五〇〇がやっとだ……分裂は古いスポーツに大きな打撃をあたえた。ラグビーユニオンフットボールの運営者の一部はいまだにこのことを実感できていない。それにもかかわらず彼らはいま、いずれは小さな丘から高い山にまでふくれあがるであろう問題に直面している」[13]。サイコロは戦争のはるか以前にラグビーリーグ優位に振られていたのである。

◉より偉大なゲーム？

ラグビーユニオンは戦時中、英国内で中止されるどころか、軍隊と市民生活の重要な呼び物となった。対照的に、ラグビーリーグは軍の支援を欠き、散発的におこなわれるだけだった。国際的なラグビーユニオンチームを巻きこんだ定期戦は一九一四年末以前にロンドンで開始され、リッチモンドにおいて三〇〇〇人の観客を前にして、パブリックスクール・大学大隊がカナダ軍を破った。一九一五年の元日には、二万人がレスターにおもむき、カナダが試合をするのを見た[14]。一九一五年八月、ノーサンプトンではイングランドとスコットランドによる軍人チームのトーナメント戦が開催され、八〇〇〇人の観衆を集めた。

一九一六年にはロンドンは軍人による国際的なラグビートーナメントの中心地になっていた。オーストラリア、ニュージーランド、南アフリカから軍人が大量に押し寄せ、軍のラグビーユニオンチームに加入可能な選手の貯えを拡大した。試合がより頻繁におこなわれるようになり、より質の高い試合が多くの群衆を引き寄せた。一九一七年二月、西部戦線で戦うニュージーランド兵を含む「ニュージーランド塹壕《ざんごう》チーム」がロンドンで試合予定、入場券の申込受付中と発表された。戦争のさなか、このようにあからさまに観衆を集めようとしたことが顰蹙《ひんしゅく》を買ったようで、チームの訪問はすぐに中止になった[15]。

フランスでは、ラグビーのフィールドでも軍隊の存在が感じられた。一九一六年十一月、スタッド・フランセは帝国各地からきた選手を含む英国軍人チームと試合をし、勝利する。同年、フランスの軍人チームがアメリカの救急隊と対戦。一九〇六年にフランス代表としてオールブラックスと対戦したアメリカ生まれのジャーナリストで、さまざまなスポーツで活躍したアラン・ムアーは、一九一七年初め、招待選手だけで構成されるパリのチーム、リュテシアを結成し、軍人チームと対戦した。リュテシアの選手のなかにはフランス代表のフォワードで撃墜王モリス・ボワイオーがいた。一月、リュテシアはアンザック軍団〔オーストラリア・ニュージーランド連合軍〕とオーストラリア救急隊チームを破る。フランス軍と連合軍の他の軍人チームとのあいだで試合が定期的に開催された。試合は大きな動員力をもち、またフランスの進歩具合を示して、イングランド代表五人を集めた英国砲兵チームに15―14で勝ち、一九一八年二月には二万人の前でニュージーランドに3―5で惜敗した[16]。

一九一六年以降のイングランドにおける軍人ラグビーの拡大はまた、徴兵制導入に続いてNUのスター選手たちが、軍に流入したことに多くを負っている。一九一六年十月には、NUの選手を呼び物にしたラグビーユニオンの試合が当たり前になったので、RFUは次のような声明を発表しなければならなかった。

> NU所属選手は善意の海軍と陸軍チームにおいてのみ、ラグビーユニオンの選手とともにプレイできる。ラグビーユニオンのチームはNUの選手を擁する海軍と陸軍のチームと対戦できる。軍需工場の労働者は海軍および陸軍の選手とは見なされない。以上の規則は戦時中のみに適用される[17]。

一八九五年以来初めて、ラグビーユニオンとラグビーリーグの選手が公式に並んでプレイすることができた。ラグビーを支持する多くの司令官が、この新しい制度をフルに活用した。もっとも有名なのはR・V・スタンリーである。RFU委員会のオックスフォード大学代表で、指揮を執る南ロンドンのグローヴパーク陸軍サーヴィス隊（車両隊）チームにはイングランド代表でハダースフィールドのスターたち、ハロルド・ワッグスタッフ、ダグラス・クラーク、ベン・グロノウ、アルバート・ローゼンフェルドが含まれた。驚くまでもないが、チームはオーストラリア軍戦とニュージーランド軍戦も含む二六戦中わずか一敗、総得点一一一〇点をあげ、失点は四一点のみだった。

ただ一回の敗戦はユナイテッド・サーヴィスに対する3―6の負け。スコットランド代表ローランド・ゴードンが終了間近にトライを決めた。ゴードンは一八か月後、フランスで戦死する。ユナイテッド・サーヴィス・チームにはグローヴパーク陸軍サーヴィス隊チーム同様にきら星のごときスターが並び、八名のラグビーユニオンの国代表級選手に加えて、ビリー・セダン（ウィガン）とウィリー・デイヴィス（リーズ）がいた。デイヴィスはダヴェンポート英国海軍兵站《へいたん》部チームのキャプテンで、このチームでは九名のNUの選手が目玉だった。そのなかにはのちにラグビーリーグのイングランド代表キャプテンとなるジョンティ・パーキンと、ラグビーリーグで初めて移籍料に一〇〇〇ポンドが支払われたハロルド・バックもいた。戦時中の試合ではスポーツ界の制限は撤廃されていたが、社会的なエチケットは残っていた。試合の真っ最中、戦術を話し合っているときでさえも、ワッグスタッフはパートナーを組む味方ウイングのニクソン中尉（ハーレクインズ）に「サー」と呼びかけ、ニクソンはセンターを「ワッグスタッフ」と呼んだ。

ラグビーはまた戦闘地域でも非公式にプレイされた。NUのイングランド代表ウイング、ジャック・ロビンソン〔ロッチデール〕は一九一五年三月、ヌーヴ＝シャペルの戦闘中に試合に出場し、その後、榴散弾《りゅうさんだん》で重傷を負った。負傷にもかかわらずラグビーへの情熱は陰りを知らなかった。「向こうにいるわれわれの兵士たちは、あらゆる種類の条件下でフットボールの試合をプレイするだろう」と語った。「それは強壮剤、塹壕任務からの気晴らしになる。イングランドにいるだれかが試合の価値に疑問を呈するのが信じられない」。ゴードン〔・ハイランダーズ連隊〕は一九一五年九月ロースの戦闘前に、クイーンズ・オウン・キャメロン・ハイランダーズ連隊と試合をした。ライフル旅団第十三大隊の司令官はソンム川の戦いが始まる前の日、士官対士官以外の試合で鎖骨を骨折した。

ロナルド・ポールトン・パーマーは一九一五年、その最後となる試合をベルギーで戦い、サウスミッドランド師団〔第四十八〕のキャプテンとして第四師団と対戦した。詩人で小説家のロバート・グレイヴスはフランスでの試合に、ロイヤル・ウェルシュ・フュージリア連隊第一大隊のフルバックとして出場した。[18] 一九〇六年の対オールブラックス第一戦でフランス代表初のキャプテンを務め、そのあとフランス・ラグビー協会会長となったアンリ・アマンは、一九一五年の前線における自分の最後の試合を生き生きと回想する。「われわれは塹壕で着替えた。わたしはジェオ・アンドレ〔フランス代表のウイングで陸上選手としてオリンピックに出場〕の隣でプレイしたが、試合はすぐに中断された。ドイツ軍が空中爆破砲弾をグラウンドの上に打ちあげ、そのあとはだれもグラウンド上でぶらぶらしたがらなかった」[19]。

しかしながら、サッカーとは異なり、戦場における組織化されたラグビーの試合はめずらしかった。わずかな例外のひとつは一九一七年に開催された巡洋戦艦競技会で、海軍中将ウィリアム・パケナムの旗艦HMSライオンが優勝した。オーストラリアとニュージーランドの兵士の場合、話は違った。ラグビーユニオン、ラグビーリーグどちらのラグビー愛もサッカーをはるかに凌駕し、戦争のさまざまな舞台で公式・非公式の試合が繰り広げられた。カイロでは、一九一五年春、ガリポリに出発する前にラグビーリーグとラグビーユニオンの試合がおこなわれた。ひとつの典型的な例は西部戦線で、オーストラリア帝国軍によって戦争の終盤にラグビーリーグのトーナメントが開催され、オーストラリア帝国軍第四旅団の第四機関銃中隊チーム、愛称「マッドラークス」〔競馬で重馬場に強い馬〕が大差で勝利した。[20]

しかしながらほとんどの英国の軍隊にとって、ラグビーは人気という点ではサッカーに大きく遅れをとっていた。ダグラス・

クラーク（ハダースフィールド）の一九一七年の戦争日記は、フランスでの軍務期間中、多数のサッカーの試合で活躍したことを記しているが、ラグビーはわずか一試合である。友人でチームメイトのハロルド・ワッグスタッフも、エジプト駐屯中はサッカーをするしかなかった。ラグビーはまったくプレイされなかったからだ。[21] イングランド北部、サウスウェールズ、スコティッシュボーダーズのラグビー地域出身の兵士をのぞいて、ラグビーは一般的に士官のためのスポーツと考えられていた。ダリッジ・カレッジ一軍フィフティーンのキャプテン、ポール・ジョーンズは一九一五年十月、フランスから家に「兵隊さんたち——少なくともイングランド人の——はサッカーが唯一のスポーツだと考えている。だから機会に応じて我慢しなければならない」[22]と書いた。この分裂は、ひとたび戦争が終わったときに意味をもつことになる。

◉もはやゲームではない

ラグビーはまた、戦争努力に独自の貢献ができると信じていた。「すべてのスポーツのなかで、ラグビーフットボールは」と海軍提督で海軍本部武官委員のひとりジェリコー卿は戦中に書いた。「よき戦士をつくることになる特質を発達させる。それは利他性、部隊精神、迅速な決定を教え、それに参加する者たちを健康に保つ」[23]。

ほかの人たちは、戦争をラグビーそのものの延長と考えていたふしがある。スペクテイター誌は、悲惨な塹壕戦を「ラグビーフットボールのスクラムと似ていなくもない」[24]とまで書いた。戦後になってもなお、サー・C・H・ハリントン少将は連合軍の勝利を「あの忠実で利他的なスリークォーター・バックス、サー・ダグラス・ヘイグ、パーシング将軍、ベルギー国王、そしてあの偉大な攻撃的フォワード、われわれの尊敬すべき陸軍司令官たち」[25]に帰している。

このような主張は明らかに愚かである。クリケットからポロに到るまで、すべてのスポーツは、そのスポーツが軍事教練と軍務にそれ独自の形でふさわしいと主張する。多くのラグビー選手にとって、戦争の現実はすぐにラグビーが戦闘の準備であるという概念と衝突した。レスターのフォワード、ビル・ドルビーは一九一四年末、家に手紙を書き、自分の塹壕が受けた攻撃を描写している。「一度は、［攻撃してきた］ドイツ兵はただひとりをのぞいて全員がうしろを向き、逃走した。そのひとりは「おれはもうおしまいだ」と叫んだ。だが一秒、遅かった。こういったものごとを読むのは楽しい。だが、そのなかにいるのはそうではない。われわれはこの種の出来事を四晩経験し、そのあいだに半数を失った」[26]。デヴォン州代表でRFUの委員を長く務めたテッド・ブッチャーは、ノーサンプシャー連隊エドガー・モッブス旅団の数少ない生き残りのひとりだが、生涯にわたって悪夢に苦しみ続けた。[27]

一部の選手が学校と大学で数年間、軍務の準備をしたことは、彼らがラグビーと同様に戦いを熱望していたことを意味する。ドーヴァー・カレッジのラグビー選手ビリー・ネヴィルはソンム川で、有名なイーストサリー連隊のドイツ軍前線攻撃準備を助けた。連隊はフットボールを敵味方の中間地帯でドリブルしながら攻撃を開始した。ネヴィルは両親に「戦争は想像しうるかぎりでいちばん愉快」[28]と書いた。ダリッジ・カレッジ一軍フィフティーンの元キャプテン、ポール・ジョーンズは戦死する一一か月前、「わたしは心と魂のなかで、いつもフットボールの試合に対するように、戦争の辛苦と破壊を求めていた」[29]と書いた。

戦争に対する熱狂の度合はさまざまでも、戦争で軍務についたラグビー選手の大部分がいずれは戦闘の現実に対峙することになった。死者と負傷者はすぐに恐ろしいほどの数に達した。ブリストルはクラブのレベルだけで、戦争中に三〇〇人の会員を失った。ロンドン・スコティッシュでは、戦前に四組いたフィフティーン六〇名のうち四五名が戦死した。リッチモンドは七三名、ロスリンパーク七二名、リヴァプール五七名、ハートリプール三三名。オールド・マーチャント・テイラーズでは一九一四年の一軍のうち一三名が戦死、二名が再起不能の傷を負った。これらはとくに目立つ例にすぎない。NUではリーズが軍務についた五一名のうち一五名を失い、ウィドネスでは一三名、ハル一二名、スウィントン九名が戦死した。一九一九年、アスレティックニュース誌は、帰宅しなかったNUの選手の数を集計しようとして、七六〇名を追跡調査。一〇三名が命を失っていた。[30] オーストラリアでは、ニューサウスウェールズ・ラグビーフットボール協会が一九一六年四月に、登録選手中すでに一〇九名が戦死したと発表。シドニーのイースタンサバーブス・クラブは、「本国を助けたいと望んだ」八二名のメンバーのうち「二〇名が至高の犠牲をはらった」[31]と報告している。ほかにも多くがいた。そのなかにはドイツ人選手も含まれるが、それについてはわれわれはなにも知らない。

戦争中に死亡した国代表級の選手のことはその卓越性のおかげで、多くが知られている。南半球のオーストラリアでは、九名のラグビーユニオン代表と四名のリーグ代表が二度ともどってこなかった。一三名のニュージーランド代表が命を落とし、そのなかにはオールブラックス一九〇五年チームのキャプテン、デイヴ・ギャラハー、さらに六名のリーグ代表が含まれる。五名のスプリングボクスが戦死。英国ラグビーリーグ代表四名とアイルランドのラグビーユニオン代表一〇名が犠牲になった。北半球の残りのラグビーにとっても死者数は壮絶である。ウェールズ一三名、フランス二四名、イングランド二七名、スコットランド三〇名の代表選手が戦死した。

ラグビーの国際級選手で最初に死亡したのは、スタッド・トゥールーザンの偉大なハーフバック、アルフレッド・メソニエのようだ。連戦連勝を続ける赤い処女チームの小さな将軍「メソ」は一九一四年九月六日、マルヌ川の戦いで行方不明が報告され、のちに戦死が告げられた。戦闘中に死亡が報告された最初の英国人選手はスコットランドのロニー・シムソンである。ロイヤル・フィールド砲兵隊の職業軍人で、一九一一年のカルカッタカップでスコットランド代表としてデビュー。トライをあげたが、試合には敗れた。エーヌの第一回会戦で敵の砲火を浴び、一九一四年九月十四日に死亡した。まだ二十四歳だった。

二日後、仲間のスコットランド人、ジェイムズ・ヒューガン医師、戦前最後のカルカッタカップでイングランドに対して得点をあげたウイングは、ドイツ人の負傷兵を治療中に砲弾で吹き飛ばされた。一九一四年のカルカッタカップ出場選手で戦争から帰らなかった一一名のうちで、最初に戦死している。翌日、元イングランド代表フォワードのキャプテン、チャールズ・ウィルソンがやはりエーヌ会戦で死亡した。

最初に戦死したオーストラリア人選手はテッド・ラーキン。労働党所属の議員、ニューサウスウェールズ・ラグビーフットボール連盟の書記で、ブレア・スワンネルと同日の一九一五年四月二十五日、ガリポリで死亡した。ほかにも二名のオーストラリア代表がガリポリで倒れている。四か月後、アルバート・ダウニングがガリポリで戦死、オールブラックス初の戦争犠牲者となる。ダーダネルスもまた、一九〇四年のオーストラリア・ニュージーランド遠征に参加した英国代表キャプテンのデイヴィッド・ベデル＝シヴライト、スコットランド代表ウイング、ウィリアム・チャーチ、オールダム・ラグビーリーグに加入する前、ラグビーユニオンでイングランド代表として二キャップをもつビリー・ナンソンの生命を奪った。

ほかにも多くのプレイヤーが西部戦線の塹壕で死を迎えた。イングランドおよびグロスター代表のフォワード、ハリー・ベリーは一九一五年五月、グロスター連隊第一旅団がオーベル山稜の戦いで塹壕戦から攻撃に移ったとき、わずか一日で殺された二六二名のうちのひとりである。同じ月、ベージル・マクリヤーがイープル近くで戦死。最初に命を落としたアイルランド代表であり、大隊六六八名のうち、ドイツ軍による塹壕攻撃で死亡した六四七名のひとりに数え入れられる。元リッチモンドのキャプテン、ハリー・アレクサンダーは一九一五年十月、前線到着のわずか一三日後に死亡。ロナルド・ポールトン・パーマーは最初の前線勤務に出てわずか五週間後にドイツ軍の射撃手の弾に倒れた。イングランド代表ジョン・キングとノエル・スロコックは一九一六年八月の同じ日にソンム川で戦死。ソンム川の戦いで一〇〇万以上にのぼる戦死者と負傷者に二名を加えた。オールブラックス四名――ジェイムズ・ベアード、ジェイムズ・マックニース、ジョージ・セラーズ、レジナルド・テイラー――は一九一七年六月、メシーヌ高地の攻撃で戦死した三六六〇名のニュージーランド軍人に含まれる。一八名のフランス代表がフランス国内における戦闘で戦死。四名の航空兵も含まれ、そのなかには一九一八年九月に撃墜されたスタッド・ボルドレのフォワード、モリス・ボワイオーもいた。

第一次世界大戦では、合計で一三〇名のラグビーユニオンの国代表級選手をはじめ数千名の一般プレイヤーが命を落とした。だが、これほど多くのプレイヤーの死は、一九一九年初めのザ・タイムズ紙に投稿したある校長の主張をほんとうに実証したのだろうか? ラグビーは「真の男らしさとリーダーシップの学校として、他のスポーツに並ぶもののないことを証明した」[32]。

約一〇〇〇万の戦闘員が戦闘で死亡し、そのなかでエリートスポーツマンはほんのわずかな部分を占めるにすぎない。他のスポーツとの比較は不快でもあり無意味でもある。フットボール・アソシエーションもＮＵもその選手の戦歴の包括的な記録は残していない[33]。他のスポーツに対するひとつのスポーツの優越性を主張するために、数百人の青年の死を引用するのは嫌悪すべきことでもある。戦争直後、そして続く数十年間、ラグビーユニオンの多くが、ラグビーがもついっそう大きな道徳的目的の証拠として、戦争における犠牲をすぐにもちだすようになる。

休戦のわずか数か月後、のちのＲＦＵ会長ボブ・オークスはこれと心情を同じくしていた。「いまわれわれはラグビーフットボーラーが、すべての英国人兵士と同じように、いかにすばらしく戦ったかを知っている――そう、そしていかな壮麗な死を遂げたか!」[34]。このような見方は戦争中のサッカーがもつ象徴的なイメージと鋭い対比をなす。一九一四年のクリスマス、即席の停戦中、敵味方の中間地帯でおこなわれた英国軍とドイツ軍のサッカーの非公式戦は、ラグビーユニオンのミリタリズムに対置される平和と国境を越えた友愛のイメージをサッカーにあたえる。

オークスの心情を参戦したすべてのラグビープレイヤーが分かちあったわけではない。ダーブ・ヒッキーひとりだけが、従軍記章を捨てるほどの嫌悪感を覚えていたのではない。その仲間で、ラグビーユニオンとラグビーリーグ両方のニュージーランド代表、フォンス・キャロルはみずからを良心的兵役拒否者と宣言し、戦うのを拒否した。ジョン・マッカラム医師、オールブラックス一九〇五年の遠征チームを限界まで押しこんだ恐るべきフォワードは英国陸軍で軍務につくのを断り、一九一六年にはやはり良心的兵役拒否者を宣言した。[35]

ラグビーをプレイしたり見たりする大勢の人、そしてラグビーをプレイしたり見たりしない大勢の人と同様に、ヒッキーやキャロルたちが理解していたとおり、スポーツは戦争ではないし、戦争は決してスポーツではない。

Part V Challenge and Change in the Interwar Years

第五部 両大戦間における挑戦と変化

第一次世界大戦に先駆ける激動の数十年のあと、ラグビーはなおいっそう強化されて戦争を抜け出した。その戦歴は世界中のラグビーユニオンファンに、このスポーツがもつ精神力を明らかにし、伝統的な支持者の心をなおいっそうしっかりととらえた。

ラグビーリーグもまた、経済不況の真っただなかにあってさえ、労働者階級のコミュニティにいっそう深く根をおろし、その魅力をフランスにまで拡大して、最終的にはその地で生死を賭けた戦いに身を投じる。

南アフリカが初めてニュージーランドと対戦したとき、新たな競争関係が生まれた。それは両国をラグビー世界の至高権をめぐる戦いに巻きこみ、それがこのスポーツの未来を形作ることになる……。

第16章 オールブラックス対スプリングボクス（世界をめぐる戦い）

All Blacks versus Springboks: Battle for the World

ランジ・ウィルソンはスターだった。「世界最高のフォワードのひとり」とロンドンのデイリーメイル紙は宣言した。ウィルソンが一九一九年にニュージーランド軍人チームの一員として別の試合で大活躍をしたあと、ザ・タイムズ紙は「驚異的」と書いた。[1]ランジはイングランド人を母、西インド人を父としてクライストチャーチで生まれ、戦争前にはオールブラックスの一〇キャップをもち、フォワードでのタイトな働きとボールのハンドリングスキルの両方で有名になった。ニュージーランド軍人チームではウイングとして抜きんでたプレイを見せるほどに融通無碍だった。

戦争終結からわずか数か月後のいま、ランジは各国軍人チームによる一九一九年のキングスカップ・トーナメントのスターだった。キングスカップはラグビーユニオンにとって、一九八七年のワールドカップ以前に開催されたなかで、ワールドカップにもっとも近いトーナメントである。

第一次世界大戦最後の二年間、各国軍人チームによるラグビーが大人気を博し、そのうえに大英帝国各地からきた数万人のプレイヤーが動員解除を待っていたので、一度、和平が宣言されると、大きな国際的トーナメントの開催が求められた。一九一九年春、どうやらロンドンの陸軍省の要請によるようだが、大英帝国に属するラグビー国の軍代表チームが出場して、一六試合の競技会が組まれた。[2]

ザ・タイムズ紙が説明しているように、このトーナメントには明らかな政治目的があった。「これは、われわれと世界中に散らばるわれわれの親戚との関心の絆を継続し、強化するもっとも実際的な方法である。戦争は帝国のすべての地域をより近づけた……そして最強「の絆」は英国のスポーツに対する共通の関心である」[3]。この点を強調するために、英国の合同軍チームは公式に「本国」と呼ばれた。

本国チームと、単独で出場することに決めた英国空軍チームと並んで、オーストラリア、ニュージーランド、南アフリカ、カナダが二か月にわたり順位を争った。試合は大観衆を前にして、スウォンジー、ポーツマス、レスター、ニューポート、エジンバラ、グロスター、ブラッドフォード、トウィッケナムでおこなわれた。ニュージーランドのほぼ半数は国代表経験者で、あらゆる点からニュージーランドが無敗で順位表の頂点で終わることが予想された。それが覆《くつがえ》ったのはニュージーランド最後の試合である。相手のオーストラリアは本国と英国空軍に負けていたが、忘れがたきパフォーマンスを見せた。ニュージーランドをトライ数二対一で上まわり、最終的に6—5で辛勝する。

三日後、本国が南アフリカに勝ち、本国とニュージーランドが同点で順位表のトップに立った。大急ぎでプレイオフが準備され、四日後の水曜午後、トウィッケナムにおける拮抗した試合で、ランジ・ウィルソン率いるニュージーランドのフォワードが優位に立ち、9—3で本国に勝った。観戦者のなかにはヴェルサイユ条約交渉のためにヨーロッパにきていたニュージーランド首相のウィリアム・マッシーもいた。礼儀からその言葉は口にされなかったが、ニュージーランドがラグビーユニオンの世界チャンピオンであることはいまやだれの目にも明らかだった。

三日後、フランス軍人チームに20—3で勝ったあと、ニュージーランドはイングランド国王ジョージ五世本人からキングスカップを授与された。国際的なラグビーユニオンが帰ってきた。各国軍人チーム・トーナメントの成功はいま一度、ラグビーがほんとうに大英帝国冬のスポーツであることを確認していた。

またニュージーランドはキングスカップで南アフリカと初めてラグビーの国際舞台において対決した。英国=ブーア戦争中に英語話者の南アフリカと親善試合を戦ってはいたが、代表同士はまだ対戦がなかった。オールブラックス一九〇五年チームを、その帰路、南アフリカに招こうというお座なりの試みがあるにはあった。ニュージーランドは戦前にスプリングボクスを招待していたが、経費がかかりすぎ、南アフリカには手が出せないとわかった。[4]

ニュージーランド軍人チームがキングスカップで14—5と南アフリカに楽勝したという事実にもかかわらず、試合の二日後、南アフリカ・ラグビー評議会は、当時、南アフリカ高等弁務官としてロンドンに駐在していたケープ植民地元首相・南アフリカ・ラグビー評議会元会長のウィリアム・シュライナーに電報を打ち、ニュージーランドとオーストラリアに帰路の南アフリカ遠征をもちかけるよう依頼した。
ニュージーランドは同意し、二九名強の遠征チームが七月十七日に南アフリカに到着して歓呼の声で迎えられた。続く六週間で一五試合を戦い、一二勝一分。グリカランドウェスト、ウェスタンプロヴィンス、ケープタウン＝ステレンボス大学連合チームには負けた。遠征が進行するにつれて、激しい競争関係に火がついたことが明らかになり、ケープタウン市長は市主催のレセプションで「南アフリカとニュージーランドが国際試合で対戦するとき、それはラグビーフットボール史上最大の日となるだろう」[5]と認めた。

英国の観衆をわくわくさせてキングスカップに優勝したニュージーランドと、南アフリカにこれほどの遺産をおいていったニュージーランドのあいだには、ただひとつだけ違いがあった。ナタール・ウィットネス紙の言葉を借りれば、「おそらくは軍人チーム最高の選手」ランジ・ウィルソンは遠征チームに参加していなかった。[6]

ニュージーランドのスコッドがケープタウンに出航する二週間前、南アフリカ・ラグビー評議会幹部は会議を開き、ロンドンに次のようなマル秘電報を発信することを八対六で議決していた。「ビジターにマオリ人が含まれている場合、遠征はめちゃくちゃになり、政治的その他の形で大きな損害を招くだろう。立場を完全に説明し、排除の方向で話をまとめるようお願いする」[7]。英国における多くの試合でニュージーランドのキャプテンを務めたランジは、その肌の色のために遠征に参加できないと告げられた。マオリのファイヴエイス〔スタンドオフ〕、パレクラ・トゥレイアは「ただたひとりで試合に勝てそうな選手」と言われたが、やはりセレクションからはずされた。[8]

国と国とのあいだのラグビーユニオン最大の競争関係、ラグビーユニオンのもっとも熾烈な争い、まさに南アフリカとニュージーランドの男らしさの表現は、肌の色が白くない者の排除の上に成立していた。この世紀の残りの期間、それがラグビーユニオンを特徴づける傷となるだろう。

◉ラグビーの世界チャンピオン

南アフリカで白いニュージーランドが成功したので、一九一九年末に軍人チームが帰国するとすぐに、ニュージーランド・ラグビーフットボール協会（NZRFU）は返礼として南アフリカ招待を準備し始めた。二年もたたない一九二一年七月、スプリングボクスが到着した。スプリングボクスはオーストラリアに短期の遠征をして足慣らしをしてきており、五戦全勝。シドニーでは白人だけのニューサウスウェールズ代表との三戦に圧勝した。

オーストラリアが気づいたように、南アフリカのラグビーはニュージーランド以上に英国のラグビーに多くを負っていた。スプリングボクスのパワーは、ラックとスクラムのどちらでもフォワードのプレイにあった。ボールはしっかりとキープされ、相手のミスをとらえて味方最大の利益に変えた。両国のスタイルの違いはスクラムに例示される。南アフリカは一九〇六年の英国遠征では3―4―1のフォーメーションを使ったものの、相変わらず主として伝統的な3―2―3のフォーメーションを好んでいた。対照的に、オールブラックスの2―3―2のスクラムではフロントロウのふたりがフッカーを任じられた。その目的はボールをできるだけ早くかきだし、スクラムハーフがバックスを攻撃に送り出せるようにすることである。八人目のフォワード〔ウイングフォワード〕はローヴァー〔いろいろな守備位置にまわる〕で、実際にはスクラムには加わらず、スクラムにボールを入れ、そのあと自分の位置に立って、スクラムハーフを相手のフォワードから守る。これはもちろん、オールブラックス一九〇五年遠征で英国をいらいらさせた「ウイングフォワード」プレイである。

ふたつのシステムはダニーディンのテストマッチで二万人を前にして破壊テストにかけられた。前半はより重い南アフリカのスクラムがボールポゼッションを支配し、バックスのためにはずみとスペースをつくりだした。オールブラックスはボールをとれず、互角に戦うのが難しいのに気づいた。アッティ・ヴァン・ヘールデンがスクラムのブラインドサイドから右コーナーにトライ。ビジターが5―0とリードして試合を折り返した。

後半、太陽がスプリングボクスの正面にきたので、ニュージーランドは短く高いキックで攻撃をしかけ始めた。スプリングボクスはこの挑戦にうまく対処したが、ボールがアンラッキーなバウンドをしてフォワードのモケ・ベリス〔ワンガヌイ〕の腕に飛びこみ、ベリスがグラウンディングした。コンバージョンも決まり、スコアはタイに。

スプリングボクスのキックを、ハーフウェイライン上で、右ウイングのジャック・スティールが拾い、そのあとディフェンダー三人をかわしてゴールポスト下にグラウンディング。オールブラックスがリードを広げた。パーシー・ストーリーが、終了直前、左にトライをして、勝利をもぎとる。オールブラックスはすべての人が期待していた叙事詩的な試合に13―5で勝利した。

二週間後、両チームはオークランドのテストマッチ第二戦でふたたび対峙。またしても互角の試合だった。ビリー・センディンがスプリングボクス初トライをあげたが、オールブラックスは一歩一歩這うように前進し、ロックフォワードのアンドリュー・マクリーンが近距離から無理やり押しこむ。両チーム5―5で組み合ったまま、ハーフタイムにはいった。

南アフリカのフォワードの力と短いパスがしだいにニュージーランドを消耗させた。フルタイムが近づいたとき、スプリングボクスのフォワードはもう一度、オールブラックスをそのゴールライン近くで守備的なスクラムに追いこんだ。ボールはニュージーランド側に出たが、自陣を脱しようとしたジャック・スティールのキックがタッチライン沿いに立っていた南アフリカのベテラン・フルバック、ゲルハルト・モーケルの腕にまっすぐに飛びこんだ。オールブラックスのフォワードがモーケルを倒そうと突進するあいだ、モーケルはドロップキックを蹴り、ボールはバーを越えて四点が追加された。スプリングボクスは9―5でリード。ノーサイドの笛が吹かれるまで、試合の手綱《たづな》をゆるめなかった。テストマッチシリーズは一勝一敗でタイになった。

雌雄を決するテストマッチ第三戦までの三週間、テストマッチシリーズはスポーツ競技からニュージーランド国民の魂そのものへと重要性を増していった。「ひとつの国民が、スポーツにおけるその代表の戦歴に興味を失うとき、それはスポーツの衰退ばかりではなく、その国民の頽廃も意味している」とイヴニングポスト紙は説明した。「われわれはただ単純にこのテスト第三戦に負けるわけにはいかないのだ」[9]。

二十世紀にはいってからのテストマッチ二四試合でオールブラックスに勝ったのはウェールズとオーストラリアだけである。敗戦の味を知ることはめったになく、不愉快だった。だが、南アフリカとの競争関係はより深いところに根ざしていた。どちらもが若い国家であり、大英帝国が世界を支配するパワーだった時代、どちらもが国家としての価値を本国との関係で測った。ラグビーユニオンの世界チャンピオンとなることは――その称号が非公式ではあっても――南アフリカとニュージーランドが帝国内の主要なパワーである権利を主張できるひとつの方法だった。

スポーツと政治の関係は、テストマッチ最終戦の前の週に荒々しく表面に浮上してきた。スプリングボクスはネイピアでマオリ代表を9―8の僅差で破る。ラフで規律の乱れた試合だった。二日後、ネイピアのデイリーテレグラフ紙は、遠征チームに同行していたヨハネスブルクスター紙の記者チャールズ・ブラケットの電報を公表した。それは試合を「これまで戦われたもっとも不幸な試合……」と呼んでいた。「何千人ものヨーロッパ人が、自分たち自身の人種の構成員を打倒せよと有色人種の男の一団を狂ったように応援する光景、それはスプリングボクスには耐えがたかった。スプリングボクスは率直に言って、うんざりしていた」[10]。

ブラケットはまた裏づけなしで、遠征チームがマオリとの対戦に同意したのは、遠征の監督ハロルド・ベネットから圧力をかけられた結果にすぎないと断言していた。ベネットは非難を否定し、ホスト側に謝罪。だが、損害はあたえられてしまった。ニュージーランドは自国では人種間の関係はうまくいっていると考えており、感情を害された。テストマッチ第三戦は両国の真価を問うなお一層大きな審判となった。

実際に、勝利の決意を固めたニュージーランドの選手選考者たちは前例のない、そしてラグビーユニオンのルールによれば完全に違法なステップを踏み、ラグビーリーグの元ニュージーランド代表キャプテン、カール・イフワーセンをファイヴエイスとして召集した。イフワーセンは一九一三年にキィウィーズ〔ラグビーリーグのニュージーランド代表の愛称〕に選ばれ、一九一九年にはそのキャプテンを務めた。一九二一年初めに、オークランド・ラグビー協会に説得されてラグビーユニオンに転向し、対スプリングボクス戦で州代表チームのキャプテンとなる。いまイフワーセンはウェリントンで、歴史が作られるのを見ようと待ちかまえる三万五〇〇〇の観衆の前に走り出てきた。

試合そのものは期待はずれだった。激しい雨のために泥のグラウンドはよどんだ水で覆われ、すぐに消耗戦になった。オールブラックスはときどきスプリングボクスのラインをなんとか突破したが、フルバックのゲルハルト・モーケルを出し抜くことはできなかった。モーケルの経験とポジションどりのセンスがすべての試みを無に帰さしめた。試合は0—0で終わった。

これはどちらにとっても欲求不満の残る結果であり、両国間で競争関係の炎を激しく燃やし続けておくのにこれ以上絶好の結果はなかった。世界チャンピオンへの闘争はスポーツを凌駕し、いまや探求の旅となった。

●「世界タイトルを勝ちとる」

両チームがふたたび対戦するまでに七年が経過した。オールブラックスは一九二八年に初めて南アフリカに遠征。そのあいだに、ニュージーランドと南アフリカ、そしてそのほかのラグビーユニオンのあいだの力の差は広がり続けていた。

一九二四年、オールブラックスは英国に二度目の遠征をおこない、一九〇五年よりもひとつ上手をいって、三二試合に全勝し「無敵」のあだ名を奉られた。ウェールズさえも相手にならないことを証明し、スウォンジーにおいて0—19で手際よく片づけられた。オールブラックスを脅かした唯一のチームはウェーヴェル・ウェイクフィールド率いるイングランドだけだった。試合に対するイングランドの荒っぽいアプローチの結果、ニュージーランドのフォワード、シリル・ブラウンリーが、国際試合でキックオフからわずか一〇分もたたないうちに退場させられた史上初の選手となった。

一九二四年初め、五番目のブリテン諸島チーム（ライオンズと呼ばれるのは第二次世界大戦後である）が南アフリカに遠征した。キャプテンはイングランドのフォワード、ロナルド・コーヴ＝スミス。スコッドは英国ラグビー最高の選手を集めたとは言えなかった。ウェールズのロウ・ハーディング、ニュージーランド育ちのスコットランド代表イアン・スミス（ウイング）、イングランドのトム・ヴォイス（フォワード）のようなすばらしい選手と並んで、国際舞台でのキャリアがお世辞にも「短い」とさえ言えない選手も含まれていた。ポートエリザベスのテストマッチ第三戦に、3―3で引き分けたのを除くと、スプリングボクスは遠征チームを圧倒して、残りのテストマッチ三戦に楽勝した。

ラグビーは南アフリカ、とくにアフリカーンス語話者のあいだで急速に力をつけていた。激しい地域間競争と、重要性を増す州対抗のカリーカップは、ラグビーが提供する国際的な知名度と合わさり、ラグビーは南アフリカが世界で認められるためのひとつの手段となっていた。かつてはエリートの私立校の領分だったのに対して、いまは教育システムを越えて定着し始めていた。この一〇年間で、トランスヴァールでラグビーをプレイする学校はゼロから、A・G・ロバートソンカップに三〇校が出場するまでに増加した。ウェスタンプロヴィンスでは一〇〇校、ヨハネスブルグでは八五校の学校チームがラグビーをプレイした。おそらくもっとも象徴的なのは、プレトリアのアフリカーンス男子高校が一九二〇年にラグビーを始め、すぐに学校の一軍が「白い雄牛」と呼ばれてこの地域の常勝チームとなったことだろう。[11]

ニュージーランドでは、ラグビーは重要性を増し続けた。ホークスベイが常勝チームだったが、一九二二年から二八年にかけては異なる八チームが「ログ・オ・ウッド」と呼ばれるランファリーシールドを勝ちとっている。ランファリーシールドがニュージーランド総督ランファリー伯爵から初めて贈呈されたのは一九〇二年である。これはチャレンジ方式で争われ、優勝盾は現在の保持者を破ったチームにあたえられる。盾は十九世紀にラグビーの発展をあと押しした州と州のあいだの、あるいは地域と地域のあいだの競争関係の象徴となり、チャレンジマッチによって勝ちとられるという事実は、すべての要素がある特定の一日に精密に嚙み合えば、小規模なマナフェヌアだろうと強豪ウェリントンだろうと、どのチームにも栄光を手にするチャンスがあることを意味した。重要性が増した結果、マオリの参加も増加した。ランファリーシールドを長く保持し続けたホークスベイにはマオリ選手が多数所属し、一九二四年の「無敵」チーム最大のスターのうちの三人はマオリだった。不死身のジョージ・ネピア、ハーフバックのジミー・ミル、ファイヴエイスのルイ・パエワイである。

　オールブラックス一九二八年南アフリカ遠征への期待はどちらの国でも、これ以上ないほど高かったが、ニュージーランドの選手選考者にとって、世界チャンピオン探求の旅は南アフリカ・ラグビー評議会の人種政策に従属していた。一九二七年六月、ニュージーランド・ラグビーフットボール協会は、南アフリカ遠征にはマオリ選手を選ばないよう各州に極秘で告げた。世界最高のフルバック、ジョージ・ネピアと、一九二四年の遠征でイングランド戦およびウェールズ戦勝利に大きな貢献をしたジミー・ミルはおいてきぼりをくらい、向上心に燃えるマオリ選手は無視された。マオリのコミュニティの外では、抗議の声はほとんどあがらなかった。

　オールブラックスがテストマッチ第一戦の前、遠征初めの八試合中六試合に勝ったにもかかわらず、ほとんどの批評家はスプリングボクスの勝利を予告した。しかし、オールブラックスのコンディションが改善され、プレイがスムーズに流れ始めると、ニュージーランドでは期待が高まった。ニュージーランド・トルース紙は、ダーバンにおけるテストマッチ第一戦の前夜、「世界タイトルを勝ちとる」と宣言した。だが前半ほとんど互角で、両チームの差はベニー・オスラーのドロップゴールのみ。後半、スプリングボクスのフォワードがニュージーランドに襲いかかり、17―0で勝利。オールブラックスにとってはこれまでで最悪の敗北だった。

　三週間後、戦いはヨハネスブルクのエリスパークで再開される。テストマッチ第一戦でボール獲得に失敗し、ボールをもてなかったあとで、今回、オールブラックスはスクラムへのアプローチを根本的に変更し、2―3―2のフォーメーションを放棄して、スプリングボクスの3―4―1を採用した。スプリングボクスは英国一九〇六年遠征で3―4―1を使用していたものの、ステレンボス大学の監督A・F・〝親分〟・マーケッターのおかげで、3―4―1が通常のスクラムの組み方となったのはようやく一九二〇年代半ばである。[12] 戦術的変更は成果をあげ、ニュージーランドは相手のペナルティ二に対し、ドロップゴール一、ペナルティ一で辛勝した。

　南アフリカのフォワードはこのように3―4―1のフォーメーションであらかじめ武装して、テストマッチ第三戦ではギアを一段あげ、オールブラックスを石臼で挽《ひ》くように苦しめた。しかし最初の二戦の閉所恐怖症的な防衛的包囲戦とは異なり、今回、プレイは前後に流れ、五トライが決まった。残り一分、スプリングボクスが11―6のリードにしがみついていたとき、オールブラックスの最後のプレイで、左ウイングのバート・グレンサイドがフリーになった。しかし、グレンサイドがコーナーに飛びこむ瞬間、ふたりのスプリングボクスがグレンサイドに飛びかかり、タッチに押し出した。テストマッチは残り一戦で、南アフリカが優位に立った。

南アフリカはこの優位性を有効に活用できなかった。テストマッチ第四戦は、とくに遠征チームがフォワード中心にゲームを戦うスプリングボクスの戦術を採用したおかげで、13―5でオールブラックスが勝利。ニュージーランドを圧倒した感情は安堵だった。しかしテストマッチシリーズをものにできなかった南アフリカの欲求不満は、自分たちが明らかにより強力なチームだという事実によって和らげられた。南アフリカの目には、自分たちが非公式の世界チャンピオンであることに疑いはなかった。

◉半球的圧力

英国のラグビーと南半球諸国のラグビーのあいだの差はプレイの規範においてははるかに大きかった。ニュージーランドはつねにラグビーをまず第一にハンドリングとランニングのスポーツと見なし、一九〇七年のラグビーリーグの到来はルール改革の要求を生じせしめた。ラグビーリーグがもっとも盛んだったオークランドでは、州協会が早くも一九一六年にタッチへのダイレクトキックの禁止も含む一連の改革を導入した。これは「オークランド・ルールズ」と呼ばれるようになる。タスマニア海の両側では、RFUが蛇蝎《だかつ》のごとく嫌う交代も認められた。

一九一九年、NZRFUはニューサウスウェールズ・ラグビーフットボール協会（当時、オーストラリア全体のラグビーユニオンを統轄していた競技団体）の支持を得て、国際ラグビーフットボール評議会（IRB）に、試合をスピードアップし、アマチュア規定を緩めるためのいくつかの規則変更を提案した。また南半球の三つの「植民地」とホームネーション四か国が平等の代表権をもつ帝国ラグビー評議会の設立も提案した。IRBは提案をきっぱりと却下したが、ニュージーランド・オーストラリアはラグビーについて国際的な場で発言する権利を得るためのロビー活動を続けた。

ラグビーの政治は帝国の政治を反映していた。「白い自治領」――オーストラリア、カナダ、ニュージーランド、南アフリカ――は英国とのより大きな平等を求めて運動をし、帝国会議は一九二六年に自治領と英国は対等の地位をもつ自治国であると発表した。これはのちに「バルフォア宣言」と呼ばれるようになる。五年後、ウェストミンスター憲章が自治領に法的平等をあたえた。オーストラリア・ニュージーランドのラグビー競技団体はこの形の関係を望んだ。

しかしIRBは英国政府ほど柔軟ではなかった。アマチュア規約についての議論は完全に拒否し、自治領がIRBに代表を送ることも拒絶した。IRBは一歩譲って、「国内ルール」には同意し、オーストラリア・ニュージーランドが、二五ヤードラインの内側からタッチへのダイレクトキックを禁止することを許した。

英国と自治領のあいだの差は、一九三〇年、英国がオーストラリア・ニュージーランドに遠征したときに重大な局面を迎える。いつものように、遠征は完全にRFUが組織し、監督は元会長ジェイムズ・バクスター。バクスターは婉曲に言っても「歯に衣着せぬ」物言いで有名で、自分の意見を堂々と言い放った。オークランドである記者が、オークランドではなぜラグビーリーグがこれほど人気があると思うかと尋ねたとき、バクスターは答えた。「どの町にも下水は必要だ[13]」。

遠征第一戦、英国は、ワンガヌイの選手がRFUの規則に違反して前半終了時にロッカールームに引っこむのを見て唖然とした。RFUの規則では選手はハーフタイムにグラウンド上にいなければならない。バクスターはまた、RFUのプロ規則に逆らって、オールブラックスの選手が製品の宣伝をするのを見て気分を害した。しかし、もっともいらだたせられたのは、ニュージーランドの「ウイングフォワード」プレイと2—3—2のスクラムだった。これはオールブラックスの英国遠征でも問題になっており、バクスターはこの戦術を「ラグビーへの脅威」と形容した。

英国はテストマッチ第一戦で、雪に覆われたダニーディンのグラウンドにおいてジャック・モーリー（ニューポート）が終了間際にコーナーにもぐりこみ、6—3で思いがけない勝利をおさめたものの、テストマッチシリーズは一勝三敗に終わった。帰国したとき、バクスターはRFUを説き伏せて、ニュージーランドの「ウイングフォワード」と2—3—2のフォーメーションを禁止させた。「国内ルール」も撤回されたが、のちに南半球の怒りを鎮めるために復活された。

こういった論争で不在が目立ったのは南アフリカである。実のところ、南アフリカは英国の立場を忠実に支持した。スプリングボクスの監督ハロルド・ベネットは一九二一年ニュージーランドの報道機関に「なによりもまず、われわれはイングランドのラグビー協会のアマチュア主義に味方する。われわれはつねにそれに固執してきた。われわれはアマチュア主義を大切に維持する[14]」と語った。南アフリカはラグビーのプレイに対するニュージーランドのアプローチ法を共有せず、国内にはラグビーリーグからの脅威はなかったので、ラグビーを変える必要を感じなかった。

さらに、南アフリカと英国の個人的なつながりは、英国とほかの国々のあいだよりも強かった。両大戦間では南アフリカの選手がイングランドのジャージーを着るのはよく目にする光景だった。フランク・メリッシュは一九二〇年代にイングランド代表として六回戦い、帰国後はスプリングボクスでさらに六キャップを獲得した。ブライアン・ブラックは一九三〇年代初めにイングランドで一〇キャップ、ヒューバート・フリークスは一九三〇年代後半に三キャップを獲得した。フルバックのハロルド・〝タッピー〟・オーウェン＝スミスは、一九二九年にイングランドを相手にクリケットでセンチュリー（一〇〇点）を得点し、そのあと一九三四年から三七年のあいだにイングランドのキャップを一〇、そのうち三キャップはキャプテンとして獲得した。

そうではあっても、一九三一―三二年シーズンにスプリングボクスが英国に三度目の訪問をしたとき、この遠征は友情を深める役にはあまり立たなかった。スプリングボクスは情け容赦のないスクラムマシーンとフライハーフでキャプテンのベニー・オスラーのメトロノームのようなキックのおかげで、ホームネーション各国を荒っぽい手際のよさで片づけていった。フォワード重視のラグビーを正確にプレイし、スクラムからオスラーにボールをリサイクルしてタッチに出し、ふたたびスクラムにもちこんだ。当時はボールがタッチに出たあと、スクラムかラインアウトを選べた――スプリングボクスはつねにスクラムを選択した。対イングランド戦テストマッチ前半で、南アフリカのフォワードはスクラム二八回のうち二三回に勝ったが、そのプレイはあまりにも保守的で、トライはわずか一本だった。

南アフリカの遠征唯一の敗北は、オスラーが欠場した対レスターシャー＝イングランド中東部諸州連合チーム戦。スコアは21―30だった。フィールド外での温かく心のこもった関係にもかかわらず、陰気なスプリングボクスの戦術は英国内の多くに不愉快な感覚を残した。戦前、イングランドのフライハーフとして高く評価されたダイ・ジェントは、オスラーの戦術に文句を言った。「すべてがいかに単調だったか、味方センターたちにはいかにいらだたしいものだったか。率直に言って、私はこういった戦術がきわめて冗長だと思う[15]」。

一九三八年の英国による南アフリカ遠征は、多くが期待していたよりも大きな成功をおさめた――遠征チームはテストマッチ以外の二一戦中一六試合に勝ち、テストマッチ最終戦では終了間際に勝利をもぎとった――それにもかかわらず、スプリングボクスはテストマッチ最初の二戦で、ふたたび明白な勝利への道をがむしゃらに押し進んだ。しかしながら南アフリカにとって、一九三七年かった。

のニュージーランド遠征勝利というメインコースのあとでは、この英国による遠征は単なる食後のブランデーと葉巻にすぎなかった。

南アフリカとニュージーランドが、タイに終わった叙事詩的なテストマッチシリーズを南アフリカで戦ってから九年がたっていた。この間にスプリングボクスはわずか二敗しただけで、どちらの負けも一九三三年に遠征してきたワラビーズとのテストマッチ五戦中に喫している。しかしオールブラックスはスランプ状態で、ワラビーズに対して一九二九年のテストマッチシリーズ三戦に連敗、一九三四年のシリーズをタイにし、一九三〇年には英国の遠征チームに敗れ、そのあと一九三五年の英国遠征ではイングランドとウェールズに敗れていた。スプリングボクスと最後に戦って以来の戦績は一九戦一〇勝八敗一分。これは潜在的世界チャンピオンの姿ではない。

スプリングボクスはニュージーランドに一九三七年七月に到着。北島に向かい、ウェリントンでのテストマッチ第一戦に到るまでの途上で州代表の諸チームをわけもなく蹴散らした。ウェリントンで四万五〇〇〇の観衆を前にして、アフリカの怪物がオールブラックスの煉瓦塀に襲いかかった。オールブラックスは全力を出しきり、後半ウイングのドナルド・コブデンが負傷退場したあと一四人だったにもかかわらず、スプリングボクスのスクラムを押し返した。ロナルド・ウォードはスクラムから出て、ウイングでプレイし、スプリングボクスの八人に対してオールブラックスは七人のスクラム。これで13—7の勝利をおさめた。

ニュージーランド全土で多幸感が爆発した。しかし、高揚は続かなかった。三週間後、オールブラックス連勝を予想してクライストチャーチには大群衆が集まった。しかしニュージーランド・イヴニングポスト紙は、試合の報告を「強力スクラムの圧倒的影響」という見出しで要約した。スプリングボクスはほとんど二対一の割合でスクラムに勝ち、ハーフタイムにはオールブラックスがウイングのジョン・サリヴァン（タラナキ）の二トライでリードしていたにもかかわらず、スプリングボクスは連続一三得点をあげ、勝利をオールブラックスの手からもぎとった。

オークランドで予定されていたテストマッチ最終戦がシリーズの雌雄を決することになる。「テストはわれわれの前に巨大な山のように不気味に立ちはだかっている」と、遠征チームのひとりは記者に語った。[16] 五万人がイーデンパークに詰めかけ——ニュージーランドでは、これまでどんなイベントもこれほどの人を集めたことはなかった——「巨大な山」というスプリングボクス選手の発言が大げさだったのを目撃した。スプリングボクスはトライ数五対〇、17―6で勝利。オールブラックスはボールをもてなかった――南アフリカはスクラム七六回のうち四八回を制した――スプリングボクスのバックスは相手をばらばらに切断した。

たとえ礼儀から本人たちがそうは言わなかったとしても、いまや南アフリカは議論の余地なく世界最強のチームだった。「これは世界チャンピオンのための闘争ではない。これは単純に、ラガーたちが友好の試合をプレイするための他国への親善訪問だ」と監督のアレックス・ド・ヴィリエは送別の宴会でホスト側に語った。[17]だが、この友情にはある限界があった。

一九三六年十一月八日、スプリングボクス到着の八か月前、NZRFUは、これまでのオーストラリアとブリテン諸島による遠征の先例とは異なり、南アフリカはマオリ代表とは試合をしないと発表していた。ラグビーは親善のスポーツだったかもしれない。だがランジ・ウィルソンが一九一九年に発見したように、ラグビーユニオンの上層部にとっては政治、とくに人種をめぐる政治が最優先事項だった。

第17章 死のラグビー、一三人のラグビー、そしてヴィシー風ラグビー

Rugby de Muerte, à Treize and à la Vichy

一九二〇年代のフランスはファッション熱にとらえられていた。それはココ・シャネルとファム・モデルヌ〔モダンガール〕、ボブヘアーとフラッパードレスの時代だった。釣り鐘型からマスキュリンなニュースボーイキャップまで帽子が大流行。帽子へのこの飽くなき欲求が、両大戦間にフランスのラグビーをふたつに裂くことになる危機のなかでひとつの役割を果たした。

一九二二年、ジャン・ブレルは三十五歳にしてキヤンの帽子工場の所有者になった。キヤンはピレネ山脈のふもと、オード川の河畔に抱かれた人口三〇〇〇人ほどの村である。ブレルは過去一〇年間、工場長を務めていたが、ようやくフランスの帽子熱に乗じるための自分の計画を実行に移せるようになった。工場は拡張され、工員のための住宅が建設され、生産は急速に拡大した。短期間で、地元の人口の三分の一がブレルの工場で働くようになっていた。フランス南西部で繁栄を続ける村にほかに必要なものがあるだろうか?

どうやら、なにかあとひとつだけ必要なものがあるらしかった。キヤンはこの地域の他のすべての町や村と同じもの、「ラグビーの栄光」がほしかったのである。

ブレルが工場を引き継いだ翌年、キヤンは選手権の三部に優勝した。競争の激しい三部で、わずかの選手しかいない小村が、より大きな町に勝利するのはかなりの偉業である。

しかしブレルは主要商品の帽子の名前「チベット」が、国民の口の端にのぼることを望み、その商才はラグビーを介して自分が望むような宣伝ができるのを見抜いていた。一説では「国中にポスターを張り出すよりも、フランス選手権に出場するほうがはるかに宣伝になると確信する」と語ったと伝えられている。[1] ブレルはキヤンにブクリエ・ド・ブルニュスをもってきたかった。

ブレルはこれまでも自分が望むものを望むときに手に入れてきた男だった。そのためにやることはただひとつ。チームをひとつ買えばいい。

こうして一九二六年夏、選手権を準優勝で終わったばかりのペルピニャン代表のうち七人が、キヤンの帽子産業に就職し、その結果、地元ラグビーチームの選手として試合に出場することが発表された。ペルピニャンの監督ジルベール・ブリュテュスも加わった。タルブとトゥールーズの選手も帽子製造販売業への熱意を表明し、幸いなる偶然によって、キヤンの人びとのためにプレイすることが可能になった。ブレルは自分のビジネスとクラブの関係をだれも見逃さないように、選手には試合の前後に必ず自社製品をかぶらせた。

キヤンの攻撃的な選手補充は結果を出した。わずか二年後、クラブは決勝でポーに4—6で惜敗。ポーは、キヤンの越境選手一〇人に対して、自チームには地元選手が一三人いると得意そうに自慢した。しかし、ブレルの勝利とフランス・ラグビーの深刻な危機の両方を象徴したのは、一九二九年のブクリエ争奪戦である。

決勝戦でキヤンは地域ライバルであるレジニャンと対決した。レジニャンは人口六〇〇〇の町で、すぐ近くのキヤンに対する歴史的な敵意は、ブレルの恥も外聞もない補充策のおかげでさらに深まっていた。かつての華麗なフランス代表フォワードで、肉体労働者として初めてフランス代表となったジャン・セベディオ監督に率いられ、レジニャンはフォワードに基礎をおいた退屈なプレイをした。

決勝戦ではほとんどのあいだ、狡知に長けたセベディオが勝つように思われた。第一次世界大戦中、シリアで軍役に就いていたので「スルタン」と呼ばれたセベディオは、後半中盤、8—0でリードしていたとき、スタンドからブレルとキヤンの役員に向かって挑発するように札束を振って、ブクリエを買おうとするキヤンの試みをからかった。

セベディオはしゃべるのが早すぎた。キヤンの監督ブリュテュスは情け容赦のないフォワードプレイでは出口が見えないことに気づき、チームの主眼を実力が勝るスリークォーターに切り替えた。一〇分ちょっとで三トライを決め、11—8で選手権を手にする。しかしレフェリーがノーサイドの笛を吹いたあともしばらく、選手と二万人の観衆のあいだではもみ合いが続いた。

ブレルは勝った。だが、その代償は?

両チームともに、決勝戦中の行為で、フランスのラグビー執行部から試合停止の処分を受けた。その日、ひけらかされた暴力、商業主義、アマチュア主義への軽蔑は、フランスのラグビーを憔悴させている危機を要約していた。続く五年間のあいだに、トップクラブは離脱し、フランス代表は五か国対抗から追放され、キヤン所属のフランス代表ロック、ジャン・ガリアに率いられてラグビーリーグが確立される。

ラグビーがかつてジャン・ブレルの工場が生産する帽子のようにファッショナブルだったとすれば、いまやそれは去年のスカート丈《たけ》のように流行遅れになりかけていた。

◉ラグビー絶好調

戦後、ラグビーが帰ってきたとき、その未来はこれ以上ないほど明るく見えた。クラブ数は一九二〇年の二六〇から一九二三年の八八〇に跳ねあがった。膨大な数の人びとが試合観戦に集まった。一九二〇年の五か国対抗で、フランスはアイルランドのランズダウンロードにおいて15―7でアウェイ初勝利をあげる。翌年はスコットランドとアイルランドに勝ち、シーズンを二位で終えた。一九二七年には、ウイングのエドモン・ヴァレ（グルノーブル）の唯一のトライがフランスのラグビーマンの夢、対イングランド戦勝利を実現した。翌年、ウェールズを初めて破り、一九三〇年には優勝にあと一勝で五か国対抗を終えた。

ラグビーはまたフランスの大衆文化のなかになおいっそう深く根をおろした。一九二三年の選手権決勝は国営ラジオ放送で生中継され、ラジオを聴ける人ならだれでも、アヴィロン・バイヨネに対するスタッド・トゥールーザンの二年連続勝利を聞くことができた。一九二五年、フランス全国からきた一〇〇名の新聞記者が、ブルー〔フランス代表の愛称〕がパリでオールブラックスと対戦するのに立ち会った。アヴィロン・サポーターの目立つ帽子――バスクのベレー帽――は一九二〇年代にフランス全国の男性が採用し、すぐにその国民性の、ちょっとステレオタイプではあるけれども目につく象徴となった。

フランス最大のミュージカルスター、モーリス・シュヴァリエさえも、ラグビーとぜひ手を組もうとした。一九二四年に『ラグビー絶好調』を歌い、一九二四年のオリンピック・パリ大会前夜にラグビーを讃える。オリンピック自体が、小規模ではあったが注目を集めたラグビーの試合を開催した。一九二八年、フランス代表キャプテン、アドルフ・ジョレギと数名のトゥールーズの選手が、ラグビーのライバル関係を背景にした恋愛映画『大いなる情熱』で中心的な役を演じた。一九二九年、作曲家アルテュール・オネゲルはパリ交響楽団と交響的楽章『ラグビー』を録音までしている。◉2

この一〇年間はトゥールーズが君臨していた。一九二四年、「赤い処女」は選手権のハットトリックを達成。一九二五年にペルピニャンがタイトルをとりもどすが、二六年と二七年にはあっけなくトゥールーズの手に返すことになる。トゥールーズの勝利はその一軍のスキルと戦術のおかげだけではなかった。歴史家ジャン=ピエール・ボディは、両大戦間に市内で三九のチームがプレイしていたことを確認している。一九二九年、フランス初のラグビー週刊誌ミディ・オランピックはトゥールーズで発刊された。右翼の著述家リュシアン・デュベックが嘆いたように、週刊誌が発行されても、ラグビーは地方紙では相変わらず政治よりも大きな場所を占めていた。

トゥールーズにとってのラグビーの重要性は、南西フランス全体で急成長するラグビー人気を反映していた。一九二〇年代半ばには、ピレネで一三九、ラングドックでは一〇六のクラブを数える。ラグビーはまた東にも広がり、リヨン、トゥーロン、クレルモンフェランのモンフェランがトップクラスのエリートクラブとして足場を固めた。しかし、ラグビーの手は地理的な意味で国全体にのびていただけではなく、労働者階級にも届きつつあった。

ミシュランのタイヤ工場が君臨するモンフェランでは、一九一一年にマルセル・ミシュランがラグビークラブを創設した。カルモーでは、地元の鉱山会社がオランピック・ド・カルモーを設立。ほかにも多くのクラブが同様の線に沿って設立された。ブレルのキヤンと同様に、そのパトロンたちは自分のクラブを広告媒体、だがまたフランスにおける労使関係が控え目に言っても緊張に満ちていた時代に、被雇用者のあいだに連帯感を創出する方法とも見なしていた。ほかでも労働者がラグビーをプレイし、観戦するために集まった。

しかしながら、一八八〇年代、九〇年代のイングランドと同様に、多くの人が、フランス・ラグビー上層部のブルジョワ的教育を共有しないプレイヤーとファンの流入を懸念をもって見ていた。早くも一九二三年には、英国の雑誌ラグビーフットボールが、海峡の彼方ではプロフェッショナリズムの申し立て二〇件を調査中だと報じている。

戦前のフランス代表ウイング、ジェオ・アンドレによれば、一九二五年のペルピニャンとカルカソンヌによる選手権決勝再試合は、「乱暴者たちの試合」だった。「……立ち見席では乱闘。グラウンドでは死闘が繰り広げられた……こんなふうにプレイされると、ラグビーは古代ローマの円形劇場でおこなわれた試合に近い」[3]。

一九二〇年代のフランスでラグビーがおかれていた状態に対するアンドレの見解は広く受容されていたが、割引して考えるべきだ。選手とサポーターの行動に対する苦言は、古代ローマとの比較に到るまで、RFUの支持者がイングランド北部について呈した苦言を引き写している。小さな町や村に基礎をおき、あらゆる社会階層に開かれたレジニャンやキャンのようなチームの力が増大し、大都市の名門チームの影を薄くしていることがラグビーの伝統主義者を不安にした。一九二七年以降、スタッド・トゥールーザンは選手権の決勝に出場していなかった。ラシングとスタッド・フランセも、一九二〇年代、同じように面目を失いつつあった。スタッド・ボルドレは競技記録に掲載されもしなかった。

試合中にふたりの有名選手が死亡したことで、伝統主義者はいっそう不安を募らせた。一九二七年三月、キャンのフッカー、ガストン・リヴィエールは対ペルピニャン戦のスクラムで頸椎《けいつい》を骨折。その後、死亡が確認された。より衝撃的だったのは、一九三〇年の選手権準決勝における十八歳のウイング、ミシェル・プラディエ（アジャン）の死である。プラディエはフランス代表ウイング、フェルナン・タイヤントゥ（ポー）のタックルを受けて死亡。タイヤントゥはすぐにラグビーを引退したが、警察の取り調べを受け、結局、罰金刑と執行猶予付懲役の判決を受けた。

この二件の死亡事故の結果として、一九二〇年代末は「死のラグビー」の時代として知られることになった。これは影響力をもつラグビーの運営者で著述家の医学博士ポール・ヴォワヴネルの造語である。博士はアマチュアラグビーのエリート的概念を強く支持し、専門職中産階級がラグビーを管理できなくなることを恐れていた。ラグビーの暴力性を大げさに言い立て、それを下位の階級のせいにするのが博士の利益になった。

アマチュア精神の衰退を嘆いているにもかかわらず、トップの名門クラブのあいだでのあからさまな反乱の契機となったのは、フランス・ラグビー協会（FFR）所属のクラブ間で試合の入場収入を共有すると決定されたことだった。一九三〇年十二月、バイヨンヌ、ビアリッツ、ボルドー、カルカソンヌ、グルノーブル、リモージュ、リヨン、ナント大学、ポー、ペルピニャン、スタッド・フランセ、トゥールーズがFFRを脱退。フランス・アマチュアラグビー協会を結成した。すぐにナルボンヌとタルブが加わる。これらのクラブは一致して、自分たちがフランス・ラグビーの精華だと信じていた。そしていまはその救世主であるとも信じていた。

しかしながら、アマチュア主義のもとではしばしば起こるように、いちばん一生懸命になって他人を指さす人びとが実はそう身ぎれいでもなかった。リヴィエールとプラディエの死は、フランス・アマチュアラグビー協会のポーとペルピニャン——どちらもアマチュア——との対戦中に起きた。「われわれの選手をアマチュアにとどめておくためには、彼らに二倍支払わなければならない」[4]とはっきりと言ったのは、ペルピニャンの副会長マルセル・ラボルドである。

ほかにもフランス・アマチュアラグビー協会が考慮した要因があった。フランスが五か国対抗からいまにも追放されそうになっていたことだ。英国との緊張は一九二〇年代末に増大し、一九三〇年四月、フランスが五か国対抗最終戦（於パリ・コロンブ競技場）でウェールズと対戦したとき、問題は重大な局面を迎えた。フランスはすでにスコットランドとウェールズを破り、五ポイントで全試合を終えた首位のイングランドとの差は一ポイント。ウェールズに勝てば歴史的な初優勝となる。歴史的勝利を予想して、フランスのラグビーでは過去最大の五万人がコロンブ競技場に詰めかけた。

そうはならなかった。ウェールズは打たれ、あざをつくり、血を流して試合を終えたが、しかし11—0で勝利した。フランスのサポーターはフランスの二トライを認めなかったイングランド人のミスター・ヘルウェルのレフェリングに異議を唱えた。ヘルウェルは群衆の威嚇《いかく》を感じて、プレイが選手通路の近くまで動くのを待ってノーサイドの笛を吹き、しだいに興奮する群衆から、自分と選手とがすばやく逃げ出せるようにした。

これが駱駝《らくだ》の背を折る一本の藁《わら》となった。一九三一年二月、ＩＲＢは「フランスにおけるラグビーフットボールの試合の不満足なプレイおよび管理状況のために、われわれの管轄下にある協会あるいはクラブは、ホームあるいはアウェイでフランス代表あるいはフランスのクラブとの試合を取り決め、あるいは敢行することはできない」というRFUの声明を支持した。禁止は、「ラグビーの管理と行動が、あらゆる原則において満足できる基礎におかれているとわれわれが確信する」場合にのみ解除される。[5]「満足できる基礎」とはアマチュア規則の厳格な施行と選手権の廃止だった。

フランス・アマチュアラグビー協会所属クラブが、ＦＦＲのかわりにイングランドと対戦する権利を認められるだろうと期待していたとすれば、ＲＦＵを見誤っていたことになる。将来のエドワード七世からの嘆願にもかかわらず、少なくとも当面は妥協の余地はなかった。フランス・アマチュアラグビー協会所属クラブは一九三一—三二年シーズン終わりにＦＦＲに復帰した。[6]次の一〇年間、フランスのラグビーユニオンはドイツ、イタリア、ルーマニアとの試合で満足しなければならなかった。けれどもすぐに、ラグビーユニオンはフランスでプレイされる唯一のラグビーではなくなる。

◉新式ラグビー

一九二〇年代末には、フランスのラグビーは、ラグビーリーグ創設に導いた分裂以前のイングランド北部、あるいはオーストラリアのラグビーと似るようになり、最初のうちはフランス・ラグビー協会（FFR）がラグビーリーグの競技団体である英国ラグビーフットボール連盟と話し合いを始めるのではないかと憶測された。しかしFFRは顔を反対に向け、一九三四年一月に国際アマチュアラグビー協会（FIRA）を結成した。

しかしながら、一九三三年初めにフランスのスポーツ紙レキップの前身ロト紙の記者ふたりが、フランスにおけるラグビーリーグ確立の可能性をめぐってイングランドのラグビーフットボール連盟（RFL）と接触していた。RFLは、ひとつには書記のジョン・ウィルソンが自転車競技界にもつコネを通して、すでにフランスによい仲介者をもっていた。ウィルソンはオリンピック一九一二年大会自転車の英国代表で、パリのエコー・デ・スポール紙の編集者ヴィクトール・ブレイエを知っていた。[7]数か月間の交渉のあと、一九三三年十二月三十一日、エコー・デ・スポール紙の主催により、パリ・パーシング競技場の雪におおわれたグラウンドで、オーストラリアのカンガルーズがイングランドとエキシビションマッチをおこなった。観衆は大よろこびした。カンガルーズのキャプテン、デイヴ・ブラウンは観客に肩車をされてフィールドをあとにし、フランスの報道は「一三人のラグビー」と呼ばれるようになるものの選手のスキルに息を呑んだ。

フランス代表フォワードの守護神ジャン・ガリアは、ヴィルヌーヴ=シュル=ロの自分のクラブに選手を呼ぶために金銭を支払った疑いで、それ以前にFFRから出場停止にされていたが、試合の二日後、RFLとの同意書に署名。一九三四年春に短期の遠征でフランスをイングランドに連れていくことになった。フランスのラグビーリーグが誕生した。

ガリアのチームはイングランドに三月に到着。一七人の選手合わせてラグビーユニオンのキャップ数の合計は四〇、空飛ぶウイングのロベール・サマタン（アジャン）、フロントロウのジャン・デュオ（ボルドー）のような大物選手を含んでいた。ラグビーリーグをプレイするのは初めてだったにもかかわらず、チームは本分を果たし、遠征で対戦した六クラブのひとつハルを破りまでした。

新しいラグビーに支持者が殺到した。新式ラグビーはフランスのラグビーユニオンの特徴となっていたフォワードに基礎をおく消耗戦よりも速く、よりスキルフルで、非暴力的だということでだれもが同意した。加えて、リーグにはトップクラスの国際的ラグビーの対戦というフランスのラグビーユニオンが失った大きな利点があった。

フランスのラグビーは、英国好みから生まれたというその起源とフランス人のもつ英国嫌いの本能のあいだの緊張に動かされ、英国を相手にしてみずからの力を試したいという圧倒的欲求は抑えがたかった。フランスがラグビーユニオンでイングランドとウェールズに初勝利をあげた試合に出場したガリアはこのことを、おそらくだれよりもよく理解していた。一九三四年四月十五日、フランス一三人制ラグビー連盟創設の一週間後、フランスはパリのビュファロ競技場にイングランドを迎えた。二万人のパリ人が観戦。スターをちりばめたイングランドがガリアのチームに32―21で勝った。

フランスは敗れはしたが面目をつぶしたわけではなく、競技場にいただれの目にも明らかだったように、新しいスポーツにフランスの未来があった。次のシーズン、イングランドはパリで15―15で引き分け、ジム・サリヴァン、ガス・リズマン、そしてライオンズに二度選ばれたジャック・モーリーを擁するウェールズをフランスがボルドーにおいて18―11で破って、さらに世間をあっと言わせた。

ウェールズ戦では若きハーフバックのマックス・ルジがデビューした。ルジはガリアのあと、一三人制の魂を象徴する男である。すでにラグビーユニオン四キャップをもっていたにもかかわらず、ルジはそのラグビー芸術の完全なる熟達を披露する完璧な舞台をラグビーリーグに見出した。ルジが組織者、創造者、完成者として、ガリアと歩みをともにすると決意したことは、ラグビーリーグが次世代のフランス・ラグビーの心をとらえていることを表わしていた。

最初のシーズンが終わるころには二九クラブ、二年目は一七一、一九三八―三九年シーズンには四三四のクラブがフランス一三人制ラグビー連盟に所属していた。FFRはラグビーリーグと関係する選手、役員、グラウンドまで追放した。ドイツ、イタリア、ルーマニアを相手にしたラグビーユニオンの退屈で政治的に疑わしい国際試合は観客にほとんど訴えかけなかった。FFR加盟クラブが一九二四年の八九一クラブから一九三九年の四七一クラブまでほぼ半減したとき、流れはもはや逆転不能に見えた。[8]潮《しお》は実際にラグビーリーグ有利に流れているように見え、その頂点は一九三九年に訪れた。一月、フランスはセントヘレンズでイングランドを12―9で破り、フランス代表が初めてイングランド国内で勝利した。シーズン終わり、二万五〇〇〇人がボルドーの市営競技場に詰めかけたときには、もっとすごいことが起きた。フランスがウェールズを16―10で下し、初めてヨーロッパ・チャンピオンとなった。

フランスのラグビーにおけるこの急速な、ほとんど革命的な変化は、フランスそのものに起きていた同様の変化を反映していた。

一九三〇年代初めの経済不況は深刻な政治的・社会的危機の時代をもたらした。一九三六年五月、社会主義と自由主義の人民戦線がフランスの総選挙に勝利し、大きなストライキの波が国家を震撼させた。

ラグビーリーグがフランス・ラグビーの確立された秩序に挑戦しているという事実は、人民戦線の精神と一致して見えた。人民戦線政府がラグビーの反逆者に助けの手を差し伸べたことは否定できない。社会主義者のスポーツ大臣レオ・ラグランジュは来賓として、一九三六年の国際試合を観戦した。ガリアとその仲間の一三人制の選手が政治を避けていたにもかかわらず、彼らは人民戦線と一体化した。このことを敵は忘れなかった。

◉ヴィシー風ラグビー

一九三八―三九年のシーズン末はフランスのラグビーリーグがもっとも明るく輝いた時だった。だが暗雲がたちこめ始めた。一九三九年九月三日、ヒトラーがポーランドに侵入、フランスは交戦状態にはいる。一九四〇年五月、ドイツ軍が侵入、その結果、フランス国家は音を立てて瓦解した。フランスはドイツ軍が掌握する占領地帯とペタン元帥の対独協力政府が掌握する非占領地帯に分断され、ペタン政権はフランス南部の温泉町ヴィシーに首都をおいた。

ペタンのもとで、フランスは「国民革命」に着手し、「労働、家庭、祖国」政策を追求する。それは右派フランスの伝統的な価値をあらためて主張していた。これらの価値のひとつがアマチュアスポーツ信奉であり、ヴィシーはプロフェッショナリズム禁止の意図を発表する。

理論的にはヴィシーの禁止はサッカーを含むすべてのプロスポーツにおよんだ。しかし、他のスポーツがアマチュアとして継続したのに対し、ラグビーリーグだけがアマチュア、プロにかかわらず禁止された。ヴィシーの家庭・青少年担当大臣ジャン・イバルネガレは明快だった。一九四〇年八月に「ラグビーリーグの運命は明らかだ。その生命は終わり、それはただ単純にフランスのスポーツから消え去るだけだ」と宣言した。[9]

イバルネガレはラグビーの状況について、そしてそれがどう再組織化されるべきかについての報告書作成を委嘱した。一九二〇年代に最初に「死のラグビー」と言い出した男、ポール・ヴォワヴネルがラグビーは「道徳的頽廃」の犠牲になり、ラグビーリーグのプロフェッショナリズムはラグビーの道徳的、教育的原則を裏切ったと論じた。一三人制の選手はFFRに無理やりもどされることになる。[10]

一九四〇年十月十日、フランス一三人制ラグビー連盟は家庭・青少年省に呼び出され、「ラグビーの統一」再構築に手を貸すように期待されていると告げられる。三日後の日曜夜、一九四〇―四一年シーズン最初の週末の試合のあと、ジョゼフ・〝ジェップ〟・パスコ司令官が国営ラジオで声明を発表。パスコは一九二〇年代にペルピニャン所属の元フランス代表フライハーフで、現在はヴィシーの体育総監だった。パスコは、ヴォワヴネル報告書に基づき、フランス一三人制ラグビー連盟はFFRに吸収され、ラグビーリーグの全資産とクラブはラグビーユニオンに移行されると発表した。

ラグビーリーグの運命に最終的な責任を負ったのはパスコよりもずっと有名な人物である。一九二〇年代にウィンブルドン二回を含むテニスのグランドスラム大会に五回優勝した「弾むバスク人」ジャン・ボロトラが、一九四〇年七月にヴィシーのスポーツ・教育長官に任命された。ボロトラはアヴィロン・バイヨネの若々しいラグビー選手で、一九四二年に国外に逃亡するまでヴィシーのスポーツ政策を監督した。スポーツのアマチュア精神の熱い信者であり、パスコにラグビーリーグを「抹消」する権威をあたえたのはボロトラである。一九九四年、逝去直前に英国人歴史学者マイク・ライランスのインタヴューに応え、リーグ禁止に自分が果たした役割を認めた。「わたしの権威がなければパスコにはできなかった」[11]。

パスコの発表後すぐにラグビーリーグは終了したが、決定が法律として成立するにはもう一年が必要だった。一九四一年十二月十九日の朝、ペタンは世界のスポーツ史に例のない命令を発し、政府は「一三人のラグビー」を禁止すると発表した。そのプレイは終了し、事務所は閉鎖され、資産は政府に没収された。命令には次のようにある。

第一条　アソシエーション――名称フランス一三人制ラグビー、本部はパリ、ドルオ街二四番地――は承認が拒否されたために解散させられる。

第二条　前条により解散したアソシエーションの資産はそのまま全国スポーツ委員会に移行される。委員会は資産に全責任を負い、その清算手続きにおいては委員会書記長、レジョンドヌール・オフィシエ章受勲者シャルル・ドゥニ氏がこれを代表する。

第三条　国家教育・青少年担当政務次官には官報に公表される本命令の実施が委託される。

ラグビーリーグはヴィシー政権の報復主義のもうひとりの犠牲者となった。ペタンとその支持者は、それが社会主義者だろうとユダヤ人だろうと労働組合だろうと人民戦線支持者だろうと、あるいは単に心が寛《ひろ》い者だろうと、フランスをその農村的、家父長的、伝統的過去から引き離したと彼らが信じる者たちに対する恨みを清算しようとした。そしてその長い報復リストにフランス・ラグビーの権威に反抗した者たちも含めた。

第一次世界大戦以前のフランス・ラグビーのエリート的なアマチュアの伝統を深く信じるボロトラやヴォワヴネルのような者たちには、反ラグビーリーグ・キャンペーンは必要不可欠だった。だが、ジェップ・パスコにとっては、それだけではなかった。パスコは一九二一年と二五年にブクリエ・ド・ブルニュスを掲げた偉大なペルピニャンのフライハーフだった。そのチームが一九二六年の決勝戦でトゥールーズに敗北したわずか数日後、七名のペルピニャン選手がジャン・ブレルのキャンに誘われ、ラグビーリーグに帰結する革命を引き起こす原因となる。ペルピニャンのクラブは壊滅し、一〇年間は立ち直れなかった。

少なくともパスコにとっては、ヴィシーによるラグビーリーグへの報復はただのイデオロギー上の問題ではなく、個人的な問題でもあった。

第18章　英国のラグビー・ラッシュ

Britain's Rush to Rugby

ラグビーユニオンの聖火を守る者たちにとって、それは完璧な試合だった。一九二三年十一月一日の晴れた午後、英国ラグビーの精華がラグビー校に集まり、ラグビーフットボールを創造したウィリアム・ウェッブ・エリスの歴史的行動の一〇〇周年を祝った。尊大なウェーイングランド＝ウェールズ連合チームがスコットランドとアイルランドのトップ選手と対戦することになっていた。尊大なウェールズのウイング、ロウ・ハーディング、驚異的な活力をもつイングランドのウェーヴェル・ウェイクフィールドとそのチームメイトで創造的なハーフバックのW・J・A・デイヴィスとシリル・カーショウはきら星が並ぶごときイングランド＝ウェールズ・チームの核だった。スコットランド＝アイルランド・チームはアイルランドのフルバック、アーニー・クロフォード、スコットランドのスター・ウイング、レスリー・グレーシー、恐るべきジョン・バナーマン率いるスクラムを誇る。

午後二時三〇分、キックオフが近づき、試合のボールがラグビー校最長老の校長ジグル氏によってセンタースポットに運ばれた。招待された二〇〇〇名の観戦者が学校の敷地内にあるグラウンドのまわりに群がり、固唾をのんで待ち構えていた。期待は裏切られない。

アイルランドのヘンリー・スティーヴンソンがコーナーにグラウンディングして、緑と青を四分割にしたジャージーを着たスコットランド＝アイルランドが先に得点した。それに対してウェイクフィールドがすぐに応じ、アーサー・コーニッシュのフィールド中央突破を有効に使ってグラウンディング。コンバージョンが決まり、ウェールズのウイング、トム・ジョンソンがその愛称「老いぼれ」とは裏腹に、ジョンソンが走ると予測していたカバーディフェンスの裏をかいて、ドロップゴールを決め、リードが広がった。そのあとヘンリー・スティーヴンソンが突進し、スコットランドのダグ・デイヴィスのトライをお膳立てする。ハーフタイムまでがあっという間に感じられ、イングランド=ウェールズが9―6でリードしていた。

ジグル氏がふたたびキックオフのボールをもちこんで後半が始まった。数分後に、イングランド=ウェールズが、白いシャツの上でからみあう薔薇《ばら》と三本の羽根〔それぞれイングランドとウェールズのエンブレム〕のようにしっかりとスクラムを組んでボールを転がしていった。相手は立ちなおろうと苦闘したが、アンブローズ・ベイカー（ニース）を阻止するためにできることはほとんどなかった。ベイカーはシーズン終了前にオールダムに移籍し、ラグビーリーグに転向するが、飛びこんでトライを決めた。その直後、イングランドのフライハーフ、デイヴィスがもう一本、ドロップゴールを決め、スコア16―6を勝ちとる。

スコットランド=アイルランドにとっては、すべてが終わったように見えた。しかしそのあとフォワードが調子をとりもどし、これまで支配的だった相手にプレッシャーをかけた。まずジョージ・スティーヴンソンがトライを決め、その直後にバナーマンが続いてグラウンディング。どちらのコンバージョンも決まり、スコアは16―16で膠着したまま、時間が尽きようとしていた。

両チームのフォワード間で激しい闘争が続いていたとき、コーニッシュがふたたびスコットランド=アイルランドのディフェンスを切り裂き、その結果、ラックをトム・ヴォイスがかきわけて得点をあげた。コンバージョンが決まり、イングランド=ウェールズが21―16でリードした。

残り数秒、スコットランド=アイルランドのスクラムはラインに向かって必死の突進。バナーマンがボールを手にしてラインからほんの数インチまできたとき、ノーサイドの笛が吹かれた。選手たちは精根尽き果て、群衆は息もつけずにいた。「これ以上クリーンで、ハードで、おそらくはスピーディな試合はどこでも戦われたことはなかった」とある観戦者は報告した。[1] 虚構のラグビー誕生一〇〇周年を記すのにこれ以上によい方法はなかったということで、観戦者全員が同意した。

一九二三年十一月の輝かしい秋の午後、ウェブ・エリス神話をふたたび聖別することは単にでっちあげられたラグビーの過去を祝うだけでなく、英国のラグビーユニオンの将来を肯定することでもあった。

◉英国のラグビー・ラッシュ

英国各地のラグビーユニオンは、一八七〇年代以降知らなかった自信と権威を手にして第一次世界大戦を抜け出す。戦争終結の三か月後、匿名の校長がザ・タイムズ紙に寄稿した。

戦争は訪れ、去っていった。国の青年たちは試練のかまどを通り抜けた。この経験の試験において、いずれにしてもひとつのスポーツが、余暇としてのみならず、真の教育としてもみごとに正当化される。それはラグビーフットボールである……すべての学校が国の青少年のための冬のスポーツとしてラグビーフットボールの採用を真剣に考えるべきだというのはあまりにも多くを望みすぎだろうか。[2]

アンプルフォース、ロッサル、シティ・オブ・ロンドン、ラドリー、モルヴァーンその他多くのエリート校が、戦争の結果としてラグビーを始めた。一九一九年、ウィンチェスターのOB、西部戦線元指揮官ゴッドフリー・メネル准将が、母校にラグビーをプレイさせるための運動を開始した。一九二六年、ハロー校校長シリル・ノーウッドのサッカーをラグビーに変更するという決定をめぐってザ・タイムズ紙上で激しい論戦が巻き起こった。サッカーファンは大きな懸念を抱いたので、公立学校協会、校長会議に呼びかけて、他の学校が先例にならうのを止めようとした。「ラグビー・ラッシュ」は止められず、RFUに加盟するイングランドの公立学校、グラマースクールの数は一九一九年の二七校から一〇年後の一三三校まで激増した。[3]

ラグビーは、一九二〇年代初め、新しい偉大なイングランド・チームの台頭によって助けられた。イングランドは一九二一年、二三年、二四年にグランドスラムを達成し、二〇年代初めの五シーズンでは三試合しか落とさなかった。一九二〇年代半ばにスコットランドが五か国対抗で優勢を誇ったときに中断されただけで、一九二八年にもう一度、グランドスラムを達成する。

この成功の立役者はまたしてもハーレクインズの選手、ウィリアム・ウェーヴェル・ウェイクフィールドである。その方法は多くの点で近代のコーチングテクニックを先どりしていた。ケンブリッジ大学から選手をスカウトし、試合や選手の詳細な記録をつけ、チームにセットプレイや戦術を反復練習させた。そのゲームプランは、本人の説明によれば、「フィールド上のすべての動きとカウンターの動きの基礎となる深い理論」に基づき、「この理論を適用して成功するためには、選手は抜け目なくなければならない」[4]。

ウェイクフィールドはまた、バックロウのプレイを定義しなおした。バックロウは高い起動力と攻撃性をもち、グラウンド全体を守備的にカバーし、走り、パスし、攻撃においてはスリークォーターをバックアップできなければならない。ウェイクフィールドは、バックロウがすばやくスクラムから離れ、生まれたばかりの仔羊に襲いかかる狼のように、敵のハーフバックスに襲いかかることを期待した。

なによりもまずラグビーは手加減せずにプレイされなければならなかった。その目的はウェイクフィールドのいう相手に対する「精神的権威」の確立である。「全力をこめて自分の肩をひとりの男にぶつけ、その男をぐしゃりと倒すことができるのは、ラガーの栄光のひとつである。その男の肋骨を一本か二本打ち砕いても、相手はこちらに対してなんの不満ももたないことはわかっている。相手がハンドオフでこちらの歯をへし折っても、それは自分のタックルが高すぎたという過ちのせいだとわかっている」と、自伝に書いている。[5]

トウィッケナムにおける試合開始直後がストリートファイトに似て見えたのは、ウェイクフィールドが無敵の一九二四年オールブラックスに対して「精神的権威」を示そうとしたからだった。ウェールズ人レフェリーのアルバート・フリーシーは試合を四回止めた。暴力沙汰を終わらせるために、ニュージーランドのシリル・ブラウンリーを試合開始一〇分で退場にしたのは有名な話である。

しかし、イングランドのフォワードがオールブラックスよりも上手だったのに対して、バックスは相手のもつ切れ味のよさを欠いていた。数的有利にもかかわらず、勝利は最終的に11―17でイングランドの手をすり抜けてしまう。これは忘れがたい試合だった。だが、すべての人が望んでいた理由のためだけではなかった。「これが国際的なラグビーなら、まっぴらごめんだ」とイングランドのフォワード、ロニー・ヒラードは試合後に発言したと言われている。これはヒラードにとって最初で最後の国際試合だった。

両大戦間の残りの期間、イングランドのラグビーは、アマチュア原則への忠誠と次第に重要性を増す勝利絶対主義のあいだで綱渡りをしていた。それをうまく解決することは一度もできなかった。イングランドは一九二〇年代、ホームネーションズ〔フランスが一九三一年に五か国対抗からはずれたので、三一年以降第二次世界大戦が開始される前の一九三九年まではホームネーションの四か国で戦われた〕に二回、優勝しているが、次のグランドスラム達成は一九五七年を待たなければならない。

◉手だ、スコットランド、手だ！

一九二三年のラグビー校における試合は、イギリス人とって重要だったのと同じほどにスコットランド人にとっても重要だった。

イングランドと同様に、ラグビーはスコットランドのエリート校と大学の文化に必要不可欠な一部であり、一九二〇年代のスコットランドの輝かしい成功に学校や大学が無尽蔵の人材を供給した。

エジンバラやグラスゴーのフォーマーピューピルズやアカデミカルズの選手たちが代表チームの大勢を占め、エジンバラ大学やオックスフォードの学生が活力をあたえた。一九二〇年代のスコットランドはフォワードプレイに基礎をおくスコットランドの伝統を反転させて、奔放な攻撃を見せ、ときには観戦者に学生チームを見ているのかと思わせた。

戦後第一回の五か国対抗で、スコットランドはイングランド、ウェールズと名誉を分かちあい、三国が同時優勝した。そのあと一九二一年はイングランド、二二年はウェールズが優勝。一九二一年のカルカッタカップはおそらく、イングランドが初めて背番号のついたジャージーを着たことで記憶されているだろう。トゥィッケナムの常連、国王ジョージ五世がスコットランド・ラグビー協会書記のジェイムズ・エイクマン・スミスになぜスコットランドは背番号をつけないのかと尋ねた。エイクマン・スミスはこう言い返したと伝えられている。「陛下、わたくしの選手は人間です。牛ではございません」。スコットランドがようやく抵抗をやめたのは一九三四年である。

実のところ、両国とも背番号については遅れをとっていた。ニュージーランドは一八九七年のオーストラリア遠征で初めて背番号をつけ、オーストラリアがその先例にならった。一九一一年にはどちらの半球でも、ラグビーリーグのチームには選手のジャージーに背番号をつけることが義務づけられた。ラグビーユニオンが15から始まり、下っていく独特の背番号システムを採用するのはようやく一九六六年である。それまではサッカーとラグビーリーグの「1」から始まるやり方を大っぴらにまねていた。

上層部に内在する保守主義にもかかわらず、スコットランドのラグビーは両大戦間に輝かしい黄金時代を経験した。一九二三年、スコットランド代表は偉大なイングランド代表を追いつめ、あと一歩で勝利して五か国対抗に優勝するところだった。スリークォーターのレスリー・グレーシー率いるスコットランドは、カーディフ・アームズパークで三分を残してトライ。これでウェールズを片づけ、最終戦のカルカッタカップ（於エディンバラ・インヴァーリース競技場）でイングランドと対戦した。

グレーシー外側の左ウイングはエリック・リデル。当時、英国でまず間違いなく最速のアスリートで、アカデミー賞受賞作『炎のランナー』で不朽の名声を得る。リデルとグレーシーのどちらも午後中イングランドを苦しめるが、スコットランドは残り一〇分、6—3でリードしていたとき、ボールをハリー・ロックに奪われ、ロックは相手ゴールに向かって疾走し、トム・ヴォイスのトライをお膳立てした。ルディントンがコンバージョンを決め、ビジターが8—6とリード。グレーシーとリデルの活躍にもかかわらず、イングランドが優勝を手にした。

二年後、スコットランドには今一度、タイトルに挑戦する用意ができていた。このころグレーシーは代表戦から引退し、中国の天津生まれのリデルは両親の宣教活動を引き継ぐ予定で、天津にもどる途中だった。しかしふたりを欠いても、スリークォーターはなおいっそう強力なぐらいだった。四名全員がオックスフォードの代表選手だが、スコットランド生まれはキャプテンのフィル・マクファーソンひとりである。

その外側の右ウイングはメルボルンのイアン・スミス。一方、左ウイングは元オールブラックスのジョージ・エイトケンとニューサウスウェールズのジョニー・ウォレス。エイトケンは一九二一年の対スプリングボクス連戦に出場。ウォレスはすでにオーストラリア代表としてオールブラックスと対戦した経験があり、一九二七年にニューサウスウェールズ・ワラタスの英国遠征でキャプテンを務めることになる。スコットランドのバックラインに南半球の味つけがされたのには前例がある。一九〇三年、カルカッタカップに出場したスコットランドのスリークォーターには南アフリカ人一名、ニュージーランド人一名、オーストラリア人二名が含まれた。その年、スコットランドがトリプルクラウンを達成したことを考えれば、これは縁起がいいと言える。

所属国が流動的なのはこの当時のラグビーでは異例ではなかった。国際ラグビーフットボール評議会（IRB）の一八九八年の規則が、いかなる選手も二か国のホームネーションでプレイしてはならないと定めていたのを別にすれば、ラグビーにはある国の代表にだれが選出可能かを正式に定めた規則はなかった。IRBは一九二一年にこの点について規則を定めるよう依頼されたが、「国際試合の出場資格を規定するいかなる行動をおこす」ことも拒否した。そのかわりに、ある選手がある国の代表選手選考試合に出場したら、その事実は「いくつかの協会が考察するにふさわしい」はずだと曖昧な提案をした。代表選手選考について、国際的な基準設定が試みられたのはようやく一九八〇年代である。[6]

一九二五年におけるスコットランドの戦いは、フランスに対する七トライの大勝で幕を開けた。この試合でウォレスは二トライ、スミスは四トライを決める。そのあと、次のウェールズ戦で、スミスはまた四トライ、ウォレスは二トライ。アイルランドは軽傷ですみ、ランズダウンロードにおけるスコットランド14—8の勝利でウォレスが自分の合計得点を増やしただけだった。この勝利によって、五か国対抗優勝、トリプルクラウン、グランドスラム（イングランドがフランス戦を残しているので、必ずとは言えないが）の運命はカルカッタカップ戦で決まることになった。

スコットランド初のグランドスラム達成にこれ以上、幸運な機会はなかった。スコットランド・ラグビー協会はエディンバラの新しいマレーフィールド競技場お披露目に一九二五年のカルカッタカップ戦を選んでいた。一八九九年からスコットランドのホームだったインヴァーリースはラグビーの競技団体が初めて所有した競技場だが、第一次大戦以前すでに、国際試合を観戦にくる数万人には狭すぎるのは明らかになっていた。

スコットランドのラグビーの競技団体スコットランド・ラグビー協会は一九二四年までスコットランド・フットボール協会と名乗っていたが、一九二二年にマレーフィールドのポロ競技場を購入し、いまやラグビーの国代表戦が引き寄せる群衆を収容できる近代的なアリーナの建設にとりかかった。スコットランドの絶好調ぶりへの期待と新しい競技場見たさから、七万人以上が五か国対抗決勝を観戦にきた。マレーフィールドはかろうじて対応し、群衆の大部分が五か国対抗最高の試合のひとつとなるものをほとんど目にできなかった。

ウェーヴェル・ウェイクフィールド率いるイングランド代表に予想されるとおり、イングランドのフォワードはスコットランドのフォワードを支配し、バックスを窒息させようとした。戦術は奏功し、前半、後半のどちらもトライが決まった。二本目のトライはウェイクフィールド自身が決め、イングランドが11—5のリードを維持するかと見えた。スコットランドのフォワード、デイヴィッド・マックミンが、ルディントンのコンバージョンキックに予想外の断固たるチャージをかけなければ、もっと差がついていただろう。

残り二五分で、スコットランドのバックスがいくらか息のできるスペースをようやく見つけ、ウォレスがコーナーにトライを決めて、10—11まで詰め寄った。いまや流れはスコットランドに傾き、スコットランドはイングランドのラインをずたずたにして、決定的な突破をする。残り五分、スクラムハームのジミー・ネルソンがついに、イングランド陣二五ヤードラインでフォワードからクリーンなボールを出し、フライハーフのハーバート・ワッデルにすばやくパス。ワッデルのドロップキックがイングランドのゴールポストのあいだを抜けて、スコットランドが14—11とリードする。

まだ終わりではなかった。イングランドのセンター、レン・コーベットがつまずいて転んだ。レフェリーが笛を吹こうとしてホイッスルに手をかけたとき、トシュ・ホリデーが長距離のドロップゴールを試みて、なんとか追いつこうとしたが失敗。ようやくノーサイドの笛が吹かれ、マレーフィールドは爆発した。スコットランドがついにグランドスラムを達成した。相手がもっとも古い敵だっただけに、栄光の味はいっそう甘かった。

スコットランドとイングランドのライバル関係が両大戦間の英国のラグビーを規定した。一九二〇年代と三〇年代にグランドスラム、あるいはトリプルクラウンを達成したのはスコットランドとイングランドだけである。一九三〇年代には、スコットランドとイングランドのどちらもがトリプルクラウンを二度、達成し、ウェールズとアイルランドはそれぞれ一度ずつ優勝するが、無敗でシーズンを終えたことはない。

一九三八年、スコットランドは、トウィッケナムでイングランドと手に汗握るシーソーゲームを演じて21―16で勝ち、トリプルクラウンを確実にした。この試合で、イングランドはトライ数五対一で圧倒されながら、三回、同点にもちこんだ。これはテレビ放映された初めてのラグビーの試合だった。競技場で、あるいは家で観戦していた人のだれひとりとして、テレビというメディアがラグビーに将来的にあたえることになるインパクトを予測はできなかった。

大多数が私立学校で教育を受けたスコットランド代表の並ぶものなき成功――このあと、二十世紀のあいだにトリプルクラウンは二度しか達成していない――は、サウスウェールズとアイルランドのマンスターをのぞくブリテン諸島で、ラグビーユニオンがエリートの学校と大学のスポーツというそのルーツを広い範囲にわたって再発見し、再確認したことを示している。ラグビーの基本的な保守主義が両大戦間によみがえってきた。

これはイングランドとスコットランド同様にアイルランドでもあてはまる。アイルランドは一九二〇年代、三〇年代に、五か国対抗に一度しか優勝できなかった。もっとも、二国同時優勝が二回、三国同時優勝が二回ある。ラグビーはアイルランドでは驚くほど変化をこうむらなかった。アイルランドは独立戦争を経験し、南アイルランドは内戦に呑みこまれ、一九二一年には二国家に分割された。それでもアイルランドのラグビーは唯一の国代表チームと島全体を代表する統一の競技団体をもっていた。この統一はヴィクトリア朝アイルランドの国民的アイデンティティの概念に基礎をおく。ダブリンにおける国際試合でようやくアイルランドの三色旗がはためくのは、アイルランド・ラグビーフットボール協会のなかでもカトリック教徒を主体とする階級横断的なマンスター支部が率いた一九三二年のキャンペーン後である。

カトリック教徒、もっとも特筆すべきはアイルランド自由国初代大統領のイーモン・デ・ヴァレラがラグビーをプレイはしたものの、ラグビーのパワーはおもに中産階級のアイルランド統一主義者の手に残された。両大戦間に選ばれたアイルランド・ラグビーフットボール協会会長一六名のうち、一四名がプロテスタントだった。[7] リムリックとマンスターのほかの場所をのぞくと、ラグビーをプレイするカトリック教徒は一般的にそれをカトリックのエリート校で身につけていた。イングランドとスコットランドと同様に、アイルランド・ラグビーの上層部にとっては排他性がきわめて重要だった。一九二七年、アイルランド・ラグビーフットボール協会会長ジョージ・ハムレットは、「ラグビーがあまりにも人気になってしまう可能性」を恐れた。「〔そうしたら〕……ラグビーの真の精神のなかで教育されていない観戦者の大群を集めるかもしれない」[8]。

◉ウラー、ウェールズ、そしてオールブラックスの没落

歴史家クリストファー・ブルックは著書のケンブリッジ大学史のなかで、「一九二〇年代、ケンブリッジの社交室の新参者は、周囲の傑出した学者たちが出願者たちについてほとんどラグビー用語で議論するのを知って目を丸くした」[9]と指摘する。一九三〇年代初めのそんな出願者のひとりが学生ラグビーの天才ウィルフ・ウラーである。北ウェールズに生まれ、ライダル校で教育を受け、必要なラテン語の試験に落第したためにケンブリッジ入学が遅れた。その後、ケンブリッジ大学代表のブルー〔青章。大学スポーツで優秀な選手に贈られる。オックスフォード大学とケンブリッジ大学では両校の対抗戦に出場した選手にあたえられる〕を三回得るが、入学が遅れたために、まだ生徒のうちにラグビーの国代表に選ばれた数少ない選手のひとりとなった。ウェールズ代表選手選考試合で傑出したパフォーマンスを見せたあと、一九三三年一月、トウィッケナムにおけるイングランド戦のセンターに選ばれた。

それは第一次世界大戦以来、ウェールズを襲っていたラグビーの運命の反転をしるす試合となる。ウェールズは一九一〇年以来、イングランドに三度しか勝っていない。しかもトウィッケナムではまだ一度も勝てなかった。対イングランド戦ラインアップもまた、ウェールズのラグビーユニオンがその中産階級の原点に後退したことを反映していた。ウラーと並んで、オックスフォードとケンブリッジの代表経験者がほかに四人、スウォンジー大学卒業生二名、元パブリックスクールの生徒一名、政務官書記一名、高校教師一名が起用された。フォワード中ただひとりの炭坑労働者が、戦前のウェールズをあれほど強くした工業労働者の代表だった。

イングランドが、フライハーフで未来の保守党下院議員ウォルター・エリオットのトライでリードし、前半を3—0で折り返したものの、流れは後半に逆転した。ウェールズの右ウイング、ロニー・ブーンがイングランドの二五ヤードラインから冷静にドロップゴールを決めた。ウラーは六フィート二インチの体格を最大限に活用し、イングランドの背番号10エリオットが二本目のトライを決めるのは確実と思われたとき、そのあとを三〇ヤード以上追いかけて倒した。時計が進み、ウラーのパートナー、センターのクロード・デイヴィーがラックからいいボールを出した。イングランドのフルバック、トム・ブラウンを引き寄せ、ブーンにパス。ブーンがグラウンディングして、ウェールズの勝ちを決定づけた。

これは歴史的勝利だった。とくにウェールズは一九三〇年代に、イングランドをこのあと一回しか倒さないからだ。ウェールズにおけるラグビーの危機的状況は、産業から余暇の追求に到るまでのウェールズ社会の全様相に大恐慌があたえた悪しき影響を反映していた。ウェールズを工業の二十世紀へと動かしたエンジンの石炭産業は炭鉱員の半数を失い、労働力は一九二一年の二七万人から一九三〇年の一二万八〇〇〇に減少した。ウェールズ渓谷の問題多発地域における長期の失業は一九三〇年代を通して四五パーセントと高どまりしていた。両大戦間に約五〇万人が移民としてウェールズを出た。

ラグビーは、それを育んだサウスウェールズ社会の運命とあまりにも密接にからみあっており、影響は破壊的だった。いくつかのクラブは閉鎖を余儀なくされ、なかにはトレヘルベルト、トレデガー、ハーヴァーフォードウェストなどの名門も含まれた。競技人口は減少し、各チームはグラウンド探しや資金集め、ボール代の支払にさえ苦労した。観戦者も減少し、一九三二年、スウォンジーにおける対イングランド戦を観戦に訪れたのは三万人にすぎない。[10]

上記五〇万人のウェールズ人移民のなかには、イングランド北部でラグビーリーグに転向することによって、よりよい運命を求めたラグビープレイヤーもいた。ジム・サリヴァン、ガス・リズマンのような著名な選手はどちらも一九二〇年代、十代でカーディフから北に向かい、伝説のラグビーリーグ選手となるが、ほかにも北部のラグビーリーグ中心地でキャリアを積み、そこをホームとするウェールズ人選手は大勢いた。両大戦間に、三九二名のウェールズ人選手がラグビーリーグに転向する。

ウェールズのラグビーユニオンで金銭を受けとるか仕事を得る機会もあった。北にいく前のダイ・デイヴィスは一九二〇年代半ば、ニースから定額で一試合三ポンドを支払われていた。ほかにも大勢が同様の支払を受けた。一九二〇年代末から、トーキーやウェストン゠スーパー゠メアのような南西部のイングランドのラグビーユニオンのクラブの財政は比較的安定しており、ウェールズ選手にとって「南にいき」仕事を得て、もしかしたら秘密の報酬を受けとることも可能だっただろう。

しかし、報酬の支払が明るみに出る不安はいつも存在していた。トウィッケナムでウェールズが名高い初勝利をあげたとき、イングランドのフルバックはたまたまトム・ブラウンという名前だったが、ラグビーリーグの試合でプレイしたことはもちろん、姿を見られたこともなかったにもかかわらず、一九三三年にラグビーリーグの役員と会っただけで、RFUから永久追放された。同じような運命が、好奇心が慎重さに勝る選手を待っていた。

ラグビーリーグでプレイした選手に科された強制的な永久追放は、ウェールズのラグビーに計り知れない害をあたえた。両大戦間でラグビーリーグに転向したラグビーユニオンのウェールズ代表六九名のうち、ラグビーリーグのテストマッチ・レベルでプレイした選手は一二名しかいない。北にいった選手の一部は、自分がラグビーリーグの異なる要求には合わないことに気づいた。しかし、成功しようとしまいと、一度ラグビーリーグをプレイした選手はすべてラグビーユニオンから永久追放された。ラグビーリーグへの選手流出によってウェールズのラグビーユニオンがこうむったダメージはアマチュア主義がもうひとつ、わが手でつけた傷だった。

しかしながら、一九三〇年代の絶え間のない暗闇のなかに、ひとつ明るい点がある。両大戦間には、ウェールズ代表は遠征チームに勝てなかった。一九二四年のオールブラックスはウェールズを19―0で一蹴した。一九二七年のニューサウスウェールズ・ワラタスは18―8で楽勝し、オスラー率いる一九三一年のスプリングボクスは典型的に退屈な試合に8―3で勝った。エドワード朝のウェールズ・ラグビー黄金時代の栄光は、経済的繁栄とともに消え去ったように見えた。そのあと一九三五年のクリスマスの四日前、すべてが変わった。

英国のホスト諸国にとって、一九三五年のオールブラックスは勢いと魅力のなにものも失っていなかった。一九〇五年と二四年の遠征チームは英国の大衆に消すことのできない影響を残した。オールブラックスという名前そのものが、だれかが「スポーツ・ブランド」という言葉を考えつく数十年も前に、際立った「スポーツ・ブランド」になっていた。だから一九三五年九月、オールブラックスのイングランド到着はほとんど熱狂的な期待で迎えられた。

ニュージーランド側にはそう自信があったわけではない。一九二九年にはオーストラリア戦三戦に全敗。スプリングボクスにも勝てず、キャプテンのジャック・マンチェスターは、これまでのオールブラックスのリーダーたちのように、自分のチームから十全の敬意を払われているわけではないと噂された。しかし、遠征の開幕は伝統どおりで、最初の四戦はビジター側の楽勝だった。

一九三五年九月最後の土曜日の対スウォンジー戦でもオールブラックスの勝利が、おそらくはより苦戦するかもしれないが、期待されていた。スウォンジーがハーフバックに十代の選手ふたりを出場させると知ったとき、オールブラックスは、いっそう自信を強めた。そのうちのひとりはまだ大学生でもなかった。それは大人の男対少年の試合だった。

しかし、ふたりの少年とはヘイドン・タナー（スクラムハーフ）とW・T・H・〝ウィリー〟・デイヴィス（フライハーフ）。デイヴィスは十九歳になったばかり、タナーはまだ十八歳。ふたりは手を組んでオールブラックスの裏をかき、そのチームメイトを鼓舞して、歴史的な11―3の勝利へと導いた。オールホワイツ〔全身白。スウォンジーのジャージーとパンツは白〕は、遠征してきたオールブラックスを英国のチームとしてようやく二度目に破ったチームとなる。

遠征が進むにつれて、今度のオールブラックスはその先輩たちのように無敵ではないことが明らかになっていった。三試合は一点差の勝利。より多くを語るのは、完封勝ちが一試合しかなかったことだ。クリスマス直前にカーディフ・アームズパークに到着するころには、ウェールズは大胆にも、国が直面している恐慌のただなかで、一九〇五年の栄光が可能なのではないかと夢を見始めた。

その日のウェールズのバックラインはケンブリッジ大学代表三名、オックスフォード大学代表二名、スウォンジー大学卒業生、そしてワンダーボーイのタナーで構成されていた。バックスが専門職中産階級を代表していたように、フォワードはやはりケンブリッジの卒業生であるフランカーのアーサー・リースをのぞいて、サウスウェールズの工業労働者階級を代表する。

この組み合わせは拮抗した前半で奏功したように見えた。ニュージーランドが3―0でリードして試合を折り返す。後半、ウェールズは渾身の力で襲いかかった。キャプテンのクロード・デイヴィーが、クリフ・ジョーンズのキックを追い、ポストわきにグラウンディング。ヴィヴィアン・ジェンキンズがコンバージョンで二点を追加し、ウェールズが5―3とリード。オールブラックスのキックオフ直後、前半の終わりに左ウイングからセンターに変わっていたウィルフ・ウラーが、ジョーンズからすばやいパスを受けとり、ニュージーランドのディフェンスを突き破った。ウラーは前方にキックし、バウンドしたボールをウェールズの右ウイング、ジェフリー・リース＝ジョーンズがキャッチしてトライ。ジェンキンズがふたたびコンバートして、リードを10―3と広げた。

ウェールズはオールブラックスを脅かし続けたが、オールブラックスは後退を拒否した。ジョーンズが敵陣に蹴り返した弱いキックがニュージーランドのフルバック、マイク・ギルバートの腕にはいり、ギルバートは内側に数歩進んでから、四〇ヤードの見事なドロップゴールを決める。これで7—10となった。オールブラックスは息を吹きかえした。数分後、ギルバートはふたたびドロップゴールを試みる。わずかに短かったが、デイヴィーとリース＝ジョーンズがとりそこない、ネルソン・ボールがうまく拾って、ポストそばにトライを決めた。ギルバートがコンバージョンキックを決めて、12—10。ウェールズの希望はついえたかのようだった。

さらに悪いことが起きた。スクラムが崩れたあと、選手たちが立ちあがるなかで、スウォンジーの勝利に重要な役を果たしたウェールズのフッカー、ドン・ターは倒れたままだった。のちに首の骨折と診断される負傷で、フィールドを去らざるをえなかった。残り五分をウェールズは一四人でプレイしなければならない。

ただひとりの選手が決定的なパフォーマンスをした。それはウラーだった。ウラーはもう一度、オールブラックスのディフェンスを突破、ゴールラインに向かって悠々と突き進んだ。フルバックのギルバートが近づいてきたとき、その頭ごしにチップキックを蹴った。今度もバウンドしたボールをリース＝ジョーンズが拾ってコーナーにトライを決めた。ジェンキンズは二点を加えられなかったが、それは問題ではなかった。ウェールズはオールブラックスを13—12で破った。三回の対戦で二度目の勝利だった。このときばかりは、たとえ八〇分間にすぎなくても、ウェールズはその経済恐慌と社会的な絶望を忘れることができた。

◉クランマーと公爵

二週間後、遠征の最終戦で、オールブラックスはトウィッケナムでイングランドと対戦した。対ウェールズ敗戦は、二か国の歴史を考えればおそらく受け容れ可能だったかもしれない。しかしイングランドに対してはそのような結果は考えることさえできなかった。

しかしながらオールブラックスはイングランドのトップチームのいくつかを相手に奮闘しなければならなかった。ノーサンバーランド&ダラム戦は10—6で薄氷の勝利、公務員連合はさらに僅差の6—5、対オックスフォード大学戦はマイク・ギルバートのタッチラインぎわからのコンバージョンで10―9の勝利を確保した。オックスフォードのイフリーロード・グラウンドにおける試合では、オックスフォードの驚異的な右ウイングが七五ヤードを走ってトライを決め、オールブラックスに警告を発した。二か月後、そのウイングが対オールブラックス戦でイングランド代表デビューを果たす。

その名前はアレクサンダー・オボレンスキー公爵。ボルシェビキ革命後にロシアから亡命した皇帝近衛騎兵の息子だった。オボレンスキーはラグビーをダービーシャーのトレント・カレッジで学び、そのあと一九三五年にオックスフォード大学代表になる。ロシアの公爵が一九三六年一月四日の試合にトウィッケナムで走るのを、一六日後にエドワード八世として即位する英国皇太子が観戦していた。

オボレンスキーが群衆の期待を満足させるまでに長い時間はかからなかった。前半中盤で、右センターのパートナー、ピーター・クランマー（リッチモンド）が、イングランドゴールまで四〇ヤード付近で短いパスを出し、ボールを受けとったオボレンスキーが対面の相手ウイングの内側にステップ、タッチラインに向かって弓形を描きながら走ってフルバックのマイク・ギルバートをかわし、ポスト近くにトライを決めた。

それからいくらもたたないうちに、クランマーがふたたび鋭く動き、おかげでフライハーフのピーター・キャンドラーにはオールブラックス陣の右側に侵入する余裕ができた。キャンドラーは二五ヤードラインに近づきながら、オボレンスキーにパス。オボレンスキーは左斜めに走りながら内側に切りこんだ。ディフェンダー三人をかわし、左のタッチラインから内側一〇ヤードに驚くべき本能でトライを決めた。

前半をイングランドの6―0で折り返す。オールブラックスは反応が鈍く、生気が感じられなかった。五〇分で、クランマーが疲れたタックラー二人の内側にステップして、ドロップゴールを決めて10―0。ニュージーランドの傷口に塩をすりこんだ。ふたたびクランマーが今回は左側に亀裂を作り、左ウイングの新人ハル・セーヴァーにパスをして、四〇ヤードを走らせた。

0―13は、ニュージーランドが北半球でこうむった最大の点差での敗北だった。試合は後世に「オボレンスキーの試合」として知られるようになる――そしてオボレンスキーが一九四〇年の早すぎる死の前に得たわずか四キャップのひとつになった。それにもかかわらず、勝利の設計者はピーター・クランマー。三トライすべてをお膳立てし、後半早々に有効なドロップゴールを決めたのはクランマーだった。

クランマーは慎ましく、都会的で多才なスポーツマンであり、ウォリックシャー州クリケットクラブのキャプテンも務め、両大戦間のイングランドのラグビーユニオンの価値の体現そのものだった。オールブラックスに対するイングランドの勝利はそのサポーターにとって、イングランドのアマチュアリズム、社交性、そしてものごとをあまり深刻に考えすぎないのが特徴の英国式ラグビーを正当化するように見えた。

一九二三年に、ウィリアム・ウェッブ・エリス、トム・ブラウンその他多くのラグビー神話と伝説を祝うためにラグビー校の敷地に集まった者たちにとって、それは永遠に見えたラグビーユニオンの価値を確認することだった。これ以上に甘い勝利はありえなかった。

第19章 はるか彼方に（ラグビーリーグ、一九一九—三九年）

Leagues Apart: 1919-39

それは間違いなくトライだった。

チンピー・ブッシュには自分が均衡を破り、ラグビーリーグのアッシズがほぼ一〇年ぶりにオーストラリアに帰ってこようとしているのがわかっていた。

マンチェスターにおけるテストマッチ第三戦、残り二分で得点は0—0。オーストラリアはイングランドのゴールラインから数ヤードのところでスクラムを得た。ブッシュはいまこそカンガルーズの好機と直感して、ボールをスクラムの下から拾いあげ、ブラインドサイドを走って、タックルをしてきた敵ふたりほどを振りほどき、コーナーに向かって突進した。

その疲れ切った脚で最後の力を振り絞り、イングランドのゴールラインを飛び越えた。しかし、ブッシュがまだ空中にいるとき、スクラムから追ってきたイングランドのルースフォワード、フレッド・バターズが脚をつかんで、ボールが地面につく前にタッチに押しだそうとした。夕やみ迫る英国の冬の午後、ブッシュ、バターズ、そしてボールはコーナーフラッグにあたった。

後方から走ってきてトライを宣告しようとしたレフェリーのボブ・ロビンソンの目に、旗を空中にあげてじっと立つタッチジャッジ、アルバート・ウェブスターの姿がはいった。ウェブスターはレフェリーに、ブッシュはボールをグラウンディングする前にフラッグにあたっていたと報告した。オーストラリア人は訴えた。「コーナーフラッグから一八インチから二フィート内側にグラウンディングした。タッチジャッジは二〇ヤードから三〇ヤード離れていた」[1]。

ブッシュの話では、ロビンソンはブッシュのほうをおずおずと見た。「見事なトライだ、オーストラリア。だが、トライは却下された」。チームメイトのヴィクター・アームブラスターには別の記憶があり、ロビンソンがブッシュに「運がなかったな」と告げたのを聞いたと考えている。何年もたち、論争に巻きこまれる心配のないところで、イングランドのキャプテンでスクラムハーフのジョンティ・パーキンは自分もトライだと思ったと認めた。

混乱のただなかで、フレッド・バターズは、タックルで裂けた耳から血を垂らしながらフィールドを去った。残り数秒でも試合の激しさに緩みはなかった。イングランドが必死になってボールを相手陣内にもちこもうとし、最後の笛が吹かれるなか、カンガルーズのフルバック、フランク・マクミランはタックルで倒された。

これは0—0で終わった最初の、そして唯一のラグビーリーグのテストマッチだった。一九三〇年の最初の土曜日、マンチェスター・ステーションロード競技場に詰めかけた三万五〇〇〇人の観衆は、ラグビーリーグの覇権争いを目撃し、その激しさに息を呑み、スキルに興奮した。全観戦者の記憶に残る対戦であり、そのなかには若きケネス・ウォルステンフォルムもいた。のちにBBCサッカー解説者になり、一九六六年、ウェンブリーにおけるワールドカップ決勝で不滅の言葉「彼らはすべてが終わったと思っている」を口にした人物である。回想録のなかで、この一九三〇年の試合をほぼ七〇年後に思い出している。

0—0の引き分けによって、テストマッチシリーズは一勝一敗のタイになった。オーストラリアはテストマッチ第一戦で自由闊達なフットボールを披露して七トライを決め、勝利。一方、第二戦では、イングランドがおもしろみのない9—3でなんとか勝って試合を終えた。しかし欲求不満のカンガルーズはもちろん、ラグビーリーグのファンは、シリーズタイのもやもや感を嫌い、ラグビーフットボール連盟(RFL)は大急ぎで前代未聞のテストマッチ第四戦を一一日後にロッチデールで開催することにした。

凍えた水曜の午後に好カードの試合を見ようと、約一万七〇〇〇の観衆が集まった。0—0の引き分けが繰り返されるかに見えた。ようやく七三分、リーズの空飛ぶウイング、スタン・スミスのただ一本のトライで均衡が破られた。コンバージョンは決まらなかった。したがって、ラグビーリーグのアッシズは最小の点差で英国にとどまり、次の二〇年間、そこにとどまり続けた。

◉ウェンブリーへの道

マンチェスターにおけるテストマッチはキャプテンのジョンティ・パーキン最後の国際試合だった。輝かしい経歴の持ち主で、キャップ数一七、英国のオーストラリア遠征に三回参戦し、一九二四年と二八年の遠征ではキャプテンを務めた。イングランドが世界のラグビーリーグに君臨できたのはおもにパーキンの働きによる。

しかし、その個人的な才能とリーダーシップ以上に、パーキンはイングランドのラグビーリーグの本質を体現していた。デトロイトがフォードの自動車を量産するように、ラグビーリーグのスターを量産した土地、ヨークシャーの炭坑村シャールストンに、一八九五年の分裂直前に生まれる。一九一三年、十八歳でウェイクフィールド・トリニティと契約、一九五〇年代に天才的なスリークォーターで同郷のシャールストン出身のニール・フォックスが登場するまで、間違いなくクラブが輩出した最高の選手だった。戦争中、デヴォンポート英国海軍兵站部チームでラグビーユニオンをプレイして、初めて全国的な注目を集める。戦後、古巣にもどり、すぐに戦前のハロルド・ウォッグスタッフのように、英国のラグビーリーグに大きな影響力をもつようになる。

地頭がよくて自信家、自分の価値がよくわかっており、だれにも従わなかった。生意気なスクラムハーフの原型で、クラブ執行部との関係はフィールドの内外でぎくしゃくしていた。一九三〇年の引き分けに終わったテストマッチ直後、ウェイクフィールドと新しい契約を結ぼうとした。クラブ側は拒否し、パーキンを一〇〇ポンドで移籍者リストに載せた。自分が勝手に売買されることに腹を立てて、パーキンはすぐに自分で移籍料を払い、ハル・キングストン・ローヴァーズと話をつけた。

パーキンと、パーキンが味方として、あるいは敵として戦った男たちは、彼らが生まれた産業社会によって形作られた。パーキンのように、ラグビーリーグのプレイヤーの圧倒的多数が、炭坑労働者の家庭に生まれ、ドックで働き、あるいは肉体労働者だった。リーグ最初の一〇〇年間で、イングランド代表となった六一七名の選手のうち、私立学校で教育を受けたのはわずか五名である。対照的に、一八七一年から一九九五年までのイングランドのラグビーユニオン選手の七五パーセントが私立学校に通った。イングランドにおいて、ふたつのラグビーがいかに遠く離れているのか、その距離をこれ以上はっきりと示す指標はないだろう。

これはアマチュアリズムとプロフェッショナリズムに対する姿勢に反映された。ラグビーリーグのプレイヤーにとってプロフェッショナリズムは名誉の勲章だった。それはラグビー選手のスキルを磨きあげ、試合の激しさを増し、プレイヤーとコーチ双方の革新への意欲を高めた。試合はより速く、より頭脳的に、そしてすべてを出し切る覚悟のない者にとってははるかに容赦のないものになった。それはエンターテインメントであり、労働だった。

プロのラグビー選手だからといって、だれもが金持ちになったわけではない。ほとんどの選手はラグビーのほかにフルタイムの仕事をもち、ラグビーの収入だけで生活できる選手はごくわずかだった。しかし、両大戦間の不況の時期にはこのようなわずかな収入でも大きな格差になった。ラッキーな者たちには、ラグビーリーグ・チャレンジカップで好成績をあげれば、試合一勝につき支払われる四ポンドから五ポンドに加えて、ボーナスがあたえられた。カップ決勝での勝利には通常、選手ひとりに一〇ドルのボーナスが支払われた。

サッカーのFAカップと同様に、チャレンジカップは両大戦間にラグビーリーグでもっとも威信のあるトーナメントになった。これは古いヨークシャーカップの興奮とライバル関係を引き継ぎ、ラグビーにおいてサッカーのFAカップと等しいものを発展させる意図で、一八九六年に始められた。一九二〇年代には、チャレンジカップ決勝戦は北部最大のスポーツイベントのひとつとなり、増大するファンを収容するために新しい開催地を求める声があがった。

より重要なのは、RFLの上層部が、ラグビーリーグが国民的スポーツイベントのパンテオンのなかに場所を確保すべきだと気づいたことである。カップ決勝戦をロンドンに最近オープンしたウェンブリー・スタジアムに移せば、ラグビーリーグの知名度は北部工業地帯に限定されず、全国に広がるだろう。ウェンブリーではFAカップが一九二三年から開催されてきた。そこで一九二九年五月、ラグビーリーグ・チャレンジカップが初めてウェンブリーで戦われた。

試合そのものは、一九二九年におけるラグビーリーグの状況を象徴していた。ウェールズ人五名、ニュージーランド人二名、スコットランド人一名、ランカスター人はわずか三名、ウィガンの国際色豊かなオールスター・チームが、ヨークシャー外で生まれた選手を一名しか起用しなかった勤勉なデューズベリーを13—2で破る。試合は大成功と称讃され、観戦者数四万一五〇〇は観戦者の新記録に三三二人足りないだけだった。一九四〇年代末には、決勝戦が九万五〇〇〇人以上を集めるようになる。

労働者階級にとって自動車がまだめずらしく、長距離の鉄道移動が高価だった時代、ロンドン往復は、試合そのものと同様にウェンブリーにおける決勝戦の儀式となった。決勝出場チームが所属する都市から土曜の朝早く、列車やバスがチームのユニフォームを着た数千人のサポーターを満載して出発した。ほとんどの人にとって、それが初めての首都訪問だった。ヴィクトリア時代にラグビーの拡大を後押しした市民のプライドはいまや移動をするようになった。

勝利チームの帰還は地域コミュニティを巻きこむ祝祭となった。大群衆がチームを迎えるために鉄道の駅に集まり、スコッドは地域の重鎮から歓迎を受け、カップが無蓋のバスに乗せられて町のなかをパレードした。チームが町をパレードするようすはカーニヴァルに似ていた。著名な社会学者リチャード・ホガートは地元チームが一九三四年に勝利したときのことをこう回想している。「ハンスレット・ラグビーチームが、何年も前にウェンブリーからカップをもちかえったことを覚えている。市の駅から無蓋のバスに乗って、地区の中心までやってきた。選手たちは近隣のメインストリートすべてでパブからパブをはしごし、どこでも飲み物が無料で振舞われた。地元のチャンピオンを見て浮かれ騒ぐために、ベッドにはいる時間になってもあえて外にとどまっているつもりの少年たちの群れがそのあとに続いた」[2]。

ラグビーリーグの中心にあったのは、コミュニティとのこの絆だった。クラブは地域生活の構造の一部であり、ほとんどのサポーターにとって国代表よりも大きな意味をもっていた。大恐慌時代にラグビーリーグのクラブの生き残りを確実にするためのおそらくもっとも重要な要因は地域とのこの密接な絆だった。選手、サポーター、より広いコミュニティの熱意と思い入れとが、自分たちのクラブが破産することを許さなかった。

◉ウルムルからウィガンへ

ラグビーリーグの強烈な地域性は、それが必然的に教区と重なることを意味はしない。クラブが地元や州の外から選手を引き寄せる力をもつことは、プライドの源泉であり、活力のしるしだった。一九二六年、ウィガンの会長ハリー・ロウはクラブの選手採用政策を断固として擁護した。「われわれのところにはウェールズ人七名、南アフリカ人三名、イングランドのカンブリア州出身者一名、マンチェスター地区出身の選手一名がおり、地元出身者は一名にすぎない」。続けて、外部から採用した選手がいなければ「ウィガンは二流、あるいは三流のチームになるだろう」と言った。

ウィガンのジム・サリヴァンやソルフォードのガス・リズマンのようなウェールズ人選手はクラブのトーテム的代表となり、引退して数十年がたってもラグビーリーグでよく聞く名前にとどまっていた。両大戦間には、ほかにも三〇〇人ほどのウェールズ人が英国のラグビーリーグに活力をあたえた。スプリングボクスのウイング、アッティ・ヴァン・ヘールデンは、ラグビーユニオンの南アフリカ対ニュージーランド戦で初トライを決め、ジョージ・〝タンク〟・ヴァン・ローエンはスプリングボクスによるニュージーランド一九二一年遠征のもうひとりの立役者だったが、このふたりのような南アフリカ人もまた、一九二〇年代にウィガンでラグビーリーグをプレイし、ラグビーリーグにはトップクラスの選手を引き寄せる力があったことを証言する。

しかし、大恐慌の最悪の日々、英国のラグビーリーグに国際色豊かな輝きを加えたのはオーストラリアとニュージーランドからきた選手たちだった。一九二七年六月、英国の諸クラブは、国を越えての移籍に長いあいだかけていた制限を撤廃せざるをえなかった。それは新たな黄金時代の始まりをしるし、イングランド北部の炭坑の村や工業都市に立ちこめていた陰気な雰囲気を土曜午後の息抜きの短い時間だけ吹き払った。ハダースフィールドのアーネスト・ミルズとレイ・マーカム、リーズのヴィック・ヘイ、エリック・ハリス、ジェフ・ムアーズ、ウィガンのヘクター・ジー、ウォリントンのビル・シャンクランドは、一九三〇年代にイングランド北部のフットボールのフィールドを明るく照らしたもっとも傑出したオーストラリア人たちである。

しかし、スターたちがイングランドの観衆をどんなによろこばせても、オーストラリアのラグビーリーグにとっては彼らがイングランドにいるというのはよろこばしい事実ではなかった。スターを奪われたのはオーストラリアのクラブだけではない。オーストラリア人選手が一度イングランドのクラブと契約すると、オーストラリア代表としては二度と試合に出場できなかった。一九三〇年代半ばまでには、英国への選手流出があまりにも深刻になったので、記者たちはオーストラリアがアッシズをふたたび獲得できるかどうか、たびたび気をもんだ。

一九三〇年代、カンガルーズはイングランドとニュージーランドに対してテストマッチ一九戦のうち六勝しかしていない。一九三七年のカンガルーズの活気のないパフォーマンスで問題は頂点に達した。観客は試合ぶりにがっかりし、競争力のあるオーストラリアが英国ラグビーリーグの信用と金庫の両方にもつ重要性が明らかになった。そこで一九三七年十二月、RFLはいやいやながら国境を越えての移籍をすべて停止した。ウルムル波止場からウィガン波止場への道は閉ざされた。

オーストラリアがアッシズを獲得できなくても、その本場ニューサウスウェールズやクイーンズランドにおけるラグビーリーグの人気はほとんど損なわれなかった。イングランドからの遠征チームとの対戦は大観衆を引き寄せ続けた。一九二〇年のテストマッチシリーズ三戦を一二万人が観戦し、オーストラリアは短期間、アッシズをとりもどした。同じ数の群衆が一九二四年のシリーズを観戦。このときはテスト第二戦、試合終了まであと一〇分でジム・サリヴァンが決めたコンバージョン一本だけがアッシズを英国の手にとどめた。一九二八年のシリーズは同じように接戦で、観客の入りもよかった。

一九三二年のテストマッチシリーズはほぼ一五万人が観戦したが、テストマッチ第二戦「ブリスベンの戦い」のせいで評判が悪い。オーストラリアは試合中の負傷のために一〇名にまで数を減らしたにもかかわらず、この試合に勝利した。テストマッチ第一戦に負けたあと（ふたたびジム・サリヴァンのコンバージョンで）、ブリスベンではテストマッチシリーズを五分にできるという期待が高かった。開始一五分、オーストラリアはクイーンズランドのイプスウィッチ所属のふたり、ジーとウィルソンの活躍によって8—0でリード。ハーフタイムでは緑と黄金のジャージーが10—0。試合はしだいに激しく、暴力的になっていった。

オーストラリアは一時、三人がフィールドの外で治療を受けていた。オーストラリアのフッカー、デンプシーは手首を骨折し、電光石火のスタンドオフ、エリック・ワイセル（ワガワガ）は足首をくじいた。後半早々、スタン・スミスがイングランド初トライを決め、そのあとウェイクフィールドのアーネスト・ポラードが迷っていたディフェンダーの鼻先でバウンドしたボールをつかみ、スコアを6—10とした。オーストラリアからは勢いが急速に失われつつあった。

しかし一九一四年のイングランドによる「ロルクズ・ドリフトのテスト」のように、オーストラリアは敗北を認めるのを拒否した。時間が刻々と経過し、ワイセルはルーズボールを拾いあげて、ハーフウェイ上で強力なサリヴァンの手をすりぬけ、よいほうの足一本でイングランド陣に走りこんだ。猛烈な闘争精神が称讃されるのと同じほどに恐れられていたサリヴァンは、やられるままにはなっていなかった。最終的にワイセルをゴールライン直前で倒す。しかし転がったボールをオーストラリアが拾い、結局ヘクター・ジーが走って、二本目となるトライをポストわきに決めた。オーストラリアは壮麗なパフォーマンスでシリーズをタイにもちこんだ。

だが、英国がシドニーの最終戦に勝利し、このシリーズも一九二一年以来のすべてのシリーズと同様の終わり方をした。このときもオーストラリアは前半をリードして終えたが、イングランドが後半、三トライ、三コンバージョンを決めて勝利をさらった。もしカンガルーズ一九三〇年遠征のキープレイヤー三人、ブッシュ、シャンクランド、ヴィクター・アームブラスターがリーズ、ウォリントン、ロッチデールではなく、シドニーとブリスベンにいたら、試合はどんなに違ったものになっていただろうか。

オーストラリアの敗北は、イングランドへの選手の流出だけのせいだけではなかった。イングランドと同様に、オーストラリアのラグビーリーグはその強さを、地域との濃密な絆から引き出していた。一流クラブの一流プロ選手が単一のリーグで戦う英国とは異なり、これほど広大な国での「距離の横暴」は、オーストラリアのラグビーリーグが地域リーグと競技会のパッチワークに分割されることを意味した。シドニーとブリスベンが舞台の競技会は国のトップリーグの地位を張り合っていたが、優秀なエリック・ワイセルも含めて、一流選手の多くがそのラグビー歴のすべてを州規模のフットボールに費やし、大都市に足を踏み入れるのは代表戦に選ばれたときだけだった。

この地域主義がオーストラリア代表の進歩の足かせになりはしたが、地域レベルでラグビーリーグの人気をあげるのには役立った。ニューサウスウェールズ南部のブーロワやウェストワイアロングのような小さな町はたがいに一〇〇マイル以上離れており、移動は難しく散発的だったものの、地元のマーエアカップでの対戦は地域の激しいプライドのはけ口になった。

同じような競技会がニューサウスウェールズとクイーンズランドのあちこちで雨後の竹の子のようにでき始めた。国の北端では、クローリーカップとその後継者カールトンシールドのために、クイーンズランド北部から諸チームが四〇〇マイルから五〇〇マイル移動してきた。長距離移動は、それを勝利によって意味あるものにするという決意をいっそう強めただけだった。シドニーにおいてさえ、ラグビーリーグの成功は大きな部分を市の地区どうしのライバル関係に負っていた。一九二〇年代にシドニーの郊外が拡大するにつれて、ラグビーリーグも拡大した。セントジョージは、いずれラグビーリーグ最大のクラブのひとつとなるが、一九二一年に競技会に参加、カンタベリー＝バンクスタウンも一九三五年に参入する。

一九二五年のラジオ放送開始により試合の観戦者は拡大した。ラジオ放送は一度も試合にいったことのない人びとのお茶の間にスポーツを運び入れた。ラグビーリーグのラジオ放送最初の一〇年間、視聴者はサウスシドニーのことを盛んに耳にしたはずだ。このチームは、放送開始からの八年間で、NSWRLプレミアシップに七回優勝している。

ラグビーリーグの魅力の急伸がもっとも予想外のところで示されたのは、エリート校のシドニー大学におけるラグビーリーグのクラブの結成だろう。シドニー大学のラグビーユニオンクラブはおそらくオーストラリアにおけるラグビーユニオンの魂そのものだった。シドニー大学ラグビーリーグクラブはのちにオーストラリアの外務大臣、労働党党首、国連総会議長となるH・V・エヴァットが創設し、一九二〇年から三七年までNSWRLでアマチュアとしてプレイした。しかし、大学の第一競技場での試合は一度も許可されなかった。

◉オーストラリアのもうひとつのラグビー

オーストラリアのラグビーリーグは、ライバルのラグビーユニオンに対して比較的寛容だった。戦後のラグビー・リバイバルの結果、とくに首都から遠く離れた農村地域でラグビーリーグへの新たな離脱の波が起きた。クイーンズランドでは、ラグビーユニオンは、サポーターの引き留めに苦労し、戦争直後には、ラグビーリーグのよりオープンなプレイの魅力に対抗して一四人で戦ったりした。それはあまり奏功せず、一九二〇年、クイーンズランド・ラグビー連盟は、地域のラグビー協会の資金集めのために、リーグ対ユニオン戦のエキシビションマッチを二戦、開催した。[3]

集まった金でクイーンズランド・ラグビー協会の借金は清算されたが、この二戦は不幸な結果をもたらした。ブリスベンのラグビーユニオンのトップ三チーム——パースト・グラマーズ、クリスチャン・ブラザーズ、クイーンズランド大学——は、未来のスポーツはラグビーリーグだと納得し、ラグビーリーグに転向した。クイーンズランドではラグビーユニオンは一九二〇年代末まで死に絶えていた。結果として、一九二〇年代には、ラグビーユニオン・オーストラリア代表の偉大なキャプテンふたり、ファイヴエイスのトム・ロートンはクイーンズ大学で、スクラムハーフのシド・マルコムはイプスウィッチでラグビーリーグをプレイした。

シドニーでは、ラグビーユニオンが「偉大なパブリックスクール」とニューサウスウェールズの専門職階級のスポーツとしての立場を強固にした。戦後最初の一〇年間、トップクラスの試合ではシドニー大学が常勝し、最初の一〇年間で、チーム対抗選手権大会に八回、優勝した。一九二二年六月の親善試合で受けた負傷のために死亡したシドニー大学の学生ロバート・シュートにちなんで、一九二三年以降、勝者には優勝盾シュートシールドが贈られる。

しかし、ラグビーユニオンは、リーグの圧倒的な人気の前で、その知名度を維持するのに苦労した。オーストラリアのラグビーユニオンがもっとも誇りとする特徴のひとつ、英国との絆さえも、本国とリーグ間の定期的な相互遠征ほど強力ではなかった。ワラビーズ一九〇八年遠征が醸した物議はなかなか忘れられず、一九二六年六月までRFUから新たな英国遠征の招待を受けとることはなかった。クイーンズランドにはラグビーユニオンの組織がなかったために、遠征はニューサウスウェールズのワラタスがおこなった。遠征メンバーにはトム・ロートンのようなクイーンズランド出身者も何人かいるにはいた。

一九〇八年とは異なり、一九二七年の遠征は真の成功をおさめた。ワラタスはきらめくようなオープンフットボールをプレイし、一九二八年にグランドスラムを達成するイングランドと、一九二九年に五か国対抗に優勝するスコットランドに惜敗した。RFU会長の海軍提督パーシー・ロイズ卿は、「オーストラリアはこれまでにわれわれを訪れた最大のスポーツマンの一団だ」と発言した。[4]

遠征のインパクトは、オーストラリアのラグビーユニオンの成長に新たなはずみをあたえた。帝国ラグビーの絆の再構築が、ラグビーユニオンを「帝国のゲーム」として再確認するのを助けた。ラグビーユニオンは、クイーンズランドの私立学校やグラマースクールで再開され、ブリスベンやメルボルンの大学はラグビーリーグからラグビーユニオンに切り替えた。一九二九年にはクイーンズランド・ラグビー協会が復活した。

いまなににもましてラグビーユニオンを規定しているのは、この英国とのつながりと英国に対する敬意だった。シドニーのラグビーニュース誌は一九二八年にこう説明している。

帝国最果ての地に到るまで、偉大なラグビーのゲームはプレイされ、すべてがこのゲームの偉大な管理者、イングランドのラグビー協会に忠誠を誓う。ラグビーがその起源を負っている偉大な競技団体をわれわれに支持させているのは、ラグビーユニオンのゲームの伝統である。彼らはわれわれにラグビーをあたえ、われわれはその運命が彼らの手に安全にまかされていると信じる。[5]

これは極端にまで腰をかがめての文化的なへつらいである。ラグビーリーグも英国にかしずく傾向がなかったわけではない――「われわれはあなたたちと同じほどに英国人だ」と、ニューサウスウェールズ・ラグビー連盟会長のハリー・〝ジャージー〟・フレッグは英国一九五〇年の遠征チーム監督ジョージ・オールドロイドに語った。しかし英国式生活への忠誠は、オーストラリアのラグビーユニオンの基本的な構成要素だった。[6] たしかに、オーストラリアの中産階級一般は自分をこのように見たし、この点を強調したことがラグビーユニオン最大の強さだった。

オーストラリアのラグビーユニオン再生の最初の果実は、ワラタスが英国から帰った一年後に訪れた。ワラビーズは一九一四年以降初めてオーストラリア代表として戦い、一九二九年のテストマッチシリーズ三戦に全勝して、予想外にオールブラックスを顔色なからしめた。一九三一年、ニュージーランド総督ブレディスロー卿がシリーズ勝者に授与するために、自分の名をつけたトロフィーを贈る。実際に、ワラビーズ再生に続く対オールブラックス戦最初の八戦のうち、オーストラリアは五戦に勝利。一九三三年の南アフリカ遠征では対ニュージーランド戦ほどは勝てず、テストマッチ対スプリングボクス戦では五試合に負けた。

対オールブラックス戦勝利にもかかわらず、両大戦間のオーストラリアにおけるラグビーユニオンは、国内ではラグビーリーグのわき役を務めただけで、国際的には、オールブラックス対スプリングボクスのライバル関係に対して三つめの車輪の役を務めざるをえなかった。

◉キィウィ・コネクション

同じことがニュージーランドにおけるラグビーリーグに指摘できる。国内的にはラグビーユニオンのわきで矮小化され、ラグビーリーグの巨人、イングランドとオーストラリアと国際的に同等の地位に立とうとして絶えずもがき続けていた。戦争の翌年はニュージーランドのラグビーリーグにとって厳しい一年だった。一九〇八年のバスカヴィルの遠征チーム帰国後、国内の下部構造を作るのに時間がかかった──ニュージーランド・ラグビー連盟は一九一〇年まで結成されない──開戦はそれに大きな打撃をあたえた。

ニュージーランドのラグビーユニオンは新しいスポーツ、ラグビーリーグに対してはるかに攻撃的な態度をとりもした。ラグビーリーグとラグビーユニオンが支配権を争っていたオークランドでは、地域のラグビーユニオン上層部は、試合のスピードをあげるためのルール変更で対応した。ラグビーリーグはクライストチャーチの有名なランカスターパークのような市営のグラウンドからしばしば閉め出された。NZRFUは一九二一年のカール・イフワーセンの一五人制転向が明らかにするとおり、みずからのアマチュア規定にあからさまに違反してラグビーリーグの選手を良心の仮借なく横どりした。

そうではあっても、ラグビーリーグはマオリのコミュニティの一部やオークランドのようなニュージーランドの工業地帯、南島西岸の鉱山都市に重要な支持者をもっていた。一九二〇年には三万五〇〇〇人以上が集まり、フルバックのビル・デイヴィッドソンが忘れがたく表現しているように「ビール・トラックのフォワードとレースカーのバックス」のおかげで、オークランド代表がハロルド・ワッグスタッフの英国遠征チームを24─16で破るのを見た。◉7

一九二二年、マオリのラグビーリーグ・チームがオーストラリアに八戦の遠征をおこなった。二試合にしか勝てなかったが、いま一度、ラグビーリーグの行動がNZRFUにあとまで続く影響をあたえた。とくに前年、スプリングボクスの遠征チームが反マオリ的発言をしていただけに、NZRFUはマオリがラグビーリーグに引き寄せられるのを懸念し、NZRFUみずからの手でオーストラリアにマオリ遠征チームを送り、ラグビー運営のためのマオリ顧問委員会を立ちあげた。

一九二六年、マオリのラグビーユニオンは、八か月のマラソン遠征をおこない、わずか六敗しただけで、オーストラリア、スリランカ、イングランド、ウェールズ、フランス、カナダをまわった。総力で臨んだフランスを相手に唯一の国代表戦をコロンブ競技場で戦い、

12—3で勝利。そのあとはほとんどなにもなされず、一九三四年にニュージーランド・マオリ・ラグビー連盟が立ちあがったとき、NZRFUはあわてて新たなマオリチームをオーストラリア遠征に送りだした。

そのころまでには、ラグビーリーグはマオリのコミュニティに深く根をおろしていた。一九三六年、のちにニュージーランド議会議員となるスティーヴ・ワテネが、ニュージーランド・キィウィーズ（一九三八年、ラグビーリーグの代表チームに公式にこの愛称がつけられる）初めてのマオリ人キャプテンとなった。翌年、マオリのラグビーリーグ・チームは、遠征してきたオーストラリアに歴史的な16—5の勝利をおさめるほど強かった。マオリ選手のなかには、伝説のフルバック、ジョージ・ネピアもいた。肌の色のために、オールブラックス一九二八年南アフリカ遠征ではおいてきぼりを食った選手である。

しかし、国対抗となると、ラグビーリーグはラグビーユニオンの敵ではなかった。オールゴールズの草分け的な英国一九〇七年遠征がきわめて人気が高かったにもかかわらず、ニュージーランドにおけるラグビーリーグは基本的にアマチュアのスポーツであり、北半球に費用のかかる遠征をおこなうのには苦労した。オールブラックスでさえ、二十世紀前半にはヨーロッパ遠征を三回しかおこなっていない。

問題解決のひとつの試みとして、一九一一年と一九二一年のオーストラリアによる英国遠征は、オーストラリア・ニュージーランド合同の「オーストラジアン」遠征とされた。一九一一年、四名のキィウィ——ボラ・フランシス、ジョージ・ジレット、フランク・ウッドワード、一九一五年にガリポリで戦死するチャーリー・セイヴォリー——がオーストラジアンに加わるが、テストマッチのメンバーに選ばれたのはフランシスだけだった。一九二一年の遠征チームも公式にはふたたびオーストラジアンと呼ばれたが、ニュージーランドから選ばれたのはスタンドオフのバート・レインひとりで、テストマッチには一戦も起用されなかった。

そこで、ニュージーランド・ラグビー連盟は歯を食いしばってがんばり、一九二六年に独自の英国遠征をおこなうことに決めた。イングランド北部の工業地帯を訪れるのにこれ以上、悪い時期を選ぶことはできなかっただろう。英国全土で炭坑所有者は炭坑労働者の労務協定を一時的に拒否し、一九二六年五月にはゼネストが打たれた。キィウィーズが到着したとき、ラグビーリーグの本拠地は経済恐慌と労使紛争のまっただなかにあった。

このことをキィウィーズは、遠征二戦目、ランカシャーの炭鉱地帯の中心リーで痛感する。多くが炭鉱労働者で、六か月にわたって職場から閉め出されていた失業中のファンが、一シリング六ペンスの入場料の支払を拒否し、グラウンドに押し入った。

当然だが、入場収入にはがっかりさせられ、キィウィーズのプレイ水準も同様によくはなかった。

遠征チームはまた、マネージメントと選手のあいだの緊張によっても苦しんだ。遠征のオーストラリア人監督アーネスト・メイアーと、その中心選手のあいだの関係はあまりにも悪化したので、七人の選手がストライキを始め、出場を拒否した。七人は早くに故国にもどってしまい、帰国後、ニュージーランド・ラグビー連盟から出場停止にされた。歴史家ジョン・コフィーの言葉を借りれば、それは「屈辱死を遂げた遠征」だった。

一九二六年の遠征をめぐるいさかいと金銭的損失のため、新たな遠征が考慮されるまでに一〇年以上がかかった。またしても運悪く、一九三九年が選ばれた。八月二十九日、イングランドに到着。九月二日に開幕戦でセントヘレンズを破る。翌日、イギリスがドイツに宣戦を布告。遠征を中止する以外に選択肢はなく、キィウィーズは九月十四日、汽船ルジティキ号に乗船して、帰国の途につく。英国滞在はわずか一七日、二試合を戦っただけで、見積もられた費用は五〇〇〇ポンドから六〇〇〇ポンドにのぼった。

偶然にも、オーストラリアにおけるキィウィーズの鏡像であるワラビーズも一九三九年を、長い不在のあと英国を再訪すべき年だと決めていた。ニュージーランドよりなお運が悪く、帰国前に一試合も戦わなかった。こうして戦争の喧噪が大きくなるとともに、両大戦間の時代は始まったときのままで終わった。ラグビーユニオンはその伝統的なコミュニティで強力であり、ラグビーリーグも同様にその本拠地では活気にあふれていた。

けれども、もちろん、両者ははるか彼方に離れたままだった。

第20章 第二次世界大戦中のラグビー

Rugby in the Second World War

ヨーロッパにとって、そして最終的には残りの世界にとって、一九三八年は転回点だった。ヒトラーがオーストリア併合を宣言し、自分が生まれた国を第三帝国に組みこんだ。スペインでは内戦が国家主義的なフランコ側に決定的に優位となった。イタリアでは政府が組織した「自発的」デモが勃発し、ニース、コルシカ、チュニジアをムッソリーニに渡すようフランスに要求した。ルーマニアでは国王カルロ二世が議会を解散し、国王による独裁政権を確立した。もはや問題は戦争が起こるかどうかではなく、戦争はいつ起こるかだった。

一九三八年三月、二万の群衆がフランクフルトに集まり、ラグビーユニオンのドイツ対フランス戦を観た。一九三四年、フランスとドイツは、イタリアに支持されて、ヨーロッパ大陸のラグビーを組織化するために、国際ラグビーフットボール評議会（IRB）の大陸版となる国際アマチュアラグビー・フェデレーション（FIRA）を結成していた。フランスが最強国だったにもかかわらず、FIRAではドイツが中心的役割を果たしたので、新組織の公用語はドイツ語になった。[1]

フランスは一九二七年以来、毎年、ドイツと国際親善試合を戦ってきた。わずか二度目の対戦（於フランクフルト）で、ドイツは17―16で衝撃の勝利をもぎとった。フランスは二度と同じ過ちは犯さず、ドイツがフランスに対しふたたびトライを決めるまでに六年がかかる。

しかし一九三三年以降、得点差は縮小を始める。一九三四年、フランスはわずか四点差で勝ち、一九三六年のベルリン・オリンピック直前に開かれたヨーロッパ・トーナメント決勝では、フランスがトライ一本とコンバージョンでタイトルをかっさらった。フランスの水準が落ちているというだけの話ではなかった。ドイツは一九三〇年代、他の国代表に二敗しかせず、ヨーロッパ大陸第二のラグビー強国であることは明らかだった。一九三八年現在、二か国の差はこれまでになく小さくなっていた。試合はほぼ互角で、フォワードが支配した。開始早々、フランスは自陣でペナルティを犯し、経験豊かなドイツのフルバック、ゲオルグ・イゼンベルク（ハノーファー）が進み出て、ボールにポストのあいだを通過させた。ドイツが3―0でリード。

試合が進むにつれて、ドイツはますます自信を深めていった。フランスのキャプテンで傑出したセンターのジョゼフ・デクローでさえ、ドイツのディフェンスに亀裂を入れられなかった。フランスはますます必死になった。ラグビーの国際舞台に登場してわずか一〇年の国に負けたくはない。どんな試みもドイツのディフェンダーの壁を突き破れなかった。レフェリーのクレンブス氏がノーサイドの笛を吹いたとき、ドイツ人は欣喜雀躍《きんきじゃくやく》した。いまやドイツはヨーロッパ大陸のラグビー強国だった。

二か月後、ＦＩＲＡのヨーロッパ選手権一九三八年大会の決勝戦（於ブカレスト）で、両チームはふたたび対戦した。どちらもがホスト国ルーマニアをわずか三点差で破り、決勝戦も同じように僅差だった。

ハーフタイムでは、ドイツがスクラムハーフでキャプテンのカール・ロースのトライ一本とコンバージョンで5―3とリード、ふたたび番狂わせが起こりそうに見えた。しかしフランスは前回の屈辱を晴らすと心に決めていて、ウイングのロベール・コネーグル（スタッド・ボルドレ）のトライをデクローがコンバート。フランスが8―5で勝利。ヨーロッパ大陸選手権に三連勝した。

わずか一五か月後、ヨーロッパは戦争のただなかにあった。この戦争でもまた、ようやく平和が回復したとき、国際ラグビーのスターの多くが二度と試合にもどってこなかった。フランスのラグビーユニオンの国代表級選手八名が戦死、アイルランド代表も同じく八名が戦死した。オーストラリア選手一〇名、イングランド一四名、スコットランド一五名が命を失った。しかし第二次世界大戦でラグビーユニオンの国代表級選手をもっとも多く失ったのは、国際試合をもっとも短期間しか戦わなかった国だった。ドイツ代表一六名が戦死した。

◉ラグビーのヨーロッパの枢軸

戦争がラグビーユニオンの国際試合を完全に停止させてしまう前、最後の国際試合を開催したのはドイツだった。一九四〇年五月五日日曜日、ヒトラーの軍がフランス、ベルギー、オランダに侵入するわずか五日前、シュトットガルトにおいて、イタリアがフランチェスコ・ヴィンチ（ローマ）のドロップゴール一本だけで4―0とドイツに辛勝した。

IRBには大英帝国外のだれかのために使う時間はほとんどなかったという事実にもかかわらず、ドイツとイタリアは一九三〇年代のラグビーユニオン最大の成功例のなかの二例である。一九三三年のRFU大会は、RFUの「活動を英語話者に限定すべきである」という見解を表明し、一九三五年にはRFUはその力を「英連邦」に傾注するほうを選んで、海外の会員の受入を停止した。[2] フランスも一九七八年までは国際ラグビーフットボール評議会のメンバーには受け容れられなかった。

しかし、フランスの五か国対抗追放と国際アマチュアラグビー・フェデレーション（FIRA）創設は、ヨーロッパのラグビー発展のきっかけとなった。すでに見たように、ラグビーは十九世紀半ば、英国人国外在住者によって、ドイツのハイデルベルクで初めてプレイされ、そのあとドイツの英国マニアがプレイを始めた。一八八〇年代初めには、ドイツで始めて創設されたフットボールクラブDFV1878ハノーファーもラグビーをプレイしていた。

英国人国外在住者のプレイに触発されて、ハノーファーのクラブの音頭をとったのは、市のエリート校のひとつに通う十五歳のフェルディナンド＝ヴィルヘルム・フリッケだった。フットボール人気はドイツのエリート校に広がり、一八九九年には一九のラグビークラブがドイツのラグビー協会を結成した。一九〇〇年、初めての南北戦が戦われ、毎年恒例になる。一九〇九年には第一回クラブ対抗選手権決勝でハノーファーとシュトットガルトが対戦した。

ドイツのラグビーは英国びいきのエリートの領域にとどまっており、サッカーと違って大衆にアピールすることは一度もなかった。フリッケは一九〇一年、ドイツ・ラグビー協会の初代会長となるが、フランクフルトのクラブが一九〇〇年のオリンピックでラグビーに出場したにもかかわらず、ドイツが初の国際試合を戦ったのは、フリッケの死の年、一九二七年である。

一九三三年、ヒトラーが権力の座についたとき、ラグビーはすべてのスポーツと同様に、国家社会主義帝国体育連盟に組みこまれた。のちのヒトラーの軍需大臣アルベルト・シュペーアの支持を得て、ラグビーはナチスによるスポーツの外交利用の小さな一部となり、そのためにFIRA内部でも熱心に活動した。第二次世界大戦前夜には、ラグビークラブ五二、登録選手一九二五名を数えた。ドイツのクラブ対抗選手権は一九四二年まで続く。

一九三〇年代を通して、ドイツとヨーロッパ第二のラグビー強国のタイトルを争っていたのはイタリアである。ラグビーは一八九三年、英国人国外在住者によってジェノヴァでプレイされていたが、イタリア人のスポーツとして浮上するのは一九〇〇年代末である。

また、寄港する英国海軍地中海艦隊も定期的に試合をおこなった。一九一〇年、ラシング・クルブ・ド・フランスがトリノのチームと対戦し、翌年、ミラノの複合スポーツクラブUSミラネーゼの一環として、ピエロ・マリアーニがイタリア初のラグビークラブを結成した。

一九二〇年代末まで、ラグビーは北イタリアのマニアに限られたニッチなスポーツにとどまっていた。ラグビー世界におけるその主要な役割は、フランスの遠征チームの試合運営だった。しかし、一九二七年、ムッソリーニのファシスト政権は国の内外に対しスポーツをそのイデオロギーの媒体として使い始めた。

ラグビーユニオンを宣伝し、組織するための「プロパガンダ委員会」が、政権によりピエロ・マリアーニ指揮のもとで立ちあげられた。翌年、イタリア・ラグビー協会（FIR）と改名する。創設メンバーの一六クラブはボローニャ、ミラノ、ナポリ、パドヴァ、ローマ、トリノ、ウディーネに本拠地をおいていた。一九二九年、フランスとの練習試合のあと、イタリアは初の国際試合を戦い、スペインに0―9で敗れる。

ほかのイタリアのスポーツと同様に、ラグビーはファシストのシステムにしっかりと組みこまれた。マリアーニのあとを継いでFIR会長に就任したのはジョルジョ・ヴァッカロ、ファシスト民兵の将軍で、ムッソリーニのスポーツ運営を指揮したひとりである。FIRでもっとも長く会長を務めたのはエットーレ・ロッシ。ロッシは、一九四三年に連合軍がイタリアほぼ全土を掌握したあとに創設され、短命に終わったムッソリーニのイタリア社会共和国のスポーツ大臣になる。

ザ・タイムズ紙が一九二九年に指摘したように、ラグビーユニオンはその身体性と同様に、そのアマチュア哲学によってもファシストにアピールした。「シニョール・ジョルジョ・ヴァッカロやファシスト党書記シニョール・トゥラーティのようなラグビーフットボールの推進者は、このスポーツが、英国におけるように、アマチュア選手に厳密に限られていることに気づいた。アマチュア選手はスポーツマンシップの正しい精神においてプレイすると信じることができる」[3]。

ムッソリーニの報道担当秘書官で、ファシズム大評議会評議員ランド・フェレッティは、一九二八年に出版された政権によるラグビーの手引書『ラグビーのゲーム』に序文を書いていた。一九三一年、ムッソリーニの官房はRFUに書翰を送り、ラグビーの普及の促進を目的としたFIFA形式の連盟を創設するために、ヨーロッパ・ラグビー・フェデレーション会議の開催を求めた。この提案はトウィッケナムにより「実現不能であり望まれない」としてそっけなく却下される[4]。

一九三〇年代半ばから、サッカー代表の驚くべき成功——一九三四年と三八年のワールドカップに優勝——のために、ファシストは次第にラグビーへの関心を失っていく。しかしイタリア代表は定期的に国際試合を戦い続けた。だが、ドイツとは異なり、フランスの相手ではなかったし、対ドイツ六戦のうち二回しか勝てなかった。

イタリアはルーマニアの首都ブカレストで開催されたヨーロッパ選手権一九三八年大会にも出場しなかった。ルーマニアにはフランスと緊密な文化的絆があり、ルーマニアのエリート子弟はパリで教育を受けるのが普通だった。一九一三年、帰国した学生がスタッド・フランセをモデルにして、ルーマニア初のクラブ、スターディウル・ロマンを結成。二年後、パリで教育を受け、学生時代にラシング・クルブ・ド・フランスでプレイしたグレゴレ・カラコステアがラグビーフットボール中央委員会を立ちあげた。

ルーマニアは、一九一九年にパリで開催された連合国間ラグビートーナメント大会に出場するが、5—48でフランスに、次いで0—23でアメリカに大敗する。一九二四年、すでに見たように、ルーマニアはフランスとアメリカとともにわずか三チームのひとつとして、オリンピック一九二四年大会でラグビーに出場するが、ふたたびまったく歯が立たず、アメリカに0—37、フランスにはさらに屈辱的な3—61の敗北を喫す。それにもかかわらず、出場三チーム中三位で終わったおかげで銅メダルを獲得した。

おそらくこれが両大戦間の国際舞台におけるルーマニアの活躍のハイライトだった。一九三一年にルーマニア・ラグビー協会が結成されるが、代表がほかに勝ったのは弱小国チェコスロヴァキア戦（一九二七年）とさらに弱小のオランダ戦（一九三七年）だけだった。

ルーマニアの運命は一九三〇年代に転換を始める。一九三九年、ブラショヴにおけるクラブ創設とともに、ラグビーはブカレストの外に広がり、一九四〇年四月、代表チームは、スクラムハーフのエウジェン・マルクレスクのペナルティ一本で、イタリアを初めて破り、もっとも重要な勝利を記録した。そのおよそ六か月後、ルーマニアはイタリアとドイツの側に立ち、戦争に突入した。

◉フランスの操作

一九三〇年代にラグビーを支援したヨーロッパ政権の多くが嫌悪すべき性格を有していたにもかかわらず、FIRAはIRBよりも多くをおこなって、ラグビーの国際的普及を後押しした。これはサッカーで起きたのと同じである。イングランドはアソシエーション・フットボールを発明したが、FIFAを創設し、円形のボールのスポーツを非英語圏の世界に誘ったのはフランスの運営者たちだった。

ラグビーでも似たことが起きた。フランスからの影響を受けて、ラグビーはカタルーニャに定着した。ラグビーが始まったのはトゥールーズによる一九二三年の遠征のおかげである。チェコスロヴァキアも同様で、作家オンドジェイ・セコラがパリからブルノに帰るとき、ラグビーボール一個とルールブックを一冊、祖国に持ち帰った。スタッド・フランセの元選手ジャン・レは一九三一年のベルギー・ラグビー協会結成の原動力だった。スペインのラグビーをキックオフしたのは、偶像化されたフライハーフ、イヴ・デュ・マノワールを含むフランス・チームの訪問だった。

一九二六年にリスボン・ラグビー・アソシエーションが創設されたポルトガルや一九三二年に全国規模のフェデレーションを設立したオランダ、英国軍艦のHMSドーセットシャーとHMSノーフォークの乗組員によるエキシビションマッチ成功後、ラグビーが始まったスウェーデンのような英国の影響が決定的だった国々さえ、すぐにFIRAに加盟した。

FIRAの影響力増大に対する懸念がおそらく要因となって、英国はフランスを五か国対抗に呼びもどした。たしかにフランスのラグビーリーグの急成長と国際的成功が大きな役割を果たした。しかし一九三一年にフランスを追放したことも、五か国対抗を弱体化させ、一九三九年七月、英国諸国は和解を申し出た。

しかし、ひとつ条件があった。国際試合はフランスがクラブ対抗選手権を放棄しなければ再開されないとされた。フランスの諸クラブはラグビーリーグの上げ潮に対抗するのを助けるために命綱が投げられたのをよろこんで、選手権の廃止に賛成票を投じた――しかし、実際にはそうするつもりはまったくなかった。投票しただけで、クラブ対抗選手権解散のための一歩さえ踏み出さなかった。

結局のところ、一九三九年の選手権決勝、ペルピニャンに対するビアリッツのロスタイムでの勝利が戦前最後のブクリエ争奪戦となる。FFRは戦争が始まったとき、競技会を中止した。とは言っても、フランスがナチ占領地域とヴィシーの対独協力地域に分裂したにもかかわらず、非公式の地方大会は継続された。一九四二年六月、政令によるラグビーリーグ禁止の六か月後、FFRは選手権再開を決定した。

九五のクラブが出場した。四〇が占領地域、残りがヴィシーのフランスを本拠地とする。最終的にアヴィロン・バイヨネとアジャンが決勝に進出（於パリ・パルク・デ・プランス）。残り三分でスコアは〇―〇。元ラグビーリーグのスクラムハーフ、ジャン・

デュバランが右側を衝《つ》き、ボールをルイ・ビゾタに渡した。ビゾタがピエール・ラールにつないで、ラールが右コーナーフラッグのすぐ内側にグラウンディング。アヴィロンが3―0とし、戦争中最初のブクリエはアヴィロンのものになった。

デュバランは決勝に出場したただひとりのラグビーリーグ選手ではなかった。デュバランの側には、ラグビーリーグのフランス代表選手ジャン・ドジェとフッカーのルネ・アロサ、一方、アジャンはラグビーリーグのベテラン選手、フランス代表のモリス・ブリュヌトーとマリウス・ギラルに加えて、フッカーのジャン=ロンデ・ベエール。ヴィシーのラグビーリーグ禁止は、その望みどおりラグビーユニオンを再活性化する効果をあげた。

翌年、アヴィロンはデュバランとドジェとともにふたたび決勝に出場。ドジェはクラブに職を得て、残りのキャリアをクラブで過ごす。対戦相手は若いペルピニャン・チームで、一九三八年にラグビーリーグに転向していたジャン・デクローだけでなく、将来のラグビーリーグのフランス代表選手四人を中心としていた。最高はフルバックのピュイグ・オベール。ペルピニャンがバイヨネをずたずたにし、ドジェのトライ一本のみに対して、トライを六本決めた。

一九四四年末には、オベールとその仲間の一三人制の選手は本来のスポーツにもどっていた。連合軍がフランスを前進するにつれて、ラグビーリーグはよみがえり、一九四四年九月に公式に再編成された。そのプレイヤーの多くがレジスタンスに参加していた。シャルル・マトンとルネ・バルヌーは自由スポーツ運動活動家で強制的労働徴用に抵抗して戦い、対独協力者によるスポーツの利用に反抗した。[◉5] ジャン・ガリア率いる一九三四年のイングランド遠征のパイオニアのひとりで、ポー・ラグビーリーグ・クラブの創設者フランソワ・レカボルドは一九三四年にブーヘンワルト収容所に送られた。映画館を経営していたガリア自身は仕事を利用してユダヤ人のスペイン脱出を助けた。ポール・バリエールは一九四七年、弱冠二十七歳でフランス・ラグビー連盟の会長となるが、フランスのラグビー中心地オードの対独レジスタンス組織で中心的な役割を果たした。

ラグビーユニオンの側では、一九四〇年九月に最初にレジスタンスに参加したひとり、ジルベール・ブリュテュスが一九四四年六月にゲシュタポの手で殺害された。ブリュテュスは一九二五年の選手権に優勝したペルピニャンの監督で、その後、キヤンに移り、一九二八年から三〇年の決勝連続勝利に導いた。一九四五年のフランス代表で一九六九年に首相となったジャック・シャバン=デルマスはレジスタンスにおける功績でレジョンドヌール勲章を受けている。[◉6]

◉統一ラグビー？

第二次世界大戦中にラグビーユニオンが分割されたのはフランスだけではない。南アフリカではアフリカーナー社会のかなりが、ナチス支持者ではないとしても、少なくとも戦争の結果に相矛盾する感情をもち、連合国の戦争努力の支援問題をめぐってラグビーはふたつに分裂した。英語話者のラグビーサポーターは連合国支援のために資金集めの試合を開催したがったが、アフリカーナーのラグビーサポーターの多くが反対した。彼らは貧しい白人アフリカーナー支援のためのチャリティマッチを開催し始めた。[7]

ウェスタンプロヴィンスとイースタンプロヴィンスでは、ラグビーは戦争賛成派と反対派の組織に分裂した。アフリカーナーのラグビーの強豪、ステレンボス大学は一九四三年に、連合国のための資金集めの決定に抗議して、ウェスタンプロヴィンス・ラグビー協会を脱退した。スクラムの3―4―1フォーメーションを普及させた有名なステレンボスのコーチ、A・F・マーケッターは、連合国に対する支援はラグビーを政治化し、協会はステレンボスがラグビーをプレイするのをやめさせようとしていると主張して、ウェスタンプロヴィンス・ラグビー協会を脱退した。

南アフリカとフランスとは対照的に、戦争は残りの英語圏のラグビー世界に統一の感覚をもたらした。第一次世界大戦とは異なり、ラグビーを戦時中にプレイし続けるかどうかについての論争はなかった。先の戦争はラグビーが民間と軍のモラルによい効果をあたえることを示していた。ラグビーリーグとラグビーユニオンどちらのクラブの試合も、縮小されはしたが、大戦中継続された。ロンドン・スコティッシュ、あるいはラグビーリーグのロッチデール・ホーネッツのような一部のクラブは戦争のほとんどの期間、閉鎖され、一方、ブラックヒースとリッチモンドは合同チームを組んだ。RFLはクラブの移動を減らすために州のリーグ戦を導入したが、ラグビーリーグ・チャレンジカップは手つかずで生き残った。もっとも決勝はウェンブリーではなく、北部で二段階で戦われた。

一九三九年に宣戦が布告された数週間後に、RFUはラグビーリーグの選手追放を撤回し、軍役中ラグビーユニオンのプレイを許した。ウェールズ・ラグビー協会がRFUの前例に続くが、スコットランドは動かなかった。スコットランド・ラグビー協会書記のハリー・シムソンは報道機関に、「自分の協会は、軍属のプロ選手によるアマチュアチームでのプレイ禁止を撤回するつもりはない」と語った。[8]

一九三九年十二月、赤十字を支援するため、イングランド＝ウェールズ連合チームがスコットランド＝アイルランド連合チームをリッチモンドで17―3で破り、軍をベースにする試合シリーズが始まった。ここではラグビーリーグとラグビーユニオン両方の選手がともに戦った。一九四二年には、イングランド、スコットランド、ウェールズ間で軍人による定期的な国際試合が開始された。四月にはウェンブリー・スタジアムで、スコットランドが8―5でイングランドに勝利した。

ザ・タイムズ紙のラグビー記者が一九四四年に記しているように、イングランドとウェールズの代表チームは「出場可能な軍人によるラグビーリーグの才能を利用する用意ができて」おり、その結果、多数のラグビーリーグの選手がこの二か国の代表として、ラグビーユニオンの国際試合に出場した。もっとも特筆すべきは、ウェールズのキャプテンを二度務めたガス・リズマン、ウェールズ人にもかかわらずイングランドで七キャップを得たロイ・フランシス、ウェールズのキャップ六をもつアラン・エドワーズがいる。ほかにも数えきれないほどの選手が、陸海空全体でおびただしい数にのぼるラグビーユニオン代表として出場した。

多くのラグビーリーグの選手がアマチュア規則に面食らった。ウェールズ代表として出場した試合のあと、ガス・リズマンは四ポンドの旅費を要求した。「役員がわたしにきみの支出額は正確ではないと言ったとき、心臓が止まった。だが、八ポンドを渡されたとき、心臓はふたたび動き出した！」[9]。

ラグビーユニオンとラグビーリーグの交流は一九四三年と四四年にその絶頂を迎える。ラグビーリーグのチームがラグビーユニオンのチームをラグビーユニオンのルールで二度、下した。一九四三年一月、ノーザン・コマンド・スポーツ評議会が、ノーザン・コマンド・ラグビーリーグ・フィフティーン対ノーザン・コマンド・ラグビーユニオン・フィフティーンの対戦をヘディングリーで企画した。リーグチームはハーフタイム3―8の劣勢を挽回して、18―11で勝利した。陸海空連合リーグチームと陸海空連合ユニオンチームが総力をあげて戦った第二戦は一九四四年四月にブラッドフォードのオドサル競技場で開催された。ずっと厳しい試合となったが、ラグビーリーグ・チームが15―10で勝った。RFUはラグビーリーグ選手追放を一九四六年に復活させた。

全体として、ラグビー選手の戦死者数は第一次世界大戦よりもはるかに少なかった。戦闘機の訓練中に事故で死亡したオボレンスキー公爵も含めて、一四名のイングランド代表選手が命を落とした。また一九一三年にグランドスラムを達成したイングランドのキャプテン、ノーマン・ウッドハウスは英国海軍副提督となるが、一九四一年七月、乗艦が魚雷を受けて死亡した。ウェールズの国代表級選手三名、加えてアイルランド人八名、スコットランド人一五名、オックスフォード大学とケンブリッジ大学代表一五名も戦死した。クラブのレベルでは正確な記録がないので比較は難しいが、いくつかのチームは深刻な打撃を受けた。たとえばオールド・アレイニアンズは四九名、ブラックヒースは二四名を失っている。[10]

ラグビーリーグでは、一九三二年のテストマッチ「ブリスベンの戦い」の古参兵レス・〝ジューシー〟・アダムズが、一九四五年四月、極東で射撃手として搭乗していた戦闘機が撃墜されて戦死した。そのほか大勢の戦死者のなかで、リーズが少なくとも、ジョン・ディクソン、ジョン・ローパー、天才的スタンドオフのオリヴァー・モリスの三名を失った。モリスは一九三九年夏、ハンスレットと一五〇〇ポンドで契約を交わしていた。契約書には、戦争に生き残れば全額が支払われるという条項があった。しかし、負傷がもとで一九四四年九月、イタリアで死亡した。[11]

残りの英語圏のラグビー世界は英国の前例に従った。ニュージーランドでは、ラグビーリーグとラグビーユニオンの両者ともが戦争中、プレイを続けた。リーグの選手はユニオンのチームでプレイすることが許され、ラグビーの焦点は軍のラグビーに移った。ランファーリーシールドは戦争中は中断されたが、州対抗戦は増加し、戦争のほとんどのシーズンでほかにもトップクラスの試合が第一次世界大戦時よりも数多く戦われた。オーストラリアでは、NSWラグビー協会がクラブ対抗戦を継続し、マンリーとイースタンサバーブスがそれぞれ、州対抗選手権一部に二度、優勝した。

オーストラリアのラグビーリーグも継続された。とくにスポーツは英国との絆の大切な一部と見なされたので、重要な決勝戦には大観衆が集まった。戦時の人気のおかげで、ラグビーリーグはラグビーユニオンとクリケット、オーストラリアン・ルールズとともに、公式の軍のスポーツとして受け容れられた。英国ではラグビーリーグが軍に認められるのはようやく一九九四年である。一九四四年のノルマンディ上陸作戦で、ハロルド・フレッグは宣言した。「わたしはウィガン、ロッチデール、デューズベリー、ハリファクス、ハル、ハダースフィールド、バロウその他のイングランド北部の町からきたラグビーリーグの選手は、テストマッチで披露するのと同じスキルをもって情け容赦なく戦うと確信している[12]」。

◉前線とゴールラインのあいだ

ラグビーは世界中の戦場で連合軍のスポーツ生活の重要な一部となった。早くも一九四〇年四月には、オーストラリア軍を代表する強力なチームがベイルートでフランス・チームと対戦。七〇〇〇名の観衆を前に、エドワード・〝ウェアリー〟・ダンロップのような選手の奮闘のおかげでオーストラリアがフランスを11―5で破る。ダンロップはヴィクトリアが生んだ最高のラグビー選手で、日本の捕虜収容所で果たした役割で有名になる。さらにベージル・トラヴァースはオーストラリア生まれにもかかわらず、戦後、イングランドの六キャップを獲得している。

中東はラグビーにとってもっとも重要な地域となった。ひとつには大英帝国自治領の軍の多くがそこに駐屯していたからだが、また気候がスポーツ向きだったこともある。戦略的港アレクサンドリアでは一九四二年に、四〇以上の軍チームが七人制のトーナメントに出場した。ラグビー諸国からのスター選手を中心にした国際試合がよく開催された。ニュージーランド対「残りのエジプト駐留軍」戦は三万人をアレクサンドリア市営競技場に集めた。このような「国際」試合に五桁の群衆が集まるのは当たり前だった。[13]

同じ軍で戦っていたにもかかわらず、スプリングボクス対オールブラックスのライバル関係はますます激しくなり、「ザ・ブック」伝説を生んだ。両チームが対戦のたびにルールについて争う。どちらの側も、相手がラグビーのルールをきちんと把握していないと非難した。選手たちは「だれがルールを書いたのか?」という問題をめぐってたがいにあざけり合った。ルールブックは南アフリカあるいはニュージーランドのいかなるアドバイスもなく、イングランドのRFUによって書かれたという事実もこの強烈なライバル関係を和らげる役には立たなかった。[14]

どの国の軍にもそれ自体の連隊と大隊によるトーナメント戦があった。たとえばイタリアで戦ったニュージーランド部隊のためのフライバーグカップは、ニュージーランド派遣軍司令官バーナード・フライバーグ将軍にちなんで名づけられた。あるいはパプアニューギニアのブーゲンヴィル島では、オーストラリア連隊が州対抗のラグビーリーグカップ・トーナメントを戦った。ラグビーのプレイヤーが集まるところではどこでも、試合がおこなわれた。

ドイツの捕虜収容所では、ラグビーの試合はいつも生活のなかにあった。ブランデンブルクのⅣ―B収容所では、英語圏の主要七か国と「その他の国籍者」チームを中心にして、八か国によるラグビーユニオンのトーナメントが開催された。ポーランドのトルンでは、XX―A収容所で、偉大なユダヤ人プロップでゴールキッカーのオキー・ジェフィンを中心にしたスプリングボクスが、ニュージーランド・チームを破った。凍えるようなポーランドの冬にもかかわらず、どちらのチームもはだしでプレイした。ラグビーリーグも盛んで、バイエルンの383収容所では、イングランド対オーストラリア戦が二戦、一九四三年春にはランカシャー対ヨークシャーの一戦が開催された。[15]

軍隊チームのなかでもっとも有名なのは疑いもなく一九四五―四六年のニュージーランド第二派遣軍である。当時はキィウィーズと呼ばれたが、その後カーキ〔色の〕オールブラックスとして知られるようになる。戦争末期、士気を高め、ニュージーランドの注目度を上げる方法として、フライバーク将軍が考えつき、メンバーはヨーロッパで参戦中の兵士から選ばれた。チーム唯一のオールブラックス、スクラムハーフのチャーリー・サクストンに率いられ、チームは英国、アイルランド、フランス、ドイツに遠征し、キックよりもハンドリングを強調する高速でオープンなラグビーをプレイした。チームにはふたりのラグビーリーグの選手が含まれ、戦時中のオープンなラグビー精神を証言する。フォワードのジョニー・シンプソンとすばらしいフルバックのボブ・スコットはのちにオールブラックス入りをした。

陸海空連合チームに対する14―7の勝利も含めて、チームは最初の一五戦に勝利。そのあとウェールズ代表とウェールズのトップクラブ諸チームを無得点に抑える。遠征三か月目で、決然たるスコットランドに6―11で敗れるまで無敗を通した。パリ、トゥールーズ、ボルドーをまわり、ここでも群衆を集め、そのオープンで華やかなプレイスタイルは、戦争終了とともに訪れた「生きる歓び」を要約しているように見えた。

ニュージーランドはまた、遠征のヨーロッパ行程でドイツでも二戦を戦い、軍連合と英国のライン軍と対戦した。しかしながら、このときにはもはや生粋のドイツ人によるラグビーはなくなっていた――文化と文明そのものと同様に、ラグビーはヒトラーの『神々の黄昏』によって一掃されていた。戦争はようやく終わった。だが、その遺産がラグビーの未来を形作るだろう。

Part VI Rugby's New Horizons

第六部 ラグビーの新たなる地平

第二次世界大戦後の歳月で、ラグビーは伝統的な強豪国の枠を越えて浮上し、ヨーロッパ大陸に新興国が出現した。最終的にはイタリアが台頭、五か国対抗拡大につながる。南半球では、太平洋の島々が承認を求めて挑戦を始め、アルゼンチンは潜在的な世界レベルの強国になりうるまでに成長した。

アフリカとアジアでは、英国とフランスのふたつの帝国の遺産がラグビーの発展をうながしたが、ときにはその足を引っ張りもした。日本では、ラグビーは国民的に重要なスポーツになったものの、国際舞台では挫折が続いた。アメリカ合衆国とカナダでは、前世紀に失った領土をいくぶんか回復した。

おそらく新たなる地平でもっとも重要だったのは、だが地理上の地平ではなくジェンダー上の地平だっただろう。女子ラグビーが台頭し、ラグビーというスポーツを想像できるかぎりもっとも根本的なやり方で転換させようとしている。

第21章 ヨーロッパのラグビーとイタリアの勃興

European Rugby and the Rise of Italy

第二次世界大戦が終わったとき、ヨーロッパは瓦礫《がれき》の山と化していた。そのうえ、力を合わせてヒトラーを倒した国々は、冷戦の開始によって数か月のあいだにばらばらになった。多くの機関と同様に、スポーツも東と西に分裂した。しかし、しばしば核戦争の恐れにまで高まりかけた緊張のただなかで、「楕円球の外交」は分断された大陸を縦横に走り、西ヨーロッパと東ヨーロッパの両方に活力あるラグビー文化を創出した。

戦後のヨーロッパ大陸におけるラグビー人気は大部分をフランスに負っている。フランスのラグビーユニオン上層部は、第二次世界大戦終了後、時間を無駄にせず、国際アマチュアラグビー協会（FIRA）の再建にとりかかった。ドイツ、イタリア、ルーマニアが敵国であったにもかかわらず、FIRAは一九四八年にミラノの会合で再建された。

ヨーロッパでの試合は、実際にはその一八か月前にキックオフされ、チェコスロヴァキアがオランダに遠征、14—8で勝っている。チェコは一九四〇年代末に短期間、戦後ラグビーの先駆けだった。一九四八年にはリーグ戦が確立され、イタリアとルーマニアに遠征。その後、冷戦がヨーロッパを最終的に二分し、東西のスポーツ交流は一九五〇年代半ばまで完全に凍結された。

分裂は一九五二年にFIRAが開催した第一回ヨーロピアンカップ・トーナメントに反映されていた。チェコもルーマニアも参加せず、最強のフランスと決勝で対戦する権利をめぐって、ベルギー、イタリア、スペイン、西ドイツが戦った。この対戦方式には疑問が残るが、イタリアが挑戦者として浮上し、8—17でフランスに敗北した。フランスのチームには、ロジェ・マルティーヌ、リュシアン・ミアス、ジャン・プラも含まれたので、この点差は称讃に値する。一九五四年には、ポルトガルが参加するが、決勝ではやはりイタリアとフランスが対戦、イタリアに開始早々でトライされた衝撃を乗り越えて、フランスが39—12で快勝した。

FIRAヨーロピアンカップが次に戦われるのは一九六五年である。一九五四年の決勝が戦われている時点ですでに、ヨーロッパ・ラグビーの力の均衡は東に傾きつつあった。

●ルーマニアの台頭

ソ連とその同盟国の東欧諸国はスポーツ活動にかなりの資力をつぎ込み、外交関係を助長するために、スポーツによる国際交流を推進した。一九五二年、ソ連圏のオリンピック参加がスポーツ界を刺激した。ソ連はメダル獲得数で二位となり、その後一九五六年のメルボルン大会で一位に浮上した。ラグビーは世界規模ではマイナースポーツではあったが、それでも西ヨーロッパの文化生活の重要な構成要素であり、冷戦による分断を克服する一手段でもあった。

東ドイツは一九五一年以来チェコスロヴァキアとルーマニアと対戦を続けたあと、一九五六年にFIRAに加盟した。チームの監督エルヴィン・ティエシエスは戦前のドイツ代表で、一九五三年にベルリン郊外ヘニッヒスドルフの鉄工所チーム監督に雇われ、ドイツ初の専従のラグビー監督となった。そのチーム、BSGシュタール・ヘニッヒスドルフは一九五二年の第一回東ドイツ選手権に優勝し、一九九〇年のドイツ統一まで選手権の常勝チームだった。一九五七年、ポーランドがFIRAに加わる。ただし、リーグ戦を開始したばかりで、国際試合に出場し始めたのは一九五八年である。

ポーランドのFIRA加盟と同じ年、モスクワで第六回世界青年学生友好祭が開催された。友好祭は隔年で開かれるスポーツと文化の祭典で、一九四七年以来、東欧諸国が開催してきた。ソ連の人びとはニキタ・フルシチョフのもとでスターリン後の「雪解け」を経験していたので、外国人にとってはソ連内で起きている変化を目の当たりにする機会だった。

友好祭では、チェコスロヴァキアとルーマニアを中心にラグビートーナメントが初めて開催され、ウェールズのクラブチーム、ラネリーが英国を代表した。イタリアとフランスも招待された。イタリアは参加しなかったが、フランスはジャン・プラ、ミシェル・ヴァニエ、アンリ・ドメック、ジャン・デュピュイ、アメデ・ドムネクを含む総力チームで参戦。対戦チームがフランスの陣容を知ったとき、フランスにはトーナメント出場辞退が求められた。フランスはチェコとの親善試合一戦だけを戦い、36―18で勝った。

トーナメント本戦では、チェコがルーマニアとラネリーに負けた。ルーマニアとラネリーは6―6で引き分けたので、プレイオフが必要になった。ラネリーのほうがよく組織化はされていたが、ルーマニアの気合いが試合唯一のトライをもたらした。ラネリーはペナルティゴールで同点にした。ルーマニアは相手陣にめったにはいれなかったが、残り一〇分、ウェールズ陣内にはいりこみ、フルバックがドロップゴールを決めて6—3で勝利した。[1]

試合に立ち会った多くの人が気づいたように、一九五七年の勝利は、東のラグビー強国がルーマニアであることを示した。戦後、東欧内では負け知らずだった。その年の初めには、ブカレストにおける対フランス戦、残り一五分で15—6とリードはしたが、このリードはフランスにギアをあげさせただけで、フランスが18—15で勝利をもぎとる結果となった。

ルーマニアが最大の衝撃をあたえたのは英国である。一九五四年八月、スウォンジーがシーズン前の遠征の一環としてルーマニアで二試合を戦った。一八か月前、スウォンジーはオールブラックスを6—6の引き分けに抑えていたが、ブカレストにおける第二戦で、六万人を前にして、12—23と驚天動地の敗北を喫する。翌年、ルーマニア代表がイングランドとウェールズに四試合の遠征をした。スウォンジーは今回は3—19でまたしても敗北、ハーレクインズとブリストルは引き分けに抑え、残されたカーディフが唯一6—3の僅差で遠征チームを破った。

オリンピックでの東欧勢勝利のすぐあとに続くルーマニア・ラグビーの成功は、東欧の自称社会主義国がスポーツにおける勝利の秘密を解明したことを確認するように見えた。オリンピックにおけるひとつの力、東欧諸国はまたラグビーユニオンのアマチュア規定に問題を呈した。ソ連圏のすべてのスポーツと同様に、エリート・アスリートは職業をもちながら、ほとんどの時間をトレーニングとプレイに費やした。それだけではなく、一九五五年の遠征チームには勝てばボーナスが支払われた。デイリーメイル紙が暴いたように、スウォンジー戦勝利では、各選手が一〇〇ポンドを受けとり、カーディフに勝っていたら支払われるはずだった二五〇ポンドはわずかのところでもらいそこなった。[2]

IRBのアマチュア定義とルーマニアのそれのあいだには明らかに溝があったにもかかわらず、ラグビーユニオン執行部は問題に目をつぶることに決めた。これが初めてというわけではない。元ウェールズ代表キャプテンで、このころには傑出した州裁判所判事なっていたロウ・ハーディング（スウォンジー）が説明したように、ラグビーユニオンが「もし鉄のカーテンをおろし」ルーマニアを追放したら、「ルーマニアがラグビーリーグに向かうのは火を見るより明らかであり、それは悲劇になるだろう」[3]。

ハーディングが推測していたように、ルーマニア・ラグビー協会はすでに秘密裡にイングランドのラグビーフットボール連盟と接触していた。一九五四年十二月、ルーマニア協会の書記がラグビーフットボール連盟に書翰を送り、自国でリーグ「始動」を考えているので、ラグビーリーグのルールブックを送るよう頼み、その歴史についての情報を尋ねた。この書翰からはなんの結果も生まれなかった。ひとつにはＩＲＢがルーマニアのセミ＝プロフェッショナリズムに対して、アマチュア規定を履行しなかったからであることは間違いない。[4]

ルーマニアは、ラグビーリーグに関心をもった東欧唯一の国ではない。一九五三年、ユーゴスラヴィア・スポーツ・アソシエーションはフランスのラグビーリーグの学生チーム二チームを四試合の遠征に招いた。試合が成功した結果、有名なパルティザン・ベルグラード・スポーツクラブがラグビーリーグ・チームをつくった。監督は元ルーマニアの十九歳以下代表ボリス・ブラツェヴィチ。一九五七年、セルビアでリーグ戦が始まり、一九六一年にはユーゴスラヴィアはフランスのアマチュア代表と対戦、ボスニアのバニャ・ルカで、五〇〇〇人を前にして０―13という恥ずかしくない成績で敗北した。

チトーのユーゴスラヴィアにおけるラグビー政策には当時、独自の博愛主義があった。主としてセルビアに基礎をおいていたラグビーリーグとクロアチアでより強力だったラグビーユニオンの両方をユーゴスラヴィア・ラグビー協会（ＹＲＦ）が管理していたからである。しかし一九六四年、ＹＲＦは国際交流を発展させたいと望み、ＦＩＲＡに加盟申請をし、ラグビーリーグの全競技会を終了した。直近二シーズンのラグビーリーグ優勝者ナダ・スプリトはラグビーユニオンに転向し、常勝を続けた。ラグビーリーグは二〇〇一年まで再興されない。[5]

サッカー狂のユーゴスラヴィアでは、ラグビーには政治的・社会的重要性はほとんどなかったが、ルーマニアでは実質的な政府の支援があり、外交的な重要性をもっていた。ルーマニア首脳は、スターリン主義を忠実に遵守していたにもかかわらず、モスクワとはいくぶん距離をおき、他のソ連圏諸国よりも独立した外交政策をとっていた。ルーマニア政府は西側に同盟国を探し、西側諸国はルーマニアのソ連からの部分的な離反にぜひつけこもうとした。

ラグビーユニオンは英国とルーマニアの外交関係の仲介者になった。一九五六年、ハーレクインズがクラブの会長と、いまでは傑出した保守党議員となったウェーヴェル・ウェイクフィールドに率いられて、ルーマニアに遠征。ルーマニアの諸大臣と、貿易関係、科学協力、イングランド教会とルーマニア正教会との接触についてまで論じあった。一九六〇年、英国＝ルーマニア議員会が、ウェイクフィールドを議長として創設された。[6]

フランス政府とのあいだでも同じような接触があり、ラグビーが政治的重要性を増していることはフィールド上に反映された。一九六〇年、ルーマニアはブカレストでフランスに11—5で勝利し、いまではヨーロッパ第六のラグビー国であることを示した——続く三年間、ルーマニアはフランスには一敗もしなかった。二回の引き分けをはさんで、一九六二年ふたたびホームで勝利、FIRAが一九六五年に新しいトーナメント、ヨーロピアン・ネーションズカップを開始したのは、ひとつにはルーマニアの力を認めたからでもあった。

◉ルーマニアの陥落とイタリアの勃興

第一回ヨーロピアン・ネーションズカップはわずか五チームのみが参加して、ほぼ予想通りフランスが勝利した。しかし、一九六九年にルーマニアが初めてトロフィーを掲げるころには、一六か国が参加していた。これは一九七三年にFIRAトロフィーと改名され、続く一〇年以上にわたって、ルーマニアが断続的に四回優勝。甦ったイタリアが一九九七年に優勝するまで、フランス以外で唯一の優勝チームだった。

一九八〇年代には、ソ連本体がヨーロッパのラグビーのセカンドティア〔中堅国〕内の新興国となり、FIRAトロフィー入賞者の常連となる。ソ連のラグビーがはずみを得るまでにはしばらく時間がかかった。一九三〇年、ボルシェビキの教育人民委員アナトリー・ルナチャルスキーがラグビーを「紳士的な戦闘」と称した。しかし、ラグビーをソ連邦内でプレイすべきだというルナチャルスキーの呼びかけにもかかわらず、一九二〇年代と三〇年代の数回にわたるラグビー定着の試みは失敗に終わった。一九三六年にリーグ戦がモスクワで創設されたが、一九三九年の開戦時に閉鎖された。[7]

ラグビーは一九五〇年代に復活し、一九六三年にはソ連内に一五〇ほどのクラブがあったと推定される。全国選手権大会が一九六六年に始められた。[8] ロシア・ラグビーを動かしていた人物はウラジミール・イリューシン。ソ連の有名な飛行機設計者の息子で、本人もソビエト空軍中将、一九六七年のソビエト・ラグビー協会創設を統轄した。ひとつにはイリューシンの影響もあって、ガガーリン空軍アカデミーやキエフ民間航空エンジニア学院のようなトップクラブが明らかにするように、ラグビーは空軍に熱心な支持者がいた。[9]

政府からの公的な承認がラグビーの急成長を助け、一九七四年、ソ連は初の国際試合を戦った。一九九一年には、トウィッケナムにおける対イングランド・フィフティーン戦さえ認められた。一九三六年のアレクサンドル・オブロンスキー公爵以来、ロシア人が「ラグビーの聖地」でプレイするのはこれが初めてだった。このRFUからの招待はおそらく、ロシアのプレイ水準が向上したことと同様に、一九八九年にソ連でラグビーリーグが確立されたことにもよるのだろう。

ソ連の強さの多くはジョージア〔グルジア〕からもたらされた。多くの国と同様に、ジョージアには何世紀も遡るラグビー・スタイルの民俗フットボールがあった。ジョージア版はジョージア語で「フィールド・ボール」を意味する「レロ・ブルティ」と呼ばれ、近代ラグビーに類似すると言われている。両大戦間で散発的にラグビーの試合がおこなわれたという報告はあるものの、ラグビーの定着は一九五九年を待たねばならない。このとき、アルメニア系フランス人の自転車選手ジャック・アスペキアンがラグビーを首都トビリシのジョージア工科学院の学生に紹介した。学生の一部が全国初の公式ラグビークラブ、コチェビを結成した。[10]

一九六四年には、四チームが定期的にプレイしており、ジョージア・ラグビー協会が創設された。当時、ソ連邦の一員だったので、ジョージアのクラブはソビエト選手権に出場した。ロコモティヴ・トビリシが一九六八年に三位となり、リーグ戦におけるジョージアのチームの長い勝利記録のために道を整えた。実際に、一九八〇年代半ばにはジョージアのチームが選手権に常勝し、かなりの数の選手をソ連代表に供給した。[11]

ジョージアがようやく独自に国際試合を戦うのは、ソ連が瓦解を始めた一九八九年九月である。対戦相手は、二年前に第一回ワールドカップに出場したジンバブエ。試合は16—3で驚きのジョージア勝利に終わった。一九九〇年代に、セカンドティア諸国のトップ近くの位置を確保し、頂点は一九九九年のトビリシにおける対トンガ戦28—27の勝利である。四年後、ワールドカップ初出場を果たし、そのハイライトはスプリングボクスに対する称讃に値する19—46の敗戦だ。続く二回の大会で記録は向上し、二〇〇七年にはナミビアに、二〇一一年にはルーマニアに勝ち、アイルランドとスコットランドとの激突では簡単な相手ではないことを証明した。

ソ連の崩壊後、すべてのスポーツがそうだったように、ジョージアのラグビーも貧困と資金不足に悩まされた。しかしこれは部分的にフランスとのつながりと、ジョージア選手がフランスにおいてプロとしてプレイする機会によって相殺された——二〇一三年、カナダに遠征したジョージア代表二八名のうち一七名はフランスのクラブでプレイしていた。二十一世紀の最初の一〇年が終わるころには、ジョージアはヨーロッパで七番目のラグビー強国であることを正当に主張できた。しかしその経済的弱体と大きなテレビ市場の欠如のために、ヨーロピアン・ネーションズカップに常勝しているにもかかわらず、シックス・ネーションズの来賓席には招かれそうもない。

ジョージアの台頭はルーマニアの衰退と同時に起きた。ルーマニアは一九八〇年代を、一九八一年の対オールブラックス戦に対する6—14の惜敗で始めた。スコットランドとウェールズに勝ち、一九八八年のカーディフにおける勝利は忘れがたい。しかしルーマニアのラグビー史上最高の瞬間は一九九〇年五月に訪れた。ルーマニアはフランスをミディ＝ピレネ地方のオーシュで12—6で破る。この試合はフランス代表監督ジャック・フルーの代表監督としてのキャリアを終わらせた。オーシュが「チビの伍長」〔ナポレオンのこと。フルー監督のあだ名〕生誕の地であったために敗戦の屈辱感はいっそう大きかった。しかし、その後数年で抑えられないように見えたルーマニア・ラグビーの台頭は突然、停止する。

一九八〇年代末と九〇年代初め、次第に増加するラグビーユニオンのプロ化はルーマニアのラグビーの力を徐々にむしばんでいった。最高の選手はフランスのクラブが提供する気前のよい報酬に引き寄せられ、国内のラグビーをあとにした。ルーマニアのラグビーはテレビ放映契約を結んで利益を得ることもできなかった。一九八九年のチャウシェスク政権の崩壊とそのあとに続いた貧困はルーマニアのラグビーを以前のそれの影に変えてしまった。

ルーマニアのラグビーの崩壊は、その国にとって最悪のときに訪れた。一九九五年にラグビーがプロ化されたあと、五か国対抗拡大についての議論が開始された。五か国以外のヨーロッパ諸国でたたひとつ、ラグビーの伝統と高度に発展したテレビ市場をもつ国の参入によって収入を増加させるという見通しには抵抗できなかった。新しい国を入れる決定がなされたとき、競争はなかった。貧しくなったルーマニアよりもイタリアのほうが多くの得票を得た。

もし決定がとられていたのが一九九〇年代ではなかったら、イタリアの六か国対抗参加はなかっただろう。戦後のイタリアでラグビーは人気回復に苦しんでいた。とくに旧政権とのつながりのためだけではなく、もともとイタリアの学校ではめったにプレイされなかったからだ。ラグビーはトレヴィーゾやロヴィゴ、ラクイラのようなサッカーで成功体験がなく、ラグビーが地域コミュニティにひとつの中心を提供できる小さな町でゆっくりと人気を回復していった。ロヴィゴはウナ・チッタ・イン・ミスキア（スクラムのなかの町）と呼ばれるまでになる。一九五五年、イタリア代表がイングランドを訪れ、トウィッケナムでロンドン・カウンティーズと対戦。

11―22で名誉ある敗北を喫する。しかし一九五〇年代と六〇年代、イタリアのラグビーはルーマニアのはるか後塵を拝していた。[12]

イタリアが弱かったのは、一九五〇年代のほとんどで、ラグビーユニオンとラグビーリーグのあいだの戦争がイタリアのラグビーを傷つけていたことと無関係ではない。一九四九年、多数のクラブがイングランドのラグビーフットボール連盟と話し合いを始め、一九五〇年には、ラグビーユニオンのイタリア代表元キャプテン、ヴィンチェンツォ・ベルトロットに率いられたチームが、フランスと英国に遠征、リーグクラブと九試合を戦った。ベルトロットは以前、一九四七年のラグビーユニオン・イタリア選手権で優勝したRSGトリノのキャプテンを務めた。このトリノの八人がラグビーリーグ遠征チームの要だった。短期間、トリノのチームはフランスのラグビーリーグに参戦し、一九五四年にはふたたびイングランドに遠征した。このころにはイタリアのラグビーリーグには一二のクラブがあった。

しかしフランスと同様に、このスポーツはラグビーを名乗ることを禁じられ、かわりに「一三人制ゲーム」と呼ばれる。ラグビーリーグは決定的に負かされ弱体化したが、一九五〇年代末にリバイバルする。一九六〇年、遠征してきたオーストラリアと二試合を戦い、イタリアはパドヴァで15―37、トレヴィーゾで22―67で敗れる。一九六一年には、イタリアのラグビーリーグは一八チームまで増加していた。同年五月、フランスのアマチュア代表に13―10で勝ち、その頂点に達する。しかしイタリア・ラグビー協会（FIR）からの圧力が原因でスポーツ省は、イタリア・アマチュア一三人制ゲーム・フェデレーション公認を拒否、政府の助成金や施設、あるいは学校の体育のカリキュラムを利用できず、ラグビーリーグは消滅し、一九九〇年代末まで復活しなかった。

ラグビーリーグに勝利しても初めはイタリアのラグビーユニオンの地位向上にはあまり役立たなかった。ラグビーユニオンの人気を高めるために、FIRはクラブが外国人選手、とくにイタリア人を祖先にもつ外国人の無制限採用を許した。一九七一年にはボローニャはのちにブリティッシュ・ライオンズ入りするテリー・コブナーを含むウェールズ人選手七名を誇り、一方トレヴィーゾには多数のオックスフォード大学卒業生がいた。こういう選手には、高額の報酬が払われている事実を隠すための試みはほとんどなされなかった。

ラグビーをより強力にするために、南アフリカのプロヴィンスをモデルにした地域チームが導入され、一九七五年、ウェールズ人のレイ・ビッシュがイタリア代表監督に起用された。コーチ陣にはウェールズのマスターコーチ、カーウィン・ジェイムズとフランスのスター、ピエール・ヴィルプルーがはいる。しかし、イタリア・ラグビーの運命におけるもっとも重要な変化はラグビーの外から訪れた。それはイタリア政府による一九八〇年代の税制改革によって偶然に引き起こされた。[13]

経済自由化の一環として、財務省は控除対象となる「コミュニティ・プロジェクト」に企業の総売上高の一部を使うのを許し、スポーツチームと競技会を後援することが企業の利益となるようにした。ラグビーはイタリア財界最大の企業の一部にとって人気のコミュニティ・プロジェクトになった。もっとも目立つ例はファッション会社のベネトンで、とくにトレヴィーゾを買いとり、ベネトン・トレヴィーゾと改名した。ほかのチームのスポンサーはベネトンほどの声望はなかった。そのうちのひとつは実に不思議な名称がつけられたパスタジョリー・トレヴィスムに結実する。[14] ブレシャはのちのイタリア首相シルヴィオ・ベルルスコーニのメディア会社から大盤振舞を受けた。

これはイタリアのラグビーに巨額の金をもたらし、一九八〇年代末には諸クラブがオーストラリアのデイヴィッド・キャンピージー（ブレシャ）、ニュージーランドのジョン・カーワン（トレヴィーゾ）、南アフリカのナース・ボタ（ロヴィゴ）のような世界的なスターを集めた。イタリアのラグビーユニオンは名目上アマチュアであるにもかかわらず、ひとこと多いキャンピージーはイタリアは自分をラグビー史上初の百万長者にしたと臆面もなく言い放った。国内的視点から見てもっとも重要だったのは、プレイ水準の大きな向上が、イタリアに多数の一流コーチとより競争の激しいリーグ構造をもたらしたことである。

イタリアのラグビー新時代の果実は、一九八七年のラグビーユニオン・ワールドカップ第一回大会で見ることができた、イタリアはフィジーを破り、国際舞台でのその再生を予告し、サッカーに取り憑かれたイタリアのスポーツメディアの意識に押しいった。一九九〇年代には、イタリア代表は大きく成長し、ワールドカップ一九九五年大会ではアルゼンチンを破り、そのあと一九九七年にはフランスとアイルランドを初めて破った。ヨーロッパ・ラグビーのバトンタッチを象徴するのは、一九九〇年代のイタリア対ルーマニア戦九試合のうち、イタリアが七勝しているという事実である。イタリアは六か国対抗の当選確実な候補だった。

それとともに、ラグビーユニオンはわずかばかりアングロサクソン色を薄め、わずかばかりヨーロッパ大陸色を強めた。

第22章 アルゼンチンと南アメリカ（サッカー大陸のラグビー）

Argentina and South America: Rugby on a Soccer Continent

アルゼンチンが全世界に知られるスポーツがひとつあるとすれば、それはサッカーである。おそらくその国名がワールドカップ、ディエゴ・マラドーナやリオネル・メッシのようなまばゆいほどの才能のスター選手、ヨーロッパには並ぶもののないほど表現豊かで強烈なファン文化を表わす国でアルゼンチンの先をいくのはブラジルとイタリアぐらいだろう。サッカーはアルゼンチンという国の文化的DNAに深く染みこんでいる。日のあたるところでプレイされようと、日のあたらないところでプレイされようと、サッカーはつねにすべてのアルゼンチン人に愛されてきた。

だがアルゼンチンのスポーツ熱がまったく違っていた可能性もある。サッカーのリーグ戦は一八九一年に始まり、最初の一〇年間は、ラグビーもプレイするクラブが七回タイトルを獲得した。一八九九年、そのうちの二クラブ、ロマスとベルグラノ・アスレティック・クラブ（AC）がラプラタ川（リーベル・プレイト）ラグビー協会（一九五一年にアルゼンチン・ラグビー協会となる）の設立に手を貸した。有名なブエノスアイレスFCは初めはサッカーをプレイしていたが、一八七四年にラグビーに転向した。二十世紀が始まると、ラグビーとサッカーはアルゼンチンのスポーツファンの愛情を競い合って、接戦を演じた。

では、ラグビーのどこが悪かったのか?

◉アルゼンチンよ、ラグビーのために泣かないで。

一八八〇年代初め以来、農業開発や鉄道の建設、英国との交易を円滑化するための銀行システムの創設を目的として、英国の商人、技術者、実業家がアルゼンチンに定住した。アルゼンチンの牛肉と羊毛は、大英帝国各地の英国人消費者の必需品だった。一九〇〇年には、アルゼンチンは非公式の大英帝国と呼ばれるもののもっとも重要な前哨地点として広く認められていた。

アルゼンチンが公式に英国の植民地だったことは一度もないが、多くの点で、英国との関係はオーストラリア、あるいはカナダと同じほどに緊密だった。一八八〇年には、ブエノスアイレスとその周辺地域の英国人人口は四万を超え、インドやマラヤ、ケニアにおける英国人のように独自の学校、クラブ、ネットワークを誇った。一九一二年、ロンドンのデパート、ハロッズがブエノスアイレスに支店を開きさえした。

この文化輸出意欲にスポーツは必然的にひとつの役割を果たした。英国外でこれほどの名誉があたえられたのはここだけである。余暇ネットワークの一部としてスポーツクラブが出現した。最初のブエノスアイレス・フットボールクラブは一八六七年に始まり、ロザリオ・アスレチッククラブも同様一八六七年に、もともとはクリケットのために創設された。ロザリオのように多くのクラブが、英国式スポーツが提供するサッカーやラグビー、クリケット、ホッケー、のちにはテニスとポロのような複合スポーツクラブだった。

もちろんスポーツ採用の起動力の多くを英国人教師がもたらした。一八八二年、このような人物のひとり、スコットランド人アレクサンダー・ワトソン・ハットンが大陸最古の英国系学校、ブエノスアイレスのセントアンドリューズ・スコットランド人学校にサッカーを導入し、のちに「アルゼンチン・フットボールの父」と呼ばれるようになる。同様に、福音伝道者の教師たちが『トム・ブラウンの学校生活』と筋肉的キリスト教の目標に対する信念とともに、ラグビーをもちこんだ。

ヨーロッパと同様に、スポーツは次第に国家建設の重要な助けと見なされるようになり、一八九八年、アルゼンチンの司法・公共教育省は公立私立にかかわりなくすべての学校が体育の授業をおこない、在校生と卒業生のためのスポーツクラブを設置しなければならないと命じた。これがアルゼンチン人だろうと英国生まれだろうと、あるいは国になだれ込んできたイタリアからの何千もの移民だろうと、全人口のスポーツ熱に火をつけた。[1]

続く一〇年あまりで、アルゼンチンのサッカーでもっとも有名なクラブが創設され、その多くが選手と支援を英語話者コミュニティの外から引き寄せた。ボカ・ジュニアーズは労働者階級のイタリア人移民によって結成された。アトランタはその支援の多くをユダヤ人のコミュニティから得た。インディペンディエンテやエストゥディアンテスのような一部のクラブはより古いクラブを離脱してつくられた。サッカーは二十世紀最初の一〇年間で急成長を遂げ、一九一二年にはアルゼンチンはチリとともに南アメリカ最初のFIFA加盟国となる。

ラグビーはこういった展開から遠いところにとどまっていた。労働者階級のアルゼンチン人やその他の非英国系移民はサッカーを始めた。ラグビーとサッカー両方をプレイしていた英国系の学校やクラブは次第にサッカーを放棄して、ラグビーを優先するようになった。アレクサンダー・ワトソン・ハットンの息子アルナルドさえ、父親譲りのサッカーに加えてラグビーをプレイした。一九〇四年、初の非英国系ラグビークラブを創設したのはアルゼンチン上流階級に属する工学系の学生たちだった。ラグビーとサッカーの違いはまた、その指導者たちによっても明示される。一九一四年以後、アルゼンチンのサッカーに英国生まれの会長が就任したことはない。対照的にアルゼンチンのラグビーは創設後五〇年間に二〇名の会長がいるが、非英国人は六名にすぎない。

この英国人会長のうちのふたりはエジンバラのゲビー兄弟である。オズワルド・ゲビーは、その階級の多くの青年と同様に、アルゼンチンに仕事でやってきて、商社に職を得た。故郷では、エジンバラ・アカデミカルズでプレイし、一九〇二年にブエノスアイレスにくると、ブエノスアイレスFCに加入した。一九一〇年の英国による遠征のとき、アルゼンチンのキャプテンを務める。兄弟のトムは一九一五年にラプラタ川ラグビー協会の会長となり、オズワルドが一九三九年にその足跡を継いだ。[2]

やってきたのは英国人プレイヤーばかりではなかった。ブエノスアイレスはグローバルな帝国ネットワークの一部であり、「英国世界」全体から、とくに南アフリカから男たちを引き寄せた。もっとも有名なのはスプリングボクスの偉大なバリー・ヒートリー、3―4―1のスクラム・フォーメーション初期のパイオニアである。その堂々たる体軀から〔逆説的に〕「妖精」とあだ名された。一九〇三年、歴史的なテストマッチ第三戦でスプリングボクスのキャプテンを務め、英国を8―0で下して、初めてシリーズに勝利した。その直後に南アメリカに移り、上流階級の複合スポーツクラブ、ジムナジア・イ・ウスグリマ・デ・ブエノスアイレス（体操とフェンシング）にはいる。このクラブで、一九一五年までラグビーの選手兼コーチを務めた。

アルゼンチン・ラグビーの重要性は一九一〇年のRFU主催によるブエノスアイレス遠征で確認された。遠征チームのキャプテンはジョン・ラファエル、スコッドはイングランド選手一六名とスコットランド選手三名で構成されていた。ラファエルのほかには三名のみが国代表級の選手だった。ホスト側から「英国合同チーム」と名づけられ、ラファエル配下の選手は対アルゼンチン代表戦での28―3の勝利も含めて六試合すべてに楽勝した。アルゼンチン代表はスクラムハームのアルナルド・ワトソン・ハットンも含めて全員が英国系で構成され、ヒートリーがナンバーエイトとしてチームを支えた。敗戦にもかかわらず、遠征はアルゼンチンのエリート階級の文化におけるラグビーの位置を確立するのに役立った。

一九二七年、英国による次のブエノスアイレス遠征がおこなわれるころには、ラグビーはもはや英語話者のエリートだけのものではなくなっていた。一九二七年、テストマッチ第一戦で英国に対峙したアルゼンチン代表の半数以上がスペイン語を話す家庭の出身で、キャプテンはアルトゥーロ・ロドリゲス・フラド。才能あるボクサーでもあり、一九二八年のオリンピックでは、ヘビー級で金メダルを獲得した。遠征は社会的には成功したが、アルゼンチンはテストマッチ四戦すべてに惨敗。九試合でわずか九点しかあげられなかった。

しかしこのような敗戦は重要ではなかった。ラグビーはいまやアルゼンチンに深く根を張っていた。ブエノスアイレスのラグビートルネオ(トーナメント)は両大戦間における地元の専門職階級の余暇に重要な部分を占めた。ブエノスアイレス北の郊外、上流階級の地区サンイシドロほどにこれがあてはまるところはなかった。サンイシドロは一九一七年から前代未聞の選手権一三連勝を果たしたクラブ・アトレティコ・サンイシドロ(CASI)の本拠地だった。他のクラブと同様に、CASIも強いサッカーチームをもっていた。しかしサッカーは一九二〇年代にプロフェッショナリズムに向かい、クラブは結局、円形のボールのスポーツを放棄する。

一九三五年、CASIの選手の一部が試合後の宴会で酔っぱらったあげくの行動で出場停止になり、クラブはこのスキャンダルのために身動きがとれなくなる。こういうことは世界中のラグビークラブではよくあることだったにもかかわらず、問題は絶えざる摩擦の種となり、その年の後半、出場停止になった選手たちが独自のサンイシドロ・クラブ(SIC)を結成した。一八か月後、両クラブの初対戦で、SICが3―0で勝ち、恥をかかされた選手たちはリベンジを果たした。CASIとSICのダービーはすぐにアルゼンチンのクラブシーズンの呼び物になり、ラグビーファンの心をとらえ続けた。

SICはまた一九四〇年代に若きチェ・ゲバラがプレイしたことでも有名になる。チェはカトリックリーグに所属するイポラでプレイした。カトリックリーグは、ラプラタ川ラグビー協会管轄外のブエノスアイレスのラグビークラブの組織で、カトリック系の私立校によって創設された。

CASIの分裂は、一九三〇年代のラグビーを悩ませた唯一の紛争ではなかった。一九三二年、ジュニア・スプリングボクスがアルゼンチンに遠征八試合をおこなった。遠征の終わりに、二名の南アフリカ人、ライベック・エリオットとウォリー・ウォルハイムが翌年、ブエノスアイレスのインドゥ・クラブでプレイするためにもどってくることに決めた。しかし、ラグビー執行部は外国人選手の起用をプロフェッショナリズムの一形態と見なし、インドゥ・クラブをそのシーズン、試合停止とした。結局、エリオットはもどってきてインドゥでプレイし、一九三六年に遠征してきた英国と一九三八年のチリとの対戦で、アルゼンチン代表として右ウイングに登場した。

◉南アメリカのラグビーの台頭

アルゼンチンのクラブラグビーは二十一世紀にいたるまでずっと、驚くほど安定し、ほとんど変化しなかった。しかし第二次世界大戦後には、アルゼンチンの英国との関係はもはや非公式の帝国前哨地点のそれではなかった。ファン・ペロンが一九四六年に権力の座に就いたとき、英国の実業界が圧倒的な利益をもっていた銀行と鉄道を国有化し、独立した外交を模索した。これはアルゼンチンのラグビーの国際関係にも反映された。

一九四九年、フランスはアルゼンチンに初めて遠征し、九試合に全勝するが、テストマッチ二回は5—0と12—3と辛勝だった。テスト勝利の大きな部分を若きジャン・プラのキックに負っていた。フランスは一九五四年に再訪し、テストマッチ二戦にたやすく勝利し、遠征を対チリ戦で終えた。いまだに英国との密接な絆を重要視していたアルゼンチン人のために、一九四八年と五五年にオックスフォード=ケンブリッジ連合チームが遠征した。五五年の遠征では、ブエノスアイレス連合チームがビジターを13—8で下し、アルゼンチンのチームが初めて遠征チームに勝利する。

もっとも重要な展開は、一九五一年の南アメリカ諸国によるトーナメント「エル・スダメリカノ・デ・ルグビー」第一回大会の実現である。出場したのはアルゼンチン、ウルグアイ、チリ、ブラジル。トーナメントは第一回パンアメリカン競技大会の一環としてブエノスアイレスで開催された。

アルゼンチンと同様に、ラグビーは他の三国にも英国によってもたらされ、エリートの英語話者の学校のお決まりとなった。ウルグアイはラプラタ川をはさんでブエノスアイレスの対岸にあり——ウルグアイのフライベントス・コンビーフの何世代にもわたる英国人消費者が証言できるように——北の隣人アルゼンチンとの近さゆえに、アルゼンチンおよび英国と多くの文化的絆を共有していた。

一説では、ラグビーは、早くも一八六五年にはウルグアイの首都モンテビデオで、市のクリケットクラブ会員によってプレイされていたと言われる。よりたしかな証拠によれば、英国人選手とウルグアイ人選手のあいだで一八八〇年に試合がおこなわれた。しかし、ラグビーはエリートの英国系移住者の小さなコミュニティに限定され、モンテビデオ・クリケットクラブが常勝チームで、ウルグアイ・ラグビー協会が創設されるのはようやく一九五一年である。

二十一世紀にはいっても、ウルグアイでもっとも重要な三クラブは、カラスコ・ポロクラブと英語話者の学校の卒業生のクラブであるオールド・ボーイズ、そしてキリスト教修士会が創設したローマンカトリックの学校、ステラ・マリス・カレッジ卒業生が結成したクラブ、オールド・クリスティアンズのままである。オールド・クリスティアンズは一九七二年にある悲劇で有名になる。チリのオールド・グランゴニアンとの対戦に向かうチームを乗せた飛行機がアンデス山脈に墜落し、生存者は七二日間、山のなかに取り残され、そのあいだ生きるために人肉食に助けを求めなければならなかった（この悲惨な話はピアズ・ポール・リードの著作『生存者——アンデス山中の70日』（一九七四年）、さらにそれをもとにした同名の映画（邦題『生きてこそ』、一九九三年封切り）の主題となった）。

ラグビーがチリで初めてプレイされたのは一八九〇年代のようである。ここでもまた貿易と鉄道、銅産業の開発のため、首都サンティアゴと主要な港のバルパライソに移住した英国人植民者による。ラグビークラブが結成されるのはようやく両大戦間のことであり、チリ・ラグビー協会は一九三五年に設立された。一九三六年、アルゼンチンが初めてチリに遠征し、二回の国際試合に楽勝した。

ブラジルでは、ラグビーはアルゼンチンやウルグアイよりもなおいっそう社会的にエリートであり、サンパウロ・アスレチッククラブがその主要な要塞となる。このクラブにサッカーを導入したのはブラジルの「フットボールの父」チャールズ・ミラーである。アルゼンチンと同様に、結局は、サッカーの大衆性がクラブの運営者である英国で教育を受けたエリートには耐えきれなくなり、一九一二年にサッカーを放棄してラグビーを優先する。

第一回のスダメリカノはジムナジア・イ・エスグリマ・デ・ブエノスアイレスでおこなわれ、予想どおりアルゼンチンが勝った。事実、アルゼンチンが出場しなかった一九八一年をのぞくと、アルゼンチンはすべてのトーナメントに優勝しただけでなく、一試合も負けていない。アルゼンチンの常勝を避けるために、競技会の形態を何度も変更しているにもかかわらず、興味の多くは準優勝をめぐって展開する。準優勝するのは歴史的にウルグアイかチリである。ブラジルが一九六四年に準優勝するが、ウルグアイとチリ以外のチームが次席についたのはこれ一度だけである。

悲しいことに、スダメリカノがもっともよく知られているのは、その不安を抱かせるほどに一方的なスコアによってかもしれない。とくに二〇〇三年には、パラグアイが0—144でアルゼンチンに、一週間後には0—102でチリに敗れた。幸いにもパラグアイは週半ばにひと息つき、ウルグアイに7—53とわずかの点差で敗れた。

アルゼンチンが南アメリカのラグビーにやすやすと君臨しているにもかかわらず、定期的な国際試合と遠征チームの到来に助けられて、アルゼンチンは組織された規律あるチームにまとまり始めた。南アフリカのコーチ、イツァーク・ヴァン・ヘールデンの到着によって、さらに事態は好転した。ヴァン・ヘールデンはダニー・クレイヴンによってアルゼンチンに送られ、一九六五年のアルゼンチンによる南アフリカ遠征準備を手伝った。

ヴァン・ヘールデンは傑出したコーチであり、その規律とラグビーの攻撃的スタイルで知られる。ただちにラックにおけるフォワードプレイの向上とバックスのコンビネーションにとりかかった。[3]その仕事の果実はほとんどすぐに現われた。アルゼンチンの愛称プーマスは、南アフリカの記者が代表のジャージーにあるジャガーのマークを取り違えて名づけたと言われているが、プーマスは南アフリカ遠征の一六試合中一一試合に勝った。アルゼンチン・ラグビー変身の始まりを意味する試合では、エリスパークで強力なジュニア・スプリングボクスを11—6で破った。

アルゼンチンのラグビーにとって新時代が始まった。一九六六年、南アフリカ二十三歳以下代表のガゼルスが遠征し、二回のテストマッチで代表チームを僅差でなんとか下した。よりよいことが一九六八年に起きた。偉大なジョン・ドーズ率いるウェールズが、J・P・R・ウィリアムズとフィル・ベネットを擁して遠征。プーマスはテストマッチ第一戦に9—5で勝ち、第二戦を9—9で引き分けた（ウェールズ・ラグビー協会はこの二試合にキャップはあたえなかったが）。翌年、スコットランドが遠征。スコットランドはやはりキャップがあたえられなかった第一戦に3—20で敗れ、そのあと6—3で勝っていくらかのプライドをとりもどした。「あれはまったく容赦がなかった」とスコットランドのフロントロウ、イアン・マクラクランは回想する。「多くの選手が少年として遠征に出かけ、男としてもどってきた」[4]。

一九七〇年代には、主要なラグビー強国に対して一連の勝利と引き分けが続いた。始まりはブエノスアイレスにおける対アイルランド戦の二勝、この一〇年を閉じるのはブリスベンでの対オーストラリア戦24—13の勝利だった。主要なラグビー強国によるほぼ毎年の定期的な遠征が代表チームが実力をあげるのに寄与したことは、一九八五年十一月、ブエノスアイレスにおけるオールブラックスとの21—21の引き分けに如実に表われている。

プーマスを卓越に導いたのは、そのフライハーフ〔スタンドオフ〕、国際的名声を博した最初のアルゼンチン選手ウーゴ・ポルタである。試合のマネージメントに天才的直感をもつ百発百中のキッカーで、一九七〇年代と八〇年代のアルゼンチン・ラグビーに君臨し、最終的に五八キャップを獲得する。

ポルタはまた、アパルトヘイト政権とのスポーツ交流に対するアルゼンチン政府の禁止を無視して一九八〇年代に南アフリカに三回遠征した南アメリカ連合チーム、ジャガーズのキャプテンも務めた。一九八二年に南アフリカを21—12で下したのはポルタの決めた七ゴールである。ポルタの評価は南アフリカではきわめて高く、南アフリカが編成したバーバリアンズ〔ホームグラウンドをもたず、遠征や試合のときにのみ編成されるチーム〕に選ばれたほどだ。ラグビー引退後の一九九一年にアルゼンチンの南アフリカ大使に任命された。

アルゼンチン・ラグビーに対するポルタの影響力はあまりにも大きく、プーマスのプレイスタイルを変えさえした。百発百中のキック——一試合平均一〇点をあげている——は、ヴァン・ヘールデンが指導した自由闊達なプレイの放棄と、スクラムの支配に基礎をおくフォワードのゲームの優先に導いた。実際に、アルゼンチンのフォワードはスクラムにおけるその技術的熟練で知られ、ポルタの足が相手を苦しめるための土台を提供した。

しかし一九八〇年代末のワールドカップ到来は、国際舞台におけるアルゼンチンの衰退と重なった。アルゼンチン・ラグビー協会の断固たるアマチュアリズム——ある時点で協会は、海外でプレイした選手をプロと見なし、追放した——のために、アルゼンチンは一九九〇年代初めのラグビーユニオンの激しい国際競争から切り離され、ワールドカップの準々決勝まで勝ち残るのはようやく一九九九年のことである。

二十一世紀初めには、アルゼンチン選手は海外のプロフェッショナル・ラグビーユニオン、とくにフランスとイタリアのクラブから引く手あまたとなる。レンスターでプレイする外科医、フェリペ・コンテポミとスタッド・フランセに移籍したCASIのスクラムハーフ、アグスティン・ピショトが、二〇〇七年ワールドカップ第三位という偉大なる高みにプーマスを導いた。ラグビーがどこまで前進したかを示すのは、スコットランドとの準々決勝が、アルゼンチン・サッカーでもっとも激しい競争関係であるボカ・ジュニアーズ対リーベル・プレイト・スーペルクラシコ戦とぶつかったとき、ボカがキックオフの時間を遅らせ、ボカ・ファンがプーマスを観戦できるようにしたという事実である。

いまやアルゼンチンは疑う余地なく、ラグビーのトップティア〔強豪国〕の国のひとつであり、それは二〇一二年にプーマスがオーストラリア、ニュージーランド、南アフリカに加わり、〈トライネーションズ〉が〈ラグビーチャンピオンシップ〉に変更されたことからも明らかだ。一世紀足らずのうちに、アルゼンチンのラグビーは、アルゼンチンのエリートの営みから世界のラグビー・エリートのもっとも新しいメンバーへと変化した。そしてラテン・アメリカ、少なくともその南部はもはや完全にサッカーだけの大陸ではなくなった。

第23章 日本、アジア、アフリカ（スクラムの帝国）

Empire of the Scrum: Japan, Asia and Africa

大英帝国の衰退を描いたJ・P・ファレルの小説『ザ・シンガポール・グリップ』のなかで、主人公マシュー・ウェッブは一九四二年の日本軍侵攻前夜、蒸し暑いシンガポールを歩きまわる。ウェッブは赤道からわずか数マイルのところで、三〇人の大人の男がラグビーの激しく熱いゲームに興じているのを見て驚く。[1]

実のところ、酷暑にもかかわらず、ラグビーへの情熱をたずさえてアジアとアフリカの大英帝国を統治に出かけた数多くの実業家や公務員、陸海軍の兵士がラグビーのプレイを思いとどまることはめったになかった。貿易が国旗のあとを追ったとすれば、楕円球はしばしばそのすぐあとに続くことができた。

オーストラリア、ニュージーランド、南アフリカのような帝国の「白い自治領」とは異なり、英国世界の残りでは、ラグビーは大部分が国を離れた教育のある英国人エリートのスポーツだった。このことがインドほど明らかな場所はない、カルカッタ（現在のコルカタ）とマドラス（現在のチェンナイ）で、英国海軍戦艦のチーム同士が一八七〇年代初めに対戦していたにもかかわらず、インドではラグビーはわずかの支持しか得られなかった。

一八七三年、カルカッタ・フットボールクラブが結成されたが、関心不足からわずか四年後に解散した。クラブの資金は引き出され、ルピー銀貨は溶かされて「カルカッタカップ」が作られた。カルカッタカップはサッカーのFAカップの例にならって、「毎年、ラグビーユニオン全クラブが争奪戦を演じるためのカップ」としてRFUに寄付された。RFUはこの提案を「すべてのクラブがともにプレイするのは困難」という理由で断ったが、かわりにカップをイングランド対スコットランド戦のトロフィーに使用した。[2]

ボンベイ・ギムカナ――英国植民地エリートのための余暇と複合的なスポーツのクラブ――のような国外在住者のクラブがインドのラグビーを復活させ、交替で駐屯する英国陸軍連隊が活気をあたえた。一八九〇年代初めには、オールインディアカップ・トーナメントが開始され、一年目のシーズンは第二サウスウェールズ・ボーダーズ連隊が優勝した。ボンベイ（ムンバイ）が翌年、カップを勝ちとったが、続く一五年間はウェールズの連隊が競技会に常勝、勝ちが途絶えたのは再生したカルカッタの一クラブとウェストライディング連隊（一九〇七年）、マドラス・ギムカナ（一九一二年）に対する敗戦だけだ。後年パキスタンとなる地域でラグビーが軌道に乗り始めるのはようやく第一次世界大戦後で、一九二六年にカラチ・ラグビー協会が結成される。[3]

とは言っても、ラグビーは二十世紀を通して、国外在住者の余暇クラブに閉じこめられていた。広くインド人にプレイされなかったのは、大部分がヒンズー教徒の国で、宗教が革製のボールに触れるのを禁じているからだと言われることがある。しかしこの説はクリケットの人気を、そしてクリケットほどではないにしてもサッカーの人気を考えに入れていない。どちらも革製のボールを使用する。真の理由は、ラグビーが自分たちのもの、そして自分たちだけのものだと信じる植民地エリートがインド人にラグビーのプレイを一度も奨励しなかったことにある。ラグビーのインド代表がフィールドに出るのは一九九七年が初めてであり、パキスタン代表の国際舞台デビューはようやく二〇〇三年である。

英国のインド植民地でラグビーが実質的な歴史をもつ唯一の場所はスリランカ（一九七二年まではセイロンと呼ばれた）で、一八七〇年代に英国人のプランテーション管理人たちによって導入された。一八七四年、スリランカ中部キャンディで働く管理人グループがキャンディ陸上・ボート・クリケット・フットボール・ダンス・クラブを創設する。クラブは英国系の国外在住者人口の社交の中心となり、記録に残るもっとも古いラグビーの試合はそこで一八七六年におこなわれたようである。三年後、首都コロンボでクラブが結成され、一八九二年にはラグビーはコロンボ対「内陸」戦が開催されるほど人気になった。[4]

筋肉的キリスト教の聖職者がキャンディ・トリニティやキングズウッドのようなセイロンのエリート校を創設し、一八九〇年代から地元エリートの子弟にラグビーを紹介し始めた。一九〇四年、生粋《きっすい》のセイロン人選手のチームがキャンディ対コロンボ戦を戦った。

南アフリカやフィジーと同様に、ラグビーは人種ごとに分離され、一九〇八年創設のセイロン・ラグビーフットボール協会は英国人がプレイするラグビーだけに関わった。寄港する海軍の戦艦や陸軍の連隊との定期戦がセイロンの英国植民地社会の大きな社交イベントになった。一九一〇年、英国陸軍の第二レスターシャー連隊がセイロン島で三試合を戦い、一九三〇年と五〇年にはニュージーランド・オーストラリアに遠征した英国のラグビーユニオンのライオンズが移動中にコロンボで試合をした。一九五五年にはニュージーランド・コルツ〔二十一歳以下代表〕がセイロンに遠征、五試合を戦う。のちの偉大なオールブラックス、コリン・ミーズとウィルソン・ウィナリーを含むチームは相手を簡単に倒し、五戦すべてに楽勝。失点はわずかに八だった。

インド植民地内部では、セイロンが参入後わずか三年の一九二九年にオールインディアカップに優勝し、一九六〇年代までその最強チームにとどまっていたことからも、セイロンの強さがわかる。戦後の独立に続いて英国人の大部分が去ったあと、ラグビーはセイロン人によって支配されるようになり、一九五〇年には独自のリーグ戦を開始するほど力があった。

現在、スリランカはラグビーユニオンの熱い前哨地にとどまっている。もっとも人気があり、重要なクラブ戦には数千人の観戦者が集まる。代表チームをワールドカップの本大会であまり見かけることがなくても、スリランカはアジアにおけるラグビーの忠実な支持者であり――旧英国インド植民地にはラグビーの潜在力が実在しながら、しばしば無駄にされていることを証明している。

◉「英国の極東」におけるラグビー

スリランカにおけるラグビー人気は、大英帝国の幹線航路上というその位置によって助長されていた。これと同じ鎖の輪がマラヤを帝国ラグビーの前哨地とした。マラヤは莫大な埋蔵量を誇る錫《すず》とゴムのために英国に重要視され。一八二四年に英国の支配下にはいった。植民地の管理者と実業家が十九世紀末にかけてラグビーをもちこみ、一九二〇年代まではヨーロッパ人だけがプレイするスポーツにとどまっていた。

インドと同様に、ラグビーは植民者が創設した社交クラブが提供するスポーツのひとつだった。もっとも卓越したクラブは一八八四年に創設されたクアラルンプールのロイヤル・セランゴールで、このクラブが一九六〇年代までラグビーに君臨する。初のクラブ対抗戦は一九〇二年にセランゴールとシンガポール・クリケットクラブのあいだで戦われた。一九二一年、寄港中の英国戦艦HMSマラヤが、マラヤのラグビークラブ間の争奪戦のためトロフィーを贈る。毎年の北部対南部クラシック戦は一九二八年の第一回から、代表選手によるもっとも重要な試合となっていた。

ラグビーはまた二十世紀初頭に、英国人教師によってマレー人のエリート校に導入された。一九二一年、ザイン・アリフィンが最初のアジア人としてクラブラグビーをプレイ、一九二八年にはリム・ケン・チュアンが北部対南部クラシック戦で試合に出場した。しかしこのような選手は英国で教育を受けてきており、例外だったのであり、マラヤのラグビーは厳格に人種分離されたままにとどまっていた。

最初のマレー人によるラグビーチームは、一九二三年結成のシティアワンのオマール・クラブのようである。二年後に、より有名なネグリ・センビラン・オールブルーズが創設される。地元マレー人のチームはHMSマラヤカップから閉め出され、一九三四年にマレー人のクラブのために、オールブルーズカップが開始された。第一回の決勝戦でペラクがネグリ・センビランを9―0で破り、翌年にはシンガポール、ジョホール、セランゴール、ケダー、ペナンのクラブが参入した。[5]

マレー人社会におけるラグビーユニオンの地位は、一九四八年から六〇年まで国を呑みこんだ内戦のあいだに強固にされた。この内戦は英国人にはマラヤ危機として知られる。英国と英連邦の軍隊の流入は何ダースもの軍人チームを連れてきた。もっとも特筆すべきは第一大隊フィジー歩兵連隊で、一九五四年から五六年までマラヤに駐屯し、七五試合負けなしで、得点二八九〇に対し、失点はわずか二九三だった。

戦争が終了し、間近の独立が明らかになると、ラグビーの人種分離構造は解体を始めた。一九五九年、ケック・チューがマラヤ・ラグビー協会初のアジア人会長に就任。しかしながら元の英国人植民者の多くは、独立がもたらした平等と折り合いをつけるのに苦労した。トッププレイヤーで元マラヤ・ラグビー協会書記のング・ペン・コンは次のように回想する。「スポーツにおけるライバル関係という見せかけの下には、ヨーロッパ人とマレー人とのあいだに一般的に浸透している偏見と敵意があった。［セランゴール］クラブは了解済みの優越性を維持するために、有無を言わせぬ勝利が必要だと感じており、アジア人はそれに憤ってヨーロッパ人に反撃を加えたがっていた」[6]。

一九七〇年代半ばには、国外在住者のコミュニティは、一九六三年にマレーシアとなった国におけるラグビーのリーダーシップを引き渡した。この移行を象徴的に承認したのが、一九七五年に、マレーシア・ラグビーユニオンカップがHMSマラヤカップにかわって国の第一のトーナメントになったことである。一九六五年にシンガポールがマラヤから分離したとき、シンガポール・ラグビー協会が創設され、国外在住者たちの本拠地となった。マレーシアは、アジアにおけるラグビーの重要な構成要素となり、一九六八年のアジア・ラグビーフットボール協会設立に助力し、一五人制の変形のひとつ、一〇人制ラグビーの先駆者となった。

中国におけるラグビーの拡大も他のアジア地域と類似のパターンをたどった。ラグビーの二大砦は大英帝国にとって極東でもっとも重要な貿易と金融の中心地、上海と香港である。上海では早くも一八六七年に英国人の国外在住者によってクラブが結成されたが、ラグビーと認められるスポーツがプレイされるのは一八七〇年代を待たねばならない。一八八〇年代には、クラブはサッカーよりもラグビー優位を表明していたが、上海ラグビーユニオンフットボールクラブが結成されるのはようやく一九〇七年である。[7]

香港におけるラグビー初の試合は一八八五年、英国海軍が新設の香港フットボールクラブの挑戦を受けて立ったときのようである。これが軍人チームと、たとえば香港上海銀行チームのような地元チームの対戦のひな型となり、二十世紀のほとんどのあいだ、ラグビーの関心の焦点となった。

一九一〇年、ラグビーと社交シーズンのハイライトとして英国陸軍、英国海軍、香港最高の選手チームの三チームがそれぞれ対戦する三者総当たり戦が開始された。もちろん全選手がヨーロッパ人であり、ラグビーは何十年間も人種分離されたままにとどまる。[8]両大戦間は中国におけるラグビーの黄金時代だった。一九二四年、上海と香港が初対戦する。これは恒例となり、一九四九年までにさらに一五回開催された。香港が八勝七敗の成績をおさめている。

大英帝国と同様にフランス帝国にとっても重要だった港、上海ではフランス人チームもプレイを始めた。一九三二年、初のフランス人クラブ、アソシアシオン・スポルティヴ・フランセーズが創設された。オーストラリア、ニュージーランド、日本からの遠征チームも両都市を定期的に訪れた。一九四二年十二月に日本が上海の国際租界を接収し、香港を侵略したとき、戦争はラグビーを終わりにした。

戦後、毛沢東に率いられた一九四九年の中国革命がかつての帝国列強の中国放棄をうながし、一九五二年、ＲＦＵに上海ＲＦＣの解散と、残余資金のＲＦＵ移行が告げられた。[9]中国が国際関係改善の一環としてスポーツを奨励し始めた一九九〇年代になってようやくラグビーはふたたびプレイされ始める。

大英帝国の解体にともない、英国経済界の利権の戦略的中枢としての香港の重要性が増し、ラグビーの重要性も増した。一九五二年、香港ラグビーフットボール協会が結成され、ラグビーは国外在住者コミュニティのきわめて活動的な一部となった。

一九六〇年代には香港はアジアで先頭をいくラグビー国のひとつであり、規則的にアジア・ラグビー選手権の上位三チームにはいっていた。

ラグビーはあいかわらず国外在住者のスポーツであり、地元中国人選手がシニアのクラブに選ばれるのには一九九〇―九一年のシーズンを待たなければならない。一九九四年、リュウ・イエン・キットが香港代表初の中国人選手として二十四歳以下でプレイし、一九九八年にはチャン・フック・ピンが香港代表として初の代表キャップを獲得した。[10]

国外在住者によるという香港ラグビーの特徴は、ラグビーにその最大の革新をもたらした。ロスマンズ・タバコの上級役員イアン・ゴウの発案で、一九七六年に香港セブンズが始まる。セブンズはロスマンズ・ブランドの知名度をあげるため、そして極東の経済界がネットワークを結ぶためのイベントとして使われた。香港の航空会社キャセイ・パシフィックが第一回大会の共同スポンサーとなり、インドネシア、韓国、オーストラリア、ニュージーランド、トンガ、日本、スリランカ、マレーシア、フィジーが参加した。

この試みはたちまちのうちに大成功をおさめ、訪れるラグビー・プレイヤーはこれを、ビジネスのネットワーク作り、企業による名ばかりの視察旅行、アルコールをエネルギー源とする社交のための口実とした。一九八二年にはその人気はあまりにも大きくなったので、試合会場はガバメント・スタジアムに移され、スタジアム自体もトーナメント観戦を望む大観衆を収容するために一九九四年に四万席の会場に建てなおされた。決勝戦三九回のうち二四回に出場、そのうち一四回に勝利したフィジーが常勝チームであるために、香港セブンズは知名度は高いが、国際的なラグビーユニオンの実際の運営にはほとんど影響をあたえていない。その真の重要性は、ラグビーユニオンがプロ化される以前に、香港セブンズがラグビーユニオンの手にどんな商業的な機会がはいりうるかを示したことである。まさに真の意味で、香港セブンズはラグビーというスポーツの未来の縮図だった。

◉日本――武士道のひとつの形

ラグビーが極東においてその最大の影響力を獲得したのは大英帝国の植民地ではなく、英国と帝国を争う国のひとつであり、のちに戦争の敵国となる日本だった。

一八六八年、日本は根本的な変身――明治維新として知られる――を開始。封建的な将軍支配から近代工業国家への旅に出発した。学生に新しい未来を準備させることができる学校や大学は新政権にとってその存続にかかわる重要事項であり、日本の統治者は英国の教育システムを模範にした。

一八八六年、文部省は英国のパブリックスクールをもとにしたエリートの「高校」を導入する。スポーツはカリキュラムの中心となった。筋肉的キリスト教におなじみの価値――禁欲主義、名誉、義務、自己犠牲――が日本の武士道と「質実剛健」の概念に導入され、ラグビーほどこの哲学にぴったりのスポーツはなかった。[11]

日本最大の港湾都市、横浜の英国人商人、兵士、船員が一八六六年に横浜フット=ボールクラブを結成。どうやらラグビールールでプレイしていたようである。一八七四年、ロンドンのグラフィック誌は雪を抱く富士山の影でクラブが試合をしている絵を掲載している。[12] しかし横浜フット=ボールクラブは日本人会員のいない国外在住者のクラブであり、したがってラグビーは日本に教育を通じて到来した。少数の上流階級の日本人青年が十九世紀末にイングランドのパブリックスクールや大学に留学し、ケンブリッジのリーズ校を経てケンブリッジ大学に進学した田中銀之助のようなその一部が、ラグビー愛をみやげに帰国した。

一八九九年、横浜で生まれ、やはりケンブリッジで勉強したエドワード・Ｂ・クラークと田中銀之助が東京の慶應義塾大学にラグビークラブを結成した。クラークは慶應の英語講師だった。一九〇一年十二月、日本人初のラグビーチームが横浜フット=ボールクラブとフィールドで対決。第一次世界大戦が終わるころには、ラグビーは日本全国の学校や大学でプレイされていた。一九一八年に全国高等学校ラグビーフットボール大会が開始され、一九二〇年代初めには大学間の定期戦が始まった。

一九二六年、日本ラグビーフットボール協会（ＪＲＦＵ）が創設され、東の関東協会と西の西部協会の約五〇〇の学校とクラブをひとつにまとめた。[13] 西部協会には大阪と並んで、当時、日本軍が占領していた台湾と朝鮮も含まれた。ＪＲＦＵは対外試合を熱心に奨励し、一九二七年には早稲田大学がオーストラリアに遠征した。

早稲田は全三試合に負けたが、その主な目的は日本と大英帝国の絆を深めることだった。遠征の最後で、在シドニーの日本総領事がニューサウスウェールズ・ラグビー協会の会長Ｈ・Ｄ・ウッドに「このスポーツは英国国民の真の精神を反映しているように見える。したがって、わが国におけるその奨励は日本国民による英国精神のよりよい理解を助けるだろう」と語った。[14]

日本におけるラグビー人気は英国と日本の文化的類似を反映していた。日本野球のプロフェッショナリズムとは対照的に、日本人はアマチュアリズムの原則を熱心に守り、イングランドのクラブラグビーの儀式の多くを模倣した。両大戦間の日本人青年の多くにとって、ラグビーはいまだに地球を支配している帝国の文化への完璧な入口だった。

早稲田がオーストラリアに遠征したのと同じ年、慶應大学が上海を訪問。一九二八年に明治大学、一九三三年には早稲田大学、一九三五年には鉄道省チームがあとに続く。一九三〇年代には上海で少なくともふたつの日本人チームが結成されていた。一九三〇年には、国代表が太平洋を渡ってブリティッシュコロンビアに渡り、ヴィクトリアで州代表と戦って、なんとか3―3の名誉ある引き分けを手にする。

二年後、カナダ代表が日本に遠征、テストマッチ第一戦で8―9と驚きの敗戦を喫する。二週間後、東京で二万五〇〇〇人を前にして、驚愕の5―38で木っ端みじんにされたとき、衝撃は信じがたい気持ちに変わった、遠征はカナダ政府によって取引先開発のために資金が提供がされており、幸いにもフィールド外の真剣な努力はフィールド内のそれよりもずっと大きな成功をおさめた。テストマッチ第二戦で、カナダチームは昭和天皇の弟宮、秩父宮殿下に拝謁《はいえつ》する栄に浴した。秩父宮は実のところ英国びいきのラグビーファンで、オックスフォード大学マグダレン・カレッジで教育を受けたこともある。一九五三年の逝去後、東京ラグビー場はその名誉を讃えて秩父宮ラグビー場と改名された。

このような国際交流は拡大され、一九三四年にオーストラリア大学連合チーム、一九三六年にはニュージーランド大学混成チームが日本に遠征。オーストラリアは日本代表を14―9で破り、ニュージーランドは9―9で引き分けた。しかし、そのころには太平洋における英国、アメリカ、日本の緊張関係はほぼ限界点に達していた。

第二次世界大戦中、日本ではラグビーはプレイされなかった。それでも日本の降伏後数週間で再開される。学生ラグビーはまず京都で復活、一九二八年の神戸製鋼の例にならって東芝やリコーなどの大企業が、自社の従業員のためにラグビーチームを作った。一九四九年には、日本選手権を開始できるだけの数の社会人チームができていた。

このように社会人チームの重要性が増したにもかかわらず、高校と大学が日本ラグビーの揺籃にとどまっていた。一九五二年と五三年に、オックスフォード大学、続いてケンブリッジ大学が日本に遠征し、戦後数十年間、大学チームがとぎれることなく日本を訪問した。全国高等学校ラグビーフットボール大会がおそらくもっとも大規模な大会であり、明治大学と早稲田大学の定期戦がラグビーシーズンのもっとも重要な試合となって、しばしば五万人以上の観衆を集めた。

日本ラグビーの絶頂は一九六〇年代末から七〇年代初めにかけて訪れた。一九六八年、愛称「チェリーブロッサムズ」の日本代表がニュージーランドに遠征、ウェリントンにおいてジュニア・オールブラックスを23―19で下した。一九六九年、イングランド代表フィフティーンが史上初の日本遠征をおこない、日本はテストマッチ第二戦に3―6で惜敗した。一九七一年、東京は第一回アジアラグビー選手権を主催。日本が優勝した。一九七一年には、日本全国に一九〇〇以上のラグビークラブがあった。[15] 一九七二年、日本代表は遠征してきたエマージング・ワラビーズを24―22で破り、続いて17―17で引き分けた。日本ラグビーは本物の力をつけつつあった。

しかし、チェリーブロッサムズの発展は停滞し、国際ラグビーユニオン内ではセカンドティアに定着したままだった。断固としてアマチュアリズムを擁護していたにもかかわらず、一九八〇年代には日本のラグビーはラグビー界における東洋のイタリアとなり、南半球の選手にとってはラグビーユニオンのアマチュア規約を迂回できる場所になった。選手は新日鉄、トヨタ、東芝、サントリーなどのような会社に雇用され、給与を支払われて、会社チームのスターになりながら、その間ずっとアマチュアのステータスを維持できた。一九九〇年代初めには、日本のトップチームで一シーズンに一五万ニュージーランド・ドル以上を稼ぐことができた。[16]

一九八九年に日本がスコットランドを28―24で破ったにもかかわらず、代表チームのプレイ水準が向上していないことを、日本がワールドカップ開始以来、毎回出場していながら、予選プールを勝ちあがったことが一度もないという事実がありありと示している。戦績はようやく一勝一分で、一九九五年には対ニュージーランド戦でワールドカップ史上最悪となる17―145の大敗を記録した。

国際舞台での貧しいパフォーマンスでいつもの言い訳にされるのが、小柄と言われる日本選手の体格だが、相撲人気はより大きくて重いスポーツ選手も日本ではめずらしくないことを証明する。実のところ、日本の足を引っ張っているのは、日本のラグビーが選手を限られた社会階層から集めてくることにある。批評家が指摘するように、日本ラグビーはいまだに社会的な縁故の土台の上に組織されている。鍵となるポジションはよりすぐれたスキルよりもむしろ最良のネットワークをもつ者にあたえられる。[17] この点において、日本ラグビーは、ラグビーユニオンがまず第一にスポーツというよりは社交だった古いアマチュアリズムの伝統をもち続けている。

加えて、日本ラグビーは過去に根を生やしたままでいる。日本はラグビーユニオンをプロフェッショナルの時代に連れていくという一九九五年の決定に反対した。プレイ水準向上の試みとしてクラブ間の競技会が再組織され、〈トップリーグ〉が強豪社会人チームによるリーグ戦として発足するのはようやく二〇〇三年である。多くの国代表チームが代表監督の国籍要件を廃止した何年もあとの二〇〇七年、ＪＲＦＵはようやく元フランス代表のジャン＝ピエール・エリサルドを代表ヘッドコーチに指名した。

近代化のために英国の伝統をモデルにした国にとって、二十一世紀においてはこの伝統にいつまでもとらわれていることが、その近代化を押しとどめている。

◉フランス語圏のアフリカにおけるラグビー

英国人同様に、フランス人植民者は帝国的使命の一環としてとくにアフリカにラグビーをもちこんだ。一九二二年にはフランス・ラグビー協会（ＦＦＲ）に所属するクラブが北アフリカのフランス植民地には二七あった。そのうちの一七クラブがアルジェリアにあり、残りはモロッコとチュニジアに同数ずつ分かれていた。[18]

アルジェリアでは、ラグビーは一九六二年の独立までアルジェリアを運営していたフランス人植民者のスポーツと教育の一部だった。植民者の子弟でもっとも有名なのはモリス・ボワイオー。第一次世界大戦前はスタッド・ボルドレに所属、フランス代表キャプテンで戦闘機のパイロットだった。しかしラグビーがフランスの植民地権力と緊密に結びつき、サッカーが独立運動と――アルジェリア民族解放戦線が一九五八年に独立した国代表チームを結成したときに、もっとも華々しく――結びついていたために、ラグビーは国内においてはせいぜいがマイナーなスポーツにとどまっていた。

チュニジアではラグビーは一八八一年のフランス併合後数十年のあいだに定着し、いくぶんかうまくやっていた。一九〇〇年代初めには、植民者の学校の教育カリキュラムの一部となり、一九一〇年に創設された最初のクラブはチュニス＝スタッド・フランセと名づけられた。一九二三年にリーグ戦が発足するが、ラグビーはチュニジア人というよりは断固としてフランス人の国外在住者のためのスポーツにとどまり続け、一九五六年の独立の結果、崩壊した。

ＦＦＲの奨励下で、ふたたびラグビーがプレイされ始めたのはようやく一九七〇年である。このリバイバルは、フランス政府の

「ソフト外交」と旧植民地諸国との文化接触の展開と無関係ではなかった。一九七〇年代末には、チュニジアはサードティア〔発展国〕のヨーロッパ諸国と互角に渡りあい、一九八六年にはルーマニア相手に17―15で驚きの勝利を記録さえした。

モロッコのラグビーも同様のパターンをたどった。もっとも、モロッコは一九三〇年代にはスペインと国際試合をするほど強く、一九三一年と三二年に四度対戦して負けている。一九五六年にモロッコが独立したとき、王立モロッコ・ラグビー協会が創設され、FIRAに加盟した。しかしふたたび国際試合を戦えるほど強力になるのは一九六七年で、もう一度、対スペイン敗戦から始めた。

一九七〇年代半ばには、モロッコのラグビーのプレイ水準は、FIRAトロフィーのトップ・ディビジョン入りをするところまで向上した。選手の優れた能力を象徴するのはバックロウのアブデラティフ・ベナジである。まず祖国モロッコ代表として国際試合を戦ったあと、一九九九年のワールドカップにフランス代表として出場し、フランスのキャップ七八を獲得してそのラグビー歴を終えた。

ラグビーはまた西アフリカのフランス植民地にももちこまれた。しかしマリ、セネガル、カメルーンでは、絶大なサッカー人気のはるか後塵を拝し、二位で停滞している。コートジヴォワールがわずかにうまくやり、一九九五年のワールドカップ南アフリカ大会に出場したが、スコットランド、フランス、トンガに袋だたきにされ、ワールドカップに出場する弱小国の能力不足に疑問が呈される結果となった。もっとも悲劇的だったのは、ウイングのマックス・ブリトがトンガ戦でラックが崩れたときに首を負傷し、下半身が麻痺してしまったことである。

ラグビーがメジャーとなったフランスの旧植民地は、おそらくもっともそれらしくない国マダガスカルである。フランスはこの島を一八九六年に併合し、一九〇〇年代にはフランス占領軍がラグビーをプレイし始めた。民間人のクラブが結成され、一九一一年には、スタッド・オランピック・ド・レミルネ（SOE）がマダガスカルの首都アンタナナリボに結成された。島の他のクラブと異なり、SOEはすべての人種に加入を許した。一九二五年、クラブの会員は一八〇名がマダガスカル人、ヨーロッパ人はわずか二名だった。ラグビーはすぐに全国民のあいだで人気になり、ジョルジュ・ペルトゥのようなフランス人監督のおかげで水準も急速に向上した。ペルトゥはフランス代表のフライハーフで、一九一一年にフランスが五か国対抗で初めてスコットランドに勝った試合に出場している。[19]

一九二〇年代には、マダガスカルのチームは定期的に国外在住者チームを破り、白人植民者チームを大いにいらだたせた。白人植民者はマダガスカル人が勝つのは彼らがより暴力的だからだと考えたが、これは同時期に、まさに本国フランスのラグビーで「死のラグビー」問題をめぐって起きていた議論の受け売りだった。一九三三年、植民者のトップ、ラシング・クルブはマダガスカル人のクラブとの対戦をこれ以上望まず、選手権からの撤退を決めた。[20]

一九四一年、ヴィシー政権は島に「国民革命」を押しつけ、ラグビーをその「伝統的価値」にもどそうとしたが、ラグビーのリーダーシップを古い諸クラブの手にとりもどさせることはできなかった。一九四七年、マダガスカルの独立を勝ちとるために、反植民地支配抵抗運動が起こる。この運動では、フランス行政官はラグビークラブが反乱者を支援しているのではと疑った。

一九五三年、フランス代表フィフティーンが島に派遣され、マダガスカル人だけの代表チームと二試合を戦った。二万人を前にして、フランスはテストマッチ第一戦に12―10で辛勝。この結果にマダガスカル全土はお祭り騒ぎになった。四年後、マダガスカル代表が初めてフランスに遠征。チームには土地のワオキツネザルにちなんで「マキス」の愛称がつけられ、トゥーロンとトゥールーズを破った。しかしこの遠征はラグビーと同じほどにその政治的重要性によっても記憶されている。

トゥールーズ滞在中、チームは一九四七年の反乱以来自宅監禁されていたマダガスカルの民族主義指導者ジョゼフ・ラヴォアアンギ・アンドリアノヴァロナを訪ねた。そのあと、遠征最終戦の対ラシング・クルブ・ド・パリ戦で、マキスのひとりラファエル・ランドリアムバイニが、トライを決めようとゴールラインに向かったラシングのウイングに頭から飛びかかったときに、致命傷を負った。

遺体は祖国に運ばれ、アンタナナリボで埋葬されるが、数千人がその葬列にしたがった。それは単にひとりのラグビー選手への讃辞というだけではなく、大規模な民族主義的感情の発露となった。ラグビーは地元マダガスカル人のプライド、独立への国民の欲求とひとつになった。

島は一九六〇年に独立するが、ラグビーの国際試合がおこなわれるまでにはさらに一〇年が必要だった。当時、地元のクラブラグビーは国民文化とからみあい、クラブ間の試合は数千人の観客を呼び寄せた。二〇〇〇年、IRBがアフリカカップを開始。ようやくマダガスカルに定期的な国際試合の場が提供された。ラグビーが単に国民的スポーツにすぎないだけではなく、代表監督のベルタン・ラファァリマナナの言葉を借りれば「ラグビーの色はブラックだ[21]」ということができる国、マダガスカルはそんな数少ない国のひとつである。

◉アングロ＝アフリカのラグビー

アフリカの英語圏では、ラグビーは一八九〇年代初め、英国人植民者がンデベレ人を破り、この地域を制圧したとき、ローデシア（一九七九年にジンバブエとなる）にもちこまれた。すでに見たように、イングランド代表ウィリアム・ミルトンは南アフリカにおけるラグビーの台頭に重要な役割を果たしたが、新しい英国植民地創設においても中心的役割を果たし、一八九七年に「首席行政官」――ほぼ首相のようなもの――になった。当然ながら、ラグビーは奨励され、ローデシア・ラグビーフットボール協会が一八九五年に設置された。三年後、二大都市ソールズベリー（現在のハラレ）とブラワヨのクラブから選ばれたローデシア・チームがカリーカップに出場した。◉22

一九一〇年に最初に遠征したブリテン諸島のように、南アフリカに遠征するチームが定期的にローデシアを訪れたにもかかわらず、ローデシアはとくに南アフリカ人自身から南アフリカの延長と見なされていた。ローデシア・ラグビーフットボール協会は南アフリカ・ラグビー評議会のメンバーであり、スプリングボクスは定期的に最高のローデシア選手を入念に選び出した。しかし多くの南アフリカのラグビー選手が植民地の行政府や経済界に仕事を求めて北に足を踏み入れたので、これはまたローデシア人の利益ともなった。この状況は旧南西アフリカ、現在のナミビアでも繰り返される。ナミビアではラグビーは一九一六年にドイツから併合されたときにプレイが始まり、一九九〇年の独立までやはりカリーカップに参戦した。

ローデシア・ラグビーの絶頂期は、一九四九年、対オールブラックス戦テストマッチ第一戦（於ブラワヨ）に10―8で勝ち、続いて第二戦（於ソールズベリー）を3―3で引き分けたときである。このシリーズのローデシア選手のヒーローふたり、熱気あふれるフランカーのソルティ・デュ・ランドとセンターのリック・ヴァン・スクーアはこのあとスプリングボクスに選ばれて、遠征チームと戦った。デュ・ランドは一九五六年のニュージーランド遠征で南アフリカのキャプテンを務める。

一九四九年のテストマッチシリーズがローデシア・ラグビーの頂点だった。ローデシアが遠征チームに勝つことは二度とない。ラグビーは白人植民地エリートのスポーツにとどまっていた。一九八〇年に多数決原理が獲得されたにもかかわらず、現在のジンバブエの代表に黒人選手がなることは一九八七年までなかった。この年、ジンバブエは南アフリカ代表としてラグビーユニオン・ワールドカップ

第一回大会に招待され、リチャード・ツィンバが国際舞台にデビュー。ジンバブエが出場した大きな理由は、国際スポーツがアパルトヘイト下の南アフリカをボイコットしていたためにスプリングボクスを招待するのが不可能だったことだ。一九九八年、ツィンバの弟でフライハーフのケネディがジンバブエ初の黒人キャプテンとなる。[23] しかしジンバブエではラグビーは衰退し、ワールドカップに出場したのは一九九一年が最後となる。ワールドカップにおける南アフリカ準代表の地位はナミビアに奪われた。ナミビアではラグビーは圧倒的に白人のスポーツにとどまり、一九九九年以来、毎回、ワールドカップ出場を果たしている。

東アフリカでは、ラグビーはローデシアと類似の道のりをたどった。ケニヤ、ウガンダ、タンザニアでは英国人植民者のあいだで絶大な人気を誇り、エリートの学校のカリキュラムの中心だった。ケニア・ラグビー協会が一九二一年に創設され、ケニヤはすぐに英国と南アフリカどちらの遠征チームにも人気の目的地となった。一九二九年、強力な南アフリカ大学連合チームが遠征し、寄港する英国海軍の戦艦は地元のクラブと定期的に試合をした。[24]

一九五〇年、ケニヤ、タンガニーカ、ウガンダから集めてきた東アフリカ代表チームが初めてケープタウン大学の遠征チームと対戦し、一九五三年には東アフリカ・ラグビーフットボール協会（EARFU）が結成されて、地域での試合を統轄した。EARFUの遠征チーム、愛称「タスカーズ」〔象など牙のある動物〕を組織するとともに、一九五〇年代と六〇年代を通じて、ブリティッシュ・ライオンズ、バーバリアンズ、南アフリカ、ウェールズを含むメジャーな遠征チームとの代表戦も主催した。

一九五五年、ブリティッシュ・ライオンズが、南アフリカへの英雄的な遠征の帰路、ナイロビに立ち寄り、東アフリカと対戦した。ライオンズが39―12で勝つが、この試合はのちのウガンダの独裁者イディ・アミンが東アフリカの交代要員だったという都市伝説のほうでよりよく記憶されている。アミンは実際にラグビーの選手であり、ナイル・クラブとカンパラのコブズ・クラブの選手として戦ったが、一九五五年の試合には関わっていない。

一九六〇年代の初め、ケニヤ、ウガンダ、タンザニアは独立を勝ちとり、ラグビーの性格はゆっくりと変化を始めた。最初、この変化は学校でもっとも目についた。ケニヤでは、人種分離教育が撤廃され、ラグビーをプレイしていたナイロビ・スクールやレナナ・スクールのような政府のエリート校に、アフリカ人学生が入学できるようになった。この二校は強烈なライバル関係を発展させ、両校にはアメリカ人ソウルシンガー、クラレンス・カーターの一九七〇年のヒット・シングル『パッチズ』のA面とB面からとられた不似合いな愛称――「パッチズ」と「チェンジズ」――がつけられる。一九七二年に東アフリカ代表初の黒人選手、ウイングのテッド・カベトゥ（モンバサ）を生んだのはナイロビ・スクールである。カベトゥは二年後に地域のクラブ初のアフリカ人キャプテンとなる。[25]

こういった学校はまた、一九六〇年代のスクールズ・セブンズ・トーナメント創設のおかげで、ケニヤでもっとも国際的に活躍するケニア人選手育成の場ともなった。少人数のラグビーは大いに人気を博し、一九八〇年代末には、ケニヤのセブンズチームは香港セブンズの実力者となる。二十一世紀最初の一〇年間の終わりには、ケニヤはセブンズの世界ランキング、トップ12入りをする。ラグビーがウガンダとタンザニアでは衰退してしまったにもかかわらず、セブンズのおかげでケニヤは世界ラグビーに足跡を残す機会を得た。

フランスと英国の帝国はぼろぼろに砕け散り、政府は変わったかもしれない。しかし二十一世紀においてもラグビーの活力あふれるゲームに参加する成人男性にとって、そしていまや女性にとって、赤道近くで、そして赤道の上でさえ、ラグビーは当たり前のものになっていた。

第24章　フィジー、トンガ、サモア（南太平洋からきたビッグ・ヒット）

Big Hits from the South Pacific: Fiji, Tonga and Samoa

それは大した宣伝なしで始まり、期待はなお小さかった。一九五二年、オーストラリア・ラグビー協会（ARU）はフィジー代表をちょっとためらいながら招待し、シドニーでテストマッチ二回戦を戦った。フィジーは遠征費用二五〇ポンドの負担を要請したが、オーストラリア側はフィジーを興行収入が未知数のアトラクションと見なして拒否した。ひじ鉄砲を食らわされたにもかかわらず、フィジーはラグビー強国と初のテストマッチシリーズを戦うチャンスは逃すべきできないと考えた。

だから一九五二年、シドニーに到着したとき、遠征チームはできるところを見せなければならなかった。一九五一年にはニュージーランドでマオリ代表を破っており、ラグビーユニオンのエリート国入りをする権利を主張できると考えていた。

シドニーにおけるテストマッチ第一戦はホスト側のためらいを正当化するように見えた。降りしきる雨のなか、試合を観戦に訪れたのはわずか一万三五〇〇人で、ワラビーズが15―9で勝利した。しかしフィジーの奔放なランニングラグビーは、おもにラグビーリーグで育てられてきたオーストラリアの観衆を魅了し、遠征チームはすぐにエキサイティングなラグビーで評判になった。

一九五二年八月、晴れた土曜の午後に、両チームがシドニー・クリケットグラウンドに登場し、華やかなラグビーを待ち構える四万二〇〇〇人に歓呼の声で迎えられたとき、期待は大きかった。そして期待外れにはならなかった。

キックオフのわずか二分後、フィジーはトライを決めたと考えたが、レフェリーが後退させた。それでも、バックスからの野心的な長いパスとラインアウトの優勢のおかげでハーフタイムを9―6で折り返す。ラインアウトではボールを得た数少ない機会にオーストラリアのフォワードを圧倒した。

しかしワラビーズもやり返し、トライ数では三対一でフィジーを上まわる。残り三分、スコアは12―12で膠着。そのあとフィジーがワラビーズのゴールラインから三〇ヤードほどでラインアウトを得る。フィジーがボールを獲得し、それをすばやくファイヴエイス〔スタンドオフ〕のワメ・サラボギに渡す。サラボギは疲れた相手のタックルをふりほどいてポスト下にグラウンディング。最後の笛が近づくなか、スリアシ・ヴァトゥブアがコンバージョンを決めて、フィジーが17―12とリードした。

フィジーがボールをオーストラリアの二五ヤードライン付近でタッチに出したとき、ワラビーズはもうお手上げに見えた。しかしオーストラリアはいま一度、ラインアウトでボールをきれいにキャッチして、フィジーの例にならい、すばやく展開、ディフェンスを突破した。ウイングのエディー・ステープルトンがゴールラインまで数フィートのところで倒されるが、なんとかうしろにいたセンターのハーブ・バーカーに渡し、バーカーがウイングフォワード〔フランカー〕のコル・ウィンドンにパス。ウィンドンがコーナーに飛びこんだ。

ワラビーズは15―17で、あとはコンバージョンを待つだけ。これ以上ないほど緊張が高まる。一本のキックがフィジーと歴史のあいだに立ちはだかっていた。ステープルトンはタッチラインぎりぎりにボールをおき、数歩さがり、気を落ち着かせ、ボールに向かって走った。ボールは暗くなりかけたシドニーの空にふらふらとあがっただけだった。圧倒的多数のオーストラリア人の観客が一度に立ちあがり、わずかのフィジーファンが勝者に喝采した。

これはラグビーのテストマッチ史上最大の衝撃だった。フィジーはテストマッチ二戦目にしてはやくも初勝利をあげた。「われわれが〔すべての試合を終えて〕帰国するころには」と遠征の監督レス・マーティンはシドニー・モーニングヘラルド紙に語った。「フィジーは世界中のどのラグビーユニオンチームにも劣らない強豪国となっているだろう」[1]。

フィジー、伝説の戦い

フィジーは一八七四年から一九七〇年に独立を獲得するまで英国の植民地だった。ラグビーを島にもたらしたのは英国人、とくに筋肉的キリスト教の伝統のなかで教育を受けてきた教師たちだった。ラグビーが島で最初にプレイされたのは一八八〇年代である。一八八六年七月、英国軍艦HMSダイヤモンド号が首都のスバに寄港し、ヨーロッパ人植民者の急ごしらえのチームに驚きの敗戦を喫したのがとくに目につく。[2]

また、若干だがある程度の数のフィジー人が、オーストラリアやニュージーランドで教育を受け、一九〇〇年代初めにラグビー愛を祖国に持ち帰った。もっとも傑出していたのはラトゥ・ジョネ・タバイワルで、学生時代を過ごしたニュージーランドのワンガヌイから一九〇三年に帰国し、ラグビーをスバの南の町ナイリリリに紹介した。[3]

オールブラックスが高得点をあげた北アメリカ遠征から帰国途中に立ち寄ったのが引き金になって、植民者が組織的なラグビークラブを結成したのはようやく一九一三年である。遠征チームに3―67で完敗するも、ラグビー熱が冷めることはなかった。

ラグビーは急速に島のすべての人種に人気となったが、ふたつの競技団体、一九一三年創設のフィジー・ラグビー協会（植民者のため）と一九一五年設立のフィジー・ネイティヴ・ラグビー協会（地元フィジー人のため）に分けられていた。これは南アフリカにおけるラグビーの組織と変わらなかったが、すぐに地元フィジー人チームの数がヨーロッパ人のクラブの数を上まわった結果、一九二〇年代以降、分断は克服され始めた。

英国はまた植民地化の一環として、利益のあがるサトウキビ産業で働かせるためにインドから数千人の年季契約労働者を連れてきた。インド人のラグビークラブが結成されたという報告はあるものの、一九三〇年代にはラグビーは基本的に地元フィジー人のスポーツになっていた。実際に一九二四年のサモアとトンガに対するフィジー初の国際試合から、代表チームにはつねにフィジー人が含まれた。フィジー人チームがしばしばラグビーをはだしでプレイすることについては、ヨーロッパ人の記者がさんざん書いている。しかし、島民のほとんどが貧しさのためにラグビーシューズを買えなかった結果というのが現実である。

フィジーのニュージーランドとの密接な関係がラグビーを大きく利した。一九二〇年代にはオークランド大学チームが定期的に訪れ、ほとんどの教師がニュージーランドのカレッジで養成されてきたおかげで、ラグビーはフィジーのすべての学校に広まった。この密接な関係がもっともみごとな実を結んだのは一九三八年、ニュージーランド・マオリがフィジーを訪問し、島で高水準のラグビーを見せ、一勝一敗一分で三試合のシリーズを引き分けたときである。一九三九年、今度はフィジーがニュージーランドを訪れ、七勝一分と負け知らずの帰国をした。栄光の頂点は対マオリ戦勝利で、14―4と比較的楽勝だった。

第二次世界大戦後、フィジーはさらにマオリとトンガに勝ち、自由闊達なラグビーの評判を聞きつけて、一九五二年にオーストラリアが招待する。シドニーで伝説的勝利をあげたおかげで、一九五四年にふたたび招待された。とくに一九五二年の遠征が七〇〇〇ポンドの利益を出したことは大きく、遠征チームに対するオーストラリア・ラグビー協会の認識を根本から変える理由となった。今回もシドニー・クリケットグラウンドにおける二点差の勝利でテストマッチシリーズを一勝一敗と引き分けた。

シドニーが圧倒的にラグビーリーグの街だった結果、世界中の一三人制がフィジーの偉業に注目した。一九六一年、イングランドのロッチデール・ホーネッツがフィジーの一流紙フィジー・タイムズにラグビー選手募集の広告を出した。最初に応募してきた選手はオリシ・ダワイで、ロッチデールを欣喜雀躍させた。ダワイは一九五四年の対オーストラリア勝利でプレイ、その後、フィジー代表のキャプテンを務める。ダワイはロッチデールに、北イングランドへの旅にいとこを同行してもよいかと尋ねた。クラブは同意し、オリシはマンチェスター空港に、なんと偉大なウイング、ジョー・レヴラその人を引き連れて到着した。

イングランド北部の工業地帯と南海の島とを数千マイルが隔てているにもかかわらず、ふたりのフィジー人はすぐにわが家にいるようにくつろいだ。一年のうちにさらに四人のフィジー人がロッチデールに移り、またキア・ボセはウィガンと契約、ジョニー・ナボウはブラックプールにはいった。一九六四年、ハダースフィールドはフィジー選手四名と契約。ロッチデールはフィジー選手募集第二波を開始。もっとも特筆すべき選手はマイク・ラトゥである。多くの選手が引退後、英国に腰を落ち着けたので、イングランド北部の狭いひと隅がフィジーの植民地になった。

おそらくラグビーリーグへの選手流出を堰《せ》き止めるひとつの方法として、一九六四年、フィジーは北半球に初めて遠征し、ウェールズ、フランス、カナダで試合をした。一二戦五勝で、フランスには敗北。「ウェールズ・フィフティーン」――ウェールズは試合をテストマッチと認定しなかった――には、六トライをあげたにもかかわらず惜敗。そのあと帰国途中にカナダを下した。

一九七〇年、イングランドのラグビーユニオン一〇〇周年記念の一環として、フィジーはふたたび英国に招待された。この遠征はフィジーがようやく英国から独立をあたえられたのとたまたま時期が一致した。フィジーは一四戦六勝。そのなかにはわずか八か月後にニュージーランドを破るブリティッシュ・ライオンズの核となる選手――ガレス・エドワーズ、デイヴィッド・ダッカム、J・P・R・ウィリアムズ――を擁するバーバリアンズを完膚無きものにした忘れがたき29―6の勝利も含まれる。おそらくもっとも重要なのは、遠征の試合の多くがBBCで放送され、フィジーが世界ラグビーユニオンのエンターテナーとしてグローバルな評判を得たことだろう。

ラグビーにおけるその名声は大きくなり続けた。一九七四年には、スバで総力戦のオールブラックスを7―4でリードしてハーフタイムを折り返す。最後の瞬間、イアン・ハーストがゴールポスト下にトライし、オールブラックスが14―13で勝利した。三年後、スバの二万人を前にして、ブリティッシュ・ライオンズを25―21で破ったとき、フィジーはおそらくその最大の勝利を手にした。ライオンズはオールブラックスに惜敗した一九七七年のシリーズからの帰国途中で、ホームチームのプレイが優り、相手の三トライに対して五トライをあげた。

上昇中に見えたフィジーの曲線は一九八〇年代に停滞した。おもな理由は一〇〇万人以下というその人口がテレビ広告のマーケットには小さすぎたこと、若い選手がニュージーランドのラグビー奨学金のために国を出てしまったこと、また主要なラグビー国が定期的な試合に尻込みしたことだ。フィジーは一九八七年と一九九五年のワールドカップで予選プールを通過したが、決勝トーナメントでは一戦目で敗退している。

フィジーはまたセブンズのプレイに多くの時間を費やしすぎているのかもしれない。セブンズのサーキットが一九八〇年代に拡大されると、フィジーはセブンズ常勝チームとなり、香港セブンズ最初の二〇年間で七回の優勝を飾っている。しかし、それは一五人制の成功にはつながらなかった。代表チームにとって、ウエハースのように薄いディフェンスと広いオープンスペースのダイエット生活の連続は、肉体的精神的強さを要する八〇分、厳しい一五人制のための鍛錬にはまったく役立たない。IRBにとってセブンズは利益の上がるビジネスであるにもかかわらず、アマチュア規則のために富は選手の手にはほとんど渡らなかった。

その結果、地元ラグビー記者のカルデン・カメアが、太平洋の島々全体に芽生えつつあるラグビーリーグ人気に引き寄せられ、フィジー選手のあいだに広がる不満に気づいて、一九九二年にシドニーで開催されるニッサン・ワールド・ラグビーリーグ・セブンズ・トーナメントのためにフィジー代表チームを組織した。

代表キャプテンのアリヴェレティ・デレに率いられて、フィジー・ラグビー最大のスター一〇人が、カメアのチームに参加した。ラグビーリーグはフィジーのプレイスタイルにぴったりで、ボウル戦に楽々と勝つ。のちのキャンベラのスター、ノア・ナドゥルクのような一部の選手はオーストラリアのクラブにはいったが、多くがフィジーに帰り、自分たちでラグビーリーグのクラブを始めた。

三年後、フィジー代表チームが一九九五年のラグビーリーグ・ワールドカップに初出場し、第一戦で52—6と南アフリカを粉砕して、ラグビーリーグ界を震撼させる。一九八〇年以降、太平洋の島々からシドニーとオークランドに移民が増加し、フィジー・ラグビーリーグ代表、愛称「バティ」が、フィジー系二世三世のオーストラリア人とニュージーランド人を集められるようになった。パラマッタのジャリッド・ヘインやブリスベンのペテロ・シヴォニセヴァのようなスターたちは、代表チームを二〇〇八年と二〇一三年のワールドカップで準決勝まで導くことができたが、準決勝では結局二度ともオーストラリアの前に敗退した。

ラグビーリーグとラグビーユニオンが足並みを合わせて成功できることを示すかのように、近代のフィジーのラグビーユニオンの頂点は、フィジーのラグビーリーグの台頭と同じ時期、ラグビーユニオン・ワールドカップ二〇〇七年大会で訪れた。対ウェールズ戦では、25—3と急発進。試合終了三分前に、プロップのグラハム・デューズのトライでウェールズの反撃に打ち勝ち、38—34で忘れがたき勝利をおさめた。

これはワールドカップ史上最高の試合のひとつであり、フィジーを準々決勝の南アフリカ戦に導いた。残り二〇分で20—20の同点。またしても衝撃が走りそうに見えた。しかし大試合の場数を積んだスプリングボクスの経験が最終的にはものを言い、さらに二トライを重ねて37—20で勝利。南アフリカは最後にはワールドカップそのものを掲げることになる。

しかしながらこのときもフィジーは勝利をばねに前進はできなかった。ワールドカップ二〇一一年大会では、ナミビアに一勝しただけで帰国する。主要なラグビー国の財力によって周辺に追いやられ、若手選手を海外のラグビーと雇用機会に奪われて、フィジー・ラグビーは烈しい浮き沈みを続けそうである。

◉トンガの試練

一九五二年の対ワラビーズ戦の名高き勝利がフィジーの世界ラグビーへの舞台登場を告げた二一年後、もうひとつの太平洋の島国が対オーストラリア戦勝利で世界にその名を知らしめた。トンガだ。代表チームは一九七三年六月三十日にブリスベンのバリモア競技場に走り出た。それまでに主要ラグビー国とテストマッチを戦った経験はわずか一戦しかなく、スコッドは疲れてホームシックにかかっていると広く報じられていた。トンガ・ラグビー五〇周年を祝うためにオーストラリアに招待され、前の週はシドニーでオーストラリアに12―30で敗れていた。しかし、キックオフ直後から、今回、試合はかなり違うものになりそうなのは明らかだった。

トンガが最初から最後まで主導権を握り、ラックを支配し、オーストラリアのディフェンスをみごとなロングパスと目も眩《くら》むようなコンビネーションでずたずたにした。センターのタリ・カヴァパルとウイングのサミ・ラトゥのトライでハーフタイムを8―7で折り返す。

後半、オーストラリア側の事態はさらに悪化した。トンガはさらに二回グラウンディングをし、それ以上の好機を無駄にし、ゴールキックにさらに四回失敗したが、それでもオーストラリアを16―11で圧倒した。これはトンガのラグビー史上最高の一日だった。

たしかにトンガには長いラグビーの歴史があった。島が公式に植民地だったことは一度もないが、大英帝国が十九世紀に影響を南太平洋に広げるにつれて、伝道師と教師がラグビーをトンガに導入した。トンガ第一の寄宿学校、トゥポウ・カレッジは英国人聖職者ジェイムズ・モールトンが開設。モールトンはシドニーのニューイントン・カレッジの初代校長を務めていた。ニューイントンはオーストラリアの学校で最初にラグビーをプレイした一校であり、モールトンは筋肉的キリスト教精神をたずさえて島にやってきた。

第一次世界大戦終了後、ニュージーランドと太平洋の島々とのあいだにより大きなつながりが結ばれ、航空機による移動と無線電信の発達のおかげで島嶼国間の国際試合が可能になった。一九二四年、初めて太平洋諸国間のシリーズが開催され、トンガとフィジーがトンガの首都ヌクアロファで三試合を戦った。両チーム一勝一敗で、第三戦は0―0のドローだったので、シリーズは引き分けだった。一九二〇年代を通じて試合が続けられ、もっとも悪名高いのは一九二八年のシリーズの第三戦で、後半に選手のあいだで乱闘が勃発して中止となった。

ラグビーはすぐにトンガ生活の中心を占めるようになる。トンガ・ラグビーフットボール協会が一九二三年に創設され、初代会長トゥギ王子はトンガ王家の長老だった。王子の息子がその後、タウファアハウ・トゥポウ四世として戴冠《たいかん》する。国王はトンガ・ラグビーフットボール協会会長とニューイントン・カレッジの学生の両方としてラグビーとのつながりをもち続けた。[4]

続く四〇年間、トンガの対戦相手はフィジーとサモアだけに限られていた。一九六〇年、ニュージーランド・マオリとの初対戦に勝利。一九六九年にはニュージーランドに遠征するが、州代表戦のみだった。国際ラグビーの来賓席をちらりと見るのを許されるのはようやく一九七三年。この年、オーストラリアに招かれる。これは歴史に残る遠征となった。

一九七三年にトンガがワラビーズに勝っていたために、一九七四年の英国遠征ではトンガの大活躍が期待された。しかし、カーウィン・ジェイムズをコーチ顧問としていたにもかかわらず、一〇試合中一勝しかできなかった。帰国途中にカナダを40―14でさっさと片づける。しかし次の一〇年間は伝統的な南太平洋の対戦国としか試合をしなかった。一九八七年の第一回ワールドカップに出場するが、予選プール三戦に全敗、一九九一年のトーナメントは出場を逃した。

一九七三年の約束は決して実現されなかった。国際試合を戦うシーズンの構造がないために、他の太平洋諸国のように、トップのラグビー国との対戦で実力を測り、向上させられない。テレビ放映権料が重要性を増し、一九八〇年代以降、国際試合はつねに片目をテレビの視聴率に合わせている――人口わずか一〇万では、トンガはテレビの番組編成者、あるいは広告主の眼中にはほとんどはいらない。

しかし南太平洋諸島もまた変化していた。一九六〇年代以降、オーストラリアとニュージーランドの「白人オンリー」の移民政策は改革され、トンガやサモア、フィジーその他の島から何千人もが、仕事とより高い生活水準に引かれて、シドニーやオークランドのような都会にやってきた。多くのトンガ人の先駆けとして、反対方向のアメリカに向かい――ボルチモア・レイヴンズのスペンサー・フォラウのように、NFL（ナショナル・フットボール・リーグ）でアメリカンフットボールをプレイするようになる。二〇〇四年には、トンガ人口の約半数が海外で暮らしている。

一九九〇年代には、トンガ移民第一派の子どもたちの多くが、親の国ではなく生まれた国のためにプレイすることを選んだ。おそらくラグビーユニオンでもっとも有名なのはオールブラックスのジョナ・ロムー、ラグビーリーグではオーストラリア・カンガルーズのジム・ダイモックだろう。シドニーで、そしてシドニーよりは少ないがオークランドで暮らすトンガ人の増加が、一九八〇年代半ばのトンガにおけるラグビーリーグの発展につながった。ダイモックのように、シドニーで暮らす労働者階級のトンガ人は主としてラグビーリーグに惹きつけられた。トンガのラグビーリーグ選手の経験がラグビーリーグのテレビ放映増加と組み合わさって、ラグビーリーグのトンガ代表チームがつくられ、一九八六年にラグビーリーグ太平洋カップで準決勝まで進出した。

一九八〇年代、ラグビーユニオンのプロフェッショナリズム色が強まった結果、多くの才能ある太平洋の選手が、自分のスキルをできるだけ利用するために国を出た。有名なワラビーズのナンバーエイト、ウィリー・オファエンガウェはニュージーランド少年チームでプレイしたが、一九八八年にニュージーランドの移民当局に再入国を拒否された。オファエンガウェはトンガに帰るよりも、やむをえずだが、オーストラリアに移住した。ニュージーランドの一流ラグビースクールはトンガの子どもたちに奨学金を提供し、その結果、島から若き才能が流出することになった。

ヨーロッパのサッカークラブがアフリカ人選手を集める場合と同様に、トンガその他の島国に共感する多くの解説者は、ニュージーランドのラグビーユニオンが、とくに最高の才能を入念に選んで、祖国ではなくニュージーランドに縛りつける点を非難する。一部は、スカウトの戦術を、太平洋諸島の島民をだまして年季契約労働者とし、フィジーのサトウキビ畑やオーストラリアのクイーンズランドでむりやり働かせた十九世紀の慣行、「奴隷貿易」とくらべる。

ラグビーユニオンが一九九五年にプロフェッショナリズムを承認したとき、トンガのラグビーは激しい嵐に吹き飛ばされた。二〇〇〇年にはニュージーランドに0―102で大敗し、どん底にまで落ち込んだかと思うと、目も眩むような高みに昇ることもあった。特筆すべきは、二〇一一年のワールドカップにおけるフランス戦での19―14の勝利である。フランスは最終的に準優勝を遂げた。世界最大の大洋のまっただなかに位置する国にとって、このような嵐は生活の一部であり、ラグビーにおいてもその一部なのだろう。

◉ふたつのサモア物語

トンガは英国の影響下で立憲王国となっていた。名目的には独立国でありながら、南太平洋の英国圏に不可欠の一部にとどまり続けた。しかし西サモアは帝国と帝国のぶつかり合いによる血まみれの結果に苦しんだ。

サモア諸島は戦略的・経済的両方の理由で英国、ドイツ、アメリカ合衆国から目をつけられ、一八九九年、東のアメリカ領サモアと西のドイツ領サモアに分割された。しかし一九一四年の世界大戦勃発後一か月もたたないうちに、ニュージーランドがドイツ領サモアを併合し、ニュージーランド初の植民地、西サモアを創設した（西サモアは一九九七年にサモア独立国になる）。ニュージーランドによる占領はサモア人に大変な不幸をもたらした。戦後のインフルエンザの世界的流行に対する隔離命令にもかかわらず、ニュージーランド船の寄港が許された結果、一九一八年と一九年に人口の約五分の一がインフルエンザで死亡した。そのあと一九二九年には、警官が平和的なデモ参加者一一名を射殺した。そのなかには、植民地支配の終了を要求していた大首長のトゥプア・タマセセ・レアロフィもいた。

驚くことではないが、ニュージーランド人教育者によるラグビー導入の試みはすぐには成功しなかった。マリスト会修道士の教師がラグビーをカトリック系の学校にもちこみ、一九二四年に首都のアピアに競技団体が結成されたにもかかわらず、ラグビーの発展は歩みが鈍かった。一九二四年から五五年のあいだに、テストマッチはフィジーとトンガを相手に五戦しかおこなわれていない。

実のところ、サモア初の卓越した選手となったのは、ニュージーランドに移民した人びとの子どもたちだった。最初のひとりはフランク・ソロモンで、一九〇六年にアメリカ領サモアに生まれ、一九二一年にオークランドに移った。一九三一年、オールブラックスにデビュー、第一回のブレディスローカップを掲げた最初のニュージーランド・チームのひとりである。

サモア諸島からニュージーランドへの大量移民は一九五〇年代に開始された。そのなかにはブライアン・ウィリアムズの両親もいた。ウィリアムズはオールブラックス最高のウイングのひとりとなる。オークランドで生まれ、この街の多くのポリネシア人のように、ラグビーリーグからプレイを始めた。ラグビーユニオンに転向し、一九七〇年に弱冠十九歳でオールブラックス入りをする。これはありふれたオールブラックスのキャップではなかった。マオリのバフ・ミルナー、ブレア・ファーロング、シド・ゴーイングとともに、ウィリアムズはオールブラックスの南アフリカ遠征に非白人選手としては初めて選ばれ、南アフリカ政府はウィリアムズと三人のマオリ人チームメイトを、一九七〇年の遠征中「名誉白人」とした。プレトリアのテストマッチ第一戦で一トライをあげ、さらにオールブラックスのテストマッチ三七戦に出場する。だれからもビージーと呼ばれ、ニュージーランドでもっとも愛された選手のひとりとなる。

ほかに多くのサモア系オークランド市民が市内のラグビーリーグ・チームに引き寄せられた。スタンドオフのフレッド・アー・

クオイはアピア生まれだが、一九六二年に両親に連れられてオークランドに移った。オークランドのリッチモンド・クラブでプレイし、一九七五年にニュージーランド代表デビュー、そのあとオーストラリアのノースシドニー・ベアーズと英国のハルFCでプレイし、グローバルなラグビー戦士の最初のひとりとなる。

同じように、オルセン・フィリパイナはサモア人の両親から生まれ、一九七七年にニュージーランドのラグビーリーグ・チームでデビュー。そのあとシドニーに移り、バルメイン、イースタンサバーブス、ノースシドニーでプレイ。一九八八年には西サモアをラグビーリーグ太平洋カップ決勝に導く。このチームは圧倒的多数がオークランドやシドニーのサモア人家庭出身の選手で構成されていた。

一九九〇年代には、ラグビーリーグ、ラグビーユニオンどちらでもサモアは新興勢力だった。一九八六年、ウェールズが南太平洋に遠征し、西サモアを32—14で破る。あらゆる意味で忘れがたい試合だった。一九八七年のワールドカップには招かれなかったものの、一九九一年には決勝トーナメントに進出。これは間違いなく、ワールドカップの短い歴史のなかでもっとも忘れがたい戦いとなる。

西サモアはオーストラリア、アルゼンチン、ウェールズと並んでC組で、最下位が予想されていた。カーディフ・アームズパークに登場したとき、ほとんどの人はホームチームの勝利を期待していた。しかし、八〇分後、西サモアは16—13の勝利でラグビー世界をひっくり返した。もっとすごいことになっていたかもしれない。「ありがたいことに、われわれはサモアのすべてと戦っていたのではなかった」とウェールズの解説者のひとりは皮肉を言った。

そのあと青いサモアのユニフォームを着た男たちはオーストラリアと対決した。どちらも相手のゴールラインを越えなかったが、マイケル・ライナーのキックが最終的にワールドカップ優勝者となるオーストラリアに9—3の勝利をあたえた。サモアはそのあと、連携のとれたみごとなディフェンスに加えて攻撃スキルも見せ、アルゼンチンを35—12で下した。ついに準々決勝で、前年に三回目のグランドスラムを達成していたスコットランドと対決。しかし、勝利はサモアの手のはるか先にあり、6—28で敗れた。

これは一時的な成功ではなかった。西サモアは一九九五年と一九九九年のワールドカップでふたたび準々決勝に進出し、一九九九年には再度ウェールズを破った。二〇一一年にはさらに段をあがり、シドニーでワラビーズに対して32—23の歴史的勝利をおさめる。オーストラリアに屈辱をあたえることが、太平洋のラグビー国すべてにとって必須の通過儀礼である。

ラグビーユニオンとラグビーリーグ両方の成功を同時に達成できることを今一度証明して、ラグビーリーグのサモア代表は一九九〇年代に優秀な成績をおさめる。一九九五年、ラグビーリーグ・ワールドカップに初出場、フランスを56—10で圧倒し、そのあとスウォンジーにおける叙事詩的対決で、ウェールズに10—22で敗れる。チームを元オールブラックスのジョン・シュスターとインガ・ツイガマラが支え、ツイガマラは初めて祖国代表としてプレイした。サモアは二〇〇〇年と二〇一三年のワールドカップで準々決勝まで進み、二〇一四年にはラグビーリーグのビッグスリー、オーストラリア、イングランド、ニュージーランドとともにラグビーリーグの四か国対抗第四枠に太平洋の島嶼《とうしょ》国《こく》として初めて出場を果たす。

フィジーやトンガとは違って、サモアはラグビーユニオンのプロフェッショナリズムの嵐を、重大な危機なくやり過ごし、またラグビーリーグの先頭をいくセカンドティアに位置を維持している。しかし、サモアとトップのラグビー国との差がこれまで以上に近いわけではない。太平洋諸島の輝くプレイにもかかわらず、二十一世紀、テレビ主導による商業主義のすばらしき新世界におけるラグビーの現実は、島々が得て当然の富の届かないところに彼らを閉じこめている。

第25章 アメリカ合衆国とカナダ（ラグビーの北アメリカン・ドリーム）

The USA and Canada: Rugby's North American Dream

一九三〇年代のアメリカでは、ラグビーの試合はめったにおこなわれなかった。ファンが確実に試合を見られる唯一の場所はロサンジェルスで、ハリウッド周辺の英国人国外在住者コミュニティがクリケット、ストロベリージャムその他、五五〇〇マイル彼方のもっと寒く、もっと灰色の祖国を思い出させるものとともにラグビーを愛好していた。

しかし、ロサンジェルスの果てしのないハイウェイと椰子の木のあいだでラグビーの試合をたまたま目にした人がどんなに驚こうと、タッチジャッジのひとりが目にはいったとき感じた衝撃とくらべればなんのことはなかっただろう。彼らが、手に旗をもってライン沿いを走るのを見た男ボリス・カーロフの顔は、フランケンシュタインの怪物として永遠に記憶されるだろう。

実のところ、カーロフ、本名ウィリアム・ブラットはロンドン生まれで、マーチャント・テイラーズ・スクールに通い、ラグビー狂としてよく知られていた。一九三〇年代初めに、ハリウッドRFC創設に手を貸し、一九三七年には南カリフォルニア・ラグビー協会の会長になった。カーロフ、そして合州国全土の同好の士の献身がなかったら、アメリカのラグビーは跡形もなく消え去っていただろう。

◉アメリカのラグビー——ボリス・カーロフからジョージ・W・ブッシュまで

かつてひとつのスポーツの将来性が完全に消滅したことがあるとすれば、それはアメリカのラグビーだった。オリンピック一九二四年大会で金メダルに輝いたアメリカ・チームは祖国にもどったとき、ほぼ完全なる沈黙に迎えられた。金メダルという有形の証拠がなければ、大方の予想を裏切ったパリの勝利はスポーツの白昼夢に見えただろう。チームはカリフォルニアにもどるとさっさと解散した。アメリカ代表がフィールドにもどるのは五二年後である。

一九二〇年代のアメリカではラグビーはほとんどプレイされなかった。二〇年代は大学アメリカンフットボールの黄金時代で、ラジオという新しいメディアがスポーツを数百万のアメリカ人家庭にもちこみ、ノートルダム大学やジョージア工科大学、ネブラスカ大学のような大学をよく聞く名前にした。大学フットボールはまた、必ずしも忠実に実行はしないにしても、アマチュア原則を声高に主張し、それをラグビーだけの十八番にはしておかなかった。

一九三〇年代のラグビー復活はその英国コネクションによるところが大きい。南カリフォルニアでは、英国人国外在住者コミュニティがラグビーを再興した。一九三二年、サンフランシスコを本拠にするプレイヤーたちが北カリフォルニア・ラグビーフットボール協会を結成。東海岸では、一九三〇年に、祖国で学んだスポーツをプレイしようと、イングランド人がハーヴァード大学、イェール大学とニューヨークにクラブを作った。定期戦シーズンのようなものができ始め、これをカナダからくるチームとの試合が補った。一九三〇年代半ばには、毎年春休みにバミューダにいき、ラグビートーナメントを開いた。[1]一九三四年には、七チームがイースタン・ラグビー協会を結成した。[2]

シカゴでは、ラグビーは一九三〇年代初めにイリノイ・クリケット・アソシエーションを通して導入された。会長のカール・オーティはヨークシャーのヘヴィ・ウーレン地区でラグビーをプレイしてきたオーティ家の出だった。オーティ家のウィルフは一九〇〇年代初めにバトリーNUチームのキャプテンを務め、リチャードは一九三五年にラグビーユニオンのイングランド代表となっている。英国コネクションはまたセントルイスにおけるラグビー誕生にも決定的役割を果たした。歴史学教授のエドモンド・フーゲウーフが一九三二年にイングランドから到着。セントルイス・ランブラーズ・ラグビークラブの結成に着手する。

一九三四年、前年にウェールズ代表デビューを果たしたウィルフ・ウラーも含めたケンブリッジ大学が、IRBから許可を得て、大西洋を渡り、アイヴィリーグ三校——ハーヴァード、プリンストン、イェール——とイースタン代表と四試合を戦った。[3]どの試合もケンブリッジが楽勝した。この企画は大成功だったので、一九三五年にはオックスフォード大学を連れてこようという話になった。

この提案は実現せず、アメリカのラグビーはたがいにつながりのない地域ごとに細分化された。ラグビー最大の利点は有意義な国際試合をアメリカに提供できることだ。それはアメリカンフットボールにも野球にもできなかった。しかし有能な中央組織の欠如のために国際試合はまったく計画できなかった。一九三八年、ひとつには州におけるラグビーを強化するため、しかし国際的な興味を刺激するためにもカリフォルニアの二協会が合併した。

一九三九年六月、カリフォルニア・ラグビー協会書記のデイヴィッド・ナッシュは、ラグビーの衰退を止めようと必死になり、またIRBがアメリカのラグビーに国際的知名度をあたえられずにいることに間違いなく不満を抱いて、イングランドのラグビーフットボール連盟に書翰を送った。ナッシュは、カリフォルニアがラグビーユニオンを放棄してラグビーリーグへの転向を考えていると説明し、「条件に合意できる可能性についての委員会の見解」を求めた。

その年のラグビーフットボール連盟年次総会で、議長G・F・ハッチンズが、「アメリカがラグビー連盟に参加する予測」を確信し、よろこんでいると語った。[4] しかし、結局、実現はしなかった。総会から二か月もしないうちに、ヨーロッパで戦争が始まり、カリフォルニアのラグビーが一三人制に転向する可能性は消滅した。

それでも、国際試合の誘惑と、アメリカンフットボールとラグビーリーグの類似性は一九五〇年代、アメリカのスポーツ・プロモーターを魅了し続けた。一九五二年、UCLAオールスターの元ラインマンで売り出し中のスポーツ・プロモーター、マイク・ディミトロが、一九五四年のラグビーリーグ・ワールドカップ第一回大会に出場させせようとチームを編成する。ディミトロはラグビーリーグを戦争中に軍人としてオーストラリアで見ていた。一九五三年、ディミトロの「アメリカン・オールスターズ」がオーストラリア・ニュージーランド遠征のためにシドニーに到着。アメリカンフットボールから転向した二三名強のチームには、ピッツバーグ・スティーラーズの先発クォーターバック、ゲーリー・カーコリアンも含まれた。それまでにラグビーリーグを一度もプレイしたことがなかったにもかかわらず、オールスターズは二六試合に六勝した。

そのスター選手アル・カークランドは、ラグビーリーグにみごとに適応したので、パラマッタと契約し、一九五六年には一軍レギュラー入りする。そのあとイングランドに渡り、短期間、リーズでプレイした。遠征チームの副キャプテン、ヴィンス・ジョーンズはオックスフォード大学でラグビーユニオンを続け、ケンブリッジと対戦する。しかしオールスターズはラグビーリーグ・ワールドカップ第一回大会には出場できなかった。ひとつには英国のラグビーリーグ執行部が、ロサンジェルスの記者ウォード・ナッシュと交渉していたからだった。ナッシュは合衆国が国際舞台のラグビーリーグで実力を発揮できると考え、アメリカンフットボールの選手に、シーズンオフに国際試合を戦わせようとした。ナッシュにはいいコネがあった。友人がアメリカ合衆国副大統領、元大学フットボール選手で、ラグビーリーグの代表たちと会いたがった。友人の名はリチャード・M・ニクソンという。[5]

ニクソンはラグビーと関わりになることはなく、ナッシュは一九五四年にカリフォルニアでオーストラリアとニュージーランドとのエキシビションマッチを二度ほど開催することしかできなかった。しかし、このころにはラグビーユニオンへの興味が、ワラビーズ（一九四八年）とオールブラックス（一九五四年）の遠征のおかげで復活してきた。どちらもヨーロッパ遠征からの帰路、カリフォルニアで二試合を戦い、大学で関心が再燃するきっかけとなった。一九五二年、ダートマス大学ラグビークラブがニューハンプシャーで再興され、一九五八年にはアメリカのラグビー・チームとして初めて英国に遠征する。

アイゼンハワー大統領の「人と人」の文化交流プログラムがダートマス大学の英国遠征に資金を提供した。アメリカ政府は冷戦下の外交的宣伝の一環として、アメリカ的価値を残りの全世界に広めようとしており、ダートマスの遠征はアメリカでかなり大きく報道宣伝されて、いかにすればラグビーユニオンの国際ネットワークに参入できるかを他のクラブに示した。イースタン・ラグビー協会は一九五四年の五クラブほどから、一九六〇年代初めには二九にまで成長していた。[6] 西海岸では、カリフォルニアとカナダのブリティッシュコロンビアのクラブのために一九五九年にモントレー・トーナメントが開始された。[7]

アメリカのラグビーは偶然にも、アメリカのローズ奨学金受給者ピート・ドーキンスのおかげで、ラグビーに大きな戦術的インパクトをあたえた。ドーキンスは一九五九年のヴァーシティ戦〔オックスフォード大学とケンブリッジ大学のラグビーユニオンの試合〕にオックスフォードの右ウイングとして出場。ウイングがラインアウトでボールを入れるのが習慣だった時代である。ドーキンスはボールを通常の水平に腕を振る投球でも下手投げでもなく、クォーターバックのスタイルで、肩の高さから投げ入れることに決めた。この投げ方だときわめて正確にボールを入れられると判明、オックスフォードの勝利に貢献した。英国の報道機関から「魚雷投げ」と呼ばれ、ドーキンスのテクニックはすぐにラインアウトにボールを投げ入れる方法として受け容れられた。[8]

一九六〇年代は世界中が革命の時代であり、アメリカのラグビーユニオンにとっても変化の時期だった。ラグビーはアメリカの大学で急成長し、ついにアメリカの大学スポーツの隙間にはいりこんだ。これはアメリカのスポーツ大変動の時だった。大学スポーツから人種差別が撤廃され、人種の壁が取り除かれた。この不安定な世界で、ラグビーは政治的論争からは自由な伝統を表わしているように見えた。その魅力の多くは、パーティーにいくのが少なくともプレイするのと同じほどに重要な人びとによってプレイされるという評判に基づいていた。だから一九六〇年代にラグビーをプレイしたもっとも有名なアメリカ人がイエール大学のフルバック、第四十三代大統領ジョージ・W・ブッシュだったとしても驚くにはあたらない。

ラグビーにはまた、一般的に大学キャンパスで大学から資金を提供されるスポーツの一部ではないという利点もあった。一九七二年、タイトル・ナインと呼ばれる機会均等法の導入は、大学は男女のスポーツに同額を使わなければならないと定めており、ラグビーのようなマイナースポーツはしばしば資金を取り下げられた。大学の財政支援に対応する必要がなく、ラグビーは自由に行動できた。

一九七五年六月、アメリカ・ラグビー初めての全国的統轄団体USAラグビーフットボール協会、現在のUSAラグビーが創設された。続く二年間で既存のリーグ戦と地区構造は強化され、大きく拡大された。翌年、アメリカはふたたび、代表チーム、愛称イーグルスをロサンジェルスでフィールドに送り出し、オーストラリアと対戦。バークレーにおける一戦以来六四年ぶりだった。

イーグルスはすぐにラグビーユニオンの拡大するセカンドティアの仲間入りをし、国境の北のカナダと定期的に対戦している。一九七八年、ボルチモアでカナダを12―7で下し、代表戦初勝利を記録。一〇年強でその力を認められ、一九八七年のラグビーワールドカップ第一回大会に招待された。初戦で日本を21―18で破り、プール1ではオーストラリアとイングランドと互角に渡り合った。二〇〇三年のワールドカップではふたたび日本を破り、二〇一一年には超大国としての古くからのライバル、ロシアを13―9で破った。このころには合州国全土で、八万八〇〇〇人以上がラグビーユニオンの選手登録をしている。この数はオーストラリアよりもわずかに多い。

アメリカのラグビーリーグもまた一九八〇年代末に再浮上してきた。一九八七年、アメリカとカナダのあいだで、アメリカ・ラグビーリーグ初の国際試合が開催され、国代表は一九九五年と二〇〇〇年の〈ラグビーリーグ・ワールドカップ・エマージング・ネーションズ・トーナメント〉に出場した。二〇一三年には、ラグビーリーグ・ワールドカップ本体に出場を果たし、すべての予想を裏切って、グループ戦を首位で終え、準々決勝に進出した。しかし、ラグビーユニオンがアメリカのスポーツ風景で隅にとどまっているとすれば、ラグビーリーグのより小さな実績は隅のそのまた隅に閉じこめられていた。

アメリカンフットボールと同様に、ラグビーユニオンとラグビーリーグのどちらもが、一九九〇年代以降のポリネシア系移民の増加に利するところが大きい。アメリカ領サモア人は長いあいだ合衆国への出入国が自由だったが、二十一世紀における地球規模の人口移動が加速した結果、オーストラリアとニュージーランドのラグビーと同様に、大学と大学で教育を受けた伝統的なラグビー人口の枠を越えて、ラグビーの選手層を拡大した。

おそらくもっとも重要なのは、オリンピックが国際スポーツの頂点である国において、ラグビー・セブンズのオリンピック採用がアメリカのラグビーにこれまでで最大の好機をあたえたことだろう。しかし、ラグビーの知名度があがるにつれて、アメリカンフットボールによる国民のスポーツ意識の一見揺るぎない支配もまた強化され続けている。ラグビーユニオンにせよ、ラグビーリーグにせよ、国民のスポーツ意識のなかに地位を得ようとするアメリカのラグビーの努力は、これまでもそうだったように、英雄的な戦いであることに変わりはない。

●カエデの葉のラグビー

その地理的環境のために、二十世紀のカナダは、大英帝国の「白い自治領」仲間でプレイされるラグビーと、南の隣人アメリカに君臨するアメリカンフットボールのあいだでふたつに引き裂かれていた。

実のところ、二十世紀最初の三分の一には、「ラグビー」の名を主張するスポーツが二種類あった。ラグビーユニオンとカナディアンフットボールである。カナディアンフットボールの競技団体はカナディアン・ラグビー協会と呼ばれ、一方ラグビーユニオンの組織はカナダ・ラグビー協会と呼ばれたために、話はいっそうややこしくなった。

一九二〇年代には、カナダ生まれのフットボールの人気は、「イングランド式ラグビー」と呼ばれるようになったものを、カナダのスポーツシーンのはるか隅に押しやった。「イングランド式ラグビー」が本格的にプレイされるのは、西ではブリティッシュコロンビア、東海岸ではニューファンドランドと沿岸三州だけだった。一九二九年、カナディアンフットボールはその親スポーツとの最後の絆を断ち切り、フォワードパスを公認して、アメリカンフットボールにより近づく。しかし、カナディアン・ラグビー協会の名称を放棄するのはようやく一九六七年である（一九六七年にカナディアン・アマチュア・フットボール・アソシエーション、その後一九八六年にフットボールカナダに名称変更）。

一九二九年のフォワードパス承認はカナダ・ラグビー協会の創設とたまたま時期が一致した。カナダのチームは第一次世界大戦後まもなくの一九一九年、軍人によるキングスカップ・トーナメントに出場したが、情けない結果に終わる。全五試合を落とし、許したトライ三一に対して、一トライしかあげられなかった。一九二五年と三六年のオールブラックス遠征チームが英国からの帰路、ブリティッシュコロンビアに立ち寄り、二試合をおこなったが、基本的にはエキシビションマッチだった。カナダ・ラグビーの実力は、一九三二年に代表チームが政府の支援を受けて日本に遠征し、テストマッチ二試合ともチェリーブロッサムズに敗れたことでわかる。

ラグビーの中心地ブリティッシュコロンビアの外では、一九三〇年代と四〇年代、ラグビーは苦難の道を歩んだ。これはある程度までは大英帝国とのカナダの紐帯がしだいに衰退していったことを反映していた。英国との密接な関係がほころび始め、アメリカの文化とスポーツとのつながりが強くなり始めると、ラグビーの重要性もまた消えていった。そのかわりに、民族主義的傾向のカナダ人は愛国心を表明するためにアイスホッケーとカナディアンフットボールに目を向けた。

カナダ東部では、ラグビーユニオンはカナディアンフットボールによって大幅に弱体化されたので、一九四三年、沿岸三州のラグビー上層部はラグビーユニオンを放棄し、ラグビーリーグ転向を決めた。一九四三年末、イングランドのラグビーフットボール連盟はハリファクス（ノヴァスコシア）・ラグビー協会の書記ジョン・マッカーシーから書翰を受けとった。マッカーシーはラグビーフットボール連盟に、「ラグビーユニオンからラグビーリーグに転向[9]」したことを知らせ、ルールブックを送るよう依頼した。

しかしながらラグビーフットボール連盟は戦後になるまで具体的な援助はなにもできず、一九四六年になってようやく、ノヴァスコシア、ニューブランシュヴィック、プリンスエドワード島などのラグビーの拠点全体が転向する。それでも新しいスポーツは、ハリファクス・ヘラルド紙の言葉を借りれば、「プレイをスピードアップし、古いラグビー協会のルールの元では死ぬほど退屈だったものの多くを排除し」、すぐに成功と認められた。幸先の良いスタートにもかかわらず、テレビがカナディアンフットボールの人気上昇に手を貸したので、ラグビーリーグもまた一九五〇年代には苦闘を始める。英国のラグビーフットボール連盟書記ビル・ファローフィールドが一九五四年に訪問したとき、カナダのラグビーリーグはひどい健康状態で、蔓《つた》についたまま萎《しお》れ、結局は一九六〇年代初めに死滅してしまう[10]。

しかしこのころにはラグビーユニオンが、失った領土の一部を取りもどし始めた。一九五七年、バーバリアンズが遠征六試合をおこない、中心地のブリティッシュコロンビアだけでなくオンタリオとケベックも訪れた。一九五八年三月には、一九四八年のワラビーズと一九五四年のオールブラックスの足跡を追って、ワラビーズがヴァンクーヴァーに到着。一九四八年と一九五四年の遠征チームはどちらも試合に楽勝したが、今回はブリティッシュコロンビアがワラビーズに勝利。これまでの遠征でももっとも驚くべき試合のひとつである。

ワラビーズはヨーロッパ遠征五試合に全敗してきた。ヴァンクーヴァーの試合はパリでフランス代表に0—19で敗れたあとの長いフライトからわずか六日後におこなわれた。ブリティッシュコロンビアは意外にも前半を5—0で折り返し、後半、まごついたワラビーズが反撃したにもかかわらず、もちこたえて11—8で勝利した。ヴァンクーヴァーのエンパイア競技場に集まった六六四三人の観客はほとんどわが目が信じられなかった。カナダ・ラグビーの新時代が始まった。

続く一〇年間で、ラグビーは再組織化され、カナダの初めてかつ唯一のブリテン諸島遠征から六〇年を経た一九六二年、代表が英国に遠征、一六試合をおこなった。カナダは一勝一分がやっとだったが、遠征は祖国カナダでラグビーの知名度を上昇させた。一九六五年、一九三九年に消滅していた全国規模のラグビー協会が再興された。

ラグビー蘇生の一部は、新たな英国人移住者の波がラグビー愛を、コーチングと運営経験とともに運んできたおかげである。英語話者のカナダ人のあいだでは、ラグビーはエリート校や専門職階級に場所を占め始めた。海外旅行が容易になり、ラグビーもまた世界の英語圏と新しい絆を築くひとつの方法になった。国際ラグビーにおけるフランスの卓越にもかかわらず、ラグビーはフランス語話者のカナダ人のあいだではほとんど進捗が見られなかった。このことは、長年にわたって代表チームの選手ほとんどすべてがアングロサクソンの名前をもっていることからもすぐにわかる。

カナダ・ラグビーは、一九六六年九月十四日にもっとも劇的な形で再生を告げた。ブリティッシュコロンビアが、オーストラリア・ニュージーランド遠征から帰国途中のブリティッシュ・ライオンズをふたたびエンパイア競技場で破る。ブリティッシュコロンビアは、ラグビーとカナディアンフットボールとの二刀流の選手たちを多数擁し、選手たちは、将来のライオンズのキャプテン、アイルランド人のウィリー・ジョン・マクブライドが率いる英国のフォワードにも怖気づかなかった。

フォワード戦でのカナダ勝利を確認するかのように、試合を決定するトライをあげたのはルースヘッド〔フッカーの左側〕のプロップ、ピーター・グランサムだった。スクラムハーフのテッド・ハントが、ブリティッシュコロンビアのゴールライン近くでボールをスチールし、八〇ヤードを走って、ライオンズのゴールに向かってクロスキックを蹴った。グランサムがボールを拾いあげ、ポスト下にグラウンディング。フルバックのドン・バージェスがコンバージョンを決め、試合は8—3でブリティッシュコロンビアの歴史的勝利に終わった。

ブリティッシュコロンビアが国代表を破るのはこれが最後ではない――一九八五年にスコットランド、一九七六年と八九年には日本を下している――だが、一九六六年の勝利はカナダが並々ならぬラグビー強国であることを告げた。一九八三年、カナダ代表はイタリアを19―13で下し、ヨーロッパのチームに対する初勝利を記録する。実力を増しつつあることを根拠にして、カナダは一九八七年のワールドカップ第一回大会に招待された。

カナダ代表はトンガを37―4と一蹴してまったく予想外の勝利をおさめ、好調なスタートを切るが、アイルランドとウェールズに四〇失点で連敗し、現実に引きもどされた。しかし、一九九〇年にホームとアウェイでアルゼンチンに勝ち、ワールドカップ一九九一年大会では準々決勝まで進出して、先立つ二〇年間の大きな進歩を明るみに出した。

一九九〇年代はカナダのラグビーの黄金時代だった。一九九一年のワールドカップの成功に続いて、一九九三年五月には遠征してきたイングランド・フィフティーンに勝利。一九九三年十一月、カーディフでの終了直前の26―24の勝利に、その翌年の対フランス戦18―16の勝利が続いた。カナダを卓越したパフォーマンスに引きあげたのは、間違いなくカナダ最大のラグビー選手ガレス・リースである。

リースの両親はウェールズ人で、カナダのラグビーに重要な影響をあたえた戦後の英国人移住者の波に乗ってきた。父親はロンドン・ウェルシュでプレイし、リース自身はブリティッシュコロンビアの自称ラグビーの強豪セントマイケルズ・ユニヴァーシティスクールで教育を受けた。一九八六年、十九歳のとき、対アメリカ戦でカナダ代表デビュー、そのあと一九八七年のワールドカップで鍵となる役割を果たす。

リースは一九九〇年代を通じて、カナダ代表の形成と指揮に尽力した。ワールドカップ一回大会から四回大会まで出場し、イングランド・フィフティーンとフランスに対する勝利を指揮し、フランス戦ではチームの得点すべてをそのキックでたたきだした。ウェールズ戦ではアラン・シャロンのトライをコンバートし、さらに試合最後のキックでチームを勝利に導いた。

アルゼンチンのウーゴ・ポルタとよく似て、リースのキック力と戦術的知識ゆえに、カナダはリースとキッカーとしてのその能力に基づいて戦略を組み立てていた。しかし、クラブラグビーをバンコ・ナシオンでしかプレイしなかったポルタとは違い、リースは英国のクラブラグビーでも重要な選手となり、ワスプス、ハーレクインズ、ベッドフォード、ニューポートでプレイ、同様にフランスのＡＳメリニャックでも短期間プレイした。

その移籍歴はグローバル化されたプロのキャリアを先どりしており、一九九五年のプロフェッショナリズム解禁後には多くの選手がリースの道を進む。それでもリースとそのチームメイトが一九九〇年代に確立したカナダ・ラグビーの基盤は跳躍台にはならなかった。多くの新興諸国と同様に、プロフェッショナリズムの到来は、潜在的な新しいラグビー強国カナダの力を削《そ》いだ。

資金と人材という点では、国内ではカナディアンフットボールとアイスホッケー、国外ではラグビー超大国と競争はできず、一九九〇年代に開けた展望は停滞を続けている。

◉北アメリカからの新たな方向性

合衆国とカナダはラグビーのグローバル・エリートの仲間入りができないとしても、この両国はラグビーの本質そのものへの挑戦に決定的な役割を果たした。一九七六年、ウニペグにおいて、身体に麻痺のあるカナダのアスリートたちが、男女を問わず車椅子使用者のための新しいスポーツを考えた。既存の車椅子スポーツとは違い、選手が相手の前進を止めたり、ボールを移動させたりするために、たがいに車椅子をぶつけ合うことを許していたので、最初は「殺人球技」と呼ばれた。これはラグビー――だが、四輪に乗ったラグビーだった。

車椅子ラグビーは急速に合衆国に普及し、最初のチームが一九八一年にノースダコタ大学で結成された。同年、オーストラリアでもプレイが始まった。一九八九年、トロントがカナダ、英国、アメリカの三か国によるトーナメントを主催。一九九三年には国際ウィルチェア（車椅子）ラグビー連盟が創設された。一九九六年のアトランタ・パラリンピックで公開競技として初登場し、現在はパラリンピックの正式競技に認められている。通常はコンタクトスポーツを楽しめない人びとも、ウィルチェアラグビーによってその醍醐味を味わえるようになった。

一九九〇年代末、アメリカはまたゲイ＝フレンドリーなラグビークラブ台頭の中心地となった。これもまたラグビーの基本的なマチズモ伝統の一部への挑戦である。一九九五年に結成された本拠地ロンドンのキングスクロス・スティーラーズが、ゲイであることを世界で初めて明らかにしたラグビークラブではあるが、姿勢の転換がもっとも大きなインパクトをあたえたのはアメリカだった。[11]

ワシントン・レニゲーズは一九九八年に結成され、アメリカのラグビーの先導的役割を果たし、二〇〇一年にはワシントンでゲイ=フレンドリー・チームによるセブンズの国際トーナメントが開催された。

この大会は新設の国際ゲイ・ラグビー・アソシエーション・アンド・ボードが組織し、翌年、マーク・ビンガムにちなんでビンガムカップと改名された。ビンガムはゲイのサンフランシスコ・フォッグ・ラグビークラブの忠実な支持者のひとりで、二〇〇一年九月十一日、テロリストに襲撃されたユナイテッド・エアライン九三便で命を落とした。ビンガムカップは隔年の開催で、二〇一四年のトーナメントには世界中から一四のチームが集まった。このころには国際ゲイ・ラグビー・アソシエーション・アンド・ボード自体が一五か国五一クラブに拡大していた。

ゲイチームはほかの場所でもゆっくりと浮上し、二〇〇四年にはシドニー・コンヴィクツが南半球初のゲイのクラブになった。二〇〇五年には、ヨーロッパのクラブ・トーナメントとしてユニオンカップが始まり、二〇一三年には一七クラブが出場した。しかしゲイ=フレンドリーなラグビーはアメリカに集中し、国際ゲイ・ラグビー・アソシエーション・アンド・ボードのほぼ半数がアメリカに本拠地をおいている。

それ以外では、ラグビーはセクシュアリティに対する姿勢の変化を反映するために苦闘している。一九九五年、オーストラリアのラグビーリーグ代表イアン・ロバーツがカミングアウトし、続く四シーズンを〈ナショナル・ラグビー・リーグ〉でゲイとしてなにごともなくプレイした。しかし、ほかのプロ選手が同じようにカミングアウトできると感じるまでには一〇年以上が必要だった。ウェールズで初めて一〇〇キャップを達成したガレス・トーマスが二〇〇九年にゲイであることを公表した。もっとも、ウェールズのトップ・レフェリー、ナイジェル・オーウェンズも二〇〇七年にカミングアウトしている。

ラグビーユニオン、ラグビーリーグの両方に数千人のプロ選手がいることを考えると、ラグビー界においてみずからのセクシュアリティを不安なく明るみに出している選手がたったふたりであるという事実は、ラグビーが表向きは寛容な姿勢をとっていても、いまだに過去のステレオタイプに大きくとらわれていることを示している。二〇〇八年、当時、南アフリカ・ラグビー協会の経営最高責任者だったヨハン・プリンスルーは、あるインタヴューで、「ラグビー界でゲイであることは、戦争にいき、戦場のただなかにディスコがあるようなものだ――それは不適切だ」[12]と言った。このような態度を考えれば、それを変えるための行動が、伝統的なラグビー国の外で生まれるのはおそらく驚くことではないだろう。

ラグビー内部の伝統に挑戦する北アメリカのこの意志はまた、全世界のラグビーの本質におそらく最大の社会的変更をあたえる土台を提供した。ウィルチェアラグビーは男女混合のスポーツありで、男女がいっしょにラグビーを真剣にプレイすることを始めて可能にした。ゲイ＝フレンドリーなチームはラグビーのマッチョ的慣行の一部に疑問を呈した。しかしおそらくアメリカとカナダでなされた最大の飛躍的前進は、一九七〇年代の女子ラグビーの台頭である。この展開は間違いなく、ラグビーの創設者たちに墓のなかで歯ぎしりをさせているにちがいない。

第26章 女子がラグビーの半分を支える

Women Will Hold Up Half the Game

それはこれまでに戦われたなかでもっとも厳しいワールドカップの決勝戦だった。記録的な数の観衆を前にしてイングランドとニュージーランドが激しくぶつかり合った。前半で、ニュージーランド選手ふたりがシンビンとなったが、イングランドは数的優位につけこめなかった。反対にニュージーランドは一四人で形勢を逆転させ、右ウイングのホヘパがまず外側に、そのあと内側にステップを切り、イングランドのディフェンダーと格闘しながら、ゴールポスト右一五ヤードにグラウンディングした。コンバージョンが決まり、ニュージーランドは前半を7―0で折り返し、トロフィーに片手をかけた。

ハーフタイムのあと、両チームともペナルティキックを決め、10―3となる。そのあとイングランドのディフェンスはニュージーランドがかけ続けるプレッシャーに耐え、抵抗不能に見える攻撃の波また波を押し返した。ホヘパが右に意図的にラックをつくってボールを出し、二本目のトライ確実と見えたとき、イングランド第二列のマギルクライストが奇蹟のカバータックルを決める。その難攻不落のディフェンスがイングランドを心理的に優位に立たせ、またもうひとりニュージーランド選手がシンビンとなったとき、潮目が変わった。

いまやイングランドがプレッシャーを重ね、今度はニュージーランドが壁ぎわまで追いつめられた。イングランドはペナルティを得たが、好機を感じとってキックを選ばなかった。ニュージーランドのゴールライン近く、連続三回のスクラムがついにディフェンスラインに穴をこじ開け、バラスが突っこんでトライ。コンバージョンが決まり、試合は10―10で膠着状態に。そのあとイングランドが最後のひと押しにとりかかろうとしたとき、災厄に襲われる。味方ゴールのまん前で、ノットリリースザボールの反則をとられた。

ニュージーランドのセンター、ブレイジャーが進み出て、落ち着いてボールをポストのあいだに通し、ニュージーランドがふたたび13―10とリード。残りわずか一〇分で大試合の経験が生きて、ニュージーランドは冷静に試合を進め、連続四回目のワールドカップをニュージーランドにもちかえった。イングランドにとっては、間近いなくこれまでで最高の決勝戦をプレイしたことも、決勝三連敗の慰めにはならなかった。

これは叙事詩的な激突だった。だが、ラグビーファンの大部分の記憶にはほとんど残らなかった。なぜならばこれは二〇一〇年の女子ラグビー・ワールドカップ決勝戦だったからだ。そしてカーラ・ホヘパやケリー・ブレイジャー、ジョアンナ・マギルクライスト、シャーロット・バラスのような選手は、女子ラグビーの外ではほとんど完全に無名のままにとどまっていた。それでもラグビーユニオン、ラグビーリーグともに女子ラグビーの成長は、ラグビーが二十世紀最後の一〇年間に遂げた大きな前進のひとつだった。

◉男らしいスポーツ?

女子がラグビーをプレイするという事実は、ラグビーの創設者たちにとっては驚きにちがいない。「私たちはここでは女を相手にはしない」とフランク・マーシャル師は一八八九年のヨークシャー・ラグビー協会の会合で語った。一九三一年、RFU元会長パーシー・ロイズはイーリングRFCの六〇周年記念晩餐会で、「われわれのスポーツは女子のために創設されたのではない。私には、現在、女性が競えない唯一のスポーツだと思える――ありがたいことに」[1]と言った。

事実、男性のあいだでラグビーが人気だったのは、それが男性の王国であり、そのなかでは男性は女性なしで社交的なつきあいができるからだった。一九四七年、ラガー誌は「なにが健全なフィフティーンをつくるか?」と問いかけ、それにこう答えた。「個人はグラウンドに登場し、着替え、プレイし、体を洗い、女性との結婚生活に出発するだけでは充分ではない。むしろ選手は、アルコールの蒸気と紫煙の結果として生まれる雲に浸透する真の友愛精神……に加わるべきだ」[2]。もちろん酔っぱらっての振舞、通過儀式、猥褻な歌、いきあたりばったりの破壊行為――通常「ハイジンクス」として片づけられる――はすべて、ラグビーユニオンの偏執的男性文化の一部だった。

ラグビー誕生の世紀、女性がそれをプレイすることはめったになかった。一八八一年、女子「フットボール」チームがスコットランドで結成されたと報じられているが、プレイされたのがサッカーかラグビーか、あるいはどちらでもないフットボールなのかは定かではない。[3] この時期でわれわれが知るただひとりの女子選手はエミリー・ヴァレンタインである。サミュエル・ベケットとオスカー・ワイルド両方の母校、北アイルランド・エニスキレンのポートラ・ロイヤルスクール副校長の娘だった。何年もあとの一八八〇年代末、どうやってプレイの機会を得たかを回想している。

それはただのにわか仕立ての学校の試合で、「男子」がひとり足りなかった。私は十歳ぐらいだった。やらせてくれとうるさく頼んだ。「ああ、わかった。じゃあ、こいよ」オーバーと帽子を脱ぎ――いつも男子用の靴を履いていたから、それでオーケーだった。

ルールは知っていた。ようやくチャンスがまわってきた。私はボールをつかみ――いまでも湿った革の感触とその匂いを感じられる――だれもいないところにゴールに続く一本の糸が見えた。私はそれをつかみ、走った。ひらりと身をかわし、突進し、だがトライを決めたかったあまり、おそらくパスすべきときにパスをしなかった。まだ走っているとき、あの少年が私に向かってくるのが見えた。私は身をかわした。ええ、私にはできた。そして息を切らせ、心臓を脈打たせ、膝を少し震わせながら、私は走った。そう、私はやった。最後のスパート。そしてまさにラインの上にグラウンディングした。[4]

ラグビーの興奮はほかの女性にはほとんどだれにも知られないままだった。ときどき、ヴィクトリア朝の雑誌や新聞に女子ラグビー選手を描いた漫画が掲載されたが、それは女子もラグビーができるという真の証拠というよりは、女子の参政権運動拡大についての「ユーモラス」な警告として使われた。実際に、女子のラグビー参加に対する反感はあまりにも強く、ラグビーは第一次世界大戦中の女子スポーツにおける一大ブームをほとんど完全にとり逃した。

終戦時には英国で何千人もの女子がサッカーをプレイし、それ以上の数が観戦していた一方で、女子ラグビーはほとんど存在しなかった。一九一七年十二月、カーディフのハンコック醸造所女子チームがニューポートのライソート鉄工業女子チームとカーディフ・アームズパークで対戦した。ライソートが6―0で勝ったが、試合は一回かぎりだったようだ。[5] これは女子ラグビーに対する広くいきわたった男性優越主義的な反感と関連していたのだろう。一九一九年、イングランド北部ラグビーリーグ中心地の炭坑村フェザーストンの女子がラグビーリーグをプレイしようとしたが、地元の男たちから、サッカーのほうがラグビーより女性的なスポーツだから、サッカーをすべきだと告げられた。一九二〇年代初め、ウィガンとセントヘレンズ周辺のランカシャー炭鉱の女子サッカー人気は、ラグビーリーグ地域ではこのような態度が当たり前だったという事実で、ある程度、説明がつく。

英国外では、英国よりもわずかな前進はあったが、たいしたことはない。一九二一年九月、シドニー農業展示場で推定二万から三万の観衆を前にして、メトロポリタン・ブルーズとシドニー・レッズの女子ラグビーリーグ・チームが対戦した。観衆は四トライをあげたウイング、マギー・マロニーのスキルに魅了された。ダリー・メッセンジャーとニューサウスウェールズ・ラグビーフットボール連盟書記の後援と支持にもかかわらず、ニューサウスウェールズ・レディーズ・ラグビーフットボール連盟創設の提案は、ニューサウスウェールズ・ラグビーフットボール連盟上層部の反対で没になった。連盟上層部は傘下の組織や個人に女子ラグビーと関わることを禁じた。支援が得られず、女子は継続のための財源を見つけられなかった。

同年、タスマン海対岸オークランド郊外のパーネルとクライストチャーチ近くのホーンビーで、女子のラグビーリーグ・チームが結成された。イングランドと同様に、クライストチャーチのザ・プレス紙記者は、女子は円形のボールのスポーツのほうにより向いているのではと示唆した。「サッカーをやらせよう」と記者は軽蔑するように言った。[6] そうではあっても、パーネル・クラブはラグビーに関心のある女子六五人を集めた。ウェリントンでは、一九二一年七月に女子のラグビーユニオンチームが結成された。こういった動きは部分的には、ニュージーランドにおける女子サッカー開始に対応していた。もっとも、これも短命に終わる。

このような動きはまた、第一次世界大戦中に、工場での「男の仕事」従事が多くの若い女性の地平線を広げたことの反映でもあった。「女性は戦争中、みごとに重労働をこなした。[だから] 修正したルールのもとでラグビーリーグをプレイできる」とオークランド・スター紙は論じた。[7] だが、なんの役にも立たなかった。ラグビーリーグとラグビーユニオンどちらも上層部からの反対のために、女子ラグビー実現の動きは決して離陸できなかった。一九三〇年、シドニーでふたたび女子ラグビーリーグの試合開催が試みられたが、ラグビーリーグ上層部の反対によって、またしても蕾《つぼみ》のまま摘みとられてしまった。一九五四年、クイーンズで慈善試合が開催された。しかし、このときも続いて試合がおこなわれることはなかった。[8]

対照的に、フランス人女性は自分で選んだスポーツをプレイすることについてははるかに先をいっていた。一九一七年、女子スポーツ団体連盟が、サッカーも含めたあらゆるスポーツを女性に奨励するために結成された。これに勇気づけられて、一部の女子がバレットの一二人制版をプレイした。バレットは一八九〇年代に、ボルドーのフィリップ・ティセが創案した一種のタッチラグビーである。一九二〇年代末には、パリ、ボルドー、リールのチームで全国選手権大会が争われたが、この競技は一九三〇年代初めには消滅していた。

●これが現代の世界だ

女子がラグビーをふたたび実質的にプレイするまでに二〇年が経過した。今回は、ラグビーリーグが盛んなイングランド北部のワーキントンで、一九五三年のエリザベス二世戴冠記念カーニヴァルの一環として三試合が開催された。[9] 選手も観戦者も同様に真剣勝負と考え、男子ラグビーリーグと同様にコミュニティの支援の対象となった。しかし、選手の運動能力とスキルにもかかわらず、一部の新聞記者は試合を矮小化した。女子ラグビーの歴史を通して繰り返し起きる問題である。

ラグビーリーグがコミュニティに張った強力な根のおかげで、数名の女子が学校でコーチの地位についた。イングランドとオーストラリアのカトリック系の学校では、ウェイクフィールドのセントオースティン・スクールのウィニー・パウエルのように、ときおり女性コーチが登場した。パウエルはのちにカルメル会の修道女となる。イーストハルのコーチ、ケイ・イベットソンやホワイトヘヴンの監督ベティ・ヘイルのような個人の先駆者も一九六〇年代に足跡を残している。しかしそのあとが継がれるのはようやく一〇年後である。

女子がふたたびラグビーユニオンをプレイし始めるのには一九六〇年代を待たなければならない。一九六二年、エディンバラ大学で、女子チームの結成が試みられ、一九六三年にはロンドンで女子学生がチャリティのために男子学生と対戦した。一九六六年、ワージングRFCが同じようなイベントを開催する。フランスでも同時期に女子によるチャリティマッチが開催され始め、一九六五年、フランス東部のブール=アン=ブレスで初の女子チーム、レ・ヴィオレット・ブレッサーヌが結成された。さらに多くのクラブがあとに続き、一九七〇年、女子ラグビーの競技団体としては世界初となるフランス女子ラグビー・アソシエーションが創設される。二年後、フランス女子ラグビー・アソシエーションはフランス・ラグビー協会（FFR）に正式の承認を求めるが、承認を得るまでにはさらに一〇年間、待たなければならなかった。

女子ラグビーがスポーツとして初めて存在感を示したのは一九七〇年代、北アメリカの諸大学においてである。女性解放運動の影響と男女平等法可決に刺激されて、カナダとアメリカ合衆国の女性たちがラグビーを始めた。すでに見てきたように、この二か国では男子ラグビーが軽視されていたために、女子はそれほど強い組織的偏見には出会わなかった。一九七二年、コロラド、イリノイ、ミズーリの各大学を皮切りに、女子ラグビーは急速に拡大し、一九七八年にはシカゴで第一回全国選手権トーナメントを開催するのに充分なほどの数のチームができていた。そうは言っても、男子ラグビーからの支援はほとんどなく、ヴァージニアとフロリダの選手が女子ラグビー促進のために非公式の会報を作った。[10] カナダでは、一九七〇年代半ばに、アルバータとサスカチェワンで女子クラブが結成され、一九八三年のカルガリにおける第一回西カナダ女子選手権開催につながった。一九八七年、おたがいに初となる国際試合でアメリカとカナダが対戦した。

ヨーロッパでも、男子ラグビーがメジャーなスポーツではない国々で女子ラグビーが人気を博すようになる。オランダでは、ヴァーヘニンゲン大学の学生が一九七五年にラグビーを始める。すぐに人気は広がり、一九八〇年代初めには一〇チームによるリーグ戦がおこなわれた。一九八二年四月、オランダは女子ラグビー新時代の先駆けとなり、ユトレヒトで史上初の国際試合をフランスと戦って０―４で負けた。一九七九年、スペインとイタリアでも女子がラグビーを始めた。

女子ラグビーは一九八〇年代に成長を続けた。一九八〇年、ニュージーランド初の州対抗戦がおこなわれる。一九八一年、日本の女子が初試合を戦い、一九八八年には日本女子ラグビーフットボール連盟〔ラグビーユニオン〕が結成された。八〇年代末には、女子ラグビーはヨーロッパ、北アメリカ、太平洋全体でプレイされていた。

英連邦は残りのラグビーユニオン世界にいくぶんか遅れをとった。女子がラグビーを本格的にプレイし始めるのはようやく一九七〇年代末で、大学チームが、とくにラフバラのような強力なラグビー伝統をもつ大学を中心にして出現する。女子ラグビーは急発展を遂げ、一九八三年、一〇の学生チームが女子ラグビーフットボール協会を結成した。一九八五年、全国リーグ戦が始まり、一九八七年に、ラフバラの講師で元スコットランド代表、ブリティッシュ・ライオンズのジム・グリーンウッドがイングランドの監督を務めて、イングランド対ウェールズの国際試合が初めて開催された。一九八八年、第一回の女子カップで、ワスプスがリッチモンドを破り、一九九〇年には、九〇のクラブが女子ラグビーフットボール協会の会員になっている。[11]

大学というラグビーユニオンの下部構造は欠いているものの、女子は一九六〇年代と七〇年代にラグビーリーグもプレイし始める。早くも一九六六年には、オークランドで女子が真剣勝負を演じ、イングランドでは一九七八年に英国アマチュアラグビーリーグ・アソシエーションが十三歳のエリザベス・ビールに、地元の十四歳以下少年チームでプレイすることを許した。一九八〇年には「レディーズ」クラブがハダースフィールド、リーズとセントヘレンズのピルキントン・ガラス製造所で結成された。一九八四年、ジュリー・フィッツパトリックがラグビーリーグ初の女性レフェリーとして、ウェストヨークシャーのアマチュアリーグ戦で笛を吹き、その直後ジュリア・リーがプロ男子の試合の審判を務めた。一九九四年、イングランドでは、主として伝統的なラグビーリーグの都市を本拠地として、二一の女子チームがプレイしていた。一九九三年、オーストラリア女子ラグビー連盟が創設された。

◉グローバルでいく

一九八〇年代にはラグビーユニオンの競技団体が女子ラグビーを真剣に扱い始め、多くの国で女子ラグビーユニオンの組織が承認されて男子の組織に吸収された。これによって女子ラグビーは財源をはるかに得やすくなった。時代錯誤的な男性優越主義の要塞という男子ラグビーのイメージ改善に役立ったのは言うまでもない。一九九〇年、ニュージーランド、アメリカ、オランダ、ソ連が出場して、初の国際トーナメントがニュージーランドで開催された。ソ連では女子ラグビーが定着したのはわずか二年ほど前だった。

この第一回トーナメントは予想通りニュージーランドが優勝したが、他の参加国には強力な男子の伝統がなく、女子が単純に男子のあとを追っているわけではないことが指摘された。これは一九九一年、ウェールズで初の女子ラグビーユニオン・ワールドカップが開催されたときに確認された。出場一二か国のうち、男子ラグビーのトップティアに属するのはわずか四か国で、アメリカ合衆国優勝にはだれもが納得できた。アメリカを率いたのはキャシー・フローレス。フローレスはアメリカ・ラグビーのもっとも重要なコーチのひとりとなる。

アメリカは続く一九九四年と九八年のワールドカップでも入賞するが、二十一世紀には力の均衡は男子ラグビーの伝統国に大きく傾いた。二十一世紀最初の決勝戦三回〔二〇〇二年、二〇〇六年、二〇一〇年〕は、三度優勝のニュージーランド・ブラックファーンズと、一度をのぞきすべての決勝戦に出場したイングランドとのあいだで戦われた。イングランドは二〇一四年大会に優勝する。同じことが女子ラグビーリーグでも言える。愛称キィウィーファーンズと呼ばれるニュージーランドが女子ラグビーリーグ・ワールドカップ最初の三大会に優勝、二〇一三年の決勝ではオーストラリアに敗れた。

強国のしめつけが厳しくなるにもかかわらず、女子ラグビーは世界中に拡大を続けた。体力的に厳しいフルコンタクトのスポーツを女子がプレイする機会はとにかくとても魅力的だった。二十世紀の終わりには二一か国が国際試合を戦っていた。この数を達成するのには、女子ラグビーには二〇年間の厳しい努力が必要だった。しかし新たな世紀の最初の一〇年間で、新たに三一の国が国際舞台で女子ラグビーをプレイしている。

一九八〇年代以降は、グローバルなラグビーの重要な構成要素としてのセブンズの興隆も女子ラグビーの力になった。一九九七年の香港セブンズで初めて女子のトーナメントがおこなわれた。セブンズでは必要な選手の数が少ないので、ラグビーの伝統のない国にとっては理想的なラグビーへの入口となる。二〇〇九年、ドバイにおける女子セブンズ・ワールドカップ第一回大会に一六チームが出場。オーストラリアが優勝したものの、ブラジル、中国、タイ、ウガンダなどから出場したチームは、ますます進む女子ラグビーのグローバル化を示している。二〇〇九年、ラグビーユニオンのセブンズが男女ともにオリンピック種目として承認され、ラグビーがさらに多くの国に広がるのを助けた。二〇一〇年、九九のナショナルチームが女子セブンズをプレイしている。

パリで開催された女子ラグビー・ワールドカップ二〇一四年大会ほど女子ラグビーのますますの好調ぶりをよりよく示す証拠はないだろう。スペインとカザフスタンを含む一四チームが出場。この大会は新たなプレイ水準を設定した。おそらくもっとも重要なのはドラマを生んだことだろう。現チャンピオンのブラックファーンズがそれまでまったく無名のアイルランドによって予想外にトーナメントから排除され、これまで準決勝以上に進出したことのなかったカナダが、ホスト国フランスに18―16と薄氷の勝利をあげて決勝に進んだ。

カナダは二万人を前にして決勝でイングランドと対戦。試合は七四分まで決着がつかなかった。七四分、センターのエミリー・スカラットがカナダのディフェンスを突き破ってトライをあげ、そのあとトライをコンバートして試合を決め、21―9の勝利をつかんだ。これはどこでも見られるような濃密で心をとらえる試合であり、新聞の紙面でも大きくとりあげられ、テレビの視聴率も高かった。

勝利に高揚し、女子ラグビーの将来性を確信して、イングランド勝利の数日後、RFUはオリンピック二〇一六年大会女子セブンズ・トーナメント準備の一環として、二〇名の女子とプロ契約を結ぶことを発表した。しかし男子ラグビーが発見したように、プロフェッショナリズムはそれ自身の問題を運んできた。ラグビーユニオンのプロ化は、最強のチームと最強の国がさらにいっそう強くなるという結果を招いている。

女子ラグビーがメディアにより多く登場し、トップレベルでは財源が増大したために、トップのラグビー国はよりよい選手を集め、より高い水準のコーチングを実践し、広範囲の下部構造を欠く国をおいてきぼりにした。プロフェッショナリズムの前進とともに、女子ラグビーは、以前より多くの女性がラグビーをプレイはするが、非伝統国の選手がワールドカップに勝利するチャンスを一九九〇年代初めより小さくしたという逆説に陥った。

それでも、未来に潜む危険にもかかわらず、一九八〇年代以降ラグビーに起きた容易ならざる変化すべてのなかで、おそらく将来の世代は女子ラグビーの成長をもっとも重要な変化と見なすだろう。ジュリア・リー、キャシー・フローレス、エミリー・スカラットなど現在の女子ラグビーの英雄たちは、彼女たちに対応する男子選手同様に、ラグビーというスポーツ全体にとって重要なものとなるだろう。

Part VII Tradition and Transformation

第七部 伝統と変化

主要なラグビー国には伝統が重荷となってのしかかっていた。一八八〇年代以来、アマチュアリズムがラグビーユニオンを規定してきた。しかし一九六〇年代と七〇年代の変化する世界は古い信念と確信に疑問を投げかけた。政治とスポーツは不可分となり、ラグビーが南アフリカと結んだ深い絆はこのスポーツをこれまでにないほど傷つけた。増大する人気が新たに耐えがたいプレッシャーを運んできた。

一世紀におよぶラグビーリーグのプロフェッショナリズムは、その中心だった古い工業世界の終焉によって厳しい試練を受け、ラグビーリーグもまた新たな厳しい課題に対峙せざるをえなかった。

歴史の車輪がギアを上げるのと同時に、ラグビーはそれが以前は想像もしていなかった場所に押し出された。十九世紀においては一八九五年がラグビーを決定したように、一九九五年がラグビーを永遠に変えることになる。

第27章 スプリングボクス、オールブラックス、そしてラグビーの政治

Springboks, All Blacks and the Politics of Rugby

彼らは国際的なラグビーユニオンのロームルスとレムス〔ローマ神話でローマを建国したとされる双子。のちにロームルスがレムスを殺害する〕だった。ラグビーを考え出したのは英国かもしれない。しかし南アフリカとニュージーランドが、ラグビーを強さとスキルを試すものから一国の体力、政治的利益、外交的影響力を試すものに変えた。

オールブラックス一九〇五年遠征時のニュージーランド首相リチャード・セダンは、オールブラックスの七光りのおかげで「フットボール大臣」と呼ばれた。スプリングボクス一九〇六年のキャプテン、アフリカーナーのポール・ルースは、アフリカーンス語話者の南アフリカ人と英語話者の南アフリカ人をひとつにする手段としてラグビーを粘り強く使い、一九四八年には国民党議員となった。

一九二〇年に初めて対戦して以来、両国はローマ神話の双子のように仲が悪く、争いを続けてきた。しかしローマ人とは異なり、どちらもライバルの兄弟を殺して、単独で統治することはできなかった。どちらもが相手を必要としていた——そして二十世紀後半が示したとおり、残りのラグビーユニオン世界も同じようにこの二国に依存するようになった。

一九三七年にオールブラックスがホームのテストマッチシリーズで南アフリカに敗れたことは、ニュージーランドのラグビーに深い傷痕を残した。その自信と生来もっていた優越感は厳しい一撃を受けた。報復がされなければならなかった。しかし一九三九年、戦争が始まった結果、一九四〇年の南アフリカ遠征は中止のやむなきに到る。ニュージーランドは記録の誤りを正す機会を一〇年以上、待たなければならなかった。

インド洋を越える二六日間の旅のあと、一九四九年四月二十九日にオールブラックスがようやく南アフリカに到着したと

き、期待はこれ以上ないほどに高かった。一九四五―四六年のニュージーランド軍遠征の勝利が、非公式の世界チャンピオンの地位をめぐってのみならず、ラグビーのプレイ方法についても、南アフリカに挑戦を突きつけていた。スプリングボクスの統制がとれたフォワードプレイがニュージーランドの攻撃力を圧倒できるだろうか？　ニュージーランド・チームのうち八名は一九四五年の古参兵だった。

オールブラックスは自信満々だった。あまりにも自信満々だったので、実際にニュージーランド・ラグビーフットボール協会（NZRFU）は、南アフリカ遠征と同時期にオーストラリアをニュージーランドに招待したくらいだ――しかもウェリントンにおけるワラビーズとのテストマッチ第一戦をダーバンにおけるスプリングボクスとのテストマッチ第三戦と同日に予定していた。これは大胆不敵で勇壮華麗な振舞、あるいは驚くべき傲慢の行為のどちらかでしかありえなかった。

遠征の初めからオールブラックスは不安定に見えた。テストマッチ第一戦前は二敗一分。対スプリングボクス第一戦は拮抗した戦いになると予想された。

オールブラックスは早い段階で、ウイングのピーター・ヘンダーソンのトライによりリード。しかしプロップのオキー・ジェフィンがペナルティゴールを五本決めた結果、スプリングボクスが15―11で勝利した。オールブラックスはスクラムで圧倒され、経験の浅いハーフ団はバックスに充分に早くボールをまわせなかった。南アフリカ神出鬼没のナンバーエイト、ヘンニー・ミュラーがセットピースでのニュージーランドの動きをほとんどすべて抑え込んだ。

そのあと状況はさらに悪化した。二試合を戦うためにローデシアまで疲れる列車の旅をした結果、第一戦は8―10で敗北、第二戦は3―3で引き分ける。帰路、オールブラックスの乗った列車が衝突し、選手にけが人はいなかったものの、ニュージーランドのセンターで医師のロン・エルヴィッジの手当にもかかわらず、乗務員一名が死亡した。

南アフリカにもどったあと、テストマッチ第二戦に6―12で敗れ、オールブラックスが相手のスクラム・テクニックに対抗できないことが明確になった。ニュージーランドのラグビーが先立つ一〇年間で攻撃テクニックを磨きあげてきたとすれば、南アフリカのラグビーはそのスクラムをさらに大幅に洗練させていた。ニュージーランドのフォワードは単純にスプリングボクスのスクラムに対処できなかった。おそらくオールブラックス史上もっとも屈辱的なエピソードは、監督で一九〇五年オールブラックスのアレックス・マクドナルドが相手の監督、ダニー・クレイヴンに、複雑な3―4―1のフォーメーションをニュージーランドのフォワードが理解するのを助けてくれるよう頼んだことだっただろう。

それでもほとんど違いはなかった。テストマッチ第三戦は3—9で、第四戦は8—11で、第一戦と同じように、ニュージーランドのトライがジェフィンのキックで帳消しにされて、敗北した。欲求不満のニュージーランドは、南アフリカのレフェリーたちがホーム・チームをえこひいきしていると文句を言い始めた。テストマッチ四試合で、スプリングボクスに九三のペナルティキックがニュージーランド陣内であたえられ、一八が二五ヤードライン上か内側だった。ニュージーランドが南アフリカ陣で得た六三のうち、二五ヤードライン上だったのはわずか一本である。

もちろんダニー・クレイヴンが指摘したように、スプリングボクスがスクラムを支配していたために、オールブラックス側は自陣でプレッシャーを受けているときに、おそらくはより多くの反則をとられることになった。しかしニュージーランドの『ラグビー年鑑』は納得しなかった。「絶えずペナルティが課せられたことは気がかりであり、いくらかの説明を必要とする」と当惑したように言っている。[1] 年鑑はまた、ラグビーユニオンの得点システムのために、テストマッチ三試合を通算して、オールブラックスのようにより多くのトライをあげたチームが、ほとんどのペナルティをキックしたチームに負けてしまうという、永遠の批判を提起もした。

しかし、オールブラックスが裏をかかれ、敗北を喫したというのが現実である。アレックス・マクドナルドには監督としての力量が不足していたということでみんなの意見は一致した。南アフリカに到着したとき、選手のコンディションは悪く、しかるべく準備もしてこなかった。テストマッチシリーズ四戦全敗は、少なからざる部分がNZRFUの自信過剰と準備不足の責任のせいだった。

これ以上悪くなりようはないと思っていた人びとにとっては、事態はいっそう悪化した。南アフリカに完膚無きものにされた一週間後、ワラビーズはおいてきぼりにされていたオールブラックスに対して二勝目をあげ、同時進行のテストマッチシリーズをオーストラリアの二勝ゼロ敗とした。わずか二か月のあいだに、強豪ニュージーランドは南アフリカ、オーストラリア、そしてローデシアにさえ屈辱を味わされた。

人生と同じことがスポーツにも起きる。傲慢はニュージーランドのラグビーユニオンを過去最低のどん底に導いた。

◉「殺すか、殺されるか」

人生で屈辱以上により大きな動機づけになるものはあまりない。一九五〇年代のニュージーランド・ラグビーは一九四九年の惨敗の醜態を取り消したいという圧倒的な欲求に動かされていた。一九五〇年、ブリテン諸島チームが初めて目立つ赤いジャージーを着て、ニュージーランドを訪れた。ラグビーユニオンの遠征チームとしては初めて報道陣からライオンズの愛称（ラグビーリーグのグレートブリテン・チームも「ライオンズ」の愛称をもつ）をつけられ、また初めて完全に能力だけによって選ばれていた。ライオンズはテストマッチ第一戦を9―9で引き分けたあと、0―3の僅差で、だが納得のいく敗北を喫した。ニュージーランドのプライドが少しばかり復活した。

三年後、オールブラックスは北半球に四度目の遠征をして、テストマッチ五戦に三勝したが、ウェールズに三度目の敗北を喫し、フランスには初めて負けた。しかし敗戦についてはいくらかの懸念があったものの、遠征チームがニュージーランドに帰国するころには、過去に関心をもつ者はほとんどいなかった。すべての目がいまや一九五六年とスプリングボクスの再来に注がれていた。

南アフリカも一九五一年に英国とフランスを訪れ、週半ばにおこなわれたロンドン・カウンティーズ代表戦をのぞいて、全試合に勝った。国際試合ではグランドスラムを達成し、その過程で不運なスコットランドを44―0で粉砕、フランスを25―3で一蹴した。結果は驚くまでもなかったが、勝ち方は驚くべきものだった。スプリングボクスの戦略はいつもと変わらず相手をフォワードで圧倒することではあったが、その目的はいまやバックスを自由にするための土台の提供だった。スコットランドに対しては九トライ、アイルランドに四トライ、フランスには六トライをあげた。対ワラビーズ遠征チーム一九五三年テストマッチシリーズでは、スプリングボクスは一五トライをあげ、三勝一敗でシリーズを終えた。

スプリングボクスが新たに発見した沸き立つような攻撃力の頂点は、一九五五年のブリティッシュ・アンド・アイリッシュ・ライオンズの遠征中に訪れた。遠征チームの攻撃的選手はこれまでに召集された最高の組合せだった。イングランドのジェフ・バターフィールド、ウェールズのクリフ・モーガン、アイルランドのトニー・オライリーは、それぞれの国のそのポジションでまず間違いなく最高のプレイヤーだった。遠征はラグビー史上もっとも忘れがたきもののひとつとなる。

ライオンズはヨハネスブルクのエリスパークにおけるテストマッチ第一戦まで、一一連勝してきた。試合はシーソーゲームとなり、最初にスプリングボクスが11―3とリードを固める。そのあと後半に、試合の流れは完全に逆転し、クリフ・モーガンに鼓舞されて、ライオンズが23―11と逆転した。しかし、イングランドのフランカー、レッグ・ヒギンズが後半早々に担架で運び出され、ライオンズは一四人に数を減らしていた。

エールを送る南アフリカ人九万の声に動かされて、スプリングボクスは相手の弱点に気づき、反撃した。身長五フィート三インチと、テストマッチに出場したなかでももっとも小柄なスクラムハーフのトミー・ジェントルズに先導されて、ホームチームは疲れてきたライオンズのフォワードが七人であることに完全につけこんだ。試合がインジャリータイムにはいってかなりになっても、ライオンズは23—19を固守していたが、レフェリーが時計を見たとき、スプリングボクスは右側を集中的に攻撃して優位に立ち、最後は、これがデビュー戦の右ウイング、チュニス・ブリアーズがタッチラインとポストの中間にグラウンディングした。

フルバックのジャック・ヴァン・デル・シフがコンバージョンと勝利のためにボールを立てた。一九四九年にオールブラックスに圧勝したときの古参兵、シフはすでにその午後、四本のキックを蹴っており、この一本もその力なら楽勝だった。しかし、ボールは大きく逸れた。ライオンズが勝利し、がっかりしたシフは、翌朝、南アフリカ全紙の一面に肩を落とし、頭をさげた自分の姿を見ることになった。一紙の見出しは「恥だ!」。シフがスプリングボクスでプレイすることは二度とない。

南アフリカは次のテストマッチに新たな気分で登場し、七トライを記録してライオンズを25—9で圧倒した。セットピースを支配し、スリークォーターは英国のディフェンスをずたずたにして、左ウイングのトム・ヴァン・ヴォレンホーヴンが、途方に暮れたトニー・オライリーに対してハットトリックを達成した。

さらにドラマが続いた。テストマッチ第三戦で、ライオンズは統制のとれた厳しい試合を戦い、このときフォワードが初めて相手を継続的に圧倒した。クリフ・モーガンが模範的なキックでボールを次々とタッチに蹴りだし——試合中、ラインアウトが六五回あった——大半がウェールズ選手のフォワードがラインアウトを制した。ジェフ・バターフィールドのドロップゴールでライオンズは前半を3—0とリードしてハーフタイムに。後半、バターフィールドのトライが試合を決し、ライオンズが9—6で勝利した。

スプリングボクスを二十世紀に初めて破る遠征チームとなるまでにあと一試合。ポートエリザベスにおける最初の四〇分間は、前回のテストマッチと同様に進行し、厳格に統制のとれたフォワードのプレイによってライオンズが前半5—3でリードした。しかし、ハーフタイムのあと、南アフリカはギアをあげ、連続四トライ。22—8の納得のいく勝利でテストマッチシリーズをタイにした。

これはただの偉大なテストマッチシリーズというだけではなかった。このシリーズは南アフリカが依然としてラグビーの圧倒的強国であることを確認し、同時に英国のラグビーユニオンのトップ選手がいまやきわめて高い水準で戦えることを示した。またこのところ、南アフリカ、オーストラリア、ウェールズ、フランスに連敗中のオールブラックスがおそらくは世界で三番目の強国にすぎないことを示唆していた。

ニュージーランドにはこのような状態が続くのを許してはおけなかった。そこで一九五六年六月、スプリングボクスがついにニュージーランドに到着したとき、賞品はただのラグビーの勝敗よりもはるかに大きく、そこにはニュージーランドの国民的プライドが賭けられていた。遠征は報道、協会、議会の関心の的となった。新聞は取り憑かれたように、スプリングボクスの代表選手選考会を報道し、オールブラックスが対戦しようとしているものについて洞察を得ることを期待した。学校の集会では遠征の予測が論じられ、若い生徒たちにテストマッチシリーズのもつ深い意義を教えた。[2]

遠征チームの到着は王族の訪問と同じように熱狂的に迎えられた。ワイカトのテストマッチ第一戦のために、三時間半の歓迎行列が遠征チームを待ち受けていた。特別列車がワンガヌイに到着したとき、ウェスタンプロヴィンスのロック、ヤン・ピカードが歓呼の声をあげる群衆に水鉄砲をはねかけ、スプリングボクスは、「鉄道の駅からホテルまで、クラシックカーと消防車に乗って行列を派手なコメディに変えた[3]」。四か月の遠征期間中、おおよそ二〇〇万のニュージーランド人口の三分の一が試合を観戦した。

ダニーディンのカリスブルック競技場に詰めかけた四万人は、緊張した荒っぽい試合を目撃した。試合はオールブラックスのウイング、ロニー・ジャードンのインターセプトからのトライで決まった。左側でスプリングボクスの攻撃陣のほうが数が多かったにもかかわらず、ジャードンはダヴィー・アッカーマンのどっちつかずのパスをつかみ、フィールドの半分を走りきって、トライをあげることができた。南アフリカのスクラム支配にもかかわらず、ニュージーランドのフォワードはラックで相手に勝った。これは遠征のひとつの特徴となる。

試合結果14―10は話の半分しか語っていない。試合が終了したとき、グラウンド上にはオールブラックスの選手が一四人、スプリングボクスは一三人しかいなかった。厳しいプレイと悪質プレイが区別できなくなった。州代表戦でさえ暴力的な対戦になり、ニュージーランド選手ひとりひとりが一九四九年の屈辱のリベンジを果たすのが自分の個人的責任であることを必死になって証明したがっているようだった。国家の名誉と個人のプライドとがまったく同一のものに見えた。

雰囲気はあまりにも敵対的になったので、テストマッチ第二戦の直前、スプリングボクスの監督ダニー・クレイヴンがNZRFUに、遠征を切りあげ、試合後、帰国すると告げた。ウェリントンで8—3と勝利してクレイヴンは気を変えるが、スプリングボクスは、相手の暴力だけでなく、意地悪なレフェリングと感情を傷つける偏向的な群衆にもしだいにいらだちを募らせていった。

クレイヴンが、帰国すると脅せばNZRFUが選手たちに暴力を控えさせるだろうと考えていたとすれば、クレイヴンと、そしてとくにそのフロントロウは期待を裏切られることになった。クライストチャーチにおけるテストマッチ第三戦のキックオフから数分もたたないうちに、オールブラックスはまったくの肉体的な威嚇で、スプリングボクスのフォワード支配にけりをつけようとしていることを教えた。

いちばんの責任はアマチュア・ボクシングの元ヘビー級ニュージーランド・チャンピオン、オタゴのプロップ、ケヴィン・スキナーにあった。フォワード強化のために、チームに呼びもどされたスキナーは、南アフリカの両プロップ、クリス・コッチとジャップ・ベッカーにパンチを食らわせた。あまりにも強烈なパンチだったので、ふたりとも地面に殴り倒された。スキナーは生涯、謝罪をしなかった。「自分のなかに少しでも根性があれば、シルバーファーン〔銀色のシダの葉。オールブラックスのエンブレム〕を身につけるだけで、充分やる気が出るはずだ」と何年もあとに、記者のウォリック・ロジャーに語っている。「結局のところ、きみは殺すか殺されるかの状況にいるわけだ」[4]。

威嚇は奏功し、オールブラックスは11—0でリードして前半を終えた。しかしスプリングボクスのフォワードはやられたままではいなかった。徐々に試合をとりもどし、残り二〇分でスコアは11—10となった。それでもオールブラックスは相手の力量を見抜き、最後五分間でトライ二本を決めて17—10。ニュージーランドの勝利を決定づけた。一試合を残して二勝一敗、テストマッチシリーズの負けはなくなった。だが傷ついたニュージーランドのプライドにとっては、ただ負けないだけでは充分ではなかった。勝利が必要不可欠だった。

オークランドにおけるテストマッチ第四戦はまたしても猛烈で荒っぽい乱闘となった。オークランドのイーデンパークをびっしりと埋めた六万二二四〇人の観客も、フィールド上の選手と同様に試合に全力を傾注し、試合前のグラウンド確認に登場したダニー・クレイヴンは敵意に満ちたブーイングで迎えられた。オールブラックスはふたたびスクラムでは劣勢だったが、ラックを支配し、これが決定的となった。

フルバックのドン・クラークのペナルティゴールで、ニュージーランドが前半を3—0とリード。しかし、シリーズを決めるトライは後半五分。スプリングボクスのスクラムハーフ、〝ポパイ〟ストレーダムがタックルでボールをこぼし、ニュージーランドのフッカー、ロン・ヘミが足にかけて前に転がした。ナンバーエイト、ピーター・ヒルトン=ジョーンズがそれをキック。南アフリカのフルバック、ベッシー・ヴィヴィエが拾いそこなったボールはヒルトン=ジョーンズの手にとびこんで、ヒルトン=ジョーンズがグラウンディングした。クラークがコンバージョンを決め、そのあと、ペナルティゴールをもう一本決めて、11—0とした。ロイ・ドライボロが終了間際におなぐさめのトライを決め、コンバージョンも決まったが、試合は11—5でオールブラックスの勝利に終わった。

ニュージーランドは試合に、テストマッチシリーズに、非公式の世界選手権に勝ち、そしてなによりも重要なことはその国民的自信をとりもどした。しかし、友人は得られなかった。何十年にもわたる伝統に反して、どちらのチームの選手も試合終了後にジャージーを交換しなかった。

◉悪質プレイ

一九五六年遠征での荒っぽいラグビーは、テストマッチシリーズにどうしても勝ちたいという両チームの欲求の結果だけではなかった。それはどちらも肌の色の濃い者たちに対する支配の上に建てられた不安定で怯えたふたつの国家、ふたつの社会の反映だった。どちらのチームもラグビーが自分たちの国をひとつに統一したと主張していたにもかかわらず、現実はしばしばその反対だったからである。

一九四八年、圧倒的にアフリカーナーの国民党が初めて南アフリカの政権をとった。国民党はすぐにアパルトヘイト体制をつくりあげ、人種を隔離し、非白人人口から市民権を剥奪し、厳格な人種的ヒエラルキーを逸脱した者を罰した。その政策のほとんどが、英国統治下で導入された慣習を正式に承認し、あるいは法律を拡大したにすぎなかった。しかし国民党は、アパルトヘイトはアフリカーナーを彼らが世界において正当な権利を有する地位に引きあげたと主張した。

このレトリックは、翌一九四九年、スプリングボクスがオールブラックスに圧勝したとき、驚くべき形で確認されたように見えた。アフリカーナーとラグビーユニオンの絆は両大戦間にしだいに強化され、一九四八年の政治における勝利と一九四九年のスポーツにおける勝利の二重の勝利はラグビーとアフリカーナーの民族主義をひとつの不可分の統一体に融合した。

ラグビーユニオンがその一部として非公式に受容してきた人種差別をいまや国家の政策が是認した。したがってNZRFUが選抜した一九四九年の遠征チームはふたたび全員が白人だった。ニュージーランド国内で広まった抗議にもかかわらず、マオリ選手は選ばれなかった。NZRFUにとって、南アフリカと分かちあうラグビーの絆のほうが、人種間の平等よりも大切だった。

オールブラックス一九四九年遠征とは対照的に、一九五六年には抗議の声はほとんどあがらなかった。スプリングボクスをやっつけたいという欲求がそれほどまでにニュージーランド国民を支配し、その息を詰まらせていた。マオリ女性福祉連盟だけが反対の声をあげた。それでも人種の問題は消え去らなかった。白人のニュージーランド人は、自分たちの国は人種的偏見からは自由だと主張したがった。しかし、それは真実とはほど遠かった。

マオリは社会的・経済的階段の一番下にいて、白人からはよくても庇護者ぶった偉そうな態度であつかわれるだけだった。有名なジャーナリストでブロードキャスターのウィンストン・マッカーシーは、オールブラックス戦の偶像崇拝的な解説でニュージーランドのラグビーユニオンの代弁者となったが、マオリ選手を「初めて、あるいは二度目に」見るのは「群れのなかからある特別な羊を一匹選ぼうとするのに似ている」と能天気に書くことができた。「彼らはみんな同じに見える」[5]。

一九五六年、スプリングボクスは、一九二一年の物議を醸した試合以来初めて、オークランドでマオリ代表と対戦し、37―0の意外な点差で勝った。数十年後、当日、マオリのフルバックとして出場し、その後、英国国教会主教となったムル・ウォルターズは、マオリ問題担当相のアーネスト・コーベットから、チームには試合に負けるよう告げられていたと語った。ウォルターズは、コーベットにマオリが勝てばオールブラックスは二度と南アフリカには招待されないと告げたという[6]。

スプリングボクスによる一九五六年の遠征は、このあと四〇年間にわたって、あからさまな政治論争なしでおこなわれた最後の遠征となる。アパルトヘイト法が拡大するにつれて、南アフリカでしだいに大きくなった抑圧に対して、国際的な反アパルトヘイト運動が湧き起った。一九五八年夏に、NZRFUが一九六〇年の南アフリカ遠征を発表したとき、抗議の波が押し寄せた。「市民によるオールブラック遠征同盟」が組織した陳情書に一六万人以上のニュージーランド人が署名し、そのスローガン「マオリなしなら遠征なし」を支持し、さらに数千人が通りを行進した。ジョージ・ネピアは「市民によるオールブラック遠征同盟」にメッセージを送り「最高の幸運を。フルバックが必要なら知らせてくれ」と書いた。[7] しかしNZRFUは政府を後ろ盾に、白人オンリー政策の転換を拒否した。

一九六〇年三月二十一日、シャープヴィルにおいて、南アフリカ警察が非武装のデモ隊に発砲し、六九名を殺害、男性、女性、子ども一八〇人以上を負傷させた事件も、NZRFUの心を変えさせなかった。全国規模の抗議に応えて、国民党は非常事態を宣言、一万八〇〇〇人以上を逮捕し、アフリカ民族会議を活動禁止にした。シャープヴィル虐殺事件の二か月後、オールブラックスが到着し、三度目となる南アフリカ遠征を開始した。

スプリングボクスはオールブラックスをテストマッチ第一戦で13—0と完封したが、ドン・クラークのキックが第二戦では物を言い、オールブラックスが11—3で勝った。テストマッチ第三戦はフランク・マクマレンの終了間際のトライをクラークがサイドラインからのキックでコンバートして11—11の引き分けとした。したがってテストマッチシリーズはポートエリザベスにおける第四戦までもつれこむことになった。この試合とシリーズの勝敗は、トランスヴァールのフランカー、マーティン・ペルサーのトライのみによって決まった。

一九六五年、スプリングボクスはオーストラリアを訪れ、オーストラリアとのテストマッチ二試合に敗れ、対オールブラックス戦四試合のうち三試合に負けた。これはスプリングボクス史上最悪の遠征だった。一九五〇年代の自由闊達なラグビーははるか昔のものとなり——アパルトヘイトをめぐる政治の嵐が強まるにつれて、チームはありうるかぎりでもっとも退屈なラグビーによって敵対的な世界に復讐しているように見えた。南アフリカのラグビーはもはや政治的でないふりはできなかった。アパルトヘイト政権との一体化によって、象徴的だろうと、あるいはその選手や役人の言葉を通してあからさまにだろうと、スプリングボクスはいく先々で人種差別の旗を振ることになった。ダニー・クレイヴンが説明したように、「スプリングボクスは前線の兵士であり、前線の兵士として、われわれの国と他のラグビー国のあいだの後方連絡線を開き続けなければならない」[8]。抗議が無視できないほど大きくなるまで、残りのラグビーユニオンは沈黙していた。

一九六一年の英連邦からの南アフリカ追放に対して、ＩＲＢはこう反応した。「〔南アフリカが英連邦を追放されても〕ラグビーにおける南アフリカの立場はまったく変わらないだろうという全加盟国の見解をお伝えできることをたいへんうれしく思う」[9]。一九六四年と六八年のオリンピックから南アフリカが排除されたこと、そしてアパルトヘイト政権とのスポーツをボイコットせよとの国際的な圧力が増大したことも、ラグビーの統轄者たちにはほとんど影響をあたえなかった。

ラグビーユニオンは国際政治と切り離せないようにからみあい――続く二五年間、国際政治がラグビー内の政治を形作ることになる。

第28章 紳士と選手（ウェールズとイングランド、一九四五―九五年）

Gentlemen and Players: Wales and England 1945-95

「これはすごい。フィル・ベネットがカバーにいってる。アリステア・スカウンが追った。すごい。これはすごい。ジョン・ウィリアムズ。ブライアン・ウィリアムズ。プリン。ジョン・ドーズ……うまいダミーだ。デイヴィッド、トム・デイヴィッド。ハーフライン。クイネルのすばらしいプレイ。これがガレス・エドワーズだ。劇的なスタート。みごとなトライだ！」。

これはラグビーユニオンの歴史でもっとも忘れがたい解説、もっとも忘れがたいトライ、そして間違いなくもっとも忘れがたい試合だ。一九七三年一月、七度目のオールブラックスに対して、バーバリアンズのガレス・エドワーズが試合開始二分二五秒で決めたトライほど人の心をとらえたトライはない。

フィル・ベネットのヌレエフのようなサイドステップ、喉にかかったブライアン・ウィリアムズの乱暴なタックルにもかかわらず、J・P・R・ウィリアムズが左にロングパス。ジョン・ドーズがフィールドで一気に加速し、ニュージーランドのディフェンスを切り裂く。フォワードのデイヴィッドとクイネルのあいだのパスのやりとり。そしてエドワーズのとめることのできない突進。エドワーズはまるで虚空から飛び出してきたように姿を現わし、クイネルからウイングのジョン・ベヴァンに向かって投げられたと見えたパスをつかむと、三五ヤードをディフェンスを振り切って走り、最終的にオールブラックスのゴールラインを飛び越えて四点を入れた。

「もしも書き言葉の最高の作家がこの物語を書いても、だれもそれを信じないだろう」と、解説者のクリフ・モーガンは、エドワーズが自陣にもどったとき叫んだ。エドワーズは試合前、痛むハムストリングを手当てしていたのだ。このトライは一個の楕円球とふたつのチームが達成しうる感動の可能性すべてをとらえていた。

試合は同じ精神のなかで続き、どちらのチームも、しばしば今回のオールブラックスの遠征を特徴づけた退屈なディフェンスのかわりに大胆な攻撃を選んだ。ハーフタイムには、バーバリアンズが17—0でリード。後半、ペースはわずかに落ちたが、オールブラックスはエドワーズとその仲間の洗練されたラグビーの域には到達できず、試合はバーバリアンズ23—11の華麗なる勝利で終わった。

これはひとつの象徴性に富んだ試合であり、その象徴性は続く一〇年間に大きくなっていく。間違いなくウェールズ、あるいはブリテン諸島が生んだ最大のフライハーフで本人も奔放なラグビーのマエストロだったクリフ・モーガンが解説者だったという事実は、このトライに殿堂入りをするだけの正当性をあたえた。

試合の結果は、大急ぎで集められ、練習の時間もあまりなかった急ごしらえのチームでも、選手がラグビーのスピリットを理解し、集中すれば、最強の敵を倒せることを示唆しているように見えた。それはラグビーがもつ人智を超えた特質に対する信念を生き返らせた。試合が厳格で容赦のないフォワード戦に終始し、うんざりしても、エドワーズのトライを思い出せば、ふたたびラグビーを観たい気になる。

もちろん、時がたてば、試合の現実の多くは霧に包まれてしまう。バーバリアンズは大急ぎで集められた遍歴の戦士の一軍ではなかった。そのうちの一二名は一九七一年のテストマッチシリーズでニュージーランドを初制覇したブリティッシュ・ライオンズのメンバーだった。ほかのふたり、フィル・ベネットとトミー・デイヴィッドは無敗の一九七四年ライオンズ南アフリカ遠征でプレイした。このチームは史上最高の遠征に参加した選手たちが溶鉱炉でひとつに溶け合い、さらに鍛造されてできたのだ。

逆に言えば、一九七二—七三年のオールブラックスにはがっかりした人も多かった。イングランド、スコットランド、ウェールズは倒したものの、アイルランドとマンスターとは引き分け、ラネリー、北西部諸州連合、中部諸州連合（西地区）、フランスには敗れた。遠征のどん底は、ウェールズ戦で試合を決めるトライをあげたプロップのキース・マードックがアルコールが原因でたびたび事件を起こし、国に送り返されたときだった。

この時期、ラグビーユニオンはフィールドの内外で大混乱に陥っていた。アパルトヘイトの南アフリカを孤立させるための国際的キャンペーンに狙い撃ちにされ、一九七二年の五か国対抗はアイルランドの騒乱のために、ウェールズとスコットランドのどちらもが安全に対する懸念からダブリンでの対戦を拒否したので、全試合が戦われたわけではなかった。

そしてラグビーそのものも変化しつつあった。一九七一年、トライの得点は三点から四点にあげられ、ラグビーユニオンの歴史上初めて、トライの得点がゴールを上まわった。前年に、ダイレクトタッチは二五ヤードラインの内側からに制限された。これはオーストラリアでは長年存在していた「国内ルール」だった。一九六八年に負傷交代が可能になり、ほぼ一世紀にわたって反対していたRFUを方向転換させた。

コーチによる指導もタブーではなくなった。イングランドは元国代表フランカーのドン・ホワイトを一九六九年に初代の国代表監督に任命し、バーバリアンズは真の天才的巨人カーウィン・ジェイムズが指導した。ラグビー伝統の地殻変動が一九九五年のきわめて重大な変化に向かって段階的に継続していた。

ガレス・エドワーズのトライとバーバリアンズの勝利は、オールブラックスに対するライオンズの一九七一年の勝利が示したもの——そして一九七四年の南アフリカに対する勝利が確認したものに強い光をあてた。ラグビーの国際的な遠征が始まって以来初めて、英国のラグビーユニオンが世界の頂点に立っていた。

◉ 後ろ脚で立つドラゴン

この強さの脈打つ心臓はウェールズ。バーバリアンズのうち七名はウェールズ人だった。ニュージーランドにおける一九七一年のテストマッチでは、キャプテンのジョン・ドーズも含めてバーバリアンズにウェールズ人が必ず七名以上いた。ニュージーランドにおける一九七四年のテストマッチのメンバーでも六名だった。ウェールズ選手はまた、ハーフバックス、フルバック、ナンバーエイトのような重要なポジションを占め、チームに大脳皮質を提供した。

ウェールズがスコットランドと五か国対抗に同時優勝をした一九六四年から、七回目のトリプルクラウンを達成した一九七九年までのあいだ、北半球にはウェールズに並ぶ者がいなかった。五か国対抗に単独優勝八回、同時優勝が二回、その途中で忘れがたきグランドスラムを三回達成している。数十年が経過しても、ガレス・エドワーズ、バリー・ジョン、フィル・ベネット、ジェラルド・デイヴィス、そしてJ・P・R——わざわざ名字を言う必要はない〔ウィリアムズ〕——は相変わらず、ウェールズだけでなく、ラグビーがプレイされるすべての場所でよく耳にする名前である。それは間違いなくウェールズのラグビー史上最高の世代だった。

一九五〇年代初めに、未来を予測させることが起きていた。一九五〇年と五二年にグランドスラムを達成したウェールズは決然たるフォワードプレイと、息を呑むようなバックスのプレイを組み合わせたチームだった。学校の校長としての経歴においては廉直《れんちょく》の柱《はしら》だったのと同じように、ナンバーエイトとしては頼りになる柱石《ちゅうせき》だったジョン・グウィラムに率いられて、ウェールズから点をとるのは絶望的に難しく——一九五〇年の四試合で八点しか失っていない——点をとられるのを防ぐのは悪魔のように難しかった。

一九五三年、オールブラックス遠征チームを8—3で下したブレディン・ウィリアムズ率いるカーディフの先例に従い、ウェールズはとくに強烈な俊足のウイング、ケン・ジョーンズのトライによって遠征チームを13—8でふたたび破った。スウォンジーもその年、ニュージーランドをほとんどやっつけるところで、6—6で引き分けた。ウェールズのニュージーランド遠征も提案されたが、費用の負担が大きすぎた。

国代表チームは、フィールドのなかで豊かな人材に恵まれていた。一九五〇年の初グランドスラムでは、フライハーフは変幻自在のビリー・クリーヴァー、諸条件からやむをえずフォワード中心のプレイをせざるえないときには重砲のキッカーとなり、グラウンドが固いときにはフットボール・ランナーの俊足に切り換えられた。

一九五二年の勝利のころには、クリフ・モーガンがフライハーフのポジションに立ち始めていた。モーガンは興奮した仔犬のように自由に元気よく走りまわり、すべての試合を初めての試合のように熱く戦う男だった。そのために、一九五五年のライオンズで際だつ活躍をしたときに南アフリカが発見したように、モーガンを抑えるのはほとんど不可能だった。

センターにはジャック・マシューズとブレディン・ウィリアムズを誇る。鉄と鋼の完璧な組み合わせである。マシューズは、のちのヘビー級世界チャンピオン、ロッキー・マルシアノをかつて戦時中のボクシングの試合で引き分けにもちこんだことがあり、タックルしようとする者を怖気づかせた。ウィリアムズも同様だが、それは鮮やかなスピードとつかまえにくさのためだった。その特質からウィリアムズには「プリンス・オブ・センター」の称号があたえられた。この称号はウィリアムズが、一九〇五年、ウェールズの対オールブラックス戦勝利を指揮し、類似の称号「プリンス・オブ・スリークォーター」をあたえられたグウィン・ニコールズと同じ高貴な仲間に属することを示していた。

それからゴールデンボーイがいた。ルイス・ジョーンズはフルバックからフライハーフまでのポジションを同じように見事にプレイできる天才だった。まだ学生で、一九五〇年、弱冠十八歳と九か月一〇日で、ウェールズ代表フルバックとしてトウィッケナムにデビュー。イングランドがリードしてハーフタイムが近づいていたとき、イングランドのパントを拾い、タッチに蹴り出すかわりに、驚いたイングランドのディフェンダー数名をかわして、クリフ・デイヴィスのトライをお膳立てした。試合が終了したとき、ウェールズは11―5で勝ち、そして新しいスターが生まれていた。五か月もたたないうちに、ブリティッシュ・ライオンズのオーストラリア・ニュージーランド遠征の交代要員としてニュージーランドに飛び、遠征チームの得点王として帰国した。

ひと目見たところでは、ジョーンズは暢気なアマチュアのジェントルマンに見えた。急がず、ときには試合に興味がないように見え、試合に全身全霊を投じる瞬間を選び、通常は華麗な結果をあげた。もっとも重要な試合でさえ、ハーフタイムには、ときには煙草を一服してくつろぎ、彼ほど緊張をとくことができないチームメイトを大いに驚かせた。

事実、ジョーンズは反逆者だった。その自信は、尽きせぬ才能の貯蔵庫に由来し、ウェールズのラグビーをフィールド外で支配していた上下関係にかかずらっている暇はなかった。一九五二年、ウェールズの戦後二度目のグランドスラムで主導的な役割を果たしたあと、服従と失業はもう充分だと考え、空前の六〇〇〇ポンドでリーズと契約して、ラグビーリーグをプレイした。ラグビーリーグでも同じようにビッグスターとなり、ラグビーリーグのライオンズ〔グレートブリテン〕に加わって一九五四年と五七年にオーストラリアとニュージーランドを再訪。最終的には英国ラグビーリーグの栄誉の殿堂入りを果たす。

ジョーンズは一九六〇年代と七〇年代に北部に移った何ダースものウェールズ選手中でもっとも卓越したひとりにすぎなかった。ジョーンズとともに、ラグビーリーグの本場を自分の家にしたもっとも有名な選手には、特急列車のパワーをもつウイングのビリー・ボストンがいる。ボストンは一九五三年、十九歳でウィガンと契約し、一年足らずでジョーンズとともに、ラグビーリーグ一九五四年の南半球遠征に飛んだ。ウェールズとアイルランドの血を引く母親とシエラレオネ出身の父のあいだにカーディフのタイガーベイで生まれ、カーディフの波止場地域に本拠をおく多民族のクラブ、カーディフ・インターナショナルでラグビーを学んだ。

ボストンはラグビーユニオンのキャリアを積むにつれて、才能にかかわらず、自分のような肌の色の濃い者がウェールズ代表として戦うことはまったくありそうもないと気づいた――実際に、グレン・ウェッブがウェールズ代表初の黒人選手となるのはようやく一九八六年である。野心を達成するためにラグビーリーグに向かったウェールズの黒人選手はボストンひとりではない。ジョニー・フリーマン、コリン・ディクソン、フランク・ウィルソン、クライヴ・サリヴァンのような選手が、最高レベルのラグビーをプレイするために北部に向かった。サリヴァンは英国のスポーツ界で初の黒人キャプテンとなり、一九七二年のラグビーリーグ・ワールドカップでグレートブリテンを勝利に導いた。

たとえラグビーリーグの試合であっても、黒人のウェールズ選手の台頭は、一九五〇年代のウェールズ社会の変化を示している。ウェールズ代表となった炭坑労働者は両大戦間の四三名から、プロ化以前の戦後時代のわずか一〇名にまでに減少し、なににもまして近代ウェールズを作りあげた産業の急速な衰退を反映していた。それに反して、ウェールズ代表となった教師の数は同時期に二三名から七三名と三倍に増加した。一九五〇年代だけで二五人の教師がウェールズのキャップを獲得し、一九五三年のオールブラックスを破ったチームの三分の一は教職についていた。

ウェールズの青年は、歴史的にイングランドよりも開放的だったウェールズの教育システムが伝統的に提供するスポーツと雇用の機会を利用してきた。しかし一九五〇年代には、より高度な教育が大規模に拡張され始め、ウェールズに莫大な利益をもたらす。ラフバラ大学やエクスター大学のセントルークスキャンパスのような大学や体育大学から、ラグビーのトレーニングと研究にかなりの時間を費やすチームと選手が生まれた。一九六〇年代、ラフバラ大学チームは、ジェラルド・デイヴィス、ジョン・ドーズ、ジョン・テイラー、ジョン・マントルのような将来のスターをフィールドに送り出せた。

ウェールズの大学生は卒業後、同じラグビー哲学をクラブに、そして究極的にはウェールズ代表とブリティッシュ・ライオンズにもちこんだ。そのなかの多くがロンドン・ウェルシュに引き寄せられた。このクラブは首都で勉強したり職業キャリアを追うウェールズ人移住者で構成され、将来の典型的なウェールズスタイル・ラグビーの試験場を提供した。

ウェールズが一九六四年の五か国対抗にスコットランドと同時優勝するころまでには、国代表チームを構成していた選手たちの教育、医療、社会的移動性は、第二次世界大戦後に確立された社会保障制度に大きく支えられるようになっていた。ほとんど完全な雇用と社会のセーフティネットによって、ウェールズは文化的民族主義の再生を経験していた。

ラグビーのフィールドでは、国代表チームの冒険的なスタイルが、ウェールズの新たな自信を反映しているように見えた。一九六〇年代末と一九七〇年代のすばらしく有能なフライハーフ、バリー・ジョンには「ジョン王」の愛称がつけられた。

マスコミによるこのような大げさな呼称の例はまた、ウェールズ社会でチームがおかれた立場について多くを語る。

カーウィン・ジェイムズはライオンズ一九七一年のニュージーランド遠征勝利を指揮したが、国代表の監督をしたことはなかった――監督がセレクション委員会に従属すべきだとは考えなかった――この洞察力のあるウェールズ人監督は、落選はしたが、一九七〇年の総選挙にプライド・カムリ党〔ウェールズの独立を目標とする政党〕候補として立候補した。国際試合で英国国歌『神よ、女王陛下を守りたまえ』にブーイングするのは礼儀上の必須事項になった。しかし実際にはウェールズがとりこになっていたのは連合王国からの分離を望む政治的民族主義というよりはむしろ文化的民族主義だった。一九七九年、国民投票が四対一で権限移譲を否決した。ウェールズ人は全般的に、国と国とのラグビーの試合が続いている八〇分間だけ民族主義者であるように見える。

だが、それはしばしばなんという八〇分間だったことか。一九六〇年代と七〇年代のウェールズに比較できる国はほとんどない。一九七〇年代全体で、五か国対抗では七試合しか落としていない。それは単にウェールズの勝ち方だけではなく、その勝利を仕組む男たちについても言えた。ウェールズのフライハーフ工場は一世代のあいだにその最大の製品三個を生産した。北部にいったデイヴィッド・ワトキンスにかわって、バリー・ジョンが登場。バリー・ジョンはスポットライトを浴びる有名人生活にうんざりし、弱冠二十七歳で引退する。そのあとを稲妻のようなスピードのフィル・ベネットが継いだ。

マーヴィン・デイヴィスやジョン・テイラーのようなフォワードが、英国ではめったにみられない気力と活力をスクラムにもちこんだ。ウイングではジェラルド・デイヴィスとJ・J・ウィリアムズがかなりの数の世界レベルのスリークォーターの先頭を走っていた。もちろんガレス・エドワーズとJ・P・R・ウィリアムズはただ単純に、ウェールズが、あるいはおそらくほかのすべての場所がそのポジションに生み出した最高の選手だった。チームは全員合わせて、ほとんどまねできる者のいない空飛ぶラグビーをプレイできた。

チームが偉大の高みに達した時期は、一九六七年の英国におけるカラーテレビ放送の導入と一致していた。BBC初のラグビーのテレビ生中継ははるか以前の一九三八年、スコットランドがカルカッタカップに勝利したときである。五か国対抗は一九五〇年代にBBC冬期のスポーツ放送の基盤となっていた。一九六六年、最初にカラー放送が導入されたチャンネル、BBC2でニュース番組『ラグビースペシャル』が始まる。多くの人にとって、新しいカラー放送でいちばん最初に目にしたのは、赤いジャージーのウェールズのスクラムが湯気をあげ、そのあとジェラルド・デイヴィスやJ・J・ウィリアムズが赤い線を引きながらゴールラインに疾走するところだった。

バーバリアンズでのガレス・エドワーズの古典的トライが示したように、時代遅れに見えてしまう白黒の画面とは異なり、カラーはまた、試合の山場を何度もリプレイし、時代を超えて評価することを可能にした。漠然とした記憶と白黒のざらざらとした映像は、いまやいきいきとした色彩におきかえられた。

ウェールズのサポーターにとって、このように過去に簡単にアクセスできるのは幸いだった。一九七九年からプロフェッショナリズム到来の一九九五年までのあいだは、過去の誇りを思い出すよすがとなるのはほぼ記憶とビデオカセットだけだったからだ。ウェールズがトリプルクラウンを達成するのは一九八八年にフランスと同時優勝をしたとき一度だけ、単独優勝は一九九四年しかない。

ラグビーのフィールドで希望がなかったとすれば、フィールドの外ではなおいっそう希望がなかった。この間、ウェールズは脱工業化による完全な荒廃に苦しんでいた。炭坑員による一年間にわたる英雄的な炭坑閉鎖阻止運動のあと、ウェールズの石炭産業は基本的に死滅した。鉄工業も同じ運命に苦しんだ。ウェールズ渓谷地帯では一九三〇年代以降見られなかった規模で失業がふたたび広がり、それとともにラグビーも苦しんだ。

一九八〇年代末、ウェールズ経済の暗澹《あんたん》たる状況と、ウェールズ・ラグビー協会の終わりなき政治的駆引の結果、新世代の選手たちが北部への道を再発見し、ジョナサン・デイヴィスやスコット・ギブズ、ジョン・デヴルーのようなスターたちがラグビーリーグで名声と富、そしてスキルの大きな使い道を見出した。一九五〇年代以来初めて、ラグビーリーグのウェールズ代表が大観衆を集め、既存のラグビーリーグ国に挑戦。とりわけ特筆すべきは一九九五年のラグビーリーグ・ワールドカップで、このときはオールド・トラフォードの準決勝まで進出した。この試合で初めて、正式のウェールズ国歌『わが父祖の地』を歌う何千人ものウェールズ人の声が響き渡った。

一九七〇年代の栄光が再現されるまでに完全に一世代が経過した。しかし今回はプロフェッショナリズムの時代においてだった。

◉イングランドは興隆し、そして衰退する……

一九九〇年代のウェールズのラグビーユニオンのサポーターにとって、ウェールズ最高の選手が一三人制をプレイするのを見ること以上にいらだたしかったことがあるとすれば、それは五か国対抗がいまやイングランドに支配されているという事実だった。一九七七年、当時ウェールズのキャプテンだったフィル・ベネットは、カーディフ・アームズパークのイングランド戦を控えて、チームに忘れがたきスピーチをおこなった。

あのろくでなしどもがウェールズになにをしたかを見ろ。彼らはわれわれの石炭を、われわれの水を、われわれの鉄を奪った。彼らはわれわれの家を買い、毎年二週間をそこで暮らす。彼らはわれわれになにをあたえた? なにひとつとしてない、われわれはイングランド人によって搾取され、強奪され、支配され、罰せられてきた──それがきみたちが今日の午後、戦う相手だ。[※1]

ウェールズ人は、イングランド人は傲慢で偉ぶっていると感じており、ベネットのスピーチはウェールズがイングランドに対して感じている敵意を反映していた。イングランドのラグビーユニオンの多くがこの反感にお返しをした。一九六〇年代初めのイングランドの巧妙なスタンドオフ、リチャード・シャープは、ウェールズ・サポーターの激しい感情を不愉快に感じていた。「こちらが勝つと、彼らはこちらがラッキーだったのだと感じさせる。こちらが負けると、上から目線で同情する」[※2]。

ライバル関係の絶頂、あるいはどん底は、一九八〇年のトウィッケナムにおける試合である。ビル・ボーモント率いるイングランドがジェフ・スクワイアのウェールズと対決した。レフェリーのデイヴィッド・バーネットは三四個のペナルティをとり、試合を二度止めて、両キャプテンにファウルプレイについて警告。試合開始一四分に、イングランドのジョン・ホートン(フライハーフ)に対する危険なタックルでウェールズのポール・リンガーを退場にした。

イングランドのトライ数ゼロに対して、残り三分でウェールズのエルガン・リースが二本目のトライを決めたとき、試合は決まったかのように見えた。しかしコンバージョンは失敗。インジャリータイムで、ウェールズは右のタッチライン近くで反則を犯し、メトロノームのように正確なキックをするダスティ・ヘアが進み出てその試合三本目のペナルティゴールを決め、イングランドに9─8の勝利を手渡した。デイリー・テレグラフ紙のジョン・メイソンによれば、それは「あまりにも多くの人に恥じいるべき理由があった」試合だった。[※3]

恥じいるか否かはともかくも、すでにフランスとアイルランドに勝っていたイングランドはそのあとスコットランドにいき、五トライをあげて、一九五七年以来のグランドスラムを達成した。イングランドにとって、戦後は大部分が不毛な時代だった。一九八〇年の勝利は、先立つ三四年間で、ようやく五回目の五か国対抗単独優勝にすぎない。一九六〇年代半ばから、殺伐、非難合戦、自己分析以外のほかはほとんどなにもなかった。

それでも一九五〇年代の始まりは好調だった。のちにRFU会長となるふたり、アルバート・エイガーとジョン・ケンダル＝カーペンターを擁するイングランドはニム・ホールに率いられ、一九五三年に戦後初の五か国対抗単独優勝を果たした。俊足の逞しいウイング、テッド・ウッドワードのウイングプレイがチームを飾った。ウッドワードの先例を継いで、そこからピーター・ジャクソン、その後のデイヴィッド・ダッカムが魔法を紡ぎ、グラマースクールの生徒ジェフ・バターフィールドがデビューした。バターフィールドはウェールズのスタンドオフ、ウィリー・デイヴィスがラグビーリーグのブラッドフォード・ノーザン〔現ブラッドフォード・ブルス〕でディフェンスを切り裂くのを見ながらラグビーを学んだ。

バターフィールドと、もうひとり、北部人だがマンチェスター出身のフッカー、エリック・エヴァンズが中心となり、そのまわりでイングランド一九五七年のグランドスラム・チームが展開した。経験豊かなエヴァンズがチームを率いて、ピーター・ロビンズやデイヴィッド・マークスのような支配的なフォワードと、バターフィールドとピーター・ジャクソンの右ウイングの連係プレイで例示される鋭いバックスのラインの最適なバランスを達成していた。一九五七年にはジャーナリズム史上初めて、五か国対抗で対戦相手四か国すべてに勝つことが、少なくともザ・タイムズ紙によって、グランドスラムと呼ばれた。[4]

イングランドは翌年も負け知らずだったが、ウェールズとスコットランドに引き分け、再度グランドスラム達成とは言えなかった。続いて一九六〇年にはフランスと同時優勝。しかし、次の五か国対抗優勝は一九六三年である。今回、勝利を組み立てたキャプテンはフライハーフのリチャード・シャープだった。シャープはまだオックスフォード大学バリオル・カレッジの学生のときにイングランド代表デビューを果たしている。背が高く、金髪で、フィールド上では見間違えようがなく、相手ディフェンスにとって問題はシャープを見分けることではなく、シャープがボールをもっているときに、なにをするかを見分けることだった。

この予測不可能性がイングランドを五か国対抗優勝に導いた。最終のスコットランド戦5―8で負けていたとき、シャープがゴールラインから四〇ヤードの地点でボールをスクラムから受けとり、三度のダミーでディフェンスをかわし、ポストわきにもぐりこんだ。コンバージョンが決まり、イングランドはリードを保ってタイトルを確実にした。

シャープのバックグラウンドは、先立つ数十年間のラグビープレイヤーの原型と大きく重なるにもかかわらず、イングランドのラグビーユニオンは変化しつつあった。「いま流れこんできている血はかつてほど青くはなく〔「青い血」は貴族を表わす〕、その多くは既存のラグビークラブへは流れこまない」と一九六〇年の年次総会で、RFUのある代表は説明した。彼は正しかった。一九四五年から七〇年まで、イングランド代表の六三パーセントは私立学校で教育を受けていたが、両大戦間の八二パーセントよりも減少している。この過程は一九七〇年から九五年のあいだに加速され、私立学校出身の選手は四四パーセントに落ち込んだが、グラマースクール出身者は三四パーセントと増加した。公立の非グラマースクール出身者の数は二三パーセントにまで増加――史上最高の割合となっている。[5]

実力主義の一九六〇年代には、クラブラグビーの伝統的なビッグスリー――ハーレクインズ、リッチモンド、ブラックヒース――の支配は中部地方のモーズリーやレスター、コヴェントリー、ベッドフォード、南西部のバス、ブリストル、グロスター、北部のゴスフォース、オレル、ヘディングリーからの挑戦を受けた。こういったクラブがラグビーのトップクラスに浮上したのは、社会における姿勢の変化と無関係ではない。それは彼らにRFUの権威に挑戦する自信をあたえた。

したがって、これらのクラブが全国的なカップ争奪戦とリーグ戦を要求し始めたのはたいして驚くには値しない。ノックアウト方式のカップ・トーナメント――一八七八年にカルカッタカップを全国規模のカップ争奪戦に使用しないと決めたとき以来、RFUで真剣に議論されたことはなかった――のアイディアを、一九六七年のRFU年次総会でベッドフォードが提案した。翌年、北部の一ダースほどのクラブが、チェルシー、ランカシャー、ノーサンバーランド、ヨークシャーのクラブを包合する北部リーグ戦の結成を提案した。どちらもRFUからにべもなく拒否された。[6]

しかし英国では、スポーツ、とくにアマチュア主義に対する姿勢は変化しつつあった。クリケットは一九六二年にアマチュアとの分離を破棄し、これが「ジェントルマン〔アマチュア〕対プレイヤー〔プロ〕」戦の終了につながった。ローンテニス・アソシエーションは一九六七年にアマチュア主義を放棄し、ウィンブルドンは「オープン」になった。「アマチュア」という表現さえも、戦後の英国社会の問題を象徴する言葉のひとつとなった。エドワード・ヒースが一九六六年に保守党党首となったとき、オブザーヴァー・マガジンはヒースが「英国政治のアマチュア性」を嘆いたと報じた。[7]

ラグビーユニオンは一九六〇年代にかなりの時間を費やして、それが商業主義の脅威と見なすものからそのアマチュア精神を守った。一九六五年、選手は「営利企業から贈られる」褒賞《ほうしょう》の受けとりを禁止された。一九六九年には、国際ラグビーフットボール評議会は「営利企業によるスポンサーシップはアマチュア原則に反する。いかなるユニオンも加盟団体も営利企業あるいは個人が企業としての力でおこなう贈り物、あるいは金銭的支援を受けとってはならない」[8]と繰り返した。

しかし、ラグビーのスポンサーになることを求める企業側からの圧力は強かった。スポンサーシップは不可能だと決めたわずか二年後、RFUは心を変え、「ラグビーの利益になるかぎりにおいては、後援と商業的支援は受容可能である」と決めた。一九七二年末には、ほとんどなんの努力もなしで、一一の企業スポンサーを集めていた。

RFUはまた、ノックアウト方式のトーナメントの問題でも前言を翻した。一九七一年、三二チームが参加して、新しい「RFUクラブ・コンペティション」がキックオフされた。財政的にもスポーツ的にも成功し、おまけに準々決勝でハーレクインズをウィルムスローがノックアウトするという番狂わせがついていた。権力は地方のクラブに移りつつあることのさらなる証明として、カップではグロスター、ブリストル、コヴェントリー、ベッドフォード、ゴスフォース、レスター、バスが常勝チームとなった。一九七五年には、ラグビーリーグとの同様の取引をお手本にして、インペリアル・タバコが三年間で一〇万ポンドを払ってスポンサーとなり、トーナメントはジョン・プレイヤーカップになった。

リーグ戦導入はそう簡単ではなかった。歴史的にRFUはリーグ戦をプロフェッショナリズムへの入口と見なし、一九七〇年代にはクラブからの多くの提案を拒否してきた。しかしリーグ戦の圧力をかけてきたのはクラブだけではなかった。圧力はイングランドの失墜からもかかってきた。

一九六三年の五か国対抗勝利以後、イングランドの戦績は落ち込み、一九七〇年代にどん底に到達した。一九七〇年代には五か国対抗に一一勝しかできず、ラグビー関係者の多くが代表のプレイ水準をあげるためのドラスティックな行動を求める原因となった。またイングランドのスランプは――ウェールズの興隆と同様に――まさにテレビがスポーツ報道におけるもっとも重要なメディアとなりつつある時期に起きた。それは国際的なスポーツの政治的、国民的ライバル関係を数百万人のお茶の間にもちこんだ。ひとつかふたつの名誉ある例外はあったが、イングランド戦の生中継は単純に代表チームの弱さを白日のもとにさらした。

一九七五年、ザ・タイムズ紙のピーター・ウェストはリーグ戦について論じた。なぜならば「イングランドは自分たちの代表がふたたび常勝するのを見たいと切望している……リーグ戦をつくる根底にあったのは——チームプレイも個人プレイも——最高の選手は自然に浮かびあがってきて、実りをもたらすという考え方である」[9]。国の船は方向転換しつつあった。だがそれはゆっくりとであり、イングランドのラグビーユニオンがリーグ戦システムを導入するまでにさらに一〇年がかかった。

◉……そして興隆する

ビル・ボーモントがイングランド一九八〇年のグランドスラム達成を祝って、マレーフィールドで肩車をされるころには、英国は激しい変化を遂げる寸前だった。そして変化の中心には金があった。

一九七五年、ラネリーにおける試合からの帰路、イングランド代表のウイング、デレク・ワイアット（ベッドフォード）はラグビーの現状についてじっくりと考えた。「観客数は一万二〇〇〇人かそれ以上だ。おそらく八〇〇台ははいる駐車場は満車だった。プログラムは売り切れた。バーは混雑していた。私は考えた。金はいったいどこにいってしまうんだ?」。このように考えたのはワイアットひとりではなかった。一九七九年、RFUのある会合で、マーガレット・サッチャーの選挙勝利演説の口調をまねて、レスターの役員ケヴィン・アンドリューズは「手にはいりうる巨額の金がある」と言い、「われわれはラグビーフットボールにおいて、その公正な分け前を手にしているのか」と問いかけた[10]。

これが時代の精神だった。イングランド社会の伝統的なジェントルマン的価値から離れようとするゆっくりとした動きは、マーガレット・サッチャーが一九七九年にダウニングストリートの首相官邸に到着したあと、その最高速度に到達した。その動きはラグビーユニオンで伝統的な砦のひとつ、ロンドンのシティでもっとも派手な形で目にすることができた。一九八六年十月、シティは「ビッグバン」を経験し、OBネットワークと行動規範を、身分よりもむしろ金銭が決定原理となる「自由市場」原則と規制緩和とで置き換えた。

ラグビーユニオンをプレイし、運営してきた人びとは、この変化する世界の一部だった。実際に、サッチャーの夫デニスはシニアのレフェリーであり、一九五六年、パリにおけるフランス対イングランド戦でタッチジャッジを務めた。ロブ・アンドリュー、ピーター・ウィンターボトム、トニー・アンダーウッド、ブライアン・ムーア、サイモン・ハリデー、デイヴィッド・ピアーズはすべてシティに勤務していた。重要な試合は金融界の社交と企業接待の一部になった。

競争に対する態度の変化は、完全なリーグ戦がようやく一九八七年にイングランドの試合に導入されたことに反映されている。カレッジ醸造所の後援を受け、一〇〇〇以上のチームが一〇八のディビジョンからなるリーグ戦に組織された。カレッジ・リーグは観客数とクラブの収入、プレイの水準を押しあげた。

イングランドのラグビーユニオン新時代に君臨したのはバスである。ジェレミー・ガスコットやステュアート・バーンズのような才能あるバックスと、ガレス・チルコットやヴィクター・ウボグのような個性的なフォワードをそろえ、プロフェショナル時代前のリーグ戦タイトルを五回獲得し、一二シーズンで九回カップを勝ちとった。チルコットやウボクはますますラグビーの駆動力になっていくセットピースにも新しいセレブリティ時代にも同じように適応した。バスは実質的にプロのチームであり、バスが成功したために、ほかのクラブにも最高の選手を集め、引き留めておくことがなおいっそう要求されるようになった。選手への報酬支払、契約金についての根拠ある噂、地味なクラブから派手なクラブへの突然の移籍の事例が数多く発生した。

しかしリーグ戦はイングランド代表チームによい影響もあたえた。一九九〇年、RFU会長マイケル・ピアリーは「最近二年間におけるイングランド・ラグビー再興は、リーグ戦の導入に負うところ大である」と説明した。[11] リーグ戦はイングランド代表チームに競り合いでの強さを加え、それを代表監督ジェフ・クックの方法論が補完した。

アマチュア的なトレーニング嫌いを引きずっていたおかげで、イングランド代表は一九六九年まで監督をおかなかった。一九六九年にノーサンプトンとイングランドの元代表フォワード、ドン・ホワイトが監督に任命される。五か国対抗の惨敗と目立たずに終わった第一回ワールドカップのあと、一九八七年にクックが引き継ぐまで、一連の監督はイングランドのパフォーマンスにほとんど違いを生まなかった。

一九八八年十月、最初におこなった大きな一手で、クックは代表キャプテンに二十二歳のウィル・カーリングを指名してみんなを驚かせた。カーリングは現代的ラガーマンのモデルそのものであり、パブリックスクールと軍隊のバックグラウンドをもち、しかもシティと最近シティで著しく劇化した競争を熟知していた。カーリングのリーダーシップのもとで、イングランドは、カーリング同様セドバーグ校が生み出した一九二〇年代のウェーヴェル・ウェイクフィールド時代以来なかったようなやり方で花を開かせた。

クックはチームを、ブライアン・ムーアやディーン・リチャーズ、ジェイソン・レオナードのような恐るべき選手たちを中心にした緊密で攻撃的なフォワード、ロブ・アンドリューのキック力、ジェレミー・ガスコットや空飛ぶロリーとトニーのアンダーウッド兄弟を含むのびやかなスリークォーターのラインのまわりに作りなおした。RFUの伝統をひっくり返し、チームを完全に掌握することを要求し、これまで代表チームを管轄していた諸委員会を無視した。本人がイングランド・ラグビーのプレイの「プロ化」と呼ぶものの一環として独自のスタッフを連れてきた。

続く八シーズン、イングランドはグラドスラムを三回達成、一九九六年にも五か国対抗に優勝した。一九九一年にはワールドカップ決勝に出場、オーストラリアに惜敗。イングランドのラグビーが要求していた成功は達成されたが、RFUが伝統的にほかのなによりも大切にしてきた原則、アマチュアリズムは放棄された。

この取引をほとんどのラグビー関係者が異議を唱えることなしで受け容れた。それがきたるべき新時代にさらに大きくさえなるイングランド勝利の土台を築いた。

第29章 ブレイヴハーツ、タイガース、ライオンズ（戦後のスコットランドとアイルランド）

Bravehearts, Tigers and Lions: Scotland and Ireland in the Post-war Years

スコットランドのラグビーユニオンは伝統的であることを伝統としていた。長いあいだ、ラグビーのアマチュア規則緩和の試みすべてに反対してきた。国際的な遠征が隠されたプロフェッショナリズムの一形式ではないかと疑い――そのために、一九〇八年のワラビーズと一九二四年のオールブラックスとの対戦を拒否した。古い3―2―3のスクラム・フォーメーションを最後に放棄した国であり、一九三二年まで選手がジャージーに背番号をつけることを許さなかった。

このような保守主義は深部まで浸透していた。メルローズのロック、フランク・クーツは戦後、代表選考試合に出場し、体重測定の列で自分の番がきたとき、体重計に一ペニーを投入するよう要求されたと回想している。スコットランド・ラグビー協会は相変わらずラグビーは基本的にアマチュアのレクリエーションだと信じており、自前の事務所さえもっていなかった。書記ハリー・シムソンは地元の事務弁護士事務所で仕事をしなければならなかった。※1

それでも、戦後、英国のラグビー国でもっとも革新的になったのは保守主義のスコットランドだった。一九六〇年、南アフリカを訪れ、ブリテン諸島の国としては初めて強豪国に海外遠征をする。対スプリングボクス戦テストマッチは10―18と名誉ある敗戦を喫するが、遠征は全般的に成功と判断され、イングランドが一九六三年にオーストラリアとニュージーランドへ、ウェールズが翌年、南アフリカに遠征をするきっかけを作った。

なお驚くのが、プロフェッショナリズムに扉を開くのではないかという恐れを克服して、スコットランド・ラグビー協会が国内のラグビーに初めてリーグ戦を導入したことである。一九七三年、六つのディビジョンでクラブ戦が組織され、その下に地区リーグ戦のネットワークがおかれた。第一回の優勝者はホーイク、最終戦で二位のウェスト・オブ・スコットランドに敗れるまで、シーズン負け知らずだった。

スコットランド・ラグビー協会が過激になった理由を探るのはたやすい。一九五〇年、土砂降りの雨のなか、アラン・スローンの終了間際のトライをフルバックのトミー・グレイ（ノーサンプトン）がコンバートして、スコットランドが13―11でイングランドに勝利したあと、続く一四年間、スコットランドは旧敵を一度も倒せなかった。一九五〇年の勝利は荒涼とした一五年間の前の最後の休息だった。一九五一年から五五年までのあいだに、スコットランドは一七連敗を喫する。どん底は一九五二年に遠征してきたスプリングボクスに0―44で惨敗したときだった。この試合は「マレーフィールドの虐殺」として不名誉な記憶が残る。

スコットランド衰退の理由はある程度は人口の問題だった。スコットランドのラグビー人口は基本的に、国のエリート校卒業生とボーダーズの町に集中し、つねに他のホームネーション諸国よりも少なかった。一九五〇年代と六〇年代のイングランドとウェールズにおけるグラマースクールと大学教育の拡大は、この二国における選手層を厚くしたが、スコットランドはさらに遅れをとることになった。スコットランドはまたアマチュア規則の文言厳守という遺産にも苦しんだ。スポーツが激しく競争的になった世界で、スコットランドのアマチュア潔癖主義はいささかその足を引っ張る結果となった。

しかしながら一九六〇年代が始まると、スコットランドはもはや毎年五か国対抗順位表の下位で終わってはいなかった。これは部分的には相手から学びたいとする選手たちの意欲のおかげだったが、また地区内選手権のおかげでもあった。これは一九五三年に、クラブラグビーと国際的ラグビーのあいだの溝に橋をかけるためのトーナメントとして導入され、好結果をもたらし始めた。

未来に横たわる可能性の香りがしたのは一九五八年に、優勢なスコットランドのフォワードがワラビーズを12―8で制圧したときだった。しかし、スコットランドがほんとうにふたたび開花を始めるのはようやく一九六四年である。スコットランドはニュージーランドの遠征チームに0―0で引き分け、ホームネーション諸国で唯一オールブラックスに負けなかった。また一九五〇年以来初めてカルカッタカップに勝利、五か国対抗にウェールズと同時優勝し、一九三八年以来初めてタイトルの醍醐味を知る。

一九六六年と六八年には、ふたたびオーストラリアを破るが、栄光の頂点はスプリングボクス遠征チームに対する一九六五年［8―5］と一九六九年［6―3］の勝利である。おそらく古くからイングランドとの競争関係を育んできたスコットランドをもっとも満足させたのは、一九七〇年代初めの対イングランド戦六勝二敗だろう。そのなかにはタイ記録となる一九七〇年からの四連勝が含まれた。

イングランドやウェールズではすでに始まっていたように、スコットランドでも体育学校を卒業した選手の参入が効果をあげ始めた。イアン・マクギーハン（故郷リーズのカーネギー・カレッジで勉強した）、発想豊かなプロップのイアン・マクラクラン（グラスゴーのジョーダンヒル・カレッジ）、ジム・テルファー（エジンバラのモーレー・ハウス教育学校）のような鍵となる男たちが、チームに洗練をもちこみ、一九七〇年代の偉大なウェールズとさえ互角に戦うことを可能にした。この三人全員がライオンズでプレイし、スコットランドに重要な遺産をのこした。

スコットランド・ラグビー協会でさえ、コーチによる指導の重要性を認識するようになった。以前はそれをプロフェッショナリズムへのもっともすべりやすい坂道の一本と見なしていたのである。一九七一年、ジョーダンヒル・カレッジの監督ビル・ディキンソンを代表監督に任命。しかし相変わらずアマチュアリズムの曖昧なところに乗じて、スコットランド・ラグビー協会はディキンソンに「キャプテンのアドバイザー」の肩書をあたえ、給与は支払わなかった。

新しい取組の完全な成果が明らかになるのはようやく一九八〇年代である。ウェールズと同様に、一九六〇年以来、スコットランドでも民族感情が高まっていた。一九六七年、ウィニー・ユーウィングがスコットランド国民党党首として初めて下院議員となり、一九七四年十月の総選挙でスコットランド国民党がスコットランドにおいて三九パーセント以上の得票率を獲得した。一九七九年の国民投票ではわずかのところでスコットランドへの権限移譲は回避されたが、一九八〇年代のサッチャー時代の社会不安のために南の隣人イングランドからの疎外感はいっそう強まった。この姿勢の変化を反映して、スコットランド代表は一九七〇年代半ばに非公式の国歌として『スコットランドの花』を採用。この歌は一九九〇年の五か国対抗の試合前に初めて公式の国歌として歌われた。スコットランドのプレイ水準は民族主義の潮に乗って上昇を始めた。

ジム・テルファーは一九八〇年にスコットランドの監督に任命され、金銭的にではないにしても、姿勢においてはプロフェッショナルであるチームの建設にとりかかった。一九八四年、はじけるようなスコットランド代表はトリプルクラウンを楽々と達成し、そのあとマレーフィールドで無敗のフランスと直接対決。この試合はグランドスラムがかかった一回勝負の優勝決定戦となる。

試合開始直後は、フランスがタイトルをとるように見えた。バックスの活躍で、スクラムハーフのジェローム・ガリオンがトライ。スコットランドは3―9とフランスのあとを追っていた。そのあとガリオンが味方プレイヤーと激突して、担架で運び出された。フランスは規律を欠いたために、フルバックのピーター・ドッズは右目をほとんどつぶったままでも、ペナルティゴールで試合を同点にできた。そのあと、最終的にはフランスのフォワードを圧倒したスコットランド・フォワードのなかの一匹狼フィンリー・コールダーが、とどめのトライをあげた。コンバージョンも成功し、スコットランドが21―12で勝利。五九年ぶりのグランドスラム達成だった。

一九八六年、スコットランドはタイトルをフランスと分かちあうが、テルファーは交代しており、一九八〇年代末は不毛な時だった。一九八七年のワールドカップ第一回大会は、準々決勝でニュージーランドに3―30と惨敗し、残念な結果になった。翌年、イアン・マクギーハンが代表監督に就任。これがスコットランドにとって、マクギーハン自身にとって、そして全体としての英国ラグビーにとって、転換点となる。マクギーハンは間違いなくクラブレベルと代表レベルの両方で、英国ラグビー史においてもっとも大きな影響力をもった監督になる。

一九九〇年、マクギーハン配下の選手たちは五か国対抗で快勝を続けてきた。フランスはマレーフィールドにおいて、第一次世界大戦後の記録0―21で一刀両断にされる。しかし、スコットランドがどんどんと進む一方で、イングランドは他の三国に対する勝ち試合で八三点を積みあげて大暴れをしていた。タイトルのゆくえは、青いジャージーの男たちが最後にグランドスラムを達成してから六年後、両チームそれぞれの五か国対抗最終戦、マレーフィールドの対決で決められる。

それはおそらく一九二〇年代以降のスコットランド最高のパフォーマンスだった。フォワードは史上最強のイングランドのフォワード陣のひとつ――ブライアン・ムーア、ピーター・ウィンターボトム、マイク・ティーグ、そのほか決して後方に下がったことのない大勢の男たち――の顔を下に向けさせ、強烈な突進の波また波を追い返した。スコットランドが6―0でリードしたが、イングランドのガスコットが最初のトライを決める。サイモン・ホジキンソンはコンバージョンに失敗。そのあとペナルティキック二本もはずす。クレイグ・チャーマーズのキックのほうが安定し、前半でスコットランドは9―4と一歩リードした。

試合は後半開始早々の驚くべきプレイで決した。スコットランドのキックオフがフィールドの外に出て、イングランドはセンタースクラムを選択。リチャード・ヒルがボールを入れ、ムーアがすぐに後方に送る。しかしボールがナンバーエイトの手につかずノックオン。レフェリーが笛を吹いた。

スコットランド・ボールで再度スクラムが組まれた。ジョン・ジェフリーがスクラムからボールを拾いあげ、スクラムハーフのゲーリー・アームストロングに渡す。アームストロングがギャヴィン・ヘイスティングスにパス、ヘイスティングスがコーナーにチップキックをあげ、トニー・スタンガーがグラウンディングした。このあとイングランドはホジキンソンがなんとかペナルティを一本決めただけだった。ニュージーランド人レフェリーのデイヴィッド・ビショップがノーサイドの笛を吹いたとき、マレーフィールド、エジンバラ、そしてスコットランドの大部分が歓びで爆発した。

これはイングランドに対するただの勝利ではなかった。ただのグランドスラム達成ではなかった。これはスコットランド国民の勝利だった。スコットランドが社会不安と政治的放置によってだれよりもひどく苦しめられた一〇年間の終わりに、信じがたき八〇分間のあいだ、政治と社会、そしてスポーツがひとつになった。これは時代を超えて残り続ける瞬間だった。そしてそうならなければならなかった。なぜならば一九九〇年のマレーフィールドの魔法は、スコットランド・ラグビー黄金時代の頂点だけではなく、その終焉をもしるしたからである。

◉カイルの英雄からケルトの虎へ

第二次世界大戦後の歳月が、スコットランド史上でもっとも暗い時期のひとつだったとすれば、アイルランドの現実はその反対だった。一九四八年から五一年にかけてのわずか四年間で、五か国対抗に三回、単独優勝し、そのうち一回の一九四八年には初めてグランドスラムを達成した。それまでの六五年間で、アイルランドの単独優勝は四回しかなかった。これはまさに歴史に名を残すチームだった。

フッカーのカール・マレンに率いられ、アイルランドの勝利は、ビル・マッケイ、ジム・マッカーシー、デス・オブライエンの攻撃的で身軽なバックロウの上に築かれた。しかし、至宝は若きアルスターの医学生、ジャック・カイルだった。カイルにはスピード、サイドステップ、試合のリズムに対する感受性があり、そのおかげでトライチャンスのごくわずかの匂いも嗅ぎとれた。

カイルはフライハーフで、たとえ望んでもフォワード重視のラグビーはプレイできなかった。本能の導くままにボールを手につかみ、ディフェンダーに挑戦する。ディフェンダーは彼をどうやって止めるのか決めなければならない。一度、ディフェンダーが決めると、カイルはその反対をした。カイルの遺産は不注意にも大部分がウェールズに譲られた。カイルは若き日のクリフ・モーガンのアイドルであり、モーガンはカイルをモデルにして自分のラグビーを作りあげた。カイルのフライハーフのスタイルの痕跡はバリー・ジョンとフィル・ベネットにも見てとれる。一九五一年、カイルはカーディフ・アームズパークでみごとなトライを決め、そのトライによって二度目のグランドスラムがほとんどアイルランド海を越えるところだった。しかし、コンバージョンが決まらず、アイルランドは3―3の引き分けとただの優勝に甘んじなければならなかった。

しかしグランドスラムを達成したチームはすぐにばらばらになり、彼らが勝ちえた栄光は手から滑り落ちた。ひとつにはアイルランドが一九四〇年代末にはすでに老いたチームだったためである――グランドスラムを達成したスコッドのなかで一九二五年以降に生まれたのは三人だけだった。アイルランドは第二次世界大戦中、中立国にとどまり、英国とは違って、ラグビーはほぼ影響を受けずに継続した。アイルランド共和国の選手の多くが戦争による混乱なしで成長する機会をあたえられ、一九四〇年代末にその絶頂に達した。

一九五八年までカイルが代表でプレイを続けていたにもかかわらず、アイルランドは五か国対抗で結果を出すのに苦しんだ。これは必ずしも才能が払底したせいではない。一九五〇年代半ばから、チームは傑出したウイング、トニー・オライリーとニール・ブロフィーを誇ることができた。オライリーは国際的なラグビーをプレイしながら、ケリーゴールドのブランド開発によってアイルランドのバター産業を復興させていた。オライリーとブロフィーのどちらもがライオンズに参加。実際に、一九五〇年代のライオンズの遠征は三回ともアイルランド人がキャプテンを務めている。しかし、スコットランドと同様に、アイルランドが現代ラグビーに突入するのはこれからの話で、いくぶんか軽蔑的に「蹴とばし、叱りつけ、噛みつくだけ」と言われたプレイスタイルをライオンズにもちこんだ。

アイルランド島の二か国をスポーツが統一していたにもかかわらず、表面下では緊張がぶつぶつと泡を立てていた。アイルランドの国際試合は伝統的に、アイルランド中産階級カトリックのラグビー魂の故郷、ダブリンのランズダウンロードと、北アイルランド中産階級プロテスタントのラグビー狂のメッカ、ベルファーストのレーヴンヒルパークで戦われてきた。

しかしながら、一九五四年、共和国出身の選手一一名がレーヴンヒルパークで対スコットランド戦の前に英国国歌『神よ、女王陛下を守りたまえ』を歌うのに反対したとき、チームの統一に激震が走った。キャプテンのジム・マッカーシーはアイルランド・ラグビーフットボール協会書記に、もしアイルランドのために英国国歌が歌われるのなら、一一人全員が国歌斉唱には並ばないと伝えた。

選手たちは妥協はしないと判断して、アイルランド・ラグビーフットボール協会は試合当日の午前に反体制派選手一一名と会い、選手の要求だけでなく、今後はベルファーストでは国際試合を戦わないことにも同意した。この決定がアイルランド・ラグビーフットボール協会の財務担当者をよろこばせたのは間違いない。レーヴンヒルパークが、アイルランドのプレイ観戦を望む群衆を収容するには小さすぎることに気づいていたのは財務担当者だけではなかった。午前に勝利を得た選手たちがフィールドに登場し、スコットランドを6―0で破った。[2]

ショーン・レマスの改革政府が典型的に表すように、アイルランド社会は一九六〇年代に変化を始めた。ラグビーも変化し、その古い保守主義の一部を放棄した。コーチングは禁句ではなくなり、アイルランドは一九六一年に初めて南アフリカに、そのあと一九六七年にオーストラリアに遠征した。五か国対抗では苦戦を続けていたものの、アイルランドはオーストラリアを一九五八年から六八年までのあいだに四回破り、一九六五年にはスプリングボクスを下し、そのあと一九七〇年には引き分けた。一九六五年の対オールブラックス戦ではわずか一点差で敗れ、一九七三年にはオールブラックスに対して感動的な復活のドローを勝ちとった。

一九七二年、ふたたび政治が介入してきた。一月三十日、アイルランドがパルク・デ・プランスでフランスに14―9の歴史的勝利を記録した翌日、のちに「血の日曜日」と呼ばれる事件が起こり、北アイルランドで一三人が英国軍に射殺された。英国とアイルランドは大混乱のなかに投げこまれ、ウェールズとスコットランドのどちらもが、安全上の理由からランズダウンロードで予定されていた五か国対抗の試合を棄権した。五か国対抗は二度の世界大戦中をのぞいて初めて延期された。翌年、タイトルは初めて、そしてこの時一回だけ、五か国が分かちあった。アイルランドがダブリンで、ジョン・プリン率いるイングランドを18―9で下した試合は、試合そのものよりもプリンの試合後の指摘でよりよく記憶されているだろう。「われわれの出来はあまりよくなかったかもしれない。だが少なくともわれわれはここにきた」。

一九五一年以来、アイルランドが優勝にもっとも近づいたのは一九七三年の五か国同時優勝である。翌年、ようやくもう一度、優勝に手をかける。トウィッケナムにおいて、自由闊達なアイルランドがイングランドにトライ数四対一、26―21で勝ったのが決定的しかし破壊的な才能をもつセンター、あるいはフライハーフである。試合のスターはマイク・ギブソン、ほっそりした、しかし破壊的な才能をもつセンター、あるいはフライハーフである。

ギブソンの足はタックルしようとしてくる相手をすべるようにかわせたが、試合を読み、ディフェンスがごくわずかでも破れかけると、ぱっとサポートにかけつける優れた洞察力をもっていた。五回のブリティッシュ・ライオンズの遠征、とくに一九七一年の対ニュージーランド戦テストマッチで証明したように、世界中のどのスリークォーターにも劣らなかった。

ギブソンのすぐれた才能を別にすれば、一九七四年の優勝はギブソンと同じアルスターのウィリー・ジョン・マクブライド率いるアイルランドのフォワードの上に築かれていた。一九七四年からアイルランドが次に優勝する一九八二年まで、継続の糸を提供したのはフォワードだった。モス・キーンとファーガス・スラッタリー、マクブライド時代のベテランふたりは一九八二年のフォワードの二本の柱であり、フライハーフ、オリー・キャンベルの百発百中のキックの足場をつくった。キャンベルのキックによって一九四九年以来初めて、トリプルクラウンがダブリンに帰ってきた。

一九八五年、ふたたびトリプルクラウンを達成。もっとも、今回キャンベルのシューズはマイケル・キーナンにかわっていた。今回のトリプルクラウンはキーナンの冷静な頭と安定した目のおかげだった。ランズダウンロードの対イングランド戦、残り二分、10—10でタイのとき、キーナンはラインアウトからのボールを受けとり、ポストのあいだを落ち着いて通した。

アイルランドがふたたびこのような高みに昇るにはほとんど四半世紀が必要だった。もっとも、今度はプロフェッショナリズムの勇敢で新しい時代に足を踏み入れることになるのだが。残りのラグビー世界と同様に、アイルランドは未来に向かって少しずつ進んでいた。一九七八年、アイルランド・ラグビーフットボール協会はコーチングの福音を広めるためにゲーム・デブロップメント委員会をおいた。一九九一年には、クラブラグビーをますます競争が激化する新時代に要求されるより高い水準にあげるために、オール・アイルランド・リーグを創設した。アイルランド経済が自由市場、低税率の「ケルトの虎」〔一九九五年から二〇〇七年までのアイルランド経済の成長を指す〕に変革されるにつれて、ラグビーもその航跡を追った。

それでもおそらく二十世紀最後の一〇年間のアイルランド・ラグビーでもっとも明るく燃える思い出は、国代表チームではなく州代表チーム、マンスターがつくった。

アイルランドはオールブラックスに一度も勝ったことがなかった。勝利に最接近したのは一九七三年の10—10の引き分けである。

しかし、アイルランド代表はその年、オールブラックスが勝てなかった唯一のチームではなかった。マンスターも遠征チームを3―3で抑えた。一九七八年のオールブラックスは、以前のチームよりもさらに手ごわい相手だった。ブリテン諸島全土で相手をなぎ倒し、国代表をすべて破り、地方代表をさっさと片づけた。ただしあるひとつのチームを別にすれば、の話である。

一九七八年十月最後の日、一万二〇〇〇の観衆がリムリックのソーモンドパークに詰めかけた。マンスターが一九七三年の精神的な勝利を再現できるだろうか。アイルランド代表の背番号10のジャージーをオリー・キャンベルと争っていたトニー・ウォードに指揮されて、マンスターの赤いシャツは相手に襲いかかり、キックオフ直後からオールブラックスを圧倒した。クリスティ・カンティロンがオールブラックスのディフェンスを破って走り、トライを決めた。ウォードのコンバージョンとドロップゴールで、マンスターは前半を9―0のリードで折り返す。そのあと後半、さらにもう一本、ウォードのドロップゴールが12―0の歴史的勝利を決定づけた。

表面的には、これは地域ラグビーの伝統的な価値の勝利に見えた。しかし一九六八年のライオンズ南アフリカ遠征のキャプテンを務めたマンスターのトム・キーナン監督は細かく試合の計画を立てていた。チームの体力を安定させるためにトレーニングを強化し、オールブラックスのビデオを使ってその戦術を細かく研究し、チームをロンドンに連れていって四試合を戦い、準備をさせた。これはきたるべき技術支配的な管理ラグビーの前触れだった。

それでも、この夜のスポーツドラマに、個人的な悲劇が影を落とした。マンスターがソーモンドパークで名誉ある最後の一行程を終えようとしているとき、キャプテンのドーナル・キャニラは父親が倒れ、病院に運ばれたと知らされる。キャニラが車で病院に向かったときには、すでに遅かった。父親はラジオで試合を聴取中に心臓発作で亡くなった。

◉四か国がひとつに

戦後時代のほとんど、五か国対抗ではアイルランドとスコットランドがウェールズの、そしてウェールズほどではないにしてもイングランドのわき役を務めなければならなかった。しかし、ブリティッシュ・ライオンズとなると、少なくともキャプテンの地位に関してはスコットランドとアイルランドが優位に立っていた。一九五〇年から九三年まで一三回のライオンズの遠征を率いたキャプテンのうちの一〇人がアイルランド人かスコットランド人である。

一九四〇年代と五〇年代の栄光の時代にアイルランドを率いたフッカーのカール・マレンは一九五〇年のオーストラリア・ニュージーランド初遠征でキャプテンを務めた。一九三九年から四五年にかけての戦争体験の共有は、戦後により大きな英国性の感覚をもたらした。一九四七年、ラグビーフットボール連盟は、ラグビーリーグの国代表チームを公式にグレートブリテンと改名し、同様の感情がラグビーユニオンのライオンズの選手とサポーターの熱狂に反映されていた。

この国を越えた統一性はアイルランド共和国の選手にとってさえ魅力的だった。どのライオンズのスコッドでも、多くの選手がエリート校と大学教育という類似の背景を共有していたものの、試合から続く恨みと競争関係がときには問題になった。カーウィン・ジェイムズは一九七一年のライオンズに、自分は多文化主義的ラグビーがどうすればうまくいくと考えているかを説明した。

> わたしはアイルランド人がイングランド人のふりを、あるいはイングランド人がケルト人のふりをすることを、あるいはスコットランド人がスコットランド人でなくなることを望まない。きみたちアイルランド人はフィールド外では至高の観念論者、そしてフィールドではキルケニーキャッツ〔たがいに尻尾だけになるまで闘ったと言われる猫〕のような闘士でなければならない。きみたちイングランド人は毅然としてただほかに優越しなければならない。そしてきみたちウェールズ人はきみたち自身のうぬぼれの強い、残忍なやり方で、トリプルクラウンの熱望者でなければならない。[3]

選手が才能よりも参加可能か否かによって選ばれたこれまでの遠征とは異なり、一九五〇年スコッドはブリテン諸島中の最高の才能を代表するために選ばれた。一九三〇年の遠征スコッドにはディナージャケットと遠征中の自分の支出をまかなうために最低八〇ポンドをもっていることが求められた。第二次世界大戦以前の遠征チームはすべてホームネーションよりも弱かった。

しかし、ジャック・カイル、ブレディン・ウィリアムズ、ルイス・ジョーンズのようなバックス、そしてマレンやウェールズのロイ・ジョン、ジョン・ロビンスのようなフォワードをそなえ、このチームが英国ラグビーユニオンの精華を代表していることについてはほとんど議論の余地はなかった。テストマッチ第一戦でオールブラックスと9—9で引き分けて勇気づけられたが、ニュージーランドのより大きな力に圧倒され、続くテストマッチ三試合を落とした。オーストラリアに二勝したにもかかわらず、ライオンズが帰国したときには、遠征に対する失望感が蔓延していた。

これと反対なのが、五年後の南アフリカ遠征である。遠征は九万五〇〇〇人を前にして、ヨハネスブルクのエリスパークにおける23―22の英国勝利で幕を開けた。どちらのチームも相手を圧倒はできず、手に汗握る2―2でテストマッチシリーズを引き分ける。英国のプレイの水準が上昇しつつあることは一九五九年のオーストラリア・ニュージーランド初遠征で明確になる。いまでは習慣となった対ワラビーズ戦勝利のあと、ライオンズはオールブラックスと対決した。あるいはむしろドン・クラークのシューズと対決した。遠征チームはテストマッチシリーズに一勝三敗で敗北したものの、ニュージーランドの7トライに対して一〇トライを決めた。ニュージーランド側はクラークが五七点中三九点をあげた。ライオンズはテストマッチ第一戦で、トライ数四対〇にもかかわらず、17―18で敗北。この敗戦は大きな物議を醸す。

一九六〇年代はライオンズには実りの乏しい時期だった。対オーストラリア戦をのぞくと、この間には一勝もしなかった。遠征はそのラグビーの質よりもフィールド内外の論争のほうでより有名になった。暴力の脅威が決してなくならなかった。一九六二年の遠征チーム対ノーザントランスヴァール戦でスプリングボクスのセンター、〝マニキーズ〟・ルーがライオンズのフライハーフ、リチャード・シャープの顎を砕き、一九六八年の遠征では、とくに遠征チームの礼儀知らずの振舞のせいで、ライオンズとそのホストのあいだにはつねに悪感情が渦巻き続けた。

このような国と国との緊張関係は変化する政治情勢をある程度までは反映していた。大英帝国の古き絆はほどけかけていた。歴代の英国政府が欧州共同市場入りを追求し、二国間の特別な経済関係を終結させたので、ニュージーランドは英国との伝統的な優遇関係を失った。インドとパキスタンからの移民抑制を目標とした入国審査の厳格化もニュージーランドとオーストラリアの白人に打撃をあたえた。白人たちはかつては本国だったがもはやそうではない国に自由にはいる資格を失った。

南アフリカの状況はいっそう悪かった。一九六〇年三月のシャープヴィル虐殺に続き、一九六一年、南アフリカは共和国を宣言、旧大英帝国諸国間の関係を維持するために一九四九年に創設された英連邦から追放された。ラグビーはフィールドの内外で、政治と国家間の敵意と敵意がぶつかりあう闘技場となった。

暴力もまた、ライオンズのもっとも偉大な二回の遠征――一九七一年のニュージーランド、一九七四年の南アフリカ――で問題となった。カーウィン・ジェイムズが指揮し、マイク・ギブソンとデイヴィッド・ダッカムも加わった偉大なウェールズのバックスラインに恵まれて、一九七一年のライオンズは輝かしいラグビーをプレイし、テストマッチ最終戦を引き分けて、二勝一敗一分とシリーズに勝利した。

　クライストチャーチにおけるテストマッチ第二戦の敗北をのぞいて、ライオンズは負け知らずで、間違いなく史上最高のライオンズとなる。しかし、一九六六年遠征の経験からあらかじめ備えをかため、まったく妥協をしなかった。カーウィン・ジェイムズの典型的に逆説的な指示――「やられる前にやり返せ」がチームのスローガンになった。

　三年後、ライオンズが南アフリカを再訪したときに、同じ教訓がさらに厳しく適用された。ライオンズは文字どおり、一八九六年以来初となる南アフリカでのシリーズ勝利へと戦って道を切り開き、テストマッチ最終戦を引き分け、シリーズ四戦に三勝一分で勝利した。その戦いを乱闘の合図の名高い――そして悪名高い――「99コール」が助けた〔この遠征でライオンズは、ひとりのライオンズ選手が報復行為を受けた場合、「99」コールを合図に全員が乱闘に加わるか、近くの南アフリカ選手を攻撃するという戦略を採用した〕。「ライオンズは南アフリカをジンギスカンの再来のように蹂躙した」と普段は冷静なジョン・リーズン記者は書いた。「オレンジ自由国のように、一部のチームはまるで自動車事故にあったようなようすで、あとに残された」。雌雄を決するテストマッチ第三戦前夜、キャプテンのウィリー・ジョン・マクブライドはライオンズに「逃げ道はない。われわれは捕虜はとらない！」と告げた。[4]

　一九七四年、ライオンズの遠征はラグビー以上のものになろうとしていた。遠征は、ブリタニアが世界の海を統治し、スポーツが英国とその植民地をひとつにする文化的な絆の一部だった時代に生まれた。いま帝国は死に、本国の諸国は分離を始め、過去の伝統は世界のいたるところで挑戦を受けていた。そこにはラグビーユニオンの伝統も含まれた。

第30章 勝利するフランス……

The France That Wins …

オルテスからモン＝ド＝マルサンまでは車で一時間足らずである。ガヴ・ド・ポー川河畔のオルテスはアキテーヌのラグビー地域中心に位置する小さな町だ。一九六七年十二月三十一日、地元のクラブ、唯一栄光を味わったのが一九三五年の第二部優勝の雑草チームは、モン＝ド＝マルサンからきた華麗なクラブ、スタッド・モントワと親善試合をおこなった。スタッド・モントワはそのシャンパンラグビーによって一九六三年のブクリエ・ド・ブルニュスを手にしている。

スタッド・モントワの議論の余地なきスターはギ・ボニファス、ハンサムな恐れ知らずのセンターで、オープンラグビーの精神を体現していた。兄で同じセンターのアンドレと組んで、ボニファスはモントワのみならず、フランス代表の成功の中心にいた。一九六〇年に五か国対抗同時優勝を果たしたフランス代表でデビューし、一九六一年の優勝チームで活躍、最終的に三五キャップを獲得する。ベルエポックのロマンティックなヒーローと一九六〇年代テレビジョン・エイジのメディア好みの有名人を組合せ、そのスタイルとルックスからフランス・ラグビーの顔となる。

大晦日の夜遅く、モン＝ド＝マルサンの自宅に帰るため、車の運転席にすわったとき、ボニファスは自分の人生が変化の時期にはいろうとしているのを知っていた。代表として最後にプレイしたのは一九六六年の息を呑むような五か国対抗最終戦だった。フランスは8―6でリード。四度目の単独優勝まであと数分だ。

試合を決定づけるために、最後のトライへと前に向かって〔スクラムを〕押していたとき、フライハーフのジャン・ガシャサンが左の隅なら数的有利に立てると気づき、スタッド・モントワのウイング、クリスティアン・ダルイにループパスをした。しかし、ダルイの対面のステュワート・ワトキンスがパスをインターセプトし、相手ゴールに向かって七五ヤードを走って、ウェールズが優勝をもぎとった。

ボニファス兄弟は安全策をとらなかったことで非難された。シャンパンラグビーが兄弟を酔わせた、と批評家は主張した。これはかなり不公平な発言だった。フルバックのクロード・ラカーズはウェールズのポストほぼ正面からのコンバージョンをはずし、フルタイム直前には難しいけれど、不可能ではないペナルティゴールを失敗した。ガシャサンはパスを投げ、ドロップゴールをねらわなかった。それでも敗北の責任を背負ったのはボニファス兄弟だった。どちらも一九六七年の五か国対抗には選ばれなかった。

国道一三三号線を北に向かって車を走らせながら、ギ・ボニファスは近づいてくる新年が運んでくるものについて考えていた。国際ラグビーへの復帰？　コーチ生活にはいる？　あるいはメディアでの新たなキャリア？　ボニファスほどの名声とカリスマをもつ男には、未来はかぎりがないように見えた。

しかし、そうではなかった。家から二〇マイル足らずのアジェモー村まできたとき、ボニファスはハンドルを切り損ない、激突。病院に急送されたが、一九六八年一月一日早朝に負傷のため死亡した。

一九六七年に遠征してきた対オールブラックス戦で代表デビューしたベーグルの若いウイング、ジャン＝ミシェル・カペンドゥギが、三日後に別の自動車事故で死亡したとき、悲劇はいっそう深刻になった。多くの人にとって、ラグビー銃士の時代は破局的な終焉を迎えたように見えた。

ボニファスとカペンドゥギの死は、フランスの歴史とそのラグビーにおけるきわめて重大な年の悲劇的なスタートだった。数千人がボニファスの葬儀に参列した一一日後、フランスは一九六八年の五か国対抗を開始、マレーフィールドにおいて9―8でスコットランドに勝利する。イングランドとアイルランドに対する効率のよい勝利で順位表の頂点に立ち、最終戦のためにカーディフ・アームズパークに到着するころには、残る問題はグランドスラムだけだった。

今回、ミスはなかった。ウェールズが前半を9―3でリードしたものの、もうひと組の兄弟、ハーフバックスのギとリリアンのカンベラベロ兄弟が、ボニファス兄弟にはできなかった頂点へとフランスを導いた。ボニファス兄弟の本能はキックを考える前にパスすることだったのに対して、カンベラベロ兄弟の本能はパスを考える前にキックすることだった。

フランスを初トライに導いたのは、リリアン・カンベラベロのドロップゴールの試みであり、そのあとリリアン自身もトライを決めて、フランスがリードした。さらに、ギがペナルティキックを決め、数分後に試合は終わった。一九一〇年に五か国対抗に参戦して以来初めて、フランスはグランドスラムを達成した。

◉フランスのラグビーの抑えられない興隆

フランスはラグビーのグラウンドでほかにも勝利を重ねていた——一九五四年にはオールブラックスを初めて破り、一九五〇年には二十世紀で初めて南アフリカでシリーズに勝利した遠征チームとなる。それにもかかわらず、フランスのラグビーユニオンの中心にあったのはグランドスラムの探求だった。第二次世界大戦後、フランスが五か国対抗にふたたび参戦して以来、なによりもまずグランドスラムへの思いがフランス・ラグビー協会（ＦＦＲ）の政策と実践とを形作ってきた。

フランスは一九三九年三月に五か国対抗に呼びもどされたが、戦争のために、五か国対抗が一九四七年に再開されるまで再参入はできなかった。しかしながら、フランスのラグビーは物議を醸し続けた。一九四八年の五か国対抗期間中、英国のマスコミはフランスのスクラムハーフ、イヴ・ベルグニャンが実際にラグビーリーグの選手だったことがあったと報じた。ベルグニャンは一九四四年にトゥールーズ・オランピックと契約。その後、ラグビーユニオンに転向し、同じ市でのオランピックのライバル、ラグビーユニオンのスタッド・トゥールーザンに移籍した。

その年のイングランド戦で、国際ラグビーにおいて四点のドロップゴールを決めた最後の選手となるベルグニャンは〔ドロップゴールの得点は一九四八年に三点となる〕、このときラグビーユニオンでプレイする九九名の元ラグビーリーグ選手のひとりだった。これはＦＦＲが国際的な仲間にふたたび受け容れられる〔条件の〕一部として、守ることに同意したアマチュア規則に反していた。[1] スコットランドのセンター、ラッセル・ブルースが何年もあとに回想しているところによれば、ベルグニャンになぜラグビーリーグからラグビーユニオンに転向したのかと尋ねたとき、スクラムハーフは「そのほうが金になる」と答えたという。[2]

一九五一年にはフランスの状況があまりにも不安を呼ぶようになったので、ＩＲＢはＦＦＲに極秘の書翰を送り、フランスの五か国対抗復帰を許した同意を思い出させた。その最初のひとつは「実際に負担した交通費と宿泊費以外の支払を受けとったと認められた選手は二度とラグビーフットボールをプレイすること、あるいはいずれかのラグビーフットボールクラブと連携して公式の資格をもって行動することは許されない」だった。[3]

フランスのクラブは選手に仕事と住まいを提供することを「社会的援助」と呼んだが、ほとんどのラグビーユニオン諸国と同様に、ＦＦＲは、「社会的援助」が続いてはいても目立ってはいないことに安心して、アマチュア規則になんの問題もなく同意した。

ＩＲＢはまた、だれもが不可能だと知っていること、フランス選手権の終了も要求した。不可能ではあっても、ＦＦＲはふたたび追放されるのを恐れて、一九五二年にＩＲＢの要請に応じ、その名を冠したトーナメントの終了を票決した。ＩＲＢを満足させたあと、ＦＦＲはその年、全クラブを集めた年次総会に議案を提出、総会は七四五対ゼロで議案をさっさと否決した。ＩＲＢからの矢の催促とＦＦＲのうやうやしい態度にもかかわらず、なにも変わらず、海峡を横断した礼儀正しい化かしあいは継続した。

英国諸国が一九三一年にしたように、フランスを崖から突き落とさなかったひとつの重要な理由は、再生したフランスのラグビーリーグからの絶えざる脅威があったことだった。一九四四年八月のパリ解放以前すでに、ラグビーリーグはプレイを再開していた。しかし、フランス・ラグビー連盟ののちの会長ポール・バリエールが一九四四年九月に、フランス一三人制ラグビー連盟代表としてパリにいき、政府の全国スポーツ委員会にラグビーリーグ再生への支援を求めたときには、ラグビーリーグを禁止したヴィシーの決定を変更する理由はないと告げられた。[4] ヴィシーが接収した資産もまったく返還されなかった。

実のところ、全国スポーツ委員会はヴィシー政権下で任命された役人たちにしっかりと掌握されたままだった。戦後のフランスでは全体として、ナチスに協力したフランスの統治体を粛清するためにはわずかのことしかなされなかった。一九四五年以後にフランス政治の表面的な浄化はおこなわれたが、そこでさえ、スポーツにはほとんど手がつけられないままだった。さらにバリエールが交渉した全国スポーツ委員会の委員長アルフレッド・エリュエールは、たまたまＦＦＲの会長も兼任していた。

したがってラグビーリーグはプレイを許可されたが、きわめて限定的な状況下においてだった。学校でのプレイは許されず、わずか二〇〇名ほどがプロ契約できただけで、おそらく最悪だったのは、ラグビーを名乗るのを禁じられたことだった。そのかわりに、「一三人のゲーム」の名で呼ばれなければならなかった。ヴィシー政権下でもっとも苦しんだスポーツがまるで犯罪者のように扱われた。

それでもラグビーリーグは、行く手に立ちはだかる障害物がまるで嘘だったかのように、突然、爆発的な熱意と生命力を見せた。二十歳の天才ピュイグ・オベールを誇るカルカソンヌが一九四五年の第一回選手権に優勝。翌年はフランスのラグビーリーグで初めてリーグ戦とカップ争奪戦の両方をかっさらう。戦後最初六回の選手権決勝に出場し、三回に優勝。カルカソンヌが決勝に進出しなかった最初の年には、一九四六年にラグビーユニオンからラグビーリーグに転向したFCリヨンがタイトルをとる。FCリヨンはラグビーユニオンからラグビーリーグに転向した最後のクラブである。

フランスのラグビーリーグがその強力なライバルのラグビーユニオンに先駆けたのは国内においてだけではない。一九四九年、ピュイグ・オベールに率いられたフランスはラグビーリーグ・ヨーロッパ選手権に勝利しただけでなく、イングランドでイングランドを破り、フランスのラグビーユニオンが三〇年以上のあいだ、一度もできなかったことを達成した。しかもただイングランドにおいてというだけではない。まさにウェンブリー・スタジアムで、オベールが強力なイングランドに対してチームを12―5の勝利に導いた。選手権勝利は一九五一年と五二年にも繰り返される。

ウェンブリーにおける勝利の二年後、さらにすごいことが起きた。一九五一年、オーストラリアに初遠征。オベールのチームはふたたび、目も眩むラグビーリーグフットボールをプレイした。これまで四度の対戦でオーストラリアに全敗していたにもかかわらず、フランスはテストマッチ第一戦を26―15で手にする。前半16―2のリード後に気を緩めずにいたら、点差はもっと大きくなっていただろう。

オーストラリアはブリスベンにおける第二戦に勝つが、シドニー・クリケットグラウンドでの最終戦、フランスはホストを一蹴、二トライに対して七トライをあげ、偉大なスクラムハーフのジョー・クレスポがハットトリックを決めた。オーストラリアに遠征をしたもっとも偉大なチームと称讃され、フランスに帰国したときには、マルセイユの通りにずらりと並んだ数千人に歓呼の声で迎えられた。一九五三年、カンガルーズ遠征チームは敗北のかたきをとれず、フランスはホームで対オーストラリア戦初勝利をあげた。

翌一九五四年、フランスは最初のラグビーリーグ・ワールドカップを主催。一九四〇年代に初めてワールドカップを提案したポール・バリエールの指揮のもと、トーナメントでは四か国のラグビーリーグが初めて一堂に会した。このころにはフランスはラグビーリーグ非公式の世界チャンピオンと認められ、とくに英国とオーストラリアにはその夏の厳しいテストマッチシリーズ〔アッシズ争奪戦〕のあと、キープレイヤーが欠けていたので、フランス優勝の下馬評はきわめて高かった。しかし、決勝戦、パルク・デ・プランス競技場で三万人を前にして、ピュイグ・オベールとそのチームは、手練手管のグレートブリテンに12―16で勝利をさらわれ、ラグビー初のワールドカップのトロフィーを掲げたのは、スコットランド人のデイヴ・ヴァレンタインだった。

これは一九四〇年代、五〇年代におけるオベールの長い連続勝利中、唯一の大きな敗北だった。オベールは選手権五回、カップに四回優勝。フランスのキャップ数は四六。結局はその命を奪うことになるけたはずれの喫煙癖で広く「ピペット」〔小さなパイプ〕と呼ばれ――伝説では、試合中、ちょっと一服するために煙草を取りだしたと言われる――スポーツを超越して、そのコミュニティの文化的シンボルとなる数少ない選手のひとりとなった。その伝記作者ベルナール・プラトヴィエルが指摘するように、選手としてのオベールの特質が、「おい、ぶきっちょだな。ピペットの手袋を買えよ」とか「きみにはピペットの勇気がある」のように、南西フランスで日常的に使用される多くの慣用句の土台になった。[5]

ピペットは負傷のため、一九五五年のオーストラリア遠征には参加できなかったが、ジャック・メルケのチームは一九五一年遠征チームの成功を再現し、テストマッチ第一戦に負けたあと、残り三戦に勝ってシリーズに勝利した。当時はだれにもわからなかったが、これがフランスのラグビーリーグの絶頂だった。ラグビーリーグの戦後の成功は、ラグビーリーグを若いときに習い、戦争体験が一三人制に教えた不屈の抵抗精神を持ち続けた世代のうえに築かれた。

しかし、学校におけるラグビーリーグ禁止とラグビーリーグにかけられた制限のために、ピュイグ・オベールの世代に代る選手の層は薄くなっていた。さらに、ラグビーユニオンがしだいに力を強めた結果、ラグビーリーグよりも大きな金銭的報酬があたえられるようになり、ジョー・マゾのような才能ある若手のラグビーリーグ選手がたてまえはアマチュアのスポーツに転向する結果となった。マゾはラグビーリーグのカルカソンヌに所属したフランス代表選手の息子だった。

ラグビーユニオンがより大きな金銭的影響力をもったのは、FFRによるアマチュア規則の創造的解釈のおかげだけではない。ラグビーリーグと同様に、ラグビーユニオンもまたとくにヴィシーから持ち越した制度上の利点によって、フィールドの内外で資産の高騰を経験していた。一九五一年、ラグビーリーグのウェンブリーにおける名高い対イングランド戦勝利をまねて、代表チームは初めてトウィッケナムでイングランドに勝った。

グラウンドの泥の山の上で、フランスのフォワードはイングランドのフォワードを完全に圧倒し、イングランド・フォワードはある時点で相手の激しさにすっかりやられて、負傷のためにスクラムを六人にまで減らすことになった。フランスのバックロウはさらに圧力を強め、フランスの得点すべてをたたきだした。キャプテンのギ・バスケが一本目のトライを決め、ジャン・プラがコンバージョンを決めた。プラはまた二本目のトライをあげ、残り五分でドロップゴールを決めて11―3の勝利を決定的にした。

フランスがその年唯一喫した敗戦の相手は、四年間で三度目の五か国対抗優勝に向かっていた偉大なアイルランドだった。一九五四年にはもっとすばらしいことが起きた。今回はプラに率いられて、フランスは五か国対抗に三勝して、史上初めて同時優勝した。おそらくより意味があったのは、遠征してきたオールブラックスを、フランスがプラのトライによって3—0の僅差で初めて破ったことだろう。

ラグビーリーグのピュイグ・オベールとまったく同様に、ジャン・プラは一九五〇年代におけるフランス・ラグビーユニオンの象徴的人物になった。ラグビーのスキルすべてを身につけたバックロウで「ムッシュー・ラグビー」と呼ばれた。同じように重要なことだが、チームを奮い立たせるリーダーだった。一九四九年のコロンブ競技場における代表戦で手に負えないウェールズを相手に、時計が刻々と進むなか、フランスが二点のリードに必死にしがみついていたとき、プラはチームメイトにこう言った。「あの英国人たちはきみたちを一〇〇年間、こてんぱんにやっつけてきた。きみたち、五分ぐらいはがんばれるだろう」[6]。選手たちはがんばり、5—3で勝った。

プラとその弟でセンターのモリスは地元クラブFCルルドの二本の柱だった。モリスが生まれた一九二八年、地元の農民だった父親がクラブが競技場を建てられるように、土地の一部を売却した。ピレネ山脈のふもとに位置するルルドの町は、土地の少女が一八五八年にそこで聖母マリアを見たと報告して以来、カトリックの巡礼地として有名になる。しかし、一九五〇年代には、相手選手に祈らせたのは、ジャン・プラとその仲間のフォワードがどしどしと足音を立てて、かつては父親のものだったグラウンドに登場する光景だった。

一九四八年にフランス選手権に初優勝してから一九六〇年に七度目のタイトルを勝ちとるまで、FCルルドはホームで一戦も落とさなかった。一九五六年から五八年のあいだには、一九二〇年代初めのスタッド・トゥールーザン以来となる選手権の三連覇を達成した。

クラブの成功は奇蹟ではなかった。それが基礎をおいていたのは、フランカーとスクラムハーフのポジション交替を含む「ルルド式」と言うべきセットプレイと、果てしな続くコンビネーションの練習、厳しい練習の倫理と選手の全員参加、自信をもってボールを手にするフォワードであり、プラ自身がその模範だった。さらにクラブのオーナー、アントワーヌ・ベゲールの支援のおかげで、選手たちはプロフェッショナルのやり方で、練習し、準備をした。

ベゲールは若いときクラブでプレイしたが、町の実業家・市長として最大の貢献をした。当時は建設業を営み、ルルドの選手に自社での仕事の形で「社会的援助」を提供し、選手がエネルギーをフルタイムでラグビーに捧げられるようにした。ベゲールが一九六〇年十月にルルド対アジャンの試合中に心臓発作で倒れ、逝去したあと、クラブは選手権に一度しか優勝していない。

フランスのラグビーユニオンにおけるルルド常勝の影響は、国内的にも国際的にも同じように重要だった。一九五〇年代に、フランスがラグビー強豪国と見なされるまでになったのは偶然ではない。一九四八年から五八年まで、代表がルルドの選手なしで主要な国際試合を戦ったことは一度しかない。一九五八年、五か国対抗のフランス代表はルルドの選手を七名も擁していた。

一九五八年、フランス代表が南アフリカに遠征したときには、フランスのラグビーユニオン最大の達成のひとつで、ルルドの選手が中心的な役割を果たした。さまざまな理由からモリス・プラとボニファス兄弟を欠く弱体化したチームで、遠征監督のセルジュ・ソルニエはスコッドを愛国心に訴えかけてひとつにまとめようとし、これは旧英国自治領への初遠征であり、南アフリカはフランスが世界の強国であることをやめたと考えていると指摘した。ソルニエは選手たちに、「きみたちはフランスがいまだに強国であることを示せる」と告げた。[7]

テストマッチ第一戦は、ピエール・ダノスのドロップゴールで前半をフランスが3—0でリードして折り返すものの、3—3で引き分ける。しかしほとんどの解説者がフランスが優っていたと感じた。三週間後、両チームは雌雄を決する試合でふたたび対決。フルバックのピエール・ラカーズ（ルルド）がペナルティゴールを決めて、フランスがまず得点をあげる。しかし南アフリカのロフティ・フーリーがトライ。コンバージョンも決まり、スプリングボクスが5—3で前半を終える。

後半、キャプテンのリュシアン・ミアスに率いられたフランスのフォワードが試合を支配。ミアスは人生最高のラグビーをプレイしていた。ラカーズがドロップゴールを決め、残り七分で精妙なルルドのチームメイト、ロジェ・マルティーヌがドロップゴールを決めて、シリーズを勝利に導く。バックスが全得点をあげたものの、この日のヒーローはミアスとそのフォワードだった、南アフリカは一八九六年以来初めてホームでのテストマッチシリーズに敗北する。フランスはいまや疑問の余地なく、ラグビーユニオンの国際的エリートの一員だった。

◉「勝利するフランス」

南アフリカで勝利したとき、フランス自体は深刻な政治危機を経験していた。旧植民地ベトナムから不面目な撤退を余儀なくされ、一九五六年には英仏でスエズ運河を接収しようとして無様に失敗し、回転ドアのようにばたばたと入れ替わる政府のせいで身動きがとれず、一九五八年五月にアルジェリアの独立阻止のために軍がアルジェリアで権力を掌握したとき、事態は危機的になった。

クーデタはシャルル・ドゴールを権力の座に呼びもどし、ドゴールは一九五八年六月一日に非常権限をもつ首相となった。十一月、ドゴールによる新たな憲法の提案が承認され、新しい第五共和制が宣言された。内戦の可能性をもてあそんだ国において、ドゴールは政権を正当化するために、国家の統一と国際的な特権の象徴とを必要としていた。「勝利するフランス」を要求し、その新政府はスポーツをフランス人の生活の中心に据えた。「最良［の若者たち］は、フランスの強さの継続と国際的競争におけるその再生を証明するために、厳しく訓練されなければならない」と一九六〇年に書いている。◉8

この国家的役割を果たすのにラグビーユニオンほどぴったりのスポーツはなかった。ラグビーリーグには外交的重要性はなく、フランスのサッカーは世界フットボールの強国ではなかった。幸運にも、ドゴールが一九五九年一月八日に新しいフランス共和国の大統領に就任した二日後、フランスは五か国対抗第一戦でスコットランドを破り、この年のタイトルを初めてフランスだけのものとして英仏海峡を越えて持ち帰った。

翌年の五か国対抗は、パリにおけるイングランドとの3―3の引き分けのおかげで、イングランドと同時優勝。しかし一九六一年と六二年にはふたたび単独優勝を果たす。ドゴールが世界の舞台でフランスの地位の再興を追求し続けているあいだ――一九六〇年、フランスはサハラ砂漠で核爆弾を破裂させて世界四番目の核保有国となり、同年、フランスのGNPが初めて英国のそれを上まわった――ラグビーはスポーツにおけるフランスの成功の象徴となった。

ラグビーはテレビの普及に後押しされた。フランスのテレビは一九五五年に初めて国際試合を放映。毎年おこなわれる五か国対抗は、視聴者お決まりの注目の的となり、お茶の間を八〇分間だけ、ゴール［フランスの古名］の燃える祖国愛の城塞とした。フランスの技術力により、一九六一年のフランス代表ニュージーランド遠征は、ラグビーの遠征史上初めて衛星を介して、フランスのテレビで生中継された。三戦全敗で惨敗したテストマッチシリーズはおそらく新しいテクノロジーお披露目には最高のコンテンツではなかったかもしれない。

ラグビー人気が新たな高みに達すると同時に、ギ・ボニファスのようなスター選手は有名人になった。ボニファスはニュースと有名人とライフスタイルを組み合わせたカラー週刊誌のパリ・マッチにも、レキップ紙に登場するのと同じくらいたびたび登場した。ドゴール大統領は、五か国対抗と重なると閣議を開くのを許さなかったと言われている。一九六七年にフランスが五か国対抗に優勝したときには、キャプテンのクリスティアン・ダルイがエリゼ宮に電報を送り、「使命達成！」と宣言した。ラグビーは相変わらず伝統的な農村フランスの不変の真理を象徴しながら、同時にゴールの現代性をも表現していた。

たしかに、ボニファスをとりまく論争と、ウェールズ戦の最終段階で保守的なプレイができなかったことが示すように、フランスのラグビーはジレンマに直面していた。国際的成功への欲求がオープンで攻撃的なシャンパンラグビーの哲学放棄へと導いたのだろうか？　多くの人がそうだったと考えており、それにはきちんとした理由がある。

フランスの主要なラグビー記者のひとりドニ・ラランヌが指摘したように、一九五〇年代末の成功は、のびやかなバックスの動きにではなく、スクラムに土台をおいていた。ラランヌは「われわれはラグビーがどこで始まり、もう一度やりなおすとき、どこで始まらなければならないかを知っている。それはたしかにバックロウからは始まらない。それはフロントロウから始まる」と、古典ともなった南アフリカ遠征勝利の報告『フランス・フィフティーンの偉大な戦い』で説明している。[9]

一九五九年の歴史的な五か国対抗優勝もまた、この哲学を一字一句追っていた。E・W・スワントンは優勝を確定した対ウェールズ戦11―3のフランス勝利について「ウィリアム・ウェッブ・エリス自身がほとんど、自分の革命は空しく終わったのではないかと疑問に思うだろう。なぜならばボールを拾いあげ、それをもって走ることはたいしてなかったからだ」[10]と記している。

国ごとのスポーツのプレイスタイルの違いについて信じられていることのほとんどと同じように、フランスのオープンラグビー傾倒には神話的な要素がある。一九五〇年代の偉大なルルド・チームは強力なフォワードプレイに基づいていた。同じ一〇年間の国代表チームも同様である。フランスが手を使ってプレイされる大胆で颯爽としたラグビーを好むのは明らかだ。だがすべてのラグビー国もそれを好んでいる。

フランスがそのスクラムの熟練を学んだイングランドでさえ、イングランドのラグビーの真の精神は、イングランド勝利を伝統的に生んできた攻撃的なフォワードプレイよりも、ロナルド・ポールトン・パーマーやデイヴィッド・ダッカムによって表現されていると信じこんでいた。国民性についてのすべての物語――自国がチャンスの国であるというアメリカの信念、あるいは自国が幸運な国であるというオーストラリアの見方――と同様に、国ごとのラグビーのプレイスタイルについての見方は、その国の実際の姿よりも、その国が自分たちをどう見たがっているかについて、われわれに多くを語る。しかしフランスの神話はラグビーが国民文化に根づくことを助けた。フランス人はラグビーを考えだしたのではないかもしれない。だが、彼らは自分たちだけがラグビーのほんとうのプレイ法を知っていると信じている。

しかし、フランス人にとっても、そしてほかのだれにとっても、単純な真実は、ラグビーユニオンのルールは、一度、勝利が必要不可欠となると、すべてのチームが――ラランヌの言葉を借りれば――スクラムのフロントロウから始まる安全第一のアプローチを自動的に選択するようにできているということだ。反対を主張しているにもかかわらず、フランスのラグビープレイヤーはこの教訓を忘れなかった。

こうして一九六八年のグランドスラムは、相手を消耗させる厳しいスクラムによって達成された。スクラムは前進し、カンベラベロ兄弟にボールを相手陣内に送り出すための時間とスペースをあたえた。グランドスラム後、シャンパンラグビー回帰の試みはなされなかった。そのかわりに、陣地を奪い合うフォワード支配のラグビーが洗練され、完璧にされた。このスタイルがフランスを一九七〇年代に唯一ウェールズの優位性に挑戦できるチーム、そして一九八〇年代の北半球でもっとも成功した国にした。

これはまた、とくにASベジエを通じてフランス国内のラグビーを支配した。ASベジエは一九七〇年代と八〇年代初めに選手権に君臨し続ける。同じように強力なフォワードのラグビーをプレイし、一九七〇年から一四シーズンでブクリエを一〇回、手にした。ある意味で、この機動的な、ほとんど技術主義的なスタイルは、一九六八年五月後のフランス社会の保守主義を反映していた。ドゴールの後継者、ジョルジュ・ポンピドーは元ラグビーユニオンの選手、ジャック・シャバン゠デルマスを首相に指名。ラグビーは一九六八年の諸事件のために上から下まで分裂していた社会を統一する力と見なされた。

一九七七年、功利主義的なスタイルはそのもっとも純粋な状態にまで精製された。二度目のグランドスラムを達成したチームは、四試合すべてに同じ一五人が出場し、一トライもあたえなかった。そのスターは金髪で勇敢、カリスマ的なフランカーのジャン゠ピエール・リヴで、リヴはフランス・ラグビーの抑圧的なスタイルを体現しているように見えた。

リヴは一九七八年に国代表キャプテンとなるが、リブがどんなに価値のある選手であっても、チームの陸軍元帥は「チビの伍長」スクラムハーフのジャック・フルーだった。フルーは小柄な体格と果てしのないエゴとの両方で、そのニックネームをはるかに超えてナポレオンとそっくりだった。一九八一年に国代表監督に任命され、すぐにチームを完全に掌握し、その戦術の基礎を容赦のないフォワードプレイと相手を消耗させる陣地的優勢においた。その戦略は完全に成功した。監督一年目でグランドスラムを達成し、一九八七年にもふたたびグランドスラムを達成、一九八九年には五か国対抗に単独優勝、さらに三回同時優勝する。指揮をとっていた一〇年間で五か国対抗では五試合しか落としていない。

フルーはオーストラリアとニュージーランドにはそこまでは勝てず、オールブラックスに一勝を記録しただけだが、おそらくその統治が特徴的にではないにしても、もっともよく記憶されているのは一九八七年のラグビーユニオン・ワールドカップ第一回大会だろう。スコットランドと引き分けたあと、フルー配下の選手は泡立つようなラグビーをプレイし、準決勝に到達。ニュージーランドとともに今大会の共同開催国であるオーストラリアと対戦した。

史上最高の試合のひとつで、ワラビーズは試合のほとんどをリードしていたが、フランスはペースメーカーを追うマラソン選手のように、ワラビーズが視野を出てしまうのを許さなかった。試合終了まで数分を残して、ディディエ・カンベラベロがペナルティキックを決め、スコアを24―24とした。試合延長がぼんやりと見えた。ワラビーズはフランス陣深くでのオーストラリアのラインアウトからボールをすばやく出したが、ラックになり、ボールはフランスに。そして、フルバックのセルジュ・ブランコがパトリス・ラジスケにパス、ラジスケが敵陣に蹴り入れた。

だれもがこれがフランスのサイコロの最後の一振りだと知っていた。そのあとボールはフランスの選手一一人の手をまず最初は右に、そのあと最後には左に渡り、そこにフランコが突然、姿を現わし、コーナーにトライして、自分が自陣で始めた動きを終えた。カンベラベロがコンバージョンを決め、スコアを30―24とした。

キックオフの時間しか残っていなかった。フランスがボールをキャッチ。ボールは後方のフランク・メネルに渡され、メネルがタッチに蹴り出す。そこでレフェリーがノーサイドの笛を吹いた。すべての予想に反して、フランスがワールドカップ決勝でニュージーランドと対戦することになった。

両チームは、フランスとニュージーランドの関係が史上最悪にまで落ち込んだときに対戦した。一九八五年、太平洋におけるフランス核実験反対を阻止するために、フランスの秘密情報機関が、オークランド湾でグリンピースの船、レインボー・ウォリヤー号を沈めていた。フランスの対英政策が五か国対抗の一試合に包含されるように、いま太平洋におけるフランスの利害がワールドカップ決勝戦に封じ込められていた。

しかし歴史はフルーに報復し、オールブラックスはチビの伍長のやり方でプレイして、フランスを鼻であしらった。厳しく、統制されたフォワードゲームはニュージーランドのフライハーフ、グラント・フォックスの陣地をとるキックとゴールキックに支配された。準決勝がエキサイティングだったのと同じくらい退屈な試合で、オールブラックスが29―9の勝利によってワールドカップを手にした。

一九八七年のワールドカップはラグビーユニオンのアマチュア主義終焉の始まりを画した。英語圏のラグビー諸国に比べれば、フランスではこの過程ははるかにわずかの痛みしかともなわなかった。一九六五年、ラグビーワールド誌は、「アマチュアというのはフランス起源の言葉かもしれないが、フランスのラグビークラブその他、大陸の他の場所で、姿勢はプロスポーツから借りてきたものであり、フランス・チームが立てばトウィッケナムの芝でさえ怒って逆立つだろう」と説明した。[11]

一九七〇年代半ばには、フランスで提供される利益のために、選手たちが英仏海峡を渡り、ラグビーをプレイし始めた。とくに有名なのは、イングランドのロック、ナイジェル・ホートンで、一九七七年にトゥールーズに加わり、バーの支配人として働いた。[12]また、一九八〇年のジャン＝マルク・ブレと八一年のジャン・マルク・ゴンザレスの例のように、恥も外聞もなくラグビーリーグの選手とも契約した。一九九五年のプロフェッショナリズムの到来はフランスのラグビーをより健全な事業と財政の基盤にのせた。

ラグビーユニオンがスター選手ふたりをあからさまに釣ったという事実は、フランスのラグビーリーグの一九五〇年代以来の衰退について多くを語る。代表チームが一九六八年のラグビーリーグ・ワールドカップ決勝に進出し、一九七二年大会を主催したにもかかわらず、ラグビーリーグはラグビーユニオンの財政的・制度的な力を欠き、縮小を始めた。一九六八年と七八年にオーストラリアに対してテストシリーズに勝ったことも、全国的な知名度上昇にはほとんど役に立たなかった。テレビの放映とフランスのために国際的なイメージを投影する能力の欠如が、ラグビーリーグの魅力をその中心地で制限した。ラグビーリーグがラグビーユニオンの人気を脅かさなくなったあともＦＦＲは長いあいだラグビーリーグに意地悪をし続けた。

一九八一年、ラグビーリーグはようやく望んでいたように全国紙の見出しを、しかし悪しき理由のために飾る。USヴィルヌーヴとXIIIカタラン〔ペルピニャン〕戦で、レフェリーが両チームの乱闘を止められず、試合は中止になった。ラグビーリーグはその伝統的な地域性に深く根をおろし、強い不公平感と現状に対する抵抗を助長し、それはフランス南部におけるスポーツとそのコミュニティの両方の立場を反映していた。

一九九一年、支援者たちの断固たる運動のおかげで、ラグビーリーグはようやく「一三人のゲーム」ではなく「一三人制ラグビー」を名乗る権利をとりもどした。もっともヴィシー政権下で差し押さえられたその資産は決して賠償されなかった。一九九五年にジャック・フルーが短期間、ラグビーリーグの再活性化を試みたにもかかわらず、二十一世紀にはいり、ペルピニャンを本拠地とするドラゴン・カタラン〔英語名カタラン・ドラゴンズ〕が英国の〈スーパーリーグ〉に参加するまで、フランスのラグビーリーグが失った領土を取りもどし始めることはなかった。

第31章 ラグビーリーグ（テレビ時代の大衆のスポーツ）

Rugby League: A People's Game in a Television Age

ギリシア悲劇のように、運動選手の勝利と悲劇とが大衆の視線に見つめられながら演じられるのは、選手たちにかけられた呪いである。それが一九六八年のウェンブリーにおけるラグビーリーグ・チャレンジカップ決勝対リーズ戦におけるウェイクフィールド・トリニティのプロップ、ドン・フォックスの運命だった。

キックオフ前の豪雨のためにグラウンドは淀んだ水におおわれていた。開始一五分、フォックスのゴール二本と、リーズのディフェンスを欺くフォックスの長い高速キックがお膳立てしたケン・ハーストのトライのおかげで、ウェイクフィールドが7―4でリードした。しかしそのあとふたたび雨が降り始め、両チームはウェンブリーが初めて目にするほとんどモンスーンのような嵐に対処するのに苦心した。

そのあと開始六九分、試合が活気づく。リーズのウイング、ジョン・アトキンソンに疑問の余地のあるペナルティトライがあたえられ、ベヴ・リズマンがコンバージョンを決めて、リーズが9―7とリード。終了二分前に、リズマンがもう一本、ペナルティゴールを決め、11―7とリーズにおもしろみはないにしても圧倒的なリードをあたえた。

そのあと、ドラマが始まった。

フォックスは普段と違うことをする必要があると気づいて、すばやくキックオフし、ボールをリーズのディフェンダーの目の前に落とした。ボールはリーズのセンター、バーナード・ワトソンの足の下から滑り出て、ハーストがポストに向かって蹴った。ハーストは啞然としたリーズの選手五人を抜き、ポストのあいだでボールがデッドボールラインを割る直前にすべるボールに飛びついた。11―10とリーズのリードは一点となり、ポスト真正面からのコンバージョンを待つばかりだった。

開始八〇分。コンバージョンが試合最後のプレイとなる。ウェイクフィールド反撃の立役者フォックスがボールを蹴るために歩み出る。プロのラグビーリーグ選手としての一五年間で、フォックスはほぼ七〇〇本近くのゴールキックを蹴り、そのほとんどがいま目の前にある一本よりもはるかに難しかった。

ひどいコンディションを意識して、フォックスは時間をかけてボールを小さな泥の山にセットした。右足を注意深くボールにあて、それからゆっくりと、いつもの五歩半を測りながら後退。

フォックスはフィールド上でもっとも経験豊かな選手だった。ラグビーリーグでもっとも尊敬されるプレイヤーのひとりだった。そして自分のチームと自分の町のためにカップを勝ちとるのが、いまの自分の義務だと知っていた。リーズの選手の多くが、カップが自分たちの手からもぎとられるのを目撃したくなくて、フォックスに背を向けていた。群衆もまたカップがすぐにウェイクフィールドへの道をたどるのを知っていた。

フォックスはこれまで何百回もやってきたように、コンバージョンに向かって走った。だが、今回、すべりやすくなったボールと右足の濡れたシューズとはうまく嚙み合わなかった。ボールはポスト右にそれた。試合、決勝戦、カップは失われた。フォックスも、だった。がっかりして振り向き、地面に身を投げ、自分を拒絶した草をこぶしでたたいた。BBCでは、解説者エディ・ウォーリングのヨークシャー風の声が、「哀れな若者だ」と叫び、悲劇的な場面にギリシア風のコロスをつけたした。

しばらくあと、マン・オブ・ザ・マッチとしてダン・フォックスにランス・トッド・トロフィーがあたえられると発表された。フォックスの最大の勝利と最大の悲劇はひとつの同じものになった。

◉ブームから衰退、衰退からブームへ

フォックスはウェストヨークシャーの炭鉱地帯の中心シャールストンに生まれた。この町は両大戦間のラグビーリーグのレジェンド、ジョンティ・パーキン生誕の地である。フォックスはパーキンと同じハーフバックスだったが、大人になるにつれてフォワードに転向。父親と同様に、地元のシャールストンのクラブでラグビーのキャリアを開始し、近くの炭鉱で働いた。傑出した弟のニールと兄で抜け目のないコーチ、ピーターのように、ラグビーリーグの不滅の人びとのあいだに自分の場所を確保した。

一九五三年、十八歳で、戦後のラグビーリーグの人気が頂点にあったとき、フェザーストン・ローヴァーズでデビューする。すべての英国のスポーツと同様に、戦争直後はラグビーリーグもブームの時代だった。戦争は終わったが配給制は残り、耐乏生活が支配していた。スポーツは一九四〇年代の陰気な英国に一条の日の光を提供した。ラグビーリーグの観戦者数は一九四八—四九年と一九四九—五〇年のシーズンにピークの六八〇万人まで急上昇した。ウェンブリーのチャレンジカップ決勝は一九四八年に初めて九万五〇〇〇席が売り切れた。フォックスがプロデビューした翌年の一九五四年には、ブラッドフォードのオドサル競技場で、ウォリントンとハリファクスによるチャレンジカップ決勝の再戦を公式発表では一〇万二五六九人が観戦した。混乱のなかで観戦者の流入が止められず、数えられなかった観戦者がほかにも数千人はいた。

群衆の数が多かったように、ラグビーリーグのスターたちが蒼穹《そうきゅう》でこれほど明るく輝いたこともほとんどなかった。二世代にわたる偉大なラグビーリーグの選手たちが空を照らしていた。ベッドフォードのアーネスト・ウォード、バロウのウィリー・ホーン、ウィガンのエリック・アシュトンは実質的にはオーケストラの指揮者であり、それぞれがグレートブリテンを率いた。ヴィンス・カラリウス、ケン・ジー、デレク・ターナーのような強力なフォワードは、威圧的であるのと同じほどにスキルフルだった。

しかし、戦後に台頭してきた最大の才能はおそらくセントヘレンズのスクラムハーフ、アレックス・マーフィーだろう。さっとスタートを切ったあとの光速のスピードに見合うのはその頭の回転の速さだけだった。マーフィーは一九五五年、一六回目の誕生日の零時一分過ぎにセントヘレンズと契約した。一九五八年、十八歳のとき英国によるオーストラリア遠征で活躍。セントヘレンズですべてに勝利したあと、リーに移籍し、選手兼監督として、一九七一年、クラブをその唯一のウェンブリーにおける勝利へと導いた。対戦相手は五分以上の勝ち目があると言われていたリーズ。リーは狼狽したリーズに24—7で勝った。そのあとウォリントンに移籍、選手兼監督としてクラブを指導、一九七四年にはウェンブリーの栄光を手にした。

卓越へとのぼったのはイングランド育ちの選手ばかりではない。ルイス・ジョーンズとビリー・ボストンはラグビーの栄光と正当な一日の給与のために北に移った何ダースものウェールズ人のなかのふたりにすぎない。一九四七年、国境を超えた移籍が禁止されるまで、イングランドのクラブは南半球から戦後の才能を注意深く選んできた。そのなかにはブライアン・ベヴァン、ハリー・バス、アーサー・クルーズ、ライオネル・クーパー、パット・デヴァリー、ジョニー・ハンターがいる。この選手たちはおそらく先立つ二世代のオーストラリアからの越境者以上にラグビーリーグに否定のできない足跡を残した。

シドニー生まれのベヴァンはトライ数七九六をあげてラグビー史上もっとも得点力の高いトライゲッターとなり、今日、その思い出を記念する彫像が第二のわが家として選んだウォリントンに立っている。ハンター、デヴァリー、クーパーの三人組は一九五〇年代初めのハダースフィールド成功の立役者だった。リーズはアーサー・クルーズとその仲間のオーストラリア人をスリークォーターにずらりと並べて、先立つ世代の外国人選手によって征服した高みにふたたび到達した。

一九五〇年代末には、英国のラグビーリーグ・ブームは終わっていた。一九五〇年から六〇年までのあいだに、ラグビーリーグの試合観戦者の平均は九六〇〇から四八二九まで落ち込んだ。一九六〇年代にはこの傾向は不安を抱かせるほどになり、一九七〇年代初めには、年間の観戦者は全試合を総計してもわずか一〇〇万人強だった。衰退に苦しんだのはラグビーリーグだけではない。イングランドのサッカー観戦者は一九五〇年から一九六八年までのあいだでほぼ三分の二、クリケットはほぼ三分の一に落ち込んだ。英国もまた根本からの経済的変化を、とくにラグビーリーグの本拠地である北部工業地帯で経験していた。一九四七年から一九七〇年までのあいだに、三分の二以上の炭鉱が閉鎖された。一九八四年、繊維産業の被雇用者は一九五四年の総数の一〇パーセントをわずかに超えるにすぎない。ラグビーリーグが花開いた土壌は急速に荒地と化していった。

観戦者数の減少は、自信の喪失とラグビーリーグのルールをめぐるかなりの議論につながった。ネガティヴな戦術、もっとも特筆すべきは「移動弾幕射撃」が観戦者を駆逐していると広く信じられていた。これはハーフバックがボールをプレイザボール〔タックルを受けたあと、タックルを受けたプレイヤーが①立ちあがり、②ボールを足もとにおき、③足で後方へ転がしてプレイを再開すること〕から拾いあげ、タックルされるまでパスせずに走ることを意味する。ボールを失う危険を最小にするために、これが永遠に繰り返される。ラグビーフットボール連盟の怒りっぽい書記ビル・ファローフィールドは一九五〇年代初めからプレイザボール・ルールの変更のために運動をしてきたが、結局、問題にはアメリカンフットボールからの借用で決着がつけられた。一九六六年のラグビーリーグ国際評議会総会で、ファローフィールドはボールポゼッションを一チーム四回のタックルに制限することを提案した。提案は満場一致で採決され、新ルールはラグビーリーグの転換点として歓呼の声で迎えられた。

より大きなチャンスを攻撃にあたえるために、ルールは一九七二年にタックル六回まで拡大され、より速く、オープンなプレイを奨励するためにほかにもだんだんとルールが合理化されていった。一九七四年にはドロップゴールの得点は二点から一点に減らされた。

絶えずスクラムを組みなおすという問題は、スクラムハーフがボールを味方チームに入れるのを、非公式にではあるが、許すことによってしだいに解決され、一九八三年には攻撃側が六回目のタックルを受けたときには、スクラムを組むのではなく、ボールが相手側に渡されるというルールが導入された。NUの創設者たちが大事にしていた原則――自分たちのスポーツは「単調さのないスポーツ」でなければならない――がこれほど明確だったことはなかった。

このような積極的な変更にもかかわらず、ラグビーリーグはまたラグビーユニオンの手によっても苦しめられた。一九八〇年代末まで、報酬を受けとろうと受けとるまいと、ラグビーリーグをプレイした選手は自動的にラグビーユニオンの試合から追放された。スポーツと交友関係からの追放を恐れて、あえて転向しようという選手はごくわずかだった。ときにはラグビーユニオンのクラブにはいる選手は「私はアマチュアとしてもプロとしても、ラグビーリーグフットボールに参加したことはなく、十八歳の誕生日以降に、ラグビーリーグ契約書に署名したこともありません」という宣言書に署名を求められた。

これは表向きはプロフェッショナリズムとの戦いと説明されたが、だれもが敵はプロフェッショナリズムではなくラグビーリーグそのものなのだと知っていた。一九五八年、IRBは認めている。「ラグビーリーグフットボール以外のスポーツでプロフェッショナルに分類された人物が、ラグビーユニオンフットボールをプレイする、あるいはラグビーユニオンのクラブの案件に参加することについて一般的に反対はない」[1]。このナンセンスがようやく終わりを告げるのは一九九五年。この年、ラグビーユニオンはひどく恐れていたプロフェッショナリズムとあからさまに抱き合った。

ラグビーリーグの運命の衰退はようやく一九七〇年代半ばに堰《せ》き止められた。フィールドの外では、ラグビーリーグが一九六一年に先鞭をつけた商業的スポンサーシップの発展が新しい金を運んできた。一九七一年十一月、プレイヤーズ・ナンバー6トロフィ競技会第一回がキックオフされ、一九七四年五月、ラグビーフットボール連盟（RFL）は、ジャージーに広告をつけることをクラブに許した。これは一九六〇年代にフランスのラグビーリーグで最初に見られたことである。

ラグビーリーグのルネサンスをハルの二クラブ、ハルFCとハル・キングストン・ローヴァーズが牽引した。この両者が一九七〇年代末と八〇年代のラグビーリーグ常勝チームで、選手権とチャレンジカップに勝利し、六シーズンに六回の主要な決勝戦を争った。その権威をウィガンが引き継ぎ、ウィガンは一九八〇年代半ばにクラブとして初めて選手を完全雇用し、ラグビーリーグに革命を起こした。

おかげでウィガンはマーティン・オフィア、ジョー・ライドン、アンディー・グレゴリー、エレリー・ハンリーなどラグビーリーグ最大のスター多数と契約できた。一九八五年以降、ウィガンはハロルド・ワッグスタッフのハダースフィールド以来、見られなかったようなやり方でラグビーリーグに君臨した。二シーズンで、チャレンジカップに九回、選手権に八回優勝している。

一九八二年のオーストラリア・カンガルーズの遠征が、新たにされたラグビーリーグへの関心をなおいっそう高めた。この遠征ではグレートブリテンは屈辱を受けたが、それだけではなく、遠征はカンガルーズの輝かしいプレイを見ようという群衆も連れてきた。一九五〇年代以来初めて、オーストラリア選手がイングランド北部全体でなじみの名前となった。

一九五三年十一月、イングランドのサッカーがハンガリーに3—6で敗れて目を覚ましたように、一九八二年のような規模の惨敗の衝撃はトラウマとなり、ラグビーリーグ上層部は征服者に学ぼうと必死になって、一九八三年に国境を越えた移籍の禁止を撤廃した。続く一〇年間で、英国のクラブでプレイするために、七五七名のオーストラリア選手がやってきた。多くが地元のアイドルとなり、そのなかにはセントヘレンズのマル・メニンガ、ハルのピーター・スターリング、ウィガンのブレット・ケニーとジョン・ファーガソンがいる。オーストラリア選手流入の頂点は疑いもなく、一九八五年のチャレンジカップ決勝ウィガン対ハル戦。手に汗握る28—24のウィガン勝利で、ケニー、スターリング、ファーガソンの崇高なるスキルに全国の観戦者が注目した。

しかし、英国のラグビーリーグは国内で新たなる高みに達しながら、国際舞台ではふたたびどん底に落ち込んだ。英国が最後にアッシズを手にしたのは一九七〇年だが、一九七九年には初めて三戦全敗でシリーズに敗れる屈辱を味わった。続く四回のアッシズ争奪戦で同じことが繰り返された。グレートブリトンが対オーストラリア戦テストマッチに勝つのは九年後である。どんなに近視眼的な英国人サポーターでも、いまやオーストラリアがフィールドの中でも外でも、世界に君臨するラグビーリーグ強国であることを認めざるをえなかった。

◉オーストラリアがトップに

これはかなりの転換だった。第二次世界大戦終了時、英国のラグビーリーグにとってオーストラリアのラグビーリーグは間違いなく格下の相手だった。一九四五年十月、オーストラリア外相H・V・エヴァットがラグビーフットボール連盟を説得し、一九四六年に南半球に英国の遠征チームを送らせた。エヴァットはライオンズの遠征が「ラグビーリーグ・フットボールと大英帝国の最大の利益のために、可及的速やかに再開されるべきである」と語った。[2]ワールドカップ一九五四年大会のオーストラリア代表監督E・S・ブラウンはより明白に、ラグビーフットボール連盟に「オーストラリアにはあらゆる観点からイングランドとうまくやっていきたいという強い願望がある」と告げた。[3]

一九五〇年、最後にイングランドに勝ってから三〇年ぶりに、オーストラリアはぬかるんだシドニー・クリケットグラウンドでついにアッシズを取り返した。ウイングのロン・ロバーツが残り一五分で、数的有利に立ち、コーナーに飛びこんで、チームにシリーズを決する5―2の勝利をもたらした。一九五二年、英国が王冠をとりもどし、常勝英国という正常な状態にもどった。しかし、一九五四年には英国はもたつき、点が取り放題の手に汗握るテストマッチシリーズのひとつで、クライヴ・チャーチルがオーストラリアのキャプテンとしてチームを勝利に導いた。

一九五〇年代は英国がアッシズを保有し続けるが、オーストラリアは一九六三年テストマッチ最初の二戦に28―2と50―12で勝って、アッシズを手にする。この勝利にはオーストラリア自身も驚いた。アッシズ争奪戦でどちらかのチームが50得点をあげるのは初めてだった。この試合はこのあと起きることの前兆だった。

グラウンド上で増大するオーストラリアのパワーは、フィールドの外で成長を続ける経済力を反映していた。一九五六年、ニューサウスウェールズでスロットマシンが解禁され、ラグビーリーグクラブにかなりの財源を新たにもたらした。これはギャンブルとレストラン、コミュニティ活動を組み合わせた「リーグクラブ」の創設につながり、クラブはフィールド内での活動に気前のよい金銭的支援ができるようになった。一九五九年、選手の居住要件が廃止され、選手はもはやクラブの近隣に住む必要がなくなったので、シドニーのクラブは英国と資金面で競争が可能になった。

これでラグビーリーグの移民の波は逆転し、反対の方向に流れ始めた。一九六三年三月、デレク・ハラスはキースリーからパラマッタに移籍、近代の選手で最初にオーストラリアに移った選手となる。一九六〇年代にはハラスに続いて、セントヘレンズのディック・ハダートとトミー・ビショップのような大スターが、ほかの多くの一流選手とともに移籍した。一九七〇年の英国によるアッシズ勝利が大量出国を加速させた。オーストラリアのクラブは躍起になって、勝利した英国のスターと契約したからだ。一九七一年、マンリーは恐るべきルースフォワード、マルコム・ライリーと契約するために、移籍元のキャッスルフォードに当時の記録となる一万五〇〇〇ポンドを支払った。

一九六〇年代と七〇年代の英国選手移籍の波はオーストラリアのラグビーリーグに新しいスキルとアプローチを運んできた。ウィガンのデイヴ・ボルトンはバルメインにいき、スタンドオフのプレイを定義しなおした。ライリーは、全方位的な技術力のまったく新しい組み合わせと妥協を知らない激しさを運んできた。マンリーのチームメイト、ハルKRから移籍したフィル・ロウはディック・ハダートの遺産の上に自由に走るフォワード・セカンドローのプレイを築きあげた。「航空母艦が戦艦を時代遅れにしたように、フィル・ロウはのしのしと歩くフォワードが絶滅したマストドンに加わろうとしていることを明らかにした」とトーマス・ケニーリーは絶賛した。[4]

英国選手のオーストラリア流出は、オーストラリアにおけるラグビーリーグ改革のひとつの現われである。英国からの「テン・ポンド・ポムス」（戦後、移民助成制度でオーストラリアに移住した英国人を呼ぶのに使用される表現）と南欧からの移民のおかげで、オーストラリアの人口は第二次世界大戦後の三〇年間で倍増し、ラグビーリーグはニューサウスウェールズとクイーンズランドで盛んなスポーツとして、選手のあいだでも観戦者のあいだでも大人気となった。一九四七年と六七年には新しいクラブがニューサウスウェールズ・クラブ・プレミアシップに参戦を許され、一九五九年から六七年までのあいだで、シドニーにおける観戦者数は一シーズン一五〇万人以上と倍増した。

一九五〇年代初めのサウスシドニー、そのあと一九五六年から六六年までのセントジョージの常勝がおそらく逆説的にラグビーリーグの人気をかきたてた。サウスシドニーはシドニーの労働者階級が住むインナーシティを本拠地とし、両大戦間のプレミアシップ常勝チームで、一九五〇年代初めにふたたびその役を再開した。一説によると選手たちがあまりにも貧しくて、地区の周辺で兎を売っていたことから「ラビットーズ（兎肉商人）」の愛称がついたという。キャプテンはフルバックのクライヴ・チャーチル。フルバックの役割を定義しなおし、ただ大声をあげるディフェンス最後尾のひとりから五人目のスリークォーターにつくりなおした。

サウスシドニーの常勝は続かなかった。急速に拡大するシドニー南の郊外を本拠地にするセントジョージが、一九五六年から六六年にかけてプレミアシップに一一連勝して、サウスシドニーの成績をすぐに凌駕した。セントジョージはいまでは合法化されたスロットマシーンと増大する地元の人気から資金を得て、巨大なクラブハウスを建設し、それは大きさと豪華さからすぐに「タジマハール」と呼ばれるようになる。

この見たところ無尽蔵の収入のおかげでセントジョージは最高の才能を買うことができた。セントジョージによる記録破りのプレミアシップ連勝の多くは、ハリー・バスやフッカーのケン・カーニーのような英国帰りの選手が学んできた英国のプレイ法のおかげだった。バスは一九四八年から五六年までウォリントンで、カーニーは一九四八年から五二年までリーズでプレイした。一九六〇年代半ばには、イングランド帰りの選手やコーチの影響がオーストラリアのラグビーリーグを伝統的な強豪国の英国と同レベルまであげるのに力を貸した。

本国に対するオーストラリア人の態度もまた変化しつつあった。英国がオーストラリアの意見を求めずに一九六一年に欧州共同市場に加盟申請し、一九六二年にオーストラリア人の連合王国への自由出入国が終了したことから、両国間の距離は広がっていった。多くの人がアメリカのほうを向き始め、そのなかにはしだいに競争が激化するシドニーの試合で優位に立とうとするラグビーリーグのコーチもいた。ふたりの若いコーチ、テリー・ファーンリーとジャック・ギブソンはアメリカにいき、NFLでアメリカンフットボールのコーチ法を、とくに連戦連勝のグリーンベイパッカーズ伝説のコーチ、ヴィンス・ロンバルディから学んできた。

とくにギブソンは一九七〇年代と八〇年代に、まずシドニーのルースターズ、そのあとパラマッタ・イールズで大成功をおさめた。ギブソンが指導するパラマッタが一九八三年にプレミアシップ三連覇を達成するころには、オーストラリアのラグビーリーグは自立した一大娯楽産業になっていた。ラグビーリーグがもっていた英国との絆は緩み、英国のチームが競争力の維持に苦闘していたので、英国対オーストラリアのテストマッチにかわって、毎年のニューサウスウェールズ州選抜対クイーンズランド州選抜の〈ステート・オブ・オリジン〉戦が重要になった。

〈ステート・オブ・オリジン〉は一九八〇年に始まり、すぐにオーストラリア冬のスポーツのもっとも重要なイベントになる。それぞれの州で生まれた選手のみが選ばれ――ゆえに「オリジン」――三試合が戦われて、地域の情熱を再燃させ、ラグビーリーグを新たなる高みに引きあげた。一九八八年、〈ニューサウスウェールズ・ラグビー・リーグ〉がクイーンズランドのチーム、とくにブリスベン・ブロンコスを加えて全国的なリーグ戦となり、オーストラリア最高の選手たちが初めて全員同じリーグ戦で対決した。新しい〈オーストラリアン・ラグビー・リーグ〉と〈ステート・オブ・オリジン〉はともに大衆の大きな関心を呼び、高いテレビ視聴率をほしいままにした。〈オーストラリアン・ラグビー・リーグ〉はもはやラグビーリーグ、ラグビーユニオンを問わず、世界でもっとも重要なクラブ対抗戦だった。ラグビーリーグが一九九〇年代に突入するとき、輝かしい未来が保証されているように見えた。

◉スーパー・ウォー

ますます増大するオーストラリアのラグビーリーグ人気はオーストラリア国内に閉じこめられてはいなかった。ラグビーリーグは満ち潮に乗ってニュージーランドに上陸し、一九七〇年代、なおいっそう豊かになったシドニーのラグビーリーグはタスマン海の彼方から、キィウィーズのトッププレイヤーを大勢引き寄せた。一九八〇年代にはニュージーランドで、オーストラリアのクラブ戦がテレビでレギュラー放送され始める。もっとも重要なのは、一九八三年以降、ニュージーランドのキィウィーズが対カンガルーズ戦テストマッチシリーズで、手に汗握る肉弾戦を戦ったことだ。グレートブリテンがオーストラリアを破るのはもちろん、オーストラリアに対して得点をするのにも苦労していたとき、キィウィーズはすばらしい対戦相手だった。

一九八八年、キィウィーズはその歴史で初めてラグビーリーグ・ワールドカップ決勝に進出。しかしオーストラリアに幻滅の敗北を喫する。それにもかかわらず、マーク・グラハムやケヴィン・タマティのようなトッププレイヤーは全国的に有名になった。ラグビーユニオンに視線を集中している国としてはさらに驚くのだが、ジョン・ギャラガー、マーク・エリス、ジョン・シュスターのようなオールブラックスの選手が次々とラグビーリーグに転向した。ニュージーランドのスターはオーストラリアのクラブにとって重要な要員となり、一九九二年にはニュージーランド・ラグビーリーグの伝統的な地盤オークランドの一チームが一九九五年に〈オーストラリアン・ラグビー・リーグ〉に参入することが発表された。

一九八八年のワールドカップでは、パプアニューギニアが初出場した。ラグビーリーグは第二次世界大戦中にオーストラリア軍兵士がパプアニューギニアにもちこみ、一九五〇年代から六〇年代にかけて、オーストラリアによる植民地化が進むにつれて、その人気は先住民のあいだで高まっていった。一九七〇年代には疑問の余地なくパプアニューギニアの国民的スポーツとなっていた。とくに目につくのは、ワールドカップ一九七五年オーストラリア大会のついでに立ち寄ったイングランドの訪問である。

二年後、愛称クムルス（固有の極楽鳥にちなんでつけられた）は、パプアニューギニアの首都ポートモレスビーで37―6とフランスに圧勝し、ラグビーリーグ史上最大の衝撃をあたえた。次の勝利までには九年を要し、総力戦のニュージーランドに

24—22で勝つ。しかしこのころにはパプアニューギニアは世界五番目のラグビーリーグ強国として認められていた。大部分が未開発で、場所によってはまだ未踏査の国にテレビが普及してラグビーリーグ人気を高め、ラグビーリーグを国民的スポーツとするのに役立った。

一九八〇年代に衛星放送が登場した結果、世界中でラグビーリーグがより広く目にされるようになった。一九九五年、ラグビーリーグをプレイする国の数が飛躍的に増加したので、同年に開催されたラグビーリーグ・ワールドカップ一〇〇周年記念大会には、初参加のフィジー、トンガ、サモアも含む一〇か国が出場。同時期に開催された〈エマージング・ネーションズ・トーナメント〉には他の七か国が出場した。

ラグビーリーグの部外者もとくにテレビの視聴率を通して増大するラグビーリーグ人気に気づいた。一九八〇年代は、世界でテレビ産業の規制が緩和され、衛星放送とデジタル技術の発達はまったく新しい有料放送の消費者マーケット興隆につながった。ルパート・マードックやその最大の競争相手ケリー・パッカーのようなメディアの帝王はすぐに、マードックの有名な言葉を借りれば、スポーツが有料テレビ網確立のために使用できる「破城槌《はじょうつい》」であることに気づいた。[5]

オーストラリアのラグビーリーグ指導者はこのような洞察をもたなかった。一九九三年、ケリー・パッカーの無料放送チャンネル9と契約。チャンネル9は続く七年間の放映権料として〈オーストラリアン・ラグビー・リーグ〉に八〇〇〇万オーストラリアドルを払った。有料放送権も無料で契約に含まれた。前年、マードックのBスカイBは新設されたイングランドのサッカーのプレミアリーグに有料放送権として一億九一五〇万ポンドを支払っていた。一九九四年、マードックのオーストラリアン・ニューズリミテッドが〈オーストラリアン・ラグビー・リーグ〉に有料放送権についての交渉をもちかけたとき、リーグはパッカーと交渉しろと告げた。

〈オーストラリアン・ラグビー・リーグ〉の拡大が伝統的なシドニーの諸クラブと新加盟のクラブ、とくにブリスベン・ブロンコスとのあいだの摩擦につながり、事態をさらに悪化させた。一九九四年初め、ブロンコスの最高経営責任者で、元オーストラリア代表ウイングのジョン・リボットがルパート・マードックと会い、〈スーパーリーグ〉創設を提案した。〈スーパーリーグ〉はシドニーのクラブの合併も含めて、ニューズリミテッドの衛星放送網の要求に見合うようつくられていた。〈オーストラリアン・ラグビー・リーグ〉はチャンネル9と契約していたために交渉では弱い立場におかれ、自衛の手段がほとんどないまま、ふたりのメディアの大物の争いのあいだに立たされることになった。〈オーストラリアン・ラグビー・リーグ〉とリボットの〈スーパーリーグ〉支持者のあいだで、一九九四年と九五年に話し合いが続いた。リボットは〈オーストラリアン・ラグビー・リーグ〉が妥協すると期待したが、ひとつにはケリー・パッカーがルパート・マードックとの同意を望まなかったこともあり、その期待はくじかれた。

結局、一九九五年三月末、交渉は完全に決裂した。ラクラン・マードック（ルパート・マードックの長男でニューズリミテッドの副社長）に補佐され、リボットは戦略を変更し、新設のスーパーリーグのために、主として選手たちが人生で一度も見たことのない金額を提示するという単純な手段で、選手たちと契約を始めた。数週間もしないうちに、マードック側もイングランドの複数のプロクラブと契約をし、クラブ側は八七〇〇万ポンドの取引の一部としてシーズンを夏に変更することに同意した。ラグビーリーグのグローバル戦争は継続し――数週間のうちに、それはラグビーユニオンにもきわめて重大な影響をあたえることになる。

ラグビーリーグがこれほどの大金や商業的利益を目にしたことは一度もなかった。それでもいまや賭けられているのはラグビーリーグの存在そのものだった。一九六八年のウェンブリーにおけるドン・フォックスのように、その最大の勝利の瞬間が最大の災厄の瞬間となった。

第32章 ラグビー、一九九五年にいたる道

Rugby's Road to 1995

一九九五年六月二十四日、ヨハネスブルクのエリスパーク。六万三〇〇〇人を前にして、スプリングボクスとオールブラックスがラグビーユニオンのワールドカップをめぐる戦いに登場した。非公式の世界チャンピオンをめぐってこれまで何度も戦ってきた。しかし、今回は勝者が正真正銘の世界最高のチームとなる。

決勝戦の前の週、盗聴装置、早朝の車のクラクション、オールブラックスの一部が罹患した食中毒の発症を非難する声が試合前の話題を独占し、見出しが誇大妄想的であるのと同じほどに、期待が盛りあがった。緊張が高まった。これはおそらくこれまででもっとも重要なラグビーの試合かもしれない。

八〇分後、二チームを分けるものはなにもなかった。どちらもドロップゴール二本、ペナルティゴールを二本決めていた。決勝戦では初めて、試合が延長戦にもつれこんだ。ふたたび両チームともペナルティを決め合う。そのあと残り七分で、スプリングボクスがニュージーランドの二二メーターライン付近、タッチから一〇メートルでスクラムを得た。

スプリングボクスはドロップゴールを狙い、敵ディフェンスの出足を遅らせるために、キャプテンのフランソワ・ピナールはスクラムを強く押すよう要求した。一度目はスクラムがまわってしまい、スクラムアゲインとなった。

今回はボールがスクラムから出て、スクラムハーフのジュースト・ファン・デル・ウェストハイゼンがニュージーランドのポスト右側数メートル後方に立っていたフライハーフのジョエル・ストランスキーにボールを渡した。きれいなパスが通り、ストランスキーは余裕をもってボールを強く蹴って、ゴールポストのあいだをみごとに通過させた。「あれほどうまくボールをキックしたことはないと思う」とストランスキーはのちに回想している。

15―12で、続く数分間、南アフリカ全土が息を殺しているように思えた。そのあと、何時間も時間が止まったままに思えたあと、レフェリーのエド・モリソンが時計を見て、フルタイムの笛を吹いた。ついにスプリングボクスは正式の、疑問の余地なき世界チャンピオンに認められた。

さらに重要でさえあったのは、試合が南アフリカ初の黒人大統領ネルソン・マンデラの勝利だったことだ。マンデラは白人の南アフリカ人、とくにアフリカーンス語話者にとって試合がもつ重要性を認識し、スプリングボクスと関係を構築し、キックオフ前にはロッカールームで選手たちに言葉をかけた。キャプテン、フランソワ・ピナールの背番号6のジャージーを着てスタジアムに到着、ワールドカップをピナールその人に手渡したときも、まだそれを着ていた。

わずか一〇年前、自尊心のある南アフリカの黒人ならだれも、アパルトヘイトを象徴するスポーツのひとつのジャージーを身につけることはもちろん、スプリングボクスを応援することなど考えもしなかっただろう。マンデラの行動は、ラグビーがこのあと無理やり変化させられることはなく、その潜在的な象徴性は手つかずのままで残されることを示していた。南アフリカもラグビーユニオンも変化した。だが続く歳月が示したように、古い伝統と構造は簡単にはとりのぞかれなかった。

◉楕円形の政治

一九六〇年代末には、南アフリカのアパルトヘイト問題がラグビー政治を支配した。一九六九年、スプリングボクスが六回目のヨーロッパ英国遠征のためにロンドンに到着。ブリティッシュ・ライオンズは一九六〇年代に二度、南アフリカに遠征。一九六二年と六八年のシリーズのどちらも敗北する。しかし、一九六九年の遠征まで英国のラグビーユニオンが南アフリカとの関係の社会的重要性に直面することはなかった。

舞台を設定したのは一九六八年にイングランドのクリケットが南アフリカ遠征を企画したとき、バジル・ドリヴェイラが代表入りをしなかったという事実だった。ドリヴェイラはケープタウン生まれの万能選手で、一九六〇年にイングランドに移住し、イングランド代表に選ばれる資格をもっていた。南アフリカからの圧力でイングランド代表には選ばれなかったが、のちに交代要員としてチーム入りした。南アフリカ政府はドリヴェイラの受け入れを拒否、遠征は中止された。[1] ピーター・ヘイン率いる反アパルトヘイト運動は矛先を一九六九年の南アフリカによる英国遠征に切り替えた。

スプリングボクスがヒースロー空港に降り立ったとたんに、選手たちは「人種差別主義者のごくつぶしとはスクラムを組むな」のシュプレヒコールで迎えられた。遠征の監督コリー・ボーンマンは記者に、自分の選手は「相手がラグビーのプレイヤーだという条件で」すべての人種とつきあうだろうと語って、すぐに状況をますます悪化させた。[2] 予想されたとおり、スプリングボクスの試合は数千人のデモ隊に迎えられ、絶えずグラウンドに人が出てきて中断された。遠征は十一月十五日、スウォンジーでどん底に達した。接客係がデモ隊に情け容赦なく殴りかかり、二〇人ほどの反アパルトヘイト活動家を病院送りにした。そのなかの五人は意識不明だった。内務大臣ジェイムズ・キャラハンは事件の報告書を要求し、一週間後、クラブの接客係がデモ隊対策に使われることを禁じた。[3]

スプリングボクスは苦にがしい顔つきで英国をどたどたと歩きまわり、ウェールズとアイルランドとは引き分け、イングランドとスコットランドには敗北し、国代表にはほぼ負けた。しかし試合の結果は付けたしだった。オールブラックスのキャプテン、クリス・レイドローの言葉を借りれば、遠征は「ラグビーは南アフリカにとって、残りのヨーロッパ世界との怪しげなスポーツ的・文化的絆を正当化するための重要な活動であり、ラグビーはそれによって国際的な不名誉を勝ちとる」ことを確実にした。[4]

一九七一年、スプリングボクスがオーストラリアに到着したとき、事態はさらに悪化した。どこでも遠征チームの試合地には数万のデモ隊が姿を現わした。オーストラリア労働組合委員会は遠征と関わるものすべてをボイコットすると宣言。航空会社と飛行場の従業員はスプリングボクスを乗せてオーストラリア国内を飛行することを拒否。港湾労働者連盟は南アフリカ船舶すべてをボイコットし、メルボルンでは四〇〇〇人の港湾労働者が遠征に抗議して一週間のストライキを打った。抗議を受けて尊大なラグビーユニオンの壁にも大きな裂け目が走った。一九六九年にウェールズのジョン・テイラーが示した模範に従って、六人のワラビーズ——トニー・エイブラムズ、ポール・ダルヴェンツィア、テリー・フォアマン、バリー・マクドナルド、ジェイムズ・ロクスボロー、ブルース・タアーフェ——がスプリングボクスとの試合を拒否した。しかし、全般的にラグビーユニオン上層部は一致してスプリングボクスを支持していた。

デモ隊がグラウンドに侵入するのを防ぐために、試合は警官の列と有刺鉄線の背後でおこなわれた。数百名の抗議者が逮捕された。チームが四試合のためにクイーンズランドに到着したとき、抗議の規模はあまりにも大きくなったために、クイーンズランドの州知事のジョー・ビェルク＝ピーターセンは一か月間の非常事態宣言を発令し、南アフリカ政府が使用したのと実質的に同じ警察国家的措置をとることをみずからに許した。[5] グラウンド外での荒々しい反対にもかかわらず、スプリングボクスはフィールド上の対戦相手がそれほど荒々しくはないことを発見し、遠征を無敗で終えて、テストマッチ三戦に楽勝した。

一九六九年の政情不安と七一年の遠征のあいだの一九七〇年に、いずれもマオリのシド・ゴーイング、ブレア・ファーロング、バフ・ミルナー、ブライアン・ウィリアムズを南アフリカ政府が遠征の期間、「名誉白人」とすることに同意したあと、スプリングボクスはオールブラックスをホームで迎えた。これでさえ見かけほど譲歩したわけではなかった。ニュージーランドの優秀なラグビー記者テリー・マクリーンが暴いたように、南アフリカの首相ヨハネス・フォルスターは一九六七年末にニュージーランドの副首相ジョン・マーシャルと会い、マオリ選手受け入れに条件を課していた。「あまりにも多くのマオリ選手がいてはならない。マオリ選手はあまりにも色が「黒く」てはならない。その選抜が大きな物議を醸してはならない」[6]。ニュージーランドは条件を守ったが、それでもシリーズを一勝三敗で落とした。

スプリンクボックス対オールブラックス戦の輝きを曇らせたのは政治だけではなかった。ニュージーランドにおける一九七一年ライオンズの歴史的なテストシリーズ勝利が確認するように、南半球の強豪国だけが世界チャンピオンのタイトルの権利を主張しているのではなかった。ウェールズの優れたプレイと英国のプレイ水準の向上によって、ライオンズは世界最高を正当に主張できた。実際に、テストマッチ最終戦でレフェリーのマックス・ベーズがファーガス・スラッタリーの終了間際のトライを承認しなかったせいで、テストマッチ四戦全勝を逃しただけで、一九七四年の南アフリカ遠征を無敗で終えたとき、だれが世界最高かについて疑いの余地はなかった。

一九七六年六月、オールブラックスが南アフリカを再訪したとき、この遠征は世界のラグビーユニオンの銀メダル争いだという感覚があった。一九七〇年に最後にスプリングボクスと対戦して以来、オールブラックスはライオンズとイングランド、フランスに敗れていた。今回はスプリングボクスに対してテストマッチシリーズを一勝三敗で落とし、よりよい成績をおさめたわけではなかった。しかしこの遠征はそこでプレイされたラグビーによってではなく、ラグビーがプレイされた状況とその結果によって記憶されている。

オールブラックスは、警察がヨハネスブルクのタウンシップ、ソヴェトのデモで一七六人を射殺し、数百人に傷を負わせてから二週間もしないうちに南アフリカに到着した。南アフリカはストライキ、抗議活動、デモに襲われていた。一九七六年のモントリオール五輪が近づいており、アフリカ諸国は、オールブラックスによる南アフリカとのスポーツ交流禁止違反のために、ニュージーランド五輪チームを締め出すように呼びかけ始めた。国際オリンピック委員会はニュージーランド排除を拒否したので、二七か国がオリンピックをボイコットした。南アフリカとニュージーランドのラグビーの絆がスポーツの世界を引き裂いた。

すぐにニュージーランド自体もふたつに引き裂かれた。一九七三年、英国とオーストラリアで起きた政情不安が国内でも繰り返されるのを恐れて、労働党政府は土壇場になってスプリングボクスの遠征を中止した。南アフリカ・ラグビー評議会が白人オンリーの選手起用政策の変更を拒否したからだ。しかしそのあと首相になった国民党のロバート・マルドゥーンは、スプリングボクス遠征歓迎を政治綱領の重要課題とした。一九八一年、南アフリカの遠征チームが一六年間の不在のあと、ついにニュージーランドに帰ってきた。

遠征チームのなかに、三十一歳のエロル・トバイアスがいた。トバイアスはその年にスプリングボクス初の「カラード」の選手となっていたが、彼が選ばれたのは体裁づくり以外のなにものでもないことにだまされる人はいなかった。トバイアスはテストマッチに一戦も出場しなかった。しかし、トバイアスとそのチームメイトがニュージーランドの地に足をつけたとたんに、国は爆発した。

数千人規模のデモ隊が街路を埋め、一方、同じように多くの人が遠征チームを強力に支持した。ニュージーランドでは初めて、全試合が数百人の機動隊に守られておこなわれた。二試合は抗議活動のために中止になり、オークランドにおけるテストマッチ最終戦は、デモ隊が飛行機からイーデンパークのグラウンドに小麦粉爆弾を落としたために中断された。これはニュージーランドが経験したなかで内戦にもっとも近いものだった。終了したとき、オールブラックスが二勝一敗でテストマッチシリーズに勝利したことをほんとうに気にする人はいなかった。

◉南アフリカとプロフェッショナリズムへの道

ラグビーユニオンにとっての南アフリカの重要性とラグビーユニオンが南アフリカとの絆を断ちきれなかったことは、このスポーツを一九七〇年代と八〇年代に国際政治の最前線に押し出しただけではなかった。それはまた最終的なラグビーユニオンのプロ化に導く過程に道筋をつけた。

第二次世界大戦以前、南アフリカのラグビーは南半球の国のなかで、RFUにもっとも恭順だった。しかし一九五〇年代に南アフリカ・ラグビー評議会（SARB）がアフリカーンス語話者――その多くがフリーメーソンのアフリカーナー版であるブルーダーボンド〔友愛会〕のメンバー――に掌握されるようになると、しだいにIRBにおけるRFUのリーダーシップに対して批判的になっていく。一九五〇年代半ば以降、ルールに代案を提出し始め、交代を容認し、そのあと一九五八年のフランスによる南アフリカ遠征では、完全にルールに逆らって、IRBからあからさまに批判された。[7]

もっとも重要なのは、選手への報酬支払に対する姿勢がRFUとは分かれつつあったことだ。一九六三年、SARB会長ダニー・クレイヴンは、遠征選手により高い費用を支払うよう求め、七五周年祭のために南アフリカにいく選手たちに「ポケットから」支払うことを提案した。[8] SARBがアマチュアリズム遵守をうたっていたにもかかわらず、多くのアフリカーナーがアングロサクソンの熱意を完全にわかちあっているのではないことは明らかだった。

さらに一九五〇年代末にはラグビーリーグを南アフリカにもちこもうという試みが見られた。トム・ヴァン・ヴォレンホーヴンやウィルフ・ローゼンバーグ、トミー・ジェントルズのような卓越したスプリングボクスの選手の多くが、イングランドのラグビーリーグのクラブでプレイするために国を離れた。ラグビーリーグに転向したひとり、マーティン・ペルサーは率直に「アマチュアラグビーのためにとらなければならなかった無給の休暇が何日になるか数えきれないほどだ……アマチュアラグビー、とくにスプリングボクスのラグビーは金持ちの息子のためのスポーツだ。わたし、そしてほかにもわたしと同じような者たちにはこれ以上、そんなことをしている余裕はない」。[9]

多くの黒人選手、あるいは混血の選手が英国のラグビーリーグでプレイするために南アフリカをあとにした。ゴーラム・アベド、ルイス・ニューマン、サリー・シュローダー、ルウェリン・マガンダ、グリーン・ヴィゴ、デイヴ・バレンズは、イングランド北部に富と名声を求めて家をあとにした選手のなかにはいる。ケープタウン生まれのバレンズは一九六〇年代に南アフリカの「カラード」チームでプレイしたが、一九七九年に英国生まれでない選手として初めて、グレートブリテンの一員としてオーストラリアに遠征した。

ＳＡＲＢの悪意に満ちた反対のおかげで、結局、南アフリカではラグビーリーグは離陸はしなかった。ダニー・クレイヴン自身が、一八九五年にイングランドのラグビーを分裂させた会合が開かれた場所をもちだして、「新たなるハダースフィールドは阻止」したいと宣言し、ラグビーリーグに対するラグビーユニオンの姿勢を「アパルトヘイトの厳格な形」として是認した。[10]

しかし南アフリカがしだいに国際的に孤立を深めていったおかげで、ＳＡＲＢはアマチュア主義に対してより柔軟に振舞えた。南アフリカ・ラグビーの商業化は一九六〇年代を通じて拡大し、とくにビール会社とタバコ会社がスポンサーになった。一九六九年、ＳＡＲＢは、「営利企業による後援はアマチュア主義に反する」というＩＲＢの規則に異を唱え、ＩＲＢは南アフリカ・ラグビー評議会に、ラグビーユニオンにおける営利企業の関与の広がりを尋ねる書翰を送った。[11] 一九七六年には英国の各協会は、「通常はそのシーズンオフであるはずの期間に、ときには配偶者や家族とともに南アフリカに招かれて、プレイしたり指導をする」選手の数に危機感を覚えた。[12] その意味は明らかだった——南アフリカでは選手はプレイに報酬を得ている。

しかし一九七〇年代末、ＩＲＢはこのようなアマチュア規則の違反に対して行動を望まなかったし、また行動できなかった。望まなかったのは、アパルトヘイト政権ボイコット運動についてＳＡＲＢ支援にかなりの政治的資源を注ぎ込んでいたからである。できなかったのは、ＳＡＲＢに対して決定的な行動をとれば、国際的な分裂につながりかねないからだった。スプリングボクスのスクラムハーフとしても、ＳＡＲＢ会長としても同じように狡猾だったダニー・クレイヴンは、これを徹底的に利用し、政治家たちには彼らが聞きたいことを告げ、一方で南アフリカを国際的なラグビーユニオンの一員に保ち続けるための行動計画を継続した。

クレイヴンの権力の一部は、プロフェッショナリズムに対する恐れを利用するその能力から生まれた。クリケットの例と、一九七七年のケリー・パッカーのテレビ局主導によるワールドシリーズ・クリケットの成立は、ラグビーユニオンにもなにが起こりうるかを示していた。実際に、一九七七年にはニュージーランドで、パッカー方式によるプロのラグビーユニオンのプロ・サーキットが議論され、一九七九年、ＳＡＲＢはプロ・トーナメントについて論じるために、複数の実業家から話をもちかけられた。[13]

もっとも重要なのは、一九八〇年代に南アフリカが国際的試合での対戦を望んだ結果、いわゆる「造反者」遠征にとほうもない金額の資金が調達されたことだ。クレイヴンの巧妙な政治操作のおかげによるところが大きいが、一九八〇年代半ばには世界のスポーツ界からほぼ完全に孤立していたにもかかわらず、南アフリカが先導したプロ化の脅威が具体化することはなかった。イングランドは一九八四年に遠征したが、ニュージーランド高裁は一九八六年にオールブラックスが計画した遠征を禁止し、SARBはいわゆる「造反者」遠征チームを招待せざるをえなかった。

禁止されたオールブラックスにもともと選ばれていた三〇人の選手のうち二八人を誇る非公式のニュージーランド「キャヴァリヤーズ」が、一九八六年四月、ヨハネスブルクに到着。その全員に報酬が支払われていた。三年後、IRBから禁止されたにもかかわらず、SARB一〇〇周年を祝って遠征をしたワールド・フィフティーンはキャヴァリヤーズと同様にプロのチームだった。この遠征を調査したウェールズ協会によれば、選手にはひとりにつき約三万ポンドが支払われた。調査はあっさりと記している。「南アフリカ・ラグビー評議会には、選手を遠征させるために金銭的報酬の支払を容認する用意があった」。

さらに全体的に見れば、ウェールズによる調査はラグビーユニオンに広がるシニシズムと欺瞞とを明るみに出した。「個人による慎重さの欠如、あるいは欺瞞的な態度さえ、説明はできるかもしれない。一方、きわめて深刻な不安を生じさせるのはこのような態度がシステム全体、そしてその運用にほとんど蔓延していることである」。非合法な支払を受けとるかどうかを決めるとき、選手が使用する唯一の基準は「見つかったりペナルティを課せられたりする」可能性があるかないかだった。[14] アマチュア主義は内側から腐っていた。

一九九四年のイングランドによる南アフリカ遠征から帰国したとき、RFU会長デニス・イーズビーは「南アフリカが規則に反してその選手とレフェリーに支払っていることに」なんの疑いももっていないと語った。[15] 彼が知ってきたラグビーユニオンの終焉が近づいていた。

◉オーストラリア前進。いったいどこに？

ラグビーユニオンのアマチュア時代を終わらせる決定的な一打は最終的にオーストラリアからきた。二世代ほど前にこのような事態が予測されていれば、オーストラリアのラグビーユニオンは震えあがっただろう。実のところ、遠慮のない物言いと率直さを自慢にする国にしては、オーストラリアのラグビーユニオンは本国とRFUに対して驚くほど恭順だった。

だから英国のラグビーユニオンが、第二次世界大戦後初めて英国に遠征するチームとしてオーストラリアを招待したとき、それはシドニーでは際限のない歓びで迎えられた。一九四七年九月、英国に到着したとき、ワラビーズも同じように熱狂的に迎えられた。戦後、耐乏生活が続く陰気な英国で、一九四五年のニュージーランド軍人チームと同様に、オーストラリアのラグビーは、英国のほとんどのチームがいまだに提供していたどこか退屈な試合にとってかわり、観客を興奮させた。「フットボールのためにシューズを履くとき、彼らは肩の力を抜いて、快活さと学生のような沸き立つ歓びとを表現した」と英国の記者デンジル・バチュラーは報じた。[16]

テストマッチでは、英国のいずれのチームもオーストラリアのゴールラインを越えず、ワラビーズはアイルランドとスコットランドに四トライ、イングランドには三トライをあげた。ウェールズには降参した。ウェールズはオーストラリアにフォワード志向のプレイを余儀なくさせてその攻撃力を削いだ。ワラビーズは自分の試合をしながらもフランスには負け、フランスは三対ゼロとトライ数で上まわった。

プレイは話の一部にすぎない。遠征はほとんど国家元首の公式訪問のように扱われ、王族、グロスター公との謁見が許され、首相クレメント・アトリー、アイルランド大統領イーモン・デ・ヴァレラと会見し、もちろん議会その他の歴史的建造物にも公式訪問した。オーストラリアのラグビーユニオンにとって、これはフィールドの上でも外でも勝利だった。

一九四八年、オーストラリアがニュージーランドと南アフリカとともについにIRBに席をあたえられたときに示されたように、今回ばかりは両者の気持ちが通じていた。ついにオーストラリアは英国と同じ資格でIRBに席を占めた。一八か月後、さらにすばらしいことが起きた。オーストラリアはニュージーランドで史上初めてテストマッチシリーズに勝利した。これはほんとうに黄金と緑色のジャージーの黄金時代だった。

黄金時代は始まったと思ったとたんに終了した。そのあとに続いた三〇年間は、これ以上ないほどに荒涼としていた。一九五〇年代、オーストラリアはテストマッチ三五戦のうち七勝しかせず、すべての国代表戦とニュージーランド・マオリに負けた。もっとも有名なのは、対フィジー戦の二敗である。ワラビーズは一九五七年のヨーロッパ遠征でテストマッチ五戦に全敗、全試合の半分に勝つのがやっとだった。

一九六〇年代にも改善はなく、テストマッチ四〇戦のうち、わずか一一勝をあげたのみだった。南アフリカとの引き分けに終わった一九六三年のシリーズ、一九六五年のスプリングボクスに対する勝利がシリーズ唯一のハイライトである。一九六七年のヨーロッパ遠征で、フッカーのロス・カレンが遠征わずか三戦目で、オックスフォードのプロップ、オリー・ウォルドロンの耳をかみちぎって祖国に送り返されたときがおそらくどん底だろう。

オーストラリア社会は変化しつつあった。しかしラグビーユニオンは変わらなかった。第二次世界大戦以降、数百万の移民がオーストラリアに移住し、そのうちの多くにとって、統合への道は、ラグビーリーグやオーストラリアン・ルールズ、そしてより規模は小さかったがサッカーのような労働者階級に大人気のスポーツのなかに引かれていた。ラグビーユニオンは私立学校と専門職階級に閉じこめられたままで、「新オーストラリア人」の大多数に提供できるものはほとんどなかった。

一九三九年に四人のワラビーズを輩出した南のヴィクトリア州では、ラグビーユニオンはほぼ消滅し、二、三〇〇〇というシドニーのシュートシールド決勝の観戦数は、毎週末、ラグビーリーグの試合を観戦する数万とは比較にならなかった。ラグビーユニオンは大部分が私立学校の領分にとどまり、新しいファン層やより多くの数のプレイヤーを引きつけることができなかった。

一九七〇年代には、ラグビーユニオンの沈滞がオーストラリアのスポーツの国際的な凋落の一部であることが明らかになった。一九七六年、オーストラリアのオリンピック代表団は金メダルをひとつも獲得できずにモントリオールからもどり、一九八〇年、政府はオーストラリアを世界スポーツのエリートの地位にもどすという明確な目的をもって、オーストラリア国立スポーツ研究所を創設した。

ラグビーユニオンは一九八八年までオーストラリア国立スポーツ研究所の一部とはならなかったが、オーストラリアのスポーツ界全体を通して、スポーツ科学、コーチングと専門家による管理に国の重点がよりおかれるようになると、ラグビーユニオンも無気力状態から揺り起こされた。シドニーとブリスベンのラグビーユニオンをプレイする私立学校はアメリカの学校スポーツから学び、先を見越して、才能のある十代の選手を集め始めた。一九八〇年、ワラビーズは一九四九年以来初めて、ニュージーランド遠征チームに対してシリーズ勝利を果たした。空気のなかに変化があった。

これは一九八四年のワラビーズによる英国・アイルランド遠征でもっとも輝かしく光をあてられる。ワラビーズはホームネーションすべてを完膚なきまでに下してグランドスラムを達成した。ぬかるんだカーディフ・アームズパークでさえ彼らを止められず、四トライを重ねた。ウェールズはデイヴィッド・ビショップのトライだけで、これはワラビーズがテストマッチで唯一許したトライだった。二年後には、一九四〇年代以来初めて、ニュージーランドの地でテストマッチシリーズに勝利した。

一九八四年の遠征が示しているように、ワラビーズ再興の理由のひとつは逆説的だが、オーストラリアのラグビーリーグの力がしだいに強まったことだった。デイヴィッド・キャンピージーやマーク・エラのような遠征チームの鍵を握る選手はラグビーリーグをプレイしながら育ち、そのスキルの一部をラグビーユニオンにもたらした。さらに一九七〇年代から八〇年代にかけてのオーストラリアのラグビーリーグの大きな飛躍が、コーチングと戦術において一五人制ラグビーに伝わっただけではなく、国際的なラグビーリーグに真空状態をつくりだし、それをワラビーズが満たした。

かつてオーストラリア対グレートブリテンのラグビーリーグの試合がニューサウスウェールズとクイーンズランドで大人気だった一方で、英国の気の抜けたパフォーマンスは国際的なラグビーリーグの信頼性を大きく損なった。ラグビーリーグの一方的なテストマッチは、いまや世界最高のラグビーユニオンチームのタイトルに挑戦している再生ワラビーズの興奮を提供はできず、グローバルなスポーツにおいてはラグビーユニオンがオーストラリアのトップチームになった。

続く二〇年間、オーストラリアは間違いなく国際的なラグビーユニオンに君臨していた。一九九一年、ワラビーズはトウィッケナムにおけるワールドカップ決勝戦でイングランドを12―6で下した。一九九九年、英国を再訪し、今度はフランスをカーディフで35―12で破って、ふたたびトロフィーを手にした。

一九七〇年代末と八〇年代につくられた構造が二世代にわたって偉大な選手を生み出した。ニック・ファー＝ジョーンズとマイケル・ライナーが一九九一年のチームにもちこんだ戦略的な組織化スキルを一九九九年のスティーブン・ラーカムとジョージ・グレーガンが再現した。オーストラリアのフォワードプレイは伝統的に軽蔑されてきたが、一九九一年のフォワードはそれを逆転させ、一九九九年、偉大なロック、ジョン・イールズがそれを引き継いで、九一年のチームを再現した。二〇〇三年、オーストラリアはあと数秒で三度目のワールドカップを手にするところだったが、最後の瞬間のジョニー・ウィルキンソンのドロップゴールがそれを阻止、カップはイングランドの手に落ちた。

オーストラリアのラグビーユニオンが一九九〇年代にこれほどの卓越に達したのにはもうひとつ理由がある。オーストラリアのラグビーユニオンには、アマチュアのスポーツがプロ化した一〇年間に起きた巨大な変化に対処する準備がよりよくできていた。

実のところ、アマチュア主義から離脱する動きを指揮したのはオーストラリアだった。

オーストラリアは最初、一九八三年にワールドカップのアイディアをもちだしていた。ひとつには多くの人が不可避と見ていたプロ化の動きを統制するため、またひとつにはケリー・パッカーによる一九七七年のワールド・シリーズ・クリケット創設を直接、体験したことが動機となっていた。その恐れが事実であることを確認するかのように、一九八三年四月、オーストラリアのスポーツジャーナリストでプロモーターのデイヴィッド・ロードが、パッカーのモデルに基づいた世界的なラグビーユニオンのプロ・トーナメントのために、世界のトッププレイヤー二〇〇人と契約したことを発表した。ロードはすぐに反乱を組織するのはそう簡単ではないことに気づき、その年の終わりには計画は頓挫《とんざ》していた。

ロードは、ワールドカップ支持者が自分たちの主張を強化するのに重要な役割を果たした。ロードが示したのはもしIRBがワールドカップを組織しなければ、だれかほかの人がやるということだった。「もしわれわれがラグビーユニオンを救いたければ、そしてそれをだれか興行主の手に渡したくなければ、われわれは迅速に行動し、ワールドカップを組織しなければならない」と一九四七年のワラビーズでプレイしたオーストラリア・ラグビー協会会長ニック・シェハディーは論じた。[17] 一九八四年六月、ニュージーランドはふたたびこの件を提起し、IRBはワールドカップを一九八七年にオーストラリアとニュージーランドで開催することを賛成一〇反対六で可決した。

ワールドカップ第一回大会の成功は一九九一年のイングランドにおいて、より大規模に再現された。高いテレビ視聴率、急成長する広告収益、ますます利益に基づくようになったラグビーユニオン内部からの提案は、商業主義の危険をめぐる古くからの懸念をすべて吹き飛ばした。アマチュア主義は死の床にあり、だれかがとどめの一撃を加えるのは時間の問題だった。

●最終局面か新しいスポーツか?

かつてラグビーユニオンのもっと神聖な標語だったものの葬儀は一九九五年のワールドカップ南アフリカ大会でとりおこなわれた。南アフリカのラグビーと全世界のアマチュア主義の運命がしっかりとからみあっていただけではない。ラグビーとアフリカーナーのアイデンティティが一体化していたために、ラグビーはその国の将来に重要な役割を果たすことになった。

一九八六年、ネルソン・マンデラのアフリカ民族会議と南アフリカ政府のあいだで秘密交渉が開始された。白人エリート層の多くにとって、果てしなく繰り返されるタウンシップの反乱とますます激しくなる黒人労働組合の過激主義が南アフリカを統制不能にしているのは明らかになっていた。外国銀行からの投資は枯渇し、巨額の資金が国外に流出した。ジュゼッペ・トマージ・ディ・ランペドゥーサの『山猫』の言葉を借りて、多くの人が、もし白人の南アフリカがものごとが同じままでいることを望むのなら、ものごとは変化しなければならないと考えた。一九九〇年、ネルソン・マンデラは二七年ぶりで釈放され、アフリカ民族会議は合法化された。四年後の一九九四年四月二十七日、南アフリカ史上初の普通選挙で、アフリカ民族会議が政権に就き、マンデラが大統領に選出された。

ラグビーユニオンは国内でもまた国際的にも、このプロセスの重要な象徴の役を果たした。一九八七年、南アフリカは、アパルトヘイト・ボイコットのためにワールドカップ第一回大会に招待されなかった。翌年、ダニー・クレイヴンが密かにアフリカ民族会議と会い、スプリングボクスの国際舞台回帰を許す条件について話し合った。一九九二年三月、主要な条件のひとつとして、南アフリカ・ラグビー評議会と非白人の各フェデレーションが合併して、南アフリカ・ラグビーフットボール協会が結成され、南アフリカは国際ラグビーの世界にもどった。その年の八月、スプリングボクスは一九七〇年代以来となる公式のテストマッチで、オールブラックス、そして世界チャンピオンのワラビーズと対戦した。

南アフリカはどちらにも敗れ、ほぼ二〇年間の孤立の結果を示したが、試合はまたラグビーがかなりの程度まで、謝罪を拒否するアパルトヘイトの最後の要塞のままでいることを明らかにした。国歌斉唱が平和と和解のための二分間の黙禱でおきかえられたことに腹を立て、観戦者は決然として古い南アフリカ国歌『南アフリカの呼び声』を歌った。マンデラとアフリカ民族会議が、このことを事前に知らなかったとしても、南アフリカ政治の未来は、楕円球の影の下で戦って決着をつけなければならないことは明らかだった。

逆に言えば、ラグビーユニオンの未来は南アフリカの影のなかで決定されることになった。IRBはなにかしなければならないことは認識しながらも、ラグビーユニオンの将来について明確な計画をもっていなかった。一九九四年、アマチュア主義の未来を論じるための「ワーキング・グループ」を結成。一九九五年二月にグループが報告をしたとき、それはラグビーユニオンがアマチュアのスポーツである理由を説明さえできなかった。報告書は誤って「善意の休業に対する補償が「ラグビーの真の利益とその精神」に反すると考えられた理由は、残された当時の資料からは明確にできなかった」と言っている。

報告書は続けて、ラグビーが「二十世紀後半に創設されたのならば、「そのアマチュア原則は」社会的に容認不能であり、分断をもたらすと考えられただろう」と論じている。[18] これは一八九五年にNUが正しかったと認めることにほかならない。現実には、ラグビーユニオンはもはやアマチュア主義という公的な社会的分断を必要としていなかった。実のところ、ラグビーリーグの新たに発見された富に対する闘争において、アマチュア主義はいまやひとつの障害だった。より広い世界においては、過去にラグビーユニオンが共有してきた紳士の伝統は、「市場」からの要求と、いまやスポーツの手にはいりうる富にとってかわられた。

アマチュアの家を倒すには、ひと押しをすればよかった——うっかり押してしまったのはオーストラリアのラグビーリーグである。一九九五年二月、ニューズコーポレーションによるラグビーリーグ〈スーパーラグビー〉創設の提案がオーストラリア・ラグビー連盟執行部に拒否され、ラグビーリーグ内でラグビー内戦が勃発した。ラグビーユニオン上層部は一瞬のあいだ、ラグビーリーグの内紛をよろこんで見ていたが、ラグビーリーグ戦争の両陣営が注ぎ込む数億ドルに、ラグビーユニオン選手も誘惑されうることが明らかになったとき、そのよろこびは消え去った。「われわれはわれわれの選手たちが屠《ほふ》られる仔羊のようにそこにすわっていることは望まない。〈スーパーリーグ〉の到来により、われわれの足どりよりもはるかに速く、われわれはプロ化に動かざるをえないかもしれない」とニュージーランド・ラグビーフットボール協会の会長リッチー・ガイは警告した。[19]

ガイの言葉を、元ワラビーズのロス・ターンブルが繰り返した。「われわれを〈スーパーリーグ〉から守るためには、われわれはラグビーユニオンをグローバルにしなければならない。われわれはプロ化しなければならない」[20]。四月八日、オーストラリアとニュージーランドのラグビーユニオン代表は、唯一の現実的な行動は取引のためニューズコーポレーションと接触することだと決定した。四日後、ニューサウスウェールズ・ラグビーフットボール協会は、公式にラグビーユニオンはもはやアマチュアのスポーツではないと発表した。

スプリングボクスとニュージーランドがワールドカップ決勝で対戦する二日前、オーストラリア、ニュージーランド、南アフリカの各ユニオンは契約金五億五〇〇〇万USドルでニューズコーポレーションと一〇年の契約を結んだ。「しばらくのあいだ、ラグビーユニオンは、近くにライオンがいて、ブッシュのなかを足を引きずって歩くインパラのように、他のルールのスポーツから脅かされているように見えたかもしれない」と南アフリカ・ラグビー協会の会長ルイ・ルイトは言った。「この同意により三国のラグビーユニオンはみずからの運命を掌握し続けることができるだろう」[21]。

ラグビーユニオンの未来、そして決して大げさではなく、南アフリカ国家の未来は一九九五年のワールドカップによって決定された。残っているのは、IRBがプロフェッショナリズム解禁の決定を公式に追認することだけだった。一九九五年八月二十七日、IRBはまさにそのとおりのことをした。ラグビーリーグとラグビーにおけるプロフェッショナリズムの原型を確立した分裂からちょうど一〇〇周年に二日足りないだけだった。

Part VIII Into the 21 st Century

第八部 二十一世紀へ

一九九五年の出来事は、ラグビーユニオンとラグビーリーグの両方を二十一世紀に飛び立たせた。プレイされるのがなんであれ、ラグビーは新たな圧力と新たな責任、だがまた新たな機会の対象になった。その行く手には、ラグビーの創設者たちが想像したのとはまったく異なるなる未来が待つ。

それでもなおラグビーの魅力はこれまで同様に強力なままだ。テクノロジーの急速な変化と、科学の前進、急成長する企業利益の時代に、楕円球の歓びはなおいっそう人を引きつけ続けている……。

第33章 縮む世界、グローバルの楕円球

Shrinking World, Global Oval

二〇〇五年二月の最初の土曜日、イングランドが満員のミレニアムスタジアムに走り出てきたとき、歴史はボールがキックオフされる前にすでにつくられていた。一九七八年以来のグランドスラムを達成しようとするウェールズとの熱い対決に配下の男たちを導くのは、イングランド初の黒人キャプテン、ジェイソン・ロビンソンだった。

これ自体が特筆すべきことだった。一九〇六年から〇八年までイングランド代表として五試合を戦ったジミー・ピータース（ブリストル）を別にすれば、イングランドのラグビーユニオン初の黒人選手は一九八八年に代表デビューしたクリス・オティである。しかし、ダラムとケンブリッジで教育を受けたオティと異なり、ロビンソンは南リーズでシングルマザーのもとに生まれ、総合制中等学校に通った。ロビンソンのイングランド・キャプテン就任は、ラグビーユニオンがわずか二〇年間でいかに変化したかを示している。

しかしロビンソンはもっと多くのことを体現していた。その天才的なラグビーのスキルはオールドディアパーク（リッチモンド）やウェルフォードロード（レスター）、その他ラグビーユニオンの伝統的なグラウンドのどこかではなく、ラグビーリーグのセントラルパーク（ウィガン）、ウェルドンロード（ウェストヨークシャー）、そしてそれ以北のすべての地点で磨かれた。ジェイソン・ロビンソンはラグビーリーグの選手として生まれ、育てられた。元ラグビーリーグの黒人プロ選手がラグビーユニオンのイングランド代表を率いることなど、わずか一〇年前には思いもつかなかった。

一五人制から求められたのはロビンソンひとりではない。二〇〇三年のワールドカップ決勝でオーストラリアとの対決に先発出場したとき、ロビンソンはほかに三人のラグビーリーグの国代表選手――マット・ロジャーズ、ウェンデル・セイラー、ロテ・トゥキリ

――と対峙することになった。準々決勝の対ウェールズ戦では、ラグビーリーグでともにウェールズ代表だったイエスティン・ハリスと対決した。オールブラックスでさえ、ロックのブラッド・ソーンをブリスベン・ブロンコスから呼んできた。ほとんどすべての強豪国にはラグビーリーグで学んだコーチが少なくともひとりはいた。

楕円球の世界は一八〇度回転したように見えた。

◉ア・ワールド・イン・ユニオン〔「全世界がひとつになって」ラグビーユニオン・ワールドカップのテーマソング〕

一八九五年のRFUのプロフェッショナリズム反対の決定がその後の流れを決定づけたとすれば、正確に一〇〇年後のIRBのプロ支持の決定は、ラグビーユニオンに同じようにきわめて重大な結果をもたらした。

一八九五年と同様に、プロフェッショナリズムへの道は直線ではなかった。実際に、南半球の巨人たちはひとつにまとまり、「南アフリカ・ニュージーランド・オーストラリア・ラグビー」（SANZAR）を結成した。その計画は、IRBがアマチュア主義放棄を決定する以前すでにもう問題にぶつかっていた。ルパート・マードックとの取引に達したことで自己満足し、得意になって、SANZARは選手の意見を求めなかった。自分の鼻先で、ロス・ターンブルのワールド・ラグビー・コーポレーションがケリー・パッカーを後ろ盾にして、すでにラグビーユニオンのトップ選手のほとんどと契約していたことにも気づかなかった。

パッカーがマードックに嫌がらせをするだけではなく、ターンブルのワールド・ラグビー・コーポレーションにどこまで本気で関心をもっていたのかは議論の余地がある。ウェールズのキャプテン、ユーアン・エヴァンズのような選手たちがかわしたワールド・ラグビー・コーポレーションとの契約は、三か月後の頭金の支払を保証するにすぎず、自分の試合の障害保険は自分で責任をもたなければならなかった。最終的にマードックの片腕サム・チザムがじきじきにスプリングボクスのキャプテン、フランソワ・ピナールを敵陣に寝返るよう説得したときに、ワールド・ラグビー・コーポレーションの計画は頓挫し、南アフリカのテレビに出演したロス・ターンブルはマードック支持のルイ・ルイトから公衆の面前で恥をかかされた。[1]

ライバルを追い払い、SANZARはふたつのフラッグシップ競技会の組織にとりかかった。〈トライネーションズ〉は北半球の五か国対抗をモデルとし、一方〈スーパー12〉は地区対抗戦で、ニュージーランド五チーム、南アフリカ四チーム、オーストラリアはキャンベラのオーストラリアン・キャピタル・テリトリー・ブランビーズがクイーンズランドとニューサウスウェールズに加わって三チームが参加する。

一九九六年にキックオフされたとき、〈トライネーションズ〉と〈スーパー12〉は熱狂的に迎えられた。どちらも当初はニュージーランド勢が常勝。最初五年間の〈スーパー12〉のタイトルをオークランド・ブルーズ、そのあとはカンタベリー・クルセイダーズが手にした。実のところ、ブランビーズとプレトリアのブルズが連勝を中断させたのをのぞけば、最初の一三年間に優勝したのはこの両チームのどちらかである。

〈スーパーラグビー〉（〈スーパー12〉は二〇〇六年に二チームが加わって〈スーパー14〉となり、さらに二〇一一年のレベルズ参入で〈スーパーラグビー〉と改名された）を形作り、同様に勝利を重ねたオールブラックスの屋台骨となったチームはクルセイダーズである。ジャスティン・マーシャルとルーベン・ソーンからリッチー・マコーとダン・カーターにいたるまでの二世代の選手がオープンなプレイ、攻撃的なラグビーを戦い、ほとんどのチームがその攻撃を防げなかった。実際に、二〇〇二年はシーズン無敗で、ニューサウスウェールズのワラタスに対しては96—19の叙事詩的な勝利をあげている。

オールブラックスはクルセイダーズの自由闊達なラグビー哲学の多くを共有している。ワールドカップではオーストラリアと南アフリカのほうがよい記録を残しているにもかかわらず、ニュージーランドは二〇一一年まで一六回の〈トライネーションズ〉のうち一〇回に優勝。トーナメントにアルゼンチンが加わり、〈ラグビーチャンピオンシップ〉と改称されたあと、さらに二回優勝した。

しかしほんとうに重要なのはワールドカップ優勝だった。かつては南アフリカとのライバル関係をなによりも重要視していたが、世界チャンピオンへの希求はいまやワールドカップに焦点を合わせ——〈トライネーションズ〉は究極的にはその準備と見なされた。そのためにニュージーランドがワールドカップを開催した二〇一一年には、ニュージーランドが一九八七年の第一回以降、一度もトロフィーを掲げていないという事実がその集団的なスポーツ意識に重くのしかかっていた。

一九九五年の南アフリカに対する延長での敗戦、一九九九年の準決勝対フランス戦における説明不能の崩壊、二〇〇七年準々決勝でふたたびフランスに勝利をかっさらわれ、ニュージーランドはワールドカップの疫病神に取り憑かれているように思えた。オールブラックスはチャンピオンたちのチームだ。だがチーム自体はチャンピオンなのか?

回答は二〇一一年十月二十三日にあたえられた。ニュージーランドはワールドカップ決勝で強敵フランスと対決。すでにプール戦でフランスに勝っていたが、敵の状態はあまりにも一貫性がなく——トンガもプール戦でフランスに勝っていた——結果は論理的な予測を超えるように見えた。動きの鈍い決勝戦になり、それぞれのチームが相手の決定的な弱点を探ろうとし、有利な位置をとりあう消耗戦になった。

どちらのチームもトライを一本決めたが、四六分、試合を決定した得点はスティーヴン・ドナルドのペナルティゴールで、これが最終的にオールブラックスに8—7の勝利をもたらした。第一回大会決勝で勝利してから二四年ぶりに、ニュージーランドはふたたび議論の余地なき世界チャンピオンになった。もう厄病神の話はなしだ。

南アフリカにはこのような迷信的不安はなかった。一九九五年の勝利に続いて、一九九九年の準決勝では、ワラビーズのスティーヴン・ラーカムに四八メートルから国際試合初のドロップゴールを決められて、最後の瞬間に敗北した。二〇〇三年には、ルディ・ストラエーリ監督の弱体スプリングボクスに多くを期待していた人は皆無だった。スプリングボクスは意外でもなんでもなく準々決勝で敗退した。

しかしスプリングボクス近代化のために二〇〇四年に指名されたジェイク・ホワイトのもとで、二〇〇七年のプール戦とトーナメント戦では南アフリカの勢いはほとんど止めようがなかった。決勝では、イングランドを15—6で圧倒し、四回の挑戦で二度目にワールドカップを掲げた。

プロ化は南アフリカのラグビーにほとんど影響をあたえなかった。トッププレイヤーのほとんどにとって、一九九五年の変更は大部分が、非公式の同意を契約書の形にし、アマチュア主義の言葉を使う必要を捨てることだった。イングランドと、それよりは小規模だったがフランスでは、プロ化によって、クラブのオーナーが自分のやり方をおしつけようとする不都合が生じた。南アフリカのラグビーはつねにトップダウンで組織されていたので、ラグビーの州構造はプロ化のインパクトを、イングランドやフランスが苦しんだような不都合なしで吸収することができた。

南アフリカ国内のラグビーが強力だったために、〈スーパー12〉はオーストラリアやニュージーランドと同じほどの重要性をもちえなかった。ニュージーランド・ナショナル・プロヴィンシアル選手権で起きたように、〈スーパー12〉がカリーカップの影を薄くすることはなかった。スポンサーとテレビ・ネットワークにとって南アフリカが最大の市場であることから、競技大会の要件を決めるときには、南アフリカはより多くのエースのカードをもっていた。

このように根本的な変化がなかったことは、相変わらず南アフリカのラグビーに影響をあたえていた人種差別主義に反映されていた。ワールドカップ二〇〇三年大会直前、伝えられたところによると、ジオ・クロニエがウェスタンプロヴィンスの黒人ロック、クイントン・デイヴィッズと同室になるのを拒否し、物議を醸した。二〇〇六年、ジェイク・ホワイトは政治的理由から非白人の選手を無理やり選ばされていると主張した。南アフリカの絶対多数の非白人人口が政治的権利を享受しているにもかかわらず、ワールドカップ二〇〇七年優勝チームには非白人は右ウイングのJ・P・ピーターセンとすばらしい才能に恵まれた左ウイングのブライアン・ハバナのふたりしかいなかった。

二名という数は、非白人選手が一九九五年大会の優勝チームから正確に一名は増えたことを表す。一九九五年に出場した選手チェスター・ウィリアムズは、スプリングボクスの最高レベルを経験したことについて幻想は抱いていなかった。「ひとつの国民というファクターは［ワールドカップ］決勝戦から一週間も続かず、南アフリカ、その社会、そのラグビーはふたたび人種差別に堕落した」と二〇〇二年にサンデータイムズ紙に語っている。[2]

南アフリカが〈トライネーションズ〉に三回しか優勝していないという事実は、ワールドカップが国際ラグビーの焦点をいかに変えたかを明らかにしている。公式のワールドカップが存在するいま、オールブラックスに対するテストマッチは南アフリカのラグビーのパンテオンで、もはや以前とまったく同じ位置を占めているわけではなかった。テレビネットワークがスポーツの生中継を飽くことなく求めた結果、スプリングボクスとオールブラックス激突の希少価値は減少した。一九二一年の初対戦に続く五〇年間で両チームは三〇回対戦――しかし二〇〇〇年から一四年までの一四年間には三一回対戦している。過ぎたるは及ばざるがごとし。みんな飽きた。

国際試合と遠征はどうやら果てしなく続くように見えるが、そこにはワールドカップと同様に、もうひとつの別の例外がある。それはブリティッシュ・アンド・アイリッシュ・ライオンズである。ラグビーユニオンがプロ化されたとき、多くの人がライオンズの未来を疑問視した。選手に対するクラブや各国協会からの要求は、ラグビー新時代にはヴィクトリア朝時代からの概念に場所はないことを暗示するように見えた。

しかし、一九九七年の南アフリカ遠征はライオンズのパワーが継続していることを示した。ラグビーリーグからラグビーユニオンにもどってきたスコット・ギブズ、ジョン・ベントリー、アラン・タイト、アラン・ベイトマンに支えられて、ライオンズはテストマッチ二勝一敗でスプリングボクスを破った。遠征は大衆の関心を生み、将来への疑念を一掃し、二〇〇一年にはライオンズはオーストラリアに遠征した。イングランドのマーティン・ジョンソンが二度目のキャプテンを務め、ラグビーリーグから転向後、初の遠征で頭角を現したジェイソン・ロビンソンにもかかわらず、シリーズを落とした。しかし膨大な観戦者数と両チームの印象的なプレイは、世界中のラグビーファンの心をとりこにした。

二〇〇五年のライオンズは元イングランド監督クライヴ・ウッドワードに率いられてニュージーランドに出かけた。ウッドワードのスタッフの規模が大きいのと同じほどに期待も高かった。遠征のために選手四四人が選ばれ、コーチおよびアドバイザー二六人が同行した。このような贅沢はトラブルを招くように見え、一度テストマッチが開始されるとすべてが崩壊し、オールブラックスが三勝〇敗でライオンズに完勝した。二〇〇九年、イアン・マクギーハンがライオンズをふたたび南アフリカに連れていき、一勝二敗で敗れはしたが、テストマッチ第二戦は最高に興奮させられ、選手たちには最高に厳しい試合のひとつとして後世に記憶される遠征だった。

二〇一三年、勝利のオーストラリア遠征によって、ライオンズがスポーツのコミュニティにあたえる感動はブリテン諸島の各国単独の遠征が生み出す感動よりもはるかに深いことが明らかになった。これは部分的には、明白な理由から通常はライオンズのプレイ水準が国代表よりはるかに高いためである。しかし、ライオンズを迎える大英帝国の元自治領三国にとって、かつての植民地支配者に対してみずからを試す機会は、ほかのなににもまして、その国民的アイデンティティと歴史的な憤りの感覚を煽り立てた。プロ化はラグビーの多くを変えたが、コミュニティとのより深いつながりと継続性は大部分、変化しないままに残った。

ワールドカップとライオンズの遠征の重要性をオーストラリアのラグビーユニオンがさらに強調した。一九九一年と一九九九年の勝利はオーストラリア国内でラグビーを新たなる高みに引きあげ、ワラビーズはオーストラリアでもっとも重要な冬のスポーツの国代表となり、競争相手は一九九〇年代に圧倒的勝利を重ねたクリケット代表だけだった。プロフェッショナリズムへのスムーズな移行と、ワラビーズのプレイメーカー、ジョージ・グレーガンとスティーヴン・ラーカム率いるACTブランビーズの興隆により、オーストラリアは自分自身の力でラグビーユニオンの超大国となった。

ワールドカップ二〇〇三年大会におけるフィールド内外の成功は、さらなる成功を約束するように見えた。しかし多幸感は国内における拡大にはつながらなかった。ラグビーリーグとオーストラリアン・ルールズが多額のテレビ放映契約を結んでいたために、ラグビーユニオンはフットボールのヒエラルキーでは三番目の位置で争わなければならなかった。二〇〇五年、オーストラリア生粋のサッカー選手黄金世代の成功に引き続いて、サッカーが〈Aリーグ〉を開始し、ワールドカップ本大会三回連続出場を果たした「サッカールーズ」がいまやワラビーズにかわってオーストラリア第一の代表チームとなった。

　ラグビーユニオンに可能だった唯一の拡大は〈スーパー14〉の二〇〇六年拡大時にパースのウェスタンフォース、二〇一一年にメルボルン・レベルズの二チームが加わったことである。オーストラリアのラグビーユニオンはいまだにオーストラリアの私立学校システムと実業界、専門職階級に深く根をおろしているのが実情だ。ラグビーリーグやオーストラリアン・ルールズの大衆的人気とは競争できなかったし——その支持者の多くはそれを望みもしなかった。

●二十一世紀のラグビーリーグ

二〇〇〇年十一月十二日のシドニーにおけるほどにオーストラリアのラグビーリーグの大衆的人気が明らかになったことはなかった。八万人が郊外の人口密集地区レッドファーンからシドニーのビジネス街の中心にあるシドニー市役所までの二マイルを行進した。これは三〇年前のベトナム反戦運動以来となる大規模なデモだった。しかし戦争反対や平和、あるいはその他の政治的大義のためのデモではなかった。

　彼らはラグビーリーグ支持のため、とくにルパート・マードックのニューズリミテッドの計画に反対してデモ行進をおこなっていた。ニューズリミテッドはシドニー・ラビットーズを〈オーストラリア・ナショナル・ラグビー・リーグ〉からはずそうとしていた。スポーツが人を動かせることを疑う人がいれば、その日曜の午後に出てきた何千人もの男や女、そして子どもたちは比喩的にも、文字通りにもその疑いを吹き飛ばした。〈スーパーリーグ〉が生み出した情熱は、ラグビーリーグがサポーターとそのコミュニティとのあいだにもつ深い感情的な共鳴を表面に浮かびあがらせた。

　一九九五年以後の一〇年間、ラグビーリーグがプレイされるところならどこでも同じ情熱が燃えあがった。ラグビーリーグは一九九五年二月にルパート・マードックとオーストラリア・ラグビーフットボール連盟の交渉が決裂して以来、混迷をきわめていた。一九九七年、どちらの側も独自の競技会を開催し、加えて〈ステート・オブ・オリジン〉戦のグランド・ファイナル〔優勝決定戦〕

と国際的なテストマッチがあった。ラグビーリーグ一〇〇周年と重なるように開催されたワールドカップ一九九五年大会にオーストラリアはマードックの〈スーパーリーグ〉との契約を拒否した選手だけを送りこんだ。

英国で英国のラグビーリーグがマードックのスカイTVと提携したとき、連合王国内では、マードック発案のクラブ合併計画に抗議してイングランド北部の街頭や競技場で数千人による抗議がおこなわれた。「彼らはわれわれの仕事を奪った。いま彼らはわれわれの余暇を奪おうとしている」とデモ隊のひとりは論じた。抗議はあまりにも激しく、結局、合併は実行されなかった。[3]

しかし内戦の代償はあまりにも高かった。オーストラリアでは、ふたつのリーグ戦は別々の組織としては一シーズンしか生き残れなかった。どちらにも何百万ドルもを絶えず流出させておく余裕はなかったからだ。和解が成立し、一九九八年、〈ナショナル・ラグビー・リーグ〉（NRL）が結成された。しかし両者のあいだの苦い思いが消え去るのにはほぼ二〇年がかかる。英国では分裂はなかったが、高圧的、非民主的な〈スーパーリーグ〉創設は恨みを買い、その恨みは少なくともオーストラリアに存在する恨みと同じほどに深かった。

対立の中心はサウスシドニーだった。このクラブは両者間の和解の一部として、NRLから除外されていた。しかしラビットーズ喪失はラグビーリーグとシドニーそのものの神経を逆なでした。クラブが伝統的に、シドニーの先住民アボリジニ・コミュニティのチームだったことが、喪失をさらに深刻にした。しかし運動が奏功し、法的に訴えたあと、最終的にサウスシドニーは二〇〇二年にNRLに再加入を認められた。内戦はほぼ終結したが、ルパート・マードックは推定で五億六〇〇〇万オーストラリアドルを費やし、ライバルのケリー・パッカーのメディア帝国には明るみに出されない数億ドルの損失となり、ラグビーリーグからその魂をほとんど奪った。[4]

驚くことではないが、オーストラリアと英国のどちらでも、ラグビーリーグのひび割れた風景を見て、ラグビーリーグの外部にいる大勢、そして内側の一部はこのスポーツが死にかけていると主張した。二〇〇一年、ガーディアン紙の優秀なスポーツ記者フランク・キーティングは自信たっぷりにラグビーリーグは二〇〇六年までに死んでいるだろうと予言した。「英国のラグビーリーグが貪欲なラグビーユニオンとの統合を余儀なくされるのは時間の問題にすぎない。五年をやろう。それでも寛大なほどだ」[5]。どちらの半球でも、ほかにもラグビーユニオン記者の多くが同様の予測をした。

それでもこれはラグビーリーグの本質、そしてスポーツ一般の魅力を完全に誤解していた。あるスポーツをその支持者と結ぶコミュニティ、文化、感情のからみあった絆は、時間、空間、世代を越えて伸び、部外者の目に映るよりもはるかに強力である。スポーツは友人や家族、祖父母と孫、仲間や知人をつなげ、所属と親族関係の深い感覚を提供する。何十年にもわたってつくりあげられてきたこのような深い絆は簡単にはほどけたり、失われたりはしない。

それはラグビーリーグにもあてはまる。二十一世紀最初の一〇年間は、ラグビーリーグ史上最大の成功のひとつとなった。NRLはその歴史で最大の総観戦者数を記録し、英国の諸クラブでは観戦者数が一九六〇年代初め以来の水準に達し、フランスのラグビーリーグさえも、数十年間の衰退のあと、ペルピニャンのドラゴン・カタランが二〇〇六年に〈スーパーリーグ〉に参入したおかげで、幸運な復活を果たした。グラウンド上では、スタンドオフのベンジ・マーシャルのようなニュージーランド・ラグビーリーグ新世代のスターが、ワールドカップ二〇〇八年大会決勝戦にわくわくする30—24の勝利をおさめ、三〇年間にわたるオーストラリアの支配を終わらせ、キィウィーズが五四年の歴史で初めてトロフィーを掲げた。

決勝戦は、二〇〇〇年代半ば以降ユニオン、リーグを問わずラグビーではまず間違いなくもっとも常勝を続けているチーム、ステート・オブ・オリジン・クイーンズランド州代表のホーム、ブリスベンでおこなわれた。クイーンズランド代表は二〇〇六年から一三年まで、これまで楕円球を拾いあげた選手のなかでも最高の才能に恵まれた五人のおかげで、ニューサウスウェールズ州に対して八連勝した。ジョナサン・サーストンをのぞき、全員がメルボルン・ストームでプレイしていた。ストームはマードックのニューズリミテッドが一九九八年にラグビーリーグをオーストラリア第二の都市に広めるために創設したチームである。狡猾なフッカーのキャメロン・スミス、頭脳的なハーフバックのクーパー・クロンク、鋭い刃のようなフルバックのビリー・スレーター、そして堂々たるセンターのグレッグ・イングリス。イングリスはその後、サウスシドニーに移籍し、クイーンズランドとメルボルンに一王朝を築く。

ストームの創意に満ちた四人組はチームの舵をとり、参入わずか二年目にして、NRLのタイトルを勝ちとったあと、二〇一一年までさらに三回のグランド・ファイナルに勝利する。二〇一〇年のサラリーキャップ制違反〔既定の総額よりも多く選手に給与を支払っていた〕のスキャンダルによりストームは二〇〇七年と〇九年のNRLのタイトルを剥奪される結果になるが、それでさえもその勢いや緻密なラグビーにはほとんど影響をあたえなかった。メルボルンの興隆は全体としてのオーストラリア・ラグビーリーグ復活を象徴した。二〇一二年八月、NRLが一〇億二五〇〇万ドルで五年間のテレビ放映契約を結んだと発表したことで明らかなように、二〇一〇年代が始まるころほど、ラグビーリーグが元気だったことはなかった。この額はリーグ、ユニオンを問わずラグビー全体の記録である。

一九六〇年からそうであったように、英国のラグビーリーグは必ず南半球のラグビーリーグの足跡を追った。ラグビーリーグを夏季のスポーツに改造し、〈スーパーリーグ〉を創設した結果、トップのクラブは強化された——一九九六年以来、〈スーパーリーグ〉に優勝したのはブラッドフォード、リーズ、セントヘレンズ、ウィガンの四クラブのみである——しかし、またラグビーリーグは英国全体の草の根レベルでも拡大した。二〇〇五年にはイングランドのすべての州にラグビーリーグクラブが少なくともひとつはあった。一九七〇年代には考えらなかったことである。現在はアイルランド、スコットランド、ウェールズにも国内の競技会がある。

この拡大は部分的には一九九五年にラグビーユニオンがプロ化したおかげでもあった。ラグビーユニオンはラグビーリーグに対する厳格な制裁を放棄し、選手は恐れることなく、一方から他方に転向したり、また両方を交互にプレイできるようになった。しかしこの拡大はまた、夏季への変更が、陰気な北部工業地帯の泥のなかでプレイされるスポーツというステレオタイプなイメージをラグビーリーグが脱するのを助けたことの反映でもあった。固いグラウンドと夏の太陽の暖かさが、選手たちにその技術を披露し、磨くためのより大きな目標をあたえ、リーズのケヴィン・シンフィールドやウィガンのサム・トムキンスのようなパフォーマーにとっては完璧な舞台をつくりだしている。

それでも英国のラグビーリーグにはひとつ避けがたい問題がある。代表チームはオーストラリアと一貫して競争できていない。グレートブリテンは一九七〇年以来、カンガルーズとの対戦でアッシズを一度も手にしていないし、一九九五年にオーストラリアに惜敗したあと、ワールドカップの決勝に進出してもいない。実際に、イングランドと名称変更した代表チーム〔現在「グレートブリテン」の名称は英国合同チームによる南半球遠征のみに使用される〕はラグビーリーグ界では明らかにオーストラリアとニュージーランドに次ぐ第三の地位に甘んじている。

この国際的不均衡にもかかわらず、二十一世紀にはラグビーリーグはこれまでよりも多くの国でプレイされている。二〇一三年のワールドカップにはクック諸島からアメリカ合衆国まで一四か国が出場し、ワールドカップ史上最大の観客数を集めた。全体として見れば、ラグビーリーグがこれほど盛況だったことはなく、一八九五年にラグビーリーグを創設した人びとはもちろん、一九七〇年代の運営者にも衝撃をあたえ、驚かせるであろう数の群衆と国際舞台における存在感をほしいままにしている。

◉未来と対峙する英国とアイルランド

一九九五年以後の数年間、内戦によって破壊されたのはラグビーリーグだけではなかった。一九九五年にプロフェッショナリズムが解禁されるとほとんどすぐに、イングランドでは、RFUとその草の根のクラブ、そしてプロチームとのあいだで三つ巴の戦争が勃発した。プロチームのほとんどは億万長者の実業家に買収されており、彼らはクラブをサッカーのプレミアリーグのように運営することを望んだ。もっとも経験豊かな外交官にさえ忍耐を強いるような一連の交渉によって初めて同意が達成され、平和が実現した。

しかし新時代の市場論理がイングランドのクラブラグビーに深刻な影響をあたえた。億万長者のアシュレー・レヴェットが所有していたリッチモンドは、イングランドのフォワード、ベン・クラークと契約。移籍金はラグビーユニオンで初めて一〇〇万ポンドに達したと言われる。しかし、一九九九年には、レヴェットはもはやクラブを維持できないと考え、リッチモンドはロンドン・アイリッシュと合併した。ほかにもロンドン・スコティッシュやオレル、ウェストハートリプール、モーズリー、ノッティンガムのようなかつての強豪チームが単純に財政面で競争ができなくなった。プロ化以前の時代にもっとも重要なクラブだったバスさえも、財政面からラグビーに君臨し続けるのが難しくなった。

ハーレクインズの例外を除くと、ロンドンで生き残ったエリートのクラブはもはやその歴史的な本拠地でプレイしているのではない。ロンドン・アイリッシュはレディング、ロンドン・ウェルシュはオックスフォードを本拠とし、サラセンズはワトフォードに腰を落ち着けたあと、二〇一二年にはふたたびロンドンにもどった。ワスプスはハイウィコムのクラブとなり、そのあと二〇一四年十二月にコヴェントリーに移った。レスター・タイガースはクラブがイングランド中東部の社会と実業界に深く張った根に支えられて、イングリッシュ・プレミアシップに常勝し、ハイネケンカップ出場五回のうち二回に優勝している。クラブラグビーにおける均衡は、プレミアシップの観戦者数増加とイングランドの成功に下支えされて、最終的には二〇〇〇年代半ばに達成された。

二〇〇三年のシドニーにおけるイングランドのワールドカップ優勝はイングランドのラグビーユニオンがうまく変身を遂げるのに重要な役割を果たした。成功はジェフ・クックのもとで開始され、その後継者たちに引きつがれた。一九八〇年代と九〇年代のバス常勝の立役者ジャック・ローウェルはプロ化前最後のシーズンにグランドスラムを達成し、翌シーズンにはトリプルクラウンを手にした。しかしその間に、イングランドは一九九一年の決勝戦出場の成果をステップにして前進することに失敗し、南アフリカで期待外れのワールドカップを戦い、準決勝でニュージーランドに惨敗した。

一九九七年シーズンの終わり、クライヴ・ウッドワードがローレルと交代。ウッドワードは新しいプロ精神と手に手をとって、スコッドの管理とコーチングを企業の構造に似たものに変えた。しかし見出しを飾ったのがウッドワードの統制主義的アプローチだったとしても、その最大の資産は引きついだチームにあった。チームは完全な成熟に達し、ますます競争が激化するイングリッシュ・プレミアシップの環境で形成された若い才能によって絶えず新たにされていた。

マーティン・ジョンソン、ローレンス・ダラリオ、ジョニー・ウィルキンソンのような選手はそれぞれのポジションでイングランド歴代最高の選手に数え入れられる。ウッドワードは先立つイングランド監督のだれも手にできなかった選手──ラグビーリーグのイングランド代表ウイング、ジェイソン・ロビンソン──さえも手にした。彼らのように才能がありながら、これはゲームプランに細心の注意を払い、試合のすべての局面を制御する能力の上に勝利を築くチームだった。二〇〇三年には春にグランドスラムを達成し、秋には自信をもってワールドカップに堂々と足を踏み入れた。

したがって決勝の延長戦、イングランドがホスト国のオーストラリアと17─17でタイのまま、時計が進んでいたとき、観戦していただれもがイングランドのフォワードの動きの目的はジョニー・ウィルキンソンのドロップゴールのためにスペースをつくることだと知っていた。ワラビーズもそれを知っていた。しかし、まず最初はスクラムハーフのドーソンが、そのあと主将のマーティン・ジョンソンがボールをどんどんとオーストラリアのポスト近くに運ぶのを止めるために、オーストラリアにできることはあまりなかった。

最終的にボールが出て、二二メートルラインのすぐ外に立っていたウィルキンソンに渡った。延長戦残り二九秒、ウィルキンソンは右足でボールを蹴ってオーストラリアのゴールポストのあいだを通過させ、ワールドカップを手にした。これは間違いなくイングランド史上最高の勝利だった。

ウッドワードは翌年、交代するが、二〇〇七年のワールドカップでは、リーのラグビーリーグ選手の息子ブライアン・アシュトンがイングランド監督に就任、ふたたび決勝に進出した。今回はさらに試合のコントロールに優れた南アフリカと対戦、トライのない消耗戦で6―15と息の根を止められた。

そのころまでには二〇〇三年の偉大なチームは消滅し始めていた。続く数年間、イングランドは昔にもどったように見えた。二〇〇三年の六か国対抗優勝とワールドカップ優勝以降は六か国対抗に一度しか優勝していない〔二〇一五年現在〕。ワールドカップの栄光はイングランドのラグビーをひとつにした。しかし、クラブラグビーと国代表チームのあいだの緊張は表面下でくすぶり続けている。

ラグビー政治への執着がしばしばラグビーそのものに対する国民の情熱と同じように高いところに位置づけられる国、ウェールズでは一九九五年以後の風景はイングランドにおけるよりもなおいっそう複雑だった。ウェールズ・プレミアシップ・リーグ参加クラブが、ただ単に選手がプロ化しただけで以前と同じように継続するだろうという期待は、「いかなる戦闘計画も敵との接触を生き延びられない」〔なにごとも計画どおりにはいかない〕という確言の犠牲者となった。今回の敵はウェールズ経済の製造業衰退と、サウスウェールズには単純にプロのプレミアリーグ九チームを維持するだけの人口も資金もないという事実だった。

二十一世紀にはいったとき、ウェールズのラグビーはクラブのレベルでも国のレベルでも疲弊しきっていた。プロ時代はウェールズ代表史上最悪のスランプの時期のひとつと重なった。一九九四年の五か国対抗勝利のあとに、落胆、欲求不満、そしてときにはみじめな屈辱が続いた。なにかがなされなければならなかった。一九九八年、ウェールズ・ラグビー協会はニュージーランドのグラハム・ヘンリーを代表監督に任命。ヘンリーは聖歌『ロンダ渓谷』の一行目「偉大なる贖《あがな》い主《ぬし》よ、わたしをお導きください」を引用して、歓呼の声で「偉大なる贖い主」と迎えられ、またウェールズのラグビーを生まれ故郷ニュージーランドの州システムに類似した地域の基礎の上に再構築するよう提唱した。

贖い主は二〇〇二年の初めに交代したが、ウェールズ・ラグビー協会はラグビーユニオンを四地区に再編成する計画を明らかにした。予想通り、そのあと大騒ぎになった。しかし過去一〇年間にニューサウスウェールズ・ラグビーフットボール協会、ニュージーランド・ラグビーフットボール協会、オーストラリアの〈ナショナル・ラグビー・リーグ〉、スポーツ・イングランド〔デジタル・文化・メディア・

スポーツ省の下でスポーツ政策を担う公共団体〕の舵をとってきたウェールズ・ラグビー協会の最高経営責任者デイヴィッド・モフェットが最終的に交渉をまとめ、五つの地区チームを創設した。ラネリーとカーディフをのぞき、他の三地区はクラブの合併によってつくられた。

ことは計画通りには運ばなかった。ブリジエンドとポンティプリッドが合併したケルティック・ウォリアーズは最初のシーズン終了時に解散し、ウェールズ渓谷にシニアのチームがなくなった。エフブヴェールはニューポートとの合併事業から撤退した。そのためにもともとの地区計画に生き残ったのは、ウェールズ・ラグビーユニオンの歴史的な三クラブ――カーディフ、ラネリー、ニューポート――それぞれが地区チームとして、カーディフ・ブリーズ、スカーレッツ、ドラゴンズと名称を変更する――と、スウォンジーとニースが合併したオスプレーズである。

新体制は各クラブの財政改善にもハイネケンカップ勝利にもたいして役立たなかった。優勝がないのはもちろん、第一回大会のカーディフを例外にして、ウェールズのクラブが決勝に進出したことは一度もなかった。それでも国代表は、この時期にウェールズ史上もっとも驚くべき成功をおさめた。一九七一年から七八年のあいだにグランドスラムを三回達成した一九七〇年代の栄光のチームを再現して、二〇〇五年から一二年までのわずか八年間で、グランドスラムを三回達成した。

強い国代表と弱いクラブチームというこの矛盾の答えはおそらく、ウェールズのラグビーがただひとつの際立って強いチームには十分な選手を提供できるけれど、それ以上は無理だということだろう――しかし、ウェールズのラグビーが伝統的に基礎をおいてきた活気あるクラブラグビーなしでは、六か国対抗の勝利を讃えたどよめきには、わずかにうつろなこだまが返されるだけだった。

スコットランド・ラグビー協会はプロ時代の到来にウェールズよりも準備ができていた。現存のクラブ構造では商業化されたラグビーを完全には支えられないことに気づき、一九九六年、四地域にフランチャイズをもつチームを発足させた。二チームは伝統的なエディンバラとボーダーズを本拠地とするが、残りは二チームはグラスゴーと北スコットランドをホームとし、北スコットランドではカレドニア・レッズがパースとアバディーンで試合をした。しかしレッズは生き残れなかったし、ボーダーズではさまざまな試みにもかかわらずプロ化は維持できなかった。二〇〇八年にはエディンバラとグラスゴーのチームだけが残った。

しかしウェールズとは異なり、スコットランドの才能が集中しても国レベルの成功には結実しなかった。スコットランドは一九九九年に最後の五か国対抗――翌年、イタリアが参入し、六か国対抗となる――にあやういところで優勝した。しかし、それは二〇年間で唯一の輝きの時だった。スコットランド・ラグビーの問題の一部は自業自得だった。一九九〇年代のマレーフィールド再開発でスコットランド・ラグビー協会は約二〇〇〇万ポンドの債務を負うことになり、そのために新しい地区のクラブは初期の困難な時期を大部分は自前で乗り越えなければならなかった。

しかしながらスコットランドにはより深い構造的な問題もあり、それをプロ化が深刻化させた。スコットランドのラグビーユニオンは競技人口がきわめて少なかった。もっとも人気が高かったときでさえ、成人の競技者が一万五〇〇〇人を超えたことはない。これはウェールズとアイルランドの二分の一、イングランドのわずか一〇パーセントである。[6] すべての選手が仕事をもち、練習だけに専念はできなかったアマチュア主義の時代には、数における優位が国と国とのあいだの大きな技術力の差となって現われることはなかった。しかし、プロフェッショナリズムは情け容赦のない主人であり、最高のプレイヤー以外はすべて捨て去る。スコットランドにはただ単純にライバル国に匹敵するような選手層がなかった。ボーダーズの小さな町の外では、ラグビーは労働者階級の地域には知られておらず、サッカーが最高位にある。スコットランドはしだいに外国生まれの選手、とくにいわゆる「キルトをはいたキィウィーズ〔ニュージーランド人〕」に頼るようになった。これがスコットランドのラグビーが二十一世紀に直面する中心的な問題になるだろう。

スコットランドは先見の明をもって地区チームに移行したが、それはフィールド上での成功によっては報われなかった。アイルランドの場合はその反対だった。最初はプロ化に反対していたにもかかわらず、アイルランド・ラグビーフットボール協会は、一九九五年にはアイルランド・ラグビー史上最高の時代を予告していた。プロ化はまさにアイルランド経済の新たな活力と時期を同じくしており、これほど絶好のタイミングはなかっただろう。

経済そのものとともに、ラグビー人気の大きな高まりを、海外からの投資が、今回はルパート・マードックのスカイスポーツというかたちで煽り立てた。スカイスポーツの資金が世界の英語圏全体でプロ化を下支えし、団体による規制の大規模な解体、この場合はアマチュア規則の終結をたやすくした。とくにダブリンでは、ラグビーは私立学校で教育を受けた専門職階級の手にはいるようになった莫大な富と密接に結びついた。

伝統的なラグビー強豪校――ブラックロック、ベルヴェディア、テレニュア、クロンゴウズウッド――は、キアン・ヒーリー、ルーク・フィッツジェラルド、比類なきブライアン・オドリスコルのような多くの地域および国代表の選手たちを提供しただけでなく、ラグビー観戦者を再活性化し、拡大した。ハイネケンカップでアイルランドのクラブについてヨーロッパ中をまわる数千人のファンは、ラグビーユニオンとアイルランド経済の拡大するグローバル化の象徴でもあり、受益者でもある。

これはまた遺伝学的な幸運のスロットマシーンが大当たりを出した時代でもあった。一九九〇年代末と二〇〇〇年代にアイルランドを代表した選手の一団はアイルランド・ラグビーの黄金世代だった。オドリスコル自身が、マイク・ギブソン、ブレディン・ウィリアムズ、グウィン・ニコールズと並ぶ北半球最大のセンターだった。ロナン・オガーラは現代フライハーフの至聖堂でジョニー・ウィルキンソンと肩を並べ、ジャック・カイルに匹敵する。ジョーダン・マーフィーやゴードン・ダーシーのような選手はすべての名誉の殿堂に足を踏み入れる。アイルランドのラグビーの才能の厚さと質は、ライオンズ二〇〇五年のニュージーランド遠征に一二名、二〇〇九年の南アフリカ遠征に一六名のアイルランド選手が選ばれたことに見てとれる。

ライオンズにアイルランド選手が多数選抜されたことは、一五年間の圧倒的成功に花を添えた。アイルランドのチームは一九九九年から二〇一二年までのあいだにハイネケンカップ〔六か国対抗出場国のクラブによるクラブ対抗戦。現ヨーロピアン・チャンピオンズカップ〕に六回優勝。二〇一二年の決勝はレンスター対アルスターのアイルランド勢どうしの対決になった。アイルランドの西、ゲール式フットボールの中心地におけるラグビーの前哨地点コナハトだけがヨーロッパのクラブ最高の賞を掲げられずにいる。

地区の成功を国代表がさらに拡大した。アイルランド代表は二〇〇四年からの一〇年間でトリプルクラウンを三度達成し、二〇〇九年にはオドリスコル配下の選手たちが、一九四八年のジャック・カイルのチーム以来初めてのグランドスラムを達成。アイルランドのグランドスラム達成はようやく二度目である。アイルランドの選手とファンにとってこれほどすばらしい時代はほとんどなかった。

「ほとんど」――というのは、地区のプロチームの興隆には負の面もあったからだ。クラブラグビーは中心地マンスターにおいてさえ急速に衰退した。一九九一年には、一万一〇〇〇人がシニアカップのシャノン対ヤング・マンスター戦を観戦した。しかし同じ二チームが二〇〇二年の決勝で対決したときには四〇〇〇人にすぎなかった。クラブラグビー促進のために一九九一年に開設された〈オール・アイルランド・リーグ〉さえも、地区チームの成功によってわきに押しやられ、観客数は減少した。[7]

ウェールズと同様に、プロ化はラグビーから生命力を吸いとっていった。アイルランド・ラグビーの黄金世代が別れの挨拶をしたあと、活発なクラブ構造なしで、アイルランドの成功は維持されうるのかという疑問が答えられないままに残る。そして二〇〇八年の経済崩壊は「ケルトの虎」の爪を抜きとった。

◉ヨーロッパのユニオン

しだいにグローバル化する世界において、ラグビーの未来を国境のなかにおしこめてはおけないことは多くの人の目に明らかになっていた。二〇〇一年の〈ケルティック・リーグ〉結成はアイルランド、スコットランド、ウェールズの新しい地区チームに、クラブラグビーの定期戦と競争関係をもちこもうとする試みだった。最初のシーズンには〈ウェールズ・プレミアシップ〉の九クラブが含まれていたが、二回目のシーズンにはクラブは新設のウェールズの地区チームでおきかえられ、二〇〇三年には〈ケルティック・リーグ〉が三国すべての唯一のプロリーグ戦となった。二〇一〇年、五か国対抗のあとを追って、イタリアのベネトン・トレヴィーゾとアイロニが加わり、二〇一二年にアイロニにかわってパルマを本拠とするゼブレが参戦する。

しかし、〈ケルティック・リーグ〉はハイネケンカップと六か国対抗に押されて低迷した。スポンサーが変わるたびに名前を変え、とくにアイルランドのチームは、ほとんど良心の呵責《かしゃく》なく、ハイネケンカップの重要な試合があとに続くときには、控えの選手を起用する。〈ケルティック・リーグ〉は観客動員に苦しみ、シーズンの平均で五桁を達成したことは一度もなかった——しかもこの平均は毎年のレンスター対マンスター戦の大規模な観戦者数によって押しあげられていた。

ハイネケンカップ自体にはこのような問題はなかった。サッカーのUEFAカップの人気と商業的な成功から想を得て、ハイネケンカップは一九九五年の北半球におけるポスト・プロ化時代の最初の大きな構想だった。最初のシーズンをイングランドとスコットランドのクラブがボイコットしたにもかかわらず、トーナメントはすぐにメディアと大衆の心をとりこにした。

第一回の大会決勝は二万一八〇〇人を集め、アームズパークでトゥールーズがカーディフと対戦、延長戦で21—18の勝利を得た。一〇年後、七万四五三四人がふたたびカーディフで、だが今回はウェールズ・ラグビー協会所有の新しいミレニアムスタジアムで、マンスターがビアリッツを23—19で下すのを目撃した。このころには決勝戦はラグビーのカーニヴァルになっており、サポーターが試合を追いかけて旅をし、世界のラグビーユニオンで唯一の音と色彩のシンフォニーをつくりだしている。

ハイネケンカップは記録的な観戦者数だけでなく、レスターとトゥールーズのような新しいライバル関係をつくりだし、マンスターとレスターのような古いライバル関係を新たにし、ラグビーをジュネーヴ、ブリュッセル、サンセバスティアンのような新たな土地に連れていった。クラブラグビーに国際的な魅力をあたえ、六か国対抗が生み出した国民感情の多くがクラブの試合にあふれだすことを可能にした。

このような感情の最初にくるのがフランスとのライバル関係である。これは一部には、国代表戦で毎年目にしてきた長年の敵対関係のためだが、またひとつにはフランスがハイネケンカップに常勝しているからでもある。フランスのクラブは二〇一四年までに開催されたトーナメント一九回のうち、一三回で決勝に進出している。フランスでは政府がアルコール飲料の広告を禁止しているために公式にはHカップと呼ばれている〔「ハイネケン」はオランダの酒造メーカー、ハイネケン社が製造するビールのブランド名のため、その名称が使用できず、頭文字のHをとってHカップと呼ばれた〕が、フランスの優勝は七回。決勝戦のうちの四回はフランスのクラブどうしの対決である。

実のところ、Hカップはフランスがヨーロッパのクラブラグビーのスーパーパワーになったことを明かした。ラグビーユニオンが南フランスのスポーツ風景を支配していること――フランスがFIFAワールドカップ一九九八年大会に優勝したあとでさえ――はフランスを世界最大のラグビーの単一市場にしている。スタッド・フランセの再生と、二〇〇一年にパリ・ラシングがUSメトロと合併してラシング・メトロ92になったことで、パリは利益のあがる重要なラグビーの市場になった。テレビ局やスポンサーからクラブにはいる金は他国よりもかなり高い。二〇一一年、トゥールーズは総売上高見通しを三〇〇〇万ユーロと発表し、ユニオン、リーグにかかわらずラグビーで世界一裕福なクラブとして、NRLのブリスベン・ブロンコスとイングランドのレスター・タイガースのはるか上に位置している。[8]

しかし富はそれ独自の問題も運んできた。フランス選手権は一〇年間かけての改革後、〈トップ14〉と呼ばれているが、手にはいりうる莫大な給与――二〇一一年、フランスでプレイする平均的な選手はイングランドの同レベルの選手よりも二五パーセント多く稼いでいる――とフランスのライフスタイルに引かれて、海外の選手が〈トップ14〉に群れ集まった。[9] 二〇一四年、〈トップ14〉では二三〇人の外国人選手が活動し、スコッドにフランス人が六〇パーセント以上いるのはクレルモンとトゥールーズだけである。[10] トゥーロンのムラド・ブジェラルやスタッド・フランセのマックス・グアジニのような資金の豊かなクラブのオーナーは、ジョニー・ウィルキンソンやモルネ・ステイン、ソニー＝ビル・ウィリアムズのような選手を取得することで、フィールド上の勝利だけではなく、フィールド外の威信も手に入れた。

結果として、フランスの国代表チームはいくぶんかローラーコースターに乗ったように上がり下がりを続けている。二十一世紀の始まり以来、フランスは六か国対抗でグランドスラムを三回達成しているが、二〇一三年には最下位、二〇〇一年には下から二番目で終わり、二〇一一年と一三年にはイタリアに恥ずべき敗北を喫した。フランス代表監督は、嘆き節のなかで必ず〈トップ14〉の外人選手の数を非難する。サラリーキャップ制の施行とフランス代表選手のクォータ制も、短期間では問題の是正にはほとんど役立っていない。

しかし六か国対抗に見られるフランスの成績の波は、やはりワールドカップの重要性がしだいに増大したために、六か国対抗自体がだんだんと矮小化されていることを示している。北半球の一流国どうしの代表戦がつまらないシーズンに終わっても、それはいまや別の場所での最大の賞品には関係ないとして片づけてしまうことができる。ワールドカップのこととなると、フランスは優勝以外のすべてをやってきた。一九九九年――五か国対抗最下位に終わったのと同じ年――には決勝に進出したが、本命のニュージーランドをノックアウトしたあと、オーストラリアに惨敗。二〇一一年にはオークランドでオールブラックスに一点差で負けた。二〇〇三年と二〇〇七年の準決勝で喫した敗北の痛みは、相手がどちらもフランス人が軽蔑してローストビーフと呼ぶイングランドだったことでいっそう悪化した。

国内におけるフランス・ラグビーの力を考えると、ワールドカップの勝利がラグビーの魅力を残りのフランス社会に大幅に拡大することはなさそうだ。FIFAワールドカップ一九九八年大会優勝のときに多くの解説者が指摘したように、ジネディーヌ・ジダン率いる多民族チームは、フランスの白人のラグビーユニオンチームとは驚くほどに対照的だ。早くも一九〇六年には黒人選手のジョルジュ・ジェロームとアンドレ・ヴェルジュがフランス代表として対オールブラックス戦に出場していたにもかかわらず、ラグビーは現代フランス都市部の多人種の現実とは対照的に、フランスのより古く、より伝統的な姿と一体化している。実際に、その支持者の多くにとって、ラグビーユニオンが田園のフランスを代表していることはそのもっとも価値のある特徴のひとつだ。人口移動と多民族文化の二十一世紀の世界で、フランス・ラグビー最大の力がいずれそのアキレスの踵になるかどうかはこれから見ることになる。

フランスのラグビーはおそらく、二十一世紀のラグビーのグローバル化によってラグビーの選手たちには世界のいたるところでその職業にいそしむ新たな機会が生まれたことを示すもっともよい例だった。このことはとくに太平洋諸島の選手たちにあてはまる。二〇一四年にフランスでプレイする外国人選手二二〇人のうち四八人はフィジー、サモア、トンガ出身である。同様の数が英国のラグビーユニオンとラグビーリーグでも見られ、一方、オーストラリアのNRLにおける太平洋諸島の遺産は二〇一三年全選手の三八パーセントにのぼる。太平洋諸島の経済にラグビーの技術がもつ重要性は、二〇〇六年度にフィジーの選手が海外で稼いだ金額がフィジーに送られる金額の一一パーセントを占めたことからも測れる。[11]

しかし、自国の選手がグローバルに広がっていても、太平洋諸国が代表戦のレベルで安定して戦う力にはなっていない。プロ化のおかげで強豪国はより強くなり、最高の太平洋の選手たちの多くがより大きな国に移ったために、太平洋諸国は後退した。二〇〇七年のフィジーをのぞいて、プロ時代には太平洋諸国のいずれもワールドカップの準々決勝には到達していない。

この弱点を克服するために、カリブ海のクリケット諸国を代表するウェストインディーズ・クリケット・チームをまねて、二〇〇一年、フィジー、サモア、トンガをまとめる目的で、太平洋諸島ラグビー同盟が結成された。しかし、個々の国以上にうまくいったわけではなく、国際試合九試合に八敗し、二〇〇九年に解散した。プロ化の乱暴な論理に規定され、資産、あるいは魅力的なテレビのマーケットがないかぎり、弱い国はいっそう弱く、強い国はより強くなる。

ラグビーの世界は変われば変わるほど、同じままにとどまっている。

結論　ラグビーの魂

The Soul of the Game

二〇〇九年十月九日、ピエール・ド・クーベルタンのふたつの情熱、ラグビーとオリンピックがふたたびひとつに結ばれた。国際オリンピック委員会（IOC）はコペンハーゲンで総会を開き、二〇一六年のリオデジャネイロ五輪でラグビーセブンズを採用することを可決した。

IOCの決定はすぐにラグビーユニオンの拡大に新しい展望を開いた。各国政府は長いあいだ、オリンピックを国の威信を示すきわめて重要な指標と見なしてきたので、五輪にひとつのスポーツが採用されると、IOC加盟二〇四か国のほとんどで、そのスポーツに対する支援が保証されることになる。

ラグビーユニオンのオリンピック採用は一九九〇年代から議論されてきた。IRBは一九九四年に国際団体としてIOCにより正式に承認された。IOCとIRBはアマチュア主義を最後に放棄した主要な国際的競技団体であり、両者には共通点が多々あった。

しかしながら、IOCは一五人制ラグビー採用には尻込みし、そのかわりにセブンズがより適切なのではないかと提案した。最終的にIRBは、オリンピックを少人数のラグビーの最高レベルとして位置づけ、促進するために、セブンズ・ワールドカップを放棄することに同意し、セブンズ採用にゴーサインが出された〔その後二〇一六年に、オリンピックとの隔年開催でワールドカップが続けられることになった〕。

IOCによるセブンズ採用は、一九七〇年代に香港で始まったセブンズ拡大の頂点だった。IRBセブンズ・ワールドシリーズは一九九九年に始まり、急速に世界各地を転戦するようになって、世界の大都市を毎シーズン一〇か所以上訪れる。IRBは世界の主要な総合競技大会でセブンズを粘り強く宣伝し、現在ではパンアメリカン競技大会、アジア競技大会、パシフィック競技大会、英連邦競技大会にセブンズが採用されている。

セブンズの拡大にもかかわらず、それが一五人制ラグビーの拡大につながるかどうかは今後の展開しだいである。セブンズのサーキットは専門的な選手が絶対多数で、一五人制になんらかの影響をあたえる選手はわずかしかいない。セブンズそのものにも一五人制のもつ複雑な戦術、幅広いスキル、肉弾戦が欠けている。

オリンピックに一五人制よりもセブンズが採用されたことは、ラグビーが直面し続けている矛盾を明るみに出した。ＩＯＣ会長ジャック・ロゲは本人がラグビーユニオンのベルギー代表だったが、一五人制にははっきりと批判的である。ワールドカップ二〇〇七年大会後のインタビューで、ＢＢＣに「プレイの質には満足していない……ルールの設定者はラグビーをよりオープンにすることを考えたほうがいいと思う」[1]と語っている。

ロゲは古くからの不満を口にしているのだが、それはプロフェッショナリズムの採用以来、ますます大きくなってきている。一九六〇年代にテレビの重要性が増した結果、ルールの改訂に圧力がかけられてきた。一九七〇年、自陣二五メートルライン外側からのタッチキックでボールが直接タッチに出た場合、ボールはキックをした地点までもどされることになった。すでに見たように、翌年にはトライの特点が四点にあげられた。一九七二年、ＩＲＢのルール委員会はラインアウトの撤廃まで議論している。[2]

一九八七年のラグビー・ワールドカップ開始はこのような改定に新たなはずみをつけた。グローバルなメディアの利害とテレビ・ネットワークはスペクタクルを提供する必要性を重点的にとりあげてきた。一九九二年四月、ＩＲＢはトライの得点を五点にあげ、ラックとモールのルールは、ボールを支配しているチームがボールを動かさざるをえないように改訂された。試合を見ておもしろくすることに力点がおかれた。インディペンデント紙のスティーヴ・ベールは一九九二年の変更を「ラグビーユニオンがもはやプレイヤーだけのスポーツではないことを初めて公式に認めた」[3]と評した。これは始まりにすぎなかった。

一九九五年のプロフェッショナリズムの到来は、ラインアウトにおけるリフティングの容認から、より継続的なプレイを確実にするためのラックとモールの間に合わせ的な変更まで、スペクタクルとしてのラグビー改良のほぼ途切れることのない試みとセットになっていた。一九九五年にはスコットランドで試験的に一三人の試合さえおこなわれた。二〇〇八年、ラグビーユニオンは

〈スーパー14〉トーナメントにおける「試験的ルール採用」で物議を醸した。そのうちの一部は最終的にルールブックへの道を見出した。

プロフェッショナリズムそれ自体がラグビーのスピードをあげた。二〇〇五年のIRBのあるレポートによると、それまでの二〇年間で、国代表戦での平均的なラインアウトの数は五二回から三七回に、スクラムは三一回から一九回に減少。パスの回数は増加したが、キックは減少した。ペナルティゴールは減り、トライ数は増加。この二〇年間の変化の割合は、その前の一〇〇年間全体よりも大きい。[4]

もちろんラグビールールについての議論すべての背後にひとりの幽霊が立っている。ふたたび活性化したラグビーユニオンの進化の衝動は、ラグビーリーグが一世紀前に向き合わざるをえなかったのとまったく同じ問題と対峙した。ラグビーリーグ自体は、ラグビーユニオンが取り組んでいるのとまったく同じ問題に答えをあたえることによって、実際的なやり方で進化していった。過剰なタッチキックはダイレクトタッチを反則とすることで阻止された。ラックとモールはプレイザボールでおきかえられた。スクラムの支配はフォワードをふたり減らし、スクラム機会を減らすことで縮小された。実のところ、ラグビーユニオンのルール改訂の多くが、先立つ数十年間にラグビーリーグがつくったパターンを踏襲している。

ラグビーリーグでもそうだったように、ラグビーユニオンがルールについて抱く不安の多くの焦点にはスクラムがある。単純な真実は、スクラムにおけるコンテストがいかに正確にルールづけられようと、選手とコーチはつねにルールを回避する、あるいはひそかに無効にする道を見つけるということだ。プロフェッショナリズムが進行するにつれて、ラグビーユニオンの標語「ポゼッションのための闘争」はゆっくりと消えていった。二〇〇五年のIRBの報告では、現在、ボールをもっている側がボールを保持する割合は、ブレイクダウン一四回中一三回、スクラム一〇回中九回、ラインアウト一〇回中八回となっている。[5]ラグビーリーグがそうだったように、ラグビーユニオンは陣地とポジションの奪い合いへと進化している。

ラグビーユニオンとラグビーリーグのこの見かけ上の収斂は、将来的にふたつのスポーツが再統一されるのではという憶測を呼んできた。ラグビーユニオンが、ラグビーリーグ選手のラグビーユニオン転向禁止を終了させたおかげで、ジェイソン・ロビンソンやロテ・トゥキリなどのスター選手が両方のラグビーで活躍できるようになった。おらそくさらに重要なのは、一九九五年以降にラグビーリーグのコーチがラグビーユニオンに大量に流入したことだろう。ワールドカップ二〇〇三年で準々決勝に出場した八チームのうち、コーチングスタッフに元ラグビーリーグ関係者がいなかったのはニュージーランドだけだ。

しかし、ラグビーユニオンがラグビーリーグがかつてたどったのと同じ道を進んでいるとしても、ふたつのスポーツは別の乗り物に乗っている。ラグビーのプレイの仕方、そしてラグビーの見方をめぐって、どちらの上にも伝統が重くのしかかっている。ヴィクトリア朝時代にラグビーをふたつに切り裂いた分裂は、別々の異なるスポーツふたつをつくりだした。

それぞれの支持者とラグビーの本質について論じ合いさえすれば、フォワードによるボールの奪い合いがラグビーユニオンの精神的支柱であり、ラグビーリーグの魂はオープンなパスのゲームであることがわかる。このふたつの哲学はラグビーユニオンとラグビーリーグが十九世紀に登場して以来ずっと変わらずに残ったままである。

なおいっそう重要でさえあるのは、それぞれのラグビーが、必要にしたがって変化するルールブックを超越する独自の深遠な遺産をもつことである。ハロルド・ウォッグスタッフやウェーヴェル・ウェイクフィールド、クライヴ・チャーチル、ダニー・クレイヴン、ピュイグ・オベール、ギ・ボニファスのような名前は、その選手が所属したラグビーにとってはすべてを意味するが、もう一方のラグビーではなんの意味ももたない。ラグビーユニオンとラグビーリーグはフィールド上でいかに似ていようとも、フィールドの外では、ほかのすべてのスポーツ以上におたがいに近いわけではない。ただ単にふたつの異なるスポーツというだけではない。ふたつの異なる文化なのだ。

予測できるかぎりの未来においては、このままにとどまるだろう。それぞれのラグビーは独自の異なるやり方で成長していくだろう。どちらのラグビーにしても女子ラグビーがその魅力を拡大していくことは確信できる。力を要するコンタクトスポーツから伝統的に排除されてきた女子にとっては、他のチームスポーツとは異なり、ラグビーが提供する激しい肉弾戦ははっきりと魅力的である。グローバル化という言葉がつくられる何十年も前から、半球を越えた競技大会に先鞭をつけてきたスポーツにふさわしく、ワールドカップはますます大規模になっていくだろう。デジタル化とテレビのネットワークは新しいファン——コアなファン、あるいはこちらのほうがありそうだが、ラグビーを多くの娯楽のなかのもうひとつのお楽しみとする人——を連れてくるだろう。だが、世界中のファンの心をわしづかみにしているサッカーの権威に挑戦はしないだろう。

われわれもまたそれは望まない。なぜならば原型となったスポーツ誕生からほぼ二世紀のあいだ、そのすべての形式において、ラグビーはそれをプレイし、観戦するすべての人のために、情熱、プライド、意味を生み出してきたからだ。ラグビー校の生徒だろうと、ロッチデールの工業労働者だろうと、ロトルアの農民だろうと、リオの女子セブンズの選手だろうと、ラグビーは彼らにレクリエーションだけでなく、その生活に、そして彼らの所属するコミュニティにひとつの意味をもたらす。

十九世紀半ばに姿を現わして以来、ラグビーは多様な顔をもってきた。教育専門家のツール、政府の道具、冒険者たちの遊び。人間性のなかの最善のものを促進し、最悪のものを支持するために使われてきた。希望と歓び、悲しみと絶望をもたらした。気高いもの、そうではないもの、人間の感情すべてを包み込んできた。無数の人びとが世界を、そしてときには人生そのものを理解するのを助けてきた。

しかし、そのいずれも、大きなトーナメントも、ラグビーとの情熱的な関わり合いも、ラグビーが世界中のあまりにも多くの多様なコミュニティにもつ深い意味さえも、単なる楕円のボールによって提示される無限の可能性に人類が果てしなく魅了されることがなければ、可能ではなかっただろう。

解説

藤島 大（スポーツライター）

ワールドカップの前の「ワールドカップ」が英国で開催されていた。一九一九年のことである。その名も「キングス・カップ」。第一次世界大戦終結後、ロンドンやエジンバラなど各地に、動員解除を待つ「大英帝国に属するラグビー国の軍代表チーム」が集められ「一六試合の競技会が組まれた」。大観衆。トウィッケナムでの熱戦。優勝は？　やはりニュージーランド。イングランド国王のジョージ五世より杯は手渡された。

知らなかった。

第二次世界大戦のヨーロッパ戦線において代表級のラグビー選手がもっとも命を落とした国は？　ドイツ。イングランドやスコットランドよりも多かった。一六人が天へ。

知らなかった。

同大戦中の一九四二年、エジプトの港湾都市、アレクサンドリアでは「四〇以上の軍チームが七人制のトーナメントに出場した」。こちらは一五人制なのだろうか。同地での「ニュージーランド対残りのエジプト駐留軍」の激突には「三万人」の観衆が集まった。

知らなかった。

一九三〇年代のロサンジェルス。あるラグビーの試合のタッチジャッジはフランケンシュタインだった。いや、かのフランケンシュタイン役者、ボリス・カーロフ。この怪優は南カリフォルニアのラグビー界の中心人物なのだった。

知らなかった。

ラインアウトの投入。その後に常識となる肩の高さより球を放る方法の開発者は、オックスフォード大学右ウイング、元アメリカンフットボール選手の留学生だった。それまでは下手や水平から投じた。

知らなかった。

鉄の女、英国の元首相、マーガレット・サッチャーの夫デニスは、一九五六年、パリでのフランス対イングランドのタッチジャッジを務めた。

知らなかった。

キリがないのでやめる。

英国のスポーツ史家の労作は、ラグビー担当記者や実況解説者、また同研究者にとっての待望の一冊である。史料収集と解読のエキスパートの「ふるい」にかけられた事実を細部まで確かめられる。

一例。日本についての記述で、一九二七年の早稲田大学ラグビー部のオーストラリア遠征に触れている。

こんな一節がある。

「早稲田は全三試合に負けたが、その主な目的は日本と大英帝国の絆を深めることだった」

この稿の筆者も、当時としては破格にして画期的なツアーだから、文献にあたり、調べ、何度か書いた。早稲田のラグビー部は、ただただ先駆である慶應義塾大学を破るための船旅に出た。そのための腕を磨くつもりだった。「日本と大英帝国の絆」に関心はなかった。はっきりと言い切れる。

では間違いか。いや、ここがヒストリアンのヒストリアンたるところで、ひとつの根拠を示している。

遠征の最後で、在シドニーの日本総領事がニューサウスウェールズ・ラグビー協会の会長H・D・ウッドに「このスポーツは英国国民の真の精神を反映しているように見える。したがって、わが国におけるその奨励は日本国民による英国精神のよりよい理解を助けるだろう」と語った。（299ページ）

引用元にシドニーで同年九月刊行の『Rugby News』が示されている。在野の若者にそんなつもりはなくとも「官」のほうは「ラグビーと日本と大英帝国」に着目したのかもしれない。

本書の英国での発行は二〇一五年、ワールドカップで南アフリカ代表スプリングボクス（本書の重要な主題である）を日本代表が打ち破る快挙には間に合っていない。そのせいもあって全般に評価は厳しい。「日本ラグビーはいまだに社会的な縁故の土台の上に組織されている」。やや型通りと読めなくもないが、なお言いっ放しにあらず、出典は明らかにされている。

さて本書はラグビー報道や研究の専門家のためだけにあるのではない。広くラグビーのファン、スポーツ愛好者がページを繰って、その速度はおしまいまで衰えない。

なぜか。著者がストーリーの力を熟知しているからだ。

前に列記したような興味深い逸話の数々は歴史の考察ともちろん切り離されない。そうでありながら、ひとつの読み物としてもおもしろい。事実の正確性は史料によって担保され、だからこそ、つまり制約がはっきりわかっているからこそ、人間の物語を綴る筆致は自由を得られる。すると昔話は読者の想像力のそばまでやってくる。

スポーツは、いつでも限られた空間と時間に行われ、おおむね同じ競技規則がそこにあって、いつかの自分みたいな若者が跳んだり投げたり蹴ったりする。現在は過去と常に結ばれる。永遠に懐かしいのだ。

著者は「序章」で十二歳の自画像をスケッチしている。体育のラグビーの授業。知識を頼みに「真のラグビーがどんなものかを見せてやれると考えた」。そうはいかなかった。

けれども加速しようとしても、ゴールラインは少しも近づいてこない。足が重くなり、脚は短くなったみたい。右側に動きを感じ――ほとんど同時に、学校では最重量級のふたりの重さを受けて崩れ落ち、息を詰まらせた。顔から地面に倒れ、ボールが手から飛び出した。

「ノックオン」体育のマイルズ先生が言った。スティーヴはボールを拾いあげ、まだグラウンドに倒れたまま、ひと息をつこうとしているぼくをにらみつけた。

「おれにパスしなきゃだめじゃないか」声は軽蔑に満ちていた。

ぼくは泣きそうだった。（12ページ）

微笑ましい郷愁を描ける人がラグビーの歴史と対峙すれば、茶の紙の書物の山から取り分けられた記録は息を吹き返す。スポーツライターの仕事を続けてきて、よく思う。

ジャーナリズムはもっとアカデミズムに接近しなくてはならない。真摯にひたむきに文献に向き合う態度を求められる。「本当にわかる」まで「本当はわからない」と断言できる意気地を身につけなくてはならない。

反対にアカデミズムの側が、史実に生命を注入できたら、これは強い。トニー・コリンズである。

たとえば「ハッキング」。フットボール史につきまとう謎の言葉である。ラグビー校の競技ルールの核心のひとつだ。これをめぐって容認派、否定派がそれぞれの道を歩んだ。多くのラグビー関連史料にそうある。想像するも、しきれない。ぼんやり「脛蹴り」とだけ理解していた。本書ではっきりした。

スクラム。といっても「その現代版とはほとんど関係がない」。そこでの描写。

フォワードは直立して、ボールを、あるいはより多くの場合、相手の向こうずねを蹴りながらプッシュする。相手の脛を蹴る習慣は「ハッキング」と呼ばれる。目的は、ボールをスクラムからヒールアウト〔スクラムまたはラックからボールを足で後方に出すこと〕することではなく、敵のフォワードを後退させ、ボールをゴールに向かってドリブルすることだ。スクラムからボールをフッキング〔足でかきだす〕で出すのはずるいと考えられていた。

タフネスがすべてだった。スクラムで頭を下げている選手は臆病だと非難された。なぜならばそれはその選手が自分の向こうずねの心配をしている証拠だからだ。ヴィクトリア朝のパブリックスクールの生徒にとって、向こうずねにハックし、またハックを受ける能力以上に重要な男らしさの試験はなかった。（28ページ）

事実がひとつわかった。よく知らないことを知った。

そして、もうひとつ。コリンズは、一八三〇年代のラグビー校を扱った名著、『トム・ブラウンの学校生活』に照らしながら、当時の生徒たちは試合に臨んで「白いズボン」を身につけたのだと教えてくれる。白に血の色は映えるからだ。この一節があるから遠くの光景はたちまちカラフルとなる。事実に抱かれたストーリーが事実を際立たせる。

楕円球はどこから蹴り出され、いかに舞い上がり、どこへと届くのか。各国、各協会の軌跡。階級社会。男性優位思想。人種差別。アマチュア堅持とプロ容認。構成は行き届いている。なにより網羅の底に書き手のフェアネスが横たわる。

第一次世界大戦では「合計で二三〇名のラグビーユニオンの国代表級選手をはじめ数千名の一般プレイヤーが命を落とした」。ついラグビーを奨励してきた英国パブリックスクールの教育と関連づけて「位高き者、務め多し（ノーブレス・オブリージュ）」の精神の結果なのだと理解しそうになる。しかし著者は流されない。「他のスポーツに対するひとつのスポーツの優越性を主張するために、数百人の青年の死を引用するのは嫌悪すべきことでもある」。

さらに結語のページには次の一文も。

「（ラグビーは）人間性のなかの最善のものを促進し、最悪のものを支持するために使われてきた」

ときに正とは対をなす負から逃げない。ゆえに、いま手にされている一冊の値打ちはさらに増した。

訳者あとがき

本書は Tony Collins, *The Oval World: A Global History of Rugby*, Bloomsbury, 2015 の全訳である。

著者のトニー・コリンズは、スポーツの歴史と文化を専門とする英国の歴史学者であり、とくにラグビーリーグの歴史研究ではその分野の第一人者と認められている。二〇〇一年度の英国スポーツ史学会会長、二〇〇一年から七年まで学術誌 *Sports in History* 編集長、二〇〇六年から一一年までリーズ・メトロポリタン大学 Institute of Northern Studies 所長、さらに二〇一一年から一三年まではイングランド・レスター市のデ・モントフォート大学 International Centre for Sports History & Culture 所長を務めるなど英国スポーツ史学会の重職を歴任。現在はデ・モントフォート大学名誉教授、北京体育大学客員教授、またラグビーフットボール協会（RFU）博物館の分科委員会委員、ラグビーリーグのサポート団体 Rugby League Cares の歴史顧問などラグビー関係の役職も多い。スポーツ全般およびラグビーの歴史や文化に関する論文を多数発表し、BBCやヒストリーチャンネルなどのテレビやラジオ番組の監修にも携わっている。本書のほか、主要な著書には以下がある。

Rugby's Great Split, 1998, Frank Cas.（一九九九年度アバーデア文学賞受賞）
Mud, Sweat and Beers: A Cultural History of Sport and Alcohol, 2002, Berg.（Wray Vamplew との共著）
Rugby League in Twentieth Century Britain, 2006, Routledge.（二〇〇七年度アバーデア文学賞受賞）
A Social History of English Rugby Union, 2009, Routledge.（二〇一〇年度アバーデア文学賞受賞）

Sport in Capitalist Society, 2013, Routledge.
How Football Began: A Global History of How the World's Football Codes Were Born, 2018, Routledge.

アバーデア文学賞（The Lord Aberdare Literary Prize）は英国スポーツ史学会が毎年、スポーツ史に関する優れた著作にあたえる賞で、本書『ラグビーの世界史――楕円球をめぐる二百年』も二〇一六年度の同賞を受賞。一九九四年の同賞創設以来、四回も受賞しているのはコリンズひとりである。ガーディアン、ザ・タイムズ、ザ・サンデータイムズの各紙は本書を「二〇一五年度の優れたスポーツ書の一冊」とし、二〇一六年六月にはラグビーワールド誌が「今月の一冊」に選んだ。「ストーリーテリングの才能をもつ歴史学教授によるラグビーのバイブル。本書を読めばラグビーの起源から現在までを知ることができ、ラグビー初心者からその専門家になれる」（スポーツ・イラストレイテッド）、「真の熱狂的ファンの情熱と証拠に対する犯罪学者の眼、そして魅力的な物語を語る能力を結びつけた」著作（ガーディアン）、「トニー・コリンズは試合のディテールをより広い歴史的・社会的展望のなかに組み入れ、ラグビーの歴史をみごとな語り口で描き出す」（インディペンデント）、「真のグローバルな歴史。ディテールをより広い社会的・経済的文脈のなかに位置づけるトニー・コリンズの能力のおかげで読者はラグビーに対する見方を一新するだろう」（タイムズ紙文芸付録）、「感銘をあたえるのと同じほどにわかりやすい」（フォーティ20）、「ラグビーの偉大な専門家によるラグビーについての決定的な著作。読みやすく、網羅的で、注意深く精巧に組み立てられている」（エポック・タイムズ）、「学術的厳密性と陽気なストーリーテリング」（ザ・サンデータイムズ）など、各紙から高い評価を受けている。

各紙の評にあるとおり、本書の魅力は、ラグビーの歴史を豊富な資料に基づいてていねいに描き出した優れた研究書でありながら、時代を画した大試合や名選手のエピソードが生き生きと語られて、読み物としてのおもしろさを兼ね備えている点にある。一章ずつが物語として完結する構成で、大部にもかかわらず読みやすい。本書を支えているのは、ラグビーに対する著者の広範な知識と深い理解、ラグビーを世界の歴史と社会のなかに位置づけようとする広い視野、そしてなによりもまずラグビーというスポーツに対する大いなる愛情なのである。

ラグビーの社会史的研究としては、社会史学者 Eric Dunning と Kenneth Sheard による *Barbarians, Gentlemen and Players,*

1979, Martin Robertson and Company Ltd. が、『ラグビーとイギリス人』として大西鉄之祐と大沼賢治の共訳で翻訳出版されている（ベースボール・マガジン社、一九八三年）。同書は専門書的色彩が強く、テーマもイングランドのラグビーに限られているのに対し、本書はラグビーの世界的広がりや一九八〇年代以降のラグビー界の劇的変化にもふれており、ラグビーの過去と現在が一冊のなかに凝縮されている。

ラグビーは、中世イングランドで民衆の祝祭として、コミュニティ対抗でおこなわれていた民俗フットボールに端を発する。この素朴で荒っぽいスポーツは十九世紀になって、手を使うことが許されるラグビーと、許されないサッカーのふたつに分かれ、それぞれが独自の進化を遂げた。ラグビーはパブリックスクールのラグビー校が発祥の地とされるように、エリート層の青少年教育の一環として発展し、その後、地域のスポーツクラブへと広まった。もともとはエリートのスポーツだったが、工業の発展とともに、とくにイングランド北部において労働者階級にも普及。選手の休業補償がアマチュア主義に抵触するようになる。「エリートのスポーツ」に固執するラグビーユニオンはプロ化を拒否。ラグビーはラグビーユニオン（アマチュア・一五人制）とラグビーリーグ（プロフェッショナル・一三人制）に分裂した。

ラグビーはまた、身を挺しての激しいプレイスタイルゆえに、プレイヤーの規律と勇気が重要視され、クラブや地域、あるいは国家の誇りを表明するのに格好の場を提供した。スコットランドやアイルランドでは国民意識を目覚めさせ、イングランドの覇権に対抗するための国民統合の役割も担ってきた。大英帝国の伸張とともに、ラグビーはブリテン島の三国とアイルランド、海峡の対岸のフランス、さらにアジア、アフリカ、太平洋の英国植民地、そして経済的・政治的に関係の深い地域（たとえば経済的に緊密なつながりをもっていたアルゼンチンや日英同盟を結んだ日本）など世界各地に拡散した。南半球の英連邦諸国にとっては、ラグビーは本国との紐帯であるとともに、本国に対しみずからのアイデンティティを主張する手段でもあった。またアメリカ合衆国やカナダ、オーストラリアのように、ラグビーから独自のスポーツを発展させた国もある。ラグビー「発祥の地」イングランドの特権的地位は、その統轄団体 Rugby Football Union および Rugby Football League に国名の形容詞 English がつけられていない点に表われている。一国のラグビーの強さがその国とイングランドとの関係の深さをいまだに反映していることは、現在の世界ランキング表を見れば一目瞭然である。だからこそ、フランスをのぞけば英語圏外で初めてのワールドカップが、二〇一九年に日本で開催されることは、ラグビー史上画期的な出来事であり、その成功が世界のラグビーの未来にきわめて大きな意味をもつのである。

最後に翻訳について申し添えておく。ラグビー関連の用語、とくに選手のポジション名は、本書の歴史書という性格、またラグビーの進化にともない、各ポジションの役割や名称が時代や地域によって変化していることを考慮し、原則として原書で使用されている名称をそのまま使い、必要に応じて、現在、日本で通用している名称を括弧内に示した。そのほかの訳語については八ページの「訳語についての注記」を参照されたい。固有名詞の日本語表記にはいつも苦労するが、本書ではさまざまな国の地名や人名が多数、登場する。地名・人名とも辞書・事典やインターネット上の音声情報（www.PronounceNames.com その他）などを参照した。インターネット上にあるニュース映像やドキュメンタリー、インタヴュー映像で読み方を確認できるものもあった。もっとも同じ英語圏でも発音には大きな地域差がある。日本でもよく知られている人物については慣用にしたがった。たとえば南アフリカのドキュメンタリーでは、Danie Craven は「ダニー・クライヴン」と聞こえるが、本書では従来どおりの表記で「ダニー・クレイヴン」とした。試合の記述については、映像が見つかった試合はそれを確認、そのほかは実際にプレイ経験をおもちの友人・知人のお力を拝借した。解説を日本を代表するラグビージャーナリストのおひとり、藤島大さんにお書きいただいたことは訳者の歓びとするところである。また出版にあたっては白水社編集部の藤波健さん、和久田頼男さんのお世話になった。みなさん、どうもありがとうございました。

訳者がラグビー観戦を本格的に楽しむようになったのは一九八四年秋のフランス・チーム来日がきっかけである。このときフランスのジャック・フルー監督のインタヴューを通訳した。本書にも登場する「ちびの伍長」フルー監督はほんとうにとても小柄な方だったが、「どんな体格でもラグビーには活躍できるポジションがある。それがラグビーのすばらしいところだ」と胸を張っていた。また「ラグビーボールは予想外の方向にバウンドすることがあるからこそおもしろい」と話していたのが思い出される。その後一九八七年のオールブラックスによる日本遠征時にはジョン・ハート監督に話を聞いた。ジャパンはジョン・カーワン擁するオールブラックスに惨敗したが、試合後の記者会見で「いま日本にいちばん必要なものは？」という質問に対し、ハート監督が「フィットネス、体力だ」と即答したのが印象的だった。いま考えてみればあの発言は、体格差を俊敏性や「カンペイ」などのサインプレイで補おうとしたジャパンに対して、プレイの起点となるセットピースの重要性を指摘していたのかもしれない。あれから三〇年、楕円球の予測不能性を強調していたフルー監督はもはやこの世になく（二〇〇五年に心臓発作のため五八歳で逝去）、日本のラグビーも世界のラグビーも大きく変化した。それでもフィールド上で激しくぶつかり合い、ボールをもって突進してくる敵にタックルをする選手たちの力と勇気、鋭角にステップを切って敵のディフェンスラインを突破するランニングのスキル、手から手へとボールを渡しながら疾走するスピード、密集と展開を繰り返してゴールに向かって少しずつ前進していくひたむきなプレイ、危機的状況でもペナルティを犯さずにゴールラインを守りきろうとする忍耐力と規律の遵守、ドロップキックが鮮やかな曲線を描いてゴールポストを通過するときの高揚感、それとは対照的なゴールキックの緊張感、そしてなにより努力に対する究極の報酬としてのトライを目にするとき、私たちはおそらくラグビー黎明期の観衆が感じたのと変わらぬ歓びと感動とを覚えるのである。

北代美和子

二〇一九年四月　ラグビーワールドカップ日本大会を控えて

ラグビーの世界史――楕円球をめぐる二百年

索引
（事項・人名）

註記

［目次］

abc

あ

え

お

か

き

く

け

こ

さ

し

す

せ

そ

た

ち

つ

て

と

な

に

ぬ

ね

の

は

へ

ほ

ま

み

め

も

や

ゆ

よ

ら

[人名索引]

ア

イ

ウ

エ

オ

カ

キ

ク

ケ

コ

サ

シ

ス

セ

ソ

タ

チ

ツ

テ

ト

ナ

ニ

ネ

ノ

ハ

ヒ

フ

へ

ホ

マ

ミ

ム

メ

モ

ユ

ラ

リ

ル

レ

ロ

ワ

ン

［註記］

第1部　キックオフ

第1章　伝統

⊙1　Barbara Tuchman, *Practicing History: Selected Essays*, New York, Ballantine,1991, p. 234.

⊙2　John Stow, *Survey of London (1598)*, London, Everyman edition, 1970, p. 507に引用がある。

⊙3　John Robertson, *Uppies and Doonies: The Story of the Kirkwall Ba' Game*, Aberdeen, Aberdeen University Press, 1997, p. 129. Joseph Strutt, *The Sports and Pastimes of the People of England* (1801), London: Methuen edition, 1903, p. 93. *London Gazette*, 4–7 April 1719.

⊙4　The Cumberland match is in *Bell's Life in London* [hereafter *Bell's Life*], 7 October 1849. Examples of four-a-side can be found in *Bell's Life*, 8 February 1846, and one-a-side in 9 and 16 February 1845 and 10 January 1847.

⊙5　ゲームの解説はEdward Moor, *Suffolk words and phrases; or, An attempt to collect the lingual localisms of that county*, Woodbridge, London, R. Hunter, 1823, pp. 63–6. David Dymond, 'A Lost Social Institution: The Camping Close', *Rural History*, vol. 1, no. 2, October 1990, pp. 165–92を参照。

⊙6　Richard Carew, *Survey of Cornwall* (1710), London, Faulder edition, 1811, p. 197.

⊙7　Hugh Hornby, *Uppies and Downies: The Extraordinary Football Games of Britain*, London, English Heritage, 2008, pp. 142–53.

⊙8　John Goulstone, *Football's Secret History*, London, Catford, 2001, pp. 29–30.

⊙9　Goulstone, p. 39.

⊙10　Goulstone, p. 27.

⊙11　Hull & East Riding Athlete, 27 November 1889. Robert Malcolmson, *Popular Recreations in English Society, 1700–1850*, Cambridge, Cambridge University Press, 1973, p. 85.

⊙12　Stan Chadwick, *Claret and Gold: History of Huddersfield Rugby League Club*, Huddersfield, Venturer's Press, 1946, p. 1.

⊙13　*Bell's Life*, 2 January 1842.

⊙14　Goulstone, p. 32.

⊙15　*Yorkshire Post*, 10 February 1896. A. E. Wright and T. E. Jones, *British Calendar Customs*, London, Folklore Society, 1936, p. 27.

⊙16　Gareth Williams, 'The dramatic turbulence of some irrecoverable football game', in Grant Jarvie (ed.), *Sport in the Making of Celtic Culture*, Leicester, Leicester University Press, 1999, p. 58.

⊙17　Montague Shearman, *Athletics and Football*, London, Longmans, 1887, p. 260.

第2章 「ラグビー」と呼ばれる学校

◎1 *The Times*, 9 October 1857.

◎2 Jennifer Macrory, *Running with the Ball: Birth of Rugby Football,* London, Collins, 1991, p. 14.

◎3 *Bell's Life*, 21 December 1845.

◎4 *Bell's Life*, 7 May 1843.

◎5 *Derby and Chesterfield Reporter*, 23 February 1832 and 7 February 1845.

◎6 Lytton Strachey, *Eminent Victorians*, London, Folio Society edition, 1986, p. 171に引用がある。

◎7 F. D. M., 'Thoughts on ourselves, our position and our prospects', *The Rugby Miscellany*, no. 7, February 1846, pp. 226–8.

◎8 *Report of the Commissioners on the Revenues and Management of Certain Colleges and Schools*, British Parliamentary Papers. Public Schools and Colleges, vol. XX, Education, General 9, 1864, p. 266.

◎9 *Football Rules*, Rugby, 1845, p. 13.

◎10 Sydney Selfe, *Chapters from the History of Rugby School*, Rugby, Lawrence, 1910, p. 139.

◎11 Anon., 'Reminiscences', *The New Rugbeian*, vol. 3, no. 2, November 1860, p. 80.

◎12 Selfe, *Chapters...*, p. 61.

◎13 Macrory, *Running with the Ball*, p. 93.

第3章 次にトム・ブラウンがしたこと

◎1 H. H. Almond 'Athletics and Education' *Macmillan's Magazine*, 43, November 1880–April 1881, p. 283.

◎2 *Yorkshire Post*, 11 April 1864.

◎3 Hugh Cunningham, *The Volunteer Force: A Social and Political History, 1859–1908*, Brighton, Croom Helm, 1975.

◎4 最古の諸クラブについてはAdrian Harvey, 'The Oldest Rugby Football Club in the World?', *Sport in History*, vol. 26, no. 1, April 2006, pp. 150–52を参照。

◎5 ウェリントンその他の学校のラグビー校規則採用についてはRev. Frank Marshall and L. R. Tosswill (eds), *Football: the Rugby Union Game*, London, Cassell, 2nd edition, 1925, p. 33を参照。

◎6 Rev. Frank Marshall (ed.), *Football: The Rugby Union Game*, London, Cassell, 1892, pp. 77–8. W. H. H. Hutchinson in *Yorkshire Evening Post*, 1 December 1900. Hull FC in *Yorkshire Evening Post*, 20 February 1904. Marshall and Tosswill (eds), *Football: The Rugby Union Game*, 2nd edition, p. 21.

◎7 ロッチデールについてはC. W. Alcock (ed.), *Football Annual*, London: Lilywhite, 1868を、セールについてはM. Barak, *A Century of Rugby at Sale*, Sale, Sale FC, 1962を、プレストンについてはA. Marsden, *Preston Grasshoppers' Centenary Brochure*, Preston, The Club, 1969を、ブラッドフォードについては*Yorkshire Evening Post*, 15 November, 1902を、セントピーターズについてはA. Raine, *History of St Peter's School*, London, Bell, 1926, p. 134を参照。

◎8 *Yorkshire Evening Post*, 9 February 1901.

◎9 この会議で論じられたルールは*Bell's Life*, 28 November1863に掲載された。FAの結成大会についてのわかりやすい解説と投票行動の分析についてはAdrian Harvey, *Football: The First Hundred Years*, Abingdon: Routledge, 2005, pp. 143–9を参照。

◎10 *Bell's Life*, 5 December 1863.

◉11 *Bell's Life*, 2 January 1864.

◉12 *Bell's Life*, 7 January 1871.

◉13 Graham Curry, 'The Cambridge Connection', *The Sports Historian*, 22 (2), 2002, pp. 46–73.

◉14 *The Times*, 23 November 1870.

◉15 *Bell's Life*, 24 December 1870.

◉16 Rugby Football Union minutes, 26 January 1871. 第一回会議の報告は*Bell's Life*, 28 January, 1871にある。

◉17 最初のルールはO. L. Owen, *The History of the Rugby Football Union*, London, 1955, pp. 59–72に再録されている。

◉18 Alcock, *Football Annual*, 1875, pp. 48–9.

◉19 Macrory, *Running with the Ball*, pp. 103–5.

◉20 https://web.archive.org/web/20121103223545/http://www.richardlindon.com/4.html, accessed 25 November 2012.

第4章　ラグビー大分裂

◉1 *The Yorkshireman,* 3 February 1887.

◉2 *The Times*, 12 November 1880.

◉3 Alcock (ed.), *Football Annual*, 1880, pp. 73–5. Graham Williams, *Glory Days: The History of English Rugby Union Cup Finals*, Leeds, 1998.

◉4 Arthur Budd, 'The Rugby Union Game', in Alcock (ed.), *Football Annual*, 1880, p. 52.

◉5 *Yorkshire Post*, 5 October 1886.

◉6 *Athletic News Football Annual*, Manchester, Athletic News, 1893, p. 149.

◉7 *The Yorkshireman*, 18 September 1889.

◉8 *Oldham Evening Chronicle*, 13 October 1890.

◉9 たとえばthe letter of S. A. Austin of Belgrave RFC, 26 August 1908, to the Midland Counties RFU (Leicestershire County Archives, DE3097/32)を参照。

◉10 *Yorkshire Post*, 11 April 1891.

◉11 Ibid., 29 September 1897.

◉12 *Leeds Mercury*, 21 September 1893.

◉13 *Yorkshire Post*, 8 January 1894.

第2部　五か国対抗に向けて

第5章　スコットランド（「ラグビーフットボール——ふたつの国の真のスポーツ」）

◉1 *Bell's Life,* 25 March 1871. 選手の詳細については、Andy Mitchell, *First Elevens: The Birth of International Football*, Glasgow, CreateSpace, 2012を参照した。

◉2 Marshall (ed.), *Football. The Rugby Union Game*, p. 99.

◉3 *Bell's Life*, 8 December 1870.

◉4 Mitchell, *First Elevens,* p. 156.

◉5 *Bell's Life,* 1 April 1871.

◉6 Ibid., 1 April 1871.

◉7 Ibid., 25 March and 1 April 1871.

◉8 Marshall (ed.), *Football. The Rugby Union Game*, p. 140.

◉9 R. J. Phillips, *The Story of Scottish Rugby*, Edinburgh, Foulis, 1925, p. 89.

◉10 Marshall (ed.), *Football. The Rugby Union Game*, p. 202.

◉11 Phillips, *The Story of Scottish Rugby*, p. 94.

◉12 Tom Devine, *The Scottish Nation*, Harmondsworth: Penguin, 1999, pp. 285–92.

◉13 Phillips, *The Story of Scottish Rugby*, p. 102.

◉14 Neil Tranter, 'The First Football Club', *International Journal of the History of Sport*, vol. 10, no. 1, pp. 104–9.

◉15 *The Edinburgh Academy FC Centenary History*, Edinburgh, Pillans & Wilson, 1958, p. 10.

◉16 A. M. C. Thorburn, *The History of Scottish Rugby*, London, Johnson & Bacon, 1980, pp. 28–30.

◉17 Ibid., p. 14–16. Marshall (ed.), *Football. The Rugby Union Game*, p. 54.

◉18 *Glasgow Herald,* 25 December 1871.

◉19 Rugby Football Union minutes, 15 January 1872.

◉20 Marshall (ed.), *Football. The Rugby Union Game*, p. 148.

◉21 *The Times*, 3 March 1884. この件に関するRFUの発表は*The Times*, 16 April 1885に掲載された。

◉22 *The Times*, 7 May 1888, 30 December 1889 and 29 April 1890.

◉23 E. H. D Sewell, 'Rugby Football', in *Fortnightly Review*, vol. 85, no. 8, 1909, p. 989.

第6章　アイルランド(国のアイデンティティ)

◉1 Elizabeth Miller and Dacre Stoker (eds), *The Lost Journal of Bram Stoker*, London: Robson Press, 2012, p. 152. この資料をご教示いただいたことをVictoria Dawsonに感謝する。Marshall (ed.), *Football. The Rugby Union Game*, p. 225. アイルランド代表入りした医学博士についての詳細はWillow Murray, 'Doctors who played for Ireland', *Touchlines*, December 2006, p. 10を参照した。

◉2 Liam O'Callaghan, *Rugby in Munster: A Social and Cultural History*, Cork:Cork University Press, 2011.

◉3 Harvey, 'The Oldest Rugby Football Club in the World?' *Sport in History*, vol. 26, no. 1, April 2006, pp. 150–52.

◉4 Neal Garnham, *The Origins and Development of Football in Ireland*, Belfast, Ulster Historical Association, 1999, pp. 3–5.

◉5 *Belfast News-Letter*, 18 January 1869.

◉6 *Glasgow Herald*, 25 December 1871. Marshall (ed.), *Football. The Rugby Union Game*, p. 226.

◉7 Garnham, *The Origins and Development of Football*, p. 59.

◉8 *Bell's Life*, 20 February 1875.

◉9 Marshall (ed.), *Football. The Rugby Union Game*, p. 229.

◉10 Ibid., p. 241.

◉11 O'Callaghan, *Rugby in Munster*, p. 43.

◉12 James Joyce, *A Portrait of the Artist as a Young Man*, London, Wordsworth, 1992, p. 4. (ジェイムズ・ジョイス『若い芸術家の肖像』丸谷才一訳、2008年、集英社、p.14)

◉13 O'Callaghan, *Rugby in Munster*, p. 77.

◉14 Garnham, *The Origins and Development of Football,* p. 12.

◉15 Ibid., pp. 8–9.

◉16 Michael Cusack, 'A Word About Irish Athletics', *Irishman*, 11 October 1884.
◉17 O'Callaghan, *Rugby in Munster,* p. 16.
◉18 Ibid., pp. 145–6.
◉19 この話を私に語ってくれたことを、尊敬すべきラグビー史学者の故Piers Morganに感謝する。
◉20 *Athletic News*, 21 September 1914.

第7章　ウェールズ(ドラゴンの抱擁)

◉1 David Smith and Gareth Williams, *Fields of Praise*, Cardiff, University of Wales, 1980, p. 161.
◉2 Ibid., p. 124.
◉3 Gwyn Prescott, *'This Rugby Spellbound People': Rugby Football in Nineteenth-century Cardiff and South Wales*, Cardiff, Welsh Academic Press, 2011, pp. 42–5.
◉4 Ibid., p. 69.
◉5 *South Wales Daily News*, 15 December 1879.
◉6 Prescott, *'This Rugby Spellbound People'*, p. 147.
◉7 Ibid., p. 46.
◉8 Gareth Williams, *1905 and All That*, Llandysul: Gomer Press, 1991, p. 155.
◉9 Elias Jones, 'The Palmy days of Welsh Rugby 1886–1895', reprinted in Gareth Hughes, *One Hundred Years of Scarlet*, Llanelli, Llanelli RFC, 1983.
◉10 *The Yorkshireman*, 3 March 1887.
◉11 *Yorkshire Post*, 6 October 1893.
◉12 Ibid., 12 January, 7 February and 3 March 1898. *The Times*, 18 October 1897.

第8章　フランス(男爵、赤い処女、そしてラグビーのベル・エポック)

◉1 Jean-Pierre Bodis, 'Le rugby en France jusqu'a` la seconde guerre mondiale. Aspects politiques et sociaux', *Revue de Pau et du Béarn*, 17, 1990, p. 221.
◉2 Pierre de Coubertin, 'Notes sur le foot-ball', *La Nature*, 8 May 1897.
◉3 Ulrich Hesse-Lichtenberger, *Tor! The Story of German Football*, London: WSC, 2003, p. 19.
◉4 *The New Rugbeian*, November 1861, p. 313. *Wakefield Express*, 23 November 1872.
◉5 Richard Holt, *Sport and Society in Modern France*, London, Macmillan, 1981, p. 46.
◉6 John A. Lucas, 'Victorian Muscular Christianity, Prologue to the Olympic Games Philosophy', *Olympic Review*, no. 99, January–February 1976, p. 50に引用がある。
◉7 Thiery Terret, 'Learning to be a Man', in John Nauright and Timothy Chandler (eds), *Making the Rugby World*, London, Cass, p. 75.
◉8 Sebastien Darbon, *Une Breve Histoire du Rugby*, Paris: L'Oeil Neuf, 2007, pp. 81–2.
◉9 Philip Dine, *French Rugby Football: A Cultural History*, Oxford, Berg, 2001, p. 45.
◉10 Stendhal, *Love*, Harmondsworth, Penguin, 1975, p. 190(スタンダール『恋愛論』生島遼一・鈴木昭一郎訳、人文書院、1963年、p.180.)
◉11 Northern Union General Council minutes, 12 November 1912.
◉12 http://rugby-pioneers.blogs.com/rugby/2007/06/percy_bush_from.html –accessed 18 January 2014.
◉13 http://rugby-pioneers.blogs.com/rugby/2010/09/a-welshman-in-bordeaux-andsome-legal-stuff.html. P. Lafond and J-P Bodis, *Encyclopedie du Rugby Francais*, Paris: Dehedin, 1989. E. H. D. Sewell, 'The State of the Game', *Fortnightly Review*, vol. 89 (1911), pp. 933–48.
◉14 Henri Garcia, *La Fabuleuse Histoire du Rugby*, Paris: Martiniere, 2004, p. 24.

◉15 *The Yorkshireman*, 24 November 1894.
◉16 *The Graphic*, 1 December 1894.この資料をご教示下さったことをDave Pendletonに感謝する。
◉17 *The Press* (Auckland), 15 February 1906.
◉18 *Daily Telegraph*, quoted in *The Press*, 15 February 1906.

第3部　ラグビーを世界へ

第9章　ニュージーランド(白く長い雲のたなびく国のオールブラックス)

◉1 「南の英国」は19世紀にはよく使用された表現だった。たとえばthe *Sydney Telegraph*, 14 June 1884を参照。
◉2 *Lyttleton Times*, 20 December 1854.
◉3 *The Press*, 29 August 1863.
◉4 Rex Thomson, 'Provincial Rugby in New Zealand: Otago's Academic Pioneers', *Journal of Sport History*, Fall 1996 (23:2), pp. 211–27.
◉5 Alan Turley, *Rugby: The Pioneer Years*, Auckland, HarperCollins, 2009, p. 105.
◉6 *Sydney Telegraph*, 14 June 1884.
◉7 *New Zealand Herald*, 7 May 1884.
◉8 Ibid., 5 June 1886.
◉9 Greg Ryan, *Forerunners of the All Blacks*, Christchurch, Canterbury University Press, 1993, p. 15.
◉10 Ryan, *Forerunners*, p. 17.
◉11 Greg Ryan, 'The Paradox of Māori Rugby, in Greg Ryan (ed.), *Tackling Rugby Myths*, Dunedin, Otago University Press, 2005.
◉12 *The Press* (Auckland), 8 January 1889.
◉13 *Otago Daily Times*, 4 December 1888.
◉14 Ryan, *Forerunners*, p. 94.
◉15 Ryan, *Forerunners*, p. 85に引用がある。
◉16 *Leeds Mercury*, 18 February 1889.
◉17 Tom Ellison, *The Art of Rugby Football*, Wellington, Geddis & Blomfield, 1902, p. 68.
◉18 Ryan, *Forerunners*, p. 94に引用がある。
◉19 Greg Ryan, *The Contest for Rugby Supremacy: Accounting for the 1905 All Blacks*, Christchurch, Canterbury University Press, 2005, p. 33.
◉20 Sean Fagan, *Rugby Rebellion*, Sydney, Hachette Livre, 2005, p. 29に引用がある。
◉21 H. M. Moran, *Viewless Winds. Being the Recollections and Digressions of an Australian Surgeon*, London, Peter Davies, 1939, p. 46.
◉22 *New Zealand Herald*, 15 August 1904.
◉23 Ryan, *Contest*, pp. 57–9.
◉24 遠征の詳細についてはRyan, *Contest*を参照した。
◉25 *The Times*, 20 November 1905.

第10章　南アフリカ(ゴグのゲームからスプリングボクスへ)

◉1 戦闘の詳細はthe *Cape Times*, 13 March 1900にある。モーケルの伝記の詳細は*The Missing Brothers of Sommie and Douglas Morkel* at http://family.morkel.net/wp-content/uploads/

Missing-Brothers-of-Sommieand-Dougie-Morkel1.pdf, accessed 21 April 2014にある。

◉2 Floris J. G. van der Merwe, 'Rugby in the Prisoner-of-War Camps During the Anglo-Boer War of 1899–1902', *Football Studies,* vol. 1, no. 1, 1998, pp. 76–83.

◉3 F. N. Piggott, *The Springboks. History of the Tour, 1906-7*, Cape Town, Dawson, 1907, p. 96.

◉4 Floris J. G. van der Merwe, 'Gog's Game: The Predecessor of Rugby Football at the Cape, and the implications thereof', paper presented to the 35th Conference on Social Science in Sport, Ljubljana, Slovenia, 24–27 August 2006. Gog's Gameの説明はIvor D. Difford, *The History of South African Rugby Football 1875–1932*, Wynberg, Speciality Press, 1933, p. 501を参照。

◉5 Lloyd B. Hill, 'Reflections on the 1862 Football Match in Port Elizabeth', *South African Journal for Research in Sport, Physical Education and Recreation*, vol. 33, no. 1, 2011, pp. 81–98.

◉6 *Cape Argus*, 8 September 1862, quoted in Jonty Winch, 'Unlocking the Cape Code: Establishing British Football in South Africa', *Sport in History*, vol. 30, no. 4, 2010, p. 503.

◉7 Jonty Winch, *Sir William Milton: A Leading Figure in Public School Games, Colonial Politics and Imperial Expansion, 1877–1914*, unpublished PhD, University of Stellenbosch, 2013.

◉8 Difford, *History of South African Rugby Football*, p. 457.

◉9 Ibid., p. 563.

◉10 Andre Odendaal, '"The thing that is not round": The untold history of black rugby in South Africa', in Albert Grundlingh, Andre Odendaal and Burridge Spies (eds), *Beyond the Tryline: Rugby and South African Society*, Johannesburg, Ravan Press, 1995, p. 24.に引用がある。

◉11 Winch, 'Unlocking the Cape Code', p. 517に引用がある。

◉12 非白人のラグビーの詳細についてはOdendaal, 'The thing that is not round', *passim*を参照した。

◉13 Difford, *History of South African Rugby Football*, p. 470.

◉14 Albert Grundlingh, 'Playing for Power? Rugby, Afrikaner Nationalism and Masculinity in South. Africa, C.1900–C.1970', in Nauright and Chandler (eds), *Making Men: Rugby and Masculine Identity*, Abingdon, Routledge, 1996, p. 181.

◉15 *The Times*, 12 October 1926.

◉16 Marshall (ed.), *Football: The Rugby Union Game*, p. 112.

◉17 Ibid.

◉18 Burridge Spies, 'The imperial heritage: Rugby and white English speaking South Africa', in Grundlingh, Odendaal and Spies (eds), *Beyond the Tryline*, p. 72.

◉19 Van der Merwe, 'Rugby in the Prisoner-of-War Camps', p. 81.

◉20 Ibid., p. 80.

◉21 G. R. Hill quoted in *Rugby Football: a weekly record of the game*, 17 November 1923. p. 273.

◉22 Dean Allen, '"Captain Diplomacy": Paul Roos and the Creation of South Africa's Rugby Springboks', *Sport in History*, 33:4, December 2013, pp. 568–94.

◉23 *The Times*, 25 September 1906.

◉24 Allen, 'Captain Diplomacy', p. 575.

◉25 Jonty Winch, '"There Were a Fine Manly Lot of Fellows": Cricket, Rugby and Rhodesian Society during William Milton's Administration, 1896–1914', *Sport in History*, 28:4, December 2008, p. 596.

◉26 *Guardian*, 17 December 1906.

◉27 Piggott, *The Springboks*, p. 105.

第11章　オーストラリア(ワラルーズとカンガルーズ)

◉1 Mollie Gillen, *The Founders of Australia: A Biographical Dictionary of the First Fleet*, 1989, p.

445. 正確な数字は確定されていない。

⊙2 Sean Fagan, *The First Lions of Rugby*, Melbourne, Slattery, 2013, p. 80.

⊙3 Fagan, *First Lions*, p. 76.

⊙4 *Otago Witness*, 31 August 1888.

⊙5 Lionel Frost, *Australian Cities in Comparative View*, Victoria, Penguin, 1990, p. 4.

⊙6 Tony Collins, 'The Invention of Sporting Traditions: National Myths, Imperial Pasts and the Origins of Australian Rules Football', in Stephen Wagg (ed.), *Myths and Milestones in the History of Sport*, London, Palgrave, 2011, pp. 8–31.

⊙7 Asa Briggs, *Victorian Cities*, London, Odhams, 1963, pp. 218–19.

⊙8 Thomas Hickie, *They Ran with the Ball: How Rugby Football Began in Australia*, Melbourne, Longman, 1993, p. 2.

⊙9 Ibid., p. 111.

⊙10 初期のクイーンズランドのラグビー史について、詳細はhttp://jottingsonrugby.wordpress.com/rugby-in-australia/rugby-in-queensland/を参照。

⊙11 Maxwell L. Howell and Reet A. Howell, 'The First Intercolonial Rugby Tour in 1882', *Journal of the Royal Historical Society of Queensland*, vol. 11, issue 4, pp. 126–38, and P. Horton, 'A History of Rugby Union Football in Queensland, 1882–1891', unpublished PhD thesis, University of Queensland, 1989.

⊙12 Sean Fagan, 'Rugby's Whistler's Call the Tune', http://www.theroar.com. au/2013/02/22/rugbys-whistlers-call-tune/

⊙13 *Yorkshire Post*, 14 January 1888.

⊙14 Letter of Arthur Shrewsbury to Alfred Shaw, 18 January 1888. Shrewsburyの書翰を閲覧可能にしてくれたことについて、Nottinghamshire CCC archiveのPeter Wynne-ThomasとTrent BridgeおよびTrevor Delaneyに感謝する。

⊙15 Tony Collins, *Rugby's Great Split*, London, Cass, 1998, pp. 57–8を参照。

⊙16 Fagan, *First Lions*, p. 214.

⊙17 Ibid., p. 225

⊙18 Fagan, *Rugby Rebellion*, p. 126.

⊙19 *Australian Star*, 8 October 1907.

⊙20 Fagan, *Rugby Rebellion*, pp. 112–15.

⊙21 Ibid., p. 197.

第12章　アメリカ合衆国とカナダ（ラグビーからアメリカンフットボールへ）

⊙1 Mark Ryan, *For the Glory. Two Olympics. Two Wars. Two Heroes*, London, JR Books, 2009, p. 199.

⊙2 Gary Magee and Andrew Thompson, *Empire and Globalisation*, Cambridge, Cambridge University Press, 2010, p. 69.

⊙3 *New York World*, 17 November 1872.

⊙4 *New York Times*, 5 June 1857.

⊙5 Parke H. Davis, *Football. The American Intercollegiate Game*, New York: Charles Scribner, 1911, p. 24.

⊙6 Walter Camp, 'The Game and Laws of American Football', *Outing*, October 1886, p. 72.

⊙7 Proceedings of the Convention of the Intercollegiate Football Association (IFA), 23 November 1876, reprinted in Davis, *Football*, pp. 461–7.

⊙8 *Boston Daily Globe*, 25 November 1877.

⊚9 Proceedings of the Convention of the IFA, 12 October 1880, reprinted in Davis, *Football*, p. 468.

⊚10 A. G. Guillemard, 'Foundation and progress of the Rugby Football Union', in Marshall (ed.), *Football. The Rugby Union Game*, p. 71. Anon, 'Football as played at Rugby in the sixties', *Rugby Football*, 3 November 1923.

⊚11 *New York Times*, 2 December 1893.

⊚12 Ibid., 9 April 1882.

⊚13 John Watterson, 'The Gridiron Crisis of 1905: Was It Really a Crisis?' *Journal of Sport History*, vol. 27, no. 2, Summer 2000, p. 294.

⊚14 John J. Miller, *The Big Scrum: How Teddy Roosevelt Saved Football*, New York, HarperCollins, 2011.

⊚15 Roberta Park, 'From Football to Rugby – and Back, 1906–1919: The University of California-Stanford University Response to the Football Crisis of 1905', *Journal of Sport History*, vol. 11, no. 3, Winter 1984, p. 20.

⊚16 Joseph R Hickey (ed.), *Spalding's Official Rugby Football Guide 1910*, American Sports Publishing Co., NY, 1910, pp. 31–5. Greg Ryan, 'Brawn against Brains: Australia, New Zealand and the American Football Crisis, 1906-13', *Sporting Traditions*, vol. 20, no. 2, May 2004, pp. 19–38. *New York Times*, 15 April 1906.

⊚17 G. P. Taylor, 'New Zealand, the Anglo-Japanese Alliance and the 1908 Visit of the American Fleet', *Australian Journal of Politics and History*, vol. 15, no. 1, 1969, pp. 55–76.

⊚18 *Sunday Call*, 14 August 1910.

⊚19 Park, 'From Football to Rugby', p. 33.

⊚20 Walter Camp, 'Rugby Football in America', *Outing*, March 1911, p. 710.

⊚21 Park, 'From Football to Rugby', p. 74

⊚22 カナダのラグビー史に関する優れた研究論文の草稿を早い段階で読ませてくれたことをDoug Sturrockに感謝する。

⊚23 Michel Vigneault, *La Naissance d'un sport organiseau Canada: Le hockey a Montreal, 1875–1917*, unpublished PhD thesis, Universite Laval, Quebec, 2001.

⊚24 *Toronto Daily Globe*, 12 November 1875.

⊚25 Doug Sturrock, *Rugby in British Columbia: An Abbreviated History*, http://www.bcrugby.com/history/history/, accessed 27 August 2013.

⊚26 *The Times*, 1 December 1902.

⊚27 *San Francisco Call*, 3 January 1912.

⊚28 Max Howell, *Born to Lead: Wallaby Test Captains*, Celebrity Books, Auckland, NZ, 2005, p. 52.

第4部　嵐迫りくるなかの黄金時代

第13章　ハロルド・ワッグスタッフとバスカヴィルの幽霊

⊚1 *Sydney Morning Herald*, 4 July 1914.

⊚2 Clifford and Wagstaff quotes in *Sports Post* (Leeds), 4 May 1935.

⊚3 *Sydney Morning Herald*, 6 July 1914.

⊚4 Handwritten MSS note on the 1914 match, in the Douglas Clark Collection at the Imperial War

Museum, London.

◎5 *Sports Post* (Leeds), 4 May 1935.

◎6 *Athletic News*, 16 September 1906.

◎7 *The Yorkshireman*, 23 August 1893.

◎8 Rugby Football Union AGM minutes, 28 May 1909.

◎9 A. J. P. Taylor, *Essays in English History*, London, Penguin, 1976, p. 309.

◎10 *Daily Graphic*, 18 April 1910.

◎11 Fagan, *Rugby Rebellion*, pp. 99–101.

◎12 *Yorkshire Post*, 10 April and 12 September 1907.

◎13 Ibid., 5 September 1907.

◎14 *Athletic News*, 7 October 1907.

◎15 *Yorkshire Post*, 2 October 1907.

◎16 Bill Greenwood, *Class Conflict and Clash of the Codes: the Introduction of Rugby League to New Zealand 1908 to 1920*, PhD, Massey University (2008), p.123.

◎17 G. T. Vincent and T. Harfield, 'Repression and Reform: Responses Within New Zealand Rugby to the Arrival of the "Northern Game, 1907–8"', *New Zealand Journal of History* vol. 31, no. 2 (1997), p. 238.

◎18 John Haynes, *From All Blacks to All Golds*, Christchurch, Ryan and Haynes, 1996, pp. 149–51.

◎19 Hamish Stuart in the *Otago Witness*, 3 January, 1909, quoted in Greg Ryan, 'A Lack of Esprit du Corps: The 1908 Wallaby Tour of Britain', *Sporting Traditions*, vol. 17, no. 1, November 2000, p. 45.

◎20 McMahon in *The Referee*, 31 March 1909.

◎21 *The Times*, 27 October 1908.

◎22 *Yorkshire Post*, 5 February 1909.

◎23 Fagan, *Rugby Rebellion*, p. 312.

◎24 Undated press clipping (*c.*July 1914) in J. C. Davis collection, box 51, item 4, Mitchell Library, Sydney.

◎25 *Rugby League News* (Sydney), 7 June 1941.

第14章　第一次世界大戦以前の英国のラグビー（屈辱を忍んで目的を達成する）

◎1 Huw Richards, *The Red and The White*, Aurum Press, London, 2009, p. 48に引用がある。

◎2 Ryan, *Contest*, 2005を参照。

◎3 *Yorkshire Post*, 20 February 1909. Marriott letter reprinted in *Yorkshire Post*, 19 January 1909, RFU and IB decisions in *Yorkshire Post*, 1 and 20 February 1909.

◎4 Huw Richards, *A Game for Hooligans*, Edinburgh, Mainstream, 2006, p. 95.

◎5 The *Guardian*, 17 December 1906.

◎6 ストゥープの生涯については、Ian Cooper, *Immortal Harlequin*, Tempus, Stroud, 2004を参照。

◎7 *Daily Mail*, 20 September 1910, quoted in James Martens, 'They Stooped to Conquer: Rugby Union Football 1895–1914', *Journal of Sport History*, vol. 20, no. 1, Spring 1993, p. 36.

◎8 H. B. T. Wakelam, *The Game Goes On*, London, Arthur Barker, 1936, p. 57.

◎9 James Corsan, *For Poulton and England*, Matador, London, 2009, p. 125.

第15章　さらに偉大なゲーム？　ラグビーと第一次世界大戦

◎1 Darb Hickeyの経歴について情報を提供してくれたことをGeorge Frankiに感謝する。

⊚2 Thomas Hughes, *Tom Brown's Schooldays*, Oxford: Oxford University Press edition, 1989, p. 104.

⊚3 *The Times*, 4 March 1919.

⊚4 Marriott's circular is in the *Yorkshire Rugby Football Union Commemoration Book*, Leeds, YRU, 1919, p. 266.

⊚5 Smith and Williams, *Fields of Praise*, p. 201.

⊚6 Letter of 28 August 1914, in E. B. Poulton, *The Life of Ronald Poulton*, London, Sidgwick & Jackson, 1919, p. 308.

⊚7 Harper, letter of 7 September 1914. A. M. C. Thorburn, *The Scottish Rugby Union, Official History*, Edinburgh, Scottish Rugby Union and Collins Publishers, 1985, p. 117.

⊚8 NUGC minutes, 8 September 1914.

⊚9 *Athletic News*, 13 April 1915.

⊚10 Manly District Rugby Union Football Club, *10th Annual Report and Balance Sheet for Season*, 1915. NSWRU *Annual Report*, 1915.

⊚11 Ian Collis and Alan Whittaker, *100 Years of Rugby League*, Sydney, New Holland, 2007, p. 52.

⊚12 たとえば*Sydney Morning Herald*, 23 August 1915を参照。

⊚13 *The Referee*, 7 September 1910, quoted in Fagan, *Rugby Rebellion*, p. 322.

⊚14 *Athletic News*, 11 January and 1 February 1915.

⊚15 *Yorkshire Post*, 10 February 1917. *The Times*, 12 and 15 February 1917.

⊚16 Arnaud Waquet and Joris Vincent, 'Wartime Rugby and Football: Sports Elites, French Military Teams and International Meets During the First World War', *International Journal of the History of Sport*, vol. 28, no. 3–4, 2011, pp. 379–81.

⊚17 *The Times*, 5 October 1916.

⊚18 *Athletic News*, 18 January and 18 October 1915. Edmund McCabe, 'Rugby and the Great War', *Stand To!*, 52, 1998, pp. 41–4. Lyn Macdonald, *Somme*, London, Michael Joseph, 1983, p. 319. Poulton, *Life of Ronald Poulton*, p. 311. Robert Graves, *Goodbye to All That*, Harmondsworth, Penguin, 1960, p. 149.

⊚19 Dine, *French Rugby Football*, p. 53に引用がある。

⊚20 Rodney Noonan, 'Offside: Rugby League, the Great War and Australian Patriotism', *International Journal of the History of Sport*, vol. 26, no. 15, pp. 2209–10

⊚21 Douglas Clark, MS diary, Imperial War Museum, 90/21/1.

⊚22 Paul Jones, *War Letters of a Public School Boy*, London, Cassell and Company, 1918, p. 157.

⊚23 Letter of Jellicoe reprinted in E. H. D. Sewell, *The Log of a Sportsman*, London, Fisher Unwin, 1923, p. 164.

⊚24 *Athletic News*, 18 January 1915に引用がある。

⊚25 *The Times*, 21 April 1919.

⊚26 *Athletic News*, 21 December 1914.

⊚27 Anne Pallant, *A Sporting Century*, Plymouth, 1997, p. 144.

⊚28 Ruth Elwyn Harris, *Billie: the Nevill Letters 1914-1916*, London, Macrae, 1991, p. 7.

⊚29 Jones, *War Letters*, p. 198.

⊚30 Tony Collins, 'English Rugby Union and the First World War', *The Historical Journal*, vol. 45, no. 4, 2002, pp. 809. *Athletic News*, 10 and 17 March 1919.

⊚31 Eastern Suburbs District Football Club, *16th Annual Report and Balance Sheet*, 1919. Jean-Pierre Bodis, 'Le rugby en France jusqu'a la seconde guerre mondiale: aspects politiques et sociaux', *Revue de Pau et du Bearn*, no. 17, 1990, pp. 217–44.

⊚32 *The Times*, 26 February 1919.

◎33 *Athletic News*, 10 and 17 March 1919. Simon Inglis, *League Football and the Men Who Made It*, London, Collins Willow, 1988, p. 100.
◎34 *Yorkshire Rugby Football Union Commemoration Book,* p. 272.
◎35 *Athletic News*, 8 May 1916を参照。

第5部　両大戦間における挑戦と変化

第16章　オールブラックス対スプリングボクス（世界をめぐる戦い）

◎1 *Daily Mail,* 21 December 1918. *The Times,* 21 January 1919.
◎2 G. H. Goddard, *Soldiers and Sportsmen*, London, A. I. F. Sports Control Board, 1919, p. 22.
◎3 *The Times*, 22 March 1919.
◎4 Paul Dobson, *Rugby's Greatest Rivalry: South Africa vs New Zealand, 1921–1995*, Cape Town, Human & Rousseau, 1996, p. 13.
◎5 *Feilding Star* (New Zealand), 10 September 1919.
◎6 *Natal Witness*, 27 August, 1919, quoted in F. G. van der Merwe, 'Race and South African Rugby: a Review of the 1919 All Black Tour', *South African Journal for Research in Sport, Physical Education and Recreation*, vol. 32, no. 2, 2010, pp. 161–9.
◎7 SARB minutes in Van der Merwe, *Race and South African Rugby.*
◎8 *New Zealand Herald*, 18 March 1919.
◎9 *Evening Post*, 30 August 1921.
◎10 Ryan (ed.), *Tackling Rugby Myths*, p. 106に引用がある。
◎11 Difford, *History of South African Rugby Football*, pp. 543–63, 637–42.
◎12 *New Zealand Truth*, 19 July 1928.
◎13 George Nepia, *I, George Nepia*, London, LLP, 2002, p. 112.
◎14 *New Zealand Herald*, 8 July 1921.
◎15 Wakelam, *The Game Goes On*, 2nd edition, 1954, p. 203.
◎16 *Evening Post*, 24 September 1937.
◎17 Ibid., 27 September 1937.

第17章　死のラグビー、一三人のラグビー、そしてヴィシー風ラグビー

◎1 Richard Escot and Jacques Riviere, *Un Siecle de Rugby*, Paris, Calmann-Levy, 1997, p. 58に引用がある。
◎2 Dine, *French Rugby Football*, p. 61
◎3 *Rugby Football*, 17 October 1923. *La Depeche du Midi*, 6 May 1925.
◎4 Mike Rylance, *The Forbidden Game*, Brighouse, League Publications, 1999, p. 14.
◎5 International Board statement, 13 February 1931.
◎6 *Rugger,* 26 September 1931.
◎7 Details from Rylance, *The Forbidden Game*, chapters 1–3.
◎8 Dine, *French Rugby Football*, p. 90.
◎9 *La France*, 22 August 1940, quoted in Rylance, *The Forbidden Game*, p. 128に引用がある。
◎10 報告書はVoivenel's *Mon Beau Rugby*, 1942に発表された。Rylance, *The Forbidden Game*, pp. 132–3を参照。

◉11 Rylance, *The Forbidden Game*, p. 150.

第18章　英国のラグビー・ラッシュ

◉1 Peter MacIntyre in Sydney Grammar School magazine *The Torch-Bearer*, vol. 29, no. 1, May 1924, p. 37.

◉2 *The Times*, 26 February 1919.

◉3 数字はRFU *Handbooks* for 1919–20 and 1929–30を参照した。

◉4 W. W. Wakefield and Howard Marshall, *Rugger*, London, Longman, 1927, p. 106.

◉5 Ibid., p. 105.

◉6 International Board minutes, 19 March 1921.

◉7 Liam O'Callaghan, 'Rugby Football and Identity Politics in Free State Ireland', *Eire-Ireland*, vol. 48, no. 1 & 2, 2013, pp. 158–60.

◉8 Ibid., p. 163.

◉9 Christopher Brooke, *A History of the University of Cambridge, vol. 4, 1870–1990*, Cambridge, Cambridge University Press, 1993, p. 517.

◉10 Gareth Williams, 'From Grand Slam to Great Slump: Economy, Society and Rugby Football in Wales during the Depression', *Welsh Historical Review*, vol. 11, 1983, pp. 339–57.

第19章　はるか彼方に（ラグビーリーグ、一九一九—三九年）

◉1 Ian Heads, *The Kangaroos*, Sydney, Lester Townsend, 1990, p. 67.

◉2 Richard Hoggart, *The Uses of Literacy*, Oxford, Oxford University Press, 1957, p. 78.

◉3 Max and Reet Howell, *The Greatest Game Under the Sun*, Brisbane, QRL, 1989, p. 47.

◉4 E. G. Shaw and A. C. Wallace, *Report of the tour of the NSWRU representative team The Waratahs 1927–28*, 27 March 1928, p. 18 (Australian Rugby Union archives, Sydney).

◉5 'Editorial', *Rugby News*, 12 May 1928, p. 4.

◉6 Australian Rugby League Board of Control minutes, 21 July 1950.

◉7 John Coffey and Bernie Wood, *Auckland: 100 Years of Rugby League*, Auckland, Huia, 2009, p. 60.

第20章　第二次世界大戦中のラグビー

◉1 Dine, *French Rugby Football*, p.109.

◉2 RFU Finance and Emergency Committee minutes, 11 December 1933. RFU Committee minutes, 20 December 1935. S. F. Coopper to J. V. Waite of the USA Rugby Union, 26 February 1936.

◉3 *The Times,* 10 July 1929.

◉4 IRB minutes, 17 March 1933.

◉5 Sport-Libre's underground journal can be found at http://gallica.bnf.fr/ark:/12148/cb328719335/date.

◉6 ラグビーとレジスタンス運動については、Rylance, *The Forbidden Game*, pp. 153–4を、より全体的な情報については、Jean-Louis Gay-Lescot, *Sport et Education sous Vichy, 1940–944*, Lyon, Presses Universitaires de Lyon, 1992を参照。

◉7 Albert Grundlingh, 'Playing for Power', in Grundlingh, Odendaal and Spies(eds), *Beyond the Tryline*, pp. 120–21.

◎8 *Daily Mail*, 15 November 1939.

◎9 Gus Risman, *Rugby Renegade*, London, Stanley Paul, 1958, p. 35.

◎10 Howard Marshall, *Oxford v Cambridge*, London, Clarke & Cochran, 1951, pp. 246–56. *Old Alleynian RFC 1898–1948*, London, Clowes, 1948, p. 94. Dave Hammond, *The Club: Life and Times of Blackheath F.C.*, London, MacAitch, 1999, p. 126.

◎11 Tony Collins, *Rugby League in Twentieth Century Britain*, Abingdon, Routledge, 2006, p. 82.

◎12 Collis and Whittaker, *100 Years of Rugby League*, pp. 156 and 172.

◎13 たとえばPaul Donoghue, *Rommel versus Rugby*, Petone, Apex Print, 1961を参照。

◎14 Graham Jooste, *Rugby Stories from the Platteland,* Johannesburg, South Publishers, 2005, pp. 122–3.

◎15 Brendan Gallagher, 'Geffin takes name mystery to the grave', *Daily Telegraph*, 21 October 2004.

第6部　ラグビーの新たなる地平

第21章　ヨーロッパのラグビーとイタリアの勃興

◎1 *The Times*, 10 September 1957.

◎2 *Daily Mail,* 8 January 1956.

◎3 Harding to Ward, 30 January 1956, TNA FO 371/122750.

◎4 I. Denicky to W. Fallowfield, 8 December 1954. RFL Archives, University of Huddersfield.

◎5 *Open Rugby*, November 1989, pp. 42–3.

◎6 'Confidential Report from British Legation in Bucharest', 17 May 1956, TNA FO 371/122750.

◎7 *Thoughts on Sport*, Moscow, Ogenek, 1930, p. 72, in James Riordan, *Sport in Soviet Society*, Cambridge, Cambridge University Press, 1980, p. 104.

◎8 Victor E. Louis and Jennifer M. Louis, *Sport in the Soviet Union*, Oxford, Pergamon, 1980, chapter 2.

◎9 *Western Mail*, 28 December 1963. 'Ilyushin first Russian in IRB Hall of Fame', http://www.irb.com/history/halloffame/newsid=2065514.html, accessed 27 July 2014.

◎10 http://www.rugbyworldcup.com/home/news/newsid=2013819.html, accessed 24 June 2014.

◎11 Louis and Louis, *Sport in the Soviet Union*, pp. 39–40.

◎12 Gherardo Bonin, 'Rugby: The game for "Real Italian men"', in T. J. L. Chandler and John Nauright (eds), *Making the Rugby World. Race, Gender, Commerce*, London, Cass, 1999, pp. 88–104.

◎13 J-P. Bodis, *Histoire Mondiale du Rugby,* Toulouse, Editions Privat, 1987, pp. 395–6.

◎14 *Rugby World & Post*, September 1993.

第22章　アルゼンチンと南アメリカ（サッカー大陸のラグビー）

◎1 Tony Mason, *Passion of the People*, London, Verso, 1995, pp. 3–7.

◎2 David Barnes, *The Accies*, Edinburgh, Birlinn, 2008, p. 117.

◎3 UAR Annual Report 1965 (http://uar.com.ar/pdf/memorias/1965.pdf), p. 6.

◎4 David Barnes and Peter Burns, *Behind the Thistle*, Edinburgh, Birlinn, 2010, p. 51.

第23章　日本、アジア、アフリカ(スクラムの帝国)

◉1 J. G. Farrell, *The Singapore Grip*, London, Fontana, 1978, p. 328.

◉2 RFU committee minutes, 22 January 1878.

◉3 Richards, *A Game for Hooligans*, p. 59.

◉4 E. W. Foenander (ed.), *A Guide to Ceylonese Football*, Colombo, privately published, 1911, pp. 3–6.

◉5 Ng Peng Kong, *Rugby: A Malaysian Chapter*, Kuala Lumpur, privately published, 2003, pp. 60–2.

◉6 Ibid., pp. 41–2.

◉7 Simon Drakeford, *It's A Rough Game But Good Sport*, Hong Kong, Earneshaw Books, 2014.

◉8 Leigh Jones and Nicky Lewis, 'Emergence, Cessation and Resurgence during the Evolution of Rugby Union in Hong Kong', *International Journal of the History of Sport*, vol. 29, no. 9, 2012, pp. 1344–62.

◉9 RFU minutes, 6 June 1952.

◉10 Hong Kong Rugby Football Union launches Hall of Fame, http://www.hkrugby.com/eng/news/4152.php, dated 16 May 2014 23:04:00.

◉11 Keiko Ikeda, 'Ryōsai-kembo, Liberal Education and Maternal Feminism under Fascism: Women and Sport in Modern Japan', *International Journal of the History of Sport*, vol. 27, no. 3, 2010, pp. 537–52.

◉12 Mike Galbraith, '1866 and all that: the untold early history of rugby in Japan', *Japan Times*, 15 March 2014.

◉13 *Rugby News* (Sydney), 12 September 1936.

◉14 Ibid., 3 September 1927.

◉15 Bodis, *Histoire Mondiale*, p. 389.

◉16 Shiggy Kono to Max Mannix 2.8.94, David Hinchliffe archive, RFL Archives, University of Huddersfield.

◉17 R. Light, H. Hirai and H. Ebishima, 'Professionalism and tensions in Japanese rugby', in G. Ryan (ed.), *The Changing Face of Rugby: The Union Game and Professionalism since 1995*, Cambridge, Cambridge Scholars Press, 2008.

◉18 Bodis, *Histoire Mondiale*, pp. 200.

◉19 Evelyne Combeau-Mari, 'Vitality of Associations and the Expansion of Sport: Sporting Associations, an Opportunity for Freedom for the Malagasy (1920–1939)', *International Journal of the History of Sport*, vol. 28, no. 12, 2011, pp. 1605–24.

◉20 Evelyne Combeau-Mari, 'Rugby on the High Plateaus: A Physical Culture of Combat and Emancipation', *International Journal of the History of Sport*, vol. 28, no. 12, 2011, pp. 1703–15.

◉21 Combeau-Mari, 'Rugby on the High Plateaus', p. 1712に引用がある。

◉22 Jonty Winch, 'There Were a Fine Manly Lot of Fellows', pp. 583–604.

◉23 'Tsimba brothers enter IRB Hall of Fame', http://www.irb.com/history/halloffame/newsid=2063965.html#tsimba+brothers+enter+irb+hall+fame, 25 October 2012.

◉24 M. Campbell and E. J. Cohen, *Rugby Football in East Africa 1909–1959*, Nairobi, King and Charles, 1960.

◉25 Gishinga Njoroge, 'Renaissance of Kenyan Rugby', *The Nairobian*, 2 November 2013.

第24章　フィジー、トンガ、サモア（南太平洋からきたビッグ・ヒット）

◉1　*Sydney Morning Herald*, 12 August 1952.

◉2　*Suva Times*, 24 July 1886.

◉3　Robert F. Dewey, 'Embracing Rugby and Negotiating Inequalities in the Pacific Islands', in J. S. Te Rito and S. M. Healy (eds), *Conference Proceedings of Te Tatau Pounamu: The Greenstone Door Traditional Knowledge and Gateways to Balanced Relationships*, Auckland, Ngā Pae o te Māramatanga, 2008, p. 158.

◉4　Dewey, 'Embracing Rugby', pp. 158–65.

第25章　アメリカ合衆国とカナダ（ラグビーの北アメリカン・ドリーム）

◉1　*New York Times*, 29 March 1936.

◉2　Ibid., 23 May 1934. 1930年代のアメリカのラグビーについての洞察ある意見をScott Cantrellに感謝する。

◉3　International Rugby Football Board minutes, 29 July 1931.

◉4　RFL Council minutes, 24 June 1939.

◉5　Gavin Willacy, *No Helmets Required*, Durrington, Pitch Publishing, 2013を参照。

◉6　T. J. L. Chandler, 'Recognition Through Resistance: Rugby in the USA', in T. J. L. Chandler and John Nauright, *Making the Rugby World: Race, Gender, Commerce*, London, Cass, 1999, p. 52.

◉7　*Sports Illustrated*, 17 March 1980.

◉8　Ibid., 21 December 1959.

◉9　Undated letter from John MacCarthy of Halifax Nova Scotia in RFL Archives, University of Huddersfield.

◉10　RFL Council minutes, 2 February 1955.

◉11　Rachel Cooke, 'The Groundbreakers', the *Observer*, 4 May 2003.

◉12　Simon Borchardt, 'Don't Ask, Don't Tell', keo.co.za, 27 May 2008, http://keo.co.za/2008/05/27/dont-ask-dont-tell/ accessed 14.00, 10 March 2014に引用がある。

第26章　女子がラグビーの半分を支える

◉1　*The Yorkshireman*, 18 December 1889. *Rugger*, 6 February 1932.

◉2　*Rugger*, 15 January 1947.

◉3　http://www.donmouth.co.uk/womens_football/1881.htmlにある新聞報道を参照。

◉4　Extract from the memoirs of Emily Galwey, Museum of World Rugby exhibition, Twickenham, September 2010.

◉5　Arron Jones, 'A Short History of Women's Rugby', *Touchlines*, October 2003. Collins, *Rugby League in Twentieth Century Britain*, pp. 154–6.

◉6　John Coffey, *Canterbury 13*, Christchurch, self-published, 1987, pp. 53–4に引用がある。

◉7　July 1921。Barbara Cox, 'The Rise and Fall of "The Girl Footballer" in New Zealand during 1921', in *International Journal of the History of Sport*, vol. 29, no. 3, March 2012, p. 449に引用がある。

◉8　*Courier-Mail* (Brisbane), 20 September 1954.

◉9　Victoria Dawson, 'Workington's Wonder Women', *Forty-20*, September 2013, pp. 38–9.

◉10　Megan Taylor Shockley, 'Southern Women in the Scrums', *Journal of Sport History*, vol. 33, no. 2, 2006, pp. 127–55.

◉11　'Girls Just Want to Have Fun', *Rugby News*, June 1990.

第7部　伝統と変化

第27章　スプリングボクス、オールブラックス、そしてラグビーの政治

⊙1　A. H. Carman, A. C. Swan and R. Masters (eds), *The Rugby Almanack of New Zealand 1950*, Wellington, Sporting Publications, 1950, p. 30.

⊙2　Trevor Richards, *Dancing On Our Bones*, Wellington, Bridget Williams, 1999, p. 18.

⊙3　M. N. Pearson, 'Heads in the Sand: the 1956 Springbok Tour to New Zealand in Perspective', in R. Cashman and M. McKernan (eds), *Sport in History,* Brisbane, University of Queensland Press, 1979, pp. 272–92.

⊙4　Barry Donovan, 'Turning silver to gold', *New Zealand Herald*, 23 October 2011.

⊙5　Winston McCarthy, *Haka: The All Blacks Story*, London, Pelham, 1968, p. 257.

⊙6　'Rugby: Maori told to throw match against Boks', *New Zealand Herald*, 13 April 2010.

⊙7　Richards, *Dancing On Our Bones*, p. 20

⊙8　Bodis, *Histoire Mondiale*, p. 358に引用がある。

⊙9　IRB minutes, 17/18 March 1961.

第28章　紳士と選手（ウェールズとイングランド、一九四五―一九五年）

⊙1　Phil Bennett, *The Autobiography*, London, Willow, 2003, p. 275.

⊙2　Martin Johnes, 'A Prince, a King and a Referendum: Rugby, Politics and Nationhood in Wales, 1969–1979', *Journal of British Studies*, vol. 47, no. 1, 2008, p. 144に引用がある。

⊙3　*Daily Telegraph*, 18 February 1980.

⊙4　*The Times*, 16 March 1957.

⊙5　引用と数字はすべてTony Collins, *A Social History of English Rugby Union*, London, Routledge, 2009, p. 103による。

⊙6　RFU Executive minutes, 5 May 1968, 17 January, 14 May and 6 June 1969.

⊙7　Christopher Booker, *The Neophiliacs*, London, Fontana, 1970, p. 28に引用がある。

⊙8　International Board minutes, 19 March 1965 and 13/14 March 1969.

⊙9　*The Times*, 1 November 1975.

⊙10　Derek Wyatt, *Rugby Disunion*, London, Gollancz, 1995, p. 19. RFU Forward Planning sub-committee, 3 May 1979.

⊙11　Tony and Mitchell Williams, *The Official Rugby Union Club Directory 1990–91*, London: Burlington, 1990, p. 6.

第29章　ブレイヴハーツ、タイガース、ライオンズ（戦後のスコットランドとアイルランド）

⊙1　Barnes and Burns, *Behind the Thistle*, p. 5.

⊙2　Frank Keating, 'How Ravenhill rebels made an issue out of an anthem', the *Guardian*, 27 February 2007.

⊙3　Frank Keating, 'Be Your Own Men', *The Spectator,* 20 March 1993.

⊙4　John Reason and Carwyn James, *The World of Rugby,* London, BBC, 1979, p. 224.

第30章　勝利するフランス……

◎1 'Arbitration on the conflict between the FFR and the FFJXIII', Gaston Roux, General Director of Sports, 10 July 1947, document in RFL Archives, University of Huddersfield.

◎2 Barnes and Burns, *Behind the Thistle*, p. 4.

◎3 Confidential letter to FFR from IRB 20 March 1951, RFU Archives, Twickenham.

◎4 Robert Fassolette, 'Rugby League Football in France 1934–54' *Sport in History*, vol. 27, no. 3, 2007, p. 391.

◎5 Bernard Pratviel, *Immortel Pipette*, Portet, Imprint Publishing, 2004, p. 94.

◎6 Valerie Bonnet, 'Le stereotype dans la presse sportive: vision de l'identite a travers l'alterite', *Signes, Discours et Societes* [en ligne], 4. Visions du monde et specificite des discours, 11 janvier 2010, at www.revue-signes.info/document. php?id=1417. ISSN 1308-8378. Accessed 14 March 2014.

◎7 Collectif Midi Olympique, *Cent ans de XV de France*, Toulouse, Midi Olympique, 2005, p. 86.

◎8 Lindsay Sarah Krasnoff, 'The Evolution of French Sports Policy', in Richard Holt, Alan Tomlinson and Christopher Young (eds), *Sport and the Transformation of Modern Europe*, Abingdon: Routledge, 2011, p. 70に引用がある。

◎9 Denis Lalanne, *The Great Fight of the French Fifteen*, Wellington, Reed, 1960, p. 200 [傍点原文].

◎10 *Daily Telegraph*, 6 April 1959.

◎11 *Rugby World*, September 1965.

◎12 Richards, *A Game for Hooligans*, p. 197.

第31章　ラグビーリーグ（テレビ時代の大衆のスポーツ）

◎1 Huddersfield RUFC membership application form, c. 1972, at TNA AT 25/234. IRB minutes, 14 March 1958.

◎2 RFL Council minutes, 10 October 1945.

◎3 Ibid., 18 November 1954.

◎4 Thomas Keneally, 'The Other Code', *Esquire*, November 1991.

◎5 The *Independent*, 16 October 1996.

第32章　ラグビー、一九九五年にいたる道

◎1 Peter Oborne, *Basil D'Oliveira: Cricket and Controversy*, London, Little, Brown, 2004.

◎2 The *Guardian*, 31 October 1969.

◎3 Ibid., 17, 19 and 25 November 1969 and 15 November 1999 for Frank Keating's recollections.

◎4 Chris Laidlaw, *Mud in Your Eye*, London, Pelham, 1973, p. 1.

◎5 Tom Hickie, *A Sense of Union*, Sydney, 1998, chapters 12 and 13.

◎6 Richards, *Dancing On Our Bones*, p. 36に引用がある。

◎7 IB minutes, 21 March 1959, 15 March 1963 and 6 January 1964を参照。

◎8 IRB minutes, 15 March 1963.

◎9 The *Sportsman*, March 1966, quoted in A. Grundlingh, 'Playing for Power', in Grundlingh, Odendaal and Spies (eds), *Beyond the Tryline*, p. 116.

◎10 Hendrik Snyders, 'Preventing Huddersfield: The Rise and Decline of Rugby League in South Africa', *International Journal of the History of Sport*, vol. 28, no. 1, January 2011, pp. 9–31. Craven quote from *The Times*, 23 December 1985.

◎11 IRB minutes, 15 March 1963, 6 January 1964, 13/14 March 1969 and 19/20 March 1970.

◎12 IRB minutes, 11/12 March 1976.

◎13 *The Times*, 17 and 18 January 1978. IB minutes 21/22 March 1979.

◎14 Welsh Rugby Union, 'Report of Inquiry into the Involvement of Welsh Players in the Centenary Celebrations of the South African Rugby Board: Conclusions and Recommendations', August 1989, Cardiff, 1991, pp. 3–5. David Hinchliffe archives, University of Huddersfield.

◎15 RFU annual general meeting, 8 July 1994.

◎16 K. Pelmear (ed.), *Rugby Football: An Anthology*, London, Allen & Unwin, 1958, p. 260.

◎17 *The Times*, 28 May 1983, and *Sydney Morning Herald*, 16 October 2003.

◎18 Bernard Lapasset, F. C. H. McLeod, Rob Fisher and Vernon Pugh, 'Report of the IRB Amateurism Working Party', February 1995, pp. 3-4.

◎19 Stuart Barnes, *The Year of Living Dangerously*, London, Richard Cohen, 1995, p. 153.

◎20 Peter Fitzsimons, *The Rugby War*, Sydney, HarperCollins, 1996, p. 312.

◎21 Ibid., *The Rugby War*, pp. 15–20. *Daily Telegraph*, 24 June 1995.

第8部　二十一世紀へ

第33章　縮む世界、グローバルの楕円球

◎1 Ieuan Evans and Peter Jackson, *Bread of Heaven*, Edinburgh, Mainstream, 1995, p. 202

◎2 *Sydney Morning Herald*, 22 October 2002に引用がある。

◎3 Ian Clayton, Ian Daley and Brian Lewis (eds), *Merging on the Ridiculous*, Pontefract, YAC, 1995, p. 14.

◎4 *Australian Financial Review*, 5 August 2005.

◎5 The *Guardian*, 7 May 2001.

◎6 *The Times*, 7 January 2009.

◎7 O'Callaghan, *Rugby in Munster*, pp. 212–18.

◎8 Mark Evans, 'Is French Club Rugby a Bubble Waiting to Burst?', *Running Rugby*, September 2011.

◎9 Bruce Crumley, 'Gloom over French Soccer Contrasts With Rugby's Rise', *Time*, 16 May 2010.

◎10 'Too Many Foreign Players in the Top 14? 'Bullsh*t' says Boudjellal', *Irish Independent*, 30 June 2014.

◎11 Yoko Kanemasu and Gyozo Molnar, 'Life after Rugby: Issues of Being an "Ex" in Fiji Rugby', *International Journal of the History of Sport*, vol. 31, no. 11, 2013, p. 1390.

結論　ラグビーの魂

◎1 'Rogge voices Olympic rugby doubts', 30 October 2007, http://news.bbc. co.uk/sport1/hi/rugby_union/7061471.stm – accessed 11:18, 21 July 2014.

◎2 RFU laws committee minutes, 5 July 1972.

◎3 The *Independent*, 17 April 1992.

◎4 IRB, *Changes in the Playing of International Rugby Over a Twenty Year Period*, September, 2005, p. 6.

◎5 Ibid., p. 4

訳者略歴
一九五三年生まれ。翻訳家。
主要訳書
ビル・ビュフォード『フーリガン戦記』『厨房の奇人たち』、ティム・パークス『狂熱のシーズン』『メディチ・マネー』、ウィリアム・ブラック『極上のイタリア食材を求めて』、マーティン・フレッチャー『戦場からスクープ！』、スチュアート・リヴァンス『ウイスキー・ドリーム』、ビーヴァー、クーパー『パリ解放　1944－49』、ロバート・K・マッシー『エカチェリーナ大帝　ある女の肖像』（以上、白水社）
ドミニク・メナール『小鳥はいつ歌をうたう』、エルサ・モランテ『アンダルシアの肩かけ』『嘘と魔法』、ジャン・ルオー『名誉の戦場』、マルグリット・デュラス『私はなぜ書くのか』、フランツ＝オリヴィエ・ジズベール『105歳の料理人ローズの愛と笑いと復讐』（以上、河出書房新社）
ジャン＝ルイ・フランドラン、マッシモ・モンタナーリ監修『食の歴史』全3巻（監訳、藤原書店）
ヘイデン・ヘレーラ『石を聴く――イサム・ノグチの芸術と生涯』、『イサム・ノグチ　エッセイ』（以上、みすず書房）他

ラグビーの世界史
楕円球をめぐる二百年

二〇一九年　七月　五日　第一刷発行
二〇二〇年　四月一〇日　第三刷発行

著　者　トニー・コリンズ
訳　者　©北《きた》代《だい》美《み》和《わ》子《こ》
装丁者　緒　方　修　一
発行者　及　川　直　志
印刷所　株式会社　三　陽　社
発行所　株式会社　白　水　社

東京都千代田区神田小川町三の二四
電話　営業部〇三（三二九一）七八一一
　　　編集部〇三（三二九一）七八二一
振替　〇〇一九〇―五―三三二二八
郵便番号　一〇一―〇〇五二
www.hakusuisha.co.jp
乱丁・落丁本は、送料小社負担にてお取り替えいたします。

株式会社 松岳社

ISBN978-4-560-09708-3
Printed in Japan